झोलावाला अर्थशास्त्र

ज्याँ द्रेज़

झोलावाला अर्थशास्त्र

भारत में सामाजिक विकास की रीति-नीति

अनुवाद : चन्दन श्रीवास्तव

वाणी प्रकाशन

वाणी प्रकाशन
4695, 21-ए, दरियागंज, नयी दिल्ली 110 002
फ़ोन : +91 11 23273167 फ़ैक्स : +91 11 23275710

शाखाएँ
अशोक राजपथ, पटना 800 004, बिहार
कॉफ़ी हाउस कैम्पस, महात्मा गांधी मार्ग, इलाहाबाद 211 001, उत्तर प्रदेश
महात्मा गांधी अन्तरराष्ट्रीय हिन्दी विश्वविद्यालय, वर्धा 442 001, महाराष्ट्र
सुल्तानिया रोड, मोतिया पार्क, भोपाल 462 001, मध्य प्रदेश
www.vaniprakashan.com
marketing@vaniprakashan.in
sales@vaniprakashan.in

JHOLAWALA ARTHSHASTRA
Hindi translation of
Sense & Solidarity : Jholawala Economics for Everyone
by Jean Dreze
Translated by Chandan Srivastava

ISBN : 978-93-89563-25-2
Social Science

प्रथम संस्करण 2020

मूल्य : ₹ 695

सिटी प्रेस, दिल्ली-110 095 में मुद्रित

वाणी प्रकाशन का लोगो मक़बूल फ़िदा हुसेन की कूची से

आभार

इस किताब के हिन्दी संस्करण का प्रकाशन मेरे लिए एक ख़ास मौक़े की तरह है क्योंकि हिन्दी संस्करण के प्रकाशन से किताब एक व्यापक पाठक–समुदाय तक पहुँचेगी–सिर्फ़ अंग्रेज़ी जानने वाले पाठकों तक सीमित न रहेगी। सार्वजनिक बहस और लोकतान्त्रिक राजनीति में जनता की भागीदारी ज़रूरी है ताकि सामाजिक और आर्थिक नीतियाँ ज़्यादा विवेकसंगत तरीक़े से बन सकें। इन लेखों को तैयार करने के पीछे मेरा उद्देश्य इस प्रक्रिया में आंशिक रूप से योगदान देना था। यह किताब व्यापक पाठक–समुदाय के लिए तैयार की गयी है और मुझे उम्मीद है कि इसे सिर्फ़ पुस्तकालयों तथा विश्वविद्यालयों में ही नहीं बल्कि माध्यमिक स्कूलों, चाय की दुकानों और रेलवे स्टेशनों पर भी पढ़ा जायेगा। किताब का हिन्दी संस्करण वाणी प्रकाशन और विशेष रूप से अदिति माहेश्वरी के सहयोग से सम्भव हो पाया। इसके लिए मैं वाणी प्रकाशन और अदिति माहेश्वरी का आभारी हूँ।

इस संकलन के दस आलेखों का लेखन सह–लेखकों के सहारे हुआ है। ये सह–लेखक बेशक़ीमती सहयोगी तो हैं ही, मेरे अज़ीज़ दोस्त भी हैं : बेला भाटिया, एंगस डीटन, रीतिका खेड़ा, सिद्धार्थ, विवेक एस. तथा 'प्रोब टीम (अनुराधा डे, पुष्पेन्द्र, क्लेयर नोरोन्हा, अनिता रामपाल, मीरा सैम्सन, अमरजीत सिन्हा तथा ए.के. शिवकुमार)। इन दोस्तों की नेक सलाह और प्रभाव का दायरा सह–लेखन के सहारे लिखे गये दस लेखों तक सीमित नहीं बल्कि उससे कहीं ज़्यादा बड़ा है। पुस्तक का 'परिचय' तथा कई लेखों को लिखने में सबीना अलकिरे, डियारे कॉफे, निखिल डे, हैरिस गजदर, रामचन्द्र गुहा, आशीष गुप्ता, मुस्तफ़ा हाजी, अपर्णा जॉन, स्नेहा मेनन, सुधा नारायणन, क्रिश्चियन ओल्डगिज, ईसाबेल पिमेन्टा, वन्दना प्रसाद, कुमार राणा, सी. राममनोहर रेड्डी, अमर्त्य सेन तथा डीन

स्पियर्स और अन्य मित्रों के सुझावों और टिप्पणियों से मदद मिली है। इस पुस्तक के लेखन में नमन गर्ग, नज़र ख़ालिद तथा जेसिका पुदुसेरी की सम्पादकीय सलाह बड़ी मददगार रही।

किताब के अधिकतर लेख शुरुआत में भारत के अग्रणी अंग्रेज़ी दैनिक 'द हिन्दू' में छपे (कुछ लेख हिन्दुस्तान तथा प्रभात ख़बर सरीखे हिन्दी दैनिक में भी प्रकाशित हुए हैं और बीबीसी हिन्दी की वेबसाइट पर भी। लेखों का प्रकाशन–वर्ष पुस्तक में यथास्थान दिया गया है)। मैं 'द हिन्दू' के सभी सम्पादकों तथा सहयोगी कर्मचारियों और विशेष रूप से पी. जैकब, मुरली एन. कृष्णास्वामी, सुरेश नामबथ, एन. राम, श्रीनिवास रमाणी, सिद्धार्थ वरदराजन् और विजय शंकर का आभारी हूँ जिनके साथ इतने वर्षों तक काम करने का सुअवसर मिला।

यह किताब रुकुन आडवाणी तथा अनुराधा रॉय की बेशक़ीमती सलाह और अतिशय उदारता के बिना शक्ल नहीं ले पाती। इस पुस्तक के मूल संस्करण (परमानेंट ब्लैक से प्रकाशित) पर काम करने के अतिरिक्त दोनों ने कई मुद्दों पर मुझे अपनी राय को सुलझाने में मदद की। रानीखेत के उनके निहायत ख़ूबसूरत घर में उनके साथ बिताये दिनों की मेरे मन में बड़ी मधुर स्मृति है।

राँची विश्वविद्यालय के अर्थशास्त्र विभाग ने इस किताब की तैयारी के लिए सकूनदेह परिवेश मुहैया कराया। किसी डेवलपमेंट इकॉनॉमिस्ट के लिए झारखण्ड भले ही असामान्य गन्तव्य माना जाये लेकिन झारखण्ड मुझे विकासपरक मुद्दों पर शोध के लिए राष्ट्रीय–अन्तरराष्ट्रीय राजधानियों की तुलना में कहीं बेहतर प्रस्थान–बिन्दु जान पड़ता है। झारखण्ड में मैंने आदिवासी जीवन–जगत से जो बातें सीखीं उन्हें इस किताब में लिखा जाना चाहिए था। इस किताब में जो बहुत–सी ज़रूरी बातें नहीं आ पायी हैं उनमें एक यह भी है। आदिवासी समुदायों को अतीत के अवशेष के रूप में देखा जाता है और इसमें कोई सन्देह नहीं कि उनकी जीवनशैली आगे चलकर और विकसित होगी, लेकिन आदिवासी जीवन–जगत के कुछ मूल्य और मानक (समानता, सहयोग, स्वतन्त्रता, ईमानदारी और उत्साह–भावना) में मुझे भविष्य की तस्वीर नज़र आती है। इस पुस्तक का अन्तिम लेख 'विकास और जनधर्मिता का गुण' आंशिक रूप से आदिवासी जीवन–जगत के मान–मूल्यों से प्रभावित है।

इस सिलसिले की आख़िरी बात यह कि मैं उत्कृष्ट अनुवाद के लिए चन्दन श्रीवास्तव का आभारी हूँ। अनुवाद मुझे इतना अच्छा लगा कि 'परिचय' वाले हिस्से के अनुवाद को पंक्तिवार देखने के बाद मैंने शेष हिस्से के अनुवाद के बारे में निर्णय लेने का ज़िम्मा चन्दन पर ही छोड़ दिया। चन्दन जैसे प्रतिभाशाली और दोस्त–मिज़ाज अनुवादक के साथ काम करना ख़ुशगवार रहा।

अनुक्रम

भूमिका

घुमक्कड़ों का अर्थशास्त्र

राँची विश्वविद्यालय के मेरे दफ़्तर के पास से एक चौड़ी सड़क दिखती है। कांके रोड कहलाने वाली यह सड़क आपको शहर ले जाती है। अगर पौ फटने के समय आप वहाँ जायें तो आपको कुछ ऐसा नज़र आयेगा जो शायद कभी न भूले–आपको दिखेंगे सैकड़ों नौजवान! ज़्यादातर की देह अपने दुबलेपन में कंकाल नज़र आती है और मैले–कुचैले कपड़ों में ये नौजवान चुराया हुआ दो सौ किलोग्राम से भी ज़्यादा कोयला लादकर अपनी साइकिल खींच रहे होते हैं। अँधेरे की ओट में इस भारी बोझ के साथ वे बीस से तीस किलोमीटर का सफ़र तय कर चुके होते हैं। उन्हें यह कोयला राँची शहर में बेचना होता है ताकि किसी तरह अपने परिवार का पेट भर सकें। मुझे पता चला कि इनमें से कई उसी ज़मीन से कोयला निकालते हैं जहाँ ये अपनी खेती–बाड़ी करते थे, बाद में इन्हें बेदख़ल कर दिया गया।

यह दृश्य मुझे अक्सर जार्ज ऑरवेल के 1937 के एक निबन्ध 'डॉन द माइन' की याद दिलाता है, ख़ासकर उस लेख के अन्त की इस पंक्ति की–"आप और मैं और टाइम्स लिटरेचर सप्लीमेंट के सम्पादक, कविगण और कैंटरबरी के आर्चबिशप और मार्क्सिज़्म फ़ॉर इन्फैंट्स के लेखक कॉमरेड एक्स–दरअसल हम सब की ज़िन्दगी की शालीनता ज़मीन के भीतर हाड़ तोड़ते उन मज़दूरों की देन है जिनका गला कोयले की गर्द से भरा होता है, आँखें काली हो चुकी होती हैं और जो अपने पेट और बाँहों की इस्पाती मांसपेशियों के दम पर बेलचा आगे चलाते रहते हैं।" यहाँ 'ज़मीन के भीतर' की जगह 'सड़क पर' रख दीजिए और 'बेलचा' की जगह 'साइकिल' कर दीजिए तो जार्ज ऑरवेल के वाक्य का एक–एक शब्द आज की राँची पर लागू हो जायेगा।

इन नौजवानों को कोयलावाला कहा जाता है। मुझे याद है कि कोयलावाला की तस्वीर मैंने सबसे पहले पी. साईंनाथ की किताब 'एवरीबॉडी लव्स ए गुड ड्राऊट (1996)' में देखी थी। आज का कोयलावाला बिल्कुल उसी तरह दिखता है। हो सकता है उसके पैरों की चप्पल कुछ बेहतर हो गयी हो और उसके बच्चे अब स्कूल जाने लगे हों, लेकिन उसकी दुर्दशा में रत्ती भर भी फ़र्क़ नहीं पड़ा। यह ग़ुलामी की सी हालत है, फ़र्क़ बस इतना है कि कोयलावाले की पीठ पर कोड़े नहीं फटकारे जाते, बल्कि वह अपनी आर्थिक ज़रूरतों के हाथों मजबूर है।

कोयलेवालों को देखकर अक्सर एक और ख़याल मेरे मन में आता है। आख़िर वे उस दशा में क्यों हैं और मैं अपनी इस दशा में क्यों हूँ? मुझे बस इसका एक ही जवाब सूझता है कि यह 'संयोग' की बात है। हो सकता है उनमें से कुछ ने शराब या जुए के चक्कर में अपनी ज़मीन गँवा दी हो, लेकिन ज़्यादातर की दुर्दशा के पीछे उनका अपना कोई दोष नहीं है। वे एक वंचित जाति और ग़रीब परिवार में पैदा हुए, बचपन में कुपोषण के शिकार हुए, पढ़ाई का मौक़ा नहीं मिला। ऐसी ही अनेक बातें कही जा सकती हैं उनके बारे में। कोई दूसरा माहौल मिलता तो वे इंजीनियर, कलाकार या फिर हॉकी के चैंपियन बन सकते थे, लेकिन उन्हें कभी इसका अवसर ही नहीं मिला।

साधन–सम्पन्न लोग इस भ्रम में जीते हैं कि उन्होंने अगर कुछ हासिल किया है तो यह उनकी क़ाबिलियत की देन है। लेकिन थोड़ा–सा भी ग़ौर करें तो यह भ्रम टूट जायेगा। बेशक, कुछ धनी लोग कठिन मेहनत करते हैं, लेकिन यही बात कोयलावाला, निर्माण–मज़दूर या घरेलू सहायक के बारे में भी कही जा सकती है। साधन–सम्पन्न होने के बाक़ी जो कारण हैं उनका निजी गुण से कोई लेना–देना नहीं जैसे कि हमारा कौशल, सेहत, विरासत, सामाजिक सम्बन्ध। यहाँ तक कि हमें जो शिक्षा हासिल हुई है उसमें भी हमारे अपने प्रयासों से ज़्यादा हमारे अभिभावकों और शिक्षकों का हाथ होता है। और, इन बातों के ज़िक्र को तो ख़ैर यहाँ छोड़ ही दें कि धन या सत्ता अक्सर भ्रष्टाचार, शोषण और अपराध की देन होते हैं।

अगर हमारी परिस्थितियाँ निजी गुणों से कहीं ज़्यादा संयोगों की देन हैं तो निश्चित ही पीछे छूट गये लोगों के प्रति साधन–सम्पन्न लोगों की ज़िम्मेदारी बनती है। हालाँकि यह कहना कुछ वैसा ही है जैसे यह कि

चोरी करना ग़लत है। इसे साफ़–साफ़ साबित नहीं किया जा सकता, लेकिन इन दोनों बातों को एक अच्छे समाज के सिद्धान्त के रूप में सोचा जा सकता है।

बेशक, इस सिद्धान्त से पता नहीं चलता कि सब लोग सम्मान की ज़िन्दगी जी सकें, इसके लिए क्या–क्या करना ज़रूरी है। कुछ लोगों का ख़याल है कि कोयलेवालों के हित के लिए व्यापार को बढ़ावा देने वाला माहौल तैयार किया जाना चाहिए ताकि अर्थव्यवस्था तेज़ गति से बढ़े। कुछ और लोग कोयलेवालों को सलाह देंगे कि सशस्त्र संघर्ष ही व्यवस्था को बदलने का सबसे बेहतर रास्ता है। मुझे उम्मीद है कि इस किताब को पढ़कर आपको विश्वास होगा कि कुछ विकल्प और भी हैं।

सामाजिक विकास

इस किताब के लेखों के बारे में कहा जा सकता है कि उनमें भारत के 'सामाजिक विकास' के विविध पहलुओं पर चर्चा की गयी है। सामाजिक विकास को अक्सर कुछ ख़ास मसलों तक सीमित कर दिया जाता है जिनके संख्यात्मक सूचकांक उपलब्ध होते हैं जैसे कि बच्चों का स्वास्थ्य, प्राथमिक शिक्षा और लैंगिक असमानता। निस्सन्देह ये मसले महत्त्वपूर्ण हैं और किताब में इनका ज़िक्र प्रमुखता से आया है, लेकिन, सामाजिक विकास में और भी बहुत कुछ शामिल है बशर्ते हम सामाजिक विकास को बेहतर समाज बनाने के प्रयास के रूप में समझें। मिसाल के लिए जाति–व्यवस्था का खात्मा एक बड़े अर्थ में सामाजिक विकास का महत्त्वपूर्ण पक्ष माना जा सकता है। जाति–व्यवस्था की घिनौनी करतूतों के संख्यात्मक सूचकांक बहुत कम है (और यह कोई संयोग की बात नहीं), लेकिन इसे सामाजिक विकास के दायरे से बाहर रखने का मतलब होगा अम्बेडकर के शब्दों में अपने 'रास्ते में खड़े राक्षस' की अनदेखी करना। यही बात पितृसत्ता और ताक़त के मनमाने बर्ताव के अन्य रूपों के बारे में कही जा सकती है। बाक़ी जगहों की तरह भारत में भी लोकतन्त्र का प्रसार बहुत सीमित है और यह भी सामाजिक विकास का एक मुद्दा है।

हिंसा या फिर कम–से–कम युद्ध की समाप्ति भी मुझे सामाजिक विकास का ज़रूरी हिस्सा जान पड़ती है। यही बात सामाजिक मान–मूल्य और नैतिक–बोध की प्रगति पर भी लागू होती है। मिसाल के लिए सामाजिक दायित्व और जन–जुड़ाव की भावना से भ्रष्टाचार, अपराध,

शोषण जैसी समाज–विरोधी गतिविधियों को रोकने में बहुत मदद मिल सकती है। फिर, आधुनिक तकनीक की विध्वंसकारी ताक़त (जैसे कि एटमी जंग या जलवायु–परिवर्तन) का भी सवाल है, इसमें भयावह इज़ाफ़ा हुआ है और लगातार बढ़ता जा रहा है। तकनीक की प्रगति के साथ–साथ नैतिक–बोध का भी विकास न हो तो, धरती पर मानव जीवन का अस्तित्व ज़्यादा दिन तक नहीं रहने वाला।

इस किताब में इन बड़े मुद्दों की गहरी चर्चा तो नहीं मिलेगी फिर भी इन मुद्दों को सामाजिक विकास के सोच–विचार के दायरे में लाने की कोशिश ज़रूर की गयी है। नोम चॉमस्की ने कहा है कि हमें अपने स्वप्न (भावी समाज को लेकर हमारी धारणा जो कि हमारे कर्मों की प्रेरक है) और लक्ष्य (वे काम और फ़ैसले जो हमारी पहुँच में हैं) में अन्तर करना चाहिए। चॉमस्की की टेक पर कहें तो यह किताब सामाजिक विकास के क्षेत्र में लक्ष्य और कर्म की बात करती है, लेकिन मुझे उम्मीद है कि हम जो समाज बना सकते हैं उसके बारे में भी इस किताब से विचार को स्पष्टतर बनाने में मदद मिलेगी।

यहाँ एक बात यह भी जोड़ते चलें कि लक्ष्य के नज़दीक जाने की अपनी कोशिशों से हमें अपने भावी स्वप्न को भी आगे बढ़ाने का मौक़ा मिलता है। जब गाँव के सभी बच्चे साथ–साथ किसी अच्छे स्कूल में पढ़ने के लिए जाते हैं तो जाति–व्यवस्था पर चोट पड़ती है। जब महिलाएँ घर से बाहर निकलकर 'मनरेगा' जैसे काम के ज़रिये अपनी कमाई करती हैं तो इसके साथ–साथ पुरुष–सत्ता भी कमज़ोर होती है। किसी भ्रष्ट डीलर की मेहरबानी पर निर्भर रहने की जगह जो समुदाय अपनी ख़ुद की राशन–दुकान चलाते हैं या स्थानीय प्राकृतिक संसाधनों की कॉरपोरेट लूट का विरोध करते हैं, वे दरअसल स्व–प्रबन्धन और स्व–शासन के सिद्धान्तों पर चल रहे होते हैं। सूचना के अधिकार ने धीरे–धीरे कुछ ताक़त राजसत्ता से छीन ली है और उसे जनता के हाथों में दे दिया है। जो ताक़तें असमानता बढ़ाने, विचारहीनता फैलाने और सत्ता को केन्द्रीकृत करने की उल्टी गंगा बहाने के काम में लगी हैं उनके ख़िलाफ़ ये प्रयास एक साथ मिलकर एक अहम प्रतिरोध का संकेत देते हैं।

कुछ शोध किया, कुछ काम किया

यहाँ संकलित लेखों के भीतर आपको कार्योन्मुख शोध (एक्शन ओरिएन्टेड

रिसर्च) की झलक मिलेगी। यानी वैसे शोध जिनके सहारे पहलक़दमी की जा सके या ऐसे शोध–कार्य जो व्यावहारिक स्तर पर बदलाव में मददगार हों। कार्योन्मुख शोध भी आख़िरकार शोध–कार्य ही होता है– उसमें वैज्ञानिक पद्धतियों और वस्तुनिष्ठ खोजबीन के साथ कोई नरमी नहीं बरती जाती। लेकिन अकादमिक दायरों में परम्परागत ढर्रे पर जो शोध होते हैं, उससे यह शोध–कार्य कई अहम मायनों में अलग है। पन्द्रह साल पहले मैंने इस विषय पर 'ऑन रिसर्च एंड एक्शन' शीर्षक[1]। लेख के माध्यम से अपने विचार साझा करने की कोशिश की थी। लेख में ख़ास ज़िक्र यह था कि शोध और कर्म (एक्शन) एक–दूसरे के पूरक होने चाहिए। परम्परागत सोच है कि कर्मक्षेत्र में उतरते हैं तो शोधकार्य की वस्तुनिष्ठता पटरी से उतर जायेगी। लेख में इस परम्परागत सोच के ख़िलाफ़ तर्क दिये गये थे। वह लेख बहुत छोटा था, लेकिन उस पर जितनी प्रतिक्रियाएँ आयीं उतनी मेरे किसी अन्य लेखन पर नहीं। कुछ प्रतिक्रियाओं में मेरी सराहना थी तो कुछ में नहीं भी (जैसे–मेरे एक प्रिय मित्र ने लेख को 'बकवास' करार दिया)। कार्योन्मुख शोध को लेकर मेरी जो धारणाएँ हैं उन्हें यहाँ स्पष्ट करने का मेरे लिए मौक़ा है।[2]

पहली बात तो यह है कि कार्योन्मुख शोध अपने आप में कोई इकलौती गतिविधि नहीं होता बल्कि लोकतान्त्रिक तरीक़ों से व्यावहारिक बदलाव लाने की व्यापक कोशिशों का हिस्सा होता है। यानी उन कोशिशों का हिस्सा जो व्यावहारिक बदलाव के निमित्त लोकतान्त्रिक साधन और संस्थाओं जैसे सार्वजनिक बहस–मुबाहिसा, मीडिया, अदालत, चुनाव प्रक्रिया, धरना–प्रदर्शन आदि के द्वारा की जाती हैं। शोध ऐसे कर्म–व्यवहार को ज़्यादा असरदार बनाने और तर्क प्रदान करने में मददगार हो सकता है। ज़ाहिर है, सोच के इस परिप्रेक्ष्य से हमारे शोध का विषय और पद्धति भी प्रभावित होगी। मिसाल के लिए, कार्योन्मुख शोध का एक उपयोगी रूप मुख्यधारा की मीडिया में फैले दुष्प्रचार (इसके ढेर सारे उदाहरण पुस्तक में दिये गये हैं) की काट करना है। अकादमिक शोध शायद ही कभी इस बात की चिन्ता करता है और चिन्ता करता भी हो तो भी इतनी देरी से

---

1. द्रेज 2002।
2. उपर्युक्त लेख में कई बिन्दुओं पर विस्तार से चर्चा की गयी है, ख़ासकर प्रतिबद्धता और वस्तुनिष्ठता के आपसी सम्बन्ध और कार्य–व्यवहार से मिलने वाली सीख की। यहाँ लेख के विचार–बिन्दुओं को सघन–संक्षिप्त रूप में प्रस्तुत किया गया है।

कि मीडिया में फैले दुष्प्रचार की काट में वह कारगर नहीं हो पाता। यह एक ऐसी स्थिति है जहाँ कार्योन्मुख शोध अहम भूमिका निभा सकता है और स्वयं में लोकतान्त्रिक कार्रवाई का एक रूप ले सकता है।

दूसरी बात, अगर शोध को कार्य–व्यवहार में योगदान देना है, तो उसकी प्रस्तुति स्पष्ट और पाठक के सुभीते की लिहाज़ से होनी चाहिए ताकि वह एक बड़े पाठक–समुदाय तक पहुँचे। यह बात बड़ी अहम है क्योंकि समाज–विज्ञानियों की एक प्रवृत्ति होती है कि वे अपने जैसों के ही बीच में बोलते–बताते हैं और 'बेबूझ खग–भाषा' का इस्तेमाल करते हैं जैसा कि भारतीय सांख्यिकी संस्थान (इंडियन स्टैटिस्टिकल इंस्टीट्यूट) के मेरे एक श्रद्धेय शिक्षक का कहना था। अकादमिक दायरों में किसी बात को जटिल बनाना बहुत उपयोगी हो सकता है। यह बात अर्थशास्त्र पर ख़ासतौर से लागू होती है : एक और श्रद्धेय शिक्षक ने मुझसे एक दफे कहा था कि, "अला और फलाँ साहब बहुत पहुँचे हुए अर्थशास्त्री हैं–उनका कहा बहुत कम ही लोग समझ पाते हैं।" इसके उलट कार्योन्मुख लेखन में नियम एक ही है कि जहाँ तक सम्भव हो, बात को सीधा–सरल बनाकर कहो।

तीसरी बात, कार्योन्मुख शोध सोच की इस परम्परागत लकीर पर नहीं चलता कि सरकार ही बदलाव का मुख्य कारक (एजेंन्ट) होती है। विकासपरक अर्थशास्त्र (डेवलपमेंट इकोनॉमिक्स) में एक चलन है कि उसमें शोध–पत्रों का समापन सरकारी नीति सम्बन्धी टिप्पणियों या सिफ़ारिशों से किया जाता है। यह शोध–कार्य को अमली जामा पहनाने की एक कोशिश है, लेकिन इसकी बुनियादी मान्यता है कि बदलाव सरकारी नीति के ही ज़रिये आयेगा। सरकार की नीति बेशक महत्त्वपूर्ण है लेकिन व्यावहारिक बदलाव लाने के और भी दूसरे साधन हैं और फिर, किसी लोकतान्त्रिक देश में सरकारी नीति स्वयं में ऐसी लोकतान्त्रिक प्रक्रियाओं का नतीजा होती है जिसमें सरकार समेत बहुत से ग़ैर–सरकारी संस्थान हिस्सेदारी करते हैं। कार्योन्मुख शोध अपनी बात व्यापक रूप से जनता से कहता है न कि सिर्फ़ सरकार से।

चौथी बात यह है कि कार्योन्मुख शोध कार्य–व्यवहार और अनुसन्धान–कर्म को परस्पर पूरक मानता है, वह इस परम्परागत सोच को नहीं मानता कि कार्य–व्यवहार और अनुसन्धान–कर्म परस्पर विपरीत गतिविधियों के नाम हैं। अकादमिक दायरों में परम्परागत सोच का बोलबाला है। इस सोच की बुनियाद में यह मान्यता काम करती है कि कार्य–व्यवहार में लगे होने

से वस्तुनिष्ठता क़ायम रखने में बाधा आती है, लेकिन वस्तुनिष्ठता के लिए बौद्धिक ईमानदारी की ज़रूरत है न कि प्रतिबद्धता के त्याग की। फिर, एक बात यह भी है कि अकादमिक संस्थाएँ किसी तटस्थ ज़मीन पर नहीं खड़ी होतीं। इन संस्थाओं का सत्ता के अन्य प्रतिष्ठानों जैसे कि सरकार, धनदाता एजेंसी तथा कॉरपोरेट जगत से जुड़ाव होता है। साथ ही, कार्य–व्यवहार में लगा होना आगे के लिए राह सुझा सकता है, वह अनुसन्धान–कार्य को दृष्टि–सम्पन्न बनाने में मददगार हो सकता है। ठीक इसी तरह शोध–कार्य भी कार्य–व्यवहार को ज़्यादा असरदार बनाने में सहायक हो सकता है। मिसाल के लिए, मीडिया, विधि–व्यवस्था और राजनीतिक दलों से बात–व्यवहार रखना लोकतन्त्र की संस्थाओं की हमारी समझ को ज़्यादा प्रखर बना सकता है। उसी तरह, कुछ दिन जेल में रहने को मिले तो राज्यसत्ता को एक अलग कोण से देखने के मामले में इस मौक़े की कोई सानी नहीं...[3]

पाँचवीं बात–कार्योन्मुख शोध में नैतिक मानदण्डों का ख़ास ख़याल रखना होता है। अकादमिक शोध–पत्रों में नैतिकता के धरातल पर हुई चूक (नकल, अवसरवादिता, तथ्यों के साथ हेराफेरी, निष्कर्ष की मनमानी प्रस्तुति आदि) के गम्भीर परिणाम हो भी सकते हैं और नहीं भी। लेकिन शोध–कार्य का रिश्ता एक–न–एक रूप में अगर जीवन की वास्तविक स्थितियों से हो तो दाँव पर बहुत कुछ लगा होता है। एक नैतिक मसला यह भी है कि कार्योन्मुख शोध, ख़ासकर सामाजिक विकास के मुद्दों पर केन्द्रित शोध में हमारी सीधी भेंट (मौक़ा मुआयना या अन्य गतिविधियों के मारफ़त) भारी ग़रीबी और शोषण झेल रहे लोगों से होती है। ऐसी स्थिति में अलग–थलग रहना मुश्किल हो जाता है और यह बात शोध को कार्य–व्यवहार से जोड़ने की एक और वाज़िब वजह है।

छठी बात, कार्योन्मुख शोध की एक मान्यता यह भी है कि आप दानदाता एजेंसियों और संस्थाओं के दायित्व के घेरे से अपने को मुक्त रखें क्योंकि ये एजेंसियाँ और संस्थाएँ अभिव्यक्ति या फिर कर्म की

---

3. हम जो देख पाते हैं, वह इस बात पर निर्भर करता है कि देखी जाने वाली चीज़ के बरक्स हम कहाँ खड़े हैं? स्थितिगत वस्तुनिष्ठता (पोजिशनल ऑब्जेक्टिविटी) की धारणा इस मान्यता पर आधारित है और बात को समझने में यहाँ मददगार हो सकती है। (सेन, 1993, इससे सम्बन्धित विचारों के लिए देखें रिपोर्ट 1960।

स्वतन्त्रता का गला घोंट सकती हैं। अकादमिक शोध का दानदाता एंजेंसियों पर निर्भर होना एक गम्भीर मामला है। आजकल तो पीएच.डी. के शोध भी वर्ल्डबैंक और कॉरपोरेट जगत से हासिल धन के सहारे होने लगे हैं। कुछ दानदाता एजेंसियाँ ज़रूर सिद्धान्तवादी और स्वतन्त्र हैं, लेकिन ऐसी बहुतेरी एजेंसियाँ सत्ता के ढाँचे का अनिवार्य हिस्सा होती हैं। ऐसी एजेंसियों से दूरी बनाये रखने के लिए ज़रूरी है कि हम कम ख़र्चीली कार्यशैली अपनायें या फिर ऐसे व्यक्ति से शोध–कार्य के लिए सहायता राशि माँगे जो हमारी परियोजना के जज़्बे को अपनेपन की आँख से देखें और मददगार हो सके।

इस सिलसिले की आख़िरी बात यह कि कार्योन्मुख शोध ज्ञान को सामूहिक कर्म मानता है। जब हम कर्मक्षेत्र में उतरते हैं तो हाथ में लिए गये मुद्दों को लेकर पुख़्ता राय बना लेते हैं। दबाव की स्थिति में कभी–कभी हम एकांगी या बहुत सरल धारणा बनाते हैं। अब इसे महापाप तो नहीं कहा जा सकता क्योंकि अकादमिक दायरों में भी कुछ अलग क़िस्म के पेशेवर पूर्वाग्रह और दबाव होते हैं, लेकिन फिर यहाँ बात आती है बचाव के उपाय की। विभिन्न विचार–दृष्टियों से तर्क और संवाद क़ायम कर हिफ़ाज़त के उपाय किये जा सकते हैं। शोध करने वाले चाहे कार्योन्मुख शोध कर रहे हों या फिर कुछ और, लेकिन वे अपने को विशेषज्ञ समझ लें और ख़ुद के बारे में मान लें कि वे अपने दम पर ही सार्वजनिक नीति बना लेंगे तो फिर यह ख़तरनाक हो सकता है। चर्चा, संवाद और बहस का रास्ता अपनाना इस चंगुल में फँसने से बचने के लिए ज़रूरी है।

कार्योन्मुख शोध एक सरल धारणा का नाम है और इसको लेकर बहुत ढोल–नगाड़ा बजाने की ज़रूरत नहीं। अकादमिक जगत के भी बहुत से शोधकर्ता चाहते हैं कि उनका शोध–कार्य एक–न–एक तरीक़े से व्यावहारिक बदलाव में योगदान करे। लेकिन अकादमिक वातावरण ऐसी इच्छा को तनिक मन्द कर देता है क्योंकि किसी संगठित कार्य–व्यवहार (ऑर्गनाइज़्ड एक्शन) के प्रति वह एक हद तक सशंकित होता है। एक वजह और है कि करिअर को आगे बढ़ाने के लिए शोध–कार्य का इस्तेमाल करने का दबाव होता है।

कार्योन्मुख शोध ही सिर्फ़ जायज़ शोध–कार्य का एकमात्र रूप हो– ऐसी बात नहीं। कार्योन्मुख शोध अपने आप में हमेशा अच्छा ही होता है, यह भी नहीं कहा जा सकता। बहुत कुछ इस बात पर निर्भर करता है

कि शोध किस तरह के कार्य के प्रति उन्मुख है। मात्र इतना भर कहने की मंशा है कि भारत जैसे देश में जहाँ लोकतान्त्रिक संस्थाएँ हैं, साथ ही सामाजिक समस्या भी ख़ूब है, कार्योन्मुख्र शोध से कई राहें खुलती हैं।

कड़ी मेहनत वह भी बिना एक धैले के

इस किताब में कई जगहों पर मौक़ा–मुआयना (फील्ड सर्वे) पर आधारित एक सिलसिलेवार सर्वेक्षण के निष्कर्षों का इस्तेमाल किया गया है। ये सर्वेक्षण स्वयंसेवी छात्रों की मदद से सम्पन्न हुए। इनमें ज़्यादातर सर्वेक्षणों की योजना डॉ. रीतिका खेड़ा (एसोसिएट प्रोफ़ेसर, भारतीय प्रौद्योगिकी संस्थान, दिल्ली) तथा अन्य समानधर्मा विद्वानों के साथ मिल–जुलकर तैयार की गयी। हमने जब पहली दफे स्वयंसेवी छात्रों को अपने साथ जोड़ने की कोशिश की, तो हमारे पास अनुदान में मिली कुछ रक़म थी। इसलिए, हमने फ़ैसला किया कि हम छात्रों को मानदेय के रूप में कुछ–न–कुछ राशि देंगे, मतलब उतनी ही जितनी कि दिहाड़ी मज़दूर को मेहनताने के रूप में दी जाती है। हमने एक 'हार्ड वर्क–लो पे' (कड़ी मेहनत कम मज़दूरी) शीर्षक से एक अपील जारी की। अपील को हाथों–हाथ लिया गया। इसके बाद के साल से हमने मानदेय देना बन्द कर दिया और अपील में थोड़ा सुधार करके उसे 'हार्ड वर्क–नो पे' (कड़ी मेहनत–बिना मज़दूरी के) कर दिया। अपील पर इस बार प्रतिक्रियाएँ और भी ज़्यादा उत्साह भरी रहीं। अपील जितनी दफे जारी हुई, देशभर से ज़्यादा–से–ज़्यादा छात्रों ने आवेदन भेजे। कई बार सर्वेक्षण की टोली में स्थानीय स्वयंसेवक या कार्यकर्ता भी रखे गये जो वंचित तबक़े के थे।

यह तरीक़ा कई कारणों से बहुत उपयोगी साबित हुआ। पहली बात तो यह हुई कि हमने नाममात्र के बजट में ज़्यादातर सर्वेक्षण पूरे कर लिए। सर्वेक्षण का ख़र्चा (सरकार या फिर स्वयंसेवी संगठन ऐसे सर्वेक्षण पर जितना ख़र्चा करते हैं उसका बहुत छोटा–सा हिस्सा) हमने शुभेच्छु दानदाताओं से जुटाया–बुनियादी सिद्धान्त यह रहा कि अपनी मर्ज़ी के मुताबिक़ कुछ रुपये का दान दीजिए और इस दान के साथ कोई शर्त आयद न कीजिए। इस वजह से हम दानदाता एजेंसियों, सरकार या फिर कॉरपोरेट जगत के दानदाताओं के प्रति किसी दायित्व से मुक्त रह सके।

मौक़ा–मुआयना में लगे अनुसन्धान–कर्मियों को वित्तीय प्रोत्साहन के

तौर पर कुछ न देना सर्वेक्षण की गुणवत्ता को बढ़ाने में सहायक सिद्ध हुआ। स्वयंसेवक अपने दिल की आवाज़ पर काम कर रहे थे, पैसे के लालच में नहीं। ज़्यादातर स्वयंसेवकों ने अपनी ज़िम्मेदारी बढ़–चढ़कर निभायी और सर्वेक्षण के दौरान नमूने के रूप में शामिल ऊँची पहाड़ी और पानी से भरे इलाक़ों के घरों तक पहुँचे। देर रात तक जागकर स्वयंसेवक अपनी प्रश्नावली दुरुस्त करते थे और सर्वेक्षण के निष्कर्षों पर समूह बनाकर उनमें चर्चा होती थी। मौक़ा–मुआयना के दौरान उनके रहने–जीने का परिवेश बड़ा सादगी भरा था : नज़दीक के किसी बरामदे में वे अक्सर फ़र्श पर सो जाया करते थे, बड़ा साधारण क़िस्म का खाना खाते थे, भीड़ भरी बसों में चढ़ते थे और देह झुलसाती गर्मी में लम्बी दूरी तक पैदल चला करते थे।

साथ ही, यह पूरी क़वायद (सिर्फ़ सर्वेक्षण ही नहीं बल्कि प्रशिक्षण तथा फ़ॉलो–अप की गतिविधि) छात्रों में स्वयंसेवी भावना को जगाये–ज़िलाये रखने के लिहाज़ से बड़े काम की साबित हुई। कई छात्रों के लिए ग्रामीण भारत के कोने–अन्तरे में समय गुज़ारना आँख खोल देने वाला अनुभव साबित हुआ। छात्रों ने अपनी आँखों से देखा कि आम आदमी भारी ग़रीबी में पिसते हुए कैसे रोज़मर्रा का संघर्ष कर रहा है, मज़दूरों का ठेकेदार कितना निर्दयी है और नौकरशाही कितनी हृदयहीन। कहने का मतलब यह नहीं कि सर्वेक्षण में लगे छात्रों का जीवन इन बातों की वजह से एकदम बदल गया। सर्वेक्षण के बाद कई छात्र अपने करिअर और पारिवारिक ज़िन्दगी की तरफ़ लौट गये, लेकिन उनके अपने आकलन के आधार पर ही कहें तो ज़्यादातर मामलों में उनके नज़रिये पर इस अनुभव का गहरा असर हुआ। कुछ स्वयंसेवक कार्योन्मुख शोध के अग्रणी प्रैक्टिशनर्स बनकर उभरे हैं।

हमने जिस भावना के साथ जुड़ने की उम्मीद लगाई थी, सभी स्वयंसेवक उसी भावना के साथ सर्वेक्षण के काम में जुड़े–ऐसा नहीं कह सकते। कुछ स्वयंसेवक अपने सी.वी. के ब्यौरे बढ़ाने की गरज़ से आये थे। कुछ की दिलचस्पी स्थानीय स्तर पर मिलने वाले चावल से बने बीयर (हन्ड़िया) को देखने–परखने में थी या फिर इस बात में कि सर्वेक्षण में लगे स्वयंसेवकों की जिस टोली में उनकी प्रेमिका (वास्तविक या काल्पनिक) गयी है, उसी में शामिल हो जायें। और फिर, जैसा कि टोली में रहकर

काम करने पर होता है, कुछ अवसरों पर तनाव और खींचतान भी पैदा हुई, लेकिन कुल मिलाकर देखें तो सर्वेक्षण के काम पर लगी टोली में आपसी सौहार्द और जोश अच्छा–ख़ासा था।

सर्वेक्षण का मक़सद संख्यात्मक और गुणात्मक दोनों ही क़िस्म के उच्च गुणवत्ता के आँकड़े एकत्र करने का था, इसकी राह बड़े मननपूर्वक दिये गये प्रशिक्षण और कार्यशाला के दौरान सिखाई–बताई गयी बातों के ज़रिये तैयार की गयी। लेकिन सर्वेक्षण सिर्फ़ आँकड़ों को एकत्र करने तक सीमित नहीं थे। कई बार कार्य–योजना में जन–सुनवाई, सामाजिक अंकेक्षण और विकास की राशि उड़ाने में लगे ठगों को पकड़ने जैसी ठोस गतिविधियाँ भी शामिल की गयीं। ये सारे काम सर्वेक्षण के दौरान नहीं बल्कि उसके बाद हुए–शोध और कार्य की अपनी अलग–अलग पद्धतियाँ होती हैं और उनका लापरवाही से घालमेल नहीं करना चाहिए, लेकिन हमने ऐसी गतिविधियों से बहुत कुछ सीखा और उन्हें अपने काम का अभिन्न हिस्सा मानते हैं।

जिन छात्रों और स्थानीय स्वयंसेवकों ने कई सालों तक चले सर्वेक्षण में हिस्सा लिया, मैं उनका हृदय से आभारी हूँ। बाड़मेर के बालुई टीलों, कालाहांडी के जंगलों और चम्बा ज़िले की पहाड़ियों में हमने राशन–दुकानों के निरीक्षण, स्कूलों के दौरे और लोगों से बातचीत के दौरान जो वक़्त साथ बिताया उसकी मेरे मन में बड़ी प्यारी स्मृतियाँ हैं। निजी तौर पर तो यह सब अनुभव को समृद्ध करने में सहायक साबित हुआ ही साथ ही मेरे भीतर इस विश्वास को बल मिला कि काम को (सिर्फ़ सर्वेक्षण ही नहीं) अलग तरीक़े से भी किया जा सकता है–नियोक्ता और कर्मचारी का ऊब भरा रिश्ता छोड़कर काम को स्वतन्त्रता, सहयोग और उत्साह की भावना के आधार पर भी अंजाम दिया जा सकता है। मज़दूरी और भुगतान वाला तरीक़ा मुझे बहुत गया–गुज़रा जान पड़ता है–इसे सिर्फ़ ग़ुलामी से बेहतर कहा जा सकता है। हालाँकि इस रिश्ते में भी नियन्त्रण और प्रभुत्व की भावना ही बुनियाद में काम करती है। लाभ की चाह से काम करने की बात भी अजीब जान पड़ती है। इसके गुणों को तथाकथित मुख्यधारा के अर्थशास्त्र में बढ़ा–चढ़ाकर पेश किया जाता है। इन कसौटियों से उबरने में अभी समय लगेगा, लेकिन अर्थव्यवस्था और समाज के कुछ हिस्से (अकादमिक जगत समेत) इन प्रचलित कसौटियों से एक हद तक दूर हट गये हैं और उम्मीद है कि इनका दायरा समय बीतने के साथ और सिकुड़ेगा।

प्रमाण, प्रत्यक्ष (अनुभव) और प्रबोधन

शोधकर्ताओं के सर्वेक्षण और कार्य में भाग लेना क्योंकर मूल्यवान है–इसकी एक और वजह भी है : ऐसा करने से निजी अनुभव सघन होता है। शोध और अनुभव समझ बढ़ाने के दो परस्पर पूरक तरीक़े हैं।[4]

हाल–फिलहाल विकासपरक अर्थशास्त्र में अनुभव को कमतर आँकने और सबूत पर ज़ोर देने की प्रवृत्ति है। किसी मोहिनी–मन्त्र की तरह प्रमाण आधारित नीति (ऐविडेंस बेस्ड पॉलिसी) का उच्चार किया जाता है और इस उच्चार में सबूत का असली मतलब होता है सांख्यिकीपरक विश्लेषण। कभी–कभी इसे रैंडोमाइज़्ड कंट्रोल्ड ट्रायल्स (आर.सी.टी.–यादृच्छिक और नियन्त्रित परीक्षण) का कमोबेश पर्यायवाची मान लिया जाता है। मुझे जानकारी मिली है कि जब तक आर.सी.टी. जैसा कुछ शामिल न हो, विकासपरक शोध–कार्य करने के लिए फंड हासिल करना मुश्किल होता जा रहा है। यहाँ सोच यह काम करती है कि परिणाम और पहल के बीच कार्य–कारण सम्बन्ध स्थापित करने का यही सबसे अच्छा तरीक़ा है...[5]

आर.सी.टी. निश्चित ही अन्तर्दृष्टि का एक उपयोगी स्रोत हो सकता है, लेकिन अगर हम अपने को आर.सी.टी. या फिर सांख्यिकीपरक विश्लेषण तक सीमित रखें, उसे ही पब्लिक पॉलिसी का प्रमाणगत आधार बनायें तो फिर हम ज़्यादा दूर तक नहीं जा पायेंगे। दरअसल ऐसा करने पर बहुत सम्भव है कि हमसे ज्ञान का कोई महत्त्वपूर्ण अंश छूट जाये। आइए, जानने की कोशिश करते हैं कि ऐसा कैसे हो सकता है।

सांख्यिकीपरक विश्लेषण महत्त्वपूर्ण है, लेकिन अर्थशास्त्र में इसकी महिमा कुछ ज़्यादा ही बढ़ा–चढ़ाकर पेश की जाती है जबकि ज्ञान–अर्जन के दूसरे साधन, मिसाल के लिए अनुभव को कमतर आँका जाता है। जो

---

4. सांख्यिकीगत निष्कर्ष और टीक इसी कारण विज्ञान के लिए भी इस धारणा को बुनियादी मान सकते हैं। थॉमस बएज के नाम पर प्रचलित सांख्यिकी (बैजन स्टैटिस्टिक्स) में, जिसका शास्त्रीय सांख्यिकी एक विशेष रूप माना जा सकता है, किसी पूर्व प्रदत्त (शुरुआती विश्वास को धारण कर सकने की सम्भाव्यता–श्रेणी) की ज़रूरत होती है, और सांख्यिकीगत आकलन का यह तरीक़ा व पद्धति भी सुझाता है जिसके सहारे नयी जानकारियों के आलोक में पूर्व–प्रदत्त की पुनर्वीक्षा की जा सके, अनुभव पूर्व–प्रदत्त विश्वास का स्वाभाविक स्रोत है।
5. इस दावे की वैधता के बारे में विपुल मात्रा में साहित्य उपलब्ध है...मिसाल के लिए देखें डीटन एवं कार्टराइट, 2016 और इसमें उद्धृत पहले के अध्ययन। इस दावे को सच मान लिया जाये, तब भी यहाँ जिन सरोकारों का ज़िक्र किया गया है वे प्रासंगिक हैं।

अध्ययन सांख्यिकीपरक विश्लेषण पर आधारित होते हैं उन्हें श्रमसाध्य होने से ज़्यादा सही माना जाता है। लेकिन व्यवहार के धरातल पर ऐसे अध्ययन कई तरह से ग़लत राह पर जा सकते हैं–यहाँ तक कि वे अध्ययन भी जो पूर्व–समीक्षित (पीअर रिव्यूड) जर्नल में प्रकाशित हुए हों। बहुत सम्भव है आँकड़ा विश्वसनीय न हो : बड़े और प्रतिष्ठित माने जाने वाले राष्ट्रीय नमूना सर्वेक्षण (नेशनल सैंपल सर्वे) या राष्ट्रीय परिवार स्वास्थ्य सर्वेक्षण (एन.एफ.एच.एस.) के डेटासेट्स भी कभी–कभार भ्रामक होते हैं। यह भी सम्भव है कि विश्लेषणकर्ता को डेटा की गहरी समझ न हो। कोडिंग (कूटबद्ध) से सम्बन्धित ग़लतियाँ भी हो सकती हैं। सांख्यिकीगत विश्लेषण के लिए जिस मॉडल का इस्तेमाल किया जा रहा है, सम्भव है वह उपयुक्त न हो। यह भी मुमकिन है कि बुनियादी मान्यताएँ लागू न हो पायें। लेखक में ईमानदारी का अभाव हो सकता है, वह किसी ख़ास नतीजों की तरफ़ अपने विश्लेषण को घुमा सकता है (अगर कार्यकाल या फिर पीएच.डी. दाँव पर लगी हो तो ऐसा न करने की इच्छाशक्ति कितने विश्लेषक दिखा पायेंगे?)। अचरज नहीं कि अर्थशास्त्र के पूर्व–समीक्षित जर्नल में निष्कर्षों को स्वतन्त्र रूप से सत्यापित करने के प्रयास कम कामयाब होते हैं...[6] साथ ही, एक–से निष्कर्षों को अलग–अलग लेखक अपनी प्रतिबद्धता के अनुसार एकदम अलहदा तरीक़े से (यहाँ तक कि एकदम से उलटकर भी) पेश कर सकते हैं। फिर, अर्थशास्त्र से सम्बन्धित साहित्य–जगत में प्रकाशन से जुड़ा पूर्वाग्रह (पब्लिकेशन बॉयस) भी प्रचलित है। अगर किसी एक अध्ययन में दिखाया गया है कि स्कूली बच्चों के पेट के कीड़े मारने का उनकी शैक्षिक परिलब्धि पर सकारात्मक असर पड़ा और किसी दूसरे अध्ययन में यह दिखाया गया हो कि स्कूली बच्चों के पेट के कीड़े मारने और उनकी शैक्षिक परिलब्धि के बीच ऐसा सम्बन्ध नहीं जोड़ सकते तो पहले अध्ययन के प्रकाशित होने की सम्भावना दूसरे

6. मिसाल के लिए देखें चांग और ली 2015, जिसमें दावा है "आर्थिक शोध अमूमन पुनर्प्रस्तुत करने लायक नहीं होते।" यह बात बहु–प्रतिष्ठित आर्थक जनरल में प्रकाशित सड़सठ शोध–आलेखों के निष्कर्षों की पुनर्प्रस्तुति के प्रयासों के आधार पर लिखी गयी है"; आर.सी.टी के विशेष सन्दर्भ में देखें यंग 2016। डेटा–एनालिसिस (आँकड़ों का विश्लेषण) के क्षेत्र में पारदर्शिता के मानक बढ़ रहे हैं, कम–से–कम उत्कृष्ट आर्थिक जर्नल्स के बारे में यह बात कही जा सकती है और निष्कर्षों की पुनर्प्रस्तुति का मामला समय बीतने के साथ सुधरेगा, लेकिन फिलहाल यह एक गम्भीर और कठिन समस्या है।

की तुलना में ज़्यादा है जबकि आदर्श स्थिति यह होगी कि दोनों अध्ययनों को साथ–साथ पढ़ा जाये।

इसे बाल की खाल निकालना नहीं कह सकते। मिसाल के लिए भारत में सामाजिक नीति (सोशल पॉलिसी) से सम्बन्धित आर्थिक साहित्य पर विचार करें। सामाजिक नीति से सम्बन्धित आर्थिक साहित्य विपुल मात्रा में है। इनमें बहुत कुछ अन्तर्दृष्टिपूर्ण है जबकि कुछ बहुत ज़्यादा भ्रामक। अगर कोई भारत की सामाजिक नीति के बारे में राय बनाने के लिए सिर्फ़ इसी साहित्य पर निर्भर रहे तो उसे सीखने के नाम पर बहुत कम हासिल होगा। ऐसे अध्ययनों से सीखने के लिए ज़रूरी होगा कि उन्हें अन्य जानकारियों जैसे कि सम्बद्ध लोगों की राय तथा प्रत्यक्ष अनुभव की रोशनी में पढ़ा जाये।

क्या अनुभव सबूत का ही एक रूप है? मुझे लगता है कि हाँ, बात ऐसी ही है। हालाँकि यह सबूत हम तक ही सीमित है। जब हम बाहर निकलते हैं, चीज़ों को ज़मीन पर होते हुए देखते हैं और लोगों का कहा सुनते हैं तो मन में एक रूपरेखा उभरती है। सिद्धान्त रूप में देखें तो इस जानकारी के साथ भी वैसा ही श्रमसाध्य बर्ताव किया जा सकता है जैसा कि सांख्यिकीगत आँकड़ों के साथ। बेशक निजी अनुभव भ्रामक हो सकते हैं लेकिन यही बात सांख्यिकीगत आँकड़ों के बारे में भी कही जा सकती है। अनुभव को सबूत का एक रूप मानने के साथ वास्तविक दिक़्क़त यह है कि इसका किसी के साथ साझा करना मुश्किल है। अगर मैं किसी पर विश्वास करता हूँ तो मुझे उसके अनुभव से फ़ायदा हो सकता है और इस हद तक अनुभव एक से दूसरे तक पहुँचने वाला सबूत का रूप कहला सकता है। लेकिन जब हम एक व्यापक पाठक–वर्ग के लिए लिखते हैं, तो हम हमेशा यह मानकर नहीं चल सकते कि पाठक हमारे ज्ञान पर भरोसा करेगा। दरअसल जब अकादमिक आलेखों में 'जानकार सूत्रों' (नॉलेजेबल इन्फॉर्मेंट्स) का हवाला दिया जाता है तो मेरे मन में शंका उठती है कि आख़िर किसकी गिनती जानकारों में की जाये और लेखक यह कैसे जानता है कि सूचना देने वाला (सूत्र) न सिर्फ़ जानकार है बल्कि उस पर भरोसा भी किया जा सकता है? इन तथाकथित जानकार सूत्रों के, जिसमें सरकारी अधिकारी से लेकर एन.जी.ओ. के कार्यकर्ता और सामुदायिक नेता (कम्युनिटी लीडर) तक शामिल हैं, अपने पेशेवर झुकाव और निजी पूर्वाग्रह होते हैं, ऐसे लोगों के पास किसी शोधकर्ता

को भटकाने के बहुत से कारण हो सकते हैं। इसलिए, अनुभव को सबूत का एक रूप मानने के लिहाज़ से जानकार सूत्र की धारणा हमें बहुत दूर तक ले जाने में मददगार नहीं। हाँ, कोई ऐसा मंच हो जहाँ लोग अपने अनुभव साझा करें, उस पर चर्चा करें और समीक्षा के लिए अपने अनुभव प्रस्तुत करें, तो इससे मदद मिल सकती है।

वैज्ञानिक (साइंटिफिक) जर्नलों में अमूमन लेखक के अनुभव को स्वीकार करने योग्य सबूत नहीं माना जाता। ऐसे जर्नल्स में अपेक्षा यह रहती है कि हर कथन को किसी आँकड़े या फिर पहले के किसी ऐसे अध्ययन के सहारे प्रमाण–पुष्ट किया जायेगा जो किसी प्रतिष्ठित जर्नल में छप चुका हो। बात बिल्कुल समझ में आती है : हम यह उम्मीद नहीं बाँध सकते कि जो कुछ हम प्रतीतियों के आधार पर कहेंगे वह सब कुछ साइंटिफिक जर्नल का सम्पादक स्वीकार कर लेगा। बहरहाल, इस परिपाटी के कारण साहित्य–भण्डार में बहुत–सा उपयोगी ज्ञान आने से रह जाता है। किसी किताब में लेखक को अपने निजी अनुभव के आधार पर बात कहने का ज़्यादा अवकाश रहता है और फिर इकोनॉमिक एंड पॉलिटिकल वीकली (ई.पी.डब्ल्यू.) जैसे जर्नल भी मौजूद हैं, जहाँ इसके लिए जगह है। दरअसल ई.पी.डब्ल्यू. की भारी सफलता की एक वजह यह भी हो सकती है कि यह जर्नल पुष्ट शोध को तो समर्पित है ही, साथ–ही–साथ इसमें लेखक के लिए निजी अनुभव को दर्ज करने की भी गुंजाइश है।[7]

अकादमिक शोध के लिहाज़ से यहाँ एक दिलचस्प दुविधा खड़ी नज़र आती है–यदि सबूत के मानक बहुत ऊँचे रखे जाते हैं तो फिर सीखना बहुत कम होगा, लेकिन मानक बहुत नीचे रखे जाते हैं तो हम जो सीखते हैं (या सोचते हैं कि सीखा) वह विश्वसनीय नहीं माना जायेगा। बहरहाल, नीति–निर्माण (पॉलिसी मेकिंग) और सार्वजनिक कर्म की दुनिया अकादमिक शोध की दुनिया से अलग है। उस दायरे में अनुभव के रचनात्मक उपयोग की राह में बाधा नहीं होनी चाहिए। दरअसल, इसके बग़ैर हम अन्तर्दृष्टि के एक समृद्ध स्रोत से वंचित हो जायेंगे और बड़े सीमित ज्ञान के आधार पर निर्णय लेने के लिए बाध्य होना पड़ेगा।

---

7. पद्धतिमूलक गुणात्मक शोध (क्वालिटेटिव रिसर्च) में भी सबूत और अनुभव को मिलाकर पेश करने की गुंजाइश रहती है। हालाँकि बहुत कुछ इस बात पर निर्भर करता है कि यह किया कैसे जाता है। मिसाल के लिए भागीदारी मूलक निरीक्षण (पार्टिसिपेंट ऑब्जर्वेशन) अनुभव में सहायक होगा, लेकिन किसी शोध सहायक के ज़रिये केस स्टडी करना नहीं।

लोकतान्त्रिक व्यवहार और सार्वजनिक नीति

एक सरल उदाहरण के ज़रिये इन मुद्दों को समझा जा सकता है। बीते कुछ सालों से भारत का राष्ट्रीय ग्रामीण रोज़गार गारंटी एक्ट (नरेगा) मज़दूरी के भुगतान से सम्बन्धित कई समस्याओं से घिरा है, जिसमें भ्रष्टाचार और देरी जैसी समस्याएँ भी शामिल हैं। अब ज़रा इस सरल से सवाल पर विचार कीजिए–क्या भुगतान बैंक के ज़रिये होना चाहिए या फिर डाकघर के ज़रिये? इस सवाल का उत्तर देते हुए कई तथ्यों का इस्तेमाल कर सकते हैं और सम्भव है कि अनुभवी लोगों के बीच उन तथ्यों पर व्यापक सहमति भी हो। मिसाल के लिए, यह ज़ाहिर–सी बात है कि डाकघर लोगों के घर से ज़्यादा नज़दीक होता है, लेकिन डाकघर में भ्रष्टाचार की आशंका ज़्यादा है, कम–से–कम नरेगा की मज़दूरी के भुगतान के सन्दर्भ में यह बात कही जा सकती है। डाकघर लोगों के घरों के कहीं ज़्यादा नज़दीक होता है–इस बात के पक्ष में सांख्यिकीगत प्रमाण दिये जा सकते हैं (मिसाल के लिए यह दिखाया जा सकता है कि ग्रामीण इलाक़ों में डाकघर और बैंकों के घनत्व का आँकड़ा क्या है), लेकिन दूसरी बात (भ्रष्टाचार) आमफ़हम जानकारी का मामला है। निजी तौर पर मुझे इसके बारे में पक्का यक़ीन है और इसकी वजह मात्र यही नहीं कि मैंने नरेगा के भुगतान के मामले में डाकखाने में भ्रष्टाचार होते देखा है बल्कि यह भी है कि भ्रष्टाचार के एतबार से डाकखाने की कमज़ोर नस को समझना आसान है। लेकिन दूसरी तरफ़ अगर कोई कड़क मिजाज़ अर्थशास्त्री मुझसे पूछे कि "आपके पास इस बात के क्या प्रमाण हैं कि डाकखानों में बैंकों की अपेक्षा ज़्यादा भ्रष्टाचार होता है?", तो जवाब में किसी आर.सी.टी. की बात तो छोड़ दें, कोई सांख्यिकीगत प्रमाण देना भी मुश्किल होगा। और बेशक मैं ग़लत हो सकता हूँ लेकिन नीति–निर्माताओं को फ़ैसला लेने से पहले इस सवाल और मज़दूरी के भुगतान से जुड़े अन्य पहलुओं पर पक्के प्रमाणों का इन्तज़ार करना पड़े तो फिर समाधान की दिशा में एक क़दम भी नहीं उठाया जा सकेगा। हद–से–हद वे यही कर सकते हैं कि अन्य प्रासंगिक सूचनाओं के साथ सांख्यिकीगत प्रमाणों का उपयोग करें–वास्तविक दुनिया में काम इसी तरह होता है, और ऐसा होता है तो यह ठीक भी है।

चूँकि मैंने मुद्दे को कुछ ज़्यादा ही सरलीकृत कर दिया है सो आइए, उदाहरण को कुछ और ज़्यादा आगे बढ़ाते हैं। मिसाल के लिए, हम यह

नहीं कह सकते कि बैंक हमेशा डाकघर से कम भ्रष्ट होते हैं : कुछ स्थानीय सहकारी बैंक बहुत भ्रष्ट होते हैं, जबकि बेहतर प्रशासन वाले राज्यों में डाकघरों में भ्रष्टाचार कमतर भी हो सकता है। इन मुद्दों पर आप बैंक मैनेजर, डाकघर के प्रतिनिधि, सरकारी अधिकारी, अर्थशास्त्री और नरेगा के मज़दूर या श्रमिक संगठन के नेताओं के एक समूह के बीच होने वाली दिलचस्प बातचीत की कल्पना कर सकते हैं। इस बातचीत में कई तरह के सवाल उठने की सम्भावना है, जैसे–क्या डाकघरों का सुधार किया जा सकता है, क्या बैंकिंग–प्रणाली की पहुँच का दायरा बढ़ाया जा सकता है और इस सिलसिले में ऐसे ही अनेक सवाल सोचे जा सकते हैं। उम्मीद की जा सकती है कि इस चर्चा से समस्या और उसके समाधान की बेहतर समझ बनेगी। मुमकिन है अर्थशास्त्री सांख्यिकीगत प्रमाण या फिर ज्ञान के अन्य स्रोतों (जैसे कि गुणात्मक शोध) के ज़रिये इस चर्चा में कुछ अहम अन्तर्दृष्टियों का योगदान करें। अगर चर्चा के भागीदारों की पृष्ठभूमि अलग–अलग है और वे एक–दूसरे की बातों से सीखने का ईमानदार प्रयास करते हैं तो बड़ी सम्भावना है कि मुद्दे पर कुछ प्रगति हो।

आख़िर के वाक्य की शुरुआत में एक दमदार 'अगर' जुड़ा हुआ है। ऊपर जिस बातचीत की कल्पना करने की बात कही गयी है वह हितों के टकराव, बातचीत के मुख्य भागीदारों की ग़ैर–मौजूदगी, बातचीत में हिस्सा ले रहे प्रभावशाली सलाहकार या पक्षपात के किन्हीं दूसरे कारणों से पटरी से उतर सकती है और यह बहुत कुछ इस बात पर निर्भर करता है कि बातचीत कैसे और क्यों (तथा किसके द्वारा) आयोजित की गयी है। अगर इस बात को एक तरफ़ करके सोचें, तो यहाँ मुद्दे की बात यह है कि आपस में मिल–जुलकर सीखने की प्रक्रिया सिर्फ़ सबूतों पर आधारित नहीं होती जैसा कि आज विकासपरक अर्थशास्त्र में माना जाता है। सबूत निश्चित ही इसका एक अहम हिस्सा है, लेकिन बातचीत अगर सिर्फ़ औपचारिक प्रमाण तक सीमित रहे तो वह बहुत दूर तक नहीं जा सकती। एक बड़ी वजह तो यही है कि जिस समस्या पर विचार किया जा रहा है उसके बहुत से पहलुओं पर सटीक प्रमाणों का अभाव हो सकता है और ऐसे प्रमाण जुटाना मुश्किल भी हो सकता है। दूसरी बात यह है कि सांख्यिकीगत प्रमाण की पहुँच चाहे जहाँ तक हो, लेकिन ज्ञान (एंलाइटेनमेंट) के अन्य स्रोतों (जिनमें अनुभव शामिल है) के ज़रिये भी अहम योगदान किया जा सकता है।

भारत में सार्वजनिक नीति को लोकतान्त्रिक व्यवहार के प्रतिफल के रूप में देखा जाना चाहिए। बेशक कुछ लोग चाहेंगे कि सार्वजनिक नीति का काम तकनीकी विशेषज्ञों पर छोड़ दिया जाये और रोज़मर्रा की बहसों से दूर रखा जाये। फिलहाल का चलन भी यही है (ज़्यादा–से–ज़्यादा फ़ैसले प्रधानमन्त्री कार्यालय या फिर वित्त मन्त्रालय की बन्द कोठरियों में लिए जा रहे हैं) लेकिन मुझे यह चलन ठीक नहीं जान पड़ता। दरअसल मान्यता प्राप्त विशेषज्ञ जितना अपने को जानकार मानते हैं उसकी तुलना में उनकी जानकारी कहीं ज़्यादा सीमित होती है। एक बात यह भी है कि जिस विशेष सुविधा–प्राप्त दायरे के लोगों के बीच उनका उठना–बैठना होता है उसके मूल्यों से वे बड़ी हद तक प्रभावित होते हैं। लोकतान्त्रिक व्यवहार इतना आसान भी नहीं है लेकिन मेरा ख़याल है कि ऐसा ही व्यवहार ज़्यादा उपयुक्त और कारगर है। सार्वजनिक नीति के लक्ष्य और प्राथमिकताओं को भी स्पष्ट करने के लिए भी लोकतान्त्रिक बर्ताव ज़रूरी होता है। चाहे कोई कितना भी बड़ा विशेषज्ञ हो, यह काम वह ख़ुद के दम पर नहीं कर सकता।

प्रमाण–आधारित नीति का मामला इस रोशनी में देखा जाना चाहिए। अगर सोच यह है कि सार्वजनिक नीति बनाने के लिए ज़्यादा–से–ज़्यादा प्रमाण जुटाये जाने चाहिए तो इसमें कोई ग़लती नहीं। बहरहाल, ऐसा प्रयास कहीं ज़्यादा उपयोगी सिद्ध होगा। अगर हम ध्यान रखें कि प्रमाण आर.सी.टी. से, ज्ञान प्रमाण से, नीति ज्ञान से और कर्म नीति से कहीं ज़्यादा बड़ी चीज़ है...[8]

अनुभव और मूल्य

अनुभव सबूत का एक वैध रूप (कम–से–कम सम्बद्ध व्यक्ति के लिए) होने के साथ–साथ मूल्यों के बारे में स्पष्ट समझ बनाने के लिहाज़ से भी मददगार हो सकते हैं। यह बात महत्त्वपूर्ण है क्योंकि आर्थिक नीति और सार्वजनिक कार्य में लक्ष्य और प्राथमिकताओं को लेकर मूल्य–निर्णय करने ही होते हैं। प्रमाण–आधारित नीति बनाने के प्रतिबद्ध पैरोकार

---

8. ज्ञान और समझ में एक और उपयोगी अन्तर किया जा सकता है। समझ, ज्ञान की तुलना में कहीं ज़्यादा मेहनत की माँग करती है। संगत नीति बनाने के लिए दोनों की ज़रूरत है। इसके लिए मूल्यों और प्राथमिकताओं के बारे में स्पष्टता की भी ज़रूरत है–अगले खण्ड में इस पर ज़्यादा विस्तार से विचार किया जायेगा।

भी इस बात पर सहमत होंगे कि प्रमाण स्वयं में नीतिपरक सलाह का रूप नहीं ले सकता जब तक कि हमें यह न स्पष्ट हो जाये कि दरअसल हम हासिल क्या करना चाहते हैं और क्योंकर हासिल करना चाहते हैं।

यहाँ बात को समझने के लिए एक बार फिर से एक उदाहरण मददगार हो सकता है। भारत में विधवा, बुज़ुर्ग और विकलांग व्यक्तियों के लिए सामाजिक सुरक्षा पेंशन की कुछ छोटी–मोटी योजनाएँ लागू हैं। इन योजनाओं का दायरा और इनमें मिलने वाली पेंशन–राशि फिलहाल बहुत कम है और एक विचार यह भी है कि इन योजनाओं का दायरा बढ़ाया जाना चाहिए। इन योजनाओं को सार्विक (यूनिवर्सल) करने की बात भी कही जाती है। अगर किसी अर्थशास्त्री के सामने यह प्रस्ताव रखा जाये तो बहुत सम्भव है कि वह पेंशन–योजना के कई पहलुओं पर विचार करेगा। मिसाल के लिए वह देखना चाहेगा कि पेंशन योजनाओं का ग़रीबी पर क्या असर हुआ है, इन योजनाओं के संचालन में कितना ख़र्चा आता है, योजनाओं में किस सीमा तक भ्रष्टाचार है तथा ऐसी अनेक बातों पर वह अर्थशास्त्री विचार कर सकता है। इस मसले पर कई अध्ययन मौजूद हैं और उन अध्ययनों का निष्कर्ष है कि भारत की पेंशन–योजनाएँ कई अर्थों में बहुत उपयोगी हैं।

ऐसे विश्लेषण बहुत उपयोगी हैं, लेकिन बुजुर्गों तथा विधवाओं के साथ बैठकर कुछ समय गुज़ारना और उनसे उनकी ज़िन्दगी के बारे में पूछना कम उपयोगी नहीं कहला सकता। अगर आपके पास हृदय है तो उनके दुख से आपका मन जितना द्रवित होगा उसकी बराबरी कोई भी सांख्यिकीगत प्रमाण नहीं कर सकता। आपको यह बात भी समझ में आयेगी कि भले ही सामाजिक सुरक्षा पेंशन की राशि बहुत कम हो लेकिन यह राशि बुजुर्गों और विधवाओं के लिए बहुत मायने रखती है क्योंकि इससे उन्हें कुछ स्वतन्त्रता और गरिमा हासिल होती है। इस राशि से उन्हें छोटी–मोटी सहूलियत हासिल होती है, जैसे वे चाहें तो इस राशि से अपने टूटे हुए चश्मे की मरम्मत करवा सकते हैं। बहुत सम्भव है तब आपको यह नाइंसाफ़ी का बर्ताव जान पड़े कि केन्द्र सरकार वृद्धावस्था पेंशन के मद में 200 रुपये प्रतिमाह की बड़ी छोटी–सी रक़म देती है और उसने बारह सालों से इसे नहीं बढ़ाया है (हालाँकि इस दौरान सरकारी कर्मचारियों को मिलने वाले पेंशन में ख़ूब बढ़ोतरी हुई)। थोड़े में कहें तो जीवन्त अनुभव सांख्यिकीपरक आँकड़ों को एक सन्दर्भ में रखकर देखने

में मददगार हो सकता है और इस तरह हम सामाजिक नीति (सोशल पॉलिसी) की प्राथमिकताओं की कहीं बेहतर समझ बना सकते हैं।

कथा–कहानियाँ यानी साहित्य का संसार 'प्रमाण' से बहुत दूर होता है, लेकिन इससे भी मदद मिल सकती है। विभूति भूषण बंद्योपाध्याय का क्लासिक माना गया उपन्यास 'पाथेर पंचाली' (सत्यजित राय ने इस पर फ़िल्म बनायी है) एक बुज़ुर्ग विधवा इन्दिर ठाकुरुन की रोज़मर्रा की ज़िन्दगी के एक बड़े दूरंदेसी वर्णन से शुरू होती है। यह वर्णन हमें यह तो बताता है कि वह बुज़ुर्ग विधवा स्त्री किस तरह अपने दिन गुज़ारती है, साथ ही हम यह भी जान पाते हैं कि उसे कैसा महसूस होता है। कथा–साहित्य के बहुत से प्रेमी बताते हैं कि किसी कथा–चरित्र की ज़िन्दगी में निमग्न होकर उन्हें बहुत गहरी अनुभूति होती है और यह अनुभूति वास्तविक जीवन में हुए अनुभव से कमतर नहीं होती। इसी तरह, दलित लेखकों (मिसाल के लिए शान्ताबाई कांबले, लक्ष्मण गायकवाड़, ओमप्रकाश वाल्मीकि या फिर दया पवार) की आत्मकथा पढ़ना जाति–व्यवस्था और उसकी भयावहता की समझ बना पाने में जितना मददगार हो सकता है उतना कोई अकादमिक पाठ्यपुस्तक या फिर सर्वेक्षण के आँकड़े नहीं। अगर हमें सामाजिक विकास की फ़िक्र है तो हमें इन बातों में रुचि लेनी चाहिए।

बेशक, यह सारा कुछ किसी दुर्गम प्रदेश की यात्रा पर जाने जैसा है। जैसे सांख्यिकीपरक आँकड़ों तक नज़र सीमित रखने के कारण हमसे यथार्थ का कोई अहम पहलू छूट सकता है उसी तरह यह आशंका भी है कि हम अपने निजी अनुभव के हाथों गुमराह हो जायें...[9] बेहतर स्थिति यही है कि इन दोनों (निजी अनुभव और सांख्यिकीगत प्रमाण) का अच्छा उपयोग किया जाये और उन लोगों से जुड़ाव रखा जाये जिनके अनुभव और विचार हमसे अलग हो सकते हैं।

---

9. इस सन्दर्भ में मुझे भारत के बेहतरीन अर्थशास्त्रियों और सार्वजनिक बुद्धिजीवियों में शुमार अशोक रुद्र की एक प्रतिक्रिया याद आती है। उन्होंने बड़ी उदारता से मेरे लिखे एक आलेख को पढ़ा, जिसमें मैंने एक बुज़ुर्ग विधवा का कथन उद्धृत किया था। कथन इस बारे में था कि बेटे ने जब बेसहारा छोड़ दिया तो उस बुज़ुर्ग स्त्री को कैसी पीड़ा का अनुभव हुआ? उसने कहा था : "उनको पाल–पोसकर बड़ा करने में मैंने इतने दुख उठाये लेकिन बदले में मुझे क्या मिला?" अशोक रुद्र ने यह पढ़कर मेरे आलेख के हाशिए पर तुरन्त लिखा–"यह प्रचलित भयादोहन (ब्लैकमेल) की मिसाल है" : ज़ाहिर है, सांख्यिकीपरक आँकड़ों की तरह किसी के निजी अनुभव की व्याख्या भी अलग–अलग तरीक़े से हो सकती है।

झोलावाला अर्थशास्त्र

झोलावाला अर्थशास्त्र जैसी कोई चीज़ नहीं होती और मैं पहले ही इस बात से आगाह करता चलूँ कि अगर मेरे लेखन से प्रेरित होकर कोई अपने को झोलावाला अर्थशास्त्री कहता है तो इससे मेरा कोई लेना–देना नहीं। झोलावाला अर्थशास्त्र एक जुमला भर है जिसे मैंने इस पुस्तक के नाम के तौर पर चुना है। बहरहाल, यह नाम चुनने की प्रेरणा कैसे मिली, इसका थोड़ा ज़िक्र यहाँ ज़रूरी है।

भारत के कॉरपोरेट–संचालित मीडिया में 'झोलावाला' को एक अपशब्द की तरह बरता जाता है। भारत में बहुत से कार्यकर्ता (एक्टिविस्ट) झोले का इस्तेमाल करते हैं (हालाँकि अब बैकपैक का चलन है) और कार्यकर्ताओं (एक्टिविस्ट) के उपहास के अर्थ में 'झोलावाला' शब्द का व्यवहार होता है। कॉरपोरेट मीडिया लोक–कल्याणकारी राज्य, न्यूनतम मज़दूरी तथा पर्यावरणीय नियमन जैसी धारणाओं को बगावती विचार मानकर चलती है और 'झोलावाला' शब्द इसी कारण उसके दुष्प्रचार का हथकण्डा है। इस दुष्प्रचार का एक अहम हिस्सा है सुविधाजनक शब्दावली तैयार करना, निन्दात्मक अर्थ देने वाले शब्द गढ़ना, जैसे पी.डी.एस. (सार्वजनिक वितरण प्रणाली) के लिए 'रेवड़ी बाँटना' और 'मुफ़्त का माल' जैसे मुहावरे इस्तेमाल करना। इसी तरह, व्यावसायिक हितों के अनुकूल चलने वाली सार्वजनिक नीति के आलोचकों को हाशिए पर करने के लिए उनके लिए 'झोलावाला' शब्द का इस्तेमाल किया जाता है।

अर्थशास्त्रियों के मन में भी कई बार 'झोलावाला' को लेकर सन्देह होता है। ऐसे अर्थशास्त्री अक्सर कहा करते हैं कि 'नीयत का नेक होना भर ही काफ़ी नहीं है' या फिर यह कि 'कारगर नीति बनाने के लिए ठोस सिद्धान्त की ज़रूरत होती है,' जिसका मतलब होता है कि 'झोलावाले' नीयत के नेक हैं लेकिन थोड़े भ्रम में हैं। अर्थशास्त्रियों के जताये इस सन्देह को जवाब भी बराबरी का मिलता है : झोलावाले एक तो अर्थशास्त्र सीखने की जल्दबाजी में नहीं होते, दूसरे वे अर्थशास्त्रियों को अक्सर सत्ता–प्रतिष्ठान का आज्ञाकारी नौकर कहक़र ख़ारिज करते हैं।

यह आपसी सन्देह दुर्भाग्यजनक है। झोलावाले अर्थशास्त्र का बेहतर इस्तेमाल कर सकते हैं–अगर पर्याप्त आलोचना–बुद्धि के साथ अध्ययन किया जाये, तो अर्थशास्त्र राह दिखाने वाला अनुशासन साबित होता

है। मिसाल के लिए गेम–थ्योरी (खेल–सिद्धान्त) की अन्तर्दृष्टियाँ किसी शान्ति–कार्यकर्ता (पीस–एक्टिविस्ट) के लिए बड़े काम की हो सकती हैं। बाक़ी बातों के साथ गेम–थ्योरी की अन्तर्दृष्टियों से यह भी पता चलता है कि किसी प्रसंग के भागीदार चाहे कितने भी तर्कबुद्धि वाले क्यों न हों, उस प्रसंग से जुड़े संघर्ष बेकाबू हो सकते हैं–यह बात हम रोज़मर्रा के अपने अनुभव से भी जानते हैं। परमाण्विक–निरस्त्रीकरण के लिए यह एक अच्छा तर्क साबित हो सकता है। गेम–थ्योरी की एक अन्तर्दृष्टि बताती है कि स्वार्थी बर्ताव कई बार सामूहिक रूप से अयुक्तिपूर्ण (इरैशनल) होता है (मिसाल के लिए, वह स्थिति जिसे प्रिजनर्स डायलेमा कहा जाता है)। प्रचलित आर्थिक–व्यवस्था के आलोचकों के लिए यह भी रुचि की बात हो सकती है।

दूसरी तरफ़, झोलावाले और उनका काम अर्थशास्त्रियों की कहीं ज़्यादा प्रशंसा का हक़दार है। यह बात ठीक है कि कभी–कभी झोलावालों के मन में चीज़ें बहुत स्पष्ट नहीं होतीं और यह आशंका लगी रहती है कि वे भेड़–चाल की टेक पर न सोचने लगें। लेकिन उन्हें व्यवस्था के अँधेरे हिस्सों की अक्सर अच्छी जानकारी होती है। दूसरों की तुलना में वे इसे क़रीब से देखते हैं। इनमें से कई अपने सरोकार के विषय के बारे में अच्छी जानकारी भी रखते हैं। इसकी वजह यह है कि उनका अपने मतलब के मुद्दे से गहरा लगाव होता है, इसलिए वे ब्यौरों पर लगातार नज़र रखते हैं। यह बहुत कुछ फुटबॉल–प्रेमियों की तरह है जो अख़बार में छपे खेल के पन्नों की एक–एक लाइन पढ़ते हैं। अर्थशास्त्री (जिसमें मैं भी शामिल हूँ) कई बार झोलावालों की तुलना में किसी मसले के नवीनतम ब्यौरे कहीं कम जानते हैं।

यहाँ सूचना का अधिकार को लेकर सक्रिय कार्यकर्ताओं का उदाहरण दिया जा सकता है। भ्रष्टाचार को लेकर इनकी समझ और भ्रष्टाचार से लड़ने के तरीक़े के बारे में आर.टी.आई. कार्यकर्ता जितना जानते हैं उसकी बराबरी शायद ही कोई अर्थशास्त्री कर पाये। भ्रष्टाचार–निरोधी क़ानूनों की एक पूरी श्रृंखला (सूचना के अधिकार, शिकायत निवारण, व्हिसिल–ब्लोअर सुरक्षा आदि) अर्थशास्त्रियों के नहीं बल्कि मुख्य रूप से कार्यकर्ताओं के सिद्धान्त–निरूपण के कारण आकार ले पायी है। एक दिलचस्प तथ्य यह है कि हाल–फिलहाल के आर्थिक–साहित्य के सर्वेक्षणों में सूचना के अधिकार का ज़िक्र शायद ही कहीं आता है। हालाँकि यह एक सीधा–सादा

मगर ताक़तवर विचार है और इसने भारत में एक लम्बी दूरी तय की है। सूचना के अधिकार की जगह आर्थिक–साहित्य से सम्बन्धित सर्वेक्षणों में ज़्यादा ज़ोर परम्परागत उपायों जैसे सरकारी एजेंसियों के बीच प्रतिस्पर्धा के भाव जगाने, विवेकाधिकार के तहत लिए जाने वाले फ़ैसलों की गुंजाइश कम करने तथा नीलामी के तरीक़े का बेहतर उपयोग करने पर होता है। ये उपाय बेशक अहम हैं–बाक़ी क्षेत्रों की तरह यहाँ भी आपसदारी के ज़रिये सीखने की बहुत गुंजाइश है।

अतः शीर्षक में 'झोलावाला अर्थशास्त्र' शब्द के प्रयोग के पीछे दो मक़सद हैं। एक तो इस शब्द का प्रयोग अर्थशास्त्र में 'कार्योन्मुख शोध' की धारणा को वैधता प्रदान करता है। दूसरा इस शब्द के प्रयोग में एक न्यौता देने का भी भाव है कि अर्थशास्त्री और तथाकथित झोलावाले एक–दूसरे से आपसदारी के नाते से सीखें। अपने आप में बड़ा बेढंगा लगता है कि किसी अर्थशास्त्री की उचित वेशभूषा में हम झोले की नहीं बल्कि कॉरपोरेट जगत में चलने वाले ब्रीफकेस की कल्पना करें। आदर्श स्थिति तो यही कहलाएगी कि अर्थशास्त्री विश्वविद्यालयों, सरकारी दफ़्तरों तथा कॉरपोरेट जगत में ही नहीं बल्कि आम जनता के बीच भी नज़र आयें –वे नागरिक संगठनों, मज़दूर–संगठनों, राजनीतिक पार्टियों, वैकल्पिक मीडिया, अमन क़ायम करने के आन्दोलनों के साथ मिलकर काम करते दिखें या फिर फ्रिलांसिंग करते हुए नज़र आयें। बेशक, अर्थशास्त्री चाहते हैं कि उन्हें अपने काम का अच्छा भुगतान मिले और इसी कारण वे सुविधा तथा सत्ता के ठिकानों की तरफ़ आकर्षित होते हैं।[10] लेकिन अर्थशास्त्री झोलावालों के साथ घुलना–मिलना चाहें या फिर झोलावाले अर्थशास्त्रियों के साथ मिलकर काम करना चाहें तो इसमें कोई बाधा नहीं है।

पुस्तक की योजना

'सबसे बड़ा दिखावा क्या है? यही कि कोई अपने अख़बारी लेखों को किताब की शक्ल में छपवाये'। कुछ महीने पहले मैंने कहीं यह बात पढ़ी थी जिसके

10. दरअसल जिनकी रुचि सादगी से जीने में है, उन पर भी यह बात लागू होती है। प्रतिष्ठित अर्थशास्त्रियों को अन्तर्राष्ट्रीय सम्मेलनों में बीज–वक्तव्य देने, मशहूर हस्तियों की लिखी पुस्तकों का लोकार्पण करने, सरकार को परामर्श देने तथा अनगिनत बोर्ड से जुड़ने के न्यौते मिलते हैं। इन न्यौतों को नकारना मुश्किल होता है। इन वजहों से किसी अलग दायरे के लोगों से जुड़ने के लिए बहुत कम समय मिलता है।

असर में इस किताब का काम कुछ देर तक रुका। लेकिन दो वजहों से मैंने इस योजना को फिर से चालू किया। एक वजह तो यही है कि पुस्तक में संकलित लेखों में आये ज़्यादातर मसले अभी प्रासंगिक हैं। भारत अब भी भुखमरी, ग़रीबी, असमानता, भ्रष्टाचार, संघर्ष तथा ऐसे ही अनेक मसलों से जूझ रहा है। सो, किताब में आये तर्क अब भी प्रासंगिक बने हुए हैं।

दूसरी वजह है कि भारत ने 2000 से 2017 के बीच सामाजिक नीति के निर्माण में जो यात्रा तय की है उसकी एक झलक पुस्तक में संकलित लेखों से मिलती है। इस अवधि में सामाजिक नीति के क्षेत्र में भारत की सुस्ती के बावजूद कुछ महत्त्वपूर्ण पहल हुई हैं जैसे कि स्कूलों में मध्याह्न भोजन (मिड–डे मील) की शुरुआत तथा राष्ट्रीय ग्रामीण रोज़गार गारंटी क़ानून का लागू होना। जैसा कि किसी लोकतन्त्र में होता है, इन पहलक़दमियों ने जीवन्त सार्वजनिक बहस–मुबाहिसे के बीच आकार लिया। कुछ पहलक़दमियाँ आकार नहीं ले पायीं–मिसाल के लिए स्वास्थ्य–क्षेत्र का नाम ले सकते हैं। इस पुस्तक में संकलित लेखों से सामाजिक–नीति निर्माण की दिशा में हासिल उपलब्धियों तथा नाकामियों को और उनसे जुड़ी हुई बहसों को समझने में मदद मिलेगी।

लेखों को पुस्तक में विषय–वस्तु के अनुरूप क्रमबद्ध किया गया है और अन्तिम खण्ड में 'विविध प्रसंग' के अन्तर्गत कुछ लेखों को रखा गया है। विषयवस्तु के अनुरूप किसी खण्ड की शुरुआत में एक छोटा–सा आमुख दिया गया है जिसके सहारे लेखों को एक परिप्रेक्ष्य में देखने में मदद मिलती है। हर खण्ड में लेखों का संकलन काल–क्रम के अनुसार किया गया है। चूँकि किसी लेख के प्रकाशित होने का समय लेख के सन्दर्भ को समझने में मददगार होता है इसलिए प्रत्येक लेख की शुरुआत में उसके प्रकाशन की तारीख़ का ज़िक्र किया गया है। उम्मीद है, लेखों को काल–क्रम के अनुसार सजाकर प्रस्तुत करने से पाठक को बीते वक़्त के सामाजिक नीति के विकास–क्रम को समझने में सहूलियत होगी।

कुछ जगहों पर मैंने दो छोटे–छोटे लेखों को एक में मिला दिया है और लेख लम्बा हो गया है। कुछ लेखों के शीर्षक बदले गये हैं। मूल शीर्षक तथा स्रोत का ज़िक्र पुस्तक के अन्त में किया गया है।

मैंने लेखों का संशोधन नहीं किया है। हाँ, कुछ जगहों पर नोक–पलक दुरुस्त करने का काम ज़रूर किया है। मिसाल के लिए, कहीं कोई भूल दिखी है तो उसे सुधारा है, पुनरुक्ति को हटाया गया है या फिर असावधानी

वश लिखे किसी वाक्य को सँवार दिया गया है। किताब को यथासम्भव पठनीय बनाने की कोशिश की गयी है। मैंने लेखों में पाद–टिप्पणी जोड़ने के लोभ का संवरण किया। लेकिन हर खण्ड के अन्त में कुछ टिप्पणियाँ दी गयी हैं। इस अंश में मैंने पूरी कोशिश की है कि मूल आँकड़े तथा स्रोत ग्रन्थ–सूची दे सकूँ।[11] टिप्पणियों में कहीं–कहीं आपको स्पष्टीकरण तथा अद्यतन जानकारी भी लिखी हुई मिलेगी।

11. भारत की सामाजिक–नीति विषयक साहित्य की विशेष जानकारी के लिए देखें द्रेज एवं सेन 2013, द्रेज 2016 ए तथा द्रेज एवं खेरा 2017।

1
भुखमरी और सूखा

लेखों के संकलन के इस हिस्से की शुरुआत उदासी के टेक से होती है : आपको लेखों में सन् 2000 के दशक के शुरुआती सालों के सूखे और भुखमरी का ज़िक्र मिलेगा। पश्चिमी मध्य प्रदेश के सहरिया, पलामू के भुईंया और सरगुजा के पहाड़ी कोरवा, जिस कठिन जीवन–दशा में जीते हैं, मुझे शक है कि दुनिया में वैसी दशा में कोई और समुदाय भी जीता होगा। यह बड़ा दुखदायी लेकिन मूल्यवान अनुभव था क्योंकि बाद में जो कुछ हुआ उसे इस अनुभव ने समृद्ध किया और प्रेरित भी।

साल 2001 के शुरुआती महीनों में भारत सरकार ने अपने गोदामों में बहुत ज़्यादा अनाज इकट्ठा कर रखा था। शुरुआती लेख 'भुखमरी के शिकंजे में ग़रीब' इस बात की आलोचना में है। सरकारी गोदामों में अनाज का भण्डारण 5 करोड़ टन तक पहुँच गया था यानी ग़रीबी रेखा के नीचे रहने वाले प्रत्येक परिवार के हिसाब से लगभग 10 क्विंटल अनाज। इस बीच देश के बड़े हिस्से में सूखे की स्थिति थी। भारी भुखमरी और यहाँ तक कि भुखमरी से होने वाली मौत की ख़बरें लगातार आ रही थीं। सरकार ने तयशुदा मानक से कहीं ज़्यादा खाद्यान्न जमा कर रखा था और लग रहा था कि ग्रामीण इलाक़ों में इस कारण भी ज़्यादा कठिनाई पेश आ रही है। जमा किये गये इस अनाज का उपयोग सार्वजनिक काम में तथा राहत के अन्य उपायों में हो इसके लिए एक मामला तैयार करने की ज़रूरत थी।

ऐसे ही वक़्त में, मैं जयपुर में कविता श्रीवास्तव की रसोई में कॉलिन गोंजाल्विस तथा युग चौधरी के साथ बैठा था। कविता मेरी पुरानी मित्र हैं और उस वक़्त पीपल्स यूनियन फ़ॉर सिविल लिबर्टीज़ (पी.यू.सी.एल.) में सक्रिय थीं। राजस्थान में सूखे की मार झेल रहे लोगों के हितों की रक्षा के लिए नागरिक

संगठनों का एक मंच अकाल संघर्ष समिति बनाया गया था। कविता इसकी समन्वयक (कन्वीनर) भी थीं। सुप्रीम कोर्ट के वकील कॉलिन ह्यूमन राइट्स् लॉ नेटवर्क के निदेशक थे और युग यहीं काम कर रहे थे (बाद में युग स्वयं भी प्रसिद्ध वकील बनकर उभरे)। खाद्यान्न के बढ़ते भण्डारण के बीच मौजूद भुखमरी की स्थिति पर जब मैंने अपनी चिन्ता ज़ाहिर की तो कॉलिन और युग ने तुरन्त सुझाव रखा कि हमें जनहित याचिका (पी.आई.एल.) का सहारा लेना चाहिए। कुछ हफ़्ते बाद पी.यू.सी.एल. ने इस मसले पर सुप्रीम कोर्ट में अर्ज़ी दी। इसी से तथाकथित 'भोजन का अधिकार मामले' (पी.यू.सी.एल. बनाम भारत संघ, रिट पिटिशन सिविल, 2001 का 196), की शुरुआत हुई जो सोलह सालों तक चला।[1] कालक्रम में इस मामले का असर बहुत से सामाजिक कार्यक्रमों पर पड़ा, ख़ासकर मध्याह्न भोजन (मिड–डे मील), समेकित बाल विकास सेवा तथा सार्वजनिक वितरण प्रणाली (पी.डी.एस.) पर, जिनका इस पुस्तक में ज़िक्र आया है।

बहरहाल, निरन्तर बढ़ रहे खाद्यान्न भण्डारण के बीच लोगों का भूखा रहना जारी है। इस खण्ड में संकलित अन्य लेखों में भारत के कुछ सबसे ज़्यादा ग़रीब राज्यों; जैसे–छत्तीसगढ़, झारखण्ड, मध्य प्रदेश तथा ओड़िशा (पहले उड़ीसा) के लोगों की जीवन–दशा का आँखों–देखा वर्णन है। हर जगह कमज़ोर तबक़ो को हासिल सामाजिक सहायता की भारी कमी थी। लेकिन सम्भावित हस्तक्षेप के भी संकेत दिखे जैसे कि ओड़िशा के आदिवासी इलाक़ों में मिड–डे मील तथा पश्चिमी भारत में सूखा राहत के कार्य। दक्षिण भारत, ख़ासकर केरल और तमिलनाडु में, ऐसे कुछ कार्यक्रम पहले ही बहुत आगे बढ़ चुके हैं।

भारत में सूखा विपदा का समय होता है और सूखा अपने साथ सामाजिक तथा राजनीतिक बदलाव भी लाता है। साल 2001–03 तक की घटनाओं से कई सबक मिले, सार्वजनिक गोलबन्दी हुई और बहुत–सी सामाजिक नीतियों की राह खुली जिनका ज़िक्र इस किताब में बाद के पन्नों पर आया है।

---

1. संयोग कहिए कि याचिका 10 फरवरी 2017 (यानी इस किताब के पूरा होने के तुरन्त पहले) को ख़ारिज हो गयी। तर्क यह था कि याचिका में जो बातें उठाई गयी हैं उनका राष्ट्रीय सुरक्षा अधिनियम में समाधान किया गया है। हालाँकि राष्ट्रीय खाद्य सुरक्षा अधिनियम याचिका में उठाई गयी कुछ ही बातों का समाधान करता है...

भुखमरी के शिकंजे में ग़रीब*

भारत में तथाकथित 'खाद्य–सब्सिडी' से ज़्यादा बड़ा घोटाला कोई और नहीं। खाद्य–सुरक्षा की नामालूम–सी ओट करके सरकार लाखों टन अनाज ग़रीबों की पहुँच से दूर कर रही है।

वक़्त चाहे ज़्यादा बेहतर हो, तो भी भारत में कुपोषण की दशा बढ़ी–चढ़ी होती है। द्वितीय राष्ट्रीय परिवार स्वास्थ्य सर्वेक्षण (1998–99) के मुताबिक़ भारत के लगभग 50 फ़ीसदी बच्चे लम्बे समय से कुपोषण के शिकार हैं। हाल की मानव–विकास रिपोर्ट में दुनिया के देशों के बीच इस मामले में भारत को बहुत नीचे रखा गया है। सिर्फ़ बांग्लादेश कुपोषण के मोर्चे पर भारत से नीचे हैं जहाँ स्थिति भारत से ज़्यादा ख़राब है। इस साल देश के ज़्यादातर हिस्से लगातार दूसरे या तीसरे दफे सूखे की चपेट में हैं। अतः कुपोषण और भुखमरी में इज़ाफ़ा हो सकता है।

ऐसे में किसी सीधे–सादे व्यक्ति को लगेगा कि भारत सरकार ने खाद्य–सब्सिडी के मद में 10,000 करोड़ ख़र्च करने का फ़ैसला कर अच्छा किया है। आमतौर पर माना यही जायेगा कि इससे ग़रीबों की भोजन तक पहुँच आसान होगी, लेकिन बात इससे कहीं अलग है। खाद्य–सब्सिडी तो भारतीय खाद्य निगम (एफ.सी.आई.) को हुआ घाटा है। इसका (एफ.सी.आई.) संचालन मुख्य रूप से खाद्यान्न की क़ीमत कम करने के लिए नहीं बल्कि ऊँचा बनाये रखने के लिए हो रहा है। फिलहाल यह मक़सद अस्थायी तौर पर ही सही लेकिन एफ.सी.आई. के गोदामों में भारी मात्रा में खाद्यान्न जमा करके साध लिया गया है। फिलहाल, अनाज का भण्डारण 5 करोड़ टन तक पहुँच चुका है।

देश की जनता बड़ी संख्याओं से ऐसे अभ्यस्त हो चली है कि इतने विशाल पैमाने पर हुए खाद्यान्न–भण्डारण पर उसकी नज़र न जाना सहज है। अगर ऐसे सोचें कि ग़रीबी रेखा से नीचे के प्रत्येक परिवार के हिसाब से 1 टन अनाज एफ.सी.आई. के गोदाम में जमा है तो बात को समझने में आसानी होगी। अगर एफ.सी.आई. के गोदाम में रखी अनाज की बोरियों को एक सीध में सजा दें, तो यह क़तार 10 लाख किलोमीटर तक चली जायेगी–यह धरती से चन्द्रमा की दूरी से दोगुना ज़्यादा है। भुखमरी न

* फरवरी 2001।

भी हो, लेकिन जब लाखों लोग कुपोषण की चपेट में हों तो भारी क़ीमत चुकाते हुए इतने बड़े पैमाने पर खाद्यान्न का भण्डारण करना सामूहिक हत्या–कर्म के आयोजन जैसा ही कहलायेगा।

खाद्य–सब्सिडी की रक़म अगर इतनी ज़्यादा बड़ी है तो इसके दो मुख्य कारण हैं। एक तो एफ.सी.आई. का संचालन का ख़र्चा ज़्यादा है। इसमें भण्डारण पर होने वाला ख़र्च भी शामिल है। एक आकलन के मुताबिक़ ख़र्च की यह रक़म 1990 के दशक के मध्य की खाद्य–सब्सिडी की राशि का लगभग 50 फ़ीसदी थी। दूसरी वजह है कि एफ.सी.आई. फिलहाल जितना अनाज बेच नहीं रही उससे ज़्यादा ख़रीद रही है। इस कारण उसके खाद्यान्न के भण्डार में दिन दूनी रात चौगुनी बढ़ोतरी हो रही है।

किसी साधारण परिवार को इस 'सब्सिडी' से शायद ही कोई फ़ायदा हो। दरअसल, सार्वजनिक वितरण प्रणाली (पी.डी.एस.) से अनुदानित मूल्य पर अनाज लेने से उन्हें जो लाभ होता है उससे कहीं ज़्यादा बाज़ार में ऊँची क़ीमत पर खाद्यान्न की ख़रीददारी में उनके हाथ से निकल जाता है। अगर यह ध्यान में रखें कि सरकारी राशन दुकान से मिलने वाला खाद्यान्न गुणवत्ता के लिहाज़ से घटिया होता है तो यह बात और भी ज़्यादा सच जान पड़ती है। ऐसी भी ख़बरें आयी हैं कि कुछ इलाक़ों में ग़रीब परिवार के लोग तक सरकारी राशन दुकान की अपेक्षा बाज़ार से अनाज ख़रीदना ज़्यादा बेहतर समझते हैं क्योंकि राशन–दुकान में मिलने वाले घटिया गुणवत्ता के अनाज को देखकर उसे कम क़ीमत पर ख़रीदने की इच्छा को पाला मार जाता है। दूसरे शब्दों में कहें तो इन परिवारों को सार्वजनिक वितरण प्रणाली के ज़रिये मुहैया कराये जा रहे अनुदानित मूल्य के अनाज से कुछ हासिल नहीं होता। इसके उलट एफ.सी.आई. की अनाज की जमाखोरी की जुगत के कारण उन्हें ऊँची क़ीमत पर अनाज ख़रीदना पड़ता है।

इस बीच, खाद्य–सब्सिडी की झोली से उनका पेट भर रहा है जिनके बारे में कभी सोचा ही नहीं गया होगा : चूहों और कीड़े–मकोड़ों का पेट अनाज से भर गया है, सार्वजनिक वितरण प्रणाली (पी.डी.एस.) के डीलर तथा अन्य बिचौलिए बड़ी मात्रा में अनाज की चोरबाज़ारी कर रहे हैं या फिर सीधे खुले बाज़ार में बेच रहे हैं। योजना आयोग के मुताबिक़, पूरे देश में पी.डी.एस. का 36 फ़ीसदी गेहूँ और 31 फ़ीसदी चावल निजी हाथों में

सिमट जाता है। इस सबसे खाद्य–सब्सिडी तो बढ़ती है लेकिन भुखमरी के शिकंजे में पड़े लोगों का कुछ ख़ास भला नहीं होता।

ऐसे में ज़ाहिर तौर पर यह सवाल उठेगा कि आख़िर ऐसी क्या बाधा है जो सरकार ने अनाज का हिमालय गोदामों में खड़ा तो कर रखा है लेकिन इसे भारी–भरकम सार्वजनिक वितरण प्रणाली को चलाने, काम के एवज़ में अनाज दिये जाने वाले कार्यक्रमों या फिर ग़रीबी के उन्मूलन की अन्य योजनाओं में नहीं लगा रही? राजनीतिक जड़ता, सांगठनिक दूरी और वित्तीय लागत (मिसाल के लिए काम के एवज़ में अनाज देने के कार्यक्रम का वह हिस्सा जो मज़दूरी से सम्बन्धित नहीं) वहन करने में हिचकिचाहट इसके सम्भावित कारण हो सकते हैं। व्यापक कठिनाई के इस वक़्त में इन बाधाओं को दूर करना फौरी तौर पर राजनीतिक क़दम उठाने की माँग करता है।

बहरहाल, यह मान लेना एक भूल है कि अकेले आय–उपार्जन के कार्यक्रमों के ज़रिये मौजूदा खाद्यान्न भण्डार को खपाया जा सकता है। हाल के कई अध्ययनों से पता चलता है कि बहुत कम आमदनी वाले स्तर पर रहने वाले लोगों के ही आय में अतिरिक्त वृद्धि हो तो खाद्यान्न का उपभोग बढ़ता है। आमदनी के ऊपर के स्तर पर रहने वाले लोगों की आय में वृद्धि हो तो दाल, सब्ज़ी, दूध, वसा तथा इससे सम्बन्धित खाद्य–पदार्थों का उपभोग बढ़ता है लेकिन खाद्यान्न का उपभोग कमोबेश एक–सा बना रहता है। इससे संकेत मिलता है कि आय–उपार्जन के कार्यक्रमों के ज़रिये मौजूदा क़ीमतों पर खाद्यान्न की माँग और आपूर्ति के बीच के असन्तुलन को दुरुस्त नहीं किया जा सकता। अन्ततः खाद्यान्न की क़ीमतों में आपेक्षिक कमी लाना ही इस असन्तुलन को दूर करने का रास्ता है, लेकिन ऐसा करना अभी जारी खाद्य–नीति के मुख्य मक़सद के प्रतिकूल है और यह मक़सद है खाद्यान्न की क़ीमतों को लगातार ऊँचा बनाये रखना।

खाद्यान्न की क़ीमतों को 'सहारा' (मतलब ऊँचा बनाये रखना) दिया जाना चाहिए। यह विश्वास इतना पुख़्ता और व्यापक है कि वह इसके सामाजिक परिणामों के बारे में हुए किसी भी तर्कसंगत विश्लेषण को अपने ज़द में ले लेता है। खाद्यान्न की क़ीमतों में गिरावट आये तो बहुत से लोगों, ख़ासकर ग़रीबों को इसका फ़ायदा होगा। खेतिहर मज़दूर, आप्रवासी मज़दूर, झुग्गी–बस्ती के निवासी यानी थोड़े में कहें तो ऐसे सभी ग़रीब जन के लिए जो अपने भोजन के लिए अनाज बाज़ार से ख़रीदते हैं, खाद्यान्न की क़ीमतों में गिरावट एक वरदान साबित होगी। सूखा–प्रभावित

इलाक़ों के वे लोग जिन्हें सार्वजनिक वितरण प्रणाली (पी.डी.एस.) की समुचित सेवा हासिल नहीं हो रही, पी.डी.एस. के माफिया की दया पर रहने की जगह बाज़ार से सस्ता राशन ख़रीद सकेंगे और यह उनके लिए बहुत राहत की बात होगी।

लेकिन यह सवाल बचा रह जाता है कि आख़िर किसानों का क्या हो? हाल के सालों में किसानों की दशा ठीक नहीं। कृषि की वृद्धि–दर 1990 के दशक में कम रही, फिर भारी सूखे की हालत पैदा हुई। विश्व व्यापार संगठन (डब्ल्यू.टी.ओ.) के नियमों का अनुपालन करते हुए कृषिगत आयात पर से मात्रात्मक बाधाएँ हटा ली गयीं। इससे भी कुछ मामलों में किसानों की जीविका पर असर पड़ा। तो क्या इस हालात के मद्देनज़र खाद्यान्न की क़ीमतों को ऊँचा रखना ज़रूरी नहीं है?

इस सवाल के दो उत्तर हैं। एक तो यह कि किसान–समुदाय का जो हिस्सा अपेक्षाकृत ज़्यादा ग़रीब है उसे क़ीमतों को ऊँचा बनाये रखने के उपाय से शायद ही कोई फ़ायदा हो। मिसाल के लिए ओड़िशा, छत्तीसगढ़ या फिर झारखण्ड के छोटे किसानों की बात करें। ये किसान शायद ही कभी बाज़ार में अनाज बेचते हैं। परिवार का पेट चलाने भर की खेती के अतिरिक्त किसी और जगह जाकर मेहनत–मज़दूरी करने तथा आय–उपार्जन के अन्य तरीक़े अपनाकर वे राशन–पानी से अलग की ज़रूरत की चीज़ों को ख़रीदने के पैसे कमाते हैं...ज़ाहिर है, खाद्यान्न की क़ीमतों के ऊँचा रहने का ऐसे किसानों को फ़ायदा नहीं होगा। हाँ, नयी तकनीक के उपयोग और फ़सलों के विविधीकरण (डायवर्सिफिकेशन) से उत्पादकता बढ़ती है तो इसका उन्हें फ़ायदा हो सकता है। पूर्वी क्षेत्र के बड़े हिस्से में उत्पादकता बढ़ने की बड़ी सम्भावनाएँ हैं जिसकी भारी अनदेखी हुई है। इसकी जगह, पंजाब, हरियाणा तथा सुविधा–सम्पन्न अन्य जगहों पर खेती के ग़ैर–टिकाऊ तरीक़ों को बढ़ावा देने के लिए ख़ूब संसाधन ख़र्चे गये हैं।

दूसरा उत्तर यह है कि खाद्यान्न की क़ीमतों को कम रखने का नफ़ा–नुक़सान चाहे जो हो लेकिन बनावटी तरीक़े (जैसे कि अधिशेष अनाज का निर्यात करना या फिर उसे नष्ट कर देना) से क़ीमतों को देर तक ऊँचा बनाये रखना सम्भव नहीं। अगर अनाज का भण्डारण किया जाता है तो इससे समस्या का समाधान नहीं होता, समस्या बस कुछ दिन आगे के लिए टल जाती है। इससे भी ज़्यादा बुरी बात यह होती है कि

किसानों को भटकाने वाले संकेत मिलते हैं। वे फ़सलों के विविधीकरण की राह अपनाने की जगह यह सोचते हैं कि ज़्यादा–से–ज़्यादा अनाज उपजाना जारी रखना है। ऐसे में देर–सबेर खाद्यान्न के बाज़ार में अनाज की भरमार होगी ही और क़ीमतें घट जायेंगी और क़ीमतों को समर्थन देने की नीति को धक्का लगेगा। रबी की फ़सल के बाद बाज़ार में अनाज की भरमार तेज़ होने की सम्भावना है क्योंकि निजी व्यापारी बड़ी मात्रा में अनाज ख़रीदने का जोखिम नहीं उठायेंगे। ख़बर आयी है कि इस 'संकट' से निपटने के लिए योजना तैयार की गयी है और 2 करोड़ टन गेहूँ आधिकारिक तौर पर ख़रीदा जाना है। लेकिन एक रूपक का सहारा लेकर कहें तो अनाज का पहाड़ खड़ा करते जाने का यह काम दरअसल खाई को और ज़्यादा गहरा करते जाने जैसा है।

ज़रूरतमन्द किसानों को मदद देने का कारगर तरीक़ा यह नहीं है कि भारी सरकारी ख़र्चे से अस्थायी तौर पर खाद्यान्न की क़ीमतें ऊँची रखी जायें। क़ीमतों को समर्थन देने की नीति अगर सार्थक है तो इसका टिकाऊ और समताकारी तरीक़ा होगा कि ग़रीबों की आमदनी बढ़ाई जाये। फिलहाल व्यापक सूखे के हालात हैं, तो तमाम पक्षों के हित में यही है कि खाद्य–भण्डार का बिना देरी किये आय–उपार्जन के बड़े कार्यक्रमों में उपयोग किया जाये।

जीवन की नाज़ुक डोर और शोषण बड़ज़ोर*

हाल में काशीपुर में 'भुखमरी से मौत' हुई तो इस घटना के असर में मैंने अपने कुछ फील्ड–नोट्स देखे–परखे, जिसे मैंने ओड़िशा के कालाहांडी–बोलांगीर–कोरापुट (केबीके) की लम्बी यात्रा के दौरान 1999 के अप्रैल में लिखा था। संयोग कहिए कि मेरी यात्रा की शुरुआत काशीपुर से हुई थी। मैं यह तो नहीं मान सकता कि इस संक्षिप्त यात्रा में मुझे इलाक़े के बारे में गहरी जानकारी हुई, लेकिन यादों के कुछ गहरे निशान मन पर क़ायम रह गये हैं।

पश्चिमी ओड़िशा का अद्भुत सौन्दर्य तथा जनजातीय जीवन का उज्ज्वल पक्ष जिसका गोपीनाथ मोहन्ती के उपन्यास 'परजा' में सुन्दर चित्रण हुआ है–इलाक़े की कठिन जीवन–दशा को लेकर आपको किसी

* सितम्बर 2001।

भ्रम में नहीं रखते। याद आता है कि मुझसे आधी क़द–काठी का एक बुज़ुर्ग माथे पर बोझ लादे बाज़ार जा रहा था और उसने मुझे अपना बोझ उठाने का मौक़ा दिया। मैं उस बोझ के नीचे एक तरह से दब गया लेकिन बुज़ुर्ग को यह बोझ उठाये हुए अभी 15 किलोमीटर और आगे जाना था। इस हाड़तोड़ मेहनत के बदले उसे यही कोई 12 रुपये के आसपास की रक़म मिलनी थी जबकि उस वक़्त बाज़ार में चावल 10 रुपये प्रति किलो के हिसाब से बिक रहा था।

इस वाक़िये के आगे कठिनाइयों और वंचना का एक विशाल समुद्र लहराता दिखा। एक के बाद दूसरे गाँव में दिखा कि लोग रूखा–सूखा (जैसे भात और नमक) खाकर जी रहे हैं, गन्दा पानी पीते हैं और नाममात्र की स्वास्थ्य सुविधा भी उनकी पहुँच से बाहर है। इलाक़े में मौत की एक बड़ी वजह थी डायरिया। वास्तविक मज़दूरी बहुत ज़्यादा कम थी। यहाँ तक कि सरकारी कार्यक्रमों के अन्तर्गत दिये जा रहे काम में भी मज़दूरों को एक दिन का 25 रुपये मेहनताना दिया जा रहा था।

परम्परागत जीविका के संकट में होने के कई संकेत दिखे, ख़ासकर उस इलाक़े में जहाँ झूम की खेती (शिफ्टिंग कल्टीवेशन) का चलन हुआ करता था। एक बुज़ुर्ग व्यक्ति ने उसाँस भरते हुए कहा–'पुराने वक़्त में एक औरत का काम पूरे परिवार का पेट भरने के लिए काफ़ी होता था। अब पूरा परिवार भी काम करे तो हम लोगों को भूखे रहना पड़ता है।' पर्यावरण की व्यापक पैमाने पर हुई हानि ने इस संकट में योगदान दिया है। कई गाँवों में आस–पास के जंगल ख़त्म हो गये हैं और जंगल पर आधारित आर्थिक गतिविधियाँ लगभग समाप्त हो गयी हैं। कुछ इलाक़ों में इसकी भरपायी के लिए अन्य पेशों, जैसे–बुनाई तथा नगदी फ़सल को ज़रिया बनाया गया है। बाक़ी जगहों पर मज़दूरों का पलायन (इसे जताने के लिए अक्सर लोगों के मुँह से 'परदेस जाना' शब्द सुनने को मिला। यहाँ परदेस का अर्थ है नागपुर या हैदराबाद) जीवन चलाये रखने की बड़ी युक्ति की तरह इस्तेमाल होती नज़र आयी। कई गाँवों में वयस्क पुरुष न के बराबर थे।

के.बी.के. के आर्थिक पिछड़ेपन की एक अन्य बड़ी वजह है व्यापक शोषण और भ्रष्टाचार। स्थानीय आदिवासी तथा दलित धूर्त व्यापारियों, महाजनों, ठेकेदारों तथा नौकरशाहों के आसान शिकार हैं। हर क़िस्म के 'विकास' कार्यक्रम के लिए भारी रक़म आती है, लेकिन उसका कोई ठोस

नतीजा सामने नहीं आता। भवानी पटना में एक ठेकेदार ने (वह दिल्ली के सेंट स्टीफेंस कॉलेज से अभी–अभी ग्रेजुएट बनकर निकला था) बड़े खुले दिल से बताया कि ग्राम पंचायत स्तर पर किसी भी विकास–कार्य के लिए अलग–अलग अधिकारियों को कितना कमीशन देना पड़ता है : 3 प्रतिशत प्रखण्ड विकास अधिकारी (बी.डी.ओ.) लेता है, 5 प्रतिशत जूनियर इंजीनियर, 5 प्रतिशत ग्राम पंचायत एक्सटेंशन ऑफ़िसर लेता है और 5 प्रतिशत प्रखण्ड का अध्यक्ष। 2 प्रतिशत प्रखण्ड के क्लर्क को देना पड़ता है और 2 प्रतिशत प्रखण्ड के खजाँची (कैशियर) को (उसने इन्हीं शब्दों में बताया था)। मैंने पूछा कि बी.डी.ओ. अगर कोई ईमानदार व्यक्ति हो तब की स्थिति में क्या होगा? उसने छूटते ही कहा, 'अगर बी.डी.ओ. ईमानदार हो तो वह अपने 3 प्रतिशत (के कमीशन) पर टिका रहेगा!'

हम लोग जहाँ कहीं भी गये हर जगह सार्वजनिक सेवाओं की हालत बदतर थी। स्कूलों, स्वास्थ्य केन्द्रों तथा प्रशासन के दफ़्तरों में बहुत से पद खाली थे–सरकारी मुलाज़िम पूरा ज़ोर लगाते हैं कि दुर्गम इलाक़ों में उनकी पोस्टिंग (पदस्थापन) न हो। स्कूली–व्यवस्था एकदम ही ख़स्ताहाल थी। मैं यह देखकर एकदम दंग रह गया कि बड़े–बड़े गाँवों में एक भी प्राथमिक विद्यालय नहीं है जबकि दूसरे राज्यों में आज यह बात सोची भी नहीं जा सकती। उम्मीद की एक किरण मिड–डे मील कार्यक्रम के रूप में नज़र आयी : स्कूल जाने वाले बच्चों को महीने के राशन के तौर पर अनाज न देकर पकाया हुआ भोजन दोपहर में दिया जा रहा था।

इलाक़े के पी.डी.एस. में जानी–पहचानी सारी कमियाँ मौजूद थीं। ज़्यादातर लोगों के पास राशन–कार्ड थे और सरकारी हिसाब से उनका हक़ भी अच्छा–ख़ासा बन रहा था : ग़रीबी–रेखा से नीचे के प्रत्येक परिवार को प्रति माह 10 किलो चावल 2 रुपये के दर से मिलना था। लेकिन आपूर्ति पर्याप्त और नियमित नहीं थी। अनाज स्थानीय राशन–दुकान पर पहुँचता तो लोगों को वहाँ तुरन्त–फुरन्त पहुँचना होता था (कई जगहों पर पूरे दिन पैदल चलने पर राशन–दुकान तक पहुँचना सम्भव था), और चावल 'पहले आओ–पहले पाओ' के आधार पर बाँटा जाता था। जो लोग देर से आये उन्हें कुछ न मिलता था। जिन दो गाँवों में मैंने लोगों के राशन–कार्ड की जाँच–परख की उनमें ग़रीबी रेखा के नीचे एक परिवार को बीते 12 महीनों में औसतन 40 किलो चावल मिला था जबकि आधिकारिक तौर पर उन्हें 120 किलो चावल मिलना चाहिए।

बाक़ी जगहों की तरह ओड़िशा में भी अधिकारीगण पी.डी.एस. के अन्तर्गत अनाज के कम वितरण के लिए लोगों पर ही दोष मढ़ते हैं लेकिन असल समस्या आपूर्ति की दोषपूर्ण व्यवस्था में है।

इन सारी नाकामियों के पीछे एक बड़ी समस्या राजनीतिक हाशियाकरण की है। एक महिला ने इसे यों बयाँ किया–'शिकायत करने का कोई फ़ायदा नहीं–कोई सुनने नहीं जा रहा।'

कई गाँवों में मैंने कुछ ऐसा सुना जो भारत में अन्य जगहों पर सुनने को नहीं मिलता यानी यह कि ज़मीन की उत्पादकता घट रही है। शायद इस चलन को सिरे से पलटा जा सकता है लेकिन एक बात पक्की है कि के.बी.के. (कालाहांडी–बोलांगिर–कोरापुट) इलाक़े में व्याप्त ग़रीबी का दीर्घकालिक समाधान आर्थिक विविधीकरण है। यह कुछ जगहों पर हो रहा है तथा इसके और बढ़ने की सम्भावनाएँ मौजूद हैं। बहरहाल, इस बीच कुछ इलाक़े बड़ी दयनीय दशा में हैं : जीविका के परम्परागत आधार नष्ट हो गये हैं और वैकल्पिक आर्थिक गतिविधियाँ अभी तक शक्ल नहीं ले पायी हैं।

इस आमफ़हम धारणा की पुष्टि आँकड़े भी करते हैं। दरअसल, ओड़िशा की अर्थव्यवस्था के बारे में आये हाल के आँकड़े बहुत उदास करने वाले हैं। मिसाल के लिए : 1990 दशक में कृषि–क्षेत्र में एकदम वृद्धि नहीं हुई; वास्तविक खेतिहर मज़दूरी ठहरी रही; और खाद्यान्न का उत्पादन सालाना 3 प्रतिशत के हिसाब से गिरा। यह तो पूरे ओड़िशा से सम्बन्धित आँकड़ा है, के.बी.के. इलाक़े की दशा इससे भी ज़्यादा गयी–गुज़री हो सकती है।

विकास के इस विध्वंस की पृष्ठभूमि में देखें तो काशीपुर में भुखमरी से हुई मौतें आश्चर्यजनक नहीं लगतीं। 1990 के दशक में पश्चिमी ओड़िशा में परम्परागत जीविका का संकट लम्बा चला। इसके बाद लम्बे समय तक सूखा जारी रहा। ऐसे में सरकार ने लोगों को पीठ पीछे धोखा दिया, धनी किसानों को सन्तुष्ट रखने के लिए भारी मात्रा में अनाज जमा किया जबकि भुखमरी के शिकार लाखों लोगों को अनाज की ऊँची क़ीमतों की मार सहनी पड़ी।

आख़िरकार 2001 की जुलाई में राहत कार्यक्रम को बीच में बन्द कर दिया गया जबकि उस वक़्त ग़रीब किसान और मज़दूर साल के सबसे

कठिन दिनों की मार झेल रहे थे। क्रूर विडम्बना कहिए कि हाल में त्रासदी भारी बारिश का रूप लेकर आयी है। लोगों ने मुझे बताया कि इस बारिश ने काशीपुर में मक्के की फ़सल को तबाह कर दिया है।

बड़े परिप्रेक्ष्य में देखें तो काशीपुर में भुखमरी से हुई मौतों से कई सबक निकलते हैं। लेख के आख़िर में जो चन्द पंक्तियाँ शेष बची हैं, उनमें आपसे एक बात साझा करता चलूँ। के.बी.के. जैसे इलाक़े में स्थायी क़िस्म के सामाजिक सुरक्षा कार्यक्रम की सख़्त ज़रूरत है। मिसाल के लिए कम बारिश वाले दिनों में गारंटीशुदा रोज़गार का कार्यक्रम चलाया जाये, साथ ही जो लोग काम करने में असमर्थ हैं उन्हें सीधे मदद दी जाये। देश में जमा विशाल अन्न–भण्डार ऐसी व्यवस्था करने के एक अचूक अवसर की तरह है। जमा अन्न–भण्डार के बारे में हमें इसी तरीक़े से सोचना चाहिए। यह मान लेना ठीक नहीं कि जमा अन्न–भण्डार हिफ़ाज़ती इन्तज़ाम के तौर पर बचाकर रखा गया है और भुखमरी के शिकार लोगों को वक़्त, ज़रूरत, अस्थायी और अनियमित तौर पर मुहैया कराया जायेगा।

भोजन का अधिकार और सार्वजनिक जवाबदेही*

अक्तूबर के महीने में छत्तीसगढ़ का सरगुजा ज़िला दूध और शहद की धरती जान पड़ता है। धानी खेतों की अनन्त श्रृंखला, हरे–भरे जंगल और स्वच्छ जल–धाराएँ प्रकृति की समृद्धि का आभास देती है। लेकिन यह सुखकर परिवेश जीवन–यापन के कठिन संघर्ष को छुपाने का काम करता है। सरगुजा में पैदावार कम है और ज़्यादातर किसानों की पैदावार इतनी नहीं कि उससे जीवन चलाये रखने भर की ज़रूरत पूरी हो सके। जब अनाज ख़त्म हो जाता है तो उन्हें काम की तलाश में दूसरी जगहों पर जाना पड़ता है। जो बाहर नहीं जा पाते वे अपनी ज़रूरत की पूर्ति के लिए ढोर–डंगर पालते हैं, लकड़ी बेचते हैं या फिर तेंदु के पत्ते और अन्य लघु वनोपज इकट्ठा करते हैं। भुखमरी व्यापक है और इसी तरह आँत की बीमारी (गैस्ट्रोएंट्रिइटिस) भी। बीते अगस्त में वडराफनगर प्रखण्ड में इस बीमारी से सैकड़ों लोगों की मौत हुई।

ज़िले में विकास कार्यक्रमों का लचर रिकॉर्ड भी इस दशा का कुछ ज़िम्मेदार है। यह कहना तो ख़ैर अतिशयोक्ति होगी कि ये सारे कार्यक्रम 'नाकाम' रहे हैं। उपयोगी हस्तक्षेप के उदाहरण के तौर पर यह गिनवाया

* दिसम्बर, 2001।

जा सकता है कि कई बस्तियों में हैंडपम्प लगाये गये हैं, अनुदानित मूल्य पर तेंदू के पत्ते की सरकारी ख़रीद होती है और स्कूल की सुविधा का बड़ा विस्तार हुआ है। लेकिन यह सब अक्षमता, भ्रष्टाचार और शोषण के विशाल सागर के बीच कामयाबियों के छोटे द्वीप सरीखे हैं। हालाँकि विकास–योजनाओं पर बड़ी रक़म ख़र्च हुई है लेकिन सरगुजा के ज़्यादातर गाँवों में सड़क, स्वास्थ्य केन्द्र तथा बिजली जैसी बुनियादी सुविधाओं का अभाव है।

सार्वजनिक जवाबदेही के अभाव की पृष्ठभूमि में लचर बुनियादी सुविधाओं की इस व्यापक तस्वीर के भीतर पी.डी.एस. को भी रखा जा सकता है। वडराफनगर प्रखण्ड की एक संक्षिप्त पड़ताल से पता चलता है कि यहाँ पी.डी.एस. का संचालन तक़रीबन ठप्प पड़ा है। जिस गाँव में जाइए, वहाँ राशन–कार्ड में प्रविष्टि वाला खाना खाली मिलेगा। इसकी मुख्य वजह यह जान पड़ती है कि राशन उठाने में जो बाधाएँ हैं उनसे ग़रीब जन पार नहीं पा सके हैं। मिसाल के तौर पर उत्तर प्रदेश की सीमा से सटे एक आदिवासी गाँव झापर पर ग़ौर किया जा सकता है। झापर से स्थानीय सरकारी राशन–दुकान तक पैदल चलकर आने में तीन घण्टे लगते हैं, दुकान 12 किलोमीटर दूर है। दुकान हर महीने दो या तीन दिन खुलती है (सितम्बर में दुकान सिर्फ़ एक दिन खुली थी)। दुकान खुलने का वक़्त भी नियत नहीं है। झापर गाँव में जब यह सूचना पहुँचती है सरकारी राशन–दुकान में अनाज का वितरण हो रहा है तो राशन के हक़दार परिवारों को अपने हिस्से के महीने भर के अनाज के लिए हड़बड़ी में रक़म जुटानी होती है। लगभग 130 रुपये की यह रक़म जुटाना जीवन–निर्वाही अर्थव्यवस्था (सब्सिस्टेंस इकोनोमी) में कोई आसान नहीं है। झापर के ज़्यादातर लोगों के लिए इतनी रक़म झटपट जुटा पाना मुश्किल है। जो लोग रक़म जुटाने में सक्षम हैं और फिर पैदल चलकर राशन–दुकान तक जाने और वहाँ से आने में पूरा दिन लगाते हैं उनमें कुछ को दुकान बन्द मिलती है तो कुछ लोगों से कहा जाता है कि फिलहाल चावल ख़त्म हो गया है। इस बाधा–दौड़ के आख़िर सिरे पर बहुत कम ही लोग पहुँच पाते हैं, ज़्यादातर यही मानकर चलते हैं कि सरकारी राशन के चक्कर में पैर फँसाना फ़िज़ूल है। वे जानते हैं कि उनके साथ छल किया जा रहा है और यह भी उन्हें बहुत अच्छी तरह पता होता कि इसके बारे में कुछ नहीं किया जा सकता। इलाक़े के

एक निवासी ने कहा कि, *'हमारी बात कोई नहीं मानेगा–हम लोग लाठी चलाने वाले नहीं हैं।'*

इनमें से ज़्यादातर बाधाओं की वजह राशन–दुकान का डीलर है। उसे लोगों के हिस्से का अनाज खुले बाज़ार में बेचने का भरपूर मौक़ा मिला होता है। वडराफनगर जैसे सुविधाहीन इलाक़े में लोगों के पास ताक़त नहीं होती कि वे इस हेराफेरी का विरोध करें। ज़्यादातर लोगों को यह भी पता नहीं होता कि उन्हें अपने हक़ के हिसाब से कितना अनाज मिलना चाहिए। मिसाल के लिए कुछ गाँवों में लोगों को बताया गया था कि उन्हें महीने का 10 किलो अनाज मिलेगा लेकिन सरकारी नियम 20 किलो अनाज देने का है।

अम्बिकापुर (ज़िला मुख्यालय) की ओर जाती मुख्य सड़क के किनारे के बड़े गाँवों में स्थिति अलग है। यहाँ लोगों को पता है कि उन्हें कितना अनाज मिलना चाहिए और स्थानीय डीलर को निर्वाचित जन–प्रतिनिधियों या ग्राम–समिति के ज़रिये अंकुश में भी रखते हैं। नतीजतन, राशन–दुकान से लोगों को दिये जा रहे अनाज की मात्रा ज़्यादा है। दरअसल, डीलरों ने बड़ी रूखाई से शिकायत की कि लोग खुले बाज़ार में अनाज बेचने ही नहीं देते तो हमारा व्यापार चौपट हो रहा है। दरअसल, आधिकारिक तौर पर दिया जाने वाला कमीशन इतना नहीं होता कि उससे दुकान चलाने का ख़र्चा (जिसमें एफ.सी.आई. के गोदामों में दी जाने वाली नियमित घूस शामिल है) निकल सके। स्थानीय डीलर दूर–दराज़ के डीलरों से ईर्ष्या करते हैं कि वे बिना किसी बाधा के लोगों को चूना लगा रहे हैं।

ऐसा लगता है मानो पूरी व्यवस्था की बनावट इस ढंग की है कि वह नाकाम हो जाये। चूँकि आधिकारिक तौर पर दिया जाने वाला कमीशन बहुत कम है इसलिए बड़ी सम्भावना है कि सरकारी राशन–दुकान का लाइसेंस हासिल करने के लिए वही लोग आगे आयेंगे जो सार्वजनिक जाँच–परख को धता बताते हुए खुले बाज़ार में अनाज बेच सकते हैं। और, एक बार दुकान का लाइसेंस भ्रष्ट डीलर के हाथ में आ जाये तो पी.डी.एस. के राशन का चोरबाज़ारी के ज़रिये खुले बाज़ार में पहुँचने का रास्ता खुल जाता है। तनिक खुले अन्दाज़ में बात रखने वाले एक डीलर के मुताबिक़ सरगुजा ज़िले में लक्षित परिवारों तक एफ.सी.आई. के गोदाम से उठाया गया केवल 25 फ़ीसदी अनाज पहुँच पाता है।

सरगुजा के अनुभव कहते हैं कि पी.डी.एस. (सार्वजनिक वितरण प्रणाली) में फौरी तौर पर सुधार करने की ज़रूरत है और सार्वजनिक जवाबदेही पर इसमें विशेष ज़ोर दिया जाना चाहिए। सुधार के लिए कई क़दम उठाये जा सकते हैं। पहली बात यह कि राशन–दुकान के डीलरों के साथ ज़रूरत के मुताबिक़ पुरस्कार और दण्ड दोनों तरीक़े अपनाये जा सकते हैं। उन्हें दिया जाने वाला कमीशन बढ़ाया जाना चाहिए ताकि उनके लिए ईमानदारी से काम करना सम्भव हो सके और इसी बिनाह पर भ्रष्ट डीलरों के ख़िलाफ़ सख़्त क़दम उठाये जाने चाहिए। दूसरे, राशन–दुकान के संचालक की नियुक्ति और हटाने का अधिकार ग्राम–सभा और ग्राम–पंचायतों को दिया जाना चाहिए।

मध्य प्रदेश तथा छत्तीसगढ़ में निरीक्षण की शक्तियाँ पंचायती–राज संस्थाओं को देकर उनका अन्य सन्दर्भों में बेहतर उपयोग किया गया है और यही दृष्टि पी.डी.एस. को लेकर भी अपनायी जा सकती है। तीसरी बात यह कि सरगुजा जैसे इलाक़े में बी.पी.एल. तथा ग़ैर–बी.पी.एल. परिवारों के बीच के अन्तर को मिटाने के पर्याप्त कारण मौजूद हैं। गाँवों में बनावटी सामाजिक भेद पैदा करने के अतिरिक्त इस अन्तर ने पी.डी.एस. के सुधार के लिए पड़ने वाले सार्वजनिक दबाव की धार को भी कुन्द किया है (क्योंकि ग़ैर–बी.पी.एल. परिवारों का पी.डी.एस. में कुछ दाँव पर नहीं लगा) और बड़ी संख्या में ग़रीब परिवार पी.डी.एस. के दायरे से बाहर हो गये हैं। इस सिलसिले की आख़िरी बात यह कि जन–संगठन और सामाजिक आन्दोलनों को 'भोजन का अधिकार' पर ज़्यादा ध्यान देने की ज़रूरत है। सरकारी पहल से बुनियादी बदलाव आने की ज़्यादा उम्मीद नहीं बाँधी जा सकती।

भोजन के अधिकार को 'समृद्धि के बीच भुखमरी' के इस अप्रत्याशित समय में लोगों को लामबन्द करने का एक अच्छा मुद्दा माना जा सकता है। वडराफनगर में लोग यह जानकर दंग थे कि एफ.सी.आई. के गोदामों (और यहाँ तक कि वडराफनगर प्रखण्ड में भी) में अनाज का पहाड़ खड़ा है। सार्वजनिक वितरण प्रणाली का नकारा होना बाबू–वर्ग और साहूकारों के हाथों स्थानीय समुदाय के व्यापक शोषण का एक लक्षण–मात्र है और लोगों में इस शोषण के ख़िलाफ़ ग़ुस्सा है। इस ग़ुस्से को अगर रचनात्मक रूप दिया जाता है तो यह फलदायी साबित हो सकता है।

सार्वजनिक जवाबदेही को धारदार रूप देने का अच्छा उदाहरण रघुनाथपुर में देखने में आया। रघुनाथपुर में बीते अगस्त में आँत की

बीमारी (गैस्ट्रोएंटेरिटिस) ने महामारी का रूप धर लिया था। इस घटना के बाद जनाक्रोश उमड़ा और स्थानीय स्वास्थ्य केन्द्र को दुरुस्त करना पड़ा। अब इस स्वास्थ्य केन्द्र में योग्य डॉक्टर हैं, ढेर सारी दवाइयाँ हैं और स्वास्थ्य केन्द्र में गतिविधियाँ ज़ोरों पर हैं–इलाक़े में मैंने इस स्वास्थ्य केन्द्र को सबसे अच्छा पाया। लेकिन बहुत से लोगों की जान गयी तब जाकर स्वास्थ्य केन्द्र का ऐसा कायापलट हो पाया।

सरगुजा से भोजन की कमी और भुखमरी की समस्या को ख़त्म करने का सबसे कारगर उपाय शायद 'रोज़गार गारंटी' के कार्यक्रम चलाना है। रोज़गार की गारंटी सीमित अवधि (मिसाल के लिए कम बारिश वाले समय में) के लिए हो तब भी इससे बहुत मदद मिलेगी। चूँकि देश में अभी विशाल मात्रा में अनाज–भण्डार है इसलिए ऐसे कार्यक्रम चलाना पहले की तुलना में ज़्यादा आसान है और सरगुजा में मेहनत–मज़दूरी की माँग करने वाले सार्वजनिक काम के अवसरों की कोई कमी नहीं है। बहरहाल, वडराफनगर के ज़्यादातर गाँवों में बीते कई सालों से कोई राहत–कार्य नहीं हुआ है। हमने जिन गाँवों की यात्रा की उनमें किसी में भी इस साल राहत–कार्य का आयोजन नहीं हुआ था। एक गाँव पण्डारी ही इसका अपवाद मिला जहाँ बीते अगस्त में मुख्यमन्त्री के दौरे से तुरन्त पहले पाँच दिन के लिए सजावटी तौर पर कुछ राहत–कार्य हुआ था। यहाँ भी राहत–कार्य को हुए दो महीने बीत चले हैं लेकिन मज़दूरों को भुगतान नहीं हुआ है। यह क्रूर विडम्बना है कि 'राहत' सरकारी काम के रूप में परिणत तो हो जाता है लेकिन मज़दूरों को भुगतान नहीं मिलता। यहाँ फिर मुख्य बात सार्वजनिक जवाबदेही के अभाव की है।

कुसुमाटांड की यादें*

(बेला भाटिया के साथ)

बात 9 जुलाई, 2002 की है। आमतौर पर सोये–खोये से नज़र आने वाले मनातू (पलामू ज़िला, झारखण्ड) प्रखण्ड के मुख्यालय में हज़ारों ग़रीब लोगों की गहमा–गहमी थी। ये ग़रीब जन भुखमरी और भोजन के अधिकार पर हो रही एक जनसुनवाई के लिए जुटे थे। जनसुनवाई एक गम्भीर स्थिति के मद्देनज़र बुलाई गयी थी : मई महीने में कुसुमाटांड के गाँव से भुखमरी से तीन लोगों की मौत की ख़बर आयी थी।

---

* अगस्त, 2002।

जून के आख़िर और जुलाई की शुरुआत के दरम्यान ग्राम स्वराज अभियान (जी.एस.ए.) तथा भोजन का अधिकार अभियान की एक फैक्ट–फाइंडिंग टीम (तथ्यान्वेषी दल) के साथ हमारा तीन दफे कुसुमाटांड जाना हुआ। दल ने बस्ती में रैंडम (यादृच्छिक) तरीक़े से चुने हुए इक्कीस परिवारों का एक सर्वेक्षण किया, पीड़ित के रिश्तेदार तथा पड़ोसियों से पूछताछ की और प्रखण्ड मुख्यालय के कई अधिकारियों का साक्षात्कार लिया। जो कुछ हमने देखा–सुना उससे हमें सदमा लगा।

मनातू ग्राम पंचायत के बाहरी छोर पर क़ायम कुसुमाटांड तक़रीबन पचहत्तर परिवारों की बस्ती है। यहाँ ज़्यादातर ग्रामीण भुईयाँ समुदाय के हैं, कुछ तादाद मुस्लिम और आदिवासियों की है। इनके पास कोई ज़मीन नहीं है, सभी तक़रीबन भूमिहीन हैं। गाँव के ज़्यादातर लोग मौसमी तौर पर मेहनत–मज़दूरी के काम के लिए पलायन करते हैं। मिसाल के लिए ये लोग बिहार के रोहतास ज़िले में चले जाते हैं जहाँ रोपनी या कटनी के काम के लिए इन्हें 3 से 4 किलो अनाज मिलता है। इनकी कुछ कमाई खेतीबाड़ी, तेंदु के पत्ते बीनने तथा दिहाड़ी के रूप में कभी–कभार हासिल होने वाले काम से भी हो जाती है। स्थानीय स्तर पर रोज़गार के अवसर बहुत सीमित हैं, जिस समय खेतीबाड़ी की गतिविधियाँ ठप होती हैं, उन दिनों कुसुमाटांड के ज़्यादातर परिवारों के लिए जीविका चलाना बहुत मुश्किल हो जाता है।

हमारा मुख्य मक़सद तो भुखमरी से हुई मौतों की ख़बर के बारे में खोजबीन करना था, लेकिन इस दौरान हमने देखा कि पूरी बस्ती ही अर्द्ध–भुखमरी की दशा में जी रही है। कुसुमाटांड के ज़्यादातर परिवार खुद्दी (चावल के महीन टुकड़े) के सहारे पेट पालते हैं। इसके साथ मौसमी तौर पर जंगल में उगने वाली जो भी सब्ज़ी हासिल हो जाये जैसे कि महुआ, चकोरा (एक क़िस्म का साग) या फिर गेथी (एक क़िस्म का स्थानीय कन्द) उसी से काम चलाते हैं। महुए का मौसम इस वक़्त बीत चला था और कई लोग केवल चकोरा उबालकर उसी से भूख मिटा रहे थे। कइयों के पास खाने के लिए कुछ भी नहीं था। सर्वेक्षण के नमूने में शामिल इक्कीस परिवारों में बीस ने कहा कि खाने के लिए कुछ भी नहीं होने के कारण उन्हें अक्सर भूखा रहना पड़ता है। कुसुमाटांड में जंगली कन्दमूल तथा चावल के अतिरिक्त भोजन के लिए तक़रीबन कुछ भी मौजूद नहीं।

जहाँ तक खानपान से अलग की चीज़ों पर ख़र्च का सवाल है,

सर्वेक्षण के नमूने में शामिल 50 फ़ीसदी से ज़्यादा परिवारों ने कहा कि आमतौर पर महीने में ऐसी किसी चीज़ पर ख़र्च करने के लिए उनके पास पैसे नहीं होते। बहुत हुआ तो साल में वे एक बार कपड़ा ख़रीद लेते हैं, उन्हें जो भी थोड़ी–बहुत कमाई होती है वह सब भोजन ख़रीदने पर ही ख़र्च हो जाती है। धोने–माँजने के काम के लिए वे राख या बालू का इस्तेमाल करते हैं (बस्ती में फैली गन्दगी की हालत को देखते हुए इसे बहुत कारगर तरीक़ा नहीं माना जा सकता) और चाय या बीड़ी जैसी 'विलासिता' की चीज़ों के बग़ैर काम चलाते हैं। कुल इक्कीस परिवारों में से मात्र दो परिवारों ने कहा कि हमारे घर के सभी सदस्य चप्पल (स्लीपर) पहनते हैं और केवल सात घरों में कम्बल या फिर रजाई मौजूद थी। ज़्यादातर घरों में भोजन पकाने के ज़रूरी बर्तन के अतिरिक्त कुछ भी नहीं था।

बस्ती में स्वच्छ पेयजल नहीं था। ज़्यादातर परिवार छिछले कुएँ में मौजूद दूषित पानी पी रहे थे। ऐसे एक कुएँ के पानी को नमूने के तौर पर परखा गया तो उसमें ढेर सारे कीड़े निकले।

कुसुमाटांड में जीवन की दयनीय दशा के कुछ और लक्षण भी देखने को मिले, जैसे कि आतिथ्य–सत्कार का अभाव। सर्वेक्षण में नमूने के तौर पर शामिल कोई भी परिवार चाय–पानी तक को पूछने की हालत में नहीं था। वे एक गिलास पानी तक के लिए नहीं पूछ पाये। शायद वे जानते थे कि पानी बहुत गंदा है। बस्ती के बच्चों के होंठों से हँसी नदारद थी, इक्का–दुक्का बच्चे खेलते या दौड़ते नज़र आये। ज़्यादातर बच्चे कुपोषण के शिकार थे, फटे–पुराने कपड़े पहने ये बच्चे किसी बेजान बुत की तरह खड़े दिखाई दिये।

गाँव में सेहत की दशा कुछ ऐसी थी कि उसे किसी आपात्काल का नाम देना ठीक होगा। अपने छोटे से सर्वेक्षण के दौरान हमने टी.बी., सूखा रोग (मेरास्मस), पोलियो, मिर्गी, लकवा, अँधापन, नेत्र–शोथ (कंजक्टिवाइटिस), डायरिया, लम्बे समय से क़ायम पीठ दर्द और सिरदर्द, दाँत दर्द, कई क़िस्म के मनोरोग समेत बहुत–सी बीमारियों के उदाहरण देखे। गाँव में कोई स्वास्थ्य–सुविधा नहीं है, यहाँ तक कि सहायक धाय (ए.एन.एम.) भी गाँव में कभी नहीं आती। प्राइवेट उपचार मनातू में उपलब्ध है लेकिन चन्द लोग ही इसका ख़र्चा उठा सकते हैं। सरकारी स्वास्थ्य केन्द्र से कोई सहायता नहीं मिल पाती। इन बातों से समझा जा सकता है कि कुसुमाटांड में लोग क्यों कुपोषण, कमज़ोरी तथा भुखमरी के कारण

पैदा रोगों के बोझ तले अक्सर मौत का शिकार हो जाते हैं। ऐसा लगता है, सुन्दर भुईंया, कुन्ती देवी तथा वसन्ती देवी के साथ भी यही हुआ होगा–सुनने में आया कि इन तीनों की मौत भुखमरी से हुई है। इन मौ़तों तथा मृतकों के जीवित बचे रह गये परिजनों को देखने से लगता है कि इलाक़े में भुखमरी की दशा लम्बे समय से जड़ जमाये हुए है। कुसुमाटांड में हुई इन तीनों मौतों में घटनाओं का क्रम एक सा था : लम्बे समय तक भोजन की कमी झेलना और कमज़ोरी, फिर जंगली कन्दमूल के सहारे किसी तरह पेट भरना और आख़िर में थोड़े दिनों के लिए घातक बीमारी (जैसे कि तेज़ पेटदर्द) की चपेट में आना। मृतकों के परिवार के जीवित बचे रह गये सदस्य भयानक ग़रीबी में ज़िन्दगी गुज़ार रहे हैं और जिस तरह उनके परिवार में पहले मौत हुई, उसी तरह इनकी किसी भी रोज़ जान जा सकती है।

मिसाल के लिए कुन्ती देवी के परिवार के जीवित बचे रह गये सदस्यों की बात की जा सकती है। कुन्ती देवी के पति बागेश्वर भुईंया को टी.बी. की बीमारी है, वे काम करने में समर्थ नहीं हैं। उनकी बीमारी का कोई उपचार नहीं चल रहा क्योंकि बागेश्वर के पा़स पैसे नहीं हैं और स्थानीय स्वास्थ्य केन्द्र के कर्मचारी टी.बी. के रोगियों से दवा देने के पैसे माँगते हैं जबकि ये दवाइयाँ मुफ़्त दी जानी चाहिए। बागेश्वर और उसके छह बच्चों की देखभाल की ज़िम्मेदारी उसकी माँ पर है। सत्तर साल की यह बुज़ुर्ग और विधवा औरत समय–समय पर मनातू जाती है और वहाँ के मिल से चावल की खुद्दी बीनकर लाती है। चावल की यह खुद्दी खाये जाने लायक नहीं होती लेकिन इसके सिवाय उन्हें और कुछ हासिल भी नहीं है। पूरा परिवार लगभग जंगली कन्दमूल के सहारे भूख मिटा रहा है। इनका घर कुछ माह पहले गिर गया था और परिवार को बागेश्वर के भाई के घर के एक कोने में शरण लेनी पड़ी। खाना पकाने के एक बर्तन और कुछ फटे–पुराने कपड़ों को छोड़ परिवार के पास और कुछ भी नहीं है–एक अदद कम्बल और एक जोड़ी चप्पल तक नहीं।

कुसुमाटांड की दशा इलाक़े में विकास–कार्यक्रम तथा कल्याणकारी योजनाओं की नाकामी का पता देती है। इन कार्यक्रमों और योजनाओं की सफलता के लिए ज़रूरी सर्वाधिक बुनियादी संस्थागत फ्रेमवर्क (ढाँचा) तक मौजूद नहीं है। मनातू में कोई ग्राम–पंचायत काम नहीं कर रही (झारखण्ड में पंचायत के चुनाव अभी तक नहीं हुए), सो ग्राम–समितियाँ कुछ वैसी

ही हो रही हैं जैसे कि बिना पतवार के नाव। सारे विकास–कार्यक्रम सीधे प्रखण्ड कार्यालय से संचालित होते हैं। सरकारी अधिकारियों ने गाँवों में आना बन्द कर दिया है, तर्क दिया जाता है कि इलाक़ा नक्सलवादियों के क़ब्जे में है। माओवादी कम्युनिस्ट सेंटर (एम.सी.सी.) की बेशक मनातू में दमदार मौजूदगी है लेकिन सरकारी कर्मचारियों के लिए 'नक्सल–प्रभावित क्षेत्र' एक सर्व–सुलभ बहाना बन चला है, इसकी ओट लेकर वे काम पर आने से बचे रहते हैं। नया प्रखण्ड विकास पदाधिकारी (बी.डी.ओ.) इसका अपवाद नहीं। वह हफ़्ते में दो बार स्थानीय ठेकेदारों से सलाह–मशविरे के लिए मनातू आता है, ठेकेदारों की इलाक़े में छिटपुट चल रही विकास योजनाओं पर मज़बूत पकड़ है। आमतौर पर लोगों को यह बात पता है कि एम.सी.सी. तथा ठेकेदारों के बीच आपसी सहमति है और जब तक अनिवार्य 'शुल्क' अदा होता रहेगा, ठेकेदारों को इलाक़े में काम करने दिया जायेगा। सरकारी अधिकारी, ठेकेदार तथा एम.सी.सी. की सरकारी राशि से अपने हिस्से की रक़म ले लेने के बाद विकास के ठोस काम करने के लिए बहुत कम राशि बचती है।

कुसुमाटांड में ज़िन्दगी ग़रीबी, भुखमरी, निरक्षरता तथा निस्सहायता के भँवर में फँसी है। यहाँ ज़्यादातर लोगों के मन में यह बात आती ही नहीं कि उनके कुछ हक़ और अधिकार हैं। सरकार उनके लिए एक नामालूम–सी चीज़ है जिसका उनकी ज़िन्दगी पर कोई असर नहीं। उन लोगों ने पंचायत सचिव या फिर बी.डी.ओ. का कभी चेहरा तक नहीं देखा। गाँव तक पहुँचने के लिए कोई सड़क नहीं है–न बिजली, न स्कूल न ही स्वास्थ्य सुविधा, कुछ भी नहीं! और यह सब प्रखण्ड मुख्यालय के तीन किलोमीटर के दायरे की बात है।

9 जुलाई की जन–सुनवाई का एक मक़सद वंचना और अधिकार–हीनता के भँवर–जाल को तोड़ना था। सुनवाई ग्राम स्वराज अभियान ने आयोजित की थी और इसमें आस–पास के गाँवों के 2000 से ज़्यादा लोगों (मुख्य रूप से दलित तथा आदिवासी) ने शिरकत की। महिलाओं ने बड़ी तादाद में भागीदारी की।

ग्राम स्वराज अभियान ने जुलाई की शुरुआत में मनातू प्रखण्ड के 36 गाँवों का सर्वेक्षण किया था। इस सर्वेक्षण के निष्कर्षों की प्रस्तुति से जन–सुनवाई की शुरुआत हुई। सर्वेक्षण इलाक़े की सार्वजनिक सेवाओं और विकास योजनाओं की दुर्दशा की पोलपट्टी खोलने वाला साबित हुआ।

मिसाल के लिए, इस सर्वेक्षण के निष्कर्षों के मुताबिक़ 36 में से मात्र 17 गाँवों में प्राथमिक विद्यालय हैं और इन 17 विद्यालयों में 9 बीते एक साल से ज़्यादा वक़्त से बन्द हैं। जो 8 विद्यालय चालू हालत में हैं उनमें 5 में केवल एक शिक्षक है। एक साथ मिलाकर देखें तो 36 गाँवों में 6–11 साल की उम्र के 2000 से ज़्यादा बच्चों के लिए केवल 12 शिक्षक हैं।

सार्वजनिक वितरण प्रणाली के संचालन में हो रही बड़ी गड़बड़ियाँ भी सामने आयीं। कई लोगों का दावा था कि भारी ग़रीबी में होने के बावजूद उनके पास बी.पी.एल. कार्ड नहीं है। जिन लोगों के पास बी.पी.एल. कार्ड है, उन्हें इस कार्ड के आधार पर जितना चावल अनुदानित मूल्य पर मिलना चाहिए उसका नाममात्र हिस्सा ही हासिल होता है। लोगों के राशन–कार्ड ज़्यादातर खाली मिले या फिर उनमें फ़र्ज़ी प्रविष्टि दर्ज की गयी थी। जन–सुनवाई में आये कुछ लोगों ने कहा कि हम इतने ग़रीब हैं कि सार्वजनिक वितरण प्रणाली का राशन (अगर उपलब्ध हो) अनुदानित मूल्य पर भी नहीं ख़रीद सकते। राष्ट्रीय नमूना सर्वेक्षण के आँकड़ों के एक नवीनतम विश्लेषण के मुताबिक़ सार्वजनिक वितरण प्रणाली के ज़रिये दिये जा रहे अनाज का केवल 20 फ़ीसदी हिस्सा लक्षित परिवारों तक पहुँचता है–शेष की चोरबाज़ारी होती है।

भोजन सम्बन्धी अन्य कार्यक्रमों में भी ऐसी ही अनियमितताएँ दिखीं। मिसाल के लिए, मनातू को 2001 के नवम्बर में सूखा–प्रभावित घोषित किया गया था, लेकिन इलाक़े में सूखा–राहत के कोई उपाय नहीं हुए। किसी भी स्थानीय स्कूल में मिड–डे मील (मध्याह्न भोजन) नहीं दिया जाता (इस बाबत सुप्रीम कोर्ट के आदेश पर झारखण्ड में अभी तक अमल नहीं हुआ है)। छह साल तक की उम्र के बच्चों के देखभाल के केन्द्र जिन्हें आँगनबाड़ी भी कहा जाता है, ज़्यादातर समय बन्द रहते हैं।

जन–सुनवाई में मुख्य मुद्दा 'खाद्यान्न' का था लेकिन लोगों ने भारी ज़रूरत के और भी मुद्दे उठाये, जैसे–स्वच्छ पेयजल, स्कूल, सड़क, बिजली तथा स्वास्थ्य–केन्द्र। जन–सुनवाई में शिरकत कर रहे लोगों ने पूरे ध्यान के साथ पाँच घण्टों तक बातें सुनीं। जन–सुनवाई का होना निश्चित ही उनके लिए एक नया अनुभव था और वे इसका दिलचस्पी, उम्मीद और संकोच के मिले–जुले भावों के साथ स्वागत कर रहे थे। यह उनके लिए सरकारी अधिकारियों के मुक़ाबिल खड़े होने का भी अवसर था जो बरसों से उनकी अनदेखी करते आये थे। शुरू में बी.डी.ओ. ने मनातू

के एक भूतपूर्व ज़मींदार के बेटे के साथ अपने दफ़्तर में आसन जमाया। ज़मींदार का लड़का उसे 'सलाह' देने को उतावला था। बाद में वह सारे समय जन–सुनवाई में बैठा। उसने भागीदारों को आश्वस्त किया कि वह उनकी शिकायतों का समाधान करेगा, लेकिन उसके वादे पर लोगों को ख़ास यक़ीन नहीं था।

जन–सुनवाई की समाप्ति इस संकल्प के साथ हुई कि आगे इन मसलों पर ज़्यादा बड़े अभियान का आयोजन किया जायेगा। मनातू के शोषण भरे माहौल में ऐसा कितनी दूर तक हो पाता है यह देखने वाली बात होगी, लेकिन जन–सुनवाई से इतना तो स्पष्ट हुआ ही कि आगे किन चुनौतियों का सामना करना पड़ेगा और साथ ही बदलाव की सम्भावना की भी झलक मिली।

भुखमरी का अन्धाकुआँ*

मध्य प्रदेश का चम्बल का इलाक़ा हरा–भरा और ख़ुशगवार तो क़तई नहीं। यहाँ–वहाँ छिटपुट सिंचित भूमि दिख जाती है जिस पर मुख्य रूप से ठाकुर, सिक्ख, जाट तथा अन्य समुदायों का मालिकाना है। बाक़ी जगहों पर आपको चट्टानी ज़मीन, झाड़–झंखाड़ और सूखे नाले मिलेंगे। ऐसे दुर्गम इलाक़े में बड़ी दीन दशा में रहते हैं सहरिया समुदाय के हज़ारों लोग जो लकड़ी बेचकर, टोकरी बेचकर और मौसमी तौर पर पलायन करके किसी तरह अपनी जीविका चलाते हैं। छारच के नज़दीक की उनकी बस्तियों की जीवन–दशा के बारे में जब भी सोचता हूँ, मेरे मन में एक भारी टीस उठती है। छारच शिवपुरी ज़िले की सुनसान घाटी में 500 घरों की एक बस्ती है।

ग्वालियर से शिवपुरी और फिर यहाँ से पोहरी होते हुए छारच पहुँचना ग़रीबी और भुखमरी के अन्धकूप में लगातार गहरे उतरते जाने की तरह है। शिवपुरी से पोहरी के बीच तक़रीबन 36 किलोमीटर लम्बी पानी की तरस में बेहाल हुई ज़मीन की एक पट्टी पड़ती है। इस पूरी पट्टी पर आर्थिक गतिविधियों के कोई निशान नज़र नहीं आते। समझना मुश्किल है कि ऐसे वातावरण में लोग किस तरह जीविका कमाते हैं। पोहरी स्थित प्रखण्ड मुख्यालय में सूखे के भयावह प्रभाव साफ़ नज़र आते हैं : कम होती मज़दूरी, बेरोज़गारी, सूखे कुएँ, मृत पशु और स्थानीय बाज़ार में छायी मन्दी।

---

* मई, 2003।

पोहरी से छारच की ओर जायें, जो राजस्थान की सीमा के पास है तो हालात और भी संगीन होते चले जाते हैं। भारतीय जनता पार्टी के एक स्थानीय कार्यकर्ता के मुताबिक़, हाल के महीनों में यहाँ 'भुखमरी से मौत' की बावन घटनाएँ हुई हैं। कार्यकर्ता के तथ्यों का ब्यौरा वस्तुनिष्ठ नहीं और इन मौतों की ठीक–ठीक वजह भी स्पष्ट नहीं है। फिर भी एक बात सन्देह से परे है–यहाँ लोग भीषण भुखमरी और कुपोषण की चपेट में हैं और हाल में हुई कई मौतें एक–न–एक तरह से भुखमरी से जुड़ी हैं। इस त्रासदी के अतिरिक्त, एक बड़ा मुद्दा इलाक़े की भयावह जीवन–दशा का भी है।

छारच में एक बस्ती से दूसरी बस्ती होकर गुज़रते हुए कुपोषण और बीमारी के दृश्य देखकर रोंगटे खड़े हो जाते हैं। बच्चों की दशा को देखकर तो कलेजा मुँह को आ जाता है; ज़्यादातर बच्चे कुपोषण के शिकार हैं। कुछ ऐसे जान पड़ते हैं मानो भुखमरी की साक्षात तस्वीर हों– नंगी देह, आगे की ओर उभरा लटकता हुआ पेट, फोड़े–फुन्सियों से भरी हुई चमड़ी! बीमारी के कारण कइयों का शरीर विरूप हो गया है : किसी की छाती सूजी हुई है, किसी को कूबड़ है, कोई भैंगा है, तो किसी को चर्म रोगों ने अपनी चपेट में ले रखा है। वयस्कों, ख़ासकर औरतों की दशा इससे कुछ बेहतर है, लेकिन इलाक़े में स्वास्थ्य सुविधा न के बराबर है। स्वास्थ्य सुविधा के नाम चल रहा सबसे नज़दीकी केन्द्र पोहरी में है, यहाँ तक पहुँचने के लिए लम्बी यात्रा करनी पड़ती है।

इस साल भारी सूखा पड़ा, लोग कहते हैं ऐसा सूखा पहले कभी नहीं देखा था। एक अरसे से चली आ रही ग़रीबी और भुखमरी की हालत इस सूखे के कारण और भी संगीन हुई है। फ़सल बर्बाद हो गयी और जीविका के परम्परागत साधन; जैसे–महुआ बीनना और तेंदू के पत्ते इकट्ठा करना भी रुक गया। इलाक़े में रोज़गार न के बराबर है। इलाक़े से पलायन करना बहुत कुछ वैसा ही है; जैसे कोई आँख पर पट्टी बाँध छलाँग मारकर किसी गहरी खाई को पार करने की कोशिश करे। हो सकता है आप खाई को फलाँग जायें और यह भी हो सकता है कि खाई में गिरकर जान चली जाये। इसी तरह काम खोजने के लिए इलाक़े से पलायन करने पर यह आशंका लगी रहती है कि काम खोजने के चक्कर में कहीं जान न चली जाये।

मेरी यात्रा जिगनी में ख़त्म हुई। यह सहरिया लोगों का गाँव है। राहत के उपाय के तौर पर जो थोड़े से रोज़गार के अवसर हासिल हैं,

उसी के सहारे यहाँ ज़्यादातर लोग जीवन चलाते हैं। जंगली कन्दमूल मौजूद हैं, उन्हें जुटाकर पेट भरा जा सकता है, लेकिन अगर कुछ ज़्यादा खा लिया तो लोगों को पेटदर्द झेलना पड़ता है। फिर, जंगली कन्द–मूल ऐसी चीज़ नहीं जो देर तक टिके। गाँव के निवासी कुछ लोगों ने बड़े शान्त भाव से बताया कि उन्हें कई दिनों से खाना नहीं मिला।

ईश्वर देवी ने मुझे अपना घर देखने का न्यौता दिया। उसके पति बीमार हैं और उसे चार बच्चों की परवरिश करनी पड़ रही है। उसे देखकर यह ज़रा भी नहीं लगता कि वही गाँव में सबसे ग़रीब है लेकिन उसकी छोटी–सी झोपड़ी में रहने–जीने के सामान न के बराबर थे। कोने में अनाज रखने का एक बड़ा–सा डिब्बा रखा था। मेरी नज़र इस पर गयी तो वह समझ गयी कि मेरे मन में क्या चल रहा है, इसलिए उसने कहा कि ड़िब्बा खाली है। उसने बिना किसी संकोच के डिब्बा खोला और मुझसे इसमें देखने को कहा। मैंने हाथ बढ़ाकर डिब्बे को टटोला, डिब्बे के भीतर मकड़ी के जाले लगे थे, मैं कांप गया। घर में चूल्हा ठण्डा पड़ा था, कुछ भी खाने को नहीं था सिवाय उन झड़बेरियों के जो मैले कपड़े में बँधी नज़र आ रही थीं। दूसरे घरों में भोजन की हालत देखने का कोई मतलब ही नहीं था। साफ़ ज़ाहिर था कि ईश्वर देवी के घर की दशा से बाक़ी घरों की हालत अलग नहीं है।

कुछ बच्चों ने ज़ोर दिया कि मैं नत्थू के घर जाऊँ, उसे सचमुच मदद की ज़रूरत है। मैं भारी मन से बच्चों के पीछे–पीछे चला, सोच रहा था कि इस गहराते दुख का कोई अन्त है भी या नहीं। नत्थू का घर क्या था, उसे विपदा का बसेरा कह लीजिए। उसकी पत्नी हाल में 'भुखमरी से हुई मौतों' का एक शिकार थी और वह ख़ुद किसी ज़िन्दा लाश की तरह था। वह चारपाई पर पेट के बल लेटा था। रीढ़ की हड्डी की चोट के कारण वह हिल–डुल नहीं पा रहा था। भूख और बीमारी से बेजान तीन छोटे–छोटे बच्चे आस–पास यों ही घूम रहे थे। मुझे समझ नहीं आ रहा था कि आख़िर ये लोग ज़िन्दा कैसे हैं, तभी किसी ने बताया कि नत्थू के पास अन्नपूर्णा कार्ड है। इस कार्ड के होने से उसे हर महीने 10 किलो अनाज मुफ़्त लेने का हक़ है। यानी रोज़ाना के हिसाब से सोचें तो चार लोगों के खाने के लिए बस 300 ग्राम अनाज।

ऊपर के अनुच्छेद शिवपुरी की एक छोटी यात्रा के बाद बीते दिसम्बर महीने में लिखे गये। मैं वहाँ पिछले महीने फिर पहुँचा, शिवपुरी तथा

आस–पास के ज़िले शेओपुर, मुरैना तथा ग्वालियर कई जगहों पर घूमा। मैं यह उम्मीद लेकर गया था कि राहत–कार्य का विस्तार होने के साथ हालात सुधरे होंगे। लेकिन छारच के आस–पास के इलाक़े में हालात कमोबेश पहले जैसे ही थे, मैंने देखा कि इलाक़े के सहरिया समुदाय के लोग अर्द्ध–भुखमरी की वैसी ही दशा में रह रहे हैं जैसी दशा में जी रहे परिवारों से मैं पहले मिल आया था।

जिगनी पहुँचकर मैं नत्थू से फिर मिला। मुझे यह देखकर तनिक राहत हुई कि वह ज़िन्दा है लेकिन यह सुनकर निराशा हुई कि स्कीम के जारी न रहने की वजह से अन्नपूर्णा कार्ड अब बेकार हो गया है। चूँकि नया बी.पी.एल. सर्वे मई महीने के दूसरे–तीसरे हफ़्ते में किसी समय होना है इसलिए इस बात की आशंका लगी हुई है कि बहुत से और परिवार सार्वजनिक वितरण प्रणाली के दायरे से चुपचाप बाहर कर दिये जायेंगे। स्कूलों में गर्मियों की छुट्टियाँ शुरू हो गयी हैं इसलिए मिड–डे मील मिलना भी बन्द हो गया है।

इस बीच दिन अब तपने लगे हैं, बढ़ती हुई गरमी सहरिया लोगों को झुलसाने पर आतुर है। यह गरमी सहरिया लोगों की जीविका के रहे–सहे अवसर भी ख़त्म कर देना चाहती है। मुरैना ज़िले के पहाड़गढ़ इलाक़े में कई लोग शतावर नाम की एक जड़ी–बूटी इकट्ठा कर उसे बेचकर अपनी जीविका चलाते हैं। लेकिन ऐसा वे ज़्यादा दिन तक नहीं कर पायेंगे क्योंकि बढ़ती जा रही गरमी में कठोर ज़मीन को खोदकर शतावर की जड़ निकालना और बिना पानी के लम्बी दूरी तक चलना मुश्किल होता जायेगा। पहाड़गढ़ रेगिस्तान जैसा है, सिकी हुई रोटी की तरह सूखा और मीलों चलते जाइए लेकिन यहाँ आपको कोई छायादार जगह नहीं मिलेगी। कई गाँवों में लोग इस आशा से टिके हुए हैं कि राहत–कार्य में कोई–न–कोई रोज़गार मिल जायेगा। लेकिन राहत–कार्य एक तो छिट–पुट जगहों पर चल रहे हैं और इन जगहों के बीच दूरी भी ज़्यादा है। फिर, मज़दूरी महीनों नहीं तो भी हफ़्तों की देरी से मिलती है।

विडम्बना कहिए कि जीविका जुटाने का संघर्ष बारिश के दिनों में और भी ज़्यादा कठिन होने की आशंका है। सामान्य सालों में भी बारिश का मौसम सहरिया लोगों के लिए भुखमरी का समय साबित होता है। इस वक़्त जीविका–उपार्जन के साधन बहुत कम हो जाते हैं और सहरिया लोगों को घास, कन्दमूल तथा जंगल में मिलने वाली अन्य चीज़ों से

भूख मिटानी पड़ती है। इस साल बारिश के मौसम के बहुत पहले से ही सहरिया लोगों के लिए जीवन दुर्वह साबित हो रहा है। वे थके हैं और उनके हाथ एकदम खाली हैं। ख़रीफ़ की फ़सल उगाने के लिए और भी ज़्यादा त्याग करना होगा क्योंकि बीजों के लिए रुपये नहीं हैं और ज़्यादातर पशु भूख तथा प्यास से बेहाल होकर दम तोड़ चुके हैं। अगर राहत–कार्य का बड़े पैमाने पर विस्तार नहीं किया जाता तो फिर भुखमरी से कुछ और लोगों की मौत होना निश्चित है।

नोट

भुखमरी के शिकंजे में ग़रीब–'द हिन्दू' नामक अख़बार में 26–27 फरवरी 2001 को दो खण्डों में प्रकाशित आलेख का यह पहला हिस्सा है। खाद्य मन्त्रालय खाद्यान्न के बारे में मासिक रूप से जो बुलेटिन जारी करता है उसमें खाद्यान्न–भण्डार के आधिकारिक आँकड़े आसानी से देखे जा सकते हैं। खाद्यान्न भण्डार में पिछले दसेक सालों से लगातार इज़ाफ़ा हो रहा है। खाद्यान्न भण्डार 2012 की जुलाई में बढ़कर 82 मिलियन टन तक पहुँच गया। खाद्यान्न के उपभोग तथा आमदनी के बीच के रिश्ते पर विस्तार से जानने के लिए देखें ओल्डीगेज 2012।

जीवन की नाज़ुक डोर और शोषण बड़ज़ोर–यह लेख ओडिशा के कोरापुट–बोलांगिर–कालाहांडी के इलाक़े में अप्रैल 1999 में राजकिशोर मिश्रा के साथ की गयी पदयात्रा के अनुभवों पर आधारित है। ओड़िशा के 1990 के दशक के आर्थिक रुझानों से सम्बन्धित द्वितीयक आँकड़े भारत सरकार तथा ओड़िशा सरकार के आर्थिक सर्वेक्षण से लिए गये हैं (तथा वास्तविक मज़दूरी से सम्बन्धित रुझानों के लिए आँकड़े सरमाह 2001 से लिए गये हैं)

भोजन का अधिकार और सार्वजनिक जवाबदेही–यह लेख 2001 के अक्तूबर में सरगुजा ज़िले के वरडाफनगर प्रखण्ड की यात्रा के अनुभवों पर आधारित है। इस यात्रा में गंगाभाई पैकरा साथ में थे। उस वक़्त ख़बर आयी थी कि प्रखण्ड में गैस्ट्रोएंट्रिटाइटिस (आंत्रशोथ) की बीमारी फैली है। गंगाभाई तथा उनके सहयोगियों ने बाद के वक़्त में इलाक़े में भोजन के अधिकार तथा सम्बन्धित मसलों पर अत्यन्त मूल्यवान काम किया।

कुसुमाटांड़ की यादें–इस सर्वेक्षण के आँकड़ों की विस्तृत प्रस्तुति द्रेज तथा लाल 2002 और ग्राम स्वराज अभियान 2002 में उपलब्ध है। साल 2014 में अंकिता अग्रवाल तथा अन्य ने मनातू प्रखण्ड में सार्वजनिक

सुविधाओं के सन्दर्भ में एक पुनर्सर्वेक्षण किया। इससे पता चला कि बीती अवधि में सार्वजनिक वितरण प्रणाली में ख़ूब सुधार किया है, हालाँकि इसके बाद भी लोगों को अपनी हक़दारी से कम ही अनाज मिल पा रहा था। उस वक़्त तक मनातू प्रखण्ड के ज़्यादातर गाँवों में स्कूल तथा आँगनबाड़ी सरीखी बुनियादी सुविधाएँ उपलब्ध हो चुकी थीं, लेकिन इन गाँवों में बहुत कुछ करना शेष रह गया है। झारखण्ड पंचायतराज अधिनियम, 2001 की वैधता को लेकर सुप्रीम कोर्ट में चली क़ानूनी लड़ाई के कारण झारखण्ड में कई सालों तक पंचायत चुनाव नहीं हो सके। साल 2011 में आख़िरकार पंचायत के चुनाव हुए।

मिड–डे मील के बारे में सुप्रीम कोर्ट ने 2001 के फ़ैसले में जो कुछ कहा था उसे लागू करने में झारखण्ड को कई साल लगे लेकिन अब मामला एकदम पटरी पर आ गया है। दरअसल, बीजेपी के शासन वाले राज्यों में झारखण्ड एकमात्र राज्य है जहाँ मिड–डे मील में बच्चों को अण्डे परोसे जाते हैं।

झारखण्ड में पी.डी.एस. में हो रही चोरबाज़ारी के नवीनतम आँकड़ों (साल 2004–05 में 85 प्रतिशत तथा साल 2011–12 में 44 प्रतिशत) के लिए देखें द्रेज तथा खेरा 2015 ए। पी.डी.एस. में होने वाली चोरबाज़ारी पर कुछ और चर्चा आपको पुस्तक के खण्ड 7 में मिलेगी।

भुखमरी का अन्धाकुआँ–मध्य प्रदेश तथा राजस्थान की सीमा के दोनों तरफ़ पसरे उस इलाक़े के सहरिया लोगों के साथ बाद के समय में क्या हुआ–यह जानना भी दिलचस्प हो सकता है। साल 2001 के बाद से राजस्थान में भुखमरी से हो रही मौतों मसले पर लगातार जन–आन्दोलन हुए। नतीजतन, सरकार ने समस्या के निवारण के लिए कुछ ठोस प्रयास किये, स्वयंसेवी संस्थाएँ भी आगे आयीं। वक़्त बीतने के साथ, सहरिया लोगों को एक हद तक खाद्य–सुरक्षा हासिल हुई (बन्धुआ मज़दूरी से भी मुक्ति मिली)। इसमें ग्रामीण रोज़गार गारंटी अधिनियम, सार्वजनिक वितरण प्रणाली, मिड–डे मील तथा इनसे जुड़ी अन्य योजनाओं का योगदान रहा। मध्य प्रदेश में सहरिया लोगों पर सरकार का ध्यान कम गया, विपदा की दशा विकराल होती गयी। दो राज्यों में फैले एक ही इलाक़े के सहरिया लोगों की ज़िन्दगी के इस विरोधाभास पर चर्चा के लिए देखें, पी.ई.ई.पी. टीम के साथ द्रेज तथा खेरा 2014 और खेरा 2008 तथा भाटिया 2012।

2
ग़रीबी

भारत के कई सामाजिक कार्यक्रमों में सबसे बड़ी दिक़्क़त योग्य परिवारों के चयन की है। साल 1990 तथा 2000 के दशक में मानक तरीक़ा 'ग़रीबी रेखा के नीचे' (बी.पी.एल.) के परिवारों को चुनने का था, लेकिन ग़रीबी रेखा के नीचे के परिवारों की पहचान में मुश्किलें थी। योजना आयोग से हासिल ग़रीबी के आँकड़ों के आधार पर राज्यवार ग़रीबी–रेखा के नीचे के परिवारों की तादाद की एक सीमा आयद कर दी जाती थी। योजना आयोग के ग़रीबी सम्बन्धी ये आँकड़े प्रतिव्यक्ति मासिक व्यय को ध्यान में रखकर परिवारों की गिनती के आधार पर निकाले जाते थे। अगर किसी परिवार का प्रतिव्यक्ति मासिक ख़र्च एक तयशुदा सीमा से कम हो तो उन्हें ग़रीबी रेखा से नीचे का परिवार माना जाता था और प्रति व्यक्ति ख़र्च की तयशुदा सीमा ग़रीबी–रेखा कहलाती थी। ग़रीबी–रेखा का निर्धारण राष्ट्रीय नमूना सर्वेक्षण के आँकड़ों के सहारे किया जाता था। योजना आयोग के ग़रीबी सम्बन्धी आकलन आलोचना के घेरे में रहे और इस खण्ड के लेखों में ऐसी कुछ आलोचनाओं का ज़िक्र है, लेकिन यहाँ ज़्यादा अहम बात यह है कि ग़रीबी रेखा के नीचे के परिवारों की पहचान का ऐसा कोई ज़ाहिर तरीक़ा नहीं जो ग़रीबों की संख्या के बारे में आयद सीमा के दायरे में रहते हुए कारगर हो।

परिवार–वार प्रति व्यक्ति मासिक ख़र्च (एम.पी.सी.ई.) के आँकड़ों की ग़ैर–मौजूदगी के कारण ग़रीब परिवारों की पहचान के लिए अक्सर सहायक संकेतकों जैसे कि पेशा या फिर सम्पदा की मिल्कियत को आधार बनाया जाता था। मिसाल के लिए 2002 की बी.पी.एल. गणना में तेरह सहायक संकेतकों पर आधारित अंकमान के सहारे ग़रीबी–रेखा के नीचे के परिवारों की पहचान की गयी। सहायक संकेतक स्वभाव से सटीक नहीं होते क्योंकि उनकी गणना में सर्वेक्षण की जिन पद्धतियों

का इस्तेमाल होता है वे बहुत भरोसेमन्द नहीं होतीं। इसलिए, बी.पी.एल. गणना के पूरे शोध में अटकलपच्चू होने की तासीर हावी थी। नतीजतन, योग्य परिवारों की सूची में अपवर्जन की ग़लतियाँ (क्योंकि ग़रीबी–रेखा के कुछ परिवार सूची में शामिल होने से रह गये हैं) हैं तो समावेशन की भी (क्योंकि ग़रीबी–रेखा से ऊपर के कुछ परिवार सूची में शामिल हो गये हैं)। राज्यवार ग़रीबों की तादाद निर्धारित करने की योजना आयोग की क़वायद भी इस मामले में विशेष मददगार नहीं क्योंकि उसमें ग़रीबी–रेखा अपेक्षाकृत और भी ज़्यादा नीचे रखी जाती है।

सन् 2000 के दशक के शुरुआती सालों में बहुत से सामाजिक कार्यक्रमों में बी.पी.एल. परिवारों को लक्ष्य बनाया गया है। अगर केन्द्र सरकार की चलती तो वह समेकित बाल विकास सेवा (आई.सी.डी.एस.) और राष्ट्रीय ग्रामीण रोज़गार गारंटी अधिनियम (नरेगा) को भी बी.पी.एल. श्रेणी के परिवारों तक सीमित कर देती। बहरहाल, इस बीच इस धारणा ने ज़ोर पकड़ा कि इन सामाजिक फ़ायदों को सब परिवार नहीं तो भी कम–से–कम ग़रीब परिवार अपना अधिकार समझ सकते हैं। सिर्फ़ बी.पी.एल. परिवारों को लक्ष्य कर चलने वाले सामाजिक कार्यक्रम अधिकार को मंज़ूर करने वाले इस नज़रिये से मेल नहीं खाते क्योंकि बी.पी.एल. श्रेणी को लक्ष्य करके चलने वाले कार्यक्रमों के दायरे से बहुत से ग़रीब परिवार छूट जाते हैं। धीरे–धीरे सिर्फ़ बी.पी.एल. श्रेणी के परिवारों को लक्ष्य करके चलने की जगह तीन वैकल्पिक रास्ते अपनाये गये।

एक तरीक़ा यह निकाला गया कि कुछ हक़दारियाँ सबके लिए हों। मिसाल के लिए स्कूलों में दिये जाने वाले भोजन का नाम लिया जा सकता है। इसके दायरे में हर स्कूली बच्चे को शामिल किया गया है, कम–से–कम सरकारी और सरकारी सहायता प्राप्त स्कूलों के सभी बच्चे इसके दायरे में शामिल हैं। यह एक संगत बात है–किसी स्कूल के कुछ बच्चों को खाना देना और बाक़ी बच्चों को इस आधार पर खाना न देना कि वे बी.पी.एल. श्रेणी के नहीं हैं, जबकि बी.पी.एल. की पहचान का तरीक़ा ही भरोसेमन्द नहीं–अपने आप में बहुत बेतुका जान पड़ता है।[1]

दूसरे, कुछ कार्यक्रम आत्म–चयन (सेल्फ–सेलेक्शन) के सिद्धान्त पर बनाये गये हैं। न इसमें लोगों को ख़ुद ही तय करना होता है उन्हें

---

1. अगर ठीक–ठीक कहें तो आत्म–चयन की बात इस कार्यक्रम में भी है क्योंकि सरकारी स्कूलों में पढ़ने वाले बच्चों अक्सर साधनहीन परिवारों के होते हैं।

भागीदारी करनी है या नहीं। इन कार्यक्रमों की बनावट ऐसी है कि साधन–सम्पन्न परिवार उसमें भाग नहीं लेना चाहेंगे। नरेगा ऐसे कार्यक्रम में एक प्रमुख उदाहरण है। इसमें हर ग्रामीण परिवार को जॉब–कार्ड के योग्य माना गया है लेकिन दिये जाने वाले काम की ज़रूरतें ऐसी हैं कि इसमें भागीदारी करने वाले ज़्यादातर मज़दूर वंचित तबक़े के होते हैं। आत्म–चयन को आधार बनाकर लक्षित वर्ग तक पहुँचने की इस प्रक्रिया के कारगर होने के प्रमाण हैं। कम–से–कम नरेगा के बारे में यह बात कही जा सकती है।

तीसरा तरीक़ा राष्ट्रीय खाद्य सुरक्षा अधिनियम के सन्दर्भ में अपनाया गया। इसमें कुछ राज्यों ने जो तरीक़ा अपनाया उसे 'अपवर्जन' का तरीक़ा कहा जा सकता है। इसके पीछे सोच यह रही कि ग़रीब परिवारों को लक्ष्य बनाने की जगह साधन–सम्पन्न परिवारों की पहचान (सरल, पारदर्शी तथा सत्यापित की जा सकने वाली कसौटियों के उपयोग के ज़रिये) की जाये, ऐसे परिवारों को लाभार्थियों की सूची से बाहर रखा जाये और बाक़ी सबको लाभार्थियों में शामिल मान लिया जाये। मिसाल के लिए, राष्ट्रीय खाद्य सुरक्षा अधिनियम के तहत झारखण्ड में हर ग्रामीण परिवार अब राशन–कार्ड प्राप्त करने का अधिकारी है। बशर्ते उसके पास नियमित आमदनी वाली सरकारी नौकरी, चारपहिया वाहन, पाँच एकड़ सिंचित भूमि (या किसी भी क़िस्म की दस एकड़ ज़मीन) या फिर तीन कमरों वाला पक्का (ईंट का बना) घर न हो। इस तरीक़े का मुख्य फ़ायदा यह है कि इसमें लाभार्थियों की सूची में ग़रीब परिवारों के शामिल न होने का जोख़िम कम हो जाता है।

बी.पी.एल. परिवारों को लक्ष्य कर चलने वाली पद्धति में एक क़िस्म का मनमानापन था और बहुत हद उसका दायरा सीमित था। इससे परे जाते हुए वैकल्पिक तरीक़ों को अपनाना निश्चित ही आगे की तरफ़ उठा क़दम माना जायेगा। बहरहाल, बी.पी.एल. श्रेणी के लोगों को लक्ष्य करने का तरीक़ा अब भी केन्द्र सरकार की ओर से चलाई जा रही कुछ योजनाओं जैसे राष्ट्रीय स्वास्थ्य बीमा योजना में जारी है। इसे जायज़ ठहराना मुश्किल है, ख़ासकर यह देखते हुए कि ज़्यादातर राज्यों में बी.पी.एल. सूची बहुत पुरानी हो चुकी है। माना जा रहा था कि सामाजिक–आर्थिक तथा जाति जनगणना–2011 के आँकड़ों का उपयोग नयी बी.पी.एल. सूची तैयार करने में किया जायेगा। लेकिन ऐसा नहीं

हुआ, कम–से–कम अभी तक तो ऐसा होता नज़र नहीं आता। शायद अब समय आ गया है जब बी.पी.एल. श्रेणी के लोगों को लक्षित करने वाला तरीक़ा पूरी तरह छोड़ दिया जाना चाहिए।

इस खण्ड के चार में से तीन लेख इन्हीं मसलों तथा सरकारी ग़रीबी रेखा की सीमाओं से सम्बन्धित हैं। चौथे लेख, 'यह कोई दया दान नहीं', में विधवा, बुज़ुर्ग तथा दिव्यांग जन के पेंशन के बारे में चर्चा की गयी है।

ग़रीबी का फन्दा*

क्या ही अच्छा था वह बीत चुका वक़्त जब ग़रीबी–रेखा की संकल्पना बहुत सीधी–सादी हुआ करती थी। कुल मिलाकर देखें तो यह तब एक संख्यात्मक माप का नाम था जिसके सहारे ग़रीबी की स्थितियों की तुलना की जाती थी। मिसाल के लिए किसी ख़ास अवधि के भीतर ग़रीबी की क्रमवार स्थिति जानना या फिर देश के विभिन्न भागों में मौजूद ग़रीबी की दशा की तुलना करना। ऐसी ज़्यादातर तुलनाएँ एक हद तक ग़रीबी–रेखा के चयन के मामले में संवेदनशील नहीं होती थीं। कभी–कभी तो ऐसी स्थिति आ जाया करती थी (इसे फर्स्ट ऑर्डर एस्टोकेस्टिक डोमिनेंस जैसे बेबूझ नाम से जाना जाता है) कि आप ग़रीबी–रेखा चाहे जो तय करें लेकिन वह की जा रही तुलना पर एकदम फिट बैठेगी। मिसाल के लिए बिहार और पंजाब का उदाहरण लिया जा सकता है। आप चाहे जो ग़रीबी रेखा तय करें, बिहार पंजाब की तुलना में ग़रीब ही ठहरेगा।

संख्यात्मक माप से सामाजिक विभेद तक का सफ़र

तुलना के लिए ग़रीबी–रेखा का इस्तेमाल इस कारण ख़ास विवादास्पद नहीं रहा। एक आम मानक यह था कि आधार–वर्ष में निर्धारित कैलोरी की ख़ास मात्रा को हासिल करने के लिए हरेक व्यक्ति को जितना ख़र्च करना ज़रूरी होगा, उसे ग़रीबी–रेखा की माप माना जायेगा। अब कोई चाहे तो इस मानक को पसन्द करे या फिर नापसन्द (क्योंकि कैलोरी के उपभोग को मानक के तौर पर बरतना बहुत संगत नहीं) लेकिन यह तरीक़ा पारदर्शी था। इसमें ऐसा कोई दावा नहीं था कि कोई व्यक्ति ग़रीबी–रेखा तक पहुँच गया है। यानी निर्धारित कैलोरी का उपभोग कर

* सितम्बर–अक्तूबर, 2011।

रहा है तो फिर इससे गारंटी हो गयी कि उसे पोषण के लिहाज़ से पर्याप्त भोजन हासिल है (क्योंकि पोषण के लिए पर्याप्त मात्रा में कैलोरी का उपभोग ही ज़रूरी नहीं), ऐसे व्यक्ति के सेहतमन्द होने या फिर शिक्षित होने की बात तो ख़ैर रहने ही दें।

इसके बाद 'बी.पी.एल. श्रेणी के लोगों को लक्ष्य' कर चलने का विचार आया यानी यह सोच कि सामाजिक फ़ायदे वाले विभिन्न कार्यक्रमों (ख़ासकर सार्वजनिक वितरण प्रणाली) को सिर्फ़ ग़रीबी–रेखा से नीचे के परिवारों तक सीमित कर दिया जाये। इस सोच के कारण ग़रीबी–रेखा जो पहले एक संख्यात्मक माप हुआ करती थी, बड़े चुपके से वास्तविक जीवन के विभेद की रेखा बन गयी। यह विभेद बड़ा बनावटी क़िस्म का है क्योंकि बी.पी.एल. श्रेणी के परिवारों की पहचान का तरीक़ा बहुत विश्वसनीय नहीं कहा जा सकता। दरअसल, योजना आयोग ग़रीबों की गिनती के लिए एक पद्धति अपनाता है तो ग्रामीण विकास मन्त्रालय इसके लिए दूसरी पद्धति का इस्तेमाल करता है। इससे काम नहीं चल सकता और यह बी.पी.एल. गणना की अवधारणागत कमियों तथा क्रियान्वयन सम्बन्धी समस्याओं के सिलसिले की शुरुआत है। आश्चर्य नहीं कि राष्ट्रीय नमूना सर्वेक्षण (तथा अन्य स्रोतों) के मुताबिक़ साल 2004–05 में ग्रामीण भारत के लगभग 50 प्रतिशत ग़रीब परिवारों के पास बी.पी.एल. कार्ड नहीं था। वास्तविक जीवन में ग़रीबी–रेखा न सिर्फ़ लोगों के बीच भेद पैदा करती है बल्कि यह भेद बहुत क्रूर और विध्वंसक साबित होता है।

हाल की तेंदुलकर समिति की रिपोर्ट आयी तो मामला और भी ज़्यादा उलझ गया। पहली बार किसी रिपोर्ट में दावा किया गया कि ग़रीबी–रेखा से 'भोजन, शिक्षा तथा स्वास्थ्य पर...वास्तविक निजी ख़र्च के पर्याप्त होने का निश्चय' किया जा सकता है। कुल 32 रुपये प्रति व्यक्ति प्रतिदिन (तेंदुलकर समिति ने मौजूदा क़ीमतों के हिसाब से शहरी क्षेत्र के लिए इसे ग़रीबी–रेखा माना है) इन मदों पर ख़र्च के लिए नाकाफ़ी हैं, यह बात बड़ी ज़ाहिर है और इसे कोई भी सहज ही समझ लेगा। कुल 32 रुपयों की समग्र राशि को ख़र्चे के विभिन्न मदों में जिस तरह बाँटा गया है, उसमें स्वास्थ्य के मद में इस राशि से 1 रुपया ख़र्च होने की बात कही गयी है। इसे देखते हुए बात और भी ज़्यादा स्पष्ट हो जाती है, लेकिन विशेषज्ञों ने अपने दावों की पुष्टि के लिए फिर भी तकनीकी तर्क जुटा ही लिए हैं।

योजना आयोग के प्रति ईमानदारी का रुख़ अपनाते हुए कहें

तो आयोग यह क़तई नहीं (कम–से–कम खुले तौर पर) कह रहा कि सार्वजनिक वितरण प्रणाली (पी.डी.एस.) का दायरा सिर्फ़ बी.पी.एल. श्रेणी के परिवारों तक सीमित कर दिया जाये। आयोग केवल इतना भर कह रहा है कि केन्द्र सरकार का दायित्व बस उतने भर का ही है। लेकिन वक़्त की दीवार पर तहरीर तो साफ़ दिखाई दे रही है कि सिर्फ़ पी.डी.एस. ही नहीं बल्कि सामाजिक कल्याण के अन्य कार्यक्रम भी दबे पाँव बी.पी.एल. परिवारों तक सीमित किये जा रहे हैं, उनमें सेवा या सामान की जगह लाभार्थी को नगदी देने के प्रावधान किये जा रहे हैं और ग़रीबों की तादाद घटने के साथ ऐसे कार्यक्रमों को ख़त्म करने की भी बात है।

आगे का रास्ता 'ग़रीबों की संख्या' को दुरुस्त करना नहीं बल्कि कार्यक्रमों को सिर्फ़ बी.पी.एल. परिवारों तक सीमित करने के इस खोखले नज़रिये की काट करने का है। सार्वभौम हक़दारी वाले कार्यक्रम, जैसे–स्कूलों में दिये जाने वाले मिड–डे मील, आई.सी.डी.एस. तथा नरेगा इस नाते आकर्षक हैं। पी.डी.एस. के मामले में भी दिख रहा है कि कई राज्यों का नज़रिया बदला है और वे इसे बी.पी.एल. परिवारों तक सीमित रखने के सोच से परे जा रहे हैं। तमिलनाडु और हिमाचल प्रदेश जैसे राज्य ही नहीं जो सामाजिक कार्यक्रमों की सार्विकता (यूनिवर्सलिज्म) की नीति के प्रति लम्बे समय से प्रतिबद्ध हैं बल्कि ऐसे राज्यों में आन्ध्र प्रदेश तथा छत्तीसगढ़ भी शामिल हैं जहाँ पी.डी.एस. का दायरा बी.पी.एल. श्रेणी के परिवारों से आगे तक जाता है। इन राज्यों में पी.डी.एस. का संचालन कहीं ज़्यादा बेहतर है तो इस कारण कि यहाँ हर किसी को लगता है कि पी.डी.एस. में हमारी हक़दारी बनती है। यह तरीक़ा ख़र्चीला मगर कारगर है।

बी.पी.एल. क्लब

झारखण्ड के लातेहार ज़िले के डबलू सिंह के परिवार की दुर्दशा वर्तमान खाद्य–नीतियों की विसंगतियों को जितनी मार्मिकता से उजागर करती है उतनी शायद कोई और बात नहीं करती। जीविका के लिए मुख्य रूप से दिहाड़ी मज़दूरी पर निर्भर आदिवासी युवक डबलू, तक़रीबन दो साल पहले काम करते वक़्त छत से गिर पड़ा और उसकी रीढ़ की हड्डी टूट गयी। जीवनभर के लिए अपंग हो चुके डबलू को हर वक़्त देखभाल की दरकार है। पत्नी सुमित्रा उसकी भी देखभाल करती है और बेटी, दूधमुँहे

बच्चे के साथ–साथ कुछ मुर्गी–बकरियों की भी। सुमित्रा की हालत ऐसी नहीं कि कुछ कमा सके। यह परिवार भुखमरी की कगार पर खड़ा है।

झारखण्ड में ग़रीबी–रेखा (बी.पी.एल.) से नीचे के परिवारों को प्रति माह 1 रुपये की दर से 35 किलो अनाज हासिल करने का हक़ है। यह इन परिवारों के लिए बड़ी राहत की बात है लेकिन डबलू सिंह के परिवार के पास बी.पी.एल. कार्ड नहीं है। बहरहाल, भारतीय खाद्य निगम (एफ.सी.आई.) के गोदाम एक बार फिर ठसाठस भरे हुए हैं। एफ.सी.आई. के पास तक़रीबन 6 करोड़ टन अनाज का अम्बार लगा है और उसे पता नहीं कि अतिरिक्त अनाज को कहाँ रखे। कुछ निर्यात करना चाहते हैं तो कुछ शराब बनाना और कई लोग एफ.सी.आई. का निजीकरण करके इससे छुटकारा पाना चाहते हैं। समाधान के तौर पर भण्डारण–क्षमता बढ़ाने की बात लगातार कही जाती है। लेकिन, कुछ अतिरिक्त अनाज बाँट दिया जाये तो कैसा रहे? आख़िर डबलू सिंह सरीखे परिवारों की कमी नहीं। राष्ट्रीय नमूना सर्वेक्षण (नेशनल सैम्पल सर्वे) के अनुसार ग्रामीण भारत के कुल ग़रीब परिवारों में से तक़रीबन आधे के पास बी.पी.एल. कार्ड नहीं है। तो क्यों न इन परिवारों को भी बी.पी.एल. कार्ड देकर उनमें अनाज बाँट दिया जाये?

डबलू सिंह की एकमात्र आशा यही है कि उसका दुःख नज़र में आ गया है। दुर्घटना के तुरन्त बाद पहले उस पर स्थानीय पत्रकारों की नज़र गयी फिर ज़िला कलेक्टर और बाद में स्थानीय विधायक तथा बाक़ियों की। सबने माना कि फौरी राहत के तौर पर उसे बी.पी.एल. कार्ड मिलना चाहिए।

'मुँहपुराई' से काम चलाने वाले झारखण्ड–प्रशासन के दस्तूर के हिसाब से पहले ज़िला–कलेक्टर ने बी.डी.ओ. को ज़रूरी इन्तज़ाम करने का निर्देश दिया। इसके बाद महीनों तक कई अधिकारियों (बी.डी.ओ., एस.डी.ओ., बी.एस.ओ. आदि) ने अपना ज़िम्मा दूसरे पर डाला। डबलू के शुभचिन्तकों ने उसका मामला राँची से लेकर दिल्ली तक उठाया। बात नहीं बनी–एक साल बीता लेकिन तब भी डबलू को बी.पी.एल. कार्ड ला–हासिल रहा।

जब सुप्रीम कोर्ट के कमिश्नरों ने कमान सँभाली और ज़िला–कलेक्टर को तलब किया तब जाकर उसने माना कि पूरा ज़िला–प्रशासन डबलू को बी.पी.एल. कार्ड देने से लाचार है क्योंकि इसके लिए किसी–न–किसी का नाम बी.पी.एल. सूची से बाहर करना पड़ेगा। वह यह बात शुरुआत

में ही बता सकता था लेकिन जो नहीं हुआ उसका ज़िक्र ही क्या! यहाँ ध्यान देने की बात यह है कि ज़िले का बी.पी.एल. कोटा निर्धारित है इसलिए ज़िले की बी.पी.एल.–सूची से किसी का नाम हटाये बग़ैर उसमें नया नाम जोड़ा नहीं जा सकता। किसी ने दबी जुबान से यह भी कहा कि डबलू तो अब चर्चा में आने के कारण एक तरह से वी.आई.पी. हो चुका है इसलिए कहीं से किसी का नाम हटाकर उसे सूची में 'एडजस्ट' किया जा सकता है।

लातेहार से दिल्ली तक फैली डबलू के शुभचिन्तकों की एक पूरी टोली के एक साल से ज़्यादा समय की कोशिशों के बाबजूद कुछ हफ़्ते पहले तक मामला यहीं तक पहुँचा था। इस दौरान एफ.सी.आई. के गोदामों में कितना टन अनाज सड़ा होगा–यह सोचकर दिल बैठ जाता है। ख़ैर, स्थानीय प्रखण्ड–आपूर्ति–अधिकारी ने जुगत लगाई और बलि का बकरा ढूँढ़ निकाला : डबलू के गाँव में किसी की मौत हो गयी थी, उसकी पत्नी भी चल बसी थी और उनके बेटे को अलग से एक बी.पी.एल. कार्ड था इसलिए मृतक का नाम सूची से हटाकर उसमें डबलू का नाम जोड़ना ठीक जान पड़ा। इस काम को करने में 10–15 दिन और लगे और आख़िरकार डबलू को बी.पी.एल. कार्ड मिल गया।

लेकिन एक पेंच और है–हो सकता है डबलू जल्दी ही अपने बी.पी.एल. कार्ड से वंचित हो जाये क्योंकि मौजूदा 'बी.पी.एल.–गणना' (यानी सामाजिक–आर्थिक तथा जाति जनगणना) पूरी होने के बाद बी.पी.एल.–सूची फिर से बनाई जानी है और, इस बी.पी.एल. जनगणना की पद्धति ऐसी है कि उसमें ग़रीब में गिने जाने के लिए निर्धारित सात 'कसौटियों' में से डबलू का परिवार बस एक पर ख़रा उतरता है। आशंका है कि शून्य से सात अंकों के इस पैमाने पर एक अंक हासिल करने वाला डबलू का परिवार एक बार फिर बी.पी.एल. सूची से बाहर हो जायेगा।

और बी.पी.एल. क्लब में डबलू के शामिल होने को तनिक और कठिन बनाने के लिए योजना आयोग ने (सुप्रीम कोर्ट को हाल ही में सौंपे एक अफेडेविट में) साफ़ कर दिया है कि मोटामोटी 25 रुपये प्रतिव्यक्ति प्रतिदिन को ग़रीबों के आकलन में मानक मनाने वाली आधिकारिक ग़रीबी–रेखा के हिसाब से ग्रामीण इलाक़े में बी.पी.एल. की सूची आगे चलकर छोटी होने वाली है। दरअसल डबलू को तो रोज़ाना कम–से–कम 25 रुपये अपने ज़रूरी डॉक्टरी देखभाल के लिए ही चाहिए।

कई राज्यों ने योजना–आयोग की इस 'सब धन बाईस पसेरी' के स्वभाव वाली ग़रीबी–रेखा के प्रति विद्रोह किया है और सार्वजनिक वितरण प्रणाली (पी.डी.एस.) को बी.पी.एल. सूची से ज़्यादा बड़ा विस्तार दिया है। यदि डबलू तमिलनाडु, आन्ध्रप्रदेश या फिर छत्तीसगढ़ में ही रह रहा होता तो उसे इस अग्निपरीक्षा से नहीं गुज़रना पड़ता। तमिलनाडु में पी.डी.एस. सार्वजनीन (यूनिवर्सल) है–हरेक के पास राशन कार्ड है। आन्ध्र प्रदेश ने बी.पी.एल.–मानसिकता को ख़ारिज करते हुए एक 'अपवर्जी पद्धति (एक्सक्लूजन एप्रोच)' अपनायी है। इस 'अपवर्जी पद्धति' के अन्तर्गत कुछेक सुपरिभाषित कसौटियों पर खड़ा उतरने वाले लोगों (जैसे सरकारी नौकरी करने वाले) को छोड़कर सबको राशनकार्ड के योग्य माना गया है। छत्तीसगढ़ में 'समावेशी पद्धति (इन्क्लूजन एप्रोच)' का इस्तेमाल होता है लेकिन समावेश की कसौटी व्यापक है (मिसाल के लिए, अनुसूचित जाति–जनजाति के सभी परिवारों को राशनकार्ड के योग्य माना गया है) और पी.डी.एस. के दायरे में लगभग 80 फ़ीसदी ग्रामीण आबादी शामिल है। फिर, राशन–कार्ड की तालिका का नियमित अन्तराल पर सत्यापन होता है और उसे अद्यतन बनाया जाता है।

ग्रामीण लातेहर जैसे इलाक़ों में सार्वभौमिक पी.डी.एस. की बड़ी ज़रूरत है। दरअसल, कुछेक शोषकों (जैसे ठेकेदार और महाजन) को छोड़कर वहाँ कोई धनी आदमी नहीं है। इलाक़े के ज़्यादातर धनी लोग शहर चले जाते हैं। गाँवों में लगभग सारे लोग या तो ग़रीब हैं या फिर ग़रीबी की कगार पर। फिर, स्थानीय प्रशासन इतना अकर्मण्य, भ्रष्ट और शोषक है कि न तो कोई विश्वसनीय बी.पी.एल. सर्वेक्षण करा सकता है और न ही ग़रीबों को चिह्नित करने सम्बन्धी कोई और काम। इन परिस्थितियों में सार्वभौमिक पी.डी.एस. की बात बड़े मार्के की बन जाती है।

प्रस्तावित राष्ट्रीय खाद्य–सुरक्षा क़ानुन (एन.एफ.एस.ए.) ग़रीबी–रेखा से जुड़े इस दुःस्वप्न को समाप्त करने और इस बात को सुनिश्चित करने का एक अवसर है कि डबलू सरीखे परिवारों को खाद्य–सब्सिडी बतौर हक़ मिले। दुर्भाग्य से राष्ट्रीय खाद्य सुरक्षा क़ानून के आधिकारिक मसौदे में बी.पी.एल. वाली मानसिकता को ही नये कलेवर में पेश किया गया है। इस बीच, सरकार ने खाद्य–संकट के 'समाधान' के नाम पर गेहूँ और चावल के निर्यात पर लगी रोक हटा ली है।

ये जो ग़रीबी–रेखा है*

हाल के महीनों में भारत की आधिकारिक ग़रीबी–रेखा ज़ोरदार बहस का विषय बनी। विवाद की शुरुआत योजना आयोग के एक शपथ–पत्र से हुई। आयोग ने यह शपथ–पत्र सुप्रीम कोर्ट में 2011 के सितम्बर में सौंपा था। सुप्रीम कोर्ट ने ग़रीबी–रेखा के बारे में सवाल पूछा था और जानना चाहा था कि क्या खाद्य–सब्सिडी देने के मामले में इसकी (ग़रीबी–रेखा) कोई भूमिका है।

योजना आयोग ने संख्या (जिसमें माना गया है कि 2011 के मूल्यों पर ग़रीबी–रेखा का मानक शहरी इलाक़े में प्रति व्यक्ति प्रतिदिन 32 रुपये और ग्रामीण इलाक़े में प्रति व्यक्ति प्रतिदिन 26 रुपये है) स्पष्ट करते हुए, शपथ–पत्र में आगे कहा कि आधिकारिक ग़रीबी–रेखा 'के आस–पास तक प्रति व्यक्ति प्रतिदिन ख़र्च के आधार पर सुनिश्चित होता है कि कोई व्यक्ति भोजन, शिक्षा तथा स्वास्थ्य पर पर्याप्त ख़र्च कर पा रहा है या नहीं।' इस पर तुरन्त ही हंगामा खड़ा हो गया। एक के बाद एक टिप्पणीकारों ने ध्यान दिलाया कि आधिकारिक ग़रीबी–रेखा तो दरअसल भुखमरी की रेखा है और इससे इतना ही भर पता चलता है कि कोई व्यक्ति किसी तरह अपने को जीवित रखने भर लायक ख़र्च पा रहा है या नहीं। इस बात को समझना मुश्किल नहीं। मिसाल के लिए, शहरी इलाक़े के लिए निर्धारित ग़रीबी–रेखा के साथ जो बजट दिया गया है उसमें जूते–चप्पल पर ख़र्च के लिए प्रति माह दस रुपये की राशि रखी गयी है और चालीस रुपये स्वास्थ्य के मद पर होने वाले ख़र्च के लिए। दस रुपये से एक महीने में टूटे चप्पल का फीता भर दुरुस्त करवाया जा सकता है और महीने के चालीस रुपये से दवा के नाम पर हद–से–हद एस्पिरीन की टिकिया ख़रीदी जा सकती है। इसी तरह, घर–भाड़ा और आने–जाने के ख़र्च के नाम पर महीने भर के लिए जो 30 रुपये की राशि निर्धारित की गयी है उससे दो–चार दिन के अन्तराल पर कम दूरी की यात्रा के लिए एक तरफ़ के बस का टिकट का किराया भर निकल सकता है। घर–भाड़ा चुकाने की बात तो छोड़ दें, वापसी की यात्रा के लिए इस तीस रुपये में से एक पाई नहीं बचेगी।

---

* अप्रैल 2012।

मानक के रूप में निर्धारित ख़र्च की इस अत्यल्प राशि से पता चलता है कि ग़रीबी–रेखा से सम्बन्धित कसौटी दशकों पहले तय की गयी थी और उस वक़्त अधिसंख्य आबादी के लिए किसी तरह से जीवन चलाये रखना भी बहुत मुहाल था। बेशक, बढ़ती हुई क़ीमतों के अनुकूल ग़रीबी–रेखा को अद्यतन किया जाता रहा लेकिन इसमें ऐसी तरमीम न हुई कि गरिमापूर्वक जीवन जीने की ज़रूरतों का समावेश हो सके। ज़ाहिर है, आज की तारीख़ में ग़रीबी–रेखा एकदम ही गये ज़माने की चीज़ लगती है, उसके दायरे में वह न्यूनतम रक़म भी नहीं समा पाती जोकि हम–आप या कोई भी चाहेगा कि हर किसी के पास हो।

योजना आयोग ने तेंदुलकर समिति की रिपोर्ट में आये मूल वाक्य को तथ्य रूप में सही माना और उसकी तरफ़दारी की तो निश्चित ही यह उसकी प्रतिष्ठा के अनुरूप नहीं था। शायद योजना आयोग का मतलब यह रहा होगा कि रिपोर्ट में जो तथ्य रूप में ग़लतबयानी है उसे शपथ–पत्र में ज्यों–का–त्यों प्रस्तुत कर दिया गया है। दरअसल ग़रीबी–रेखा को समुचित बताने के लिए रिपोर्ट में जो तर्क पेश किये गये हैं उन्हें स्वीकार कर पाना मुश्किल है। मिसाल के लिए उस तर्क पर ग़ौर करें जिसके सहारे बताया गया है कि ग़रीबी–रेखा के आस–पास ख़र्च करने का मतलब है किसी व्यक्ति को पर्याप्त भोजन हासिल हो रहा है। संक्षेप में कहें तो तर्क यह है कि भोजन पर ख़र्च का जो मानक निर्धारित किया गया है, ग़रीबी–रेखा उससे कहीं ज़्यादा ख़र्च की बात स्वीकार करके चलती है। लेकिन भोजन पर ख़र्च का मानक क्या है? परिभाषा के तौर पर जो कुछ कहा गया है वह यों है (और इसे पढ़ने से पहले आपको अपनी साँसें थाम लेनी पड़ेंगी) : 'नेशनल सैंपल सर्वे में अनुमानित जनसंख्या को भोजन पर ख़र्च के ऐतबार से बढ़ते क्रम में दर्जावार रखा जाता है तो प्रति व्यक्ति मानक भोजन–व्यय प्रति व्यक्ति भोजन–व्यय के उस स्तर से परिभाषित होता है जो नेशनल सैंपल सर्वे में आबादी के संचयी हिस्से के मेल में हो और राष्ट्रीय परिवार स्वास्थ्य सर्वेक्षण–III के अनुकूल किसी राज्य के कुपोषण सम्बन्धी सूचकांक का संवादी हो। यहाँ 'कुपोषण सम्बन्धी सूचकांक' का अर्थ है मानक से कम वजन के बच्चे, कम बॉडी–मॉस इंडेक्स (बी.एम.आई) के वयस्क पुरुष तथा कम बॉडी–मॉस इंडेक्स (बी.एम.आई.) की वयस्क स्त्रियों का अनुमानित योगफल। अब आम

जनता को यह बात यक़ीन के क़ाबिल न लगे तो इसमें उसकी समझ का दोष नहीं।

कुछ अन्य तर्कों को भी जानना दिलचस्प होगा जो एक सन्देहास्पद बात को स्वीकार करने योग्य बताने के लिए इस्तेमाल किये गये। योजना आयोग के प्रवक्ताओं ने लगातार इस बात पर ज़ोर दिया कि '32 रुपये प्रति व्यक्ति प्रतिदिन' (शहरी क्षेत्र के लिए) की निहायत कम जान पड़ती राशि को मासिक आधार पर जोड़कर देखा जाना चाहिए और परिवार के आधार पर भी (यह मानते हुए कि औसतन हर परिवार पाँच व्यक्तियों का है)। ऐसे में रक़म 'प्रतिमाह हर परिवार के लिए 4800 रुपये' की बैठती है। इन प्रवक्ताओं ने ध्यान दिलाया कि प्रति परिवार हर महीने 4800 रुपये की राशि असंगत नहीं जान पड़ती और ऐसा कहकर उन्होंने अपने कुछ आलोचकों को यह पूछने का मौक़ा दिया कि ख़ुद से ही पूछकर देख लीजिए कि क्या आप अपने घरेलू सहायक को इससे ज़्यादा रक़म देते हैं।

तरफ़दारी के ये तर्क खुद ही सच्चाई को बयाँ करते हैं। 'प्रति परिवार हर माह 4800 रुपये' की राशि आख़िर 'प्रति व्यक्ति प्रति दिन 32 रुपये' की तुलना में ज़्यादा स्वीकार करने योग्य क्यों जान पड़ती है जबकि यहाँ एक ही राशि को अलग–अलग इकाइयों में व्यक्त किया जा रहा है? मुझे लगता है, इसकी वजह है रक़म को मासिक आधार पर बताने पर वह ज़्यादा जानी–पहचानी लगती है–उससे ऐसी ध्वनि निकलती है मानो वह असंगठित क्षेत्र में काम करने वाले बहुत से मज़दूरों को मिलने वाले पगार की तरह हो। इन तर्कों का इस्तेमाल करने वाले (तथा टेलीविज़न के वे दर्शक भी जो इन जीवन्त बहसों को देखने–सराहने के आदी हैं) इस विचार के अभ्यस्त हो चले हैं कि लोग इतनी रक़म में एक–न–एक तरह से काम चला ही लेते हैं। रोज़ाना 32 रुपये में जीना दरअसल एक निरन्तर जारी लड़ाई लड़ने के समान है, लेकिन परिस्थितियों का दबाव ऐसा है कि लोग हर दर्जे की किफ़ायतशारी बरतते हुए चुपचाप काम चला रहे हैं।

कुछ दिनों पहले मध्यवर्ग के कुछ नागरिकों ने स्वयंसेवक के तौर पर यह अनुभव करना चाहा कि ग़रीबी–रेखा पर रहते हुए जीना कितना कठिन होता है। तुषार वशिष्ठ और मैथ्यू चेरियन नाम के दो युवा पेशेवर केरल के एक छोटे से गाँव में गये और वहाँ 26 रुपये रोज़ाना (ग्रामीण क्षेत्रों के लिए ग़रीबी रेखा) के ख़र्च के हिसाब से जीने की कोशिश की। इस प्रसंग से सहानुभूति रखने वाले स्तम्भकार हर्षमन्दर ने लिखा कि इन

दोनों का अनुभव 'भयानक' रहा : 'दोनों उबले चावल, जिमींकन्द और केला खाते थे तथा काली चाय पीकर काम चलाते थे। सन्तुलित भोजन मिल पाना मुहाल था...वे सारे दिन भोजन के बारे में सोचते रहते थे। वे लोग लम्बी–लम्बी दूरी तक पैदल जाते थे और कपड़े धोने के साबुन के पैसों में से भी उन्हें कटौती करके बचत करनी होती थी। अगर दोनों बीमार पड़ जाते तो हालत बहुत ख़राब हो जाती...' बाद में हुआ यह कि दोनों कमज़ोर हो गये, उनका वजन घट गया तथा कुपोषण के अन्य लक्षण उनमें दिखने लगे और यह सब उस स्थिति में हुआ जबकि दोनों को मेहनत–मज़दूरी का काम नहीं करना पड़ा था।

बहस ज्यों–ज्यों परवान चढ़ी, कई मुद्दे आपस में उलझते चले गये और एक वक़्त ऐसा भी आया जब योजना आयोग को ज़रूरत से ज़्यादा आलोचना झेलनी पड़ी। मिसाल के लिए, एक धारणा यह बनी कि ग़रीबी–रेखा अगर बहुत नीचे है तो इसका कारण योजना आयोग है क्योंकि उसी ने ग़रीबी–रेखा को इतना नीचे रखा है।

दरअसल ऐसा हुआ नहीं था : तेंदुलकर समिति की रिपोर्ट ने ग्रामीण अंचलों के लिए ग़रीबी रेखा का संशोधन नीचे की तरफ़ नहीं बल्कि ऊपर की तरफ़ किया था। बात चाहे जितनी अविश्वसनीय जान पड़े लेकिन यह सच है कि ग़रीबी–रेखा पहले इससे भी नीचे थी। अन्य मुद्दों को लेकर भी बहुत ज़्यादा असमंजस की स्थिति पैदा हुई, जैसे ग़रीबी रेखा के उद्देश्य को लेकर तथा पी.डी.एस. के दायरे में ग़रीबों की तादाद और खाद्यान्न में उनकी हक़दारी के सम्बन्ध के बारे में।

बहस असमंजस भरी तो थी ही लेकिन बहस जब अपने अंजाम पर पहुँची तब भी उसमें मुद्दे की बात नहीं आ पायी। सबसे ज़्यादा हैरत में डालने वाली बात यह नहीं कि आधिकारिक ग़रीबी–रेखा बहुत ज़्यादा नीचे है बल्कि हैरत की बात तो यह है कि ग़रीबी–रेखा इतनी नीचे रखी गयी है तब भी इस रेखा के नीचे जीवन–यापन कर रहे लोगों की तादाद बहुत ज़्यादा है। साल 2009–10 में ग़रीबी–रेखा से नीचे जीवन–यापन करने वालों की तादाद आबादी में 30 फ़ीसदी थी मतलब कुल 35 करोड़ लोग। ये लोग कैसी दशा में जी रहे हैं? तनिक देर से ही सही लेकिन यह बात मानी गयी कि आधिकारिक ग़रीबी–रेखा पर गरिमापूर्वक जीवन जीना सम्भव नहीं। यह स्वीकृति हमारा ध्यान भारत के ग़रीब लोगों की दयनीय जीवन–दशा की तरफ़ खींचती है। यह देखा अनदेखी रह जाती है

(ख़ासकर सम्भ्रान्त तबक़े की नज़र से) क्योंकि ग़रीब जन ने वंचना की स्थिति में जीना और मुँह बन्द रखना सीख लिया है। भारत की व्यापक ग़रीबी के भयावह मगर छुपे हुए पहलू का बुनियादी सन्देश हाल की बहस के शोरगुल में एक तरह से खो गया।

इस बहस से एक सबक और भी निकलता है। सबक यह कि भारतीय ग़रीबों को दयनीय दशा से उबारने के लिए फौरी तौर पर हस्तक्षेप करने की ज़रूरत है। इस इन्तज़ार में हाथ पर हाथ धरे बैठे रहने की ज़रूरत नहीं कि आर्थिक वृद्धि होगी तो प्रति व्यक्ति आय बढ़ जायेगी। सरकारी आँकड़ों के मुताबिक़ (ये आँकड़े राष्ट्रीय नमूना सर्वेक्षण के हैं) भारत के ग्रामीण अंचल में प्रति व्यक्ति ख़र्च का बढ़ना बीते बीस सालों से औसतन सालाना एक प्रतिशत के हिसाब से हुआ है और शहरी अंचलों में ख़र्च की यह बढ़वार कुछ ही अधिक है। हो सकता है इसमें ख़र्च को कम करके आँका गया हो क्योंकि अपेक्षाकृत समृद्ध परिवारों में प्रति व्यक्ति ख़र्च को लेकर बात छुपायी जाती है, लेकिन ऐसा कोई प्रकट कारण नहीं दिखता जो यही बात ग़रीब परिवारों पर भी लागू की जाये। और, अपेक्षाकृत ग़रीब परिवारों में प्रति व्यक्ति ख़र्च की वृद्धि–दर एक प्रतिशत के अनुमानित दर से कम है। साफ़ है कि इस वृद्धि–दर के सहारे ग़रीब जन को वंचना की स्थिति से उबरने में काफ़ी वक़्त लगेगा। दूसरी तरफ़ इस बात के प्रमाण हैं कि सार्वजनिक सहायता के विभिन्न रूपों तथा आर्थिक पुनर्वितरण के सहारे बिना किसी देरी के उनकी ज़िन्दगी में अहम बदलाव लाये जा सकते हैं। ग़रीबों को उनके साधनों के भरोसे छोड़ देने का कोई कारण नहीं दिखता।

यह कोई दया का दान नहीं*

पिछली गर्मियों में छात्र स्वयंसेवकों के साथ गाँव–गाँव जाने और बुज़ुर्ग महिलाओं तथा पुरुषों को सुनने का मौक़ा मिला। यह एकदम ही नया अनुभव था। हमारा मुख्य मक़सद था यह समझना कि विधवा और बुज़ुर्ग लोगों के लिए जारी पेंशन योजना विभिन्न राज्यों (ठीक–ठीक कहें तो बिहार, छत्तीसगढ़, हिमाचल प्रदेश, झारखण्ड, मध्य प्रदेश, महाराष्ट्र, ओड़िशा, राजस्थान, तमिलनाडु तथा उत्तर प्रदेश) में किस तरह काम कर रही है। भारत के ग्रामीण अंचल में सामाजिक सुरक्षा के स्तम्भ के रूप में वृद्धावस्था पेंशन बहुत अहम है। इसके साक्ष्य हमें लोगों की ज़बानी लगातार मिलते रहे।

---

* दिसम्बर 2013।

बुज़ुर्गों की भारी–भरकम तादाद और उनकी दयनीय दशा, इन दो बातों ने सबसे पहले मेरा ध्यान खींचा। ज़्यादातर वक़्त बुज़ुर्गों पर हमारा ध्यान नहीं जाता, लेकिन हम ग़ौर करें तो वे हमें हर जगह दिखाई देंगे। वे एक चुप्पा और नामालूम–सा जीवन जीते हैं। कुछ बुज़ुर्ग टूटी चारपाई पर बैठे चुपचाप दिन गुज़ारते हैं, कुछ लकड़ी चुनते हैं और किसी तरह पैर घसीटते हुए एक जगह से दूसरी जगह पहुँच पाते हैं तो कुछ बुज़ुर्ग घर के पिछवाड़े की जीर्ण–शीर्ण कोठरी में बीमार की दशा में यों ही लेटे रहते हैं। ये बुज़ुर्ग शायद ही कभी शिकायत करते हैं लेकिन अगर आप उनसे कभी हाल चाल पूछें तो फिर दुख की अनगिनत कथाएँ उनके मुँह से फूट निकलती हैं।

ऐसी बात नहीं कि सिर्फ़ ग़रीब परिवारों में विधवा तथा बुज़ुर्ग लोगों को कठिन ज़िन्दगी गुज़ारनी पड़ती है। जो परिवार अपेक्षाकृत थोड़े साधन–सम्पन्न हैं वहाँ भी पैसों की तंगी रहती है और बुज़ुर्गों की सुविधा के बारे में सबसे बाद में सोचा जाता है। ऐसे बहुत से पुरुष और महिलाओं से हमारी भेंट हुई जो ख़ुद तो बड़ी ग़रीबी की हालत में जी रहे थे, लेकिन उनके वयस्क बेटों का अपना बड़ा मकान था या फिर वे मोटरसाइकिल की सवारी गाँठते थे।

सामाजिक सुरक्षा पेंशन के बारे में जब भी जनसभा बुलायी जाती बुज़ुर्ग स्त्री–पुरुष झुण्ड–के–झुण्ड अपने घरों से बाहर निकलकर चर्चा में भाग लेने के लिए आ जुटते। जिन्हें पेंशन नहीं मिल रही थी वे मनुहार करते थे कि अर्ज़ी लगाने में मदद करो। जिन्हें पेंशन मिल रही थी उनकी शिकायत थी कि हासिल रक़म बहुत कम है। इसके बावजूद वे अपने बैंक या पोस्ट–ऑफ़िस का जमाखाता ऐसे जतन से सँभाले रखते थे मानो वह कोई क़ीमती सामान हो। मुश्किलों से भरी उनकी ज़िन्दगी में पेंशन छोटी–छोटी सुविधाओं को हासिल करने का ज़रिया था। कोई दवा ख़रीद ली और दर्द से राहत पा ली, टूटी हुई चप्पल की मरम्मत करवा ली, नाती–पोतों को कुछ चॉकलेट थमाये और उनका प्यार–दुलार हासिल किया या फिर पेंशन के पैसे ख़र्च किये और भुखमरी की नौबत से बचे...

सर्वेक्षण से निकलता मुख्य सन्देश यह है कि पेंशन योजनाएँ सामाजिक सुरक्षा और आर्थिक पुनर्वितरण का अहम साधन हैं, पेंशन पाने वाले ज़्यादातर लाभार्थी साधनहीन हैं, उन्हें सार्वजनिक सहायता की ज़रूरत है और उन्हें निश्चित ही सार्वजनिक सहायता हासिल करने का

हक़ है। आर्थिक सुरक्षा में सहायक होने के साथ–साथ पेंशन के कारण उन्हें कुछ गरिमा और मोल–भाव करने की ताक़त भी हासिल हो रही थी। इसका प्रशासनिक ख़र्चा बहुत कम है। सर्वेक्षण (इसमें नमूने के तौर पर चुने गये 160 गाँवों में पेंशन से सम्बन्धित रिकॉर्ड देखे गये) में ऐसा कोई प्रमाण न मिला जिससे लगे कि पेंशन–योजनाओं में भारी हेराफेरी हुई है। यहाँ–वहाँ कुछ वसूली के साक्ष्य ज़रूर मिले। मिसाल के लिए, डाकघर का कर्मचारी पेंशन बाँटने के लिए कुछ रक़म नज़राने के रूप में माँगता है, लेकिन सरकारी ख़र्चे के बाक़ी रूपों में जिस क़िस्म के घोटाले सुनने को मिलते हैं वैसा कुछ पेंशन–योजनाओं में नहीं दिखाई दिया। और फिर एक बात यह भी है कि पेंशन योजनाओं में जारी नज़राना वसूलने की ऐसी क़वायदों पर बड़ी आसानी से लगाम कसा जा सकता है।

पाँच मुश्किलें

बहरहाल, विधवाओं तथा बुज़ुर्ग लोगों के लिए जारी पेंशन योजनाओं में फिलहाल पाँच बड़ी कमियाँ दिखती हैं : सीमित दायरा, नौकरशाही की अड़चन भरी प्रक्रियाएँ, पेंशन की कम रक़म, अनियमित भुगतान तथा पेंशन उठाने में लगा भारी ख़र्च।

शुरुआती तौर पर दायरे की ही बात करें। पेंशन योजनाओं का दायरा बहुत सीमित है। केन्द्र सरकार के दिशा–निर्देशों के मुताबिक़ सामाजिक सुरक्षा–पेंशन बी.पी.एल. श्रेणी के परिवारों के लिए है; केन्द्र सरकार सिर्फ़ इसी श्रेणी के लोगों के लिए वित्तीय सहायता देती है। कुछ राज्यों ने अपनी ख़ुद की योजना चलाई है, इनमें अपना धन लगाया है ताकि पेंशन योजना के दायरे में बी.पी.एल. श्रेणी से इतर के लोग भी आ सकें। लेकिन पेंशन के लिए चुने गये ज़्यादातर लोग बी.पी.एल. श्रेणी के ही होते हैं। सामाजिक सुरक्षा पेंशन के लिए योग्य करार देने के लिए इस्तेमाल की जा रही यह कसौटी अपने स्वभाव में अविश्वसनीय तथा अपवर्जी है–यह बात अन्य सन्दर्भों में भी खुलकर सामने आ चुकी है। जहाँ तक पेंशन योजनाओं का सवाल है, यह कसौटी और भी ज़्यादा अनुपयुक्त है, क्योंकि विधवा और बुज़ुर्ग जन अपेक्षाकृत ज़्यादा वंचित हैं और ऐसा तुलनात्मक रूप से साधन–सम्पन्न परिवारों में भी देखा जा सकता है। बी.पी.एल. को लक्ष्य करके चलने का यह तरीक़ा छोड़कर सार्विक या फिर सार्विकता की सरहदों तक पहुँचने वाला कोई तरीक़ा अपनाया जाना

चाहिए, कोई ऐसा तरीक़ा जिसमें ऐसा हर बुज़ुर्ग या विधवा पेंशन योजना में शामिल किया जा सके जो अपवर्जन की कुछ विशिष्ट कसौटियों को पूरा नहीं करते।

इस सिलसिले की दूसरी बात यह है कि पेंशन योजना के लिए आवेदन देने की प्रक्रिया बहुत जटिल है। ढेर सारे सहायक दस्तावेज़ देने होते हैं और आवेदन को प्रशासन के अलग–अलग मुक़ाम, जैसे– ग्राम–पंचायत, प्रखण्ड, ज़िला और राज्य स्तर पर पहुँचने तथा फिर राज्य स्तर से चलकर ग्राम–पंचायत तक आने में बरसों लग जाते हैं। लातेहार (झारखण्ड) ज़िले में हमें सब–डिविजनल मजिस्ट्रेट ने बताया कि पेंशन की अर्ज़ियाँ राज्य–स्तर पर कछुआ–चाल से अग्रसारित की जा रही हैं, क्योंकि एक ही अर्ज़ी पर सब–डिविजनल मजिस्ट्रेट को छह दफे हस्ताक्षर करने होते हैं। पेंशन की कुल 13000 अर्ज़ियाँ लम्बित पड़ी हैं, मतलब राज्य–स्तर पर उन्हें अग्रसारित करने के लिए कुल 78000 दस्तख़त करने होंगे। सब–डिविजनल मजिस्ट्रेट हमसे बात करने के दौरान अर्ज़ियों पर आँख मूँदकर हस्ताक्षर किये जा रहे थे लेकिन अभी उसके पास इस काम का अंबार लगा हुआ था।

तीसरी बात, सामाजिक–सुरक्षा पेंशन के नाम पर दी जाने वाली रक़म इतनी कम है कि एक मज़ाक़ जान पड़ती है। वृद्धावस्था पेंशन के मद में केन्द्र सरकार द्वारा दी जाने वाली सहायता राशि 2006 से प्रति माह 200 रुपये पर अटकी हुई है। यह एक तरह से बुज़ुर्ग जन का अपमान ही है। कुछ राज्यों ने इस राशि में अपने संसाधन जोड़े हैं और ऐसे राज्यों में पेंशन की रक़म कुछ ज़्यादा है, लेकिन यह बढ़ी हुई रक़म भी बहुत कम है। तमिलनाडु जैसे कुछ राज्यों को अपवाद माना जा सकता है जहाँ वृद्धावस्था पेंशन की मानक राशि फिलहाल 1000 रुपये प्रतिमाह है। पेंशन की राशि अविलम्ब बढ़ाई जानी चाहिए और उसे मूल्य–सूचकांक के मेल में लाया जाना चाहिए।

चौथी बात यह कि ज़्यादातर राज्यों में पेंशन की राशि का भुगतान अनियमित है। पेंशनधारकों को अक्सर महीनों इन्तज़ार करना होता है, उन्हें यह भी नहीं पता होता कि आगे किस वक़्त पेंशन की राशि मिलेगी। इससे वृद्धावस्था–पेंशन का मक़सद मार खाता है क्योंकि इस पेंशन का उद्देश्य है बुज़ुर्ग जन की ज़िन्दगी में एक हद तक सुरक्षा के भाव पैदा करना। सुप्रीम कोर्ट ने राज्य सरकारों को आदेश दिया था कि पेंशन की राशि हर महीने

7 तारीख़ तक ज़रूर दे दी जाये। इस आदेश को दस साल से ज़्यादा गुज़र गये, लेकिन शायद ही किसी राज्य ने इस पर अमल किया है।

पाँचवीं बात यह कि पेंशन योजना में भुगतान अपेक्षाकृत नियमित हो रहा हो तब भी पेंशन राशि को उठा ले आना बुज़ुर्ग जन के लिए अक्सर ख़र्चीला और मुश्किल भरा काम साबित होता है। एक तो उनके लिए कहीं आना–जाना मशक़्क़त का काम है दूसरा शिक्षा और शक्ति का भी मामला आड़े आता है। नज़दीक के बैंक में जाना और वहाँ घण्टों कतार में खड़े रहना बुज़ुर्ग जन के लिए किसी अग्निपरीक्षा से कम नहीं। पोस्ट–ऑफ़िस बेशक नज़दीक होता है। लेकिन पोस्ट–ऑफ़िस पहुँचने की आसानी के साथ–साथ नज़राने की अदायगी का सवाल भी जुड़ा है। पोस्ट–ऑफ़िस के भ्रष्ट कर्मचारी पेंशन की राशि के भुगतान के नाम पर अपने लिए कुछ–न–कुछ हिस्सा माँगते हैं। पोस्टल ऑर्डर, बिज़नेस कॉरेसपॉन्डेंट तथा नगद भुगतान के विकल्प मौजूद हैं, लेकिन इनके साथ अलग क़िस्म की परेशानियाँ जुड़ी हुई हैं। केन्द्र सरकार का ज़ोर है कि सामाजिक सुरक्षा पेंशन योजना में भुगतान व्यवस्था जितनी जल्दी हो सके 'यू.आई.डी.' (आधार–नम्बर की व्यवस्था) के ज़रिये हो (यह इस दिक़्क़त अब तकनीक के सबसे अनुचित इस्तेमाल के उदाहरणों में एक है) और इसके नतीजे बहुत बाधाकारी साबित हो सकते हैं–'यू.आई.डी. के कारण असमर्थ' जैसा शब्द इस प्रकरण के लिए कहीं ज़्यादा सटीक बैठेगा।

बदलाव के संकेत

इन सारी समस्याओं का आसानी से समाधान किया जा सकता है। अगर समस्याओं का समाधान कठिन साबित हो रहा है तो वजह यह है कि समस्या के शिकार लोगों को अहम नहीं माना जाता। लेकिन अब यह स्थिति बदलने लगी है : विधवा और बुज़ुर्ग जन अपने अधिकारों को लेकर प्रदर्शन करने लगे हैं, उन्हें एकल नारी शक्ति संगठन तथा पेंशन परिषद् जैसे संगठनों का कुछ सहारा मिल रहा है। जनता के बढ़ते दबाव या फिर अन्य कारणों से ओड़िशा, तमिलनाडु, राजस्थान समेत कई राज्यों ने अपनी पेंशन योजना में सुधार तथा विस्तार करना शुरू किया है। ऐसे मामलों में सबसे ज़्यादा फिसड्डी रहने वाले राज्य बिहार और झारखण्ड तक में सरकार पेंशन योजना में गहरी रुचि ले रही है।

ओडिशा का नाम यों तो सुशासन के लिए मशहूर नहीं लेकिन वहाँ पेंशन योजनाओं को मज़बूत बनाने की एक दिलचस्प कोशिश हुई है।

योग्यता की कसौटियों में छूट दी गयी है और योजना का दायरा केन्द्र सरकार के दिशा–निर्देशों से कहीं ज़्यादा बड़ा बनाया गया है। पेंशन पाने वालों की सूची नियमित रूप से अद्यतन करके इंटरनेट पर अपलोड की जा रही है। पेंशनधारकों को बेहतर बनावट की पासबुक दी गयी हैं और उनमें ब्यौरे क़रीने से भरे जाते हैं। हर महीने की 15 तारीख़ को ग्राम–पंचायत में पेंशन नियमित दी जा रही है। यहाँ तक कि 15 अगस्त के दिन भी पेंशन का भुगतान हुआ। पेंशनधारकों के लिए यह व्यवस्था बड़ी सुभीते की है, इसे सख़्ती से लागू किया गया है और यह कारगर साबित हो रही है।

लेकिन केन्द्र सरकार अपनी तरफ़ से इस मसले पर कुछ ख़ास नहीं कर रही। सिद्धान्त की ज़मीन पर यह बात मान ली गयी है कि पेंशन योजना को मज़बूत आधार देने की ज़रूरत है। विशेषज्ञों की समिति ने इस बाबत उपयोगी सिफ़ारिशें भी की हैं, लेकिन सिफ़ारिशों पर अमल के क़दम नहीं उठाये गये हैं। यहाँ तक कि वृद्धावस्था पेंशन के नाम पर दी जा रही केन्द्रीय सहायता की अत्यल्प राशि (महज़ 200 रुपये) में कोई इज़ाफ़ा नहीं हुआ है। वित्त–मन्त्रालय सामाजिक–कल्याण के मद में किये जाने वाले ख़र्चों में 'बर्बर कटौती' (जैसा कि ग्रामीण विकास मन्त्री जयराम रमेश ने नाम दिया) करना चाहता है और ऐसे में बात और भी नहीं बनने वाली। सरकार की इस वित्तीय कमख़र्ची की कुल्हाड़ी की सबसे गहरी चोट ग़रीबों और कमज़ोरों पर ही पड़ती है, उन बेसहारा स्त्रियों और पुरुषों पर जिनसे उम्मीद रखी जाती है कि ऊँचाई चढ़ती क़ीमतों के वक़्त में वे अपना काम महीने के 200 रुपयों में चला लेंगे।

ग़रीबी–रेखा की समझ से गुज़रते हुए...*

(एंगस डीटन के साथ)

ग़रीबी के आकलन पर बनी विशेषज्ञों की रंगराजन समिति ने बहुत कठिन और उपयोगी काम किया है। अपनी हाल की रिपोर्ट में इसने कई अहम मुद्दों की पड़ताल की है, जैसे–ग़रीबी–रेखा कैसे निर्धारित की जाये, ग़रीबी की तुलना के लिए मूल्य–सूचकांक के उपयोग, नेशनल सैंपल सर्वे तथा नेशनल अकाउंट स्टैटिसटिक्स के आँकड़ों में विसंगति आदि। इन मुद्दों पर

* जुलाई, 2014।

रोशनी डालने के लिए बड़े पैमाने पर आँकड़ों का विश्लेषण किया गया है। रिपोर्ट में ग़रीबी के आकलन पर पहले के वक़्त में गठित अन्य विशेषज्ञ समितियों, जैसे वाय. के. अलघ, डी.टी. लकड़ावाला तथा सुरेश तेंदुलकर समिति की रिपोर्ट का भी इसमें बहुत मददगार सार–संक्षेप प्रस्तुत किया है। चार विशेषज्ञ समूहों की साझी प्रतिभा समिति के कार्य के दायरे से जुड़े प्रश्नों पर लगी है जिसमें एक अहम प्रश्न यह है कि 'क्या भारत में ग़रीबी के प्रयोगसिद्ध आकलन के लिए कोई ख़ास पद्धति बनायी जा सकती है और कैसे बनायी जा सकती है..."।

कैलोरी का चक्कर

तो फिर, विशेषज्ञ समिति की सूझ क्या है? सरलीकरण के ख़तरे उठाते हुए कहें तो समिति ने भोजन की हासिल मात्रा को फिर से मानक बनाने की बात कही है और यह तरीक़ा चाहे तर्कपुष्ट न रहा हो लेकिन पहले के समय में इतना ज़्यादा इस्तेमाल में रहा कि उसे स्वीकृति हासिल हो गयी थी पर तेंदुलकर समिति ने 2009 में इसे छोड़ दिया। भोजन की मात्रा से सम्बन्धित मानक का विस्तार किया गया है। इसमें अब कैलोरी के साथ–साथ प्रोटीन और वसा को भी जोड़ा गया है। ग़रीबी–रेखा के सन्दर्भ में आहार की मात्रा (शहरी और ग्रामीण इलाक़ों के लिए अलग–अलग) के आकलन के लिए 2011–12 के नेशनल सैंपल सर्वे में वर्णित भोजन–व्यय को आधार बनाया गया है और मानक–बिन्दु वहाँ स्थिर किया गया है जहाँ प्रति व्यक्ति भोजन पर व्यय से भोजन की निर्धारित मात्रा की पूर्ति हो जा रही हो। मात्रा का निर्धारण इंडियन कॉउंसिल ऑफ़ मेडिकल रिसर्च (आई.सी.एम.आर.) ने किया है और इसमें लोगों की उम्र, लिंग तथा उन्हें जिस हद तक शारीरिक–मानसिक मेहनत करनी होती है, उसका ख़याल रखा गया है। फिर भी, पता नहीं क्या वजह रही जो आई.सी.एम.आर. ने भोजन की मात्रा के बारे में पहले के वक़्त में जो सिफ़ारिश की थी, उससे अब का निर्धारित मानक कम है। हालाँकि आई.सी.एम.आर. की पहले की गणना में उम्र और व्यक्ति की शारीरिक–मानसिक मेहनत को स्थिर माना गया था। इसके ऊपर एक व्यवस्था और है, ग़रीबी–रेखा से सम्बन्धित भोजन से अलग की चीज़ों के निर्धारण के लिए दो अलग–अलग रास्ते सुझाये गये हैं और इनमें आपसी मेल भी नहीं है। भोजन से अलग इस्तेमाल की कुछ चीज़ों के सन्दर्भ में ग़रीबी–रेखा से सम्बन्धित व्यय के

आकलन के लिए नेशनल सैंपल सर्वे में वर्णित प्रति व्यक्ति व्यय के उसी स्तर को मानक माना गया है जिस स्तर पर भोजन से सम्बन्धित व्यय की गणना की गयी है लेकिन बाक़ी चीज़ों के लिए व्यय के औसत को मानक माना गया है। यह एक गोल–चक्कर के भीतर दूसरा गोल–चक्कर रचने की क़वायद जैसा है।

अगर आपको इस पद्धति का कोई औचित्य नज़र नहीं आ रहा तो चिन्ता मत कीजिए क्योंकि कोई औचित्य सचमुच है भी नहीं। दरअसल लेखकों ने पूरी रिपोर्ट में कहीं भी इस बात की चर्चा नहीं की है कि यह पद्धति भारत में ग़रीबी–रेखा के निर्धारण के लिए क्योंकर उचित है। यह बात जानी–समझी है और विशेषज्ञ–समूह भी साफ़तौर पर मानता है कि भारत में औसत कैलोरी उपभोग (या फिर प्रोटीन का उपभोग) समुचित पोषण का पर्याय नहीं माना जा सकता। ख़ास बात यह कि विशेषज्ञ समूह ने कैलोरी उपभोग की जो कसौटी मानी है उससे समुचित पोषण की गारंटी बिल्कुल ही नहीं होती। इसकी कुछ वजह यह है कि समुचित पोषण भोजन के अलावा भी कई चीज़ों पर निर्भर है जैसे कि साफ़–सफ़ाई, पेयजल, स्वास्थ्य की देखभाल तथा बीमारियों का परिवेश। दूसरे, यह बात भी जानी–समझी है कि अलग–अलग लोगों या कह लें आबादियों की ज़रूरत अलग–अलग होती है और ये ज़रूरतें उम्र, लिंग तथा शारीरिक–मानसिक मेहनत के स्तर जैसी बातों तक सीमित नहीं।

विशेषज्ञ समूह पहली वजह से सहमत है, लेकिन उसका ज़ोर भोजन की हासिल मात्रा को मानक बनाने पर है। विशेषज्ञ समूह का तर्क है कि इन कसौटियों की पूर्ति पोषण पर अच्छा असर डालेगी क्योंकि 'इसे 0–6 साल तक की उम्र के बच्चों को पूर्ण पोषाहार देने तथा सार्वजनिक सेवा और सामानों को। सार्विक स्तर पर मुहैया कराने की सरकारी नीतियों से जोड़कर देखा जाना चाहिए।' सही बात है, ग़रीबी–रेखा वैसी होनी चाहिए जो भारत में कारगर हो न कि उसे किसी कल्पना–लोक के हिसाब से बनाया जाना चाहिए? जहाँ तक दूसरे नुकते का सवाल है, विशेषज्ञ समूह ने उसे मानक कैलोरी उपभोग में 10 फ़ीसदी की कटौती के एक औचित्य के रूप में मान लिया है और यह मनमाना क़दम है, क्योंकि भोजन की मात्रा तथा भोजन से इतर ज़रूरत की अन्य चीज़ों को आपसी तौर पर किस परिमाण में नियत किया जाये, इसे लेकर कोई सूचना उपलब्ध नहीं है। संक्षेप में कहें तो विशेषज्ञ समूह की पद्धति यह बताती प्रतीत होती है

कि ग़रीबी रेखा पोषण का एक हद तक संकेतक है जबकि ग़रीबी–रेखा से ऐसा कुछ पता नहीं चलता।

नतीजे यक़ीन के क़ाबिल नहीं

इन बातों को परे रखते हुए अभी यही सोचें कि अपनायी गयी पद्धति में किस तरह का आकलन प्रस्तुत किया है? दिलचस्प है यह जानना कि विशेषज्ञ समूह ने ग्रामीण इलाक़ों के लिए जो ग़रीबी–रेखा प्रस्तावित की है वह लगभग तेंदुलकर समिति की 'ग़रीबी–रेखा' के समान है। यह कुछ ऊपर जान पड़ती है लेकिन जैसा कि रिपोर्ट के लेखकों ने ख़ुद ही लिखा है, ग़रीबी–रेखा के ऊपर जान पड़ने की मुख्य वजह यह है कि उनका आकलन नेशनल सैंपल सर्वे के 'संशोधित मिश्रित सन्दर्भ अवधि' पर आधारित है न कि 'मिश्रित सन्दर्भ अवधि' पर जिसका तेंदुलकर समिति ने उपयोग किया था। जब दोनों पद्धतियों का समान सन्दर्भ–अवधि के लिए इस्तेमाल करें तो ग्रामीण इलाक़े के लिए रंगराजन समिति द्वारा सुझाई गयी ग़रीबी–रेखा तेंदुलकर समिति द्वारा सुझाई ग़रीबी–रेखा से महज़ 6 प्रतिशत ऊँची दिखती है। इसी हिसाब से दोनों समितियों द्वारा बताई गयी ग़रीबी–दर में भी अन्तर दिखता है।

रंगराजन समिति ने जो पद्धति अपनायी है उसके कारण शहरी इलाक़े के लिए निर्धारित ग़रीबी–रेखा कहीं ज़्यादा ऊँची हुई है। तेंदुलकर समिति द्वारा अपनायी गयी पद्धति में ग़रीबी–रेखा एक ही थी–पहले के विशेषज्ञ समूहों ने जो शहरी इलाक़े के लिए राष्ट्रीय ग़रीबी रेखा निर्धारित की थी उसे ही अपना लिया गया था। राज्यवार शहरी और ग्रामीण इलाक़ों के लिए ग़रीबी–रेखा का निर्धारण उचित मूल्य–सूचकांकों से सम्बद्ध करते हुए इस एक राष्ट्रीय ग़रीबी–रेखा के सहारे किया गया। लेकिन रंगराजन समिति द्वारा अपनायी गयी पद्धति में दो ग़रीबी–रेखा है, एक शहरी इलाक़े के लिए और एक ग्रामीण इलाक़े के लिए तथा इनका निर्धारण शहरी और ग्रामीण इलाक़े के आँकड़ों पर ऊपर बताये गये तरीक़े का इस्तेमाल अलग–अलग करके किया गया है। नतीजतन, ग्रामीण इलाक़े तथा शहरी इलाक़े के लिए तय की गयी ग़रीबी–रेखा के बीच अन्तर ज़्यादा (रुपयों के एतबार से शहरी इलाक़े की ग़रीबी–रेखा कहीं ज़्यादा ऊँची है) है। शहरी इलाक़ों के लिए रंगराजन समिति ने चूँकि

ग़रीबी–रेखा ऊँची रखी है सो शहरी इलाक़े में ग़रीबों की तादाद तेंदुलकर समिति के आकलन से तक़रीबन दोगुनी ज़्यादा हो गयी है। हालाँकि दोनों पद्धतियों का इस्तेमाल करें तब भी ग्रामीण इलाक़े के लिए ग़रीबी की दर लगभग एकसमान रहती है। इसका एक नतीजा बड़ा विचित्र हुआ है, रंगराजन समिति के आकलन के हिसाब से देश के लगभग 50 प्रतिशत बड़े राज्यों के शहरी इलाक़ों में ग़रीबी ग्रामीण इलाक़ों की तुलना में ज़्यादा है। यह बात आम समझ के एकदम विपरीत है और रंगराजन समिति ने इस रुझान की सच्चाई साबित करने के लिए अपनी तरफ़ से कुछ ख़ास नहीं किया है।

आगे की राह...

संक्षेप में कहें तो रंगराजन समिति की पद्धति–सिद्धान्त और प्रयोग के धरातल पर असंगत ठहरती है। तो फिर आगे का रास्ता क्या हो? पिछले विशेषज्ञ समूहों के रिकॉर्ड को देखते हुए यह सम्भावना नहीं दिखती कि एक और विशेषज्ञ–समूह का गठन करने से बात बन जायेगी। एक ऐसी ग़रीबी–रेखा के निर्धारण के लिए जिसे मूल्यपरक दृष्टि से, गरिमापूर्ण जीवन–यापन में आने वाले न्यूनतम ख़र्च का मानक माना जाये, किसी तकनीकी पद्धति खोज निकालने के मायावी प्रयास को छोड़ देने का वक़्त अब शायद आ गया है। क्या यह ज़्यादा सरल और उपयोगी नहीं होगा कि ग़रीबी–रेखा को एक संख्यात्मक माप भर माना जाये और इसे कुछ इतने पारदर्शी तथा आसान तरीक़े से बनाया जाये कि लोगों की समझ में आ सके?

हमारे ख़याल से रंगराजन समिति की यह सिफ़ारिश एकदम दुरुस्त है कि हक़दारी के कार्यक्रमों को ग़रीबी–रेखा से न जोड़ा जाये (मतलब सामाजिक कल्याण की योजनाएँ सिर्फ़ बी.पी.एल. परिवारों तक सीमित न रखी जायें)। ऐसा करने से ग़रीबी–रेखाएँ फिर से अपने मूल संख्यात्मक उद्देश्यों को पूरा कर सकेंगी, उनसे किसी विशेष समय के दायरे में ग़रीबी में हुई घट–बढ़ तथा ग़रीबी की स्थितियों की तुलना की जा सकेगी और ग़रीब तथा अमीर के बीच बनावटी सामाजिक विभेद भी पैदा नहीं होगा। सांख्यिकीपरक दृष्टि मानकर चलती है कि ग़रीबी–रेखा एक प्रचलित संकेतक या फिर संकेतकों का एक समुच्चय है जैसा कि अर्जुन सेनगुप्ता और उनके सहयोगियों ने माना था (रंगराजन समिति की रिपोर्ट में यह ज़िक्र नहीं है) और ये संकेतक ग़रीबी के एक महत्त्वपूर्ण

पहलू–क्रय–शक्ति को अपने ध्यान में रखते हैं। साथ ही ये संकेतक ऐसे अविश्वसनीय तर्क भी नहीं देते कि ग़रीबी से जुड़े अन्य पहलुओं पर पृष्ठभूमि में विचार किया जा चुका है।

कोई मानदण्ड परम्परागत हो तब भी औचित्य का निरूपण करना मानदण्ड के लिए फ़ायदेमन्द साबित हो सकता है। अगर कोई ऐसी ग़रीबी–रेखा बनानी हो जो लोक–प्रचलित समझ के अनुकूल जान पड़े तो बेहतर यही है कि चीज़ों को सरल रखा जाये और उसे लोकतान्त्रिक बहस का विषय बनाया जाये। स्पष्टता और पारदर्शिता इस उद्देश्य को साधने के लिहाज़ से बहुत अहम है। अन्य पहलुओं की अपेक्षा इन दो बातों के एतबार से रंगराजन समिति की रिपोर्ट कहीं ज़्यादा निराश करती है। ग़रीबी के आकलन को तकनीकी नुकतों के घटाटोप से घेरने के कारण रिपोर्ट ने पूरे विषय पर सुचिन्तित और समावेशी सार्वजनिक बहस का होना मुश्किल बना दिया है। दरअसल रंगराजन समिति ने जो पद्धति अपनायी है वह तेंदुलकर समिति द्वारा अपनायी गयी पद्धति के समान ही जटिल है और उसमें कुछ ऐसी दुर्लभ सूचनाओं का इस्तेमाल किया गया है कि नतीजों का स्वतन्त्र रूप से सत्यापन करना मुश्किल है। इस कारण भी रिपोर्ट के तथ्यों पर सार्वजनिक बहस में बाधा पैदा हुई है।

कोई तर्क दे सकता है कि भारत में ग़रीबी–रेखा संख्यात्मक माप का निर्देशांक भर नहीं बल्कि इसका एक नीतिगत उद्देश्य भी होता है। रंगराजन समिति की रिपोर्ट में भी कहा गया है कि ग़रीबी–रेखा का इस्तेमाल लाभार्थी परिवारों की पहचान के लिए भले न किया जाये, लेकिन इसका उपयोग विभिन्न राज्यों को केन्द्र सरकार के फंड के आवंटन (केन्द्र प्रायोजित योजनाओं के सन्दर्भ में) में जारी रखा जा सकता है। लेकिन संख्यात्मक उद्देश्य के साथ–साथ अगर ग़रीबी–रेखा का कोई नीतिगत उद्देश्य भी होता है तो फिर ठीक इसी उद्देश्य के कारण इस पर सार्वजनिक बहस का होना बहुत ज़रूरी है। ग़रीबी–रेखा का निर्धारण एक–न–एक तरह से सामाजिक और राजनीतिक प्रश्न है और इस पर सार्वजनिक बहस की ज़रूरत है; इस पर सिर्फ़ किसी विशेषज्ञ या विशेषज्ञों के समूह का विशेषाधिकार नहीं है। दरअसल, कौन ग़रीब है और कौन ग़रीब नहीं है जैसे सवाल पर कोई विशेषज्ञ होता भी नहीं।

इस सिलसिले की आख़िरी बात यह है कि ख़र्च को मानक मानकर तैयार की गयी ग़रीबी–रेखा में जीवन–स्तर की सूचना देने वाले अन्य निर्देशांकों का भी ख़याल रखा जाना चाहिए। मिसाल के लिए पोषण,

सेहत, शिक्षा तथा पर्यावरण की गुणवत्ता के निर्देशांक, भारत की सामाजिक दशा का संकेत करने वाले आँकड़े बहुत पुराने हैं। मिसाल के लिए, बच्चों के पोषण के सम्बन्ध में 2005–06 (जब तीसरा राष्ट्रीय परिवार स्वास्थ्य सर्वेक्षण हुआ) के बाद का कोई विश्वसनीय और व्यापक आँकड़ा मौजूद नहीं। यहाँ ज़िक्र करते चलें कि रंगराजन समिति ने 'नेशनल फैमिली हेल्थ सर्वे (एन.एफ.एच.एस.) या फिर एन.एफ.एच.एस., जैसे सर्वेक्षण नियमित अन्तराल पर कराने की सिफ़ारिश की है। कम–से–कम इस एक बात पर हम लोग विशेषज्ञ–समूह से पूरे दिल से सहमत हो सकते हैं।

नोट

ग़रीबी का फन्दा– यह लेख दो अलग–अलग लेखों का मिलवाँ और संक्षिप्त रूप है। दोनों लेख तेंदुलकर समिति रिपोर्ट (भारत सरकार 2009 ए) पर जारी बहस के क्रम में लिखे गये थे। लगभग इसी वक़्त 2011 में सामाजिक आर्थिक तथा जाति जनगणना (एस.ई.सी.सी.) पूरी हुई। इसकी शुरुआती कल्पना बी.पी.एल. गणना के रूप में की गयी थी, बाद में इसमें जाति जनगणना को भी जोड़ दिया गया। नये दोनों उद्देश्य अभी तक पूरे नहीं हो सके हैं (इस बीच बहुत–सी योजनाएँ अब बी.पी.एल. श्रेणी के परिवारों को लक्ष्य बनाकर चलने की रीत से अलग हट चुकी हैं)। हाँ, सामाजिक–आर्थिक एवं जाति जनगणना का उपयोग कई राज्यों ने यह जानने के लिए ज़रूर किया है कि राष्ट्रीय खाद्य–सुरक्षा अधिनियम, 2013 के तहत कितने परिवारों को हक़दारी दी जाये।

ये जो ग़रीबी–रेखा है...यह एक अप्रकाशित आलेख है, लेकिन इसके कुछ हिस्सों का इस्तेमाल द्रेज तथा सेन 2013 में हुआ है। कुछ आलोचकों ने तर्क दिया कि योजना आयोग ने जो ग़रीबी–रेखा निर्धारित की है वह बहुत कम है। इस तर्क पर कई अर्थशास्त्रियों ने एतराज जताया। बहरहाल, मुख्य तर्क यह नहीं था कि ग़रीबी रेखा बहुत नीचे रखी गयी है बल्कि ध्यान यह दिलाया जा रहा था कि ग़रीबी–रेखा के बहुत नीचे निर्धारित किये जाने के बावजूद सरकार मानकर चल रही है कि गरिमापूर्ण जीवन जी पाने के लिए उतना भर धन पर्याप्त है।

योजना आयोग ने तेंदुलकर समिति की रिपोर्ट के आधार पर सुप्रीम कोर्ट में तथ्य पेश करते हुए यह बयान दिया था और आयोग ने इस बयान को कभी वापस नहीं लिया। ग़रीबी–रेख़ा से नीचे का जीवन बसर

करने की तुषार वशिष्ठ एवं मैथ्यू चेरियन की कोशिशों के बारे में विस्तार से जानने के लिए देखें, मन्दर 2012।

यह कोई दया–दान नहीं–सर्वेक्षण के निष्कर्षों की विस्तृत चर्चा आपको चोपड़ा एवं पुदुस्सेरी 2014 में मिलेगी। इस किताब को प्रेस में छपने के लिए भेजे जाने के वक़्त तक वृद्धावस्था पेंशन के मद में केन्द्र सरकार का योगदान प्रति व्यक्ति 200 रुपये महीना पर ठहरा हुआ है।

यही स्थिति 2006 में थी। कई राज्य सरकारों ने इस राशि में अपनी तरफ़ से कुछ रक़म जोड़ी है। कुछ राज्यों ने सामाजिक सुरक्षा पेंशन योजना की कवरेज़ का विस्तार भी किया है। केन्द्र सरकार की मंशा सामाजिक सुरक्षा योजना को ग़रीबी रेखा के नीचे के परिवारों तक सीमित रखने की है। लगता है, केन्द्र सरकार की सामाजिक सहायता कार्यक्रम में रुचि कम हो रही है और वह अटल पेंशन योजना पर विशेष ध्यान दे रही है। अटल पेंशन योजना का ढाँचा अलग क़िस्म का है। इसमें पेंशन पाने वाले को अपनी तरफ़ से कुछ राशि का योगदान देना होता है।

सुप्रीम कोर्ट ने 28 नवम्बर, 2001 के अपने फ़ैसले में राज्य सरकारों को निर्देश दिया था कि वे सामाजिक सुरक्षा पेंशन की राशि महीने की सात तारीख़ तक लाभार्थियों को ज़रूर मुहैया करा दें। इस फ़ैसले को आये अब सोलह साल हो रहे हैं लेकिन अब भी कई राज्यों में भुगतान अनियमित तथा विलम्ब से ही हो रहा है। लेख के आख़िरी अनुच्छेद में जिस विशेषज्ञ समूह (टास्क फोर्स कहना ज़्यादा उचित होगा, यह मिहिर शाह की अध्यक्षता में बना) की चर्चा आयी है उसके बारे में विशेष जानकारी के लिए देखें, भारत सरकार, 2013।

ग़रीबी–रेखा की समझ से गुज़रते हुए–रंगराजन समिति रिपोर्ट (भारत सरकार, 2014) पर विस्तार से चर्चा के लिए देखें रंगराजन तथा महेन्द्र देव, 2015। उक्त पुस्तक में इस आलेख पर भी टिप्पणी की गयी है। औसत कैलोरी उपभोग तथा पोषण गत परिलब्धि के आपसी सम्बन्धों पर विस्तृत जानकारी के लिए देखें; द्रेज तथा डेटॉन, 2009। अर्जुन सेनगुप्ता का मल्टीपल बेंचमार्क पूवर्टी एस्टीमेट सेनगुप्ता, कन्नन तथा रवीन्द्रन, 2008 में उपलब्ध है।

3
स्कूल में भोजन

मिड–डे मील खाते स्कूली बच्चे! आज की तारीख़ में भारतीय गाँवों के पास दिखाने लायक यह सबसे सुन्दर तस्वीर है। व्यवस्थित ढंग से चल रहे किसी स्कूल में बच्चों को हाथ धोते, भोजन के लिए कतार में लगते, खाना खाने से पहले समवेत स्वर में कुछ गाते, भोजन का मज़ा लेते और अपनी–अपनी थालियों को साफ़ करने के लिए हैंडपम्प के पास बेतरतीबी से इकट्ठा होते देखना सचमुच बहुत ख़ुशगवार है। यह अनुभव साल दर साल और भी बेहतर होता जा रहा है क्योंकि ज़्यादा–से–ज़्यादा स्कूल मिड–डे मील से जुड़ी अपनी दिनचर्या का बेहतर इस्तेमाल करना सीखते जा रहे हैं।

'भोजन का अधिकार मामले' का इस पुस्तक में पहले ज़िक्र आ चुका है। इस मामले में सुप्रीम कोर्ट ने अपने पहले फ़ैसले में राज्यों को निर्देश दिया कि सभी सरकारी और सरकारी सहायता प्राप्त स्कूलों में दोपहर में पकाया हुआ भोजन दिया जाये। कोर्ट का यह आदेश 28 नवम्बर, 2001 को आया था और इस आदेश के ज़रिये कुछ ख़ास करने की कोशिश नहीं की गयी थी। आदेश में सूबों की सरकारों को जो कुछ करने को कहा गया था वह प्राथमिक शिक्षा के सन्दर्भ में चल रहे पोषाहार–सहायता के राष्ट्रीय कार्यक्रम, नेशनल प्रोग्राम ऑफ़ न्यूट्रीशनल सपोर्ट फ़ॉर प्राइमरी एजुकेशन (एन.पी.एन.एस.पी.ई.) के अन्तर्गत सरकारों से पहले ही अपेक्षित था। एन.पी.एन.एस.पी.ई. की शुरुआत केन्द्र सरकार ने 1995 में की थी। एन.पी.एन.एस.पी.ई. का लक्ष्य प्राथमिक विद्यालयों में पकाया हुआ भोजन मुहैया कराना था, लेकिन कोर्ट के आदेश के वक़्त तक पकाये हुए भोजन की जगह स्कूल के बच्चों को अनाज (चावल या गेहूँ का मासिक कोटा) दिया जा रहा था और यह भी सशर्त था कि राशन उन्हीं बच्चों को दिया जायेगा जो नियमित स्कूल आते हों। कोर्ट के आदेश ने सरकारों से वह करवाया जो उसका अभिप्रेत था। यानी एक 'टहोका

मारकर' सरकारों को उनके दायित्व की याद दिलाना जैसा कि अर्थशास्त्री अपनी भाषा में कहेंगे।

वक़्त बीतने के साथ मिड–डे मील की पहचान भारत के सबसे कारगर सामाजिक कार्यक्रम के रूप में बनी है (बहुत से अनुसन्धानों का निष्कर्ष है कि मिड–डे मील का स्कूल में बच्चों की उपस्थिति, पोषण तथा शैक्षिक परिलब्धि पर सकारात्मक असर हुआ है)। लेकिन इस कार्यक्रम के शुरुआती दिन बड़े मशक़्क़त भरे थे। स्कूलों में रसोईघर नहीं था, बच्चों को थाली नहीं मिलती थी, साफ़–सफ़ाई की कमी थी और भोजन भी बहुत किफ़ायतशारी से परोसा जाता था। उन दिनों (और एक हद तक आज भी) मिड–डे मील को लेकर मीडिया में छपने वाली रिपोर्ट तस्वीर का नकारात्मक पहलू दिखाती थी। अख़बारों और टेलीविज़न के चैनलों का ध्यान उसी वक़्त जाता था जब कहीं भोजन के विषाक्त होने या फिर जातिगत उत्पीड़न का मामला हो। बात बिल्कुल समझ में आती है–मीडिया एक सजग प्रहरी (ह्विस्ल ब्लोअर) की भूमिका निभा रही थी। लेकिन इस प्रक्रिया में मिड–डे मील की चुप्पा प्रगति और बढ़ती उपलब्धियों को वाज़िब श्रेय नहीं मिल पाया। इस खण्ड के पहले तीन लेख एक लेखमाला (अलग–अलग लेखकों के लिखे हुए) के हिस्से हैं। लेखमाला में उस वक़्त मिड–डे मील की उपलब्धियों और नाकामियों की एक कहीं ज़्यादा सन्तुलित तस्वीर पेश करने की कोशिश की गयी थी।

आख़िर का लेख एक तेज़ छलाँग मारकर 2015 के वक़्त में पहुँचता है। इस वक़्त तक ज़्यादातर राज्यों में मिड–डे मील का कार्यक्रम अपेक्षाकृत बेहतर हो चुका था। हालाँकि गुणवत्ता में सुधार की सम्भावना बड़ी हद तक बनी हुई है। इस लिहाज़ से हाल की एक नयी उपलब्धि है मिड–डे मील में बच्चों को खाने के लिए अण्डे देना। ऐसा कई राज्यों में हो रहा है–तमिलनाडु में तो हफ़्ते में पाँच दिन बच्चों को मिड–डे मील में अण्डा दिया जा रहा है। बहरहाल, कुछ राज्य (जिनमें बीजेपी शासित ज़्यादातर राज्य शामिल हैं) अगड़ी जाति की शाकाहारी लॉबी के असर के चलते बच्चों को भोजन में अण्डा देने के ख़िलाफ़ हैं। मुख़ालफ़त की कोशिश ने 2015 के मई में एक नया रूप लिया, मध्य प्रदेश के मुख्यमन्त्री शिवराज सिंह चौहान ने 2015 की मई में निषेधाधिकार (वीटो) का इस्तेमाल करते हुए आई.सी.डी.एस. के तहत बच्चों को भोजन में अण्डा

देने के निर्णय को नकार दिया। हालाँकि ऐसा पायलट बेसिस पर सिर्फ़ तीन जनजातीय ज़िलों के लिए हुआ, लेकिन जल्दी ही मुख्यमन्त्री को लानत झेलनी पड़ी, क्योंकि देश की मीडिया कुपोषित बच्चों की तरफ़दारी में खड़ी थी। सूचना के अधिकार क़ानून के तहत दायर एक अर्ज़ी से यह भी पता चला कि इन्हीं मुख्यमन्त्री साहब ने कुछ माह पहले टोक्यो में जापान के उद्योगपतियों के लिए एक भोज का आयोजन किया था और भोज में भरपूर मांस परोसा गया था।

जापान की बात करें तो हाल ही मैंने वहाँ स्कूलों में दिये जा रहे भोजन के बारे में ढेर सारे वीडियो (ये वीडियो यूट्यूब पर उपलब्ध हैं) देखें और मैं यह जानकर विस्मय से भर उठा कि वहाँ मिड–डे मील का इस्तेमाल कितने रचनात्मक तरीक़े से बच्चों को पोषण, साफ़–सफ़ाई, आपसी सहयोग–भाव, पर्यावरण के प्रति ज़िम्मेदारी तथा अन्य ऐसी बातों को बताने–सिखाने के लिए हो रहा है। और, वीडियो में यह भी देखा कि भोजन (इसे कुछ जगहों पर स्कूल परिसर में ही शिक्षक और छात्रों ने मिलकर उपजाया था और वे एक साथ बैठकर खाते हैं) सचमुच स्वादिष्ट और पोषक है। इससे मुझे महसूस हुआ कि भारत में स्कूल में परोसे जा रहे भोजन के पोषणपरक, शैक्षिक और सामाजिक मूल्य को बढ़ाने के लिहाज़ से अभी बहुत गुंजाइश बाक़ी है। सार्वजनिक सेवा की इस बड़ी कोशिश को बढ़ते देखने के हरचन्द कारण मौजूद हैं।

क्लासरूम में भुखमरी*

(विवेक एस. के साथ)

सुप्रीम कोर्ट ने राज्य सरकारों को आदेश दिया कि छह माह के भीतर सभी प्राथमिक विद्यालयों में बच्चों को पकाया हुआ भोजन देना शुरू किया जाये। इस आदेश को दस महीने गुज़र चुके हैं। कुछ राज्यों में सरकार कोर्ट के आदेश पर अमल कर रही है, लेकिन बहुत से राज्य अभी और समय लेने की कोशिश में हैं, वे केन्द्रीय सहायता की गुहार लगा रहे हैं या फिर उनकी कोशिश है आदेश किसी तरह उलट जाये। सुप्रीम कोर्ट आदेश के अमल पर अडिग दिख रहा है, लेकिन इन संकोचों से उबरने में जनता के दबाव की भी बड़ी भूमिका होती है।

*अक्तूबर, 2002।

जिन राज्यों ने दोपहर का भोजन देना शुरू कर दिया है वहाँ क्रियान्वयन में कई तरह की दिक्क़तें आ रही हैं। बीच–बीच में भोजन के विषाक्त होने की ख़बर आती है। ऐसी एक उल्लेखनीय ख़बर पाण्डिचेरी से आयी, जहाँ मिड–डे मील में मिले दूध को पीकर सैकड़ों बच्चे बीमार पड़ गये। शिक्षक अक्सर शिकायत करते हैं कि मिड–डे मील के कारण उनके काम का समय बढ़ गया है या फिर यह कि इससे कक्षा की पढ़ाई की प्रक्रिया बाधित होती है। कुछ राज्यों में ऊँची जाति के माता–पिता सभी जाति के बच्चे के एक साथ बैठकर खाना खाने या फिर मिड–डे मील किसी दलित के हाथों तैयार करवाने के विचार के ख़िलाफ़ हैं।

इन कठिन जान पड़ती समस्याओं के आगे हिम्मत खोने की ज़रूरत नहीं। मिसाल के लिए, भोजन के विषाक्त होने के मसले पर ही ग़ौर करें। कभी–कभार स्कूली भोजन से बच्चों का हाजमा बिगड़ता है तो बेशक इसके नुक़सान हैं लेकिन सेहत के भारी फ़ायदों (अभी और भविष्य के) के आगे ये नुक़सान बहुत हल्के कहें जायेंगे। आस बनी हुई है कि मिड–डे मील से स्कूलों में बच्चों की उपस्थिति बढ़ेगी और कक्षा में भुखमरी की स्थितियों में कमी आयेगी। राज्य शैक्षिक अनुसन्धान एवं प्रशिक्षण परिषद्, दिल्ली (एस.सी.ई.आर.टी.) की हाल की एक रिपोर्ट के मुताबिक़ देश की राजधानी तक में हालात यह है कि ग़रीब परिवारों के ज़्यादातर बच्चे भूखे पेट स्कूल जाते हैं। देश की भावी सेहत के लिहाज़ से बहुत अहम है कि बच्चों का पेट अच्छी तरह से भरा हो और उन्हें बेहतर शिक्षा मिले।

इसी तरह शिक्षक के काम के समय के बाधित होने की समस्या इतनी बड़ी नहीं कि उसका समाधान न हो सके। अपने काम को लेकर जो राज्य ज़्यादा मुस्तैद हैं वे मिड–डे मील पकाने और परोसने के लिए सहायकों की नियुक्ति कर चुके हैं। कुछ अवसरों पर पहले से पकाया हुआ भोजन मिड–डे मील के रूप में दिया जा सकता है। इससे कक्षा में पढ़ाई की प्रक्रिया के बाधित होने से बचा जा सकता है। साथ ही, यह बात भी याद रखी जानी चाहिए कि भारत में स्कूल की कक्षाओं में पढ़ाई की प्रक्रिया की सबसे बड़ी बाधा मिड–डे मील का न होना है : बच्चे दोपहर का खाना खाने के लिए घर चले जाते हैं और उनमें से कई बच्चे दिन में आगे की पढ़ाई के लिए स्कूल नहीं लौटते।

जहाँ तक जातिगत झगड़े का सवाल है, इसका एक सकारात्मक पक्ष भी है मिड–डे मील से परम्परागत जातिगत पूर्वाग्रहों को चुनौती मिली

है। मिड–डे मील ने सिखाया है कि जाति चाहे जो हो, बच्चों को साथ बैठकर खाना है। कर्नाटक में स्कूलों में रसोई बनाने का काम ज़्यादातर दलित महिलाओं के हाथों में है और वहाँ इस इन्तज़ाम को लेकर व्यापक स्वीकृति जान पड़ती है। राजस्थान जाति के मामले में शायद कहीं ज़्यादा रूढ़िवादी है और वहाँ कुछ महत्त्वपूर्ण घटनाएँ हुई हैं। मिसाल के लिए राजपूत जाति के माता–पिता दलित महिला के हाथों भोजन बनवाने का विरोध कर रहे हैं। लेकिन राजस्थान में भी मिड–डे मील कार्यक्रम चल निकला है और इस बात की बेहतर सम्भावनाएँ नज़र आ रही हैं कि ऊँची जाति वालों का विरोध समय बीतने के साथ ख़त्म हो जायेगा...

लेकिन इन बातों का मतलब यह नहीं कि जो समस्याएँ उठ खड़ी हुई हैं उन्हें नकार दिया जाये। लेकिन इन समस्याओं को एक चेतावनी के संकेत के रूप लिया जाना चाहिए कि मिड–डे मील कार्यक्रम में गुणवत्ता के ऊँचे मानक रखे जायें (जिनमें पर्याप्त बुनियादी ढाँचा तथा साफ़–सफ़ाई की व्यवस्था शामिल है)। इन समस्याओं को पूरी परियोजना के सवालों के घेरे में लेने का बहाना बनाना ठीक नहीं होगा। साथ ही यह भी याद रखना होगा कि मिड–डे मील के नये कार्यक्रम की कई उपलब्धियाँ सामने आ चुकी हैं। हालाँकि इन उपलब्धियों का ज़िक्र विषाक्त भोजन या फिर जातिगत झगड़ों की रक्तरंजित कहानियों की तुलना में कम हुआ है। इस बात के प्रमाण लगातार मिल रहे हैं कि मिड–डे मील के कारण कई इलाक़ों में स्कूलों में बच्चों की उपस्थिति बढ़ गयी है। मिसाल के लिए, सीकर (राजस्थान) ज़िले के छह गाँवों में हुए एक सर्वेक्षण से पता चलता है कि पिछले साल की तुलना में सभी स्कूलों में नामांकन ज़्यादा संख्या में हुआ है। नामांकन की तादाद में औसतन 25 फ़ीसदी का इज़ाफ़ा हुआ है। वंचित तबक़े की बस्तियों में बने कुछ वैकल्पिक स्कूलों में मिड–डे मील की शुरुआत के बाद से नामांकन की तादाद में दोगुना इज़ाफ़ा हुआ है।

हममें से एक व्यक्ति ने हाल में कर्नाटक में मिड–डे मील की एक अनौपचारिक जाँच में हिस्सा लिया। कर्नाटक में प्रायोगिक तौर (पायलट बेसिस) पर यह कार्यक्रम छह ज़िलों में शुरू किया गया है। तस्वीर कुल मिलाकर सकारात्मक जान पड़ी। नमूने के तौर पर चुने गये आठ स्कूलों में से ज़्यादातर में भोजन तैयार करने और परोसने से सम्बन्धित इन्तज़ाम (इसमें पेयजल देना शामिल है) पर्याप्त दिखे और मिड–डे मील नियमित रूप से दिया जा रहा था। भोजन के विषाक्त होने का कोई वाक़या पेश

नहीं आया। रसोई बनाने के काम पर ज़्यादातर दलित महिलाओं को रखा गया था, लेकिन इसे लेकर कहीं कोई आपत्ति नहीं थी। अपवादस्वरूप सिर्फ़ एक गाँव में दिखा कि ऊँची जाति के छात्र मिड–डे मील में शामिल नहीं हुए। स्कूलों में छात्रों की दैनिक उपस्थिति भी नियमित थी।

थोड़े में कहें तो ऐसा कोई कारण नहीं दिखता कि अन्य राज्यों मे मिड–डे मील का विस्तार करने में देर लगाई जाये। बाक़ी मामलों की तरह मिड–डे मील कार्यक्रम में भी बड़ी बाधा यही है कि राज्यों की सरकारें कार्यक्रम में होने वाला ख़र्चा उठाने में हिचकिचा रही हैं। मिड–डे मील कार्यक्रम के लिए अनाज केन्द्र सरकार की तरफ़ से मुफ़्त मुहैया कराया जाता है। राज्य–सरकारों से अपेक्षा रखी गयी है कि वे अन्य चीज़ों पर आने वाला ख़र्चा वहन करेंगी, साथ ही परिवहन और भोजन पकाने से जुड़े इन्तज़ाम का ज़िम्मा भी राज्य सरकारों का होगा। इन मदों पर होने वाले ख़र्च अलग–अलग हैं और बहुत कुछ इस पर निर्भर करता है कि इन्तज़ाम कैसा किया जा रहा है, लेकिन कर्नाटक के सफल जान पड़ते मॉडल को एक मानक मानकर चलें तो जान पड़ता है कि प्रति छात्र लगभग 1 रुपये का वित्तीय आवंटन मिड–डे मील को कारगर तरीक़े से चलाने के लिए ठीक रहेगा।

ज़्यादातर राज्य सरकारें यह ख़र्चा उठाने में हिचकिचा रही हैं। उनका तर्क है कि हमारा ख़ज़ाना खाली है, लेकिन जनता ऐसे तर्कों को मान ले तो फिर सामाजिक क्षेत्र को कभी उसका देय हासिल नहीं होने वाला। दरअसल यह प्राथमिकताओं का सवाल है। मामला ताक़तवर हितों का हो तो ख़ज़ाना खाली होने का रोना रोने वाली वही राज्य सरकारें रातों–रात हज़ारों करोड़ रुपये जुटा लेती हैं।

मिसाल के लिए इस वाक़ये पर ग़ौर कीजिए : उत्तर प्रदेश के शिक्षा विभाग में ऊँचे पद पर काम करने वाले एक अधिकारी ने हाल में लखनऊ की एक संगोष्ठी में कहा कि मिड–डे मील पर सालाना 680 करोड़ रुपये का ख़र्च आयेगा और राज्य सरकारें इसके लिए संसाधन जुटाने में असमर्थ हैं। लेकिन कुछ दिनों बाद उत्तर प्रदेश के विधायकों ने अपने वेतन–भत्ते बढ़ाने का प्रस्ताव पारित किया जिसकी वजह से सरकारी ख़ज़ाने पर सालाना 425 करोड़ रुपये का भार बढ़ना था। इस पर टिप्पणी करते हुए सत्ताधारी पार्टी के एक विधायक ने शिकायत की कि अभी जो भत्ता मिलता है उसमें तो हमारा 'महीने का चाय का ख़र्चा नहीं' निकलता (टाइम्स इण्डिया, 4 सितम्बर)। इस टिप्पणी की पूरा महत्त्व ज़्यादातर पाठकों को

शायद एक और समाचार को पढ़े बग़ैर न समझ में आये। यह समाचार 4 सितम्बर, 2002 के ही दिन 'हिन्दुस्तान टाइम्स' में छपा था। समाचार के मुताबिक़ मायावती सरकार के मन्त्री मई महीने के बाद से 6.71 लाख रुपये का चाय–नाश्ता कर चुके थे। उत्तर प्रदेश में लोकतन्त्र की हालत यह है कि राजनेता को जनता की गाढ़ी कमाई के पैसे तरमाल उड़ाने की अनुमति है, लेकिन वहाँ बच्चे खाली पेट स्कूल जाते हैं।

साल 2001 के 28 नवम्बर को कुछ राज्य सरकारों ने सुप्रीम कोर्ट में तर्क दिया कि मिड–डे मील में ख़र्चे का बोझ बहुत ज़्यादा है। इस पर कोर्ट से उन्हें फटकारते हुए कहा कि यह गप्प कहीं और जाकर सुनाइयेगा। कोर्ट की इस सलाह की प्रासंगिकता बनी हुई है। इसके अतिरिक्त, यह सम्भावना तो हमेशा मौजूद है कि कुछ अतिरिक्त राजस्व जुटाने के लिए टैक्स बढ़ा दिये जाये। दरअसल, भारत में करों की दर अन्तर्राष्ट्रीय मानक के हिसाब से बहुत कम है और जैसा कि योजना आयोग के जॉन कुरियन ने ध्यान दिलाया है, कई राज्यों में शराब पर लगने वाले टैक्स में हल्का–सा अधिशुल्क (सरचार्ज) बढ़ा दिया जाये तो वह मिड–डे मील कार्यक्रम का ख़र्च जुटाने के लिहाज़ से पर्याप्त होगा। दरअसल, क्लासरूम में भुखमरी को जारी रखने का कोई बहाना अब चल नहीं सकता।

मिड–डे मील : सामाजिक बराबरी का एक सबक*

गर्मी की छुट्टियों के ख़त्म होने के साथ लाखों बच्चे फिर से स्कूल आने लगे हैं। अतः यह जाँच लेना ठीक होगा कि मिड–डे मील ने अब तक क्या हासिल किया है और उसमें सुधार किस तरह हो सकते हैं। तमिलनाडु का अनुभव बताता है कि मिड–डे मील प्राथमिक शिक्षा, बच्चों के पोषण तथा सामाजिक बराबरी को बढ़ावा देने में अहम भूमिका निभा सकता है। बहरहाल, ये उपलब्धियाँ बहुत कुछ मिड–डे मील की गुणवत्ता के पहलू पर निर्भर करती हैं। जोड़–तोड़ और खींचतान से चलाये जाने वाले मिड–डे मील कार्यक्रम से फ़ायदा कम और घाटा ज़्यादा होगा।

घूगरी से परे

मिसाल के लिए, बम्हू (बिलासपुर ज़िला, छत्तीसगढ़) के एक प्राथमिक विद्यालय पर ग़ौर कीजिए। यहाँ एक मटमैले से दिखते क्लासरूम में

---

*जुलाई–अगस्त, 2003।

अस्थायी चूल्हा सुलगाकर मिड–डे मील पकाया जाता है, बच्चे इसके आस–पास झुण्ड के झुण्ड में मँडराते हैं। ज़रूरत भर के बर्तन पूरे नहीं हैं अतः रसोइये को परेशानी होती है और वह सब्ज़ी काटने तथा चावल धोने में बच्चों की मदद लेता है। दोपहर का भोजन निबट जाने के बाद क्लासरूम गन्दा हो जाता है। शिक्षक सोचते हैं, काश! मिड–डे मील किसी तरह बन्द हो जाता।

जिस तरह की भयावह कहानियाँ मीडिया की नज़रों में बार–बार चढ़ा करती हैं, बम्हू उसका एक अच्छा उदाहरण साबित हो सकता है। बहरहाल, ऐसी चुनिन्दा कहानियों से परे जाते हुए एक बड़ी तस्वीर को साफ़–साफ़ देखना कहीं ज़्यादा ज़रूरी है। नयी दिल्ली स्थित सेंटर फ़ॉर इक्विटी के हाल के एक सर्वेक्षण में इसके शुरुआती संकेत मिल जाते हैं। यह सर्वेक्षण तीन इलाक़ों राजस्थान, छत्तीसगढ़ तथा उत्तरी कर्नाटक में हुआ जिनके बारे में माना जाता है कि यहाँ मिड–डे मील कार्यक्रम बख़ूबी चल निकला है। सर्वेक्षण में हर इलाक़े से तीन ज़िलों के सत्ताइस स्कूल शामिल किये गये जिन्हें रैंडम पद्धति से चुना गया था। सर्वेक्षण के नतीजों से संकेत मिलता है कि मिड–डे मील की शुरुआत बहुत अच्छी रही है। योजना निश्चित ही लोगों को जँच रही है : सर्वेक्षण के नमूने में शामिल अभिभावकों में से 91 प्रतिशत ने कहा कि मिड–डे मील जारी रहना चाहिए (अनुसूचित जाति तथा अनुसूचित जनजाति के अभिभावकों में ऐसा कहने वालों की तादाद 96 प्रतिशत थी)। बहरहाल, सर्वेक्षण के निष्कर्षों से यह भी पता चलता है कि मिड–डे मील की सम्भावनाओं को पूरी तरह से साकार करने के लिए उसकी गुणवत्ता के पहलू पर तुरन्त ध्यान देना ज़रूरी है।

सर्वेक्षण से निकलकर आने वाला एक सकारात्मक पहलू यह है कि नमूने के रूप में शामिल इक्यासी स्कूलों में से छिहत्तर में मिड–डे मील नियमित रूप से दिया जा रहा था। स्कूलों में नामांकन तथा उपस्थिति का बढ़ना अब तक सबसे प्रभावकारी उपलब्धि माने जायेंगे। लड़कियों के नामांकन और उपस्थिति में ख़ास बढ़वार देखने को मिली है। सर्वेक्षण में नमूने के तौर पर शामिल किये गये स्कूलों में पहली कक्षा में मिड–डे मील की शुरुआत के बाद से लड़कियों के नामांकन में 19 प्रतिशत का इज़ाफ़ा हुआ है। राजस्थान में लड़कियों की स्कूली भागीदारी अपेक्षाकृत सबसे नीचे रहा करती थी, लेकिन मिड–डे मील की शुरुआत के बाद

से वहाँ सर्वेक्षण में नमूने के तौर पर शामिल स्कूलों की पहली कक्षा में लड़कियों के नामांकन में 29 प्रतिशत का इज़ाफ़ा हुआ है। मिड–डे मील की शुरुआत के बाद से रोज़ाना आने वाले छात्रों की संख्या भी बढ़ी है–इस बात के अनौपचारिक प्रमाण देखने में आये। मिसाल के लिए, कई अभिभावकों ने कहा कि सुबह–सबेरे बच्चों को स्कूल भेजना पहले की तुलना में अब आसान हो गया है क्योंकि वे सोचते हैं कि स्कूल जाने पर दोपहर में दूसरे बच्चों के साथ मिलकर खाना खाने का मौक़ा मिलेगा। ठीक इसी तरह, शिक्षकों ने कहा कि दोपहर के बाद के समय में बच्चों की उपस्थिति में सुधार हुआ है। पहले बच्चे दोपहर के वक़्त खाना खाने के लिए घर जाते थे और उनमें से कई बाद के समय में स्कूल नहीं आते थे।

कक्षा में खाली पेट रहने की नौबत अब नहीं है। यह मिड–डे मील की एक और उपलब्धि है। भारत में बड़ी तादाद में बच्चे खाली पेट स्कूल जाते हैं। मिड–डे मील न होने की सूरत में उन्हें तेज़ होती भूख सताने लगती है, पढ़ाई से उनका ध्यान हट जाता है और कुछ समय गुज़ारकर वे आख़िर अपने घर लौट आते हैं। जिन जगहों पर मिड–डे मील दिया जा रहा है वहाँ यह समस्या तक़रीबन ख़त्म हो गयी है। जिन जगहों पर भुखमरी की स्थिति लम्बे समय से क़ायम है जैसे कि दक्षिणी राजस्थान के कुछ आदिवासी इलाक़े, वहाँ स्कूलों में दिये जाने वाले भोजन ने खाद्य–सुरक्षा के लिहाज़ से एक अहम योगदान किया है। अब इन इलाक़ों में बच्चों को कम–से–कम दिन में एक बार का भोजन मिल जाता है।

ये बातें अपनी जगह ठीक हैं, लेकिन मिड–डे मील की गुणवत्ता बढ़ाने के लिहाज़ से बहुत कुछ किया जाना अभी बाक़ी है क्योंकि अभी मिड–डे मील के लिए बजट का आवंटन बहुत कम मात्रा में हो रहा है, ख़ासकर राजस्थान में जहाँ सरकार मिड–डे मील की दैनंदिन लागत पर प्रति छात्र प्रतिदिन 50 पैसे ख़र्च करती है (जबकि कर्नाटक और राजस्थान में 1 रुपये की रक़म ख़र्च की जा रही है)। संसाधन पर्याप्त न होने के कारण बुनियादी सुविधाओं का बहुत ज़्यादा अभाव है। मिसाल के लिए, राजस्थान में बहुत कम विद्यालयों में छाजनदार रसोईघर बन पायी है। इस कारण खाना पकाने के क्रम में पढ़ाई–लिखाई से जुड़ा कामकाज अक्सर बाधित होता है और साफ़–सफ़ाई की व्यवस्था भी अपर्याप्त है। पैसे की किल्लत एक बड़ी वजह है जो राजस्थान के ज़्यादातर स्कूलों में बच्चों को घुगरी (गेहूँ के उबले हुए मीठे दाने) दिया जा रहा है जबकि मिड–डे मील में

रोज़ाना अलग–अलग तरह का भोजन दिया जाना चाहिए। स्कूल में दिन में एक बार भरपूर भोजन देना सुनिश्चित कर बच्चे के पोषण की दशा सुधारी जा सकती है लेकिन यह अहम मौक़ा यहाँ हाथ से निकल रहा है।

जाति, वर्ग और लिंग

हाल में मीडिया में इस आशय की ख़बरें आयीं कि कुछ इलाक़ों में अगड़ी जाति के लोग स्कूलों में मिड–डे मील देने का विरोध कर रहे हैं। इन ख़बरों से यह संकेत तो मिलता ही है कि समाजीकरण में मिड–डे मील की अहम भूमिका है। भोजन को मिल–बाँटकर खाने पर रोक की जातिगत असमानता को बनाये रखने में बड़ी भूमिका है। जाति कोई भी हो लेकिन सभी बच्चों को साथ बैठकर भोजन करना है–बच्चों को यह सिखाना परम्परागत पूर्वग्रहों को तोड़ने का एक अच्छा तरीक़ा है।

बेशक यह भी सम्भव है कि मिड–डे मील सामाजिक असमानता को कम करने की जगह उसे और ज़्यादा मज़बूत करने का औज़ार साबित हो। मिसाल के लिए, राजस्थान में हमने एक ऐसा गाँव (जोझ, राजसमन्द ज़िला) देखा जहाँ दलित बच्चों को कहा गया था कि वे अलग घड़े से पानी पियें। यह क्लासरूम में जातिगत भेदभाव का घिनौना उदाहरण है और इससे मिड–डे मील की समाजीकरण की भूमिका पर ही मार पड़ती है।

मिड–डे मील में जातिगत भेदभाव किस सीमा तक प्रचलन में है? सेंटर फ़ॉर इक्विटी स्टडीज़ का सर्वेक्षण इस सवाल पर कुछ अहम जानकारी देता है। सर्वेक्षण के निष्कर्षों से संकेत मिलते हैं कि मिड–डे मील में जातिगत भेदभाव ज़ाहिर तौर पर कभी–कभार ही देखने को मिल सकता है। मिसाल के लिए, सर्वेक्षण में शामिल इक्यासी स्कूलों में किसी में हमें यह देखने में नहीं आया कि बच्चों के बैठने की व्यवस्था अलग–अलग की गयी है या फिर अगड़ी जाति के बच्चों के साथ कोई तरजीही बर्ताव किया जा रहा है। हर सामाजिक पृष्ठभूमि के छात्र एक साथ बैठने और साथ मिलकर एक–सा भोजन खाने के इन्तज़ाम से ख़ुश नज़र आये। ज़्यादातर मामलों में अभिभावकों और शिक्षकों दोनों ने कहा कि यह इन्तज़ाम अच्छा है और वंचित जातियों के बहुत कम अभिभावक ऐसे थे जिन्हें महसूस हुआ कि उनके बच्चों के साथ मिड–डे मील परोसने के मामले में किसी क़िस्म का जातिगत भेदभाव का बर्ताव हुआ है।

लेकिन इन बातों के आधार पर यह नहीं कह सकते कि जातिगत पूर्वग्रह और सामाजिक भेदभाव महीन रूप में भी प्रचलित नहीं है। मिड–डे मील योजना का जातिगत आग्रहों के कारण खुलेआम शायद ही कोई विरोध करता हो लेकिन अगड़ी जाति के माता–पिता इस योजना को लेकर शंकित हैं। कुछ मामले ऐसे भी रहे जिनमें उन्होंने इस योजना का विरोध किया। अगड़ी जाति के कुछ माता–पिता ने अपने बच्चों को तैयार खाना टिफिन में देकर स्कूल भेजा था जबकि कुछ अन्य अभिभावकों ने अपने बच्चों से कहा था कि दोपहर के वक़्त घर आकर खाना खायें। इसे जातिगत पूर्वग्रह की अभिव्यक्ति (वर्गगत फ़ायदों के बरक्स) माना जाये या नहीं–इस मसले पर स्पष्ट राय बनाना मुश्किल है, लेकिन सम्भावना यही दिखती है कि ऐसे बहुत से मामलों में जातिगत पूर्वग्रह की भी भूमिका हो सकती है।

साथ ही, यह भी नहीं जान पड़ता कि दलित जाति का रसोइया नियुक्त करने की बात पर अगड़ी जाति के लोगों को बहुत ज़्यादा ऐतराज हो। उत्तर कर्नाटक में, सर्वेक्षण में नमूने के तौर पर शामिल 50 फ़ीसदी रसोइये दलित जाति के थे और ऐसे इन्तज़ाम की लोगों में व्यापक स्वीकृति दिखी। बहरहाल, छत्तीसगढ़ और राजस्थान में दलित रसोइये ज़्यादातर उन्हीं विद्यालयों में थे, जहाँ अगड़ी जाति के बच्चे नहीं पढ़ते। हमें ऐसे भी उदाहरण देखने को मिले जहाँ अभिभावकों ने दलित जाति का रसोइया बहाल करने की बात पर सक्रिय विरोध जताया था। जोधपुर ज़िले के कोलू पाबूजी ज़िले में राजपूत जाति के एक अभिभावक ने यह जानकर कि रसोइया मेघवाल जाति की एक महिला है, मिड–डे मील में बालू डाल दिया था। जल्दी ही उस स्त्री की जगह दूसरी जाति की महिला को रसोइया बहाल किया गया।

इन निष्कर्षों से यह नहीं कहा जा सकता कि मिड–डे मील में सामान्य तौर पर समाजीकरण का गुण नहीं है। एक अर्थ में देखें तो मिड–डे मील समाजीकरण में सहायक सिद्ध हुआ है। अगर अगड़ी जाति के अभिभावक शुरुआती तौर पर मिड–डे मील के पक्ष में नहीं थे, तो इस शुरुआती हिचकिचाहट से उनका उबरना अपने आप में ही बहुत मूल्यवान है। जाति के बन्धन ढीले पड़ सकते हैं, जातिगत बाधाएँ दूर हो सकती हैं–इस बात के पर्याप्त संकेत दिख पड़े।

सामाजिक समता के एतबार से मिड–डे मील का योगदान सिर्फ़ जातिगत पूर्वग्रहों को कमज़ोर करने तक सीमित नहीं। मिड–डे मील से बहुत से मायनों में लैंगिक समानता को भी बढ़ावा मिला है। इस सिलसिले की एक बड़ी बात तो यही है कि स्कूलों में भागीदारी के लिहाज़ से लड़के–लड़कियों की संख्या में जो अन्तर दिखता था वह अब कम हो गया है। वजह यह है कि मिड–डे मील के कारण लड़कों के नामांकन की तुलना में स्कूलों में लड़कियों के नामांकन की तादाद ज़्यादा बढ़ी है। हाल के एक शोध–अध्ययन का आकलन है कि स्थानीय स्कूल में मिड–डे मील मुहैया कराने से स्कूल–वंचित लड़कियों की संख्या में 50 फ़ीसदी की कमी आयी है। सी.ई.एस. के सर्वेक्षण में इस बात के स्पष्ट संकेत मिले कि मिड–डे मील की शुरुआत के बाद से स्कूलों में लड़कियों की भागीदारी में तेज़ बढ़ोतरी हुई है। राजस्थान और छत्तीसगढ़ में ऐसा ख़ासतौर पर देखने में आया है।

मिड–डे मील के कारण महिलाओं के लिए रोज़गार के भी अवसर पैदा हुए हैं। ग़रीब महिलाओं के बारे में यह बात ख़ासतौर से कही जा सकती है क्योंकि कर्नाटक जैसे राज्यों में मिड–डे मील कार्यक्रम के दिशा–निर्देशों में लिखा है कि रसोइये के रूप में सिर्फ़ महिलाओं को रखा जाये। तमिलनाडु में हर प्राथमिक विद्यालय में कार्यक्रम के अन्तर्गत वेतनभोगी तीन कर्मचारी रसोइया, सहायक तथा ऑर्गनाइज़र (इन्तज़ाम करने वाला) रखे गये हैं। इन कर्मचारियों में ज़्यादातर तादाद महिलाओं की है और यह ग्रामीण इलाक़ों में महिलाओं के लिए रोज़गार का महत्त्वपूर्ण साधन साबित हो रहा है।

मिड–डे मील के कारण कामकाजी महिलाओं की भी मदद हुई है। कामकाजी महिलाओं को अब यह नहीं सोचना पड़ता कि अपने स्कूल जाने वाले बच्चों को खिलाने के लिए दोपहर का खाना बनाना होगा। बिलासपुर (छत्तीसगढ़) ज़िले की एक आदिवासी महिला 35 वर्षीया सुदन मैती ने कहा कि 'अब तो हमारे बच्चे को स्कूल में खाना मिलने लगा है इसलिए यह चिन्ता नहीं होती कि वह भूखा रह जायेगा और इस कारण मुझे आधा दिन का काम करने के बाद वापस घर आकर उसके लिए दोपहर का खाना तैयार करने की फ़िक्र नहीं करनी पड़ती।' मिड–डे मील के इस पहलू का फ़ायदा ख़ासकर उन विधवा महिलाओं को हो रहा है जिन्हें घर के बाहर काम करना होता है जबकि घर के कामकाज में उनका हाथ बँटाने वाला भी कोई नहीं होता।

मिड–डे मील से वर्गीय असमानता को भी कम करने में मदद मिली है। दरअसल सरकारी स्कूलों में नाम लिखवाने वाले ज़्यादातर बच्चे वंचित तबक़े के परिवारों के हैं। इसलिए, मिड–डे मील को ग़रीबों को मिली आर्थिक सहायता के रूप में भी देखा जा सकता है। एक अहम बात यह भी है कि मिड–डे मील के कारण वंचित तबक़े के बच्चों को स्कूल जाने में मदद मिलती है। इससे आगे के दिनों में पैदा होने वाली वर्गीय असमानता कम हो सकती है क्योंकि शिक्षा का अभाव आर्थिक कमज़ोरी और सामाजिक हाशियाकरण का मुख्य स्रोत है।

मिड–डे मील अपने आप में एक सीधी–सादी, मासूम तरकीब नज़र आती है, लेकिन जाति, वर्ग और लिंग की ज़मीन पर जारी ग़ैर–बराबरी के ख़िलाफ़ यह तरकीब एक ताक़तवर हथियार की तरह है। जो नागरिक या संगठन सामाजिक बराबरी के मक़सद से काम कर रहे हैं उन्हें बाक़ी कारणों के साथ इस एक वजह से भी मिड–डे मील पर ज़्यादा ध्यान देना चाहिए।

मिड–डे मील और सीखने–सिखाने का आनन्द*

भोजन कराना हर जगह प्यार की निशानी माना जाता है। भोजन देना और मिल–बाँटकर खाना लोगों में जितनी दोस्ती और प्यार जगा सकता है उतना कोई धार्मिक प्रवचन नहीं, चाहे उसमें शब्दों का ज़ोर कितना भी ज़्यादा हो। बाबेते फीस्ट नाम की फ़िल्म में इस बात को बड़ी बेहतरी से दिखाया गया है। इस फ़िल्म में दिखाया गया है कि एक गाँव के लोग हर रविवार को चर्च जाते हैं, लेकिन चर्च जाने के बावजूद वे एक–दूसरे को पसन्द नहीं करते। फिर एक दिन गाँव के लोग एक विशाल भण्डारे में एक साथ खाना–पीना करते हैं और इस क्रम में एक–दूसरे के दोस्त बन जाते हैं।

प्राथमिक विद्यालयों में पका हुआ भोजन परोसने के पक्ष में एक तर्क यह दिया जाता है कि ऐसा करने से स्कूली माहौल में बच्चों के प्रति घुले वैर–भाव में कमी आयेगी। हिन्दुस्तानी बच्चों के लिए स्कूल का माहौल अक्सर दमघोंटू और वैर–भाव से भरा साबित होता है। बच्चों को आये दिन डाँट–फटकार का सामना करना होता है, उनके साथ मार–पीट की

---

* जुलाई, 2006।

भी घटनाएँ पेश आती हैं। शिक्षक शायद ही कभी ऐसा बर्ताव करते हैं जिससे बच्चे को लगे कि उसकी सराहना हो रही है या बढ़ावा दिया जा रहा है। ऐसे माहौल में मिड–डे मील बच्चों के लिए स्कूलों में राहत और सकून मुहैया कराने वाली तरकीब साबित हो सकता है।

पिछले लेखों में यह तो हम देख ही चुके हैं कि मिड–डे मील से कई उपयोगी मक़सद साधे जा सकते हैं, जैसे–स्कूलों में बच्चों की उपस्थिति बढ़ाना, स्कूलों में लड़के और लड़कियों की तादाद में मौजूद अन्तर को कम करना, बच्चों को क्लासरूम में भुखमरी की हालत से बचाना, सामाजिक समानता के भाव जगाना, ग़रीब महिलाओं के लिए रोज़गार के अवसर पैदा करना और स्कूली बच्चों को पोषण से जुड़ी शिक्षा देना। लेकिन ये सारी ही चीज़ें इस बात पर निर्भर हैं कि मिड–डे मील कार्यक्रम में गुणवत्ता बरकरार रहे।

पिछले कुछ सालों में मिड–डे मील के बारे में बहुत से दिलचस्प अध्ययन सामने आये हैं। बिहार, छत्तीसगढ़, दिल्ली, झारखण्ड, कर्नाटक, मध्य प्रदेश, ओड़िशा, राजस्थान तथा पश्चिम बंगाल सहित कुछ और राज्यों में भी मौक़ा–मुआयना आधारित सर्वेक्षण हुए हैं। इनसे कई उपयोगी बातें पता चली हैं।

पहली बात तो यह कि ज़्यादातर प्राथमिक विद्यालयों में मिड–डे मील दिया जाने लगा है। कुछ राज्यों ने सुप्रीम कोर्ट के 28 नवम्बर, 2001 के फ़ैसले पर क्रियान्वयन में कई सालों की देर लगायी। शायद आपको याद हो कि सुप्रीम कोर्ट ने इस फ़ैसले में राज्यों को निर्देश दिया था कि छह माह के भीतर वे सभी प्राथमिक विद्यालयों में मिड–डे मील मुहैया करायें। ख़ैर, आख़िरकार सभी राज्यों ने कोर्ट के निर्देश पर अमल किया और अब मिड–डे मील की कवरेज़ लगभग सार्विक (यूनिवर्सल) हो चुकी है। मौक़ा–मुआयना आधारित सर्वेक्षणों से पता चलता है कि ज़्यादातर राज्यों में मिड–डे मील नियमित रूप से मुहैया कराया जा रहा है।

दूसरी बात यह कि मिड–डे मील लोकप्रिय हो चला है। स्कूली बच्चों के माता–पिता और शिक्षक चाहते हैं कि यह योजना जारी रहे। बेशक, जैसा कि ऊपर लिखा जा चुका है, कुछ जगहों पर अगड़ी जाति के अभिभावक नहीं चाहते कि उनके बच्चे दलित समुदाय के बच्चों के साथ बैठकर खाना खायें या फिर किसी दलित के हाथों पका हुआ भोजन करें। कुछ शिक्षकों की शिकायत है कि मिड–डे मील से पढ़ाई–लिखाई का काम बाधित होता

है। लेकिन, मिड–डे मील की योजना सही तरीक़े से लागू होने की सूरत में ये विरोध खुद ही ख़त्म हो गये हैं। वक़्त बीतने के साथ मिड–डे मील स्कूल के रुटीन का हिस्सा जान पड़ने लगा है और अगड़ी जाति के अभिभावकों ने भी अपने मन को यह सोचकर समझा लिया है कि अब 'ज़माना बदल चुका है।' बहरहाल, कुछ राज्यों में योजना पर अमल बड़ी बेतरतीबी में हुआ है और इससे विरोध की लॉबी मज़बूत हुई है। अतः मिड–डे मील के ख़िलाफ़ तेज़ प्रतिक्रिया देखने को मिल सकती है।

तीसरी बात, बच्चे स्कूल में मिड–डे मील मिलने से अमूमन ख़ुश हैं। इसकी बड़ी वजह यह नहीं कि बच्चों को भूख सताती है या फिर स्कूल में दिया जाने वाला भोजन उन्हें घर में मिलने वाले भोजन से बेहतर जान पड़ता है बल्कि बड़ी वजह यह है कि बच्चों को भोजन अपने दोस्तों के साथ मिल–बाँटकर खाना अच्छा लगता है। बहुत से राज्यों ने मिड–डे मील में अलग–अलग क़िस्म के भोजन देने शुरू किये हैं और भोजन की पौष्टिकता बढ़ाने की कोशिश की है। इस वजह से बच्चों में मिड–डे मील को लेकर चाव बढ़ा है। दिल्ली में मिड–डे मील को लेकर हुए हाल के एक अध्ययन से पता चला है कि 'कई बच्चे अपनी थाली में पड़ा एक–एक दाना चाव से खाते हैं और अँगुली चाटकर भोजन का मज़ा लेते हैं। शायद ही कोई बच्चा होगा जिसने भोजन नहीं लिया हो और शायद ही कोई ऐसा स्कूल होगा जहाँ किसी रोज़ मिड–डे मील के भोजन की बात चर्चा में न बनी रहती हो।'

चौथी बात, मिड–डे मील स्कूलों में बच्चों की हाज़िरी को नियमित बनाने में कारगर साबित हुआ है। मिड–डे मील को लेकर हुए हाल के कई अध्ययनों में यह बात एक सामान्य निष्कर्ष के रूप निकलकर सामने आयी है। कई मामलों में यह भी देखने को मिला कि स्कूलों में हाज़िरी बहुत ज़्यादा सुधरी है। मध्य प्रदेश में समाज प्रगति सहयोग द्वारा संचालित एक हाल के अध्ययन में सामने आया कि पकाया हुआ मिड–डे मील देने की शुरुआत के बाद एक साल के भीतर स्कूल की पहली कक्षा में हाज़िरी 36 फ़ीसदी तक बढ़ गयी। ग्राम स्वराज अभियान के हाल के एक अध्ययन में भी ऐसा ही निष्कर्ष सामने आया है कि झारखण्ड में अनुसूचित जाति और अनुसूचित जनजाति के बच्चों के नामांकन में तेज़ इज़ाफ़ा हुआ है। हो सकता है, नमूना के आकार छोटा होने के कारण या फिर आकलन से जुड़े किन्हीं पूर्वग्रहों की वजह से ये आँकड़े कुछ ज़्यादा

ऊँचे जान पड़ें लेकिन इस बात पर शंका नहीं की जा सकती कि स्कूलों में हाज़िरी पर मिड–डे मील का बड़ा सकारात्मक असर हुआ है और यह असर ख़ासकर लड़कियों तथा वंचित तबक़े के बच्चों की हाज़िरी पर नज़र आता है। इस सन्दर्भ में शिक्षकों, अभिभावकों तथा अन्य पर्यवेक्षकों की बात से शोध–अध्ययनों के आँकड़े मेल खाते हैं।

पाँचवीं बात यह कि मिड–डे मील से जाति की बाधाओं को तोड़ने तथा स्कूली बच्चों में सामाजिक बराबरी का भाव पैदा करने में मदद मिली है। यह बहुत अहम है क्योंकि प्राथमिक विद्यालय के शुरुआती साल बच्चों के जीवन में बहुत मायने रखते हैं क्योंकि इसी वक़्त सामाजिक पहचानों को लेकर उनके मन में धारणाएँ शक्ल लेती हैं। मिसाल के लिए, इसी उम्र में बच्चों के मन में अपनी जाति तथा समाज में उसके ऊँचे या नीचे स्थान को लेकर चेतना जागती है। उम्र के इस निर्णायक पड़ाव पर एक पंगत में बैठकर भोजन करना बच्चों के मन में सामाजिक बराबरी का भाव जगा सकता है। अगड़ी जाति के माता–पिता अक्सर मिड–डे मील का विरोध करते हैं तो इससे भी यही बात साबित होती है कि मिड–डे मील ने प्रचलित सामाजिक मान–मूल्यों को बड़े कारगर तरीक़े से चुनौती दी है।

छठी बात, मिड–डे मील ख़ुद ही सामाजिक भेदभाव के अखाड़े में तब्दील हो जाये तो सामाजिक बराबरी का उसका उद्देश्य भ्रष्ट हो जाता है। महासमुन्द (छत्तीसगढ़) ज़िले के भोखलूडीह गाँव में हुई हाल की एक घटना से इस समस्या की जानकारी मिलती है साथ ही यह भी पता चलता है कि कैसे यह घटना जातिगत भेदभाव को चुनौती देने के एक अवसर में तब्दील हो गयी। भोखलूडीह में कुछ दलित बच्चों ने शिकायत की कि उन्हें बाक़ी बच्चों की तुलना में कम भोजन मिलता है, उन्हें अलग पंगत में बैठाया जाता है और उन्हें 'चमार' बताकर स्कूल के रसोईघर में घुसने से रोका जाता है। जब एक स्थानीय शिक्षक (कमला चौहान) ने इन बच्चों के पक्ष में आवाज़ उठायी तो उसका स्कूल से तबादला कर दिया गया, लेकिन अच्छी बात यह रही कि इस घटना का ख़ूब प्रचार–प्रसार हुआ। नतीजतन लोगों में जागरूकता आयी कि जातिगत भेदभाव की ऐसी घटनाओं से कड़ाई से निबटने की ज़रूरत है।

सातवीं बात यह कि मिड–डे मील की पौष्टिकता के बारे में कुछ दिलचस्प साक्ष्य सामने आये हैं। क्लासरूम में बच्चे भूखे न रहें, इसमें मिड–डे मील निश्चित ही मददगार साबित हुआ है, लेकिन मिड–डे मील

के कारण बच्चों की पोषणगत स्थितियों में टिकाऊ तरीक़े का सुधार हो भी सकता है और नहीं भी हो सकता है। दरअसल घटिया मिड–डे मील (जैसे कि भात और नमक) अगर भूख को मारने वाला और बच्चे को घर पर मिलने वाले कहीं ज़्यादा पौष्टिक भोजन की मात्रा कम करना वाला हुआ तो वह हानिकारक भी साबित हो सकता है। इस सन्दर्भ में, फ़रजाना अफ़रीदी कृत एक हाल के अध्ययन का उल्लेख ज़रूरी है। अध्ययन के मुताबिक़ मध्य प्रदेश में मिड–डे मील योजना में हुए सुधार के कारण 'सर्वेक्षण–क्षेत्र के प्राथमिक विद्यालय के बच्चों के रोज़मर्रा के कैलोरी–अभाव में लगभग 35 प्रतिशत की और रोज़ाना के लौह–तत्त्व के अभाव में 25 प्रतिशत कमी आयी तथा रोज़ाना के प्रोटीन का अभाव तक़रीबन शत–प्रतिशत पूरा किया जा सका।' इस उल्लेख के बाद यह कहना ज़रूरी है कि बच्चों के पोषण की दशा में सुधार के एक अवसर के रूप में मिड–डे मील के भरपूर इस्तेमाल के लिए अभी बहुत लम्बा रास्ता तय किया जाना शेष है। कुछ राज्यो ने मिड–डे मील की पौष्टिकता बढ़ाने के उपाय किये हैं (जैसे–मिड–डे मील में अण्डा तथा फल देना) या फिर ऐसे उपाय के तौर पर मिड–डे मील में आयरन और विटामिन जैसे सूक्ष्म पोषक–तत्त्व मिलाकर दिये जा रहे हैं, लेकिन ज़्यादातर मामलों में मिड–डे मील अब भी ज़रूरत से कम है।

इस सिलसिले की आख़िरी बात यह है कि मिड–डे मील से सम्बन्धित हाल के तक़रीबन सभी अध्ययनों में ध्यान दिलाया गया है कि मिड–डे मील को मुहैया कराने की प्रक्रिया में गुणवत्ता के लिहाज़ से गम्भीर कमियाँ हैं। बुनियादी सुविधाएँ, जैसे–पेयजल और रसोई बनाने के लिए छाजन वाली जगह का अभाव है और ऐसे में मिड–डे मील मुहैया कराने का काम अक्सर क्लासरूम में होने वाली गतिविधियों के आड़े आता है। साफ़–सफ़ाई की कमी के कारण आशंका रहती है कि कहीं बच्चों का पेट न ख़राब हो जाये या उन्हें पेटदर्द जैसी मुश्किलों का सामना न करना पड़े। रोज़ाना एक जैसा भोजन होने के कारण मिड–डे रुचिकर नहीं होता। अतः उसकी पौष्टिकता मारी जाती है। सामाजिक भेदभाव की घटनाएँ भी आम हैं। अगर मिड–डे मील में निहित सम्भावनाओं को पूर्ण रूप से साकार करना है तो इन समस्याओं का तुरन्त समाधान होना चाहिए।

मिड–डे मील के बारे में सुप्रीम कोर्ट के आदेश को बच्चों के भोजन सम्बन्धी अधिकार की रक्षा के निमित्त रचनात्मक न्यायिक हस्तक्षेप के

उदाहरण के रूप में देखा जा सकता है। बहरहाल, अदालत के आदेश लगभग अस्थायी क़िस्म के समाधान होते हैं। अन्तिम तौर पर समाधान यही है कि जैसे ब्लैकबोर्ड या पाठ्यपुस्तकों को अच्छे स्कूली माहौल का अभिन्न हिस्सा माना जाता है उसी तरह पौष्टिक मिड–डे मील को भी माना जाये, और मिड–डे मील की ऐसी पहचान स्थायी क़ानूनी हक़ के रूप में भी झलकनी चाहिए तथा राजनीतिक प्राथमिकता और वित्तीय आवंटन के मामले में भी।

अण्डा, जाति और वर्ग*

पिछले कुछ सालों से भारत के कई राज्यों ने स्कूलों या आँगनबाड़ी या फिर दोनों जगहों पर मिड–डे मील में अण्डा परोसना शुरु किया है। यह क़दम सामाजिक नीति के क्षेत्र में हुए बेहतरीन चीज़ों में एक है।

भारतीय बच्चे दुनिया के सर्वाधिक कुपोषित बच्चों में शुमार हैं। उन्हें प्रोटीन, विटामिन, आयरन तथा अन्य ज़रूरी पोषक–तत्त्वों से भरपूर भोजन नहीं मिल पाता। रोज़ाना अण्डा खाना बच्चों के बढ़ने, फूलने–फलने में मददगार हो सकता है। दरअसल बढ़ते हुए बच्चों के लिए अण्डा एक बेहतरीन आहार है। इसमें विटामिन–सी को छोड़कर शेष सभी पोषक–तत्त्व होते हैं।

मिड–डे मील में अण्डे को शामिल करने के पक्ष में और तर्क भी हैं। एक तो यह कि ज़्यादातर बच्चे (ख़ासकर ग़रीब परिवार के बच्चे) चाव से अण्डा खाते हैं। मिड–डे मील में अण्डा परोसने से स्कूलों में बच्चों की उपस्थिति बढ़ाने में मदद मिलेगी और उनके लिए खुशनुमा माहौल बनेगा। दूसरा। समेकित बाल विकास कार्यक्रम को इससे पुनर्जीवन मिलेगा जो कि कई राज्यों में अब भी जैसे–तैसे चल रहा है। तीसरी बात यह है कि मुर्गी–पालन ग्रामीण परिवारों और महिला स्व–सहायता समूहों के लिए स्थानीय स्तर के रोज़गार का एक उपयोगी ज़रिया है।

स्कूली भोजन में अण्डा परोसने का काम सबसे पहले तमिलनाडु और आन्ध्र प्रदेश जैसे राज्यों में हुआ। आज, तमिलनाडु के स्कूलों में हफ़्ते में पाँच बार और आँगनबाड़ी में हफ़्ते में तीन बार अण्डा परोसा जाता है, लेकिन दूसरे राज्य भी इस मामले में तेज़ी से आगे बढ़े हैं। मिसाल के

---

*जुलाई, 2015।

लिए ओड़िशा में आँगनबाड़ियों में हफ़्ते में तीन बार और स्कूलों में हफ़्ते में दो बार अण्डा परोसा जा रहा है। अन्य बड़े राज्यों में बिहार, झारखण्ड तथा पश्चिम बंगाल ने भी मिड–डे मील में अण्डा परोसने की शुरुआत की है। ज़ाहिर है, ग़रीब राज्य भी ऐसा करने में सक्षम हो सकते हैं। (नीचे दिये गये मानचित्र में इस पुस्तक के प्रकाशित होने के वक़्त तक राज्यवार आँगनबाड़ियों तथा स्कूलों में हर हफ़्ते मुहैया कराये जा रहे अण्डों की संख्या दर्शायी गयी है।)

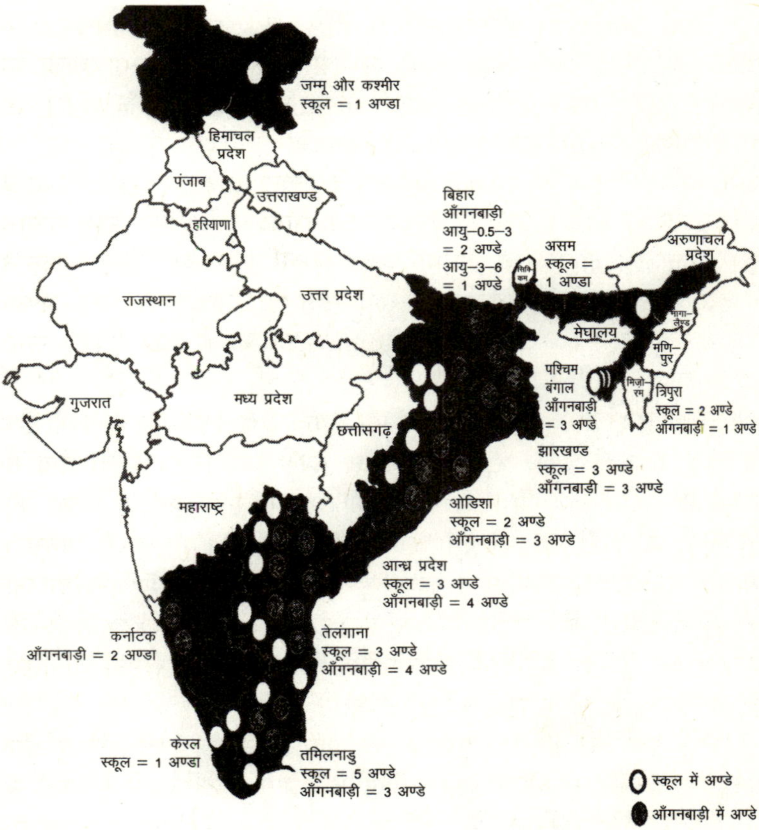

'नक्शा' स्कूल और आँगनबाड़ियों में प्रति सप्ताह बच्चों को मुहैया किये जाने वाले अण्डों की संख्या, साभार : स्वाति नारायण

इस दिशा में अब तक के अनुभव बहुत सकारात्मक रहे हैं। बच्चे अण्डा चाव से खाते भी हैं और अण्डा परोसना सुरक्षित भी है। स्कूल में अण्डा खाने से बच्चों की तबीयत ख़राब हुई हो, ऐसा कोई उदाहरण मेरी जानकारी में नहीं है। ऊँची जाति के माँ–बाप भी इस मामले में शायद ही समस्या खड़ी करते हों, क्योंकि जिन राज्यों में मिड–डे मील के मेन्यू में अण्डे को रखा गया है वहाँ इसका शाकाहारी विकल्प (जैसे–केला) भी शामिल है। इस अनुभव के आलोक में, देशभर में मिड–डे मील में अण्डा परोसने के पर्याप्त कारण हैं।

फिर क्या वजह है कि मिड–डे मील में अण्डा परोसने के प्रस्ताव को कुछ राज्य, जैसे–मध्य प्रदेश, छत्तीसगढ़, कर्नाटक तथा राजस्थान बारम्बार ठुकरा रहे हैं? ऐसे हर राज्य में घूम–फिरकर कहानी एक ही है : शाकाहारियों (अर्द्ध–शाकाहारी कहना ज़्यादा ठीक होगा) की एक छोटी–सी जमात ने इन राज्यों में सरकार को अपनी मुट्ठी में कर रखा है। मैं स्वयं भी शाकाहारी हूँ, लेकिन इस शाकाहारी जमात की प्रवृत्ति को देखकर हैरान हूँ। शाकाहार का मतलब होता है कुछ ख़ास क़िस्म का भोजन खाने से परहेज करना। इसका मतलब यह नहीं होता कि जिस भोजन को खाने से मैंने अपने को रोक रखा है उसे खाने से दूसरे को भी रोक दूँ।

अण्डे के विरोध में उतरे ये लोग अपनी बात की तरफ़दारी में तर्कसंगत एक युक्ति तक तलाश नहीं पाते। ऐसे पैरोकारों की ढेर सारी असंगत बातों को छोड़ दें (जैसे यह कि हाथी इस बात का प्रमाण है कि शाकाहार में ताक़त होती है) तो उनका मुख्य दावा दूध या केला जैसे विकल्पों की मौजूदगी का है। पोषक तत्त्वों के मामले में केला, अण्डे के बराबर नहीं बैठता और जल्द ख़राब होने वाली चीज़ होने के कारण दूध के साथ सुरक्षा का गम्भीर मुद्दा जुड़ा हुआ है, साथ ही इसे बाँटना भी कठिन है। इसके अतिरिक्त, जैसा कि महात्मा गाँधी ने ध्यान दिलाया है, तर्क की तुला पर दूध को अण्डे से ज़्यादा शाकाहारी नहीं कहा जा सकता। बात जो भी हो लेकिन अगर अदने से अण्डे के रूप में एक कारगर, सुरक्षित, आजमाया हुआ, किफ़ायती और लोकप्रिय विकल्प मौजूद है तो हम इसकी जगह कुछ और के बारे में क्यों सोचें?

दरअसल अण्डे पर रोक का मामला जाति–भेद और वर्ग–भेद से जुड़ा है। जाति–व्यवस्था को बहाल रखने में अपनी रुचि के भोजन और उसको मिल–बाँटकर खाने पर रोक एक अहम भूमिका निभाती है। इस

तरह की रोक के स्व–नियुक्त तरफ़दार अकसर सुविधा–सम्पन्न जातियों के होते हैं जिनके लिए हित जाति–व्यवस्था को बहाल रखने से बँधे हैं। ये लोग सुविधा–सम्पन्न वर्ग के भी होते हैं जो अपने बच्चों को पोषक आहार देने के लिए स्कूली भोजन पर निर्भर नहीं। अपनी बात मनवाने की उनकी हठ दरअसल अगड़ी जातियों के इस दम्भ का ही सूचक है कि 'हम जो कहते हैं, वही चलता है।'

अण्डा परोसने को लेकर मध्य प्रदेश में मुख्यमन्त्री शिवराज सिंह चौहान का हाल का नकार बिहार के एकदम उलट है जहाँ लगभग सालभर पहले बिना हो–हल्ले के अण्डा परोसना शुरू हुआ। तत्कालीन मुख्यमन्त्री जीतनराम मांझी ने आँगनबाड़ियों में अण्डा परोसने का विचार सुनकर उसे तुरन्त ही अपना समर्थन दिया। मुसहर परिवार में जन्मे और बचपन में भुखमरी से जूझ चुके मांझी इस बात को ख़ूब समझते हैं किसी ग़रीब बच्चे के लिए स्कूल में अण्डे का मिलना क्या मायने रखता है। उन्होंने ख़ुद ही कहा कि मैं ऐसे बहुत से मुसहर बच्चों को जानता हूँ जिन्होंने कभी अण्डा नहीं खाया। कुछ हफ़्तों के भीतर ही बिहार सरकार ने प्रस्ताव पर क्रियान्वयन शुरू कर दिया।

दिलचस्प यह भी है कि बिहार या फिर किसी अन्य राज्य से, जहाँ हाल ही में अण्डा परोसा जाना शुरू हुआ है, ऐसी कोई ख़बर नहीं आयी है कि ऊँची जाति के अभिभावकों ने इसका कोई मुखर विरोध किया है। अनगिनत सार्वजनिक समारोहों में शाकाहारियों और मांसाहारियों के लिए भोजन की कतार लगती है और मैंने कभी नहीं देखा कि शाकाहारी ऐसे इन्तज़ाम को घिनौना समझ बाहर चले गये हों। फिर ऐसा इन्तज़ाम स्कूल में करने में क्या समस्या है? अण्डा–विरोधी जमात व्यापक जनता के मनोभावनाओं की नुमाइंदगी नहीं कर रही बल्कि अपने इस दावे के उलट ये लोग एक छोटी–सी तानाशाह जमात की तरह बर्ताव कर रहे हैं।

आख़िर में एक बात यह कि मुझे पशुओं के अधिकार की बात करने वाले कार्यकर्ताओं से हमदर्दी है जो पालतू जानवरों के साथ बेरहम बर्ताव के विरोध में खड़े हैं। मैंने देखा है कि औद्योगिक फार्म में सुअरों के साथ कैसा बर्ताव होता है और इसी कारण मैंने मांस–मछली (मगर अण्डा नहीं) खाना छोड़ दिया, लेकिन ग़रीब बच्चों के पोषक भोजन के अधिकार को नकारना पालतू जानवरों के साथ हो रहे बर्ताव में सुधार का कोई बेहतर तरीक़ा नहीं।

नोट

भारत में चल रहे मिड–डे मील योजना के बारे में अब पर्याप्त शोध–अध्ययन सामने आ चुके हैं। पुस्तक के इस खण्ड में मिड–डे मील से सम्बन्धित कुछ शुरुआती शोध–अध्ययनों के हवाले दिये गये हैं लेकिन शोध–अध्ययनों की तादाद कहीं ज़्यादा है। शुरुआती तौर पर इस बात के साक्ष्य मिले थे कि मिड–डे मील योजना का बच्चों के पोषण तथा स्कूली उपस्थिति पर अच्छा असर पड़ा है। बाद के शोध–अध्ययनों से भी इस तथ्य की पुष्टी हुई है। इस सन्दर्भ में विशेष जानकारी के लिए देखें खेरा 2006, 2013, द्रेज एवं खेरा 2009, 2017, द्रेज एवं सेन 2013, तथा इन अध्ययनों में उद्धृत पुस्तकें।

क्लासरूम में भुखमरी–इस लेख में दिल्ली के स्कूली बच्चों की भुखमरी की जाँच–परख के बारे में जो चर्चा आयी है वह स्टेट कॉउंसिल ऑफ़ एजुकेशनल रिसर्च एंड ट्रेनिंग (एस.सी.ई.आर.टी.) की डॉ. जानकी राजन से हुई निजी बातचीत पर आधारित है। सीकर का सर्वेक्षण स्थानीय स्वयंसेवी संस्था के माध्यम से हुआ था और इस सर्वेक्षण को सितम्बर 2002 में अकाल संघर्ष समिति की बैठक में प्रस्तुत किया गया था। लेख में ज़िक्र आता है कि उस वक़्त कर्नाटक में स्कूलों में रसोइये के रूप में ज़्यादातर दलित महिलाएँ काम कर रही थीं। साल 2004 के 20 अप्रैल को सुप्रीम कोर्ट ने एक आदेश जारी किया कि रसोइये तथा सहायकों की भर्ती में दलित, अनुसूचित जाति तथा अनुसूचित जनजाति के लोगों को वरीयता दी जाये। बहरहाल, आज के दिन तक मीडिया में ऐसी ख़बरें पढ़ने को मिल रही हैं कि बच्चों के माता–पिता स्कूलों में दलित समुदाय के लोगों को रसोइया रखने का विरोध कर रहे हैं।

मिड–डे मील : सामाजिक बराबरी का एक सबक–सेंटर फ़ॉर इक्विटी स्टडीज़ के सर्वेक्षण के निष्कर्ष इस आलेख के लिखे जाने के वक़्त आंशिक रूप में ही उपलब्ध थे। निष्कर्षों को द्रेज तथा गोयल 2003 में दर्ज किया गया है। लेख में महिलाओं की स्कूली प्रतिभागिता पर मिड–डे मील के असर से सम्बन्धित एक शुरुआती अध्ययन (द्रेज तथा किंगडन, 2001) का ज़िक्र आया है। इसके निष्कर्षों की पुष्टि बाद के शोध–अध्ययनों से भी हुई है।

मिड–डे मील और सीखने–सिखाने का आनन्द–यह लेख द्रेज एवं खेरा 2009 में उद्धृत शोध–अध्ययनों पर आधारित है। मध्य प्रदेश में

मिड–डे मील से सम्बन्धित समाज प्रगति सहयोग तथा फ़रजाना अफ़रीदी के अध्ययन के निष्कर्ष क्रमशः जैन एवं शाह 2005 तथा अफ़रीदी 2010 में उपलब्ध हैं। लेख में जिस दिल्ली केन्द्रित अध्ययन का ज़िक्र आया है वह डे, नोरोन्हा तथा सैमसन 2008 के मसौदा पर आधारित है।

'अंडा, जाति और वर्ग'—अण्डे से हासिल होने वाले पोषण के बारे में विस्तृत जानकारी के लिए देखें; एप्पलगेट, 2000। टोक्यो में मध्य प्रदेश के मुख्यमन्त्री ने जो मांसाहारी भोज का आयोजन किया था उसके बारे में सूचना के अधिकार के तहत पूछे गये सवाल का श्रेय अजय दूबे को जाता है।

4
स्वास्थ्य सेवा

भारत में जारी सामाजिक नीति के दोष देखने हो तो स्वास्थ्य–सेवा के क्षेत्र पर नज़र डालिए। यहाँ ये दोष सबसे ज़्यादा उजागर हैं। स्वास्थ्य के मद में सरकारी ख़र्च पिछले पच्चीस सालों से जी.डी.पी. के 1 फ़ीसदी पर ठहरा हुआ है और अनुपात के आधार पर देखें तो यह दुनिया के किसी भी मुल्क की तुलना में कम है। स्वास्थ्य के मद में ख़र्च होने वाली ज़्यादातर राशि लोगों को अपनी जेब से भरनी होती है और स्वास्थ्य सेवाएँ ज़्यादातर निजी क्षेत्र में ही हासिल हैं जिसका मक़सद लाभ कमाना है। निजी क्षेत्र में मुहैया करायी जा रही स्वास्थ्य सेवाओं के नियमन का कोई कारगर ढाँचा नहीं है। अतः मरीज़ के शोषण की आशंका बनी रहती है। स्वास्थ्य सेवा के क्षेत्र में बाज़ार–केन्द्रित प्रतिस्पर्धा की कमियाँ बिल्कुल ज़ाहिर हैं क्योंकि इस प्रतिस्पर्धा से न तो समता का मूल्य ही सधता है और न ही यह कह सकते हैं कि प्रतिस्पर्धा के कारण स्वास्थ्य सेवा कारगर ढंग से लोगों को मिल पा रही है। यह बात मुख्यधारा के अर्थशास्त्र में एकदम जानी–पहचानी है। बीसवीं सदी के महानतम अर्थशास्त्रियों में शुमार केनेथ ऐरो ने लगभग पचास साल पहले ही इस तरफ़ ध्यान दिलाते हुए अपने एक महत्त्वपूर्ण लेख में कहा था कि, 'समाज में इस बात को लेकर आम सहमति है कि दवा–उपचार के सम्बन्ध में मुक्त बाज़ार का समाधान बर्दाश्त नहीं किया जा सकता...'[1]

सार्वजनिक स्वास्थ्य यानी पब्लिक हेल्थ के क्षेत्र में भारत का रिकॉर्ड एकदम ही गया–गुज़रा है। पब्लिक हेल्थ के दायरे में कुछ विशेष बातें शामिल हैं; जैसे–जन–स्वास्थ्य विषयक निगरानी, टीकाकरण, कूड़े–कचरे का निस्तारण, जलापूर्ति तथा साफ़–सफ़ाई। इन मामलों में भारत–चीन

---

1. ऐरो 1963, पृष्ठ संख्या 967।

(चीन की तुलना में भारत की स्थिति तो सबको पता ही है) या फिर पूर्वी एशिया के अन्य देशों से ही नहीं बल्कि दक्षिण एशिया के अपने पड़ोसी देशों से भी पीछे हैं। बस पाकिस्तान की तुलना में भारत की स्थिति कुछ मायनों में बेहतर है। और, जहाँ तक बात साफ़–सफ़ाई की है तो इस मोर्चे पर पाकिस्तान, भारत से बेहतर है और दुनिया के बाक़ी देश भी भारत से आगे ही हैं।

सार्वजनिक स्वास्थ्य सेवा के क्षेत्र में बाक़ी देशों की तुलना में भारत की तस्वीर कैसी है–इस ओर से नज़र हटाकर अगर इसी बात पर ग़ौर करें कि बीतते वक़्त के साथ क्या बदलाव आये हैं तो स्पष्ट हो जायेगा कि स्थिति जश्न मनाने जैसी तो क़तई नहीं। हाँ, आशा की छिटपुट किरण ज़रूर नज़र आती है। भारत में मौजूद स्वास्थ्य सेवा के ढाँचे की बुनियादी विशेषता (निजी क्षेत्र का दबदबा और स्वास्थ्य सेवाओं की ख़स्ताहाली) पिछले पच्चीस सालों में नहीं बदली। साल 2005 में यू.पी.ए. (संयुक्त प्रगतिशील गठबन्धन) की सरकार ने नेशनल कॉमन मिनिमम प्रोग्राम के तहत वादा किया था कि स्वास्थ्य के मद में ख़र्चा बढ़ाकर 'जी.डी.पी. के 2 से 3 फ़ीसदी तक' किया जायेगा, लेकिन यह नहीं हुआ। साल 2011 में सार्विक स्वास्थ्य कवरेज़ के मसले पर बनी उच्च स्तरीय विशेषज्ञ समिति (इसकी नियुक्ति योजना आयोग ने की थी) ने अपनी रिपोर्ट सरकार को सौंपी, लेकिन इसके बाद से रिपोर्ट के बारे में कुछ भी सुनने को नहीं मिला। एन.डी.ए. (राष्ट्रीय लोकतान्त्रिक गठबन्धन) सरकार के बीते तीन सालों के दरम्यान स्वास्थ्य नीति और भी ज़्यादा दरकिनार हो गयी है। सरकार ने सार्विक स्वास्थ्य सेवा के बारे में शुरुआती तौर पर ज़रूर ही बड़ी–बड़ी बातें कही। यह भी कहा गया कि 'स्वास्थ्य' को मौलिक अधिकारों में शुमार किया जा सकता है, लेकिन घी कढ़ाई में गर्म होकर ही पड़ा रह गया, किसी की थाली में न पड़ा कि पता चले उसका स्वाद कैसा है।

जहाँ तक नज़र आती आशा की किरण का सवाल है–यहाँ ऐसी दो बातों की चर्चा की जानी चाहिए। पहली तो यह कि उपेक्षा भरे इस बर्ताव में छिटपुट बदलाव देखने को मिला है। केन्द्र सरकार ने स्वास्थ्य सम्बन्धी कुछ ख़ास पहल की है। मिसाल के लिए, राष्ट्रीय ग्रामीण स्वास्थ्य मिशन (शुरुआत 2005–06 में) का नाम लिया जा सकता है। इस मिशन के कारण ग्रामीण क्षेत्रों में स्वास्थ्य सेवा में निरन्तर सुधार की प्रक्रिया शुरू

हुई है। बाद में इस मिशन का विस्तार शहरी इलाक़ों में किया गया। इसी तरह जननी सुरक्षा योजना के कारण सांस्थानिक प्रसव के मामलों में भारी इज़ाफ़ा हुआ है और हाल के सालों में मातृ–मृत्यु दर में जो तेज़ी से कमी आयी है, उसमें इस योजना का योगदान हो सकता है।

दूसरी बात, राज्य–स्तर पर भी यह कामकाज देखने को मिला है और ऐसा सिर्फ़ सामाजिक नीति के मामले में अग्रणी माने जाने वाले केरल या फिर तमिलनाडु में ही नहीं बल्कि अन्य राज्यों, जैसे–छत्तीसगढ़, ओड़िशा और यहाँ तक कि बिहार में भी हुआ है। साल 2002 में छत्तीसगढ़ में महिला सामुदायिक स्वास्थ्य सेवाकर्मियों के एक कार्यक्रम की शुरुआत मितानिन नाम से हुई। बाद में यही कार्यक्रम एक मॉडल के रूप में स्वीकार किया गया और इसके आधार पर एक्रीडिटेड सोशल हेल्थ एक्टिविटिज (आशा) की शुरुआत हुई। ओड़िशा में स्वास्थ्य केन्द्रों तथा आँगनबाड़ियों की पहुँच तथा कामकाज में सुधार लाने के निरन्तर प्रयास हुए हैं। इस बात के पर्याप्त संकेत हैं कि इन राष्ट्रीय तथा राज्य–स्तरीय पहलक़दमियों के अच्छे नतीजे आये हैं... ।[2]

इस खण्ड में शामिल लेखों में स्वास्थ्य सेवा के ढाँचे में मौजूद कमियों तथा नज़र आती आशा की कुछ किरणों की चर्चा की गयी है। एक लेख बांग्लादेश पर केन्द्रित है। इसमें शुरुआती ज़िक्र मिलेगा कि बांग्लादेश भारत की अपेक्षा ग़रीब होने के बावजूद स्वास्थ्य सूचकांकों के एतबार से बेहतर स्थिति में है। तस्वीर जनांकिक तथा स्वास्थ्य सर्वेक्षण (भारत में इसे राष्ट्रीय परिवार स्वास्थ्य सर्वेक्षण के नाम से जाना जाता है) के निष्कर्षों से और भी ज़्यादा स्पष्ट हो जाती है। आज नेपाल भी अनेक स्वास्थ्य सूचकांकों के एतबार से भारत की तुलना में बेहतर कर रहा है भले ही वह प्रति व्यक्ति जी.डी.पी. के मामले में भारत से एक–तिहाई पीछे हो। स्वास्थ्य के क्षेत्र में दशकों से जड़ता की स्थिति क़ायम है और हाल के समय में छिटपुट हुई प्रगति के बावजूद इस क्षेत्र में बहुत कुछ करने को शेष है।

आख़िर के लेख में साल 2005–06 और 2013–14 में बाल विकास सूचकांकों के एतबार से भारत के राज्यों की दर्जावार स्थिति दिखाई गयी है। पहले के शोध–अध्ययनों के समान ही इस लेख में भी आप देखेंगे कि

---

2. देखें कृतिका गोयल एंड रीतिका खेड़ा 2015, रीतिका खेड़ा 2015, स्वाति नारायण 2016, दीपा सिन्हा 2016, तथा इस खण्ड में शामिल आख़िर के दो लेख।

बाल–विकास के मामले में केरल, तमिलनाडु तथा हिमाचल प्रदेश शीर्ष स्थान पर हैं...[3] इसी तरह, पहले के शोध–अध्ययनों की ही तरह गुजरात की दर्जावार स्थिति मध्यक्रम की है। यानी वह बाल विकास के मामले में मंझोले दर्जे का राज्य है न कि कोई मॉडल राज्य। बिहार सबसे निचले स्थान पर है लेकिन शोध–अध्ययन के लिए जो दो सन्दर्भ–अवधि ली गयी हैं उसमें बिहार की स्थिति में बहुत सुधार आया है। तो आशा की एक किरण यहाँ भी मौजूद है, और आशा की यह किरण सिर्फ़ बिहार के लिए ही नहीं बल्कि भारत के सभी राज्यों के लिए है।

हेल्थ चेकअप*

कभी–कभी ऐसा भी देखने में आता है कि ज़िन्दगी में जो चीज़ सबसे ज़्यादा अहम है उसी का ज़िक्र सबसे कम होता है। मिसाल के लिए स्वास्थ्य को ही लें। मानव–मात्र की ख़ुशहाली और जीवन की गुणवत्ता के लिहाज़ से स्वास्थ्य से ज़्यादा ज़रूरी चीज़ और क्या होगी भला! लेकिन, स्वास्थ्य का ही मसला सार्वजनिक बहस तथा भारत की लोकतान्त्रिक राजनीति से तक़रीबन ग़ायब मिलता है।

इस बात को परखने के लिए नज़र दौड़ाइए कि मुख्यधारा की मीडिया में स्वास्थ्य के मसलों की कवरेज़ कितनी है। 'द हिन्दू' अख़बार में छह महीनों (जनवरी से जून, सन् 2000) के दरम्यान छपे 300 अभिमत–मूलक लेखों (ओपिनियन आर्टिकल्स) के विश्लेषण से पता चला कि इनमें एक भी लेख ऐसा न था जो स्वास्थ्य–सम्बन्धी मसले पर केन्द्रित हो। मैंने यों ही जाँचने के ख़याल से इस साल भी यही अभ्यास दोहराया और जनवरी से जून (2003) के बीच छपे लेखों पर ग़ौर किया। इस बार मुझे एक लेख स्वास्थ्य सम्बन्धी मसले पर लिखा मिल गया लेकिन यह चीन में सार्स के कारण उत्पन्न स्वास्थ्य–संकट पर केन्द्रित था!

अगर भारतीय जन स्वास्थ्य के मामले में बेहतर स्थिति में होते और उन्हें पर्याप्त स्वास्थ्य सुविधाएँ हासिल होतीं तो यह चुप्पी बर्दाश्त की जा सकती थी, लेकिन स्वास्थ्य के मोर्चे पर भारत के बारे में ऐसा सोचना सच्चाई से बहुत दूर जाना होगा। दरअसल, स्वास्थ्य सूचकांकों के एतबार

3. इन तुलनात्मक अनुभवों पर केन्द्रित विस्तृत चर्चा को पढ़ने के लिए देखें द्रेज एंड सेन 2013, तथा द्रेज एंड खेरा 2012।

* मार्च, 2004।

से भारत दुनिया में सबसे नीचे के देशों में से एक है। मिसाल के लिए, हाल के राष्ट्रीय परिवार स्वास्थ्य सर्वेक्षण (1998–99) के मुताबिक़, भारत में तक़रीबन 50 फ़ीसदी बच्चे कुपोषण के शिकार हैं और इस देश में तक़रीबन 50 फ़ीसदी वयस्क महिलाएँ एनीमिया (रक्ताल्पता) की चपेट में हैं। सर्वे के वक़्त तीन साल की उम्र के तक़रीबन 30 फ़ीसदी बच्चों को बुखार था, 20 फ़ीसदी को डायरिया (अतिसार) तथा अन्य 20 फ़ीसदी को श्वासनली का गम्भीर संक्रमण लगा था। अगर इन श्रेणियों को आपस में तनिक जोड़कर देखें तो नज़र आयेगा कि इस आयु–वर्ग के तक़रीबन 50 फ़ीसदी बच्चे साल के किसी भी वक़्त ऊपर बतायी गयी बीमारियों में से किसी–न–किसी बीमारी से पीड़ित रहते हैं।

स्वास्थ्य सेवाओं की हालत भी बहुत गयी–बीती है। जी.डी.पी. के अनुपात के रूप में देखें तो स्वास्थ्य के मद में भारत दुनिया में सबसे कम सरकारी ख़र्च वाला देश है। स्वास्थ्य के मद में भारत में सरकारी ख़र्चा जी.डी.पी. का महज़ 1 फ़ीसदी है। स्वास्थ्य का ढाँचा निजी क्षेत्र के दबदबे में है। दरअसल, स्वास्थ्य के मद में होने वाले ख़र्चे में सरकारी व्यय का योगदान महज़ 15 फ़ीसदी का है; शेष व्यय निजी क्षेत्र में होता है–मिसाल के लिए, दवा दुकानदार से रोग की दवा आदि की ख़रीद में। इसके उलट, पूर्वी एशिया में स्वास्थ्य के मद में होने वाले ख़र्चे में सरकारी व्यय का हिस्सा 40 फ़ीसदी है, लातिनी अमेरिका में यह 50 फ़ीसदी, यूरोप में 75 फ़ीसदी और ब्रिटेन में तो 85 फ़ीसदी तक है। भारत के बहुत बड़े हिस्से में स्वास्थ्य सेवा नाम की कोई चीज़ ही नहीं मिलती। हाँ, स्वास्थ्य सेवा के नाम पर बन्ध्याकरण और पोलियो की रोकथाम के लिए टीकाकरण होता ज़रूर मिल जायेगा।

इंटरनेशनल इंस्टीट्यूट फ़ॉर पॉपुलेशन साइंसेज़ (मुम्बई) के हाल के स्वास्थ्य सुविधा सम्बन्धी शोध–अध्ययन से स्वास्थ्य केन्द्रों की जो भयावह तस्वीर उभरती है, उसे सोचकर रूह काँप जायेगी। ग़ौर करें कि सिर्फ़ 69 फ़ीसदी प्राथमिक स्वास्थ्य केन्द्रों में ही कम–से–कम 1 बेड मौजूद है, सिर्फ़ 20 फ़ीसदी प्राथमिक स्वास्थ्य केन्द्रों में टेलीफ़ोन है जबकि केवल 12 फ़ीसदी प्राथमिक स्वास्थ्य केन्द्रों में नियमित रख–रखाव (मैंटेनेंस) का काम होता है। यह आँकड़ा सिर्फ़ राष्ट्रीय औसत को सूचित करता है, ग़रीब राज्यों की हालत तो और भी ज़्यादा बुरी है। मिसाल के लिए, बिहार के ज़्यादातर प्राथमिक स्वास्थ्य केन्द्रों में बिजली, वजन नापने की

मशीन या फिर शौचालय जैसी ज़रूरी सुविधाएँ सिरे से नदारद हैं। यहाँ याद दिलाते चलें कि प्राथमिक स्वास्थ्य केन्द्र को स्वास्थ्य सुविधा प्रदान करने के लिहाज़ से बहुत महत्त्वपूर्ण माना जाता है। एक प्राथमिक स्वास्थ्य केन्द्र पर तक़रीबन 30,000 लोगों को सेवा प्रदान करने की ज़िम्मेदारी है।

जहाँ स्वास्थ्य सुविधाएँ मौजूद हैं, वहाँ भी उपयोग के मामले में ख़स्ताहाली दिखती है। हावर्ड यूनिवर्सिटी के एक शीघ्र प्रकाश्य अध्ययन के मुताबिक़ भारत के विभिन्न राज्यों में स्वास्थ्यकर्मियों की अनुपस्थिति की दर 35 से 58 फ़ीसदी तक है। राजस्थान के उदयपुर ज़िले में स्वास्थ्य सेवाओं के बाबत जारी एक शोध–अध्ययन से भी ऐसी ही तस्वीर उभरती है। आधे से भी ज़्यादा स्वास्थ्य उपकेन्द्र अपने खुले होने के नियमित समय में भी बन्द पाये गये और प्राथमिक स्वास्थ्य केन्द्र तथा सामुदायिक स्वास्थ्य केन्द्रों में औसतन 36 फ़ीसदी कर्मचारी अनुपस्थित थे। लेकिन, दूसरी तरफ़ स्थानीय निवासियों की सेहत ख़स्ताहाल थी : वयस्कों में एक–तिहाई लोगों को सर्वेक्षण के दिन से पहले के 30 दिनों में सर्दी–जुकाम लगा था, 42 फ़ीसदी को बदन–दर्द हुआ था, 33 फ़ीसदी वयस्क बुखार की चपेट में आये थे, 23 फ़ीसदी को थकान की शिकायत थी, जबकि 11 फ़ीसदी को सीने में दर्द था और 50 फ़ीसदी से ज़्यादा लोगों को एनीमिया (रक्ताल्पता) ने जकड़ रखा था। लगभग एक–तिहाई लोगों को कुएँ से पानी निकालने में कठिनाई (दम फूलना) महसूस हो रही थी और हर पाँचवें व्यक्ति को बैठने की अवस्था से उठ खड़े होने में परेशानी का अनुभव हो रहा था।

ग़ौरतलब है कि भारत में धनी लोगों को भी अक्सर अच्छी स्वास्थ्य सेवा हासिल नहीं हो पाती। प्रौद्योगिकी भी है और विशेषज्ञता भी लेकिन सार्वजनिक सुविधाएँ एकदम ही नकारा हैं और निजी क्षेत्र पर नियम का कोई ख़ास अंकुश नहीं है। अतः बेचारे मरीज़ लाभ कमाने पर उतारू बेहया चिकित्साकर्मियों के रहमो–करम के भरोसे होते हैं। निजी क्षेत्र में चलने वाली स्वास्थ्य सेवा फ़र्ज़ीवाड़ा, ज़रूरत से ज़्यादा दवा और ग़ैर–ज़रूरी सर्जरी (शल्य चिकित्सा) के सहारे मज़े में अपने मुनाफ़े का धन्धा चलाती है। मुंबई की स्वास्थ्य सेवाओं पर केन्द्रित हाल के एक अध्ययन में सामने आया है कि निजी क्षेत्र में तक़रीबन 65 फ़ीसदी प्रसव सिजेरियन सेक्शन में कराये गये जबकि सरकारी क्षेत्र में सिजेरियन सेक्शन में कराये गये

प्रसव की तादाद 9 प्रतिशत रही (यह विश्व स्वास्थ्य संगठन के बनाये मानक के नज़दीक है)।

सरकारी नीति में स्वास्थ्य सेवाओं को लेकर चला आ रहा उपेक्षा का बर्ताव उदारीकरण के दौर में और भी ज़्यादा तेज़ हुआ है। सन् 1990 के दशक में स्वास्थ्य के मद पर होने वाले सरकारी ख़र्चे (जी.डी.पी. के अनुपात में) में तेज़ गिरावट आयी। दशक के आख़िर के सालों में ख़र्चे का अनुपात थोड़ा बढ़ा, लेकिन इस बढ़ती की वजह रही वेतन–वृद्धि (पाँचवे वेतन आयोग के लागू होने के कारण)। ज़मीनी सुविधाओं में कोई ख़ास सुधार नहीं दिखा। जैसा कि हाल के बजट से प्रतीत होता है, फिलहाल ज़ोर महँगी, हाइटेक सुविधाओं जैसे कि अत्याधुनिक क़िस्म के अस्पतालों पर है और इसके साथ ही विदेश की एजेंसियों द्वारा प्रायोजित कार्यक्रम (मिसाल के लिए पल्स पोलियो) पर बल दिया जा रहा है। बुनियादी स्वास्थ्य सेवाओं की उपेक्षा बदस्तूर जारी है और यह उपेक्षा अब इस हद तक बढ़ गयी है कि दैनंदिन चलने वाले टीकाकरण के कार्यक्रमों की कवरेज़ भी कम हो चली है। टीकाकरण का दायरा कम होने की बात रिप्रोडक्टिव एंड चाइल्ड हेल्थ सर्वे से निकलकर सामने आयी है। शिशु मृत्यु–दर में कमी की रफ़्तार भी मन्द पड़ी है जबकि सन् 1980 के दशक में शिशु–मृत्यु दर में तेज़ी से गिरावट आ रही थी।

दूसरी तरफ़ कुछ सकारात्मक पहल भी हुई है। कुछ राज्यों (जैसे केरल, तमिलनाडु, हिमाचल प्रदेश आदि) ने अच्छी स्वास्थ्य सेवा का मोल समझा है और इसी के अनुकूल इन्तज़ाम भी किये हैं। नवीन अन्तर्दृष्टियों से भरपूर अपने एक शोध–अध्ययन में लीला विसारिया ने ध्यान दिलाया है कि तमिलनाडु सरीखे राज्यों में स्वास्थ्य सेवाएँ अपेक्षाकृत ज़्यादा बेहतर स्थिति में हैं। पिछले साल ख़ुद मुझे भी ऐसा देखने का मौक़ा हाथ लगा था। मैंने तमिलनाडु के तीन ज़िलों में घूम–घूमकर वहाँ के प्राथमिक स्वास्थ्य केन्द्रों का जायज़ा लिया था। (इस विषय पर चर्चा किताब में अन्यत्र तमिलनाडु में लोक–कल्याणकारी राज्य शीर्षक से की गयी है)। मेरा अनुभव उत्तर भारत का ही है जहाँ स्वास्थ्य केन्द्र ख़स्ताहाली के शिकार हैं और मरीज़ों के साथ रूखाई का बर्ताव होता है। तमिलनाडु के उन तीन ज़िलों में मुझे तस्वीर इससे अलग दीख पड़ी और इसका मुझ पर प्रभाव भी पड़ा। स्वास्थ्य–केन्द्र साफ़–सुथरे थे, उपकरण क़रीने

से सजाकर रखे गये थे, ज़रूरी दवाइयों का पर्याप्त भण्डार था, डॉक्टर और नर्स अपने काम पर मुस्तैद दिखे और मरीज़ों के प्रति उनका बर्ताव भी ज़िम्मेदारी भरा जान पड़ा। लीला विसारिया ने अपने अध्ययन में एक महत्त्वपूर्ण बात कही है और मेरी उस बात से सहमति है। लीला विसारिया का कहना है कि उत्तर भारत के मुक़ाबले तमिलनाडु में डॉक्टर और मरीज़ के बीच सामाजिक दूरी कम है और तमिलनाडु में स्वास्थ्य सेवाओं के सुचारु होने के पीछे यह एक कारण हो सकता है। हाल के राष्ट्रीय परिवार स्वास्थ्य सर्वेक्षण के मुताबिक़ तमिलनाडु में बच्चों के जन्म के 99 फ़ीसदी मामलों में माता को प्रसव–पूर्व की चिकित्सीय देखभाल हासिल है और सर्वेक्षण में यह भी कहा गया है कि वहाँ 89 फ़ीसदी बच्चों का पूर्ण टीकाकरण हुआ है। उत्तर प्रदेश में यही आँकड़ा क्रमशः 35 फ़ीसदी और 21 फ़ीसदी का है। ज़्यादातर महिलाएँ और बच्चे भाग्य–भरोसे छोड़ दिये गये हैं।

तस्वीर अगर उत्तर प्रदेश की तुलना में एकदम ही विपरीत नज़र आ रही है तो इसकी एक वजह है तमिलनाडु में स्वास्थ्य सेवा का लोकतान्त्रिक राजनीति के दायरे में होना। स्वास्थ्य और इससे जुड़े मसले जैसे मिड–डे मील, जीवन्त सार्वजनिक बहसों का विषय है और चुनाव–अभियान में इनकी अहम भूमिका होती है। उत्तर भारत में स्वास्थ्य राजनीति के एजेंडे में शामिल ही नहीं और, इसी तरह बुनियादी ज़रूरत की अन्य बातें जैसे कि प्राथमिक शिक्षा और बाल–पोषण का मसला भी राजनीतिक चर्चा के दायरे से बाहर ही रहता है।

सुप्रीम कोर्ट ने 28 नवम्बर, 2001 को सरकार को एक अच्छा सबक सिखाया था। कोर्ट ने अपने फ़ैसले में कहा कि हर बस्ती में आँगनबाड़ी को सुचारु ढंग से चलाया जाना चाहिए। इस फ़ैसले पर पूरी तत्परता दिखाते हुए क़दम उठाये जायें तो भारत के बच्चों को भुखमरी और बीमारी के चंगुल से निजात दिलाने में बड़ी मदद मिलेगी। दुर्भाग्य कहिए कि सरकार ने इस फ़ैसले पर कोई ख़ास ध्यान नहीं दिया। दरअसल, महिला एवं बाल विकास मन्त्रालय के मुताबिक़ हाल में समेकित बाल विकास कार्यक्रम (आई.सी.डी.एस.) में विस्तार का प्रस्ताव दिया गया था, लेकिन मंत्रिपरिषद ने इसे सिरे से नकार दिया और दलील दी कि ऐसा करने के लिए रक़म ही नहीं है। लेकिन, समाज के प्रभावशाली तबक़ों–कारोबारी

घरानों, सैन्य–प्रतिष्ठान, सरकारी कर्मचारी और तथाकथित मध्यवर्ग पर सरकारी ख़ज़ाना जी खोलकर लुटाया जा रहा है। मुख्यधारा की मीडिया की नज़र इस विसंगति की तरफ़ नहीं जाती, ठीक वैसे ही जैसे कि स्वास्थ्य सेवाओं की ख़स्ताहाली पर उसका ध्यान नहीं जाता।

भारत : दिनभर चले अढ़ाई कोस*

भारत में मुस्लिम आबादी की बढ़वार को लेकर अभी जो हो–हल्ला मचा है उसे देखते हुए बांग्लादेश और भारत के मानव विकास सम्बन्धी अन्तर्राष्ट्रीय आँकड़ों पर नज़र दौड़ायें तो एक दिलचस्प तस्वीर उभरती है। आप शायद मानकर चल रहे होंगे कि मानव विकास के मामले में भारत बांग्लादेश से बहुत आगे है। दरअसल बांग्लादेश भारत की तुलना में ग़रीब है और वहाँ मुस्लिम आबादी भी ज़्यादा है। जहाँ तक भारत का सवाल है, अब तो इस देश को उभरती हुई महाशक्ति कहा जाता है। अतः यह कयास तो लगाया ही जा सकता है कि भारत में लोग अपने पड़ोसी बांग्लादेश के भाई–बहनों से कहीं ज़्यादा सेहतमन्द होंगे, उन्हें अपेक्षाकृत बेहतर भोजन और शिक्षा हासिल होती होगी।

आइए, ज़रा साक्ष्यों पर ग़ौर करते हैं। अच्छा होगा कि शुरुआत हम शिशु–मृत्यु दर से करें : बांग्लादेश में प्रत्येक 1000 जीवित शिशुओं के जन्म पर मृत्यु दर 51 जबकि भारत के लिए यही आँकड़ा प्रत्येक 1000 जीवित शिशुओं के जन्म पर 67 का है। यह तथ्य हाल की मानव विकास रिपोर्ट (ह्यूमन डेवलपमेंट रिपोर्ट) में दर्ज है। दूसरे शब्दों में कहें तो बांग्लादेश में शिशु–मृत्यु दर भारत की तुलना में कम है। यह आँकड़ा एक और वजह से दिलचस्प है क्योंकि तस्वीर चन्द बरस पहले तक उल्टी थी। साल 1990 में बांग्लादेश में प्रत्येक 1000 जीवित शिशुओं के जन्म पर शिशु–मृत्यु दर 91 थी जबकि भारत में यह आँकड़ा 81 शिशुओं का था। भारत ने स्थिति को सुधारने की दिशा में क़दम तो बढ़ाया है लेकिन यह क़दम बढ़ाना बहुत कुछ दिनभर चले अढ़ाई कोस वाली गति से हुआ है और वह भी उस दशक में जब भारत बांग्लादेश की तुलना में कहीं तेज़ गति से आर्थिक तरक़्क़ी कर रहा है।

---

* सितम्बर, 2004।

बच्चों की सेहत के अन्य सूचकांकों से निकलते संकेत भी इसी रुझान का परिचय देते हैं। मानव विकास रिपोर्ट ही के मुताबिक़ बांग्लादेश में 95 फ़ीसदी बच्चों को यक्ष्मा से बचाने का टीका लगाया जा चुका है और वहाँ 77 फ़ीसदी बच्चों को ख़सरा का टीका लगा है। भारत के लिए यही आँकड़ा क्रमशः 81 फ़ीसदी और 67 फ़ीसदी का है। बांग्लादेश में 97 फ़ीसदी आबादी को स्वच्छ पेयजल की सुविधा हासिल है जबकि भारत में यह आँकड़ा 84 फ़ीसदी है; बांग्लादेश में 48 फ़ीसदी आबादी को साफ़–सफ़ाई की सुधरी हुई सुविधाएँ मुहैया हैं, जबकि भारत के लिए यह आँकड़ा 28 फ़ीसदी का है। बांग्लादेश में मातृ–मृत्यु दर भी भारत की तुलना में कम है : बांग्लादेश में प्रति एक लाख जीवित शिशुओं के जन्म पर काल–कवलित होने वाली माताओं की संख्या 380 है जबकि भारत में यही आँकड़ा 540 माताओं का है। गर्भनिरोधकों के इस्तेमाल के मामले में भी बांग्लादेश भारत की तुलना में आगे है, तो दर्जा इस मामले में भी कुछ नीचे ही बैठता है!

शायद इन तमाम बातों का एक रिश्ता इस तथ्य से भी है कि बांग्लादेश में सेहत पर सरकारी ख़र्च जी.डी.पी. का 1.6 फ़ीसदी है जबकि भारत में 0.9 फ़ीसदी यानी तक़रीबन दोगुना। सैन्य–ख़र्च के माभले में यह बात साफ़ उलट जाती है। रक्षा के मद में भारत जी.डी.पी. का 2.3 फ़ीसदी ख़र्च करता है, जबकि बांग्लादेश इस मद में जी.डी.पी. का 1.1 फ़ीसदी हिस्सा व्यय करता है।

सेहत के मोर्चे पर बांग्लादेश और भारत की तुलना करते हुए ढेर सारी बातें हो गयीं तो आइए, देखें कि शिक्षा के मोर्चे पर क्या तस्वीर उभरती है, क्या शिक्षा के मोर्चे पर भारत बांग्लादेश से बेहतर कर रहा है? क्या भारत में जितने नोबेल पुरस्कार विजेता, प्रसिद्ध लेखक, परमाणु –वैज्ञानिक, मशहूर विद्वान हुए हैं उसका दशांश भी बांग्लादेश में मौजूद है? न, ऐसा तो नहीं कह सकते, लेकिन जहाँ तक सार्विक प्राथमिक शिक्षा के लक्ष्य को हासिल करने का सवाल है, भारत की तुलना में बांग्लादेश इस लक्ष्य के कहीं ज़्यादा क़रीब पहुँच चुका है : बांग्लादेश में निवल प्राथमिक नामांकन अनुपात 87 फ़ीसदी का है जबकि भारत में 83 फ़ीसदी। यही नहीं, बांग्लादेश ने प्राथमिक शिक्षा के दायरे में मौजूद लैंगिक असमानता की बड़ी बाधा को भी पार कर दिखाया है। भारत की स्थिति इसके उलट है। भारत में अब भी स्कूली प्रतिभागिता की दर लड़कों में ज़्यादा

है, लड़कियों में कम। लैंगिक समानता दर्शाने वाले अन्य सूचकांकों पर भी बांग्लादेश की स्थिति भारत के मुक़ाबले बेहतर है, मिसाल के लिए : बांग्लादेश स्त्री–पुरुष अनुपात में भारत से आगे है और वहाँ महिला श्रमबल की कार्य–प्रतिभागिता की दर भी भारत से बेहतर है।

हाँ, भारत चाहे तो इस बात से अपने मन को बहला सकता है कि पोषण की दशा बांग्लादेश में भारत से बेहतर क़तई नहीं। दोनों ही देशों में तक़रीबन 50 फ़ीसदी बच्चे कुपोषण के शिकार हैं। कोई भी देश इतना पीछे नहीं लेकिन कम–से–कम इस मोर्चे पर भारत अकेला नहीं बल्कि उसके साथ बांग्लादेश भी है।

हो सकता है, ऊपर जो आँकड़े बताये गये हैं उनमें से कुछ आँकड़े सटीक न भी हों। हो सकता है, सटीक आँकड़ों की मौजूदगी में किन्हीं मामलों में भारत की स्थिति बांग्लादेश की तुलना में बेहतर साबित हो। लेकिन ऐसा हो तब भी आँकड़ों से छनकर आते मुख्य रुझान को झुठलाना मुश्किल है और आँकड़ों का संकेत यही है कि सामाजिक विकास के अनेक पहलुओं में बांग्लादेश, भारत की तुलना में बेहतर कर रहा है। यह रुझान चौंकाऊ कहा जायेगा क्योंकि चन्द बरस पहले तक, भारत की स्थिति इन तमाम पहलुओं में बांग्लादेश से बेहतर हुआ करती थी, मिसाल के लिए 1990 के दशक को देखा जा सकता है।

बांग्लादेश मानव–विकास की कोई जन्नत नहीं। भारत की तरह बांग्लादेश भी दुनिया के सबसे वंचित देशों में शुमार है, लेकिन वहाँ सामाजिक विकास के सूचकांक के एतबार से तरक़्क़ी की रफ़्तार तेज़ है। चाहे आप तुलना के लिए बाल–मृत्यु दर को लें या फिर टीकाकरण की दर, स्कूल प्रतिभागिता, बाल–पोषण या फिर प्रजनन–दर पर ग़ौर करें– सन्देश बड़ा साफ़ है कि बांग्लादेश में स्थितियाँ तेज़ी से सुधार पर हैं। वहाँ सिर्फ़ अभिजन तबक़े की ही स्थिति नहीं सुधर रही बल्कि व्यापक जन–समुदाय भी सामाजिक विकास के पैमाने पर तेज़ी से बेहतरी की दिशा में क़दम बढ़ा रहा है। भारत में सामाजिक प्रगति की रफ़्तार धीमी है और उसका दायरा भी कम विस्तृत है। हालाँकि आर्थिक प्रगति बड़ी तेज़ी से हो रही है। बहुत सारी चीज़ों के साथ यह भी एक संकेत है कि भारत में विकास की रणनीति एकांगी और बुनियादी तौर पर विसंगति की शिकार है।

छियासठ की उम्र में सेहत*

गणतन्त्र के रूप में भारत आज छियासठ साल का हो चुका और संयोग देखिए कि भारत में अभी आयु–सम्भाविता भी छियासठ साल की है। आज़ादी के वक़्त भारत में जितनी आयु–सम्भाविता थी, उसकी तुलना में आज का आँकड़ा एकदम दोगुना है। आज़ादी के वक़्त भारत में आयु–सम्भाविता लगभग 32 साल की थी। चन्द दशकों के भीतर आयु–सम्भाविता में तीस साल से भी ज़्यादा का अन्तर लाना कोई हँसी का खेल नहीं। भारत में ऐसा पहले कभी नहीं हुआ और शायद दोबारा आगे भी कभी न हो। एंगस डीटन ने इस स्थिति का व्याख्या करते हुए 'ग्रेट स्केप' या कह लें 'महामुक्ति' की संज्ञा दी है। मुक्ति उस ग़रीबी और वंचना से जिसने दुनिया को बीते कुछ दशकों से अपनी चपेट में ले रखा था।

लेकिन आयु–सम्भाविता (66 साल) के मोर्चे पर भारत ने जो उपलब्धि हासिल की है उसे हम इतिहास के तराजू पर न तौलकर समकालीन मानकों के एतबार से देखें, तो तस्वीर कुछ ज़्यादा खुशगवार नज़र नहीं आती। बात इतनी भर नहीं कि चीन (73 वर्ष), श्रीलंका (75 वर्ष) तथा दक्षिण कोरिया (81 वर्ष) में आयु–सम्भावित भारत की तुलना में ज़्यादा है जबकि इन देशों में जीवन–दशा 66 साल पहले भारत की तुलना में कोई बेहतर नहीं थी। दक्षिण एशिया के एतबार से भी देखें तो एक पाकिस्तान को छोड़कर अन्य देशों के मुक़ाबले भारत आयु–सम्भाविता के मोर्चे पर पीछे है। पाकिस्तान में आयु–सम्भाविता लगभग भारत जितनी ही है। यही बात शिशु–मृत्यु दर पर भी लागू होती है : भारत में प्रति 1000 जीवित शिशुओं के जन्म पर 61 शिशु काल–कवलित होते हैं, जबकि नेपाल में यह आँकड़ा प्रति हज़ार जीवित शिशुओं के जन्म पर 48, बांग्लादेश में 46 तथा श्रीलंका में मात्र 12 है। ये आँकड़े इसलिए भी चौंकाऊ कहे जायेंगे क्योंकि बांग्लादेश में प्रति व्यक्ति जी.डी.पी. (परचेजिंग पावर पैरिटी के साथ मेल में करने पर) भारत की तुलना में लगभग आधी है और नेपाल में तो बस एक–तिहाई।

जब हम आयु–सम्भाविता के मामले में इन देशों की आपसी तुलना कर रहे हैं, तो हमें एक और बात का ध्यान रखना चाहिए : भारत में

---

* अगस्त 2013।

स्वास्थ्य के मोर्चे पर असमानता अधिकतर अन्य देशों की तुलना में ज़्यादा है। इस बात के पक्ष में ठोस सबूत कुछ ख़ास नहीं तो भी एक परिकल्पना के तौर पर इसे निश्चित ही स्वीकार किया जा सकता है। यहाँ मिलते–जुलते क्षेत्र से एक मिसाल देना मददगार हो सकता है। रुद्ध–विकास (स्टंटेड ग्रोथ) के शिकार बच्चों की तादाद आनुपातिक तौर पर भारत और उप–सहारीय अफ़्रीकी देशों में तक़रीबन एक जैसी है, लेकिन भारत में सामाजिक–आर्थिक लिहाज़ से अलग–अलग वर्गों में रुद्ध–विकास वाले बच्चों की आनुपातिक संख्या में बहुत ज़्यादा का अन्तर है। और, अगर किसी एक परिवार के दायरे में देखें तो यहाँ भी भारत में असमानता ज़्यादा दिखती है, क्योंकि भारत में रुद्ध–विकास वाले बच्चों की दर जन्म क्रम के अनुसार तेज़तर होती दिखती है। अतः अगर हम राष्ट्रीय औसतांकों को न लेकर तमाम देशों के वंचित तबक़ों की आपसी तुलना करें तो भारत के स्वास्थ्य सूचकांक कहीं ज़्यादा फीके जान पड़ेंगे।

चूँकि आज भारतीय गणतन्त्र का जन्मदिन है तो यह विचारने का एक अच्छा मौक़ा है कि क्या ग़लतियाँ हुईं और भारत की उपलब्धियों के मामले में स्वास्थ्य सूचकांक के एतबार से अपने ग़रीब पड़ोसी देशों से भी पीछे हैं तो ऐसा क्यों हुआ? इस सवाल का उत्तर तलाशने के लिए हमें उन राज्यों की तरफ़ देखना होगा जिनका प्रदर्शन तुलनात्मक रूप से बेहतर रहा है। ऐसे राज्यों में अग्रणी है केरल और एक दिलचस्प संयोग देखिए कि केरल में आयु–सम्भाविता तथा बाल–मृत्यु दर ठीक उतनी ही है जितनी कि श्रीलंका में। भारत की आज़ादी के वक़्त तमिलनाडु भारत के सबसे ग़रीब राज्यों में एक था, लेकिन इस राज्य ने जल्दी ही केरल का अनुसरण किया और आज इसके स्वास्थ्य सूचकांक बड़ी तेज़ी से छलाँग लगाते हुए केरल के स्वास्थ्य सूचकांकों से होड़ कर रहे हैं। हिमाचल प्रदेश 1971 में राज्य बना और उसने तनिक देर से शुरुआत की, लेकिन स्वास्थ्य तथा अन्य सम्बन्धित क्षेत्रों में उसकी प्रगति की रफ़्तार काफ़ी तेज़ रही है।

इन तीन राज्यों में एक सामान्य बात यह मिलती है कि यहाँ प्राथमिक शिक्षा के सार्वीकरण पर ज़ोर दिया गया। केरल इस दिशा में देश की आज़ादी के पहले ही शुरुआत कर चुका था और बाद के वक़्त में केरल ने सामाजिक विकास के मोर्चे पर जो उपलब्धियाँ हासिल की, प्राथमिक शिक्षा का सार्वीकरण उसकी बुनियाद बना। तमिलनाडु में बीसवीं

सदी के प्रथमार्द्ध में कुछ महत्त्वपूर्ण पहलक़दमियाँ पेश आयीं, लेकिन प्रगति की दिशा में निर्णायक क़दम देश की स्वतन्त्रता के तुरन्त बाद उठा। इस वक़्त सूबे में स्कूल–प्रणाली का भारी विस्तार हुआ। हिमाचल प्रदेश 1971 में अस्तित्व में आया और वजूद में आने के बाद से ही वहाँ प्राथमिक शिक्षा सरकार की प्राथमिकताओं में शामिल रही। व्यक्तिगत और सामाजिक धरातल पर प्राथमिक शिक्षा की अहम भूमिका को देखते हुए, जिसे अनेक अध्ययनों में रेखांकित किया गया है, कहा जा सकता है कि व्यापक जनता को शिक्षा मुहैया कराने की दिशा में हुए भारी निवेश से तीनों राज्यों को फ़ायदा मिला, इसने सामाजिक विकास के मोर्चे पर हासिल अन्य उपलब्धियों के लिए बुनियाद का काम किया जिसमें स्वास्थ्य तथा पोषण के मोर्चे पर हासिल की गयी तेज़ प्रगति भी शामिल है। एक देश के तौर पर पूरे भारत में ऐसा न हो सकता और इसकी भारी क़ीमत चुकानी पड़ी है।

अच्छी सेहत और ख़ासतौर पर बच्चों की अच्छी सेहत के मामले में इस बात का बहुत असर होता है कि महिलाएँ किसी समाज में किस हद तक जागरूक और शिक्षित हैं। एक ऐसी महिला जो घर की चारदीवारी के भीतर रहती है, कभी स्कूल न जा सकी, जिसे न तो स्वास्थ्य केन्द्र तक अकेले जाने की अनुमति है और न ही गर्भावस्था के दौरान जिसकी ख़ास देखभाल ही हो पाती है, वह अपने अथवा बच्चों के स्वास्थ्य की देखभाल ठीक तरीक़े से कर पाने की स्थिति में नहीं होती। भारतीय महिलाएँ ऐसे ही अनेक बन्धनों में हैं और उनकी आज़ादी बाधित है, भले ही लैंगिक–सम्बन्धों के कुछ ख़ास पहलुओं में तनिक सुधार आया हो। लैंगिक समानता के सूचकांकों पर बांग्लादेश की स्थिति बेहतर है। चाहे हम महिला श्रमबल की कार्यप्रतिभागिता को पैमाना बनायें या फिर मृत्यु दर के मामले में स्त्री–पुरुष के बीच अन्तर को या फिर स्कूली प्रतिभागिता अथवा संसद में प्रतिनिधित्व को। मिसाल के लिए, हाल के सालों में बांग्लादेश में महिला श्रमबल की कार्य–प्रतिभागिता में ख़ूब विस्तार हुआ है। इससे महिलाओं की आमदनी बढ़ी है और सार्वजनिक जीवन में भी उनका प्रवेश सुगम हुआ है। इसके उलट भारत में महिला श्रमबल की कार्य–प्रतिभागिता बहुत नीचे है। दरअसल पश्चिम एशिया और उत्तरी अफ्रीका के कुछ देशों को छोड़कर दुनिया के किसी भी मुल्क की तुलना में भारतीय महिला श्रम–बल की कार्य–प्रतिभागिता सबसे कम है।

सामर्थ्य जगाने वाला एक कारक है सरकार की तत्परता। इस दायरे में स्वास्थ्य सेवाओं को चुस्त–दुरुस्त बनाना भी शामिल है। इस मोर्चे पर केरल, तमिलनाडु और हिमाचल प्रदेश से सबसे ज़्यादा सीख लेने की ज़रूरत है। अमूमन यह मानकर चला जाता है कि इन राज्यों ने जो उपलब्धियाँ हासिल की हैं, उन्हें दूसरे राज्यों में दोहराया नहीं जा सकता, लेकिन इस मान्यता का कोई आधार नहीं है। दरअसल स्वास्थ्य सेवाओं के कुछ कारगर पहलुओं को कुछ राज्यों ने अपनाना भी शुरू कर दिया है। मिसाल के लिए, तमिलनाडु में जेनरिक दवाओं का निःशुल्क वितरण होता है और राजस्थान में इसका अनुकरण किया जा रहा है। इसके शुरुआती नतीजे उम्मीद जगाने वाले साबित हुए हैं और, कई राज्यों में अब आपको ऐसी आँगनबाड़ियाँ चलती हुई मिल जायेंगी जो केरल में किलकारियों से गूँजते बाल–गृहों की याद दिलाती हैं। एक पर्यवेक्षक ने इन बाल–गृहों के परिवेश को देखकर एकदम सटीक शब्द का इस्तेमाल किया था कि यहाँ तो 'बर्थडे पार्टी' का सा माहौल है।

बांग्लादेश स्वास्थ्य सेवाओं के मामले में मॉडल तो नहीं बताया जा सकता लेकिन स्वास्थ्य सम्बन्धी कुछ बड़े साधारण क़िस्म के उपाय करके इस देश ने अच्छी प्रगति की है और इन उपायों को अपनाया जाए तो स्थिति में बड़ा बदलाव आ सकता है। मिसाल के लिए, बांग्लादेश में पूर्ण टीकाकरण वाले, 'विटामिन–ए' का पूरक आहार ले चुके, डायरिया से पीड़ित होने पर उपचार के रूप में जीवनरक्षक ज़रूरी घोल पीने वाले तथा जन्म के एक घण्टे के भीतर माँ का स्तनपान करने वाले बच्चों की तादाद (इनमें से प्रत्येक मामले में) बांग्लादेश में 80 फ़ीसदी थी, जबकि साल 2007 में ही भारत के लिए यह आँकड़ा 50 फ़ीसदी से भी कम का था। इसी तरह खुले में शौच (स्वास्थ्य की दृष्टि से हानिकारक) करने वाले परिवारों की तादाद भारत में लगभग 50 फ़ीसदी है, जबकि बांग्लादेश में 10 फ़ीसदी से भी कम। सार्वजनिक स्वास्थ्य का पूरा क्षेत्र भारत में उपेक्षा का शिकार है और इसके गम्भीर परिणाम सामने आये हैं।

प्राथमिक शिक्षा, महिला सशक्तीकरण तथा चीज़ों को कर दिखाने की सार्वजनिक तत्परता अपने आप में अत्यन्त महत्त्वपूर्ण है, लेकिन ये तीनों आपस में एक–दूसरे को प्रभावित भी करते हैं और ज़्यादा कारगर भी बनाते हैं। सार्वजनिक सेवाएँ वहाँ ज़्यादा कारगर तरीक़े से चलती हैं जहाँ लोग शिक्षित हैं और अपने अधिकारों के प्रति सचेत हैं, इसी तरह शिक्षा

के प्रसार के लिए स्कूली–व्यवस्था का चुस्त–दुरुस्त होना ज़रूरी है। यही बात प्राथमिक शिक्षा के साथ है। प्राथमिक शिक्षा महिला सशक्तीकरण में योगदान करती है, ठीक ऐसे ही शिक्षा का प्रसार एक ऐसे समाज में तेज़ी से सम्भव है जहाँ महिलाएँ सक्रिय भागीदारी कर रही हैं–एक माता, शिक्षक, मतदाता तथा नेता के रूप में अपनी भूमिका के प्रति सचेत है। ऐसी पारस्परिकता स्वास्थ्य के क्षेत्र में तेज़ प्रगति के मार्ग प्रशस्त करती है, भले ही कोई समाज विकास की शुरुआती सीढ़ी पर ही क्यों न हो?

भारत की स्वास्थ्य नीति की सबसे बड़ी पहेली शायद यह है कि आख़िर इतने लम्बे अरसे तक स्वास्थ्य के मसले के साथ उपेक्षा का बर्ताव क्यों किया गया, उसे कम प्राथमिकता क्यों दी गयी? स्वास्थ्य नीति के ढुलमुल होने से लाखों लोगों की सेहत को तो नुक़सान पहुँचा ही, देश को बड़ी आर्थिक क्षति भी उठानी पड़ी। इसके बावजूद स्वास्थ्य के मद में सरकारी ख़र्च दशकों से जी.डी.पी. के 1 फ़ीसदी पर थमा हुआ है, जबकि निम्न और मँझोले दर्जे की आमदनी वाले देशों में यह औसतन जी.डी. पी. का 3 फ़ीसदी है। अभी तो हम यही सीखने में लगे हैं कि स्वास्थ्य केन्द्रों से ज़रूरी और बड़ी बुनियादी क़िस्म की दवाओं का लोगों के बीच वितरण कैसे हो लेकिन इस बीच ब्राजील, चीन, मैक्सिको, थाईलैंड, वियतनाम तथा अन्य देश सार्विक स्वास्थ्य कवरेज़ मुहैया कराने की दिशा में निर्णायक क़दम बढ़ा रहे हैं। अगर लोकतान्त्रिक राजनीति में स्वास्थ्य के मसले को पर्याप्त तरजीह नहीं दी गयी तो शायद भारत को एक अनिवार्य लक्ष्य की पूर्ति में अभी और छियासठ बरस लग जायेंगे।

बाल विकास की दिशा में बढ़ते नन्हे क़दम*

हाल ही में जारी रैपिड सर्वे ऑन चिल्ड्रेन (आर.एस.ओ.सी.) के निष्कर्षों में मुख्यधारा की मीडिया ने कोई ख़ास दिलचस्पी नहीं ली। अभी तक मुख्य ज़ोर इसी बात पर रहा है कि गुजरात में स्वास्थ्य और पोषण के मोर्चे पर तरक़्क़ी किस हद तक सुस्ती का शिकार है, लेकिन यह कोई नयी बात नहीं है। केन्द्र सरकार ने सर्वे के निष्कर्षों को जारी करने में कुछ संकोच से काम लिया और इसके बारे में भी कुछ कयास लगाये गये कि सरकार के संकोच बरतने के क्या कारण रहे होंगे। कुल मिलाकर देखें तो

* सितम्बर, 2015।

सर्वेक्षण के निष्कर्षों से निकलकर आ रही मुख्य बात पर लोगों का ध्यान अभी तक नहीं जा पाया है।

यह दुखद है, क्योंकि सर्वेक्षण के निष्कर्षों में सीखने के लिए काफ़ी कुछ हैं। दरअसल, आर.एस.ओ.सी. को चौथे राष्ट्रीय परिवार स्वास्थ्य सर्वेक्षण (एन.एफ.एच.एस.) का एक विकल्प माना जा सकता है। तीसरा नेशनल फैमिली हेल्थ सर्वे (एन.एफ.एच.एस.) तक़रीबन दस साल पहले सन् 2005–06 में सम्पन्न हुआ था। चौथे एन.एफ.एच.एस. के पूरा होने में लगी भारी देरी के कारण भारत के सामाजिक आँकड़े बहुत पुराने हो गये हैं, लेकिन इस बीच दक्षिण एशिया के अन्य देशों ने स्वास्थ्य और पोषण से सम्बन्धित अपने राष्ट्रीय सर्वेक्षण करवा लिए हैं। सौभाग्य से, आर.एस.ओ.सी. सर्वेक्षण (2013–14 में किया गया) एन.एफ.एच.एस. के मॉडल पर तैयार किया जान पड़ता है और इस सर्वेक्षण से स्वास्थ्य तथा पोषण की दशा के सम्बन्ध में ऐसे बहुत से आँकड़ों का पता चलता है जिनकी तीसरे एन.एफ.एच.एस. के आँकड़ों से तुलना उपयोगी साबित होगी।

कुल मिलाकर आर.एस.ओ.सी. के निष्कर्षों से अपेक्षाकृत अच्छी ख़बर निकलती दिखती है। सर्वे के संकेत हैं कि साल 2005–06 से 2013–14 के बीच जननी और शिशु के स्वास्थ्य से जुड़े कई पहलुओं में उल्लेखनीय सुधार आया है, लेकिन यह प्रगति असमान है–कुछ मामलों में तो तेज़ प्रगति हुई, जबकि अन्य मामलों में प्रगति की रफ़्तार धीमी है।

सबसे बड़ा बदलाव सुरक्षित प्रसव के मामले में आया है। अस्पताली प्रसव का अनुपात 2005–06 में 39 प्रतिशत था जो 2013–14 में बढ़कर 79 फ़ीसदी और प्रशिक्षित सहायकों की मौजूदगी में होने वाला प्रसव 47 फ़ीसदी से बढ़कर 81 फ़ीसदी हो गया है। इसके पीछे कहीं–न–कहीं जननी सुरक्षा योजना और अस्पताली प्रसव को बढ़ावा देने के लिए दी जा रही प्रोत्साहन राशि का असर है। बहरहाल, इस प्रगति का जननी की देखभाल में हुई प्रगति से मेल नहीं बैठता। मिसाल के लिए, 2013–14 में प्रसव–पूर्व कम–से–कम तीन चेकअप कराने वाली माताओं का अनुपात (63 फ़ीसदी) साल 2005–06 के ऐसी माताओं के अनुपात (52 फ़ीसदी) से थोड़ा ही अधिक है। इसी तरह, कम–से–कम 90 दिनों तक फोलिक एसिड और आयरन की गोलियाँ लेने वाली माताओं का अनुपात दोनों ही अवधियों के लिए बहुत कम (क्रमशः 23 फ़ीसदी और 24 फ़ीसदी) है। अस्पताली प्रसव के मामले में हुए इज़ाफ़े पर भी ज़्यादा ख़ुश नहीं हुआ जा

सकता, क्योंकि कई राज्यों में महिलाओं ने प्रोत्साहन राशि हासिल करने के ख़याल से स्वास्थ्य केन्द्रों में प्रसव कराना उचित समझा है और उन्हें गर्भावस्था या प्रसव के बाद की स्थिति में जैसी देखभाल ज़रूरी हुई थी, वैसी देखभाल ठीक तरीक़े से हासिल नहीं हो पायी है।

टीकाकरण के मामले में भी उल्लेखनीय प्रगति हुई है। टीका कार्ड धारी बच्चों की संख्या 2005–06 के 38 प्रतिशत से बढ़कर 2013–14 में 84 फ़ीसदी हो गयी है। खसरे के मामले में टीकाकरण का 59 फ़ीसदी से बढ़कर 79 फ़ीसदी पर पहुँचा है और टी.पी.टी. 3 के मामले में 55 फ़ीसदी से बढ़कर 75 फ़ीसदी पर। पूर्ण टीकाकरण का कवरेज़ 44 फ़ीसदी से बढ़कर 65 फ़ीसदी हो गया है, लेकिन बढ़ती जनसंख्या के बावजूद भारत टीकाकरण की दर के मामले में दुनिया के निचले क्रम के देशों में है। इस मोर्चे पर भारत बांग्लादेश ही से नहीं बल्कि नेपाल से भी पीछे है। हाँ, कम–से–कम इस बात के संकेत हैं कि चीज़ें इस मामले में अब पटरी पर आ रही हैं, क्योंकि दैनंदिन टीकाकरण का काम कुछ समय से रूद्ध चला आ रहा था। अस्पताली प्रसव की तरह, टीकाकरण के मामले में हुई प्रगति के पीछे भी हाल की नीतिगत पहलक़दमियों जैसे कि 'आशा' स्वास्थ्यकर्मियों की नियुक्ति को वजह बताया जा सकता है जो आँगनबाड़ी सेविकाओं और 'ए.एन.एम.' के साथ टीकाकरण के काम में लगी हैं। स्तनपान के मामले में हुई प्रगति की वजह भी ये ही पहलक़दमियाँ हैं : जन्म के एक घण्टे के अन्दर स्तनपान करने वाले शिशुओं का अनुपात 2005–06 के 25 फ़ीसदी से बढ़कर 2013–14 में 45 फ़ीसदी हो गया है।

सर्वे के सेहत और पोषण के अन्य सूचकांक 2005–06 से 2013–14 के बीच की अवधि में साधारण प्रगति के संकेतक हैं जोकि एन.एफ.एच.एस.–2 और एन.एफ.एच.एस.–3 (ये सर्वेक्षण क्रमशः 1998–99 और 2005–06 में हुए) से कहीं ज़्यादा तेज़तर है, लेकिन प्रगति की यह रफ़्तार उठान लेती अर्थव्यवस्था के अनुरूप नहीं कही जा सकती। मिसाल के लिए, उम्र और लम्बाई के मानक के हिसाब से कुपोषित बच्चों की संख्या 48 फ़ीसदी से घटकर 39 फ़ीसदी पर आयी है जबकि उम्र और वजन के मानक के हिसाब से कुपोषित बच्चों की संख्या 43 फ़ीसदी से कम होकर 29 फ़ीसदी पर पहुँची है। पहले की तुलना में इसे उल्लेखनीय सुधार माना जायेगा, लेकिन अगर भारत को कुपोषण की विकट समस्या से एक युक्ति संगत अवधि में पार पाना है, तो प्रगति की रफ़्तार ज़्यादा तेज़ होनी

चाहिए। कुछ महत्त्वपूर्ण मामलों में सर्वेक्षण के निष्कर्ष ठहराव के संकेतक हैं। इनमें एक है सुरक्षित पेयजल तक पहुँच का मामला : साल 2005–06 में सुरक्षित पेयजल तक 88 फ़ीसदी आबादी की पहुँच थी तो साल 2013–14 में 91 फ़ीसदी लोगों की। सुरक्षित पेयजल के महत्व को देखते हुए 10 फ़ीसदी आबादी का अब भी इससे वंचित रह जाना चिन्ताजनक है (साल 2007 में बांग्लादेश में मात्र 3 फ़ीसदी आबादी सुरक्षित पेयजल से वंचित थी)। साफ़–सफ़ाई की दिशा में हुई धीमी प्रगति भी कम चिन्ताजनक नहीं : 2005–06 में खुले में शौच करने वाले परिवारों की तादाद सर्वेक्षण के नमूने में 55 फ़ीसदी थी, जो 2013–14 में घटकर 46 फ़ीसदी हुई है। यह कमी सालाना लगभग 1 फ़ीसदी भर है। अगर यही रफ़्तार जारी रही तो भारत को खुले में शौच की समस्या से निजात पाने में अभी और चालीस साल लगेंगे।

सर्वेक्षण के आँकड़ों की दक्षिण एशिया के देशों के समधर्मी आँकड़ों (मिसाल के लिए समय–समय पर होने वाले जनांकिक तथा स्वास्थ्य सर्वेक्षण) से तुलना करने पर भारत की स्थिति पिछड़ी जान पड़ती है। मसलन, प्रति व्यक्ति जी.डी.पी. के मामले में बांग्लादेश से दोगुना धनी होने के बावजूद भारत शिशुओं के टीकाकरण की दर, स्तनपान के प्रचलन, खुले में शौच, सुरक्षित पेयजल तक पहुँच तथा अन्य सम्बद्ध सूचकांकों के मामले में उससे बहुत पीछे है। भारत की तुलना नेपाल से करें तो भी यही बात लागू होती है जबकि नेपाल बांग्लादेश से ग़रीब है। बांग्लादेश और नेपाल से पिछड़ना संकेतक है कि भारत में लम्बे समय से स्वास्थ्य और पोषण से जुड़े मामलों की गहरी अनदेखी हुई है। आर.एस.ओ.सी. के निष्कर्षों से पता चलता है कुछ मामलों में भारत अपने ग़रीब पड़ोसी देशों की बराबरी पर आ रहा है। सर्वेक्षण के निष्कर्ष यह भी बताते हैं कि तेज़ प्रगति उन्हीं मामलों (जैसे कि सुरक्षित प्रसव और टीकाकरण) में हुई है जिनमें बीते दसेक सालों में गम्भीर प्रयास किये गये। वक़्त की माँग है कि इन प्रयासों को मज़बूत किया जाये और इनका विस्तार उन क्षेत्रों में हों जहाँ तेज़ प्रगति के संकेत नहीं मिल रहे।

अफ़सोस कि केन्द्र सरकार उलटी दिशा में बढ़ रही है। समेकित बाल विकास कार्यक्रम का वित्तीय आवंटन पिछले बजट में लगभग 50 प्रतिशत घटा जोकि नीतिगत प्राथमिकताओं के लिहाज़ से चिन्ताजनक है। स्वास्थ्य नीति भ्रम की दलदल में फँसी है, स्वास्थ्य मन्त्रालय और नीति आयोग,

ये एक–दूसरे से उलट बातें कह रहे हैं। केन्द्र सरकार खाद्य सुरक्षा अधिनियम में प्रावधानित मातृत्व से जुड़ी हक़दारियाँ देने के वैधानिक दायित्व की साफ़ अनदेखी कर रही है। यहाँ तक कि साफ़–सफ़ाई से जुड़ा बजट भी चुपके से घटा दिया गया जबकि प्रधानमन्त्री ने लम्बा–चौड़ा वादा किया था कि पाँच साल के भीतर भारत को खुले में शौच से निजात मिल जायेगी। केन्द्र सरकार सामाजिक विकास की नीतिगत ज़िम्मेदारी राज्यों को ओढ़ा रही है और उसे इस बात की तनिक भी फ़िक्र नहीं कि केन्द्र सरकार द्वारा शुरू की गयी सामाजिक विकास की योजनाओं का क्या होगा, जबकि इन योजनाओं ने जननी–स्वास्थ्य तथा बाल–स्वास्थ्य के मोर्चे पर अहम भूमिका निभाई है। निकट भविष्य में आगे और प्रगति के लिहाज़ से यह बात ठीक नहीं बैठती।

केरल अव्वल, गुजरात धड़ाम, बिहार की छलाँग*

(रीतिका खेड़ा के साथ)

सेंसेक्स के उतार–चढ़ाव की फ़िक्र तो यह देश रोज़ाना ही करता है लेकिन बच्चों के विकास से जुड़े अदने से आँकड़ों की हम ख़ास चिन्ता नहीं करते। हमारी नज़र इस तरफ़ जाती ही नहीं, जबकि इन आँकड़ों में कुछ बड़ी कहानियाँ छुपी रहती हैं और ये कहानियाँ देश में अपनायी गयी विकास की रणनीति के बारे में बहुत कुछ कहती हैं। अभी रैपिड सर्वे ऑन चिल्ड्रेन (आर.एस.ओ.सी., 2013–14 के शुरुआती निष्कर्ष आये हैं। इस सर्वेक्षण के बारे में प्रारम्भिक चर्चा पहले आये लेख में हो चुकी है और यह एक मौक़ा है कि हम देखें कि बाल–विकास के मोर्चे पर कौन राज्य कहाँ खड़ा है और सोचें कि जो तस्वीर निकलकर सामने आ रही है उसके पीछे क्या कारण हो सकते हैं?

मददगार बात यह भी है कि राष्ट्रीय परिवार स्वास्थ्य सर्वेक्षण (एन.एफ.एच.एस.–3) में भी मिलते–जुलते आँकड़े हैं। ये आँकड़े 2005–06 की अवधि के हैं और एन.एफ.एच.एस.–3 के इन आँकड़ों से आर.एस. ओ.सी. के आँकड़ों की तुलना की जा सकती है। इकोनॉमिक एंड पॉलिटिकल वीकली में प्रकाशित अपने एक पूर्ववर्ती अध्ययन में हमने एन.एफ.एच.एस.–3 के आँकड़ों का इस्तेमाल करते हुए एक सरल–सा

* अगस्त 2015।

बाल–विकास सूचकांक बनाया था। यह मानव विकास सूचकांक की ही तरह था लेकिन इसमें बच्चों से सम्बन्धित सूचकांकों को आधार बनाया गया था। एन.एफ.एच.एस.–3 तथा आर.एस.ओ.सी. के आँकड़ों को साथ लेते हुए तनिक फेरबदल के साथ ऐसा दोबारा किया जा सकता है। इस बार के चार साझे घटक हैं : वैसे बच्चों की आनुपातिक तादाद जिनका पूर्ण टीकाकरण हो चुका है; 10–14 आयु–वर्ग की बच्चियों की साक्षरता दर; वैसे प्रसव की आनुपातिक संख्या जिसमें प्रसव–पूर्व चेकअप हुआ है; और वैसे बच्चों की आनुपातिक तादाद जो मानक से कम वजन के नहीं हैं। सर्वेक्षण के आँकड़ों में महिलाओं की साक्षरता दर को उनके आयु–वर्ग के हिसाब से नहीं दर्शाया गया है। इस अभाव की पूर्ति के लिए हमने 2001 तथा 2011 की जनगणना के आँकड़ों का इस्तेमाल किया और साक्षरता से सम्बन्धित सूचकांक बनाया। सूचकांकों को सामान्यीकृत करने के लिए एच.डी.आई. वाली मानकीकृत पद्धति अपनायी गयी और सूचकांकों को समान मोल का माना गया।

निष्कर्ष तालिका 1 में प्रस्तुत किया गया है। कृपया ग़ौर करें कि सूचकांकों के निवल मोल की तुलना वर्षवार नहीं की जा सकती लेकिन साल 2005–06 तथा साल 2013–14 की अवधि में राज्यों की दर्जावार स्थिति की आपसी तुलना की जा सकती है। संयोग देखिए कि दोनों की सन्दर्भ–अवधि में राज्यों का दर्जा एक–सा है और उभरकर आने वाली बुनियादी विशेषताएँ भी एक जैसी हैं। शीर्ष स्थान पर केरल, हिमाचल प्रदेश तथा तमिलनाडु हैं। अगर गुजरात को मॉडल राज्य माना जाये तो फिर इन तीन राज्यों को सुपरमॉडल माना जायेगा हालाँकि गुजरात को मॉडल नहीं कहा जा सकता। दरअसल गुजरात 2005–06 में बीस बड़े राज्यों के बीच 14वें स्थान पर है और 2013–14 में यह राज्य नीचे खिसककर 15वें स्थान पर आ गया है, इसके बाल–विकास से सम्बन्धित सूचकांक अखिल भारतीय औसत से नीचे हैं।

तालिका में जो राज्य सबसे नीचे के स्थान पर उनके बारे में तो ख़ैर अनुमान लगाया ही जा सकता है। ये वही राज्य हैं जिन्हें एक ज़माने में 'बीमारु' नाम के संक्षेपाक्षर के ज़रिये पहचाना जाता था। यानी अविभाजित बिहार, मध्य प्रदेश, राजस्थान और उत्तर प्रदेश। बहरहाल, इन राज्यों में भी तस्वीर आपस में बहुत अलग–अलग है।

तालिका 1 : बाल विकास सूचकांक, 2005–06 तथा 2013–14*

2005–06		2013–14	
केरल	0.955	केरल	0.958
तमिलनाडु	0.921	हिमाचल प्रदेश	0.866
हिमाचल प्रदेश	0.810	तमिलनाडु	0.863
पंजाब	0.800	पंजाब	0.789
महाराष्ट्र	0.749	महाराष्ट्र	0.769
हरियाणा	0.706	आन्ध्र प्रदेश	0.762
जम्मू एवं कश्मीर	0.694	कर्नाटक	0.759
पश्चिम बंगाल	0.693	पश्चिम बंगाल	0.722
कर्नाटक	0.670	उत्तराखण्ड	0.646
आन्ध्र प्रदेश	0.669	हरियाणा	0.627
उत्तराखण्ड	0.635	छत्तीसगढ़	0.616
ओड़िशा	0.577	असम	0.553
छत्तीसगढ़	0.573	**भारत**	**0.530**
गुजरात	0.561	ओड़िशा	0.525
भारत	**0.502**	जम्मू एवं कश्मीर	0.507
असम	0.454	गुजरात	0.484
राजस्थान	0.424	राजस्थान	0.394
मध्य प्रदेश	0.386	झारखण्ड	0.354
उत्तर प्रदेश	0.333	मध्य प्रदेश	0.333
झारखण्ड	0.216	बिहार	0.296
बिहार	0.070	उत्तर प्रदेश	0.144

* प्रत्येक वर्ष के लिए राज्यों की दर्जावार स्थिति बाल विकास सूचकांक के एतबार से अवरोही क्रम में दिखायी गयी है। जैसा कि लेख में ज़िक्र आया है, सूचकांक के निवल मान की तुलना तो दोनों सन्दर्भ अवधियों के लिहाज़ से ठीक–ठीक सम्भव नहीं है लेकिन दर्जावार स्थिति की तुलना की जा सकती है।

नोट : यहाँ प्रस्तुत बाल विकास सूचकांक चार बुनियादी सूचकांकों के सामान्यीकृत मोल के औसत के रूप में है। ये चार सूचकांक हैं : 12–13 माह के ऐसे बच्चों का अनुपात जिनका पूर्ण टीकाकरण हो चुका है; 10–14 के आयु–वर्ग की बच्चियों में साक्षरता दर; बच्चे के जन्म से पूर्व चिकित्सीय देखभाल हासिल करने वाली महिलाओं का अनुपात; पाँच साल से कम उम्र के ऐसे बच्चों का अनुपात जो मानक से कम वजन के नहीं हैं। सन्दर्भ अवधि

यानी साल 2005–06 तथा 2013–14 के लिए इन सूचकांकों के आँकड़े क्रमशः एन.एफ.एच.एस.–3 तथा आर.एस.ओ.सी. से लिए गये हैं। (चूँकि इन सर्वेक्षणों में आयु–वर्ग के हिसाब से साक्षरता दर के आँकड़े उपलब्ध नहीं हैं इसलिए महिला साक्षरता दर के लिए 2001 तथा 2011 की जनगणना के आँकड़े इस्तेमाल किये गये हैं।)।

मिसाल के लिए छत्तीसगढ़ बीमा–राज्यों के बीच बाल–विकास के मामले में एकदम ही अलग नज़र आता है। बाल–विकास के सूचकांक पर छत्तीसगढ़ का प्रदर्शन अखिल भारतीय औसत से बेहतर है और यह राज्य गुजरात से भी आगे है। दूसरी तरफ़ तस्वीर का एक पहलू यह भी है कि सबसे नीचे का स्थान अब बिहार ने नहीं बल्कि उत्तर प्रदेश ने हासिल कर लिया है।

बिहार यों तो सबसे नीचे के स्थान वाले राज्यों में एक है लेकिन सकल संख्या के लिहाज़ से देखें तो बिहार ने साल 2005–06 से 2013–14 के बीच तेज़ी से प्रगति की है। मिसाल के लिए, ऐसे प्रसव की तादाद, जिसमें बच्चे के जन्म से पहले माता को चिकित्सीय देखभाल हासिल हुई हो, बिहार में साल 2005–06 में 34 फ़ीसदी थी, जबकि 2013–14 में यह संख्या बढ़कर 85 फ़ीसदी पर जा पहुँची है और यह सभी बड़े राज्यों के बीच सबसे तेज़ी से सुधार का एक उदाहरण है। इसी तरह पूर्ण टीकाकरण वाले बच्चों की तादाद बिहार में 33 फ़ीसदी से बढ़कर 60 फ़ीसदी पर पहुँची है। एक ऐसा राज्य जिसके बारे में हाल के बरसों तक माना जाता था कि वह बुनियादी स्वास्थ्य सेवा तक मुहैया करने के क़ाबिल नहीं है–यह सचमुच ही एक बड़ी उपलब्धि है।

हमने इस सूचकांक के साथ कुछ प्रयोग भी किये। मिसाल के लिए रुद्ध–विकास (स्टंटिंग) की जगह पोषण का पैमाना बच्चों के वजन को बनाकर देखा तथा प्रसव–पूर्व हासिल चिकित्सीय देखभाल की जगह स्तनपान को एक पैमाने के तौर पर आजमाकर जाँच–परख की। मानकों में इस तरह के फेरबदल से राज्यों की दर्जावार स्थिति में बदलाव तो नज़र आया, लेकिन बुनियादी रुझान में ख़ास तब्दीली नहीं आयी : केरल, तमिलनाडु तथा हिमाचल प्रदेश मानकों की इस फेरबदल के बावजूद सूची में शीर्ष स्थान पर थे और किसी ज़माने में 'बीमारु' संक्षेपाक्षर से पहचाने जाने वाले राज्य (छत्तीसगढ़ को छोड़कर) सूची में सबसे निचले स्थान पर बैठे दिखे। गुजरात दोनों ही प्रसंगों में अखिल भारतीय औसत के क़रीब पहुँचता राज्य दिख पड़ा।

'छियासठ की उम्र में सेहत' नाम के लेख में आप पढ़ चुके हैं कि केरल, तमिलनाडु तथा हिमाचल प्रदेश में वह कौन–सा साझा सहायक परिवेश मौजूद है जिसकी वजह ये राज्य सामाजिक विकास के मामले में बाक़ी राज्यों से आगे है। इसमें एक तथ्य यह भी आया है कि शिक्षा का जनता के बीच प्रसार सबसे महत्त्वपूर्ण कारक सिद्ध हुआ है। बात चाहे स्वास्थ्य–सेवा की हो या फिर स्वच्छ पेयजल अथवा सामाजिक सुरक्षा और बुनियादी ढाँचा जैसी ज़रूरी सेवा और सुविधाएँ मुहैया करने की– राजसत्ता की रचनात्मक भूमिका भी इनके विस्तार के लिए महत्त्वपूर्ण है। ग़ौर करें कि सामाजिक नीति के मोर्चे पर सक्रियता दिखाना इन राज्यों की आर्थिक प्रगति में बाधक नहीं बना, बल्कि बात इसके उलट है। चेतावनी बारम्बार मिलती रही कि इस तरह का रुख़ अपनाना टिकाऊ साबित नहीं होगा लेकिन इस चेतावनी के बावजूद केरल, तमिलनाडु तथा हिमाचल प्रदेश सार्वजनिक सेवाओं की गुणवत्ता और पहुँच के विस्तार में जुटे रहे। मिसाल के लिए, तमिलनाडु ने हाल में मातृत्व–लाभ, सामुदायिक किचन तथा बस स्टैंड पर नर्सिंग रूम मुहैया कराने की योजनाएँ चलाई हैं।

क्या कामयाबी की इन कथाओं से बाक़ी राज्य कुछ सबक लेंगे? केरल को तो ख़ैर भारतीय राज्यों के बीच एकदम ही अनूठा माना जाता है, लेकिन अब तमिलनाडु और हिमाचल प्रदेश भी केरल वाली ही पाँत में खड़े नज़र आ रहे हैं। कुछ अन्य राज्य, जिन्हें चन्द बरस पहले तक सामाजिक विकास के पैमाने पर गया–बीता माना था बड़ी तेज़ी से सामाजिक विकास की राह पर छलाँग लगा रहे हैं। अतः यहाँ ठहरकर सोचने का मौक़ा है : जिन चार सूचकांकों की इस लेख में चर्चा की गयी है, उनके एतबार से आज बिहार उस स्थिति में पहुँच गया है, जहाँ तमिलनाडु तरक़्क़ी करते हुए 1990 के दशक में पहुँचा था। इसका एक अर्थ यह भी हुआ कि बिहार तमिलनाडु से अभी बीस साल पीछे है। लेकिन, बिहार और तमिलनाडु के बीच अन्तराल लगातार कम होता रहा, जैसा कि पिछले दस सालों में हुआ है, तो फिर यह भी कहा जा सकता है कि बाल–विकास के मोर्चे पर बिहार को तमिलनाडु जैसी स्थिति में पहुँचने में अब दस साल से कम वक़्त लगेगा। ऐसा सोचना निश्चित ही ख़ुशगवार है, और, अगर बिहार तरक़्क़ी कर सकता है तो फिर बाक़ी राज्य क्यों नहीं?

नोट

हेल्थ चेकअप–भारतीय मीडिया में सामाजिक मुद्दों की कवरेज़ के बाबत विस्तृत चर्चा के लिए देखें, द्रेज तथा सेन 2002। द्वितीय राष्ट्रीय परिवार स्वास्थ्य सर्वेक्षण (एन.एफ.एच.एस.–2) के आँकड़े इंटरनेशनल इंस्टीट्यूट फ़ॉर पॉपुलेशन साइंसेज़ 2000 में प्रस्तुत किये गये हैं। सार्वजनिक स्वास्थ्य के मद में होने वाले ख़र्च के आँकड़े नवीनतम वर्ल्ड डेवलपमेंट इंडिकेटर्स से लिए गये हैं। इसका प्रकाशन वर्ल्ड बैंक करता है। स्वास्थ्य सुविधाओं से जुड़े आँकड़े इंटरनेशनल इंस्टीट्यूट फ़ॉर पॉपुलेशन साइंसेज़ 2005 से लिए गये हैं। शीघ्र प्रकाश्य हार्वर्ड स्टडी तथा उदयपुर में जारी स्वास्थ्य सेवा विषयक अध्ययन के निष्कर्ष के लिए देखें क्रमशः चौधरी तथा अन्य 2006 और बनर्जी तथा अन्य 2004। तमिलनाडु तथा राजस्थान की स्वास्थ्य सेवाओं के तुलनात्मक अध्ययन के लिए देखें विसारिया 2000 ए, 2000 बी। रिप्रोडक्टिव एंड चाइल्ड हेल्थ सर्वे से लिए गये बच्चों के टीकाकरण के आँकड़े के लिए देखें इंटरनेशनल इंस्टीट्यूट फ़ॉर पॉपुलेशन साइंसेज़ 2006।

भारत : दिनभर चले अढाई कोस–यह लेख ह्यूमन डेवलपमेंट रिपोर्ट (उस समय उपलब्ध नवीनतम संस्करण) के आँकड़ों पर आधारित है। स्वास्थ्य सम्बन्धी मामलों में भारत तथा बांग्लादेश की तस्वीर एक दम उलट है (स्वच्छता, टीकाकरण, स्तनपान जैसे मोर्चे पर बांग्लादेश को विशाल बढ़त हासिल है) और यह बाद के सालों में और भी स्पष्ट हो गया जब स्वास्थ्य सूचकांकों की उपलब्धता और उनकी प्रामाणिकता गुज़रते समय के साथ दोनों ही देशों में बढ़ी। इस विषय पर आगे और चर्चा के लिए देखें द्रेज तथा सेन 2013।

छियासठ की उम्र में सेहत–आयु–सम्भाविता, मृत्यु दर और सकल घरेलू उत्पाद के आँकड़े वर्ल्ड डेवलपमेंट इंडिकेटर्स (लेखन के समय नवीनतम उपलब्ध संस्करण) से हैं। भारत और उप–सहारीय अफ्रीका में स्टंटिंग (रुद्ध–विकास) सम्बन्धी तथ्यों के लिए देखें जयचन्द्रन और पाण्डे 2013; जहाँ पहले हुए अध्ययन का भी हवाला दिया गया है। हिमाचल प्रदेश, केरल और तमिलनाडु के तुलनात्मक विकास के अनुभवों पर देखें द्रेज और सेन 2013। यहाँ आपको भारत और बांग्लादेश की तुलनात्मक स्थिति पर भी चर्चा मिलेगी। भारत और बांग्लादेश के तुलनात्मक सार्वजनिक–स्वास्थ्य

सूचकांक क्रमशः नेशनल फैमिली हेल्थ सर्वे 2005–06 और डेमोग्राफ़िक एंड हेल्थ सर्वे 2007 पर आधारित हैं।

बाल विकास की दिशा में बढ़ते नन्हे क़दम–यह लेख रैपिड सर्वे ऑन चिल्ड्रेन (आर.एस.ओ.सी.) 2013–14 के सार–संक्षेप पर आधारित है। आर.एस.ओ.सी. को 2015 के अगस्त में राज्य वार फैक्ट शीट के रूप में जारी किया गया। पूर्णरूप से तैयार फैक्ट शीट महिला एवं बाल विकास मन्त्रालय की वेबसाइट (http://wcd.nic.in/acts/rapid-survey-childrenrsoc–2013–14) पर उपलब्ध है। साल 2015–16 के बजट में हुई कटौती पर विस्तार से चर्चा के लिए देखें, द्रेज 2017 ए।

केरल अव्वल, गुजरात धड़ाम, बिहार की छलाँग–यह लेख मूल रूप से एन.टी.डी.वी. की वेबसाइट पर पोस्ट हुआ था। यह लेख आँकड़ों तथा गणना के साथ (www.ideasforindia.in) पर भी उपलब्ध है। लेख में बाल विकास से सम्बन्धित जिन सूचकांकों की चर्चा है उसे द्रेज तथा खेरा 2017 में तैयार किया गया था।

5

बाल विकास और प्राथमिक शिक्षा

विकासपरक अर्थशास्त्र के विद्वानों से हमने पिछले बीस सालों में अगर कोई एक चीज़ सीखी है तो वह है विकास के लिए प्राथमिक शिक्षा की अहमियत। यह बात तो दिन के उजाले की तरह साफ़ है कि जीवन को सार्थक बनाने वाली बहुत–सी गतिविधियों में शिक्षा मददगार है और सीखने की प्रक्रिया स्वयं में भी मूल्यवान है। आर्थिक प्रगति, जनांकिक बदलाव, सामाजिक समता तथा लोकतान्त्रिक व्यवहार जैसे सामाजिक लक्ष्यों की प्राप्ति में भी शिक्षा का योगदान है। अगर इस रोशनी में देखें तो नज़र आयेगा कि बीसवीं सदी में भारत ने प्राथमिक शिक्षा को कम प्राथमिकता देकर बहुत बड़ी ग़लती की।

अक्सर पीड़ित को ही उसकी दुर्दशा का दोषी ठहराया जाता है। यह बस 1997 की बात है, जब सुविधा–सम्पन्न भारतीय कहा करते थे कि 'अशिक्षित और अर्द्ध–शिक्षित अपने बच्चों को स्कूल भेजने का कोई कारण नहीं देखते।' (टाइम्स नम्बर इंडिया, 15 अगस्त, 1997) या फिर यह कि 'ग़रीब तबक़े के ज़्यादातर अशिक्षित वयस्क' नहीं मानते कि साक्षरता एक बुनियादी ज़रूरत है (इंडियन एक्सप्रेस, 15 अगस्त, 1997)। यह विचार भी उन मिथकों में से एक है जिस पर हमने पब्लिक रिपोर्ट ऑन बेसिक एजुकेशन इन इंडिया में सवाल उठाया है। इस रिपोर्ट को संक्षेप में प्रोब रिपोर्ट का नाम दिया गया है। (द प्रोब टीम, 1999)। ऊपर जिस धारणा की चर्चा की गयी है वह जल्दी ही खण्डित भी हो गयी, क्योंकि दिखने लगा था कि बच्चों का स्कूल जाना बड़ी तेज़ी से बढ़ा है। इस खण्ड के पहले लेख में प्रोब सर्वेक्षण के निष्कर्षों का सार–संक्षेप प्रस्तुत किया गया है। लेख को यहाँ शामिल करने के पीछे मक़सद यह दिखाना है कि बीस साल पहले भारत में स्कूली शिक्षा किस दूरवस्था में थी।

प्रोब रिपोर्ट प्राथमिक विद्यालयों के एक सर्वेक्षण पर आधारित है जो 1996 में हुआ था। सर्वेक्षण में उत्तर भारत के हिन्दीभाषी राज्यों (अविभाजित बिहार, मध्य प्रदेश, राजस्थान तथा उत्तर प्रदेश) के लगभग 200 गाँवों के प्राथमिक विद्यालयों को शामिल किया गया था। दस साल बाद, प्रोब टीम के कुछ सदस्यों ने इसी इलाक़े में फिर से सर्वेक्षण को दोहराया। स्कूली शिक्षा–व्यवस्था के कुछ पहलुओं, जैसे–स्कूली आधारभूत ढाँचा, स्कूल में प्रतिभागिता की दर तथा वंचित तबक़ों के समावेशन के मामले में उल्लेखनीय प्रगति देखने को मिली। लेकिन कक्षा–केन्द्रित गतिविधियों में कोई सुधार न दिखा। साल 2006 ही की तरह 1996 में भी यही नज़र आया कि जब पर्यवेक्षक नमूने के तौर पर चुने गये विद्यालयों में पहुँचे तो लगभग 50 फ़ीसदी स्कूलों में पढ़ाई–लिखाई की कोई गतिविधि नहीं हो रही थी। जैसा कि नीचे के लेख 'सीखने की मशक़्क़त' में ज़िक्र किया गया है, बच्चों ने किस हद–तक लिखना–पढ़ना सीखा है, इसकी जाँच के लिए उन्हें कुछ सरल से अभ्यास दिये गये तो इसके बड़े चौंकाऊ नतीजे सामने आयें। मिसाल के लिए : साल 2006 में कक्षा 4 के लगभग 50 फ़ीसदी विद्यार्थी ही इस क़ाबिल थे कि एक अंक के गुणन का सवाल हल कर सकें।

यहाँ यह याद रखना ज़रूरी है कि प्रोब सर्वेक्षण (तथा इससे सम्बन्धित 2006 का सर्वेक्षण) जिन राज्यों में हुआ वे राज्य प्राथमिक शिक्षा सहित सामाजिक विकास के अन्य मोर्चे पर शेष भारत से पीछे हैं। हिमाचल प्रदेश में हुए एक समधर्मी सर्वेक्षण के निष्कर्षों से पता चलता है कि वहाँ स्कूली शिक्षा की स्थिति प्रोब सर्वेक्षण वाले राज्यों की तुलना में बहुत बेहतर है, और यही बात केरल तथा तमिलनाडु के बारे में कही जा सकती है। दरअसल, प्रथम भारतीय मानव विकास सर्वेक्षण रिपोर्ट को आधार मानकर कहें तो इन राज्यों में छात्रों की शैक्षिक परिलब्धि निजी स्कूलों में पढ़ने वाले विद्यार्थियों की शैक्षिक परिलब्धि के अखिल भारतीय औसत से बेहतर है (जबकि निजी स्कूलों में पढ़ने वाले विद्यार्थी अक्सर सुविधा–सम्पन्न तबक़े के होते हैं और उन्हें घर का सहयोग भी अच्छा मिलता है)।[1] बाक़ी राज्य इन तीन राज्यों तथा उत्तर भारत के सबसे

---

1. देखें द्रेज एंड सेन 2013, तालिका 5.3 यह आई.एच.डी.एस. के 2004–05 के आँकड़ों पर आधारित है। वक्तव्य आठ से ग्यारह वर्ष के बच्चों के सन्दर्भ में आया है।

फिसड्डी राज्यों के बीच के स्थानों पर क़ाबिज़ हैं, लेकिन यह बात निश्चित है कि पूरे भारत में स्कूली शिक्षा गुणवत्ता के लिहाज़ से अपर्याप्त है।

स्थिति की विचित्रता देखिए कि प्राथमिक शिक्षा की यह दुरवस्था भारत में कोई राजनीतिक मसला नहीं है। सरकारी स्कूलों की शिक्षा की गुणवत्ता में सुधार लाने की व्यापक राष्ट्रीय पहल के अभाव के कारण स्थिति में आगे भी सुधार होता नज़र नहीं आ रहा। स्कूली व्यवस्था में कई मोर्चों पर सुधार हुआ है जिसमें स्कूली प्रतिभागिता, बुनियादी ढाँचे के विकास तथा स्कूल में विद्यार्थियों को लाने के लिए प्रोत्साहन के तौर पर मुहैया की जा रही सुविधाएँ (जैसे–मिड–डे मील तथा साइकिल) शामिल हैं। ऐसी ही ऊर्जा शिक्षा की गुणवत्ता के मोर्चे पर दिखानी होगी–भारत की स्कूली शिक्षा व्यवस्था टिक पायेगी या नहीं या बहुत कुछ इसी चुनौती के निर्वहन पर निर्भर करता है।

इस खण्ड के अन्य लेख मुख्य रूप से छह साल से कम उम्र के बच्चों पर केन्द्रित हैं (जैसे कि 'छह साल से कम उम्र के बच्चे' शीर्षक लेख)। प्रोब रिपोर्ट से प्रोत्साहित होकर उसी की टेक पर एक और अध्ययन हुआ जो आँगनबाड़ियों पर केन्द्रित था। इसका नाम फ़ोकस ऑन चिल्ड्रेन अंडर सिक्स (फ़ोकस) रिपोर्ट है। आँगनबाड़ी केन्द्रित यह अध्ययन 2004 में हुआ था। उस वक़्त सरकारी नीति में समेकित बाल विकास कार्यक्रम (आई.सी.डी.एस.) पर गम्भीरतापूर्वक ध्यान देने की शुरुआत भर हुई थी। फ़ोकस रिपोर्ट के प्रकाशित होने (13 दिसम्बर, 2006) होने के चन्द घण्टे पहले सुप्रीम कोर्ट ने आई.सी.डी.एस. के बारे में एक दूरगामी असर वाला फ़ैसला सुनाया। फ़ैसले में कहा गया कि छह साल से कम उम्र के सभी बच्चे समेकित बाल विकास कार्यक्रम की सभी सेवाओं को हासिल करने के हक़दार हैं। सरकार को नींद से झकझोर कर जगाने की अन्य कोशिशों के अतिरिक्त सुप्रीम कोर्ट के इस आदेश से भी आई.सी.डी.एस. को एक नवजीवन मिला। फ़ोकस रिपोर्ट की मुख्य विषय–वस्तु में एक था– 'गुणवत्तापूर्ण शिक्षा का सार्वीकरण' और इसे आई.सी.डी.एस. के लक्ष्य के रूप में व्यापक स्वीकृति मिली। इस लक्ष्य की दिशा में हुई प्रगति को जाँचने के प्रयास दस साल बाद 'चिल्ड्रेन अंडर सिक्स' नामक रिपोर्ट से हुए। इस खण्ड में शामिल दो लेखों में इन्हीं रिपोर्टों को आधार बनाकर बाल–विकास के मसले पर चर्चा की गयी है।

वर्ग संघर्ष*

(प्रोब टीम के साथ)

भारत के संविधान के नीति–निर्देशक सिद्धान्तों के अन्तर्गत कहा गया है कि राजसत्ता दस वर्षों की अवधि के भीतर 'चौदह साल तक की उम्र के सभी बच्चों को अनिवार्य और निःशुल्क शिक्षा' मुहैया करायेगी। इस साहसी संकल्प के पचास साल बाद भी शिक्षा के मोर्चे पर वंचना की स्थिति जारी है, यहाँ तक कि कम आयु–वर्ग के बच्चे भी शिक्षा से वंचित हैं। मिसाल के लिए, 1991 की जनगणना के मुताबिक़ 15–19 आयु–वर्ग की लगभग 50 फ़ीसदी लड़कियाँ निरक्षर हैं। प्राथमिक शिक्षा का प्रसार इतना धीमा है कि भारत में निरक्षर लोगों की सकल संख्या दशक दर दशक बढ़ती जा रही है। साल 1991 में यह संख्या 50 करोड़ तक जा पहुँची थी। यानी तीन दशक पहले तक भारत की जितनी आबादी थी लगभग उतने ही लोग 1991 में निरक्षर थे।

'द पब्लिक रिपोर्ट ऑन बेसिक एजुकेशन (प्रोब)' इस नाकामी के कारणों पर रोशनी डालने का एक प्रयास है। यह रिपोर्ट उत्तर भारत की स्कूली व्यवस्था के व्यापक सर्वेक्षण पर आधारित है। सर्वेक्षण 1996 में बिहार, मध्य प्रदेश, राजस्थान तथा उत्तर प्रदेश के 188 गाँवों में हुआ था। सर्वेक्षण के लिए इन गाँवों का चयन रैंडम पद्धति से किया गया था। भारत के स्कूल–वंचित बच्चों की कुल संख्या का 50 फ़ीसदी से ज़्यादा इन्हीं चार राज्यों में है। सर्वेक्षण के दौरान नमूने के तौर पर चुने गये गाँवों में पर्यवेक्षक स्कूल–परिसर में बिना कोई पूर्व–जानकारी दिये पहुँचे थे और स्कूलों में जाँच–परख के अतिरिक्त सर्वेक्षण दल के पर्यवेक्षकों ने रैंडम पद्धति से चयनित 1221 परिवारों से भी बातचीत की।

दो मिथक

भारत में एक बड़ी आबादी किन कारणों से शिक्षा से वंचित है–इसके बाबत दो मिथक प्रचलित हैं और ये मिथक स्पष्ट चिन्तन की दिशा बाधित करते हैं। प्रोब रिपोर्ट इन दो मिथकों का पर्दाफ़ाश करती है। एक प्रचलित मिथक यह है कि भारतीय अभिभावक अपने बच्चों की शिक्षा में ख़ास

* जनवरी, 2001।

दिलचस्पी नहीं लेते। इस विश्वास के उलट, प्रोब सर्वेक्षण से स्पष्ट होता है कि अभिभावकों की बहुसंख्यक तादाद, अपने बच्चों की शिक्षा को बहुत अहमियत देती है और ऐसे अभिभावकों में वंचित तबक़े के भी अभिभावक शामिल हैं। मिसाल के लिए, सर्वेक्षण में शामिल 98 फ़ीसदी उत्तरदाताओं का कहना था कि लड़कों का स्कूल जाना बहुत ज़रूरी है। लड़कियों के मामले में ऐसा कहने वालों की तादाद ज़रूर थोड़ी कम थी, लेकिन तब भी 89 फ़ीसदी उत्तरदाताओं का कहना था कि लड़कियों का स्कूल जाना भी बहुत ज़रूरी है। इसी तरह, सर्वेक्षण के तथ्यों से यह भी सामने आता है कि लगभग 98 फ़ीसदी माता–पिता चाहते हैं कि उनके लड़के कम–से–कम आठ साल की स्कूली शिक्षा तो ज़रूर ही हासिल करें और लड़कियों के मामले में भी ऐसा कहने वाले माता–पिता की तादाद कोई बहुत कम (63 फ़ीसदी) नहीं थी। इसके अतिरिक्त, 80 फ़ीसदी माता–पिता का मानना है कि प्राथमिक शिक्षा सभी बच्चों के लिए अनिवार्य होनी चाहिए। कहने का मतलब यह नहीं कि बच्चों की शिक्षा को माता–पिता सर्वतोभावेन ज़रूरी मानकर चल रहे हैं, लड़कियों की शिक्षा को लेकर उनके मन में कुछ हिचक मौजूद है। कुछ अभिभावकों ने तो बिना किसी संकोच के साफ़–साफ़ कहा कि लड़कियों को पढ़ाकर क्या होगा, उन्हें तो आख़िरकार घरेलू काम ही करने हैं। लेकिन, यह कहना कि माता–पिता के मन में बच्चों की शिक्षा को लेकर कोई विशेष उत्साह नहीं है और यही प्राथमिक शिक्षा के सार्वीकरण की राह में प्रमुख बाधा है। दरअसल यह गुमराह करने वाला निष्कर्ष है।

एक और मिथक है कि बाल–मज़दूरी पर आर्थिक निर्भरता के कारण ग़रीब परिवार अपने बच्चों को स्कूल भेजने में असमर्थ हैं, लेकिन इस मान्यता के विपरीत समय के उपयोग से सम्बन्धित प्रोब सर्वेक्षण के आँकड़ों से निकलकर आता है कि स्कूल–वंचित बच्चे, स्कूल जाने वाले बच्चों की तुलना में रोज़ाना औसतन बस दो घण्टे ज़्यादा काम करते हैं। इसके अतिरिक्त, इस बात का भी स्पष्ट प्रमाण नहीं मिलता कि स्कूल न जाने से और बाल–मज़दूरी के बीच कोई सीधा रिश्ता है। कई मामलों में तो तस्वीर एकदम ही उल्टी नज़र आती है : स्कूल छोड़ चुके बच्चे किसी उत्पादक काम में लग जाते हैं (चाहे अपनी पसन्द के काम में या फिर माता–पिता के दबाव में) और परिवार यह मान लेता है कि चलो, बच्चा पढ़ाई नहीं कर रहा है तो फिर कम–से–कम आमदनी जुटाने का

कोई काम तो करे। मिसाल के लिए, बिहार के करंजिया गाँव के आठ वर्षीय बालक मनोज ने स्कूल जाना छोड़ दिया। स्कूल के साथ के लड़के उसके साथ दुर्व्यवहार करते थे। मनोज ने स्कूल छोड़ने के बाद पशुओं को चराने का काम शुरू किया। ऐसे मामले भी हैं जहाँ बच्चों का कुछ काम करके आमदनी जुटाना परिवार के भरण–पोषण के लिए ज़रूरी है, लेकिन इन मामलों में भी आय–अर्जक गतिविधियों में बच्चों द्वारा ख़र्च किया जा रहा समय तुलनात्मक रूप से कम ही है। ध्यान रहे कि स्कूल में बीतने वाला समय बहुत लम्बा नहीं होता (साल में 150 से 200 दिन रोज़ाना छह घण्टे)। अतः ऐसे बच्चे तादाद में बहुत कम ही होंगे जो इतने ज़्यादा वक़्त तक काम करते हैं कि उनके लिए स्कूल जाना सम्भव नहीं।

बाधा की वजह

अगर माता–पिता बच्चों की शिक्षा में रुचि ले रहे हैं और ज़्यादातर मामलों में यह भी दिख रहा है कि बाल–श्रम बच्चों की शिक्षा में बड़ी बाधा नहीं तो फिर इतनी बड़ी तादाद में बच्चे स्कूल वंचित क्यों हैं? इस नुकते को समझने के लिए पहली बात यह ध्यान में रखनी होगी कि स्कूल में दैनंदिन उपस्थिति के लिए माता–पिता और बच्चों को बहुत प्रयास करने होते हैं। इस सिलसिले की पहली बात है कि भले ही निःशुल्क शिक्षा एक संवैधानिक अधिकार हो, लेकिन इसके बावजूद पढ़ाई–लिखाई में पैसे ख़र्च करने होते हैं। प्रोब के तथ्यों से पता चलता है कि उत्तर भारत में माता–पिता को अपने एक बच्चे को सरकारी प्राथमिक स्कूल भेजने में साल में 300 रुपये से ज़्यादा (किताब, स्लेट, कपड़े आदि) ख़र्च करने होते हैं। यह बहुत छोटी रक़म जान पड़ सकती है, लेकिन ग़रीब परिवारों के लिए इतनी भी रक़म बड़े बोझ की तरह है, ख़ासकर उन परिवारों के लिए जहाँ एक से ज़्यादा बच्चे स्कूल जाने की उम्र के हैं। बात को यों समझें कि बिहार में अगर किसी खेतिहर मज़दूर के दो बच्चे स्कूल जाने की उम्र के हैं तो उसे अपने बच्चे को प्राथमिक स्कूल में भेजने के लिए साल में 40 दिन काम करना होगा।

वित्तीय बोझ उठाने के अतिरिक्त माता–पिता को रोज़ाना और कई मोर्चों पर तैयारी रखनी पड़ती है, ताकि बच्चों को स्कूल जाने के लिए प्रेरित किया जा सके। यह सोचना होता है कि बच्चे पढ़ाई में बेहतर करें और घरेलू कामकाज से उन्हें छुटकारा मिले। ख़ुद बच्चों को भी इसके

लिए मशक़्क़त करनी होती है, ख़ासकर जब स्कूल का माहौल उनके प्रति वैर भाव वाला या बोरियत से भरा हो। माँ–बाप और बच्चे ऐसे प्रयास करने को तैयार हैं या नहीं, यह बहुत कुछ इस बात पर निर्भर करता है कि उन्हें बदले में हासिल क्या होने वाला है। यानी स्कूल से हासिल होने वाली शिक्षा कितनी गुणवत्तापूर्ण है? यह बुनियादी समस्या कई और क़ारणों से ज़्यादा जटिल हो जाती है, मिसाल के लिए साल के किसी ख़ास समय में परिवार का बाल–श्रम पर निर्भर होना तथा शिक्षा की ज़रूरत को लेकर परिवार के मन में मौजूद लैंगिक पूर्वग्रह। बहरहाल, समस्या को ज़्यादा जटिल बनाने वाले इन कारणों की ओट लेकर यह नहीं कहा जा सकता कि नियमित स्कूल जाने को लेकर बच्चे और माता–पिता को जो विशेष तैयारियाँ करनी होती हैं, उन तैयारियों तथा स्कूल में मिल रही शिक्षा की गुणवत्ता के बीच तालमेल नहीं है।

जर्जर और सुस्ती के शिकार क्लासरूम

ग्रामीण भारत में कम गुणवत्ता की शिक्षा के कई पहलू हैं। एक तो स्कूल का भौतिक ढाँचा ही पर्याप्त नहीं मिलता। कई गाँवों में स्कूल के नाम पर कोई भवन ही नहीं। मिसाल के लिए विद्या (मण्डला ज़िला, मध्य प्रदेश) में, स्कूली इमारत नहीं है। बच्चे एक नीम–अँधेरे तथा छोटे से भण्डारघर में किसी तरह अंटकर बैठते हैं। इससे सटी हुई खुली जगह भण्डारघर का मालिक अपने पशुओं को बाँधता है। कई गाँवों में यह भी दिखा कि स्कूल की इमारत का उपयोग शिक्षक अपने रहने के लिए कर रहे हैं। कई जगहों पर यह भी नज़र आया कि स्कूल परिसर का इस्तेमाल भण्डारघर (मध्य प्रदेश के उज्जैन ज़िले के सवर्णा में), पुलिस कैम्प (बिहार के भोजपुर ज़िले के बरुही में), पशुशाला (उत्तराखण्ड के बेलरी सलेहपुर में), सार्वजनिक शौचालय (बिहार के सहरसा ज़िले के बनगाँव में) या फिर गोबर के उपले बनाने–सुखाने (उत्तर प्रदेश के मुजफ़्फ़रनगर के मुजाहिदपुर में) में हो रहा है। बेशक ऐसे उदाहरण तादाद में बहुत ज़्यादा नहीं हैं, लेकिन सामान्य स्थिति में भी यह तो नज़र आया ही कि जिसे स्कूल भवन कहा जा रहा है उसमें बस दो ही कमरे हैं, छत से पानी टपकता है और स्कूल में कुछ टूटे–फटे कुर्सी–मेज़ और बेंच रखे हुए हैं। प्रोब रिपोर्ट के तथ्यों से सामने आता है कि 82 फ़ीसदी स्कूल–भवनों को जीर्णोद्धार की ज़रूरत है। तक़रीबन दो–तिहाई स्कूल–भवन ऐसे मिले जिनकी छत टूटी–फूटी थी और उनमें बारिश के दिनों में कक्षा चलाना बहुत मुश्किल था।

दूसरी बात, स्कूलों में शिक्षकों की कमी है। प्रोब सर्वेक्षण के लिए नमूने के तौर पर जिन स्कूलों को चुना गया उनमें औसतन 1 शिक्षक पर 50 बच्चों का नामांकन है। इसके अतिरिक्त, स्कूलों के बीच शिक्षकों का आवंटन भी बहुत ज़्यादा असमान है। इस वजह से कई स्कूलों में छात्र--शिक्षक अनुपात 50 से भी ज़्यादा है। कई स्कूलों में तो 1 शिक्षक पर 100 या इससे ज़्यादा की तादाद में बच्चे थे।

शिक्षकों की संख्या में कमी का एक पहलू यह भी है कि एकल शिक्षक वाले विद्यार्थियों का चलन जारी है (ऑपरेशन ब्लैकबोर्ड के तहत इसे आधिकारिक रूप से समाप्त कर दिया गया था)। सर्वेक्षण में नमूने के तौर पर शामिल गाँवों में, तक़रीबन 12 फ़ीसदी स्कूल एकल शिक्षक वाले मिले। अन्य 21 फ़ीसदी स्कूल ऐसे मिले जिनमें सिर्फ़ 1 ही शिक्षक पर्यवेक्षण टोली के पहुँचने के दिन मौजूद था क्योंकि दूसरा शिक्षक काम पर नहीं आया था। एक तरह से देखें तो तक़रीबन एक–तिहाई स्कूल एकल शिक्षक के भरोसे चल रहे हैं।

तीसरी बात, क्लासरूम से जुड़ी गतिविधियाँ बहुत कम हैं। जो शिक्षक अपने काम को लेकर थोड़े सजग–सचेत हैं, वे भी स्कूल में देर से पहुँचने और स्कूल से जल्दी चले जाने को सही बर्ताव का हिस्सा मानकर चलते हैं। अन्य शिक्षकों का मामला इससे भी ख़राब है। मिसाल के लिए मध्य प्रदेश के तिगरिया सांचा के तेजूलाल ने बताया कि शिक्षक : 'पढ़ाते नहीं, तुरन्त छुट्टी कर देते हैं'। कुछ गाँवों में दिखा कि स्कूल हफ़्ते भर से बन्द है, क्योंकि शिक्षक बिन बताये छुट्टी मना रहे हैं।

जहाँ शिक्षक काम पर मौजूद मिले वहाँ भी कक्षा में कोई ख़ास गतिविधि नहीं होती दिखी। सारा ज़ोर इसी बात पर था कि बच्चों को समेटकर कैसे एक जगह बैठाये रखा जाये। नमूने के तौर पर सर्वेक्षण में शामिल किये गये तक़रीबन 50 फ़ीसदी स्कूलों में पर्यवेक्षण पर गयी टोली ने देखा कि शिक्षण की कोई गतिविधि नहीं हो रही।

चौथी बात, पढ़ाने का तरीक़ा एकदम अनुपयोगी दिखा। पढ़ाने का सबसे प्रचलित तरीक़ा बच्चों को 'नक़ल' कराने का था–बच्चे ब्लैकबोर्ड या फिर किताब में लिखी बातों को अपनी कॉपी पर उतार रहे थे। बच्चों के इस काम पर भी शिक्षकों का कोई ख़ास ध्यान न था। गोलवा गाँव (उज्जैन, मध्य प्रदेश) में, प्रोब की टीम ने देखा कि बच्चों ने अपनी कॉपी के पन्नों को बे–मतलब की लकीरों से भर रखा है।

पढ़ाने की सहायक सामग्री शायद ही किसी विद्यालय में मौजूद दिखी, उपयोग की तो ख़ैर बात ही क्या करना। कुछ स्कूलों में ऑपरेशन ब्लैकबोर्ड के तहत शिक्षण की सहायक सामग्री (जैसे कि ग्लोब) मुहैया कराई गयी है, लेकिन इसे बच्चों से दूर कहीं और ताले से बन्द करके रखा जाता है। क्लासरूम में शिक्षा की सहायक सामग्री के तौर पर सबसे ज़्यादा नज़र आने वाली चीज़ थी–छड़ी। स्कूल छोड़ चुके एक लड़के ने बताया कि शिक्षक 'पढ़ाते कम, मारते ज़्यादा' हैं।

जहाँ तक शिक्षकों का सवाल है, उनका पक्ष था कि बेहतर शिक्षण पद्धति अपनाने लायक माहौल स्कूलों में नहीं है। चार में से तीन शिक्षकों को कई कक्षाओं को पढ़ाने की ज़िम्मेदारी दी गयी थी। कुछ शिक्षक अपनी इस ज़िम्मेदारी को निपटाते समय ऊँची कक्षा पर ज़्यादा ध्यान दे रहे थे, निचली कक्षा के विद्यार्थियों की पढ़ाई पर उनका ध्यान बहुत कम था।

ऐसी स्थिति में छात्रों की शैक्षिक परिलब्धि बहुत कमतर हो तो क्या आश्चर्य! प्रोब सर्वेक्षण की टोली ने देखा कि बहुत से विद्यार्थी कई सालों की स्कूली पढ़ाई करने के बावजूद न तो पढ़ पा रहे हैं और न ही कुछ लिख ही सकते हैं। सवाई माधोपुर (राजस्थान) ज़िले के दिवारा गाँव की मोहाबाई का उदाहरण यहाँ लिया जा सकता है। वह पाँचवीं क्लास तक पहुँचने वाली दिवारा गाँव की चन्द बच्चियों में एक है, लेकिन अफ़सोस, उसे अभी भी पढ़ना–लिखना नहीं आता।

सर्वेक्षण से निकलता सन्देश

प्रोब टीम के सर्वेक्षण से भारत की स्कूली शिक्षा व्यवस्था की बड़ी बदरंग तस्वीर उभरती है, लेकिन एक अर्थ में सर्वेक्षण के निष्कर्ष शुभ कहे जायेंगे। अगर बच्चों की शिक्षा के प्रति माँ–बाप की अरुचि या बाल–श्रम सार्विक प्राथमिक शिक्षा की राह में मुख्य बाधा होते तो फिर सरकार सोच सकती थी कि ऐसी स्थिति पर एक हद के बाद उसका ज़ोर नहीं चल सकता। लेकिन दूसरी तरफ़, सर्वेक्षण के निष्कर्षों के बाद यह साफ़ दिख रहा है कि स्कूल शिक्षा पर आने वाली लागत में कमी लाने के लिए बिना देरी किये कुछ उपाय (जैसे–मिड–डे मील देना) किये जा सकते हैं और शिक्षा की गुणवत्ता में सुधार लाने के क़दम (जैसे–शिक्षक–छात्र का अनुपात सही करना) उठाये जा सकते हैं। स्कूली शिक्षा प्रणाली में

बुनियादी क़िस्म के सुधार लाने के लिए राजनीतिक प्रतिबद्धता की ज़रूरत है, असल चुनौती इसी मोर्चे पर है।

अन्य राज्यों में यह पहले ही हो चुका है और बात सुदूर केरल की क्यों करें, मिसाल के तौर पर हिमाचल प्रदेश को ही क्यों न लें? साल 1971 में यह सूबा अस्तित्व में आया और इसके बाद से ही यहाँ सरकार ने अपनी नीति में प्राथमिक शिक्षा को वरीयता दी। प्रोब सर्वेक्षण के ही आसपास 1996 के आख़िर के महीनों में एक मिलता–जुलता सर्वेक्षण हिमाचल प्रदेश में भी हुआ। इसमें नमूने के तौर पर रैंडम पद्धति से कुल अड़तालीस गाँवों का चयन किया गया था। इस सर्वेक्षण से निकलकर आया कि 6–12 आयु–वर्ग के 97 फ़ीसदी बच्चों का स्कूल में नामांकन है। हिमाचल प्रदेश में प्राथमिक स्कूल प्रोब सर्वेक्षण वाले राज्यों की तुलना में शिक्षक–छात्र अनुपात, क्लासरूम में चलने वाली शैक्षिक गतिविधियाँ तथा अभिभावक–शिक्षक सहयोग सरीखे गुणवत्ता की सूचना देने वाले मानकों के एतबार से आगे थे। सार्विक प्राथमिक शिक्षा हिमाचल प्रदेश में एक तरह से सर्व–स्वीकृत मानक का रूप ले चुका है। सर्वेक्षण में 97 फ़ीसदी अभिभावकों ने कहा कि वे अपनी बेटियों को दस साल तक शिक्षा ज़रूर दिलाना चाहते हैं। यह बात इसलिए भी मायने रखती है क्योंकि 1950 के दशक में हिमाचल प्रदेश का इलाक़ा भारत के सबसे कम साक्षरता दर वाले क्षेत्रों में शुमार था। यहाँ बदलाव की गति इतनी तेज़ है कि हमने प्रोब रिपोर्ट में एक अध्याय 'हिमाचल प्रदेश में स्कूली शिक्षा में क्रान्तिकारी बदलाव' शीर्षक से शामिल करने का निर्णय किया। आइए, उम्मीद बाँधे कि दूसरे राज्यों में भी शिक्षा के मोर्चे पर ऐसा ही क्रान्तिकारी बदलाव आयेगा।

तमिलनाडु का लोक–कल्याणकारी राज*

कभी–कभी छोटा–सा फील्ड वर्क बरसों के अकादमिक अध्ययन के बराबर बैठता है। पिछले महीने एक पूर्व छात्र के साथ तमिलनाडु के ग्रामीण इलाक़ों का संक्षिप्त मौक़ा मुआयना करके लौटने के बाद मुझे ऐसा ही महसूस हुआ।

हमारे मुख्य उद्देश्य स्कूल, स्वास्थ्य केन्द्र तथा ऐसी ही सुविधा–केन्द्रों का दौरा करना था। मैं उत्तर भारत में कुछ सालों तक बीच–बीच में ऐसा कर चुका हूँ और हर बार अनुभव उदास करने वाला रहा।

* मई, 2003।

लाखों की तादाद में बच्चे नकारा साबित हो रहे सरकारी स्कूलों में अपनी प्रतिभा और समय नष्ट करते मिले। स्वास्थ्य केन्द्र एक तो हैं ही बहुत कम और जहाँ हैं वहाँ भी महिला–बन्ध्याकरण के अतिरिक्त और कोई सेवा मुहैया नहीं करते। सरकारी राशन की दुकान ज़्यादातर वक़्त बन्द रहती है। सड़क और बिजली सरीखी अन्य सार्वजनिक सेवा–सुविधाएँ भी ख़स्ताहाली का शिकार हैं।

तमिलनाडु में स्थिति इससे बुनियादी तौर पर अलग दिखी। हालाँकि हम बस तीन ज़िलों (काँचीपुरम, नागपट्टिनम तथा धरमापुरी) में गये थे, लेकिन बुनियादी रुझान हर जगह एक जैसा ही था और बहुत मुमकिन है कि पूरे सूबे में भी आमतौर पर यही स्थिति हो। मिसाल के लिए, हम जिन नौ स्कूलों में गये, उनमें हर स्कूल में ऐसी सुविधाएँ थीं, जो उत्तर भारत के सरकारी स्कूलों में साईत–संयोग ही दिखने को मिलें : साफ़–सुथरी इमारत, ज़रूरत भर कुर्सी–बेंच, सहायक शिक्षण सामग्री, पेयजल, मिड–डे मील तथा पाठ्यपुस्तक और इन सबके साथ नियमित स्वास्थ्य जाँच भी। इन सबसे अहम बात यह दिखी कि शिक्षक इन स्कूलों में पढ़ाई के काम में मशरूफ़ थे और ज़्यादातर शिक्षक ब्लैकबोर्ड का भी इस्तेमाल कर रहे थे जो उत्तर भारत के सरकारी स्कूलों में विरले ही नज़र आता है। बेशक, सुधार की बहुत गुंजाइश थी, लेकिन कम–से–कम बच्चे काफ़ी शालीन और जोश भरे माहौल वातावरण में पढ़ाई–लिखाई सीखते नज़र आये।

सरकारी स्कूलों में मिड–डे मील कार्यक्रम को संचालित होते देखना एक आनन्ददायक अनुभव साबित हुआ। हर जगह मिड–डे मील ठीक समय पर परोसा गया मानो ऐसा करने का दैनंदिन का अभ्यास हो। बच्चे भी मिड–डे मील खाने के अपने अनुभव से काफ़ी ख़ुश दिखे और शिक्षक–समुदाय का रुख़ मिड–डे मील को लेकर बहुत सकारात्मक था। मिड–डे मील को लेकर जो कथित कमियाँ गिनाई जाती हैं कि इससे बच्चों का पेट ख़राब हो जाता है या फिर कक्षा में पढ़ाई–लिखाई के काम में व्यवधान उत्पन्न होता है, हमें ऐसा कहीं नज़र नहीं आया। अपनी नज़रों से यह सारा कुछ देखकर मन में ख़याल आया कि मिड–डे मील को भी किसी सभ्य–शालीन प्राथमिक स्कूल की अनिवार्य विशेषता के रूप में देखा जाना चाहिए। जैसे किसी स्कूल में ब्लैकबोर्ड होता है, मिड–डे मील भी स्कूल के लिए वैसा ही है। यानी एकदम ज़रूरी।

हम स्वास्थ्य केन्द्रों को भी देखकर प्रभावित हुए। स्वास्थ्य केन्द्र साफ़–सुथरे, जीवन्त जान पड़े तथा कर्मचारी भी वहाँ पर्याप्त संख्या में थे। बहुत सारी दवाएँ मुफ़्त में उपलब्ध थीं और निरीक्षण का काम नियमित रूप से हो रहा था। दीवारों पर चार्ट और पोस्टर सजाये गये थे। इनमें रोज़मर्रा के कार्य–कलाप, उपलब्ध सुविधाओं, विभिन्न कार्यक्रमों की प्रगति और सम्बन्धित जानकारी का विवरण दिया हुआ था। पूरी व्यवस्था ऐसी थी कि मरीज़ को स्वास्थ्य केन्द्र से सुविधा हासिल करने और फिर लौटने में आसानी लगे। उत्तर भारत के गिरे–ढ़हे, निर्जन, उदासी और वैर भाव से भरे स्वास्थ्य केन्द्रों की तुलना में यहाँ का माहौल कितना अलग था!

यह देखकर भी सुखद आश्चर्य हुआ कि ज़्यादातर गाँवों में आँगनबाड़ी सुचारु ढंग से संचालित है। उत्तर भारत में एक तो आँगनबाड़ियाँ कम हैं, दूसरे दो आँगनबाड़ियों के बीच में दूरी भी बहुत होती है। फिर जो आँगनबाड़ियाँ चलती हालत में होती हैं उनमें भी बच्चों को देने के लिए कुछ ख़ास नहीं होता। अक्सर, स्थानीय लोगों को यह पता भी नहीं होता कि उनके गाँव में एक आँगनबाड़ी भी है। इससे अलग, तमिलनाडु में सुचारु ढंग से आँगनबाड़ी का संचालित होना गाँवों की एक सामान्य बनावट का ही हिस्सा माना जाता है। आँगनबाड़ियाँ अलग इमारतों में चलती हैं, उनमें दो–तीन सहायिकाएँ होती हैं, शिक्षण की सहायक सामग्री मौजूद होती है, नियमित स्वास्थ्य जाँच चलती है तथा निरीक्षण भी नियमित रूप से होता है। हम जिन सहायकों से मिले, उन्हें अच्छा प्रशिक्षण मिला था और वे अपने दैनंदिन काम के बारे में जो कुछ बता रहे थे वह भरोसे के क़ाबिल जान पड़ा।

जहाँ तक सार्वजनिक सेवाओं का सवाल है, सार्वजनिक वितरण प्रणाली (पी.डी.एस.) उत्तर भारत और तमिलनाडु के बीच एक चुभते हुए फ़र्क़ की बानगी पेश करती है। उत्तर भारत में, स्थानीय सरकारी राशन दुकान से गेहूँ या चावल ले पाना दाँत उखाड़ने जैसा कठिन काम है। भ्रष्ट डीलर कार्डधारी ग्राहकों को कुछ ऐसा समझते हैं, मानो वे हलाल किये जाने के लिए तैयार बैठी भेड़–बकरी हों। ऐसा विशेष रूप से दूरदराज़ के इलाक़ों में देखने को मिलता है, जहाँ डीलरों का ग्राहकों के ऊपर सामाजिक दबदबा क़ायम है। अक्सर, लोगों को अपनी हक़दारी का पता नहीं होता और ठगे जाने की सूरत में वे कोई कार्रवाई कर पाने में

भी ख़ुद को असमर्थ पाते हैं, लेकिन तमिलनाडु में हमने देखा कि अशिक्षित दलित महिलाएँ तक अपने अधिकारों के बारे में काफ़ी सजग हैं और अपने हक़ को हासिल करना जानती हैं। यह रुझान द्वितीयक (सेकेंडरी) डेटा के मेल में है—नेशनल सैंपल सर्वे से पता चलता है कि तमिलनाडु में परिवारों को पी.डी.एस. से जुड़ी अपनी ज़्यादातर हक़दारी हासिल होती है जबकि इसके उलट उत्तर भारत में पी.डी.एस. का अनाज बड़ी मात्रा में चोरबाज़ारी के ज़रिये खुले बाज़ार में पहुँच जाता है।

मेरा मतलब यह नहीं कि तमिलनाडु में सामाजिक सेवाओं में कोई दोष नहीं है या कि ये सेवाएँ पर्याप्त मात्रा में मौजूद हैं। तमिलनाडु में भी आपको यह दिख जायेगा कि संविधान के नीति—निर्देशक सिद्धान्तों के अन्तर्गत जो मानदण्ड बताये गये हैं उनके हिसाब से नागरिक सुविधाएँ कमतर हैं। वहाँ सामाजिक सेवाओं की सुपुर्दगी में सामाजिक असमानता भी मौजूद दिखती है। लेकिन कम—से—कम एक विश्वसनीय कल्याणकारी राज्य की बुनियादी बातें वहाँ मौजूद हैं, और तमिलनाडु का अनुभव (केरल की ही तरह) इस दायरे में दूरगामी सम्भावनाओं का संकेत करता है।

एक ज़ाहिर—सा सवाल यह उठता है कि उत्तर भारत की ज़्यादातर जगहों की तुलना में तमिलनाडु या केरल में समाजिक सेवाएँ इतनी बेहतर क्यों हैं? ऐसे प्रश्न की पड़ताल इस छोटे से लेख के दायरे से बाहर है, लेकिन यहाँ मैं इतना भर ज़रूर कहूँगा कि उत्तर भारत की तुलना में तमिलनाडु में जो फ़र्क़ दिख पड़ता है उसका सम्बन्ध समाज में महिलाओं की भूमिका से है। मिसाल के लिए, तमिलनाडु में महिलाओं के वोट बहुत मायने रखते हैं, वहाँ महिलाएँ ख़ूब सचेत भी हैं और ख़ुद सोच—समझकर वोट डालती हैं। इस कारण राजनेता महिलाओं की पसन्द—नापसन्द पर ध्यान देने के लिए मज़बूर होते हैं और इन बातों में स्वास्थ्य तथा शिक्षा की सुविधा भी शामिल है। दूसरी बात, तमिलनाडु में महिलाएँ सामाजिक सेवाओं की मुख्य संचालक—शक्ति हैं। यहाँ हम ऊपर जिन सामाजिक जगहों पर भी गये वहाँ हमने देखा कि महिलाएँ यह ज़िम्मा बड़ी कुशलता से निभा रही हैं। यह मात्र संयोग नहीं है कि सामाजिक विकास के मामले में तमिलनाडु की टक्कर का एकमात्र उत्तर भारतीय राज्य हिमाचल प्रदेश है और जहाँ तक समाज में महिलाओं की भूमिका का सवाल है, हिमाचल प्रदेश बहुत कुछ तमिलनाडु से मिलता—जुलता है।

छह साल से कम उम्र के बच्चे : नज़र से परे*

योजना आयोग द्वारा तैयार 11वीं योजना के एक अप्रोच पेपर (दृष्टि पत्र) के मसौदे पर चर्चा छिड़ी है और इस दृष्टि–पत्र की कई कोणों से आलोचना भी हो रही है। लेकिन एक बड़ी कमी पर शायद ही किसी का ध्यान गया है। यानी भारतीय बच्चों, ख़ासकर छह साल से कम उम्र के बच्चों की दुरवस्था पर!

इससे जुड़े तथ्य सबकी जानकारी में हैं। लगभग सभी भारतीय बच्चे कुपोषित हैं, आधे से अधिक रक्ताल्पता (एनीमिया) से पीड़ित हैं, और पूर्ण टीकाकरण से वंचित बच्चों की संख्या का अनुपात भी इतना ही है। इस मानवीय संकट का सम्बन्धित बच्चों और उनके परिवारों को तो नुक़सान हो ही रहा है साथ ही यह न सिर्फ़ उनके मौलिक अधिकारों का उल्लंघन है, बल्कि एक राष्ट्र के रूप में भी किसी त्रासदी से कम नहीं। भूख, कुपोषण और बीमारी की जर्जर बुनियाद पर किसी सभ्य समाज का निर्माण नहीं हो सकता।

फिर भी दृष्टि पत्र में इन मुद्दों की कोई भी गम्भीर चर्चा खोजने पर भी कहीं नहीं मिलती। ख़ूब धीरज से खोजें तो दस्तावेज़ में एक जगह 'बॉक्स' बना मिलता है। इसे 'सर्व शिक्षा अभियान' के खण्ड में रखा गया है, जहाँ अन्त में छह वर्ष से कम उम्र के बच्चों का ज़िक्र किया गया है। बॉक्स (बस दो अनुच्छेद) बड़े भारी–भरकम वक्तव्य के साथ शुरू होता है कि 'बच्चों का विकास 11वीं योजना के केन्द्र में है, लेकिन वास्तव में इस वक्तव्य का क्या अर्थ हुआ, इसका कोई संकेत नहीं दिया गया। इसकी जगह चर्चा बस इस चौंकाऊ सुझाव तक ख़ुद को सीमित रखती है कि आँगनबाड़ियों को 'बच्चों के बीच बेहतर स्वास्थ्य और निरोगी रखने वाली साफ़–सफ़ाई की अच्छी आदतों को बढ़ाने पर ध्यान देना चाहिए।'

आँगनबाड़ी छह साल से कम उम्र के बच्चों की ज़रूरतों को पूरा करने वाली एकमात्र प्रमुख योजना है। इसे आधिकारिक रूप से समेकित बाल विकास परियोजना (आई.सी.डी.एस.) के नाम से जाना जाता है। फिलहाल की स्थिति यह है कि छह साल से कम उम्र के आधे से भी कम बच्चे आई.सी.डी.एस. के तहत पंजीकृत हैं। कॉमन मिनिमम प्रोग्राम (सी.एम.पी.) में स्पष्ट रूप से कहा गया है कि यू.पी.ए. सरकार 'हर बस्ती

---

* अक्तूबर, 2006।

में एक सुचारु आँगनबाड़ी प्रदान करेगी और सभी बच्चों का पूर्ण कवरेज़ सुनिश्चित करने के लिए आई.सी.डी.एस. को सार्विक बनायेगी'। हाल ही में आये सर्वोच्च न्यायालय के आदेश (पी.यू.सी.एल. बनाम भारतीय संघ तथा अन्य, सिविल रिट याचिका, 2006 का 196) के अनुपालन के लिए भी इस क़दम की ज़रूरत है। अतः स्वाभाविक यही है कि आई.सी.डी.एस. का सार्वीकरण 11वीं योजना की शीर्ष प्राथमिकताओं में से एक हो, लेकिन, अप्रोच पेपर (दृष्टि पत्र) में ऐसा कोई भी उल्लेख नहीं किया गया।

आई.सी.डी.एस. को सार्वभौम बनाने के पीछे मुख्य तर्क यह है कि इस परियोजना से छह साल से कम उम्र के बच्चों के अधिकारों की सुरक्षा होती है। इनमें बच्चों का पोषण, स्वास्थ्य और स्कूल पूर्व शिक्षा का अधिकार शामिल है। ये अधिकार भारतीय संविधान के अनुच्छेद 39(एफ) में उल्लेखित हैं। अनुच्छेद 39(एफ) के तहत राजसत्ता को यह सुनिश्चित करने का निर्देश दिया गया है कि 'बच्चे स्वतन्त्रता और गरिमा के परिवेश में अच्छे तरीक़े से विकसित हों, इसके लिए उन्हें अवसर तथा सुविधाएँ दी जायें'। यदि हम बच्चों के अधिकारों के प्रति गम्भीर हैं तो हमें स्वीकार करना होगा कि इन अवसरों और सुविधाओं को प्रदान करने के लिए एक संस्थागत माध्यम की ज़रूरत है। आई.सी.डी.एस. सेंटर या कह लें आँगनबाड़ी, यही मुख्य भूमिका निभाता है।

आधिकारिक हलकों में आई.सी.डी.एस. को लेकर जो उदासीनता का भाव है उसके पीछे यह धारणा काम करती प्रतीत होती है कि यह कार्यक्रम बेकार भले न हो, लेकिन कारगर साबित नहीं हो रहा। ठप्प पड़ी आँगनबाड़ियों या परोसे जा रहे भोजन के विषाक्त होने की भयावह कथाओं का हवाला देकर आधिकारिक हलकों में व्याप्त दावे का सतही तौर पर समर्थन किया जा सकता है। हालाँकि, ऐसी कहानियाँ आई.सी.डी.एस. की आमफ़हम स्थिति की सही तस्वीर पेश नहीं करतीं। दरअसल, हाल के साक्ष्यों का संकेत है कि आई.सी.डी.एस. कई राज्यों में अहम भूमिका निभा रहा है और इसकी उपलब्धियों को और ज़्यादा ठोस शक्ल देने की बहुत गुंजाइश है।

आई.सी.डी.एस. को लेकर सेंटर फ़ॉर इक्विटी स्टडीज़ द्वारा किये गये हाल के एक सर्वेक्षण से इन मसलों पर कुछ रोशनी पड़ती है। इस सर्वेक्षण का नाम है फ़ोकस ऑन चिल्ड्रेन अंडर सिक्स (एफ.ओ.सी.यू.एस.)। यह सर्वेक्षण साल 2004 के मई–जून में छह राज्यों छत्तीसगढ़, हिमाचल

प्रदेश, महाराष्ट्र, राजस्थान, तमिलनाडु तथा उत्तर प्रदेश में संचालित हुआ। इसमें यादृच्छिक (रैंडम) रूप से चयनित लगभग 200 आँगनबाड़ियों का पर्यवेक्षण किया गया। पर्यवेक्षण के लिए दौरा आँगनबाड़ियों को बिना सूचना दिये किया गया था। साथ ही आँगनबाड़ी कार्यकर्ताओं और सहायकों के विस्तृत साक्षात्कार भी लिए गये। इस क्रम में 500 महिलाओं का भी साक्षात्कार लिया गया (इनका चयन रैंडम रीति से उन महिलाओं के बीच से किया गया था जिनका छह साल से कम उम्र का कम–से–कम एक बच्चा स्थानीय आँगनबाड़ी में पंजीकृत है)।

स्थानीय आँगनबाड़ी में पंजीकृत बच्चे वाली माताओं में से 90 फ़ीसदी से अधिक ने कहा कि आँगनबाड़ी नियमित रूप से खोली जाती है। यह सर्वेक्षण के दौरान हुए प्रत्यक्ष अनुभव के मेल में है : सर्वेक्षण की टोली के पर्यवेक्षकों ने नमूने के तौर पर चुनी गयी आँगनबाड़ियों का बिन बताये दौरा किया तो देखा कि उनमें से 80 फ़ीसदी आँगनबाड़ियाँ खुली हुई हैं। इसी तरह सर्वेक्षण के नमूने में शामिल 94 फ़ीसदी माताओं ने कहा कि आँगनबाड़ी में पूरक पोषाहार दिया जाता है। आई.सी.डी.एस. का सबसे कमज़ोर पक्ष है पूर्व–विद्यालय शिक्षा, लेकिन लगभग 50 प्रतिशत आँगनबाड़ियों में पूर्व–विद्यालयी शिक्षा का भी काम होता दिखा। 70 फ़ीसदी से अधिक माताओं का मानना था कि आई.सी.डी.एस. उनके बच्चे के कल्याण के लिए 'महत्त्वपूर्ण' है।

इस बात को तो ख़ैर नकारा नहीं जा सकता कि कई राज्यों में आई.सी.डी.एस. की सेवाओं की गुणवत्ता में तत्काल सुधार लाने की ज़रूरत है, लेकिन गुणवत्ता में सुधार की ज़रूरत की ओट में आई.सी.डी.एस. को ग़ैर–कारगर कार्यक्रम कहकर ख़ारिज करना ठीक नहीं। यह पलायनवादी नज़रिया है और फ़ोकस सर्वेक्षण के निष्कर्ष इस नज़रिये को उचित नहीं ठहराते।

दरअसल, सर्वेक्षण के निष्कर्ष आई.सी.डी.एस. की प्रभूत सम्भावना को उजागर करते हैं। यह सम्भावना तमिलनाडु में बड़े बेहतर तरीक़े से साकार हुई है। तमिलनाडु में कई वर्षों से बाल–पोषण राजनीतिक प्राथमिकताओं में शामिल है। तमिलनाडु में नमूने के तौर पर चुने गये हर आँगनबाड़ी में पोषाहार का कार्यक्रम प्रभावकारी तरीक़े से चलाया जा रहा था। सर्वेक्षण में उत्तरदाता के रूप में शामिल तक़रीबन सभी माताओं ने मुहैया कराये जा रहे भोजन की गुणवत्ता तथा मात्रा से सन्तोष जताया।

अन्य बुनियादी आई.सी.डी.एस. सेवाएँ भी बेहतर हालत में थीं। मिसाल के लिए, तमिलनाडु में नमूने के तौर पर चयनित 97 फ़ीसदी माताओं ने कहा कि बच्चों के वजन की जाँच नियमित रूप से होती है और 86 फ़ीसदी माताओं का कहना था कि आँगनबाड़ी में उपयोगी शैक्षणिक गतिविधियाँ हो रही हैं। तमिलनाडु में नमूने के तौर पर चुनी गयी हर आँगनबाड़ी में बच्चे का टीकाकरण हो चुका था और ज़्यादातर मामलों में टीकाकरण का चक्र पूरा हो चुका था। तमिलनाडु ने इस दिशा में जो उपलब्धियाँ हासिल की हैं उनका सम्भवतया सबसे बेहतर संकेत यह है कि वहाँ 96 फ़ीसदी माताओं ने आई.सी.डी.एस. को अपने बच्चों की भलाई के लिए 'अहम' माना और 50 फ़ीसदी से ज़्यादा महिलाओं ने इसे 'बहुत अहम' करार दिया।

तमिलनाडु इस क्षेत्र में कारगर कार्रवाई का एक अनुकरणीय उदाहरण है, लेकिन कामयाबी की कहानियाँ सिर्फ़ इसी राज्य तक सीमित नहीं। मिसाल के लिए, महाराष्ट्र भी बड़ी तेज़ी से तमिलनाडु जैसी स्थिति तक आने के लिए क़दम बढ़ा रहा है। उदाहरण के लिए, महाराष्ट्र में नमूने के तौर पर चयनित 90 फ़ीसदी से ज़्यादा महिलाओं ने कहा कि स्थानीय आँगनबाड़ी नियमित रूप से खुलती है, उनके बच्चे के वजन की नियमित जाँच होती है और आँगनबाड़ी में टीकाकरण की सेवाएँ उपलब्ध हैं। तमिलनाडु की तरह, महाराष्ट्र में 93 फ़ीसदी माताएँ आई.सी.डी.एस. को अपने बच्चे की भलाई के लिए महत्त्वपूर्ण मानती हैं। आँगनबाड़ी कार्यकर्ता को 'परिवार के स्वास्थ्य या पोषण सम्बन्धी मामलों में मददगार' बताने वाली महिलाओं की संख्या भी ज़्यादा (60 फ़ीसदी) थी। लेकिन महाराष्ट्र में आँगनबाड़ी से जुड़े कुछ पहलू चिन्ताजनक भी थे, जैसे–विद्यालय–पूर्व शिक्षा का मामला। महाराष्ट्र के अनुभवों से साफ़ पता चलता है कि तमिलनाडु ने इस दिशा में जो उपलब्धियाँ हासिल की हैं उन्हें दूसरे राज्यों में भी दोहराया जा सकता है।

उत्तर भारत के राज्यों में आई.सी.डी.एस. की तस्वीर बहुत हद तक भिन्न दिखती है। हिमाचल प्रदेश में आई.सी.डी.एस. की तस्वीर बहुत उत्साहजनक है तो उत्तर प्रदेश में बहुत ही ख़राब (सार्वजनिक सेवाओं के मामले में उत्तर प्रदेश एकदम ही दयनीय दशा में है)। हालाँकि, पिछड़े राज्यों में, आई.सी.डी.एस. उन गाँवों में बहुत सम्भावनाशील स्थिति में दिखा है जहाँ आँगनबाड़ी ठीक तरीक़े से चल रही है। यहाँ यह भी ध्यान

रखना होगा कि ये राज्य दरअसल बाल–विकास के मोर्चे पर वही काट रहे हैं जो उन्होंने बोया है। मिसाल के लिए, आई.सी.डी.एस. के अन्तर्गत चलने वाले 'पूरक पोषाहार कार्यक्रम' पर ग़ौर करें। इस बात के पर्याप्त साक्ष्य हैं कि पूरक पोषाहार के मोर्चे पर मिली–जुला तरीक़ा अपनाना सबसे बेहतर होता है। अतः अच्छा यही है कि 3–6 साल अर्थात् कम उम्र में बच्चों को पका–पकाया पौष्टिक भोजन दिया जाये और साथ ही घर ले जाने के लिए कुछ राशन का भी बन्दोबस्त हो (और इस बाबत परामर्श भी प्रदान किया जाये), लेकिन कई राज्य इतने सरल से उपाय भी नहीं कर पा रहे जबकि आई.सी.डी.एस. के पोषाहार के मोर्चे पर इन क़दमों से वे बेहतर कर सकते हैं। उदाहरण के लिए, राजस्थान और उत्तर प्रदेश में 3–6 साल की उम्र के बच्चों को हर दिन वही 'पका–पकाया' खाना (पंजीरी या मुरमुरा) मिलता है और घर रह गये छोटे बच्चों के लिए आँगनबाड़ी से कुछ भी नहीं दिया जाता। कोई अचरज नहीं कि इन राज्यों में सर्वेक्षण में नमूने के तौर पर शामिल माताएँ आई.सी.डी.एस. कार्यक्रम से सन्तुष्ट नहीं हैं।

उत्तर भारत के राज्यों में आई.सी.डी.एस. की राह की बाधाएँ हैं–धन की कमी, कर्मचारियों की कम संख्या, लचर बुनियादी ढाँचा, अनियमित पर्यवेक्षण, अपर्याप्त प्रशिक्षण और केन्द्रीकृत प्रबन्धन तथा ऐसी ही कुछ और कमियाँ। और, इन बाधाओं पर भी उपर्युक्त टिप्पणी ठीक बैठती है। इन कमियों को सुधारा जा सकता है और इन कमियों का जारी रहना बच्चों की भलाई तथा उनके अधिकार के मोर्चे पर राजनीतिक इच्छाशक्ति के अभाव का सूचक है। तमिलनाडु में बाल–स्वास्थ्य तथा पोषण जीवन्त राजनीतिक मुद्दों में शामिल है, जबकि इसके उलट उत्तर भारत के राज्यों में आई.सी.डी.एस. नीतिगत चिन्ता के दायरे में एकदम ही किनारे कर दी गयी चीज़ है।

छह साल से कम उम्र के बच्चों के प्रति राजनीतिक उदासीनता की इसी पृष्ठभूमि में सी.एम.पी. (कॉमन मिनिमम प्रोग्राम) की यह प्रतिबद्ध ता महत्त्वपूर्ण हो उठती है कि 'हर बस्ती में एक आँगनबाड़ी चालू स्थिति में प्रदान की जायेगी।' इस प्रतिबद्धता के आलोक में, राष्ट्रीय सलाहकार परिषद् ने साल 2004 के नवम्बर में विस्तृत सिफ़ारिशें तैयार की थीं जिनमें लागत सम्बन्धी अनुमान भी दिये गये थे और सार्वीकरण की एक समय–सीमा भी सुझाई गयी थी। इन सिफ़ारिशों को हाल के कई

दस्तावेज़ों में सुधारा और प्रवर्द्धित किया गया है। मिसाल के लिए, सुप्रीम कोर्ट के कमिश्नरों की रिपोर्ट तथा अप्रैल 2006 में हैदराबाद में आयोजित 'बच्चों के भोजन के अधिकार' विषय पर आयोजित एक अधिवेशन के समापनी वक्तव्य में। अफ़सोस कि ये रचनात्मक सलाह भैंस के आगे बीन बजाने का सरीखा उपक्रम साबित हुई। ग्यारहवीं पंचवर्षीय योजना के दृष्टि–पत्र में ये सिफ़ारिशें निश्चित ही परिलक्षित नहीं होतीं। सार्वजनिक नीति और आर्थिक नियोजन में छह वर्ष से कम उम्र के बच्चों की भयावह उपेक्षा को दूर करने का एक अवसर हाथ से निकल चुका है।

शिक्षा और संघर्ष*

(अनुराधा डे, मीरा सैमसन तथा ए.के. शिवकुमार के साथ)

कैसा लगेगा आपको अगर किसी ख़ास दिन चलने वाली बसों और रेलगाड़ियों में से 50 फ़ीसदी साल के हर दिन एकदम मनमाने ढंग से रद्द कर दी जायें? आप निश्चित ही काफ़ी परेशान होंगे (बशर्ते आप हवाई जहाज से उड़कर कहीं पहुँचने की स्थिति में नहीं हैं)। बच्चों की रोज़मर्रा की ज़िन्दगी में ठीक ऐसी ही एक बाधा बरसों से चुपचाप बनी चली आ रही है, लेकिन उसे लेकर कोई चर्चा नहीं होती : उत्तर भारत के ग्रामीण इलाक़ों में तक़रीबन आधे से ज़्यादा प्राथमिक विद्यालयों में पढ़ाई के किसी औसत दिन कोई भी शैक्षणिक गतिविधि नहीं होती!

सकारात्मक बदलाव

1996 के अन्त में, प्रोब टीम ने अविभाजित बिहार, मध्य प्रदेश, राजस्थान और उत्तर प्रदेश के लगभग 200 गाँवों में प्राथमिक स्कूलों का सर्वेक्षण किया। इन राज्यों को उस समय 'बीमारु' राज्य के रूप में भी जाना जाता था। 2006 में, हमने यह पता लगाने के लिए दस सालों में स्कूली शिक्षा की स्थिति बदली है कि नहीं हमने उन्हीं क्षेत्रों पर दोबारा ग़ौर किया। हमें सकारात्मक बदलाव के कई संकेत मिले।

पहली बात, 6–12 आयु–वर्ग में स्कूल नामांकन दर में तेज़ी से वृद्धि हुई है और यह 80 फ़ीसदी से बढ़कर 95 फ़ीसदी पर पहुँच गयी है। पहली बार, सार्विक स्कूली प्रतिभागिता का लक्ष्य पहुँच के दायरे में लग रहा है।

---

* फरवरी, 2009।

दूसरी बात, स्कूल नामांकन में सामाजिक असमानताएँ काफ़ी कम हो गयी हैं। उदाहरण के लिए, लड़कों और लड़कियों के बीच नामांकन का अन्तर (प्राथमिक शिक्षा के स्तर पर) लगभग ख़त्म हो गया है। अनुसूचित जाति और मुस्लिम बच्चों के बीच नामांकन दर नमूने के तौर पर चुने गये औसत के बहुत क़रीब है—यह अनुसूचित जाति और मुस्लिम समुदाय के बच्चे यानी दोनों ही मामले में लगभग 95 फ़ीसदी है। हालाँकि, अनुसूचित जनजाति के बच्चों के बीच नामांकन की दर तनिक कम (89 फ़ीसदी) है।

इस सिलसिले की तीसरी बात यह है कि स्कूली शिक्षा के बुनियादी ढाँचे में सुधार हुआ है। उदाहरण के लिए, 1996 और 2006 के बीच ऐसे स्कूलों का अनुपात 26 फ़ीसदी से बढ़कर 84 फ़ीसदी हो गया है जिनमें कम–से–कम दो पक्के (ईंट) कमरे हैं। कुल प्राथमिक स्कूलों के लगभग तीन–चौथाई में अब पीने के पानी की सुविधा है। अभी 60 फ़ीसदी से ज़्यादा स्कूलों में शौचालयों का निर्माण किया जा चुका है।

चौथी बात, स्कूल में प्रोत्साहन के तौर पर दी जाने वाली चीज़ें अब अधिक छात्रों तक पहुँच रही हैं। मिसाल के लिए, 1996 में बमुश्किल 10 फ़ीसदी प्राथमिक स्कूलों में निःशुल्क पोशाक मुहैया करायी गयी थी, लेकिन साल 2006 में ऐसे स्कूलों की तादाद बढ़कर 50 फ़ीसदी से अधिक हो गयी। इसी तरह, जिन स्कूलों में मुफ़्त पाठ्यपुस्तकों का वितरण किया जाता है, उनकी आनुपातिक संख्या 1996 में 50 फ़ीसदी से भी कम थी लेकिन साल 2006 में ऐसे विद्यालयों की तादाद बढ़कर शत–प्रतिशत हो गयी।

पाँचवाँ तथ्य यह कि पकाया हुआ मिड–डे मील देने की शुरुआत प्राथमिक शालाओं में हो चुकी है और नमूने के तौर पर चयनित 84 फ़ीसदी स्कूलों में मिड–डे मील परोसा जा रहा था। इस मामले में सबसे ज़्यादा अन्तर बिहार में दिखा। सर्वेक्षण के समय वहाँ स्कूलों में मिड–डे मील देने की प्रक्रिया बस शुरू ही हुई थी।

आर्थिक वृद्धि, अभिभावकों के बीच बढ़ती साक्षरता, ग्रामीण इलाक़े में बुनियादी ढाँचे तथा कनेक्टिविटी के तेज़ विस्तार के कारण निश्चित ही इन उपलब्धियों की राह आसान हुई है, लेकिन 'सर्व शिक्षा अभियान' सरीखी सरकारी पहल, मिड–डे मील के बाबत सर्वोच्च न्यायालय के आदेश और शिक्षा के अधिकार के लिए चलने वाले अभियानों का भी प्राथमिक शिक्षा के सार्वीकरण को मिल रही इस नयी रफ़्तार में अपना योगदान किया है।

कक्षा के अन्दर

इन बातों को दर्ज करने के साथ यह कहना भी ज़रूरी है कि भारत के ज़्यादातर बच्चों के लिए गुणवत्तापूर्ण शिक्षा अब भी मुहाल है। स्कूल में नामांकन मतलब यह नहीं लगाया जा सकता है कि बच्चे नियमित रूप से स्कूल आ ही रहे हैं। तक़रीबन हर जगह दिखा कि स्कूल के रजिस्टर में बच्चों की उपस्थिति उनके नामांकन के तादाद से कम है, और, मौक़ा–मुआयना पर गये पर्यवेक्षकों का कहना था कि वास्तविक उपस्थिति स्कूल रजिस्टर पर दर्ज संख्या से भी कम थी।

कक्षा में शैक्षणिक गतिविधियाँ भी बहुत कम होती हैं। इसकी एक वजह है शिक्षकों की कमी। नियुक्त किये गये शिक्षकों की संख्या में भारी वृद्धि के बावजूद, सर्वेक्षण के दायरे के स्कूलों में छात्र–शिक्षक अनुपात में बीते वक़्त के दरम्यान नाममात्र का सुधार हुआ है। एकल शिक्षक वाले स्कूलों का अनुपात पहले ही जितना है अर्थात् लगभग 12 फ़ीसदी। इसके अतिरिक्त, साल 2006 में, सर्वेक्षण के दिन यह भी दिखा कि शिक्षकों की ग़ैरहाज़िरी के कारण अतिरक्त 21 फ़ीसदी स्कूल एक ही शिक्षक के भरोसे चल रहे थे। करेले पर नीम चढ़ने की एक स्थिति यह भी है कि शिक्षक अक्सर देर से आते हैं और जल्दी चले जाते हैं। यहाँ तक कि शिक्षक अगर मौजूद हुए तब भी यह क़तई ज़रूरी नहीं कि वे पढ़ाने ही का काम कर रहे हों। नमूने के तौर पर चुने गये 50 फ़ीसदी स्कूलों में पर्यवेक्षकों ने पहुँचने पर देखा कि 1996 की तरह 2006 में भी वहाँ कोई शैक्षणिक गतिविधि नहीं हो रही थी।

यहाँ तक कि जिन कक्षाओं में पढ़ाई–लिखाई का काम चल रहा होता है उनमें भी छात्रों की शैक्षिक परिलब्धि का स्तर बहुत नीचे है। रट्टामार पढ़ाई का चलन है। मिसाल के लिए, बच्चों को गिनती या पहाड़ा या गणित के सूत्र किसी मन्त्र–जाप की तरह रटाये जाते हैं, वे बिना समझे उसे बार–बार दोहराकर याद करते हैं। अतः इसमें कोई अचरज की बात नहीं कि ज़्यादातर स्कूलों में बच्चे कुछ ख़ास सीख नहीं पाते। मिसाल के लिए, सर्वेक्षण में हमने देखा कि कक्षा 4 तथा 5 के आधे से भी कम बच्चे एक अंक के गुणा का सवाल या फिर 5 की संख्या से उसमें भाग देने का सवाल हल कर पा रहे हैं।

झटपट समाधान सम्भव नहीं

स्थिति में सुधार के कुछ 'झटपट समाधान' आजमाये गये लेकिन उनके नतीजे कुछ ख़ास नहीं रहे। ऐसे समाधानों में एक था 'संविदा शिक्षक' की नियुक्ति। राज्य सरकारें अक्सर मानकर चलती हैं कि संविदा शिक्षकों की नियुक्ति से शिक्षकों की तादाद कम लागत में बढ़ायी जा सकती है। सर्वेक्षण में जिन सरकारी स्कूलों का मुआयना किया गया उनमें संविदा शिक्षकों की तादाद कुल शिक्षकों में 40 फ़ीसदी थी। संविदा (कांट्रैक्ट) पर नियुक्त होने तथा इस सोच से कि ग्राम पंचायत ने स्थानीय निवासियों को ही शिक्षक के रूप में चुना है। संविदा शिक्षकों से यह उम्मीद भी पाली जाती है कि वे स्थायी शिक्षकों की तुलना में ज़्यादा जवाबदेही से काम करेंगे, लेकिन ऐसा हुआ नहीं है। संविदा शिक्षकों को पर्याप्त प्रशिक्षण नहीं मिलता और उन्हें वेतन भी कम मिलता है। इसका असर उनके शिक्षण की गुणवत्ता पर भी होता है। कुछ स्कूलों में वे निश्चित रूप से स्थायी शिक्षकों की तुलना में अधिक सक्रिय थे, लेकिन कुछ अन्य स्कूलों में यह भी दिखा कि संविदा शिक्षकों के गाँव के रसूखदार लोगों से सम्पर्क हैं और इस कारण वे शिक्षण कार्य को हल्के में लेते हैं।

स्कूल के प्रदर्शन में सुधार का दूसरा तरीक़ा सामुदायिक भागीदारी का अपनाया गया। यह भी झटपट समाधान का ही एक रूप है। इसका मक़सद स्कूलों के प्रबन्धन के विकेन्द्रीकरण को बढ़ावा देना है। सर्वेक्षण में नमूने के तौर पर चुने गये अधिकतर स्कूलों में एक ग्राम शिक्षा समिति (वी.ई.सी.) या इस तरह की कोई अन्य समिति मौजूद थी। ज़्यादातर मामलों में, इन समितियों ने स्कूल के बुनियादी ढाँचे को सुधारने, संविदा शिक्षकों का चयन करने और मिड–डे मील की निगरानी करने में मदद की है। हालाँकि, शैक्षणिक गतिविधि को सुधारने में ये समितियाँ कम कारगर साबित हुई हैं। ज़्यादातर समितियों में ताक़त अध्यक्ष (आमतौर पर सरपंच) और सचिव (अमूमन प्रधानाध्यापक) के हाथ में रहती है और इन्हें ही सबसे पहले जवाबदेह ठहराया जाना चाहिए। अपवाद के तौर पर अगर अभिभावक–शिक्षक संघ (पैरेंट्स टीचर एसोसिएशन या पी.टी.ए.) को छोड़ दें तो फिर यह दिखता है कि इन समितियों में छात्रों के माता–पिता का प्रतिनिधित्व नाममात्र का है और उनकी सक्रिय भागीदारी भी न के बराबर

है। सर्वेक्षण में ऐसे कई उदाहरण मिले जहाँ समिति के सदस्यों को यह भी नहीं पता था कि उनका नाम समिति में शामिल है या नहीं।

कक्षा में चलने वाली शैक्षणिक गतिविधियों को नये सिरे से गति प्रदान करने में सामुदायिक भागीदारी की अहमियत को नकारना यहाँ हमारा मक़सद नहीं। लेकिन सक्रिय और कारगर सामुदायिक प्रतिभागिता के लिए सिर्फ़ दिखावे भर के लिए समिति बनाने से काम नहीं चलता, इसके लिए कुछ और भी ज़रूरी है। ख़ासकर भारत सरीखे देश में जहाँ सामाजिक परिदृश्य बहुत ज़्यादा विभाजित और असमानता से भरा है।

झटपट समाधान का तीसरा रूप है निजी स्कूलों पर निर्भरता। शहरी और ग्रामीण इलाक़ों में निजी स्कूलों की बढ़वार से यह धारणा बलवती होती है कि समाधान भी निजी स्कूल ही है। बहरहाल, साक्ष्यों पर बारीकी से ग़ौर करें तो यह धारणा सही नहीं उतरती। निजी स्कूलों की गुणवत्ता में बहुत ज़्यादा अन्तर है और जो निजी स्कूल कुछ सस्ते हैं (और इस नाते ग़रीब परिवारों की पहुँच के भीतर हैं) उनकी हालत सरकारी स्कूलों से बेहतर नहीं। स्कूल की तरफ़ बच्चों को आकर्षित करने में कामयाब होने का मतलब हमेशा यह नहीं होता कि उस स्कूल में पढ़ाई का स्तर भी ऊँचा है। ऐसे कुछ स्कूल बच्चों के अभिभावकों की अज्ञानता का भी फ़ायदा उठाते हैं। मिसाल के लिए, वे गुमराह करने वाला यह दावा जता सकते हैं कि उनके स्कूल में 'अंग्रेज़ी माध्यम' से पढ़ाई होती है। इसके अतिरिक्त, निजी स्कूलों वाली व्यवस्था का मतलब होता है शिक्षा के अवसर की रक़म का भुगतान करने की क्षमता पर निर्भर होना। यानी निजी स्कूलों की व्यवस्था अपनी बनावट में ही असमानता को बढ़ावा देने वाली है। निजी स्कूलों वाली व्यवस्था में लड़कियाँ हाशिए पर चली जाती हैं : साल 2006 के सर्वेक्षण से पता चला कि निजी स्कूलों में दाख़िला लेने वाले बच्चों में 74 फ़ीसदी तादाद लड़कों की है (जबकि सरकारी स्कूल में दाख़िला लेने वाले बच्चों में लड़कों की तादाद 51 फ़ीसदी थी)। इसलिए, निजी स्कूल प्राथमिक शिक्षा के सार्वीकरण के मुख्य मक़सद को ही बाधित करता है। प्राथमिक शिक्षा के सार्वीकरण का मुख्य मक़सद है भारतीय समाज में वर्ग, जाति और लिंग के भेदभाव को तोड़ना।

हाल के वक़्त में निजी स्कूल कुकुरमुत्ते की तरह बढ़े हैं, लेकिन इसके बावजूद साल 2006 में सर्वेक्षण के लिए नमूने के रूप में चयनित घरों के स्कूल जाने वाले 80 फ़ीसदी बच्चों का दाख़िला सरकारी स्कूल में था और

यही स्थिति 1996 के सर्वेक्षण में भी दिखी थी। यह स्थिति अगले कुछ सालों तक जारी रहेगी और ठीक इसी कारण सरकारी स्कूलों में शैक्षणिक गतिविधि के स्तर में सुधार के मोर्चे पर तुरन्त कुछ करने की ज़रूरत है, हार मानकर बैठे रहना ठीक नहीं।

1996 के आधारभूत सर्वेक्षण की तरह, 2006 में इसके सहायक के तौर पर हुए परवर्ती अध्ययन में हिमाचल प्रदेश को लेकर एक अलग सर्वेक्षण किया गया था और इससे सामने आया कि वहाँ स्कूलों की स्थिति बहुत बेहतर है। उदाहरण के लिए, 6–12 वर्ष के आयु वर्ग के कुल बच्चों में से 99 प्रतिशत बच्चों का स्कूलों में दाख़िला था और 92 प्रतिशत नामांकित बच्चे सर्वेक्षण के दिन स्कूल में मौजूद थे, जबकि अन्य राज्यों में ऐसे बच्चों की तादाद केवल 66 प्रतिशत थी। हिमाचल प्रदेश के स्कूलों में शैक्षणिक गतिविधि भी आला दर्जे की थी। इसके अलावा, ग्राम शिक्षा समिति (वी.ई.सी.) तथा अभिभावक–शिक्षक संघ (पी.टी.ए.) भी सामान्य तौर पर कामकाज के मोर्चे पर सक्रिय थे। हिमाचल प्रदेश की यह सफलता किसी झटपट समाधान पर आधारित नहीं है, बल्कि इसमें एक पारम्परिक स्कूल शिक्षा प्रणाली के ज़िम्मेदारी भरे प्रबन्धन का हाथ है। ऐसी शिक्षा प्रणाली जो सरकारी स्कूल और नियमित शिक्षकों पर आधारित है और जिसे छोड़ा सहारा समतापूर्ण सामाजिक परिवेश का भी मिला है।

भविष्य

1999 में प्रकाशित प्रोब रिपोर्ट के अन्तिम अध्याय का शीर्षक था, 'चेंज इज़ पॉसिबल' अर्थात् बदलाव मुमकिन है। कई मायनों में यह दावा सही साबित हो गया है। बीते दस सालों में स्कूली शिक्षा प्रणाली में बहुत कुछ वास्तव में बदल गया है और यह बेहतरी भरा बदलाव है। वक़्त की ज़रूरत सकारात्मक बदलाव की गति को संजोने और इसे नये क्षेत्रों में विस्तार देने की है, ख़ासकर कक्षा में होने वाली शैक्षणिक गतिविधि तथा शिक्षा की गुणवत्ता के मोर्चे पर लागू होने जा रहा शिक्षा का अधिकार अधिनियम मददगार हो सकता है, लेकिन पहला क़दम यह है कि भारतीय बच्चों के साथ हो रहे घोर अन्याय को अब और बर्दाश्त नहीं किया जाये। यह अन्याय ही तो है कि बच्चे बेकार की कक्षाओं में रोज़ाना उदासी और उबासी से भरे बैठे–बैठे अपना दिन जाया करते हैं।

छह साल से कम उम्र के बच्चों की प्रगति*

भारत में कोई भी सामाजिक कार्यक्रम समेकित बाल विकास योजना (आई.सी.डी.एस.) से ज़्यादा रोमांचक, ज़्यादा अहम या सम्भावनाशील नहीं। रंगीन और जीवन्त आँगनबाड़ी जहाँ छोटे बच्चों को न केवल पौष्टिक भोजन का स्वाद बल्कि सीखने की ख़ुशी भी हासिल होती है—पूरे गाँव के लिए आशा की एक किरण है। स्थानीय महिलाओं द्वारा प्रबन्धित इन साधारण से जान पड़ते परिसरों में भारतीय बच्चों या फिर यों कहें कि देश के भविष्य को आकार दिया जा रहा है।

इतना कहने के बाद यह दर्ज करना भी यहाँ ज़रूरी है कि आई.सी.डी.एस. भारत की सबसे उपेक्षित योजनाओं में से एक है। इससे पहले के लेख में फ़ोकस ऑन चिल्ड्रेन अंडर सिक्स (एफ.ओ.सी.यू.एस.) रिपोर्ट की जो चर्चा आयी है उसका एक मुख्य सन्देश यह भी है। इस रिपोर्ट के जारी होने के कुछ दिन पहले, 13 दिसम्बर, 2006 को सर्वोच्च न्यायालय ने आई.सी.डी.एस. को लेकर दूरगामी महत्त्व का आदेश जारी किया। आदेश में छह वर्ष से कम आयु के सभी बच्चों को आई.सी.डी.एस. की सभी सेवाओं का हक़दार घोषित किया गया। भारत सरकार को निर्देश दिया गया कि वह आँगनबाड़ियों की तादाद 7 लाख से बढ़ाकर 14 लाख करें। मोटा–मोटी कहें तो हर बस्ती में एक)। बस्ती में छह साल से कम उम्र के कम–से–कम चालीस बच्चे होने चाहिए, लेकिन यह भी कहा गया कि कोई भी आँगनबाड़ी माँग के आधार पर मुहैया न करायी जाये।

ये आदेश आई.सी.डी.एस. को नये सिरे से गति देने के एतबार से बहुत मददगार थे। स्कूलों की तरह आँगनबाड़ियों को भी हर गाँव के लिए एक ज़रूरी सुविधा के रूप में स्वीकार किया गया था। आई.सी.डी.एस. पर सरकारी ख़र्चे में इज़ाफ़ा हुआ और योजना पर सार्वजनिक बहस तथा लोकतान्त्रिक राजनीति में अधिक ध्यान देना शुरू हुआ। व्यावसायिक हितों की ओर से योजना को निशाना बनाने की बारम्बार कोशिश हुई, लेकिन इन कोशिशों का प्रतिकार भी बड़े जोशो–ख़रोश से किया गया। 'आई.सी.डी.एस. के पुनर्गठन' को लेकर भी जीवन्त चर्चा चली और इससे दिशा–निर्देशों में बड़े काम के सुधार सामने आये।

---

* सितम्बर, 2016।

इस परिदृश्य के बरक्स हाल ही के प्रोग्रेस नम्बर चिल्ड्रेन अंडर सिक्स (पोकस) रिपोर्ट के निष्कर्ष अपेक्षाकृत उत्साहजनक कहे जायेंगे। यह रिपोर्ट 'फ़ोकस' सर्वेक्षण में शामिल ज़िलों में दस साल बाद (2014) दोबारा हुए सर्वेक्षण पर आधारित है और गुणवत्ता के मामले में आये अहम सुधारों के संकेत करती है। पहले के सर्वेक्षण में सुस्त नज़र आये दो राज्य (छत्तीसगढ़ और राजस्थान) अब 2014 में आई.सी.डी.एस. के मोर्चे पर बहुत अच्छा कर रहे हैं, लेकिन अफ़सोस की बात है कि उत्तर प्रदेश अब भी बहुत पीछे है। फ़ोकस सर्वेक्षण में शामिल छह राज्यों को एक साथ लेकर देखें तो कुछ महत्त्वपूर्ण मोर्चों पर उल्लेखनीय सुधार नज़र आता है, जैसे भोजन की मात्रा और गुणवत्ता, बच्चों की उपस्थिति में निरन्तरता, बच्चों के वृद्धि सम्बन्धी ब्यौरे का रखरखाव तथा इससे जुड़े अन्य मामले। मिसाल के लिए ग़ौर करें कि सर्वेक्षण में नमूने के तौर पर शामिल कितनी महिलाओं ने कहा कि उनका बच्चा नियमित रूप से आँगनबाड़ी में आता है या यह कि आँगनबाड़ी में टीकाकरण की सेवा मुहैया करायी जाती है अथवा यह कि आई.सी.डी.एस. के तहत प्रदान की जा रही पूर्व–विद्यालयी शैक्षिक गतिविधियों से उनके बच्चों को फ़ायदा हो रहा है। इनमें से प्रत्येक मामले में 2014 में सकारात्मक उत्तर देने वाली महिलाओं का अनुपात 80 प्रतिशत रहा जबकि 2004 में ऐसा कहने वाली महिलाओं की संख्या 40 से 50 प्रतिशत के बीच थी। इसी तरह, आई.सी.डी.एस. को अपने बच्चे के 'कल्याण के लिए महत्त्वपूर्ण' बताने वाली महिलाओं का अनुपात 2004 के 48 प्रतिशत से बढ़कर 2014 में 84 प्रतिशत पर पहुँच गया। तेज़ी से हो रहे मात्रात्मक विस्तार के दौरान ही गुणात्मक सुधार भी आया है–यह एक अच्छी ख़बर है। मात्रात्मक विस्तार की ज़रूरत आने वाले समय में जब कम हो जायेगी तो गुणात्मक सुधार के लिए सम्भव है और ज़्यादा राह खुले।

हाल के रैपिड सर्वे ऑन चिल्ड्रेन 2013–14 (आर.एस.ओ.सी) के तथ्यों से भी यह बात साबित होती है कि आई.सी.डी.एस. में प्रगति भले धीमी गति से हो रही है लेकिन यह प्रगति लगातार हो रही है। पोषक भोजन मुहैया कराना, बच्चों के वृद्धि–चार्ट का रखरखाव, आँगनबाड़ियों में बच्चों के लिए स्कूल–पूर्व की शैक्षणिक गतिविधियाँ जैसी अच्छी आदतें देश के एक बड़े हिस्से में सामान्य बर्ताव का रूप लेती जा रही हैं। मिसाल के लिए, किसी आँगनबाड़ी के प्रबन्धन का काम ठीक तरह से हो रहा है

या नहीं, इसे जानने का एक अच्छा तरीक़ा है यह देखना कि वहाँ बच्चों की वृद्धि से सम्बन्धित चार्ट की क्या हालत है? चार्ट को भली–भाँति रखा जा रहा है या नहीं। आर.एस.ओ.सी. सर्वेक्षण के मुताबिक़ बीस बड़े राज्यों में से बारह राज्यों में मामला बिल्कुल ऐसा ही दिखा। इन बारह राज्यों में छत्तीसगढ़, ओड़िशा तथा पश्चिम बंगाल के साथ–साथ वे राज्य भी शामिल हैं जिन्हें अमूमन विकास के हर मोर्चे पर पिछड़ा माना जाता है

बेशक, अभी बहुत ज़्यादा कमी बरकरार है ख़ासकर, बिहार और उत्तर प्रदेश जैसे राज्यों में। हालाँकि पिछड़े राज्यों में भी आई.सी.डी.एस. से सम्बन्धित सूचकांकों में सुधार के संकेत मिलने लगे हैं। मिसाल के लिए, बिहार ने 2005–06 और 2013–14 के बीच बाल टीकाकरण और प्रसवपूर्व देखभाल के कवरेज़ में सबसे ज़्यादा प्रगति की है। हाँ, यह ज़रूर है कि जिस आधार से बिहार ने इस मोर्चे पर सुधार शुरू किया वह पहले से ख़ास ऊँचाई पर नहीं था।

एक और अनुभव गहरी दिलचस्पी का विषय हो सकता है। यह ओड़िशा से सम्बन्धित है। ओड़िशा भारत के सबसे ग़रीब राज्यों में शुमार है और राजकाज के मामले से भी इसे कोई आदर्श राज्य नहीं माना जाता। रैंडम (यादृच्छिक) आधार पर चयनित ओडिशा के चार ज़िलों की लगभग 50 आँगनबाड़ियों के एक हालिया सर्वेक्षण में हमने देखा कि आँगनबाड़ियाँ नियमित रूप से खुल रही हैं और निर्धारित ज़्यादातर सेवाएँ वहाँ से फ़राहम की जा रही हैं। पूरक पोषाहार देना दैनंदिन का हिस्सा है। मेनू भी बेहतर है और सप्ताह में दो या तीन बार बच्चों के खाने में अण्डा शामिल रहता है। स्कूल–पूर्व की शिक्षा जड़ पकड़ रही है : तीन–चौथाई से ज़्यादा आँगनबाड़ियों में बच्चे कविता सुनाने में सक्षम हो चले थे, पर्यवेक्षकों के कहने पर बच्चों ने कविता सुनायी। बच्चों की वृद्धि की निगरानी, टीकाकरण, और प्रसव–पूर्व देखभाल जैसी स्वास्थ्य सेवाएँ ए.एन.एम. (सहायक नर्स मिडवाइफ) तथा आशा कर्मियों (मान्यता प्राप्त सामाजिक स्वास्थ्य कार्यकर्ता) के सहयोग से नियमित रूप से प्रदान की जा रही थी। इसके अलावा, ओडिशा ने तीन साल से कम उम्र के बच्चों के लिए घर–घर राशन मुहैया कराने का एक विकेन्द्रित उत्पादन–मॉडल का भी विकास किया है। इसमें महिलाओं के स्वयं सहायता समूहों को शामिल किया जाता है। ओडिशा में घर पहुँचाए जाने वाले भोजन में न सिर्फ़ छोटे बच्चों के लिए बल्कि गर्भवती और स्तनपान कराने वाली

महिलाओं के लिए भी अण्डे मुहैया कराये जाते हैं। नयी पहल के रूप में यह बहुत महत्त्वपूर्ण है : पोषण के एतबार से तीन साल से कम उम्र के बच्चे सबसे महत्त्वपूर्ण आयु वर्ग के माने जाते हैं, लेकिन फिलहाल आई.सी.डी.एस. में तीन से छह वर्ष के आयु वर्ग के बच्चों पर ही अधिक ज़ोर दिया जा रहा है।

उल्लेखनीय है, भारत में बच्चों के कल्याण के निमित्त आई.सी.डी.एस. की सेवाओं का जो प्रभाव (या सम्भावित प्रभाव) रहा है उसे लेकर हाल के वर्षों में महत्त्वपूर्ण सबूत सामने आये हैं। मिसाल के लिए, बच्चों के पोषण तथा शिक्षा पर आई.सी.डी.एस. के सकारात्मक प्रभाव के कुछ साक्ष्य इकोनॉमिट्री के हैं। ये साक्ष्य गौतम हजारिका, मोनिका जैन, ईशानी काण्डपाल, नित्या मित्तल, अरिनन्दम नन्दी और उनके सहयोगियों के हाल के अध्ययनों से सामने आये हैं। हाल के इंडिया ह्यूमन डेवलपमेंट सर्वे (2011–12) और आर.एस.ओ.सी के निष्कर्षों से भी पता चलता है कि 2005–2006 (तीसरे राष्ट्रीय परिवार स्वास्थ्य सर्वेक्षण के लिए सन्दर्भ वर्ष) के बाद बाल विकास सूचकांकों की प्रगति तीव्रतर रही है। बहुत सम्भव है, इसमें राष्ट्रीय ग्रामीण स्वास्थ्य मिशन जैसी सम्बन्धित पहलों के साथ–साथ आई.सी.डी.एस. का भी योगदान हो।

अफ़सोस की बात है कि भारत सरकार आई.सी.डी.एस. के मोर्चे पर अपने क़दम पीछे खींच रही है और दिसम्बर 2006 के सर्वोच्च न्यायालय के पहले के वक़्त में लौट जाने को आतुर है। साल 2015–16 के केन्द्रीय बजट में आई.सी.डी.एस. के फंड में 50 प्रतिशत या इससे अधिक की कटौती हुई। हालाँकि बाद के वक़्त में व्यापक आलोचना को देखते हुए इसे वापस ले लिया गया (स्वयं सरकार की महिला और बाल विकास मन्त्री मेनका गाँधी ने भी कटौती से असन्तोष जताया था)। कटौती को न्यायसंगत ठहराने के लिए तर्क दिया गया कि चौदहवें वित्त आयोग की सिफ़ारिशों का अनुसरण करते हुए करों के विभाज्य पूल में राज्य सरकारों का हिस्सा 32 से 42 प्रतिशत तक बढ़ा दिया गया है। लेकिन तर्क से यह स्पष्ट नहीं होता कि आख़िर गाज बच्चों के कार्यक्रमों (न केवल आई.सी.डी.एस. बल्कि मिड–डे मील पर भी) पर ही सबसे ज़्यादा ज़ोर से क्यों गिरी? फंड कटौती के इस क़दम ने केन्द्र सरकार की सामाजिक प्राथमिकताओं को लेकर एक बुरा संकेत दिया और आगे के वक़्त में

इसका बहुत नुक़सान हो सकता है। कुछ राज्य सरकारों, ख़ासकर ओडिशा प्रान्त की सरकार ने बजट कटौती के भयावह नतीजों के प्रति आगाह करते हुए कड़े शब्दों में इसकी शिकायत की है।

इन झटकों के मद्देनज़र बच्चों के अधिकारों के लिए उठ खड़ा होना पहले से ज़्यादा अब ज़रूरी हो चला है। बच्चों के अधिकारों के दायरे में आई.सी.डी.एस. के ज़रिये प्रदान की जा रही सेवा–सुविधाएँ–पोषण, स्वास्थ्य देखभाल और पूर्व–विद्यालयी शिक्षा शामिल है। आशा जगाने वाली एक बात यह है कि केन्द्र सरकार तो अपने क़दम मोर्चे से पीछे हटा रही है लेकिन राज्य स्तर पर प्रगति जारी है। उदाहरण के लिए, कई राज्य अब आँगनबाड़ियों में अण्डे परोस रहे हैं। ऐसे राज्यों में आन्ध्र प्रदेश, ओडिशा, तमिलनाडु, तेलंगाना, पश्चिम बंगाल और यहाँ तक कि बिहार भी शामिल है। आई.सी.डी.एस. की मुख्य गतिविधि के रूप में प्री–स्कूल शिक्षा पर भी पहले की तुलना में ध्यान बढ़ा है। उत्तर प्रदेश ने अब पंजीरी बाँटने के चलन से तौबा कर लिया है और वहाँ तीन से छह साल की उम्र के बच्चों को पकाया हुआ भोजन मिलने लगा है। प्रगति की दिशा में प्रगति ये सब छोटे क़दम हैं। छह साल से कम उम्र के बच्चों की घोर उपेक्षा (ज़ीवन में स्वास्थ्य और कल्याण के एतबार से सबसे महत्त्वपूर्ण आयु वर्ग) अपने व्यापक स्वरूप में जारी है। लेकिन पिछले दस वर्षों में इस क्षेत्र में तेज़ प्रगति की सम्भावनाएँ नज़र आयी हैं। और, बहुत सम्भव है, आई.सी.डी.एस. को लेकर केन्द्र सरकार अपने उदासीनता के रुख़ से आगे के वक़्त में पलट जाये।

नोट

वर्ग–संघर्ष–यह लेख प्रोब रिपोर्ट पर आधारित है (द प्रोब टीम, 1999)। आलेख का एक विस्तृत रूप समान शीर्षक से इंडिया टुडे में कवर स्टोरी के रूप में 12 अक्तूबर, 1997 को छपा। साक्षरता से सम्बन्धित आँकड़े भारत की दशवार्षिक जनगणना से लिए गये हैं।

तमिलनाडु में लोक–कल्याणकारी राज्य–तमिलनाडु में लोक कल्याणकारी राज्य पर आगे की चर्चा के लिए कृपया देखें द्रेज एंड सेन 2013, विवेक एस. 2015 तथा इनमें बताये गये पहले के अध्ययन।

छह साल से कम उम्र के बच्चे नज़र से परे–यह लेख फ़ोकस सर्वेक्षण डेटा के आरम्भिक आकलन पर आधारित है। आई.सी.डी.एस. तथा

फ़ोकस सर्वे पर विस्तृत चर्चा के लिए देखें सिटिजन्स एनिशिएटिव फ़ॉर द राइट्स ऑफ़ चिल्ड्रेन अंडर सिक्स 2006, तथा द्रेज 2006।

शिक्षा और संघर्ष–यह तथा अन्य 2011 पर आधारित है जो प्रोब रिपोर्ट के अनुवर्ती अध्ययन के रूप में प्रकाशित हुआ था। लेख का एक लम्बा रूप फ्रंटलाइन में 14 मार्च, 2009 को छपा जिसका शीर्षक है 'एजुकेशन : रिपोर्ट कार्ड'। भारतीय छात्रों की शैक्षिक परिलब्धि पर विस्तृत सूचना इंडिया ह्यूमन डेवलपमेंट सर्वे, प्रथम एनुअल स्टेटस ऑफ़ एजुकेशन रिपोर्ट तथा एन.सी.ई.आर.टी. के नेशनल एचीवमेंट सर्वे में उपलब्ध है।

छह साल से कम उम्र के बच्चों की प्रगति : यह लेख प्रोग्रेस ऑफ़ चिल्ड्रेन अंडर सिक्स रिपोर्ट (सेंटर फ़ॉर इक्विटी स्टडीज़, 2016) तथा आर.एस.ओ.सी. 2013–14 के फैक्ट–शीट पर आधारित है। ओड़िशा में हुए सर्वेक्षण पर चर्चा खेरा 2015 में उपलब्ध है। आई.सी.डी.एस. की बजट कटौती के बारे में मेनका गाँधी ने जो आलोचना की थी (साथ ही उनका यह कथन कि 'कटौती के कारण अब मामला कुछ ऐसा बन पड़ा है कि हर महीने पता ही नहीं रहता कि पारिश्रमिक दे पायेंगे कि नहीं') उसे रायटर समाचार एजेंसी ने रिपोर्ट के तौर पर पेश किया था। भारतीय मीडिया में इस पर ख़ूब चर्चा हुई। आई.सी.डी.एस. को लेकर हुए हाल के इकोनॉमीट्रिक अध्ययन के लिए देखें द्रेज एंड खेरा, 2017। साल 2005–06 से 2013–14 के बीच हुई प्रगति के लिए देखें सिन्हा 2015 तथा इस पुस्तक का खण्ड 4।

6
रोज़गार गारंटी

भारत का राष्ट्रीय ग्रामीण रोज़गार गारंटी अधिनियम (नरेगा) इस सहज–सी धारणा पर आधारित है कि जिन लोगों के पास जीविका का कोई बेहतर साधन नहीं है, उन्हें स्थानीय स्तर पर होने वाले सार्वजनिक कार्य में न्यूनतम मज़दूरी पर काम पाने का अधिकार होना चाहिए। अधिनियम के तहत अन्य महत्त्वपूर्ण अधिकारों में पन्द्रह दिनों के भीतर मज़दूरी का भुगतान, कार्यस्थल पर कामकाज की बुनियादी सुविधाएँ और काम न मिलने पर बेरोज़गारी भत्ता देना शामिल है। यह अधिनियम कई उपयोगी उद्देश्यों की पूर्ति कर सकता है, जैसे आर्थिक सुरक्षा को बढ़ाना, ग्रामीण महिलाओं को सशक्त बनाना, ग्राम सभाओं को सक्रिय करना, पर्यावरण की रक्षा करना, संकट की स्थिति में होने वाले पलायन को रोकना, उत्पादक परिसम्पदा का सृजन तथा लोगों के बीच सामाजिक समता को बढ़ावा देना।

नरेगा के शुरुआती साल आशा और प्रगति के रहे। कार्यक्रम के शुरू होने के कुछ महीनों के भीतर (2 फरवरी, 2006 को), लाखों श्रमिकों को नरेगा के काम में रोज़गार मिला। जिन महिलाओं ने कभी ख़ुद से आय अर्जित नहीं की थी उन्हें अपने पास–पड़ोस में ही न्यूनतम मज़दूरी पर काम करने का मौक़ा मिला। ग्रामसभाएँ धीरे–धीरे उन क्षेत्रों में अपनी जीवन्त मौजूदगी जताने लगीं, जहाँ वे शायद ही पहले कभी देखी–सोची गयी थीं। हज़ारों की तादाद में स्वयंसेवी संगठनों ने जागरूकता अभियान, सामाजिक अंकेक्षण (ऑडिट) और नरेगा से सम्बन्धित अन्य गतिविधियों की शुरुआत की। भ्रष्टाचार से हर क़दम पर लड़ाई लड़ी गयी। लग रहा था कि धीरे–धीरे ही सही लेकिन निश्चित तौर पर वक़्त गुज़रने के साथ हालात सुधरते चले जायेंगे, आशा बलवती होती जायेगी।

पाँच साल बीतने के बाद अब नरेगा के मोर्चे पर कुछ उपलब्धियों का दावा किया जा सकता है। रोज़गार का आँकड़ा एकदम ही बढ़वार पर है

: आधिकारिक आँकड़ों के मुताबिक़ साल 2011–12 में 219 करोड़ व्यक्ति दिवस रोज़गार का सृजन हुआ जो इस वर्ष के लिए स्वतन्त्र रूप से कराये गये सर्वेक्षणों में भी झलकता है...[1] नरेगा में ज़्यादातर महिला श्रमिकों को काम मिला (अर्थव्यवस्था में रोज़गार के लिहाज़ से इनका हिस्सा बहुत कम है) और नरेगा के काम में लगे मज़दूरों में आधे से अधिक दलित या आदिवासी समुदाय के थे। इसके अतिरिक्त, नरेगा एक अन्य रूप में ग्रामीण मज़दूरों के लिए सहायक सिद्ध हुआ, नरेगा के कारण बाज़ार की मज़दूरी में कुछ इज़ाफ़ा हुआ। आलेख में ऊपर जो मक़सद गिनाये गये हैं उनके एतबार से भी बेहतरी आयी है और आगे ऐसा होना जारी है।

शुरुआती तौर पर कुछ आसान सफलताएँ तो मिल गयीं। कुछ फल एकदम हाथ की दूरी पर लटके हुए थे और कुछ बस इतने ऊँचे थे कि उछाल मारकर उन्हें हाथ में ले लिया जाये। अतः नरेगा के क्रियान्वयन के शुरुआती सालों में कामयाबी की ऐसी फ़सल काट ली गयी, लेकिन शुरुआती चरण में ही यह स्पष्ट हो गया था कि नरेगा को अभी 'जवाबदेही' के एतबार से लम्बा रास्ता तय करना है और इस खण्ड के पहले लेख में आपको इसी की चर्चा मिलेगी कि राज्य ग्रामीण श्रमिकों के प्रति अपने को किस हद तक जवाबदेह बना पाया है। इसके लक्षण दिख रहे हैं : मज़दूरों के अधिकारों का दैनंदिन हनन हो रहा है। मज़दूरी के भुगतान में देरी से लेकर माँगने पर काम का न मिलना तक ऐसे ही उल्लंघन के उदाहरण हैं। जवाबदेही की कमी के जो नतीजे सामने आये हैं उनमें क्रियान्वयन से जुड़ी समस्याओं जैसे निरन्तर जारी भ्रष्टाचार और नरेगा के अन्तर्गत सृजित परिसम्पदा की गुणवत्ता में कमी को उदाहरण के रूप में गिनाया जा सकता है...

जवाबदेही से जुड़ा यह पक्ष नरेगा से नत्थी एक गहरा विरोधाभास या कह लें, तनाव का संकेतक है। नरेगा श्रमिकों का पक्षधर क़ानून है, लेकिन इसे एक श्रमिक–विरोधी व्यवस्था द्वारा लागू किया जाना है। एक ऐसी व्यवस्था जो आमतौर पर हाशिए के लोगों और ख़ासतौर पर ग्रामीणों मज़दूरों के प्रति उदासीन है। आप चाहें तो कह लें कि व्यवस्था का इन लोगों

1. देखें इस खण्ड का अन्तिम लेख। आधिकारिक रोज़गार के आँकड़े प्रति वर्ष 200 करोड़ व्यक्ति–दिन से ऊपर बने हुए हैं (साल 2014–15 को छोड़कर जब बजट पर आयद सीमा के कारण रोज़गार की तादाद तेज़ी से कम हुई), लेकिन लेखन के समय के नवीनतम स्वतन्त्र अनुमान 2011–12 जैसी ही स्थिति की सूचना दे रहे हैं।

से कोई वैर भाव नहीं है, लेकिन उदासीनता को आप लक्ष्य कर सकते हैं। आमतौर पर देखें तो सरकारी अधिकारियों और नरेगा के मज़दूरों के बीच एक बड़ी सामाजिक दूरी क़ायम है। बहुत मुमकिन है कि एक जूनियर इंजीनियर (कनिष्ठ अभियन्ता) नरेगा श्रमिकों के फ़ायदे के लिए ओवरटाइम काम करने की जगह नरेगा के धन को हेराफेरी से निकालने के तरीक़े तलाशना अपने लिए ठीक समझे। मज़दूरी के भुगतान में देरी की समस्या लम्बे समय से बनी चली आ रही है जो व्यवस्था के इसी पक्ष की तरफ़ संकेत करती है। पीड़ित कठिनाइयाँ झेलते हैं, लेकिन पंचायत सचिव, प्रखण्ड विकास अधिकारी तथा ऐसे ही अन्य अधिकारियों पर इन कठिनाइयों का शायद ही कोई असर होता है जबकि वे मज़दूरी के भुगतान की प्रक्रिया को अपनी सक्रियता से तेज़ कर सकने की स्थिति में हैं।

अधिनियम में जवाबदेही से सम्बन्धित प्रावधानों को शामिल किया गया था, जैसे कि बेरोज़गारी भत्ता, जुर्माने की व्यवस्था और देरी से मज़दूरी का भुगतान होने की स्थिति में मुआवज़ा। लेकिन यह प्रावधान सरकार के नियन्त्रण में है इसलिए उन्हें चुपचाप नज़रअन्दाज़ कर दिया जाता है या फिर नकारा बना दिया जाता है। क़ानूनी प्रणाली (शिकायत निवारण का एक सम्भव तरीक़ा) बहुत कम मददगार है, क्योंकि यह आम मज़दूरों की पहुँच के बाहर है। दरअसल, एक उल्लेखनीय तथ्य यह भी है कि नरेगा को लागू हुए दस साल हो गये, लेकिन एक भी श्रमिक अधिनियम के तहत अपने अधिकारों का दावा लेकर अदालत का दरवाज़ा खटखटाने नहीं पहुँचा है।

जब अधिनियम बना तो उम्मीद यह की गयी थी कि श्रमिक संगठन जवाबदेही का वातावरण बनाने में मददगार साबित होंगे। बहरहाल, यह संगठनात्मक प्रक्रिया धीमी और छिटपुट साबित हुई है। इसका एक कारण यह है कि औपचारिक क्षेत्र के श्रमिकों के विपरीत नरेगा के मज़दूरों के पास मोल–भाव की वास्तविक ताक़त न के बराबर है। इसके बिना उन्हें संगठित कर पाना मुश्किल है, और सामूहिक संगठन के अभाव में नरेगा के मज़दूर राज्यसत्ता की दया पर निर्भर है। यह किसी दुष्चक्र से कम नहीं।

कम जवाबदेही का यह बुनियादी मुद्दा और कई रूपों में ज़ाहिर होता इसका असर आज भी नरेगा को सता रहा है। इस बीच, केन्द्र सरकार ने क्रियान्वयन के मोर्चे पर समस्या के समाधान के लिए ऊपर के सिरे

से चीज़ों को दुरुस्त करने का रवैया अपनाया है। जिसकी मिसाल है : डिजिटलीकरण, ई–मस्टर रोल, आधार–सक्षम भुगतान, जियो–टैगिंग आदि। ये उपाय कहाँ तक सफल होंगे यह बहस का विषय है लेकिन व्यक्तिगत रूप से मैं इन उपायों की कामयाबी को लेकर तनिक शंकित हूँ। दरअसल, अगर इन उपायों से नरेगा में हाल के सालों में फिर से भ्रष्टाचार की वापसी हो जाये तो मुझे कोई अचरज नहीं होगा (साल 2011–12 तक नरेगा से भ्रष्टाचार की विदाई हो चली थी, कम–से–कम नरेगा से जुड़े ख़र्चे के मोर्चे पर)। बढ़ता केन्द्रीकरण और नरेगा की जटिलता अपने तईं भी समस्या पैदा कर रहे हैं। इन चुनौतियों के बाबत इस पुस्तक में चर्चा नहीं की गयी है लेकिन नरेगा के भविष्य पर ये नयी चुनौतियाँ किसी साये की तरह मँडरा रही हैं।

इस खण्ड में जो लेख दिये गये हैं वे एक विशाल फलक पर फैले मसले को सिर्फ़ ऊपरी तौर पर टोहने–टटोलने का काम करते हैं। मैं बस यही उम्मीद पाल सकता हूँ कि इन लेखों को पढ़ने पर आगे और ज़्यादा जानने की ललक पैदा होगी। हाँ, लगे हाथों यहाँ मेरे लिए यह स्पष्ट करने का मौक़ा है कि भारतीय मीडिया ने नरेगा के रचयिता के रूप में मेरी भूमिका को बहुत बढ़ा–चढ़ाकर पेश किया है। पत्रकार झट से किसी एक को मुख्य किरदार गिनाने लगते हैं, लेकिन नरेगा एक सोच के रूप में सामूहिक़ प्रयासों की देन है। अगर नरेगा के वास्तुकार के तौर पर किसी की पहचान करनी हो, तो निश्चित रूप से हमें निखिल डे का नाम लेना होगा जिन्होंने नरेगा के नियमों–प्रावधानों के बारे में सबसे ज़्यादा सोचा। हाँ, नियमों–प्रावधानों को लिखित रूप देने में मैंने मदद ज़रूर की है। हमने महाराष्ट्र के रोज़गार गारंटी अधिनियम (जो 1970 के दशक की शुरुआत के वक़्त का है) को सफ़र के शुरुआती मुक़ाम के रूप मे लिया और इसे सँवारकर अद्यतन रूप देते हुए राष्ट्रीय फलक के एक समर्थ क़ानून के रूप में तैयार किया। फिर इसका मसौदा बना और लोगों के बीच पहुँचा। यह मसौदा चर्चा और संशोधन की एक लम्बी प्रक्रिया से गुज़रा–पहले सम्बन्धित नागरिकों के बीच, फिर राष्ट्रीय सलाहक़ार परिषद् में और उसके बाद विभिन्न मन्त्रालयों और आख़िरकार संसद में। अन्तिम संस्करण, स्वाभाविक रूप से, पहले मसौदे से बहुत अलग था और ज़ाहिर है, यह अन्तिम रूप ज़्यादा बेहतर था।

सामाजिक दायित्व के रूप में रोज़गार*

राष्ट्रीय ग्रामीण रोज़गार गारंटी क़ानून का मसौदा राष्ट्रीय नीतिगत बहस के दायरे में हाल में कुछ यों दाख़िल हुआ है मानो हंसों की जमात के बीच कोई कौआ बैठा हो। रोज़गार गारंटी अधिनियम की माँग नयी नहीं है, लेकिन घटनाक्रम ही कुछ इतना अप्रत्याशित रहा कि यादों के किसी तहख़ाने में रख छोड़ा गया यह अधिनियम यकायक राजनीतिक एजेंडे के शीर्ष पर पहुँच गया है।

प्रस्तावित अधिनियम ग्रामीण क्षेत्रों में किसी को भी रोज़गार की क़ानूनी गारंटी देता है बशर्ते वह व्यक्ति वैधानिक न्यूनतम मज़दूरी पर शारीरिक मेहनत–मशक़्क़त की माँग करने वाले काम (दिहाड़ी पर) करने को तैयार हो। प्रस्तावित अधिनियम के अन्तर्गत अगर कोई वयस्क व्यक्ति काम के लिए अर्ज़ी डालता है तो वह स्थानीय स्तर पर चल रहे सार्वजनिक काम में 15 दिनों के भीतर काम पाने का हक़दार है। अगर ऐसा नहीं होता तो उसे बेरोज़गारी भत्ता दिया जायेगा। शुरुआती तौर पर प्रति परिवार प्रतिवर्ष 100 दिन के रोज़गार की गारंटी दी गयी है।

इस अधिनियम की ज़रूरत पर सवाल उठाया गया है। कहा जाता है कि क्या व्यापक फलक की रोज़गार योजनाएँ शुरू करना पर्याप्त नहीं है? इस सवाल का एक मोटा–सा उत्तर तो यही है कि अधिनियम लागू हो जाये तो फिर राजसत्ता का दायित्व बँध जायेगा कि वह मज़दूरों को माँगने पर रोज़गार मुहैया कराये, साथ ही मज़दूरों को मोल–भाव या कह लें सौदेबाजी की भी ताक़त मिलेगी। इससे जवाबदेही का माहौल बनेगा। इसके उलट, अगर कोई रोज़गार योजना चलाई जाती है तो उसमें मज़दूर सरकारी अधिकारियों के रहमो–करम के भरोसे हो जायेंगे।

योजना और अधिनियम के बीच एक बड़ा अन्तर और भी है। योजनाओं का आना–जाना लगा रहता है, लेकिन क़ानून अधिक टिकाऊ होते हैं। कोई नौकरशाह चाहे तो किसी योजना में कटौती कर सकता है, वह उसे रद्द भी कर सकता है जबकि अधिनियम में बदलाव के लिए संसद के हाथों संशोधन की ज़रूरत होगी। यदि एक रोज़गार गारंटी अधिनियम (ई.जी.ए.) पारित होता है तो मज़दूरों के पास कुछ टिकाऊ क़ानूनी अधिकार होंगे। वक़्त गुज़रने के साथ मज़दूर अपने हक़ को

---

* नवम्बर, 2004।

लेकर सचेत होते चले जायेंगे और यह भी जान जायेंगे कि उस हक़ की हिफ़ाज़त कैसे की जाये।

ई.जी.ए. यानी रोज़गार गारंटी अधिनियम का विरोध इसके दूरगामी आर्थिक, सामाजिक औंर राजनीतिक महत्त्व को ठीक–ठीक न समझ पाने के कारण किया जाता है। शुरुआती तौर पर यही ग़ौर करें कि रोज़गार गारंटी अधिनियम के लागू होने पर ग्रामीण परिवारों को भुखमरी और ग़रीबी से बचाने में बहुत मदद मिलेगी। दरअसल, रोज़गार गारंटी अधिनियम अपनी सारी सम्भावनाओं के साथ लागू होता है तो ग्रामीण भारत के अधिकांश ग़रीब परिवार ग़रीबी रेखा पार करने में सक्षम हो जायेंगे। दूसरी बात, इससे गाँवों से शहरों की तरफ़ होने वाले पलायन में तेज़ी से कमी आयेगी। यदि गाँव में रोज़गार उपलब्ध हो, तो बहुत से ग्रामीण परिवार तंगी के महीनों में शहरों की ओर रुख़ करने का चलन छोड़ देंगे।

तीसरी बात, गारंटीशुदा रोज़गार महिलाओं के सशक्तीकरण का मुख्य ज़रिया साबित होगा। इस बात की बड़ी सम्भावना है कि रोज़गार गारंटी अधिनियम (ई.जी.ए.) के तहत काम करने वाले मज़दूरों में बड़ी तादाद महिलाओं की हो। गारंटीशुदा रोज़गार से महिलाओं को एक हद तक आर्थिक स्वतन्त्रता भी हासिल होगी। चौथी बात यह कि ई.जी.ए. के ज़रिये ग्रामीण इलाक़ों में उपयोगी परिसम्पदाएँ तैयार की जा सकती हैं। दरअसल पर्यावरण संरक्षण, वाटरशेड विकास, भूमि के अपरदन की रोकथाम, तलाबों के जीर्णोद्धार, जंगलों की संरक्षा सरीखे ऐसे कई क्षेत्र हैं जिनमें मेहनत–मशक़्क़त की माँग करने वाले सार्वजनिक–कार्य शुरू करने की प्रभूत सम्भावनाएँ हैं।

इस सिलसिले की पाँचवीं बात यह कि गारंटीशुदा रोज़गार ग्रामीण समाज में शक्ति समीकरणों को बदलने और एक अधिक न्यायसंगत समाज बनाने का ज़रिया साबित हो सकता है। साथ ही, ई.जी.ए. (रोज़गार गारंटी अधिनियम) ग्राम–पंचायत और ग्रामसभा समेत पंचायती राज संस्थाओं को सक्रिय और सशक्त बनाने का एक अनोखा अवसर साबित हो सकता है। अधिनियम पंचायतीराज संस्थाओं को एक नया मक़सद मुहैया करायेगा और इस मक़सद को पूरा करने के एतबार से इन संस्थाओं को वित्तीय संसाधन भी हासिल होंगे।

इन बातों को यहाँ दर्ज करने के बाद यह कहना भी ज़रूरी है कि ई.जी.ए. को लागू करना कोई हँसी का खेल नहीं। रोज़गार गारंटी

अधिनियम के विचार से सहानुभूति रखने वाले लोगों के मन में भी जब–तब यह सवाल कौंधता है कि सौदा कहीं महँगा तो नहीं पड़ेगा। अब दिलचस्प बात यह है कि ऐसी चिन्ता सिर्फ़ 'रोज़गार गारंटी अधिनियम' के बारे में की जाती है, लेकिन 'नदियों को आपस में जोड़ने की' परियोजना को लेकर नहीं, जबकि 'नदी–जोड़ों परियोजना' की लागत कहीं ज़्यादा है। और इसके लाभ (यदि हों तो) ई.जी.ए. की तुलना में वे कहीं ज़्यादा हवा–हवाई लगते हैं। लेकिन ढ़ीले–ढ़ाली तर्कों वाली इन परियोजनाओं को देश के कुछ मशहूर संस्थानों और शख़्सियतों का समर्थन हासिल हो चुका है। नदियों को आपस में जोड़ने की परियोजना से कॉरपोरेट सेक्टर को भारी लाभ होने की सम्भावना है और परियोजना को संस्थानों और शख़्सियतों का समर्थन इस नाते भी मिल रहा है। अगर कोई कहे कि ऐसा नहीं है तो यह आश्चर्य की बात होगी।

अब बात चाहे जो हो लेकिन रोज़गार गारंटी लागू करना आर्थिक रूप से कितना व्यावहारिक है इसे जानने के लिए हमें समीक्षा ख़ुद रोज़गार गारंटी के दायरे में ही करनी होगी, इसके लिए भारी–भरक़म ख़र्च वाली परियोजनाओं की नज़ीर लेना ठीक नहीं। राष्ट्रीय सलाहक़ार परिषद् ने इस मुद्दे पर जो नोट तैयार किया था, उसमें एक अनुमान यह दिया गया है कि साल 2005–06 में रोज़गार गारंटी पर जी.डी.पी. का 0.5 प्रतिशत ख़र्चा बैठेगा, जो 2008–09 में जी.डी.पी. का 1 प्रतिशत तक हो सकता है। आकलन यह सोचकर किया गया है कि रोज़गार गारंटी पहले 150 ज़िलों में शुरू होगी और फिर चार साल की अवधि में इसका विस्तार करते हुए पूरे देश में लागू कर दिया जायेगा।

ख़र्च के रूप में जी.डी.पी. के 1 प्रतिशत का अनुमान वित्तीय लागत के रूप में किया गया है। बहुत सम्भव है 'वास्तविक' लागत इससे बहुत कम आये। मिसाल के लिए किसी सार्वजनिक कार्य में एक मज़दूर को काम पर रखा जाता है तो इसकी वित्तीय लागत न्यूनतम मज़दूरी के बराबर होगी, लेकिन आर्थिक लागत (वास्तविक संसाधनों की कमी) इतनी अधिक नहीं हो सकती बशर्ते सार्वजनिक कार्य में काम पर रखा जा रहा मज़दूर बेरोज़गार हो। और, अगर रोज़गार गारंटी पर वास्तविक ख़र्चा जी.डी.पी. का 1 प्रतिशत भी बैठता है, तो इसमें घबराहट दिखाने की कोई बात नहीं।

रोज़गार गारंटी के लिए धन जुटाने की चुनौती को एक विशेष सन्दर्भ

में देखा जाना चाहिए। भारत का कर–जी.डी.पी. अनुपात (टैक्स–जी.डी.पी. रेशियो) अन्तर्राष्ट्रीय परिप्रेक्ष्य में बहुत कम है : यह अभी 15 फ़ीसदी (केन्द्र और राज्य दोनों को एक साथ जोड़कर) है जबकि ओ.ई.सी.डी. के देशों में 37 प्रतिशत। दूसरी बात यह कि हाल के वर्षों में भारत के कर–जी.डी.पी. अनुपात में गिरावट आयी है। मिसाल के लिए, सकल घरेलू उत्पाद में केन्द्रीय करों का अनुपात 2003–04 में केवल 9.3 प्रतिशत था जबकि 1987–88 में 10.6 प्रतिशत। इस तथ्य को कुछ अन्य संकेतों के साथ रखकर देखें तो स्पष्ट नज़र आयेगा कि रोज़गार गारंटी और सम्बन्धित सामाजिक कार्यक्रमों के लिए भारत में कर–जी.डी.पी. अनुपात को बढ़ाने की अभी पर्याप्त गुंजाइश है।

वित्त मन्त्रालय को सौंपी गयी हालिया 'केलकर 2' रिपोर्ट में कर राजस्व बढ़ाने के उपायों को लेकर उपयोगी सुझाव दिये गये हैं। बेशक इस रिपोर्ट के कुछ पहलू सवालों के घेरे में हैं। मिसाल के लिए रिपोर्ट में एकसमान कर ढाँचे पर विशेष ज़ोर दिया गया है साथ ही रिपोर्ट यह मानकर चलती है कि कर–दरों में कमी लाने से कर–राजस्व बढ़ जायेगा। बहरहाल, रिपोर्ट में टैक्स–जी.डी.पी. अनुपात बढ़ाने के कई युक्तिसंगत तरीक़े भी बताये गये हैं, जैसे कि मूल्यवर्द्धित करों को शुरू करना, ज़्यादातर सेवाओं को कर के दायरे में लाना, कर उगाही के दायरे को विस्तृत करने के लिए सूचना प्रौद्योगिकी का इस्तेमाल करना, करों में दी जा रही मनमानी छूट को समाप्त करना तथा कर–वंचना के वाक़यों पर रोक लगाना। अगर इन अवसरों का उपयोग बेहतर तरीक़े से होता है तो योजना व्यय को देश की जी.डी.पी. के 1 प्रतिशत से ज़्यादा बढ़ाया जा सकता है।

और फिर, अपने को, 'केलकर 2' तक ही क्यों सीमित रखा जाये? वित्त जुटाने के अन्य विकल्पों पर भी विचार किया जा सकता है। उदाहरण के लिए, हाल ही में विश्व बैंक के एक अध्ययन में कहा गया है कि प्रोफ़ेशन टैक्स पर आयद कैप (ऊपरी सीमा) एक ज़माने से चला आ रहा है और अपनी प्रासंगिकता खो चुका है। इस कैप को हटाने से राज्य सरकारें जी.डी.पी. का 0.9 प्रतिशत अतिरिक्त कर राजस्व के रूप में जुटा सकेंगी।

इसी तरह, पर्यावरणीय रूप से हानिकारक उपभोग पर 'ग्रीन टैक्स' लगाकर या फिर असामाजिक मानी जाने वाली कुछ गतिविधियों पर टैक्स लगाकर अतिरिक्त राजस्व जुटाया जा सकता है। अनावश्यक सार्वजनिक

व्यय में भी कमी करने की बहुत गुंजाइश है। मिसाल के लिए, सैन्य ख़र्च और अमीरों को दी जा रही सब्सिडी में कमी की जा सकती है—ऐसे कई उपाय हैं। थोड़े में कहें, तो रोज़गार गारंटी को चला सकने की कूबत भारतीय अर्थव्यवस्था में मौजूद है और भारतीय अर्थव्यवस्था की इस क्षमता पर सन्देह नहीं किया जा सकता। हाँ, अर्थव्यवस्था की सम्भावनाओं के दोहन के लिए प्रतिबद्धता तथा कल्पनाशीलता की ज़रूरत है।

जिन्हें यथास्थिति बनाये रखने में फ़ायदा है वे बहुत मुमकिन हैं। इनमें से कुछ प्रस्तावों का विरोध करें जैसा कि वैट (वैल्यू ऐडेड टैक्स—मूल्य संवर्द्धित कर) की शुरुआत पर या फिर साथ—साथ 'कैपिटल ट्रांजेक्शन' टैक्स के साथ हुआ था। समाधान का एक रास्ता यह है कि कर—सुधार की कोशिश को ई.जी.ए. सरीखे सकारात्मक पहल के साथ नत्थी कर दें। सुधार टुकड़ों में होते हैं तो निहित स्वार्थ अड़ंगा लगाते हैं। अतः वक़्त की ज़रूरत एक व्यापक 'नये सौदे' (न्यू डील) की है जिसमें कर—जी.डी.पी. के ऊँचे अनुपात के साथ—साथ कर राजस्व का बेहतर इस्तेमाल शामिल है। टुकड़ों में सुधार करने की जगह इस क़िस्म का पैकेज अपनाया जाये तो कामयाबी की सम्भावना ज़्यादा है।

सुधार के ऐसे पैकेज के लिए 'टैक्स द रिच' यानी धनिकों पर अधिक करारोपण मार्गदर्शक सिद्धान्त के रूप में उपयोगी सिद्ध होगा। पिछले बीस वर्षों के दौरान, तथाकथित मध्यम वर्ग (यानी आय के वितरण के पिरामिड के ऊपर के हिस्से पर विद्यमान तक़रीबन पाँच प्रतिशत आबादी) इतनी ज़्यादा अमीर हो चुकी है कि उसने ऐसा कभी सपने में भी न सोचा होगा। ठीक—ठीक कहें तो इस आबादी ने बिना किसी वीज़ा का आवेदन दिये अपने पैर 'प्रथम विश्व' कहलाने वाले धनी देशों में रोप दिये हैं। उस धन का बाक़ी लोगों से साझा करना बड़े लम्बे वक़्त से बाक़ी है।

राजधानी में ठण्ड के मौसम की शुरुआत इन मामलों पर सोच—विचार करने का एक अच्छा मौक़ा है। इस साल फिर से, हज़ारों लोग दुख और पीड़ा के बीच काल का ग्रास बनने को बाध्य हैं, क्योंकि उनके पास सर्द रात में अपने हड्डी के ढाँचे भर रह गयी देह को ढकने के लिए कोई कम्बल तक नहीं है। उनकी मौत का ज़िम्मा शीतलहर के मत्थे मढ़ दिया जायेगा, लेकिन असली मुद्दा भयानक ग़रीबी है। इतने दशक गुज़रते चले गये, लेकिन लोगों को ग़रीबी के दुष्चक्र से निकलने न दिया गया। यह सिर्फ़ पीड़ितों की त्रासदी नहीं, बल्कि राष्ट्र के ताने—बाने पर एक गहरे

दाग की तरह है। इसका असर हर कुछ पर पड़ता है–राष्ट्र के स्वाभिमान पर भी और लोकतन्त्र की गुणवत्ता पर भी।

बात को अलग अन्दाज़ में कहें तो प्रस्तावित रोज़गार गारंटी अधिनियम (ई.जी.ए.) के बारे में दो तरीक़े से सोच सकते हैं। सोचने का एक तरीक़ा यह हो सकता है कि ई.जी.ए. को मज़दूर वर्ग और सुविधा–सम्पन्न तबक़े के बीच छिड़ी लड़ाई के रूप में देखा जाये। दूसरा तरीक़ा है कि ई.जी.ए. को एक राष्ट्रीय प्रयत्न के रूप में देखा जाये–एक ऐसी दूरदर्शी पहल के रूप में पहचाना जाये जिसमें ज़्यादातर नागरिकों के हित एक–न–एक तरीक़े से जुड़े हुए हैं। देखने को इन दोनों ही तरीक़ों में कुछ–न–कुछ सच्चाई है, लेकिन सार्वजनिक बहस में फिलहाल पहले नज़रिये का ही दबदबा है। रोज़गार गारंटी अधिनियम के व्यापक सामाजिक लाभों को अगर पहचान मिलती है तो मसले को एक अलग रोशनी में देखने की गुंजाइश बनेगी।

रोज़गार गारंटी और इससे विरोधी*

'मैन्युफैक्चरिंग कंसेंट' तथा अपने अन्य लेखन में नोम चॉम्स्की लोकतान्त्रिक समाजों में प्रचार (प्रोपेगेंडा) के तौर तरीक़ों का एक विचारोत्तेजक विश्लेषण प्रस्तुत किया है। इन तरीक़ों में एक है 'फ्लैक'। यानी अगर कोई धारणा पहले से बनी चली आ रही शक्ति–सम्बन्ध को चुनौती देती लगे, तो उस पर एकबारगी कई कोणों से हमला बोल देना।

इसमें कोई शक नहीं कि रोज़गार गारंटी अधिनियम (ई.जी.ए.) एक 'ख़तरनाक' विचार है। अतः यह विचार हाल के महीनों में फ्लैक की दो लहरों के निशानों पर है। फ्लैक की पहली लहर 2004 के दिसम्बर के आसपास चली। उस वक़्त राष्ट्रीय ग्रामीण रोज़गार गारंटी विधेयक संसद में पेश किया गया। फ्लैक की दूसरी लहर इस महीने के शुरू में चली; जब संयुक्त प्रगतिशील गठबन्धन (यू.पी.ए.) सरकार के राजनीतिक नेतृत्व ने ग्रामीण विकास की स्थायी समिति की कुछ प्रमुख सिफ़ारिशों से अपनी रज़ामन्दी जतायी।

तर्क–कुतर्क

चॉमस्की ने बताया है कि 'फ्लैक' में अक्सर व्यक्तिगत तौर पर निशाना साधा जाता है और हमारे इस मामले में निश्चित तौर पर यह बात

* अगस्त, 2005।

लागू होती है। मिसाल के लिए, डॉ. सुरजीत भल्ला ने ई.ज़ी.ए. के पक्ष में चले अभियान के तथाकथित 'नेताओं' को 'झूठा' करार दिया। यह आरोप भी लगाया कि ये लोग 'अहंकारी', 'अज्ञानी' और 'निर्लज्ज' हैं। साथ ही, इसी रंगत के कुछ और अपशब्दों के इस्तेमाल किये। (देखें, बिज़नेस स्टैंडर्ड, 25 दिसम्बर, 2004 और 8 जनवरी, 2005)। स्वपन दासगुप्ता ने हममें से कुछ लोगों को 'झोलाछाप अर्थशास्त्री' के नाम से नवाज़ा। मानो कोई अर्थशास्त्री अपने हाथ में कॉरपोरेट जगत में प्रचलित ब्रीफ़केस लेकर न चलें, कन्धे पर झोला टाँगकर चले, तो इसमें कोई अशोभनीय हो। तवलीन सिंह ने भी यही शब्द (लगता है अभी शब्द पर किसी का कॉपीराइट नहीं बना) का इस्तेमाल किया और उन्होंने प्रसंग का विस्तार करते हुए इसे पूरे राष्ट्रीय सलाहकार परिषद् पर चस्पा कर दिया। तवलीन सिंह ने राष्ट्रीय सलाहकार परिषद् को 'झोलावालों का झुण्ड' जिनके दिल तो बिल्कुल अपने ठिकाने पर हैं लेकिन जो 'अपनी घिसी हुई चप्पल के साथ ग़लत दिशा में क़दम बढ़ा' रहे हैं (इंडियन एक्सप्रेस, 6 फरवरी, 2005)। तवलीन सिंह का तर्क था कि इन झोलावालों के बजाय राष्ट्रीय सलाहकार परिषद् में 'सैम पित्रोदा जैसे लोग' होने चाहिए। शायद, ऐसा लिखते वक़्त वे यह बात भूल गयीं कि सैम पित्रोदा तब राष्ट्रीय सलाहक़ार परिषद् में ही थे।

यहाँ तक कि इस बेरहम 'धर्मयुद्ध' में अपने भाई–बन्धु को भी निशाना बनाया गया। जयराम रमेश को यों तो 'आर्थिक सुधारों के पोस्टर बॉय' माना जाता है लेकिन रोज़गार गारंटी अधिनियम और इससे जुड़े विचारों के प्रति उनके समर्थन पर निशाना साधते हुए कॉरपोरेट मीडिया ने उन्हें 'रंगा सियार' करार दिया (डी.एन.ए., 7 अगस्त, 2005)। 'आर्थिक सुधारों' की पक्षधर जमात के एक भाई ने अपनी बेचैनी में पूछ ही डाला कि वे (जयराम रमेश) 'आजकल अपने चिलम पर क्या चीज़ चढ़ाकर हुक्का लगा रहे हैं?'

दुष्प्रचार के इस अभियान में व्यक्तिगत हमलों के अलावा भ्रामक आँकड़ों ने भी अपनी भूमिका निभायी। सुरजीत भल्ला ने रोज़गार गारंटी अधिनियम को धराशायी करने के लिए आँकड़ों की अद्भुत बाज़ीगरी दिखायी। उन्होंने तो नेशनल सैंपल सर्वे डेटा के अपने शायराना पाठ के आधार पर यह भी साबित कर दिखाया कि 'ग़रीब खेतीहर कामगारों की बेरोज़गारी दर केवल 1 प्रतिशत' है (बिज़नेस स्टैंडर्ड, 25 दिसम्बर, 2004)।

अतः रोज़गार गारंटी अधिनियम की कोई ज़रूरत ही नहीं। जैसा कि स्वर्गीय सुधीर मुलजी ने बड़े संयत स्वर में लिखा है कि 'बेरोज़गारी की दर एन.एस.एस. के आँकड़ों के विश्लेषक के अनुमान (1 प्रतिशत) से कहीं ज़्यादा है। यह बात आँकड़ों पर कोई सरसरी नज़र डाले तो भी पता चल जायेगी, इसके लिए किसी कुशल सांख्यिकीविद् की ज़रूरत नहीं। ग़ौरतलब है कि भल्ला के आँकड़े 'एन.एस.एस. डेटा के गम्भीर विश्लेषकों' की कसौटी पर खरे नहीं उतरते।

संख्याओं के शायराना पाठ की इसी शैली में रोज़गार गारंटी अधिनियम की लागत के डरावने अनुमान पेश किये गये। मिसाल के लिए, बिबेक देबरॉय ने लिखा कि रोज़गार गारंटी अधिनियम पर सालाना 208,000 करोड़ रुपये की लागत आयेगी (इंडियन एक्सप्रेस, 23 अक्तूबर)। अगर प्रति व्यक्ति के हिसाब से देखें तो यह महाराष्ट्र के रोज़गार गारंटी अधिनियम की लागत से लगभग बीस गुना अधिक है, जबकि प्रस्तावित राष्ट्रीय रोज़गार गारंटी विधेयक, महाराष्ट्र के रोज़गार गारंटी क़ानून जैसा उदार नहीं है।

ई.जी.ए. के इन विरोधियों और उनके दूसरे भाई–बन्धुओं ने जो विकल्प बताये हैं; उन पर भी यहाँ लगे हाथों विचार कर लेना ठीक होगा। विकल्पों के शायराना प्रस्ताव पेश करने के मामले में पहले पुरस्कार के हक़दार स्वामीनाथन अय्यर हैं। उन्होंने सुझाव दिया कि लोगों से काम करने की बात कहने की जगह अच्छा होगा कि हेलिकॉप्टर से ज़मीन पर नोटों की बरसात कर दी जाये (टाइम्स ऑफ़ इण्डिया, 19 दिसम्बर, 2004)। शंकर आचार्य का तर्क था कि 'सबसे अच्छा विकल्प है कि कुछ किया ही न जाये' (बिज़नेस स्टैंडर्ड, 30 नवम्बर, 2004)। बिबेक देबरॉय ने सूक्ति की शैली में लिखा कि 'रोज़गार गारंटी काहे की, सिर्फ़ बेरोज़गारी बीमा से ही काम चल जायेगा' (इंडियन एक्सप्रेस, 13 अक्तूबर 2004)। हालाँकि, उन्होंने यह नहीं बताया कि सार्विक बेरोज़गारी बीमा ग्रामीण इलाक़ों में चलेगी कैसे? टी.सी.ए. श्रीनिवास राघवन ने आयकर अधिनियम की धारा 80–जी में शरण लेने का सुझाव दिया। इस धारा में दान के निमित्त दिये गये धन को टैक्स से कम करने की अनुमति दी गयी है। उन्होंने लिखा : '80–जी की फिर से जाँच–परख हो, इसे सख़्त बनाया जाये और इसे ग्रामीण इलाक़ों में रोज़गार सृजन की दिशा में ले जाया जाये' (बिज़नेस स्टैंडर्ड, 19 दिसम्बर, 2004)।

सुझावों की इस फ़ेहरिश्त में सुरजीत भल्ला की सूझ इस बार पटरी से तनिक कम उतरी हुई थी। उनका सुझाव था कि ई.जी.ए. की जगह लोगों के खाते में नगदी का हस्तान्तरण किया जाये। यह अनुमान लगाने का ज़िम्मा मैं प्रिय पाठकों पर छोड़ रहा हूँ कि सुरजीत भल्ला के प्रस्ताव को गम्भीर माना जाये या फिर अधिनियम को धराशायी करने की क़वायद। यों उनके प्रस्ताव को विधेयक में बड़ी आसानी से शामिल किया जा सकता है। इसके लिए बस एक उपबन्ध यह जोड़ना होगा कि अगर सरकार किसी ख़ास ज़िले में प्रत्येक परिवार को सौ दिन के काम के बराबर मज़दूरी देना चाहती है और उनसे काम नहीं लेना चाहती है तो फिर सरकार ऐसा करने के लिए स्वतन्त्र है।

बातों के इन गोला–बारूद को एकतरफ़ करके ज़रा यह भी सोचें कि क्या ई.जी.ए. के विरोध का यह ज़ोर शोर सुनाई दे रहा है उसमें क़ायदे की कोई बात भी है? मेरा मानना है कि हाँ, उसमें क़ायदे की बात है। जैसा कि एनाटोल रापोपोर्ट ने नैतिक बहस पर केन्द्रित अपनी गुरु–गम्भीर कृति में बताया है जो वक्तव्य एकदम ही बेतुके जान पड़ते हैं उनमें भी एक हद तक वैधता होती है। मिसाल के लिए इसी कथन को लें कि 'काला, उजला है।' यह कथन अपने सीमित सन्दर्भ में सही हो सकता है, बशर्ते आप किसी फ़ोटोग्राफ़ के निगेटिव को देख रहे हों। इसी तरह इन तीखे हस्तक्षेपों में भी एक महत्त्वपूर्ण सन्देश है, जिस पर नीचे चर्चा की जायेगी।

रोज़गार और बेरोज़गारी

प्रस्तावित रोज़गार गारंटी अधिनियम को राजनीतिक दलों, सामाजिक आन्दोलनों और जनता के बीच व्यापक समर्थन मिला है। ग्रामीण विकास की स्थायी समिति की हालिया रिपोर्ट में इस व्यापक समर्थन की झलक साफ़ देखी जा सकती है। वित्तमन्त्री ने ठीक ही इसे 'संसद का सूक्ष्म रूप' का नाम दिया है।

अधिनियम का विरोध मुख्य रूप से कॉरपोरेट जगत के एक छोटे तबक़े और सरकार में बैठे उनके सहयोगियों की ओर से हुआ है। विरोध के पीछे एक बुनियादी मान्यता यह काम कर रही है कि 'सामाजिक क्षेत्र में राज्य की भूमिका न्यूनतम' होनी चाहिए। शीर्षक 'कैन द स्टेट रियली हेल्प द पुअर' (क्या राजसत्ता सचमुच ग़रीबों की मदद कर सकती है)

से अपने मक़सद की साफ़–साफ़ घोषणा करते एक लेख में टी.सी.ए. श्रीनिवास राघवन ने सामाजिक क्षेत्र में राज्य की न्यूनतम भूमिका देखने वालों का मुख्य तर्क इन शब्दों में पेश किया है 'जो लोग सोचते हैं कि धन लाभार्थियों तक पहुँच जायेगा, वे किसी दिवास्वप्न को देख रहे हैं '(बिज़नेस स्टैंडर्ड, 19 दिसम्बर)। ऊपर जिन लेखों का हवाला दिया गया है उनमें भी आपको इसी तरह के वक्तव्य मिलेंगे।

इस तर्क को हल्के में ख़ारिज करना ठीक नहीं। भारत में ग़रीबी–विरोधी कार्यक्रमों का रिकॉर्ड बहुत उत्साहवर्द्धक नहीं। दिल्ली विश्वविद्यालय और जवाहरलाल नेहरू विश्वविद्यालय के छात्रों द्वारा हाल ही में नेशनल फूड फ़ॉर वर्क प्रोग्राम (एन.एफ.एफ.डब्ल्यू.पी.) को लेकर किये गये सर्वेक्षण से निकलते जवाब भी बहुत उत्साह नहीं जगाते। सर्वेक्षण से पता चलता है कि कार्यक्रम ग्रामीण ग़रीबों के लिए जीवन–रेखा साबित हो सकता है, इसके कुछ सकारात्मक परिणाम भी देखने को मिले हैं। गाँवों से शहरों की तरफ़ होने वाले पलायन में कमी आयी है और उपयोग परिसम्पदा का सृजन भी हुआ है, लेकिन कार्यक्रम की ज़्यादातर सम्भावनाएँ व्यापक भ्रष्टाचार के कारण अकारथ हो रही हैं।

मुद्दा यह है कि क्या यह स्थिति एकदम ही नहीं बदली जा सकती? क्या सरकारी दायरे में चलाये जा रहे कार्यक्रमों से भ्रष्टाचार को ख़त्म किया जा सकता है? सामाजिक क्षेत्र में राज्य की न्यूमतम भूमिका देखने के हामी लोगों को लगता है कि भ्रष्टाचार इन कार्यक्रमों की आन्तरिक बनावट का ही हिस्सा है, लेकिन हाल के अनुभव कुछ अलग संकेत करते हैं।

ऐसा एक बदलाव राजस्थान में देखने में आया है जहाँ 'मस्टर रोल' (कार्य उपस्थिति पत्रक) की गड़बड़ियाँ दूर करके उसे साफ़–सुथरा बनाया गया है। ग्रामीण रोज़गार के कार्यक्रमों से सरकारी धन हड़पने का एक मुख्य तरीक़ा रहा है 'मस्टर रोल' में हेराफेरी करना। मिसाल के लिए, बेईमान अधिकारी 'मस्टर रोल' में कोई फ़र्ज़ी नाम दर्ज कर लेते हैं और फिर उस फ़र्ज़ी नाम के हवाले से किसी काल्पनिक मज़दूर की कहानी गढ़ मज़दूरी की रक़म डकार जाते हैं। यह पूरे भारत में दशकों से चल रहा है। हालाँकि राजस्थान में इस चलन को रोकने में कामयाबी मिली है। ख़ासकर उन इलाक़ों में जहाँ सूचना का अधिकार क़ानून का सक्रिय उपयोग हुआ है। यह 'मस्टर रोल' तक लोगों की पहुँच की एक झलक तो देता ही है साथ ही राजस्थान में सूचना के अधिकार क़ानून के चल

रहे अभियान के कारण सार्वजनिक जीवन में बढ़ती जागरूकता और नौकरशाही में बढ़ती जवाबदेही का भी संकेत है।

ऊपर जिस एन.एफ.एफ.डब्ल्यू.पी. सर्वेक्षण का ज़िक्र आया है, उसके तथ्यों से ज़ाहिर होता है कि इस मामले में राजस्थान बाक़ी राज्यों से अलग है। नमूने के तौर पर चुने गये अन्य पाँच राज्यों (छत्तीसगढ़, झारखण्ड, मध्य प्रदेश, उत्तर प्रदेश, पश्चिम बंगाल) में 'मस्टर रोल' का पता लगाना लगभग असम्भव था। जिन जगहों पर 'मस्टर रोल' मिले वहाँ साधारण सी जाँच–परख के बाद ही बड़े पैमाने पर हो रही धाँधली सामने आ गयी। राजस्थान में 'मस्टर रोल' को हासिल करना आसान था और उनमें दर्ज प्रविष्टियाँ भी कमोबेश सटीक थीं।

इस अनुभव से सीखने को बहुत कुछ है। पहली बात, भ्रष्टाचार ऐसी चीज़ नहीं कि उसे ग्रामीण विकास कार्यक्रमों से दूर ही नहीं किया जा सके। दूसरे, सार्वजनिक कार्यों में भ्रष्टाचार से लड़ने का सबसे अच्छा तरीक़ा है धोखाधड़ी और गबन के पीड़ितों को सशक्त बनाना। इसकी शुरुआत मज़दूरों से होनी चाहिए, क्योंकि यह उनके लिए जीवन और मौत जैसा मामला है। तीसरे, सूचना का अधिकार सशक्तिकरण का एक ताक़तवर औज़ार है। राष्ट्रीय सूचना का अधिकार अधिनियम जो अगले महीने से लागू होने जा रहा है–इस दिशा में एक अहम कामयाबी है। चौथी बात, एक क़ानून पर्याप्त नहीं है। क़ानूनी अधिकारों को सार्वजनिक लामबन्दी के साथ नत्थी किया जाना चाहिए ताकि लोग इन अधिकारों का उपयोग कर सकें।

रोज़गार गारंटी अधिनियम को एक मौक़े के रूप में देखा जाना चाहिए। राजस्थान में यह जिस दूरी तक गया है उससे आगे की दूरी इस अधिनियम को तय करनी है। सूचना का अधिकार अधिनियम की तरह ई.जी.ए. सशक्तीकरण का एक महत्त्वपूर्ण साधन है। अधिनियम से क़ानून का एक सुरक्षा–कवच और जवाबदेही की एक व्यवस्था लोगों को हासिल होती है और इस कारण मज़दूरों की सौदेबाजी की शक्ति बढ़ती है। सभी श्रमिकों के लिए जॉब कार्ड, मस्टर रोल का इतना पारदर्शी होना कि उसे हर कोई देख सके, ग्राम सभाओं के ज़रिये होने वाला अनिवार्य सामाजिक अंकेक्षण, क़ानून के उल्लंघन की किसी स्थिति में दण्ड की व्यवस्था आदि इसी के उदाहरण हैं। अधिनियम से मज़दूरों को संगठित होने का भी एक नया अवसर मिलेगा। महाराष्ट्र के ई.जी.ए. की इस विशेषता को अनुराधा

जोशी ने अपने हाल के एक अध्ययन में बख़ूबी दिखाया है। अनुराधा जोशी ने अपने अध्ययन में कहा है कि राष्ट्रीय स्तर पर अगर एक मज़बूत ई.जी.ए. बनता है तो इससे 'जागरूकता पैदा करने वाले संगठनों की भी बाढ़ उमड़ेगी और यह मददगार साबित होगा, क्योंकि इससे लोग अपने हित के लिए लामबन्द होंगे'।

यों ई.जी.ए. को लेकर अभी मुख्य मान्यता है कि इससे भ्रष्टाचार को बढ़ावा मिलेगा लेकिन हम इसे (सूचना के अधिकार के साथ) ग्रामीण विकास कार्यक्रमों में जवाबदेही बहाल करने के संघर्ष के अभिन्न हिस्से के रूप में भी देख सकते हैं। सामाजिक क्षेत्र में राज्यसत्ता की न्यूनतम भूमिका देखने वाले और उनके विरोधी इस बिन्दु पर अपने बीच साझेपन का एक सूत्र तलाश सकते हैं।

रोज़गार गारंटी अधिनियम का बुनियादी विचार है कि हर वयस्क व्यक्ति को वैधानिक न्यूनतम मज़दूरी पर बुनियादी रोज़गार का हक़ हासिल है। यह एक राजनीतिक पहल है। इसका आधार है कि राज्यसत्ता लोगों के काम के अधिकार की हिफ़ाज़त की अपनी ज़िम्मेदारी निभाये। भ्रष्टाचार की मौजूदगी की ओट करके इस ज़िम्मेदारी से कन्नी नहीं काटी जा सकती है। अगर ऐसा होता है तो उसके ख़िलाफ़ संघर्ष होना चाहिए।

भ्रष्टाचार का मिथक और यथार्थ*

(रीतिका खेड़ा और सिद्धार्थ के साथ)

दो साल पहले 200 ज़िलों में शुरू हुआ राष्ट्रीय ग्रामीण रोज़गार गारंटी अधिनियम (नरेगा) सीखने के एक महत्त्वपूर्ण पड़ाव से गुज़र रहा है। इतने वक़्त के गुज़रने के बाद बहुत–सी प्रक्रियागत ख़ामियाँ सामने आनी ही हैं और ऐसा होने की एक ख़ास वजह और भी है। ख़ास वजह यह है कि नरेगा के दिशा–निर्देश अपने अर्थ में बहुत स्पष्ट है, लेकिन प्रक्रियागत ख़ामी ध्यान भटकाने की वजह नहीं बननी चाहिए। पहल सकारात्मक है और हमारा ध्यान इस पहलू पर जमा रहना चाहिए। पहल को कामयाब बनाने की सम्भावना है–इस पर भी नज़र जमी रहनी चाहिए, लेकिन एक तथ्य यह भी है कि नरेगा नियन्त्रक एवं महालेखा परीक्षक (सी.ए.जी.) की जाँच–परख के सख़्त घेरे में

---

* जनवरी, 2008।

आया है और सी.ए.जी. को ऐसी ढेर सारी वजहें हाथ लगी हैं जिनके आधार पर सुधार के उपायों की माँग की गयी है।

मीडिया में आयी ख़बरों के उलट, नरेगा केन्द्रित सी.ए.जी. की रिपोर्ट में न तो इस बात के ही पर्याप्त सबूत हैं कि धन का बड़े पैमाने पर गबन हो रहा है और न ही रिपोर्ट से यह निष्कर्ष निकाला जा सकता है कि 'नरेगा नाकाम है।' रिपोर्ट में मुख्य रूप से प्रक्रियात्मक दोषों का उल्लेख किया गया है और इससे निपटने के रचनात्मक सुझाव भी दिये गये हैं। चूँकि नरेगा को पूरे देश में लागू करने में अब चन्द हफ़्ते ही शेष रह गये हैं, अतः हम सी.ए.जी. की रिपोर्ट को एक उपयोगी चेतावनी के रूप में ले सकते हैं।

नरेगा की रक़म सचमुच ग़रीबों तक पहुँच रही है कि नहीं, यह सवाल बना हुआ है। इस बारे में हम यहाँ 'मस्टर रोल' के सत्यापन पर आधारित कुछ निष्कर्ष लिख रहे हैं। ये सत्यापन हाल ही में जी.बी. पन्त सोशल इंस्टीट्यूट, इलाहाबाद के मारफ़त हुए। सर्वेक्षण की टोली में दिल्ली विश्वविद्यालय तथा अन्य विश्वविद्यालयों के प्रशिक्षण प्राप्त छात्र शामिल थे। 'मस्टर रोल' का चयन नमूना–संग्रहण की रैंडम पद्धति से किया गया और उन्हें सर्वेक्षण के तुरन्त पहले जुटाया गया था ताकि 'मस्टर रोल' में आख़िरी वक़्त में किसी फेरबदल की गुंजाइश न रहे। 'मस्टर रोल' में नामांकित मज़दूरों का सर्वेक्षण दल में शामिल पर्यवेक्षकों ने साक्षात्कार लिया और 'मस्टर रोल' में दर्ज बातों के मिलान के लिए उनसे सवाल पूछा कि आपने कितने दिन काम किया तथा उसकी मज़दूरी कितनी मिली।

'मस्टर रोल' के सत्यापन की प्रविधि सूचना का अधिकार अभियान के क्रम में राजस्थान में विकसित हुई। सीखने की इस प्रक्रिया सार्वजनिक कार्य की योजनाओं में पारदर्शिता के लिहाज़ से अपनाये जाने वाले कई हिफ़ाज़ती उपाय (जैसे–मस्टर रोल का त्वरित खुलासा, जॉब कार्ड का नियमित रख–रखाव तथा सामाजिक अंकेक्षण) गठने का भी अवसर साबित हुआ था। इनमें से कई उपायों को नरेगा के दिशा–निर्देशों में ही नहीं बल्कि अधिनियम में भी शामिल कर लिया गया है। राजस्थान के अनुभवों से ऐसे बहुत से अनौपचारिक साक्ष्य मिले हैं जिनसे सन्देश निकलता है कि हिफ़ाज़त के उपाय भ्रष्टाचार को रोकने में आगे बहुत कारगर साबित होंगे। हमने इस मसले पर अपनी टिप्पणियाँ अन्यत्र भी दर्ज की हैं (देखें 'द हिन्दू', 13 जुलाई, 2007)।

सत्यापन के सिलसिले की नयी कड़ी झारखण्ड और छत्तीसगढ़ में मई–जून, 2007 में उन क्षेत्रों में शुरू हुई, जहाँ हमें नेशनल फूड फ़ॉर वर्क प्रोग्राम (एन.एफ.एफ.डब्ल्यू.पी.) के तहत दो साल पहले बड़े पैमाने पर भ्रष्टाचार के सबूत मिले थे। मिसाल के लिए, छत्तीसगढ़ के सरगुजा ज़िले में उस समय एन.एफ.डब्ल्यू.पी. फंड का गबन बेरोकटोक जारी थी। स्थिति इतनी ख़राब थी कि हममें से एक ने एन.एफ.एफ.डब्ल्यू.पी. को 'लूट फ़ॉर वर्क प्रोग्राम' (टाइम्स ऑफ़ इंडिया, 2 जुलाई, 2005) के रूप में चिह्नित किया। लेकिन इस साल उसी ज़िले के कई लोगों से हमें सुनने को मिला है कि नरेगा के लागू होने से भ्रष्टाचार की घटनाओं में भारी गिरावट आयी है। इस बात की पुष्टी 'मस्टर रोल' के सत्यापन के काम से भी होती है। ग्राम पंचायतों के हाथों लागू हुए नौ कार्यों के एक यादृच्छिक नमूने में हमने पाया कि मस्टर रोल के अनुसार किये गये मज़दूरी के भुगतान के नब्बे फ़ीसदी मामलों में रक़म सचमुच सम्बन्धित श्रमिक के हाथ में पहुँची थी। पड़ोसी ज़िले कोरिया में में भी सत्यापन की एक ऐसी ही क़वायद हुई और इससे भी यही निकलकर सामने आया कि नरेगा से जुड़े श्रम–सम्बन्धी ख़र्चे का पाँच फ़ीसदी हिस्सा हेराफेरी का शिकार होता है।

झारखण्ड के राँची ज़िले में रैंडम रीति से चुनी गयी पाँच ग्राम पंचायतों में नरेगा के 'मस्टर रोल' के सत्यापन से सामने आया कि तक़रीबन 33 फ़ीसदी रक़म की हेराफेरी हो रही। इतनी बड़ी हेराफेरी को तो बर्दाश्त नहीं किया जा सकता, लेकिन भ्रष्टाचार के साक्ष्य के रूप में इतने ऊँचे आँकड़े (उड़ीसा को छोड़कर अन्यत्र हर जगह के लिहाज़ से ज़्यादा) के आधार पर भी यह दावा नहीं किया जा सकता कि नरेगा के अन्तर्गत दी जाने वाली राशि का बड़ा हिस्सा ग़रीबों तक पहुँचने में नाकाम है। इसके अलावा, झारखण्ड में भी पहले के वर्षों की तुलना में भ्रष्टाचार के धीरे–धीरे कम होने के सबूत मिले हैं। स्थिति सुधरी है अन्यथा पहले के सालों में तो हालत यह थी कि पूरा का पूरा 'मस्टर रोल' ही ऊपर से नीचे तक फ़र्ज़ी नामों से भरा मिलता था।

इसके बाद हम नरेगा के काम के सामाजिक अंकेक्षण में भागीदारी के लिए तमिलनाडु पहुँचे। यह सामाजिक अंकेक्षण वेल्लुपुरम ज़िले में 2007 के जुलाई–अगस्त में आयोजित हुआ था। वहाँ हमें नरेगा में भ्रष्टाचार के फैलाव को रोकने की गम्भीर कोशिशों के सबूत मिले। मिसाल के लिए, तमिलनाडु सरकार ने 'मस्टर रोल' के रखरखाव का एक बड़ा रचनात्मक

तरीक़ा शुरू किया है। इसमें हर मज़दूर को अपनी हाज़िरी के प्रमाण के तौर पर 'मस्टर रोल' में अपने दस्तख़त करने होते हैं या फिर हाथ का अँगूठा लगाना होता है। इससे एक तो यह सुनिश्चित हो जाता है कि 'मस्टर रोल' सार्वजनिक जाँच के लिए सबके सामने मौजूद रहे, जैसा कि नरेगा के दिशा–निर्देशों में वाँछित है, साथ ही 'मस्टर रोल' को बड़ी तादाद में लोग रोज़ाना देख भी लेते हैं। इस तरीक़े तथा अन्य कई उपायों के ज़रिये नरेगा को भ्रष्टाचार मुक्त रखने की कोशिश की गयी है। दुर्भाग्य यह रहा कि तमिलनाडु के सामाजिक अंकेक्षण में फंड के हेराफेरी के परिमाण को जान पाना सम्भव नहीं हो सका। दरअसल, सामाजिक अंकेक्षण के दौरान 'मस्टर रोल' के सत्यापन की कोई व्यवस्थित क़वायद वेल्लुपुरम में नहीं हो पायी थी।

सिलसिले की एक कड़ी के तौर पर हमने आन्ध्र प्रदेश की एक संक्षिप्त यात्रा की। इस सफ़र में हमें नरेगा में भ्रष्टाचार को रोकने के लिए किये गये उपायों को देखने–परखने और उन्हें समझने–सराहने का मौक़ा मिला। मिसाल के लिए, आन्ध्र प्रदेश सरकार ने एक साहसी क़दम उठाया है कि नरेगा में मज़दूरी की हर रक़म का भुगतान डाकघर के माध्यम से होगा। नरेगा के दिशा–निर्देश में कहा गया है कि 'भुगतान करने वाली एजेंसी और क्रियान्वयन करने वाली एजेंसी में फ़र्क़ होना चाहिए' और आन्ध्र प्रदेश में डाकघर से भुगतान का तरीक़ा इसी दिशा–निर्देश के अनुपालन का उदाहरण है। दरअसल इस तरीक़ा का एक फ़ायदा यह है जिस सिरे से नरेगा का क्रियान्वयन हो रहा है वहाँ अगर 'मस्टर रोल' में फ़र्ज़ीवाड़ा करके धन हड़पने की कोई गुंजाइश हो, तो इस तरीक़े से वह गुंजाइश ख़त्म हो जाती है। इस तरीक़े में भुगतान क्रियान्वयन करने वाले सिरे पर न जाकर सीधे श्रमिक के हाथों में होता है। इसके अतिरिक्त, आन्ध्र प्रदेश में संस्थागत सामाजिक अंकेक्षण की भी व्यवस्था क़ायम हुई है। इसमें भागीदारी की प्रक्रिया के सहारे नियमित रूप से नरेगा के दस्तावेज़ों की जाँच होती है। अपनी संक्षिप्त यात्रा के देखे–सुने तथा सामाजिक अंकेक्षण की रिपोर्ट के आधार पर हम कह सकते हैं कि ये हिफ़ाज़ती इन्तज़ाम बहुत कारगर हैं। हालाँकि छोटे–मोटे भ्रष्टाचार के कई रूप सामाजिक अंकेक्षण में उभरकर सामने आये (जैसे–पोस्टमास्टर का मज़दूरी के भुगतान के वक़्त बख़्शीश के तौर पर मज़दूर से रक़म माँगना), लेकिन कुछ सालों पहले तक सार्वजनिक कार्यों में जिस व्यापक

पैमाने का भ्रष्टाचार आन्ध्र प्रदेश में हो रहा था, वैसे भ्रष्टाचार का कोई सबूत इस बार देखने में नहीं आया।

उत्साह बढ़ाने वाली इन खोजों के इस सिलसिले के बाद हमें एक तगड़ा झटका ओडिशा में लगा। यहाँ 2007 के अक्तूबर में तीन ज़िलों (बोलांगीर, बौध और कालाहांडी) में रैंडम रीति से चयनित नरेगा के तीस कार्यस्थलों पर मस्टर रोल के सत्यापन की क़वायद की गयी। इसके निष्कर्षों के बारे में अन्यत्र (द हिन्दू, 20 नवम्बर, 2007) ज़िक्र किया गया है। यहाँ सार–संक्षेप के रूप में कहें तो हमने देखा कि उड़ीसा सार्वजनिक कार्य में भ्रष्टाचार के परम्परागत तरीक़े (निजी ठेकेदारों की भूमिका, 'मस्टर रोल' में बड़े पैमाने का फ़र्ज़ीवाड़ा और रिश्वतख़ोरी का संस्थागत चलन) से हटकर एक पारदर्शी और जवाबदेह प्रणाली की दिशा में बस अभी चन्द क़दम बढ़ा पाया है। निहित स्वार्थों ने पारदर्शिता लाने के उपायों को एकदम नकारा बना रखा था और ऐसे किसी हिफ़ाज़ती उपाय का सत्यापन कर पाना सम्भव नहीं था। बोलांगीर और कालाहांडी में, कुख्यात 'पी.सी. प्रणाली' (जिसके तहत विभिन्न अधिकारी योजना फंडों में से एक निश्चित प्रतिशत की माँग करते हैं) जारी थी और नरेगा का लगभग 22 प्रतिशत फंड इसी में सर्फ हो रहा था। लेकिन आशा की एक किरण यह नज़र आयी कि भ्रष्टाचार से भरे ऐसे माहौल में भी सकारात्मक बदलाव के कुछ चिह्न मौजूद थे। जैसे–जैसे निगरानी और अंकुश के उपाय अमल में लाये जा रहे हैं, निहित स्वार्थों के लिए अपनी कारगुजारी कर दिखाना मुश्किल होता जा रहा है और भ्रष्टाचार में कमी आ रही है। नरेगा में व्यापक भ्रष्टाचार को लेकर ओड़िशा की बदनामी हुई है और इसके बाद से वहाँ भ्रष्टाचार पर लगाम कसने के उपाय तेज़ हुए हैं।

इसके बाद, साल 2007 के दिसम्बर में पर्वतीय अंचल हिमाचल प्रदेश का सफ़र ज़ेहन को तरोताज़गी (शब्द के सटीक अर्थों में) से भरने वाला साबित हुआ। वहाँ सर्वेक्षण के लिए चुने गये दो ज़िलों काँगड़ा और सिरमौर से एकदम ही उलट तस्वीर उभरी। काँगड़ा में नरेगा सहित तमाम सार्वजनिक दस्तावेज़ों में पारदर्शिता के बर्ताव की संस्कृति देखने को मिली। 'मस्टर. रोल' और नरेगा के अन्य रिकॉर्ड आमतौर पर ग्राम पंचायत कार्यालय में सार्वजनिक जाँच के लिए उपलब्ध थे। ज़्यादातर रिकॉर्ड कम्प्यूटरीकृत रूपाकार में थे। इसके अलावा, एक बड़े अपवाद (मिंटा ग्राम पंचायत) को छोड़ दें तो काँगड़ा ज़िले में सर्वेक्षण वाली हर

जगह हमें 'मस्टर रोल' और श्रमिकों से सुनने को मिली बातों के बीच मेल नज़र आया। लेकिन सिरमौर में 'मस्टर रोल' में व्यापक फ़र्ज़ीवाड़े के सबूत मिले। कुछ मामलों में दिखा कि फ़र्ज़ीवाड़ा नरेगा की निर्माण–सामग्री पक्ष में इज़ाफ़ा करने की नीयत से किया गया था और ऐसा करते हुए योजना–राशि में कोई हेरफेर नहीं हुई थी, लेकिन साथ ही कई मामलों में रक़म के गबन के साक्ष्य भी देखने को मिले।

इन निष्कर्षों को मज़बूत आधार देने के लिए अधिक व्यापक अनुसन्धान की आवश्यकता है, लेकिन इस तरह के छोटे पैमाने के सर्वेक्षण से गहरी अन्तर्दृष्टि देने में सक्षम हैं। हर ज़रूरी जानकारी जैसे कि 'मस्टर रोल' और सत्यापन पत्रक (वैरिफिकेशन शीट) माँगने पर उपलब्ध मिलती है। ये दस्तावेज़ उन लोगों के लिए उपयोगी सिद्ध हो सकते हैं जो यह मानकर चल रहे हैं कि नरेगा की राशि यों ही परनाले में बहायी जा रही है। साथ ही, लोगों के मुँह से जो बातें सुनने को मिलती हैं–वे भी सूझ के लिहाज़ से बहुत अहम साबित हो सकती है। नरेगा से मिले काम के कारण लोगों को गरिमा के साथ जीवन जीने में, बच्चे को स्कूल भेजने और पालने–पोसने में मदद मिली है, इस बात को लोगों की ही ज़ुबानी सुनने पर कोई भी संवेदनशील व्यक्ति बग़ैर प्रभावित हुए नहीं रह सकता।

ये निष्कर्ष अलग–अलग जान पड़ते हैं, लेकिन इन निष्कर्षों से एक बड़ा सन्देश उभरकर सामने आता है। सन्देश यह कि नरेगा से भ्रष्टाचार को समाप्त किया जा सकता है और ऐसा करने का तरीक़ा है कि नरेगा के दिशा–निर्देशों तथा अधिनियम में सुझाये गये पारदर्शिता के हिफ़ाज़ती इन्तज़ाम पर अमल करें। साथ ही, जब भी भ्रष्टाचार के किसी मामले का पर्दाफ़ाश हो, तुरन्त कार्रवाई करने की ज़रूरत है। यह समय साहस को खोने का क़तई नहीं।

रोज़गार गारंटी या गुलामगीरी ?*

नरेगा की मज़दूरी के भुगतान में देरी की ख़बरें हाल के महीनों में देशभर से थोक भाव में आ रही हैं। इन ख़बरों से निकलते सन्देश वास्तव में भयावह हैं। इस आशय की भी ख़बरें आ रही हैं कि पूरे ज़िले या पूरे सूबे में नरेगा की मज़दूरी महीनों की देरी से मिल रही है और इसने एक चलन

* सितम्बर, 2009।

का रूप ले लिया है। इससे भी ज़्यादा बुरी बात यह है कि नरेगा के कुछ कार्यस्थलों पर तो मज़दूर अब यह आस भी खो चुके हैं कि उन्हें मज़दूरी कभी मिल भी पायेगी। (ऐसे कुछ कार्यस्थल हमें झारखण्ड की खूँटी में दिखे)। यह ग़ुलामी की प्रथा से बहुत ज़्यादा अलग नहीं।

राष्ट्रीय ग्रामीण रोज़गार गारंटी अधिनियम (नरेगा) के तहत श्रमिकों को पन्द्रह दिनों के भीतर मज़दूरी का भुगतान करना ज़रूरी है। ऐसा न होने पर वेतन भुगतान अधिनियम के मानदण्डों के आधार पर मज़दूर मुआवज़े के हक़दार हैं और ऐसे हरेक मज़दूर को 3000 रुपये तक मुआवज़ा दिया जा सकता है। लेकिन, सिर्फ़ एक उदाहरण को अपवाद के तौर पर छोड़ दें तो फिर झारखण्ड में कहीं भी नरेगा के मज़दूरों को मुआवज़ा नहीं मिला है।

जो मज़दूर किसी तरह जीवन–यापन कर पा रहे हैं उनके मामले में अगर मज़दूरी के भुगतान में थोड़ी–सी भी देरी हो तो वे भारी मुश्किल में फँस जाते हैं। अगर रोज़ाना मज़दूरी का इन्तज़ार ही लगा रहे तो वे आख़िर अपने परिवारों को कैसे जिला–खिला पायेंगे? उन्हें बिल्कुल पता नहीं होता कि मज़दूरी कब मिलेगी और इस सिलसिले में वे कुछ कर पाने में भी ख़ुद को अशक्त महसूस करते हैं। राजस्थान के बाराँ ज़िले में हाल ही में भूखमरी से हुई मौत की एक जाँच से पता चलता है कि इस मामले में नरेगा की मज़दूरी के भुगतान में हुई देरी का भी कुछ योगदान था। मज़दूरी का समय पर भुगतान दरअसल जीवन और मौत का सवाल बन जाता है–ख़ासकर ऐसे वक़्त में जब सूखा पड़ा हो।

एक दलील अक्सर सुनाई पड़ती है, ख़ासकर सरकारी अधिकारियों के मुँह से कि मज़दूरी में नरेगा में बड़े पैमाने पर भुगतान करना होता है और इतनी बड़ी तादाद में भुगतान के काम को सँभाल पाने में डाकघर या फिर बैंक सक्षम नहीं हैं। इस बात में कुछ–न–कुछ तो सच्चाई है, लेकिन बीमारी के निदान के तौर पर यह दलील गुमराह करने वाली है। भुगतान के मामले में बैंकिंग प्रणाली के पहिये अगर बीच रास्ते फँसे दिख रहे हैं तो इसमें दोष केन्द्र सरकार का है। केन्द्र सरकार नीचे की चीज़ों को ऊपर से दुरुस्त करने का रवैया अपनाया और हड़बड़ी दिखायी। एक साल पहले नरेगा में होने वाले भुगतान को थोक भाव से डाकघर और बैंकों पर थोप दिया गया। केन्द्रीय रोज़गार गारंटी परिषद् के सदस्यों ने तो 2007 के अक्तूबर में ही इसके ख़िलाफ़ आगाह कर दिया था और

सलाह दी थी कि मज़दूरी के भुगतान के मामले में बैंकों पर निर्भरता धीरे-धीरे बनाई जाये, पहले इस दायरे में उन गाँवों को शामिल किया जाये जो बैंकों के ज़्यादा नज़दीक हैं।

दूसरी बात यह कि बैंकों और डाकघरों से भुगतान में देरी की मुश्किल ऐसी नहीं कि उसका समाधान ही न निकाला जा सके। दरअसल, मुख्य बाधा (थोड़े समय में लाखों खाते खोलना) को अब पार कर लिया गया है। कुछ राज्यों, जैसे-राजस्थान में, नरेगा भुगतान का परिमाण निश्चित ही एक बड़ी चुनौती बना चला आ रहा है, लेकिन ज़्यादातर राज्यों में, अगर बैंक और डाकघर ज़रूरी बन्दोबस्त कर लें, तो नरेगा के भुगतान की मुश्किल से निपटा जा सकता है। हमने देखा कि खूंटी ज़िले में बैंक से हो रहे भुगतान में बस छोटे-से प्रयास से तेज़ी आ गयी है। जिसमें प्रशिक्षित स्वयंसेवकों से थोड़ी मदद ली गयी थी। ये स्वयंसेवक नरेगा श्रमिकों को बैंक लेकर आये थे। आन्ध्र प्रदेश में स्पष्ट आदेश है कि मज़दूरी का भुगतान डाकघरों के माध्यम से हो साथ ही भुगतान की समय-सीमा भी निर्धारित की गयी है; वहाँ इस पर निरन्तर निगरानी रखने के भी इन्तज़ाम हैं। मुझे जानकारी मिली है कि निगरानी की इस व्यवस्था के कारण वहाँ 70 प्रतिशत मामलों में मज़दूरी का भुगतान पन्द्रह दिन की अवधि के भीतर हो जाता है।

इस सिलसिले की तीसरी बात यह है कि देरी सिर्फ़ बैंकिंग प्रणाली तक ही सीमित नहीं है। कई बार ऐसा भी होता है कि नरेगा के क्रियान्वयन की ज़िम्मेदार एजेंसियाँ (जैसे-ग्राम पंचायत) बैंकों को भुगतान का आदेश भेजने में पन्द्रह दिन से ज़्यादा का वक़्त लगा देती हैं। अतः दोष बैंकिंग प्रणाली के बाहर भी मौजूद है। बैंकों को दोष देना स्थानीय प्रशासन के लिए आसान है। ऐसा करके वे अपनी करनी-धरनी का बोझ दूसरे के मत्थे मढ़ देते हैं।

क़रीब से ग़ौर करने पर पता चलता है कि देरी के पीछे एक से ज़्यादा बाधाओं का हाथ है। काम कितना हुआ, इसकी पैमाइश में देरी होती है (इस बाधा का रिश्ता इंजीनियरिंग विभाग के कर्मचारियों के मनमाने बर्ताव से है), नरेगा का फंड देर से जारी होता है (ऐसा होने से कभी-कभी पूरे प्रखण्ड में नरेगा का काम रुक जाता है), दस्तावेज़ों का ग़ैर-ज़िम्मेदाराना रखरखाव (जैसे कि 'मस्टर रोल' और जॉब-कार्ड का साज-सँभाल ठीक तरीक़े से न होना) और इसके साथ ही भुगतान से

जुड़ी बैंक सम्बन्धी बाधाएँ। लेकिन यहाँ मैं एक बात सुझाव के तौर पर यह भी दर्ज करना चाहता हूँ कि इन ख़ास बाधाओं की ओट लेकर कई क्षेत्रों में नरेगा के ख़िलाफ़ पुरज़ोर अभियान चलाया जा रहा है। बैंक से भुगतान होने के कारण नरेगा के धन का गबन कर पाना पहले से कठिन हो गया है। अतः कई सरकारी अधिकारी इस पूरे कार्यक्रम को सिरदर्दी का सामान समझने लगे हैं। काम उन्हें पहले की तरह करना पड़ रहा है, लेकिन धन हड़पने का तरीक़ा हाथ से निकल गया है। मज़दूरी के भुगतान में अड़ंगा लगाना परेशान करने की एक रणनीति तो है ही, साथ ही नरेगा को पटरी से उतारने में भी यह तरकीब सुविधाजनक है। मज़दूरी मिलने पर देरी होने पर ख़ुद श्रमिकों के भीतर नरेगा को लेकर असन्तोष जागता है। खूंटी ज़िले में कुछ महीने पहले हमें ऐसी ही स्थिति देखने को मिली जहाँ मज़दूरों ने नरेगा के कार्यस्थल पर जाना ख़ुद ही छोड़ दिया था। नरेगा को पटरी से उतारने की यह नीयत भी काम कर रही थी जो मज़दूरी के भुगतान में देरी का इतने सारे मामले ठीक उसी घड़ी सामने आये, जब बैंकों के ज़रिये भुगतान का तरीक़ा अपनाया गया। इस रोशनी में देखें तो जान पड़ेगा कि मज़दूरी के भुगतान में देरी का मामला सिर्फ़ प्रक्रियागत दोषों तक सीमित नहीं है, बल्कि यह नरेगा को पटरी से उतारने के लिए उस पर जानते–बूझते किये जाने वाले हमले का भी हिस्सा है।

जहाँ तक केन्द्र और राज्य सरकारों का सवाल है–वे मसले को नकारने में लगी हैं। केन्द्रीय ग्रामीण विकास मन्त्रालय को देरी के बारे में अस्पष्ट–सी जानकारी तो है लेकिन उसके पास न तो इस बात को साबित करने के पर्याप्त तथ्य हैं और न ही समस्या के समाधान का कोई तरीक़ा। खूंटी ज़िले में वेतन भुगतान के मोर्चे पर हो रही देरी के बारे में जब मन्त्रालय का ध्यान दिलाया गया तो ज़िला कलेक्टर को निर्देश मिला की ज़रूरी कार्रवाई कीजिए और प्रमाणित कीजिए कि ज़िले में कहीं भी कोई भुगतान लम्बित नहीं है। बस चन्द दिनों के भीतर कलेक्टर ने लिखित प्रमाण भेज दिया कि मज़दूरी के भुगतान का कहीं कोई मामला लटका हुआ नहीं है। कलेक्टर को प्रखण्ड विकास पदाधिकारी ने ज़ुबानी आश्वासन दे दिया था और इसी के आधार पर कलेक्टर ने प्रमाण–पत्र तैयार कर लिया जबकि प्रखण्ड विकास पदाधिकारियों के पास मज़दूरी के भुगतान के विलम्बित मामलों का कोई विश्वसनीय डेटा नहीं था।

हाल ही में खूंटी ज़िले में एक सामाजिक अंकेक्षण हुआ। इसमें सामने आया कि ज़िले में अब भी मज़दूरी के भुगतान में विलम्ब की समस्या बड़े पैमाने पर बनी हुई है। शुतुरमुर्गी रवैया झारखण्ड में क़ायम है और ख़ूब फल–फूल रहा है।

इस आपात स्थिति से निपटने के बजाय मन्त्रालय 'नरेगा–2' को लेकर भटकावों से भरे कुछ प्रस्तावों में अपना दिमाग़ खपा रहा है। इस शब्द का वास्तविक अर्थ 20 अगस्त, 2009 को स्पष्ट हो गया था। इस दिन मन्त्रालय को राजीव गाँधी के जन्मदिन के मौक़े पर नरेगा–2 का ब्लूप्रिंट जारी करना था। इस ब्लूप्रिंट में कलाकारी ख़ूब दिखती है (स्कूल ऑफ़ प्लानिंग एंड आर्किटेक्चर ने इसके आरेख बनाये हैं) और कहा यह गया है कि सभी ग्राम पंचायतों में 'राजीव गाँधी सेवा केन्द्र' बनाया जायेगा और इसे नरेगा की मुख्य गतिविधियों में से एक माना जायेगा। यह एकदम ही विचित्र सोच है, ख़ासकर एक ऐसे वक़्त में जब सूखा पड़ा हो। वैसे भी पक्के (ईंट से बने) भवन बनाना नरेगा के कार्यों की सूची में शामिल नहीं है। शायद यह विचार किसी ऐसे व्यक्ति का है जिसने सोचा कि देशभर में नरेगा पर गाँधी नाम नत्थी करके राजनीतिक आकाओं को ख़ुश किया जा सकता है और सत्ताधारी पार्टी को कार्यक्रम का श्रेय लेने में भी आसानी रहेगी। इसी टेक पर हाल ही में केन्द्रीय रोज़गार गारंटी परिषद् में फेरबदल हुई। परिषद् के कुछ बहुत समर्थ लोगों को बाहर कर दिया गया और उनकी जगह कांग्रेस के सांसद तथा हित–मीत लाये गये। नरेगा का श्रेय लेने का अच्छा तरीक़ा तो यही है कि उसे सुचारु बनाया जाये और ऐसे प्रयासों की शुरुआत समय पर मज़दूरी के भुगतान से की जा सकती है।

जहाँ तक समस्या के समाधान की बात है, केन्द्र सरकार ने जो उपाय अपनाया है वह 'बिज़नेस कॉरेस्पॉन्डेंस' मॉडल पर आधारित है। इसमें बैंक एजेंट गाँवों में जायेंगे और मज़दूरी का नगद भुगतान करेंगे, भुगतान एक इलेक्ट्रॉनिक मशीन (यह एजेंट के पास होगी) में दर्ज हो जायेगा। यह समाधान समस्या की ग़लत पहचान पर आधारित है। इसमें मान लिया गया है कि बहुत से गाँव बैंकों से ज़्यादा दूर हैं और गाँव से बैंकों की दूरी ही समस्या की मुख्य वजह है। कुछ इलाक़ों में बैंकों से गाँव की दूरी निश्चित ही एक समस्या है, लेकिन मज़दूरी के भुगतान में विलम्ब से इसका बहुत कम सम्बन्ध है। बात चाहे जो हो, लेकिन फिलहाल सूखे

की स्थिति है और ऐसे में मज़दूरी के भुगतान में तेज़ी लाने की ज़रूरत है, नये प्रयोगों को आगे के वक़्त में भी आजमाया जा सकता है।

भुगतान में देरी की परेशानी को ख़त्म करना कोई साधारण बात नहीं। इस मोर्चे पर ध्यान देने की पहली बात यह है अभी के हालात में अन्दरुनी तौर पर ऐसा कोई इन्तज़ाम नहीं जिससे तुरन्त पता चल जाये कि भुगतान में देरी का मुश्किल आन खड़ी हुई है। जब आगाह करने का कोई इन्तज़ाम नहीं है तो फिर भुगतान के लिए दबाव बनाने के किसी अन्दरुनी इन्तज़ाम की यहाँ बात ही क्या करना? प्रखण्ड स्तर पर काम करने वाले कार्यक्रम–अधिकारियों के पास मज़दूरी के भुगतान में विलम्ब के कोई आँकड़े नहीं होते। मज़दूरों के पास अपनी शिकायत सुनाने का ज़रिया नहीं होता। यह नरेगा में शिकायत निवारण प्रावधानों की एक कमी का सूचक है या यों कहें कि केन्द्र और राज्य सरकारों ने ऐसे प्रावधानों को दरकिनार किया है–मिसाल के लिए, इस मामले में मुआवज़े के प्रावधान को लिया जा सकता है। मुआवज़े के प्रावधान पर अमल करना (साथ ही नरेगा की धारा 25 के अनुकूल आचरण करना जिसमें कहा गया है कि जो कोई नरेगा क़ानून में वर्णित अपने कर्तव्य का उल्लंघन करेगा उस पर जुर्माना लगेगा) मज़दूरी के भुगतान में तेज़ी लाने में बहुत मददगार साबित होगा।

इसके अलावा, कुछ अन्य कारगर उपाय किये जा सकते हैं। काम की पैमाइश की बोझिल प्रक्रिया से बचने के लिए सूखा–प्रभावित इलाक़ों में नरेगा के तहत टुकड़े में काम न देकर दिहाड़ी के आधार पर काम दिया जा सकता है। काम चाहे टुकड़े के हिसाब से दिया जाये या फिर दिहाड़ी के आधार पर, दोनों ही स्थितियों में अगर काम की पैमाइश सात दिनों के भीतर नहीं हो जाती तो मज़दूरी का भुगतान मज़दूरों के काम की हाज़िरी को आधार बनाकर किया जा सकता है। धन की आमद में होने वाली अड़चनों के मद्देनज़र ग्राम पंचायतों और डाकघरों को बफ़र फंड मुहैया कराया जा सकता है ताकि मज़दूरी के भुगतान पर राशि का टोटा न रहे। नरेगा की मशीनरी बैंकों और डाकघरों के साथ गहरे तालमेल में होनी चाहिए, साथ ही भुगतान प्रक्रिया के हर चरण में स्पष्ट समय सीमा निर्धारित की जानी चाहिए। जॉब–कार्ड की प्रविष्टि कार्यस्थल पर दर्ज की जाये ताकि मज़दूर के पास इस बात का साक्ष्य रहे कि उसका भुगतान अभी बाक़ी है। मज़दूरी के भुगतान के मोर्चे पर यह भी सोचा जा सकता है कि इसका एक हिस्सा मज़दूर को कार्यस्थल पर अग्रिम के तौर पर दे

दिया जाये। साथ ही, मज़दूरी भुगतान की प्रक्रिया पर लगातार निगरानी बनाये रखने की ज़रूरत है।

मज़दूरी में भुगतान की देरी में कमी लाने के लिए ऊपर कुछ सम्भावित उपाय बताये गये। लेकिन, इस सिलसिले में पहली बात है, समस्या की पहचान करना और उसे प्राथमिकता देना। आज इसी मोर्चे पर रुकावट सबसे ज़्यादा है।

नरेगा के ऊँचे उत्पादक मोल*

किसी और सामाजिक कार्यक्रम पर कॉरपोरेट तबक़े ने शायद ही उतनी आँख–भौंह टेढ़ी की हो जितना कि राष्ट्रीय ग्रामीण रोज़गार गारंटी एक्ट (नरेगा) पर। कॉरपोरेट तबक़े के इस बर्ताव को समझना एकदम सरल है। आख़िर, नरेगा के प्राथमिक लक्ष्यों में एक मज़दूरों को सशक्त बनाना और निजी नियोक्ताओं पर उनकी निर्भरता को कम करना जो है। स्वाभाविक ही है कि नियोक्ता इसे जी–हुजूरी करने और सस्ते में हासिल होने वाले श्रम की सम्भावनाओं पर कुठाराघात मानें।

कीचड़ उछालने की क़वायद

कॉरपोरेट प्रायोजित मीडिया में इसी असहजता के कारण नरेगा को लेकर लगातार तीखी रिपोर्ट और सम्पादकीय छपते हैं। इन रिपोर्टों को पढ़कर कोई सोचेगा कि नरेगा के अन्तर्गत किये गये सार्वजनिक काम एकदम बेकार हैं। हाल ही में एक सम्पादकीय में कहा गया कि, '...देश में ज़्यादातर जगहों पर, इसका (नरेगा) का अर्थ है बेमतलब का गड्ढा खोदना और फिर उस गड्ढे को भरना...'। सम्पादक महोदय ने इतना बड़ा फ़ैसला तो सुना दिया, लेकिन ऐसे फ़ैसले होने के बाद भी...

बीते कुछ सालों के भीतर मैंने नरेगा के सैकड़ों काम देखे हैं और मुझे ऐसा एक भी मामला ध्यान में नहीं आता जो गड्ढा खोदने और पाटने के मिसाल की नुमाइन्दगी करे। निश्चित ही, मैंने नरेगा के अन्तर्गत किये गये कुछ बेमानी–मतलब के काम देखे हैं (जैसे कि यू.पी. के सोनभद्र ज़िले में एक पहाड़ी पर बनाया गया तलाब), लेकिन नरेगा के अन्तर्गत किये गये बहुत से उपयोगी काम भी मेरी नज़रों से गुज़रे हैं। नरेगा के कामों

---

* अगस्त तथा जुलाई, 2015।

के उत्पादक मूल्य को बताने वाले अच्छे अध्ययनों के अभाव के कारण यह तस्वीर पूरी तरह से स्पष्ट नहीं है, लेकिन हाल के कुछ अध्ययनों से पता चलता है कि नरेगा को रोज़गार प्रदान करने का एक चलताऊ कार्यक्रम समझना सच्चाई से कोसों दूर जाना है।

डॉ. सुधा नारायणन और उनके सहकर्मियों द्वारा इन्दिरा गाँधी इंस्टीट्यूट ऑफ़ डेवलपमेंट रिसर्च में किया गया एक अग्रणी शोध अध्ययन ऐसी ही एक मिसाल है। डॉ. नारायणन ने महाराष्ट्र के 100 गाँवों में नरेगा के अन्तर्गत सृजित 4100 सम्पदाओं को नमूने के तौर पर लिया। इनमें से 87 प्रतिशत सम्पदाएँ सुचारु हालत में थीं और 75 सम्पदाएँ खेतीबाड़ी के काम में प्रत्यक्ष या अप्रत्यक्ष रूप से सहायक सिद्ध हो रही थीं। ज़्यादातर उपयोगकर्ताओं (90 प्रतिशत) की नज़र में नरेगा के अन्तर्गत किये गये ये कार्य 'बहुत उपयोगी' या फिर 'कुछ उपयोगी' थे। शोध–अध्ययन के मुख्य लेखक ने दर्ज किया है कि महाराष्ट्र के नरेगा मज़दूरों ने झाड़–झंखाड़ से भरी ज़मीन को वनभूमि में बदल दिया है, भू–अपरदन को रोकने और जल–संचय के लिए मिट्टी की संरचनाएँ खड़ी की हैं और ज़मीन को समतल और चौरस बनाकर उसे खेती के लायक बनाया है। मुख्यधारा की मीडिया में एक जगह नमक–मिर्च लगाकर कहा गया कि नरेगा के मज़दूर मिट्टी गीला करने का खेल करते हैं, लेकिन इस शोध–अध्ययन से ऐसा कुछ भी प्रमाण नहीं मिलता।

महाराष्ट्र से सम्बन्धित यह अध्ययन तो ख़ैर, नरेगा के कार्यों को लेकर लोगों के मन में मौजूद धारणाओं पर केन्द्रित था, लेकिन हाल के एक अन्य अध्ययन (इंस्टीट्यूट फ़ॉर ह्यूमन डेवलपमेंट के अंज़ोर भास्कर और पंकज यादव कृत) में झारखण्ड में नरेगा के कार्यों से हासिल आर्थिक लाभ का वस्तुनिष्ठ मापन किया गया है। बीते कुछ सालों के दौरान नरेगा के अन्तर्गत खोदे गये 1000 कुओं को इस अध्ययन में रैंडम पद्धति से नमूने के तौर पर चुना गया। दिलचस्प बात यह है कि नमूने में पूर्ण रूप से बनाये गये कुओं की तादाद (70 से 80 प्रतिशत बशर्ते आप मुंडेर के निर्माण को आकलन में लेते हैं या नहीं) उसी ग्राम पंचायत के लिए आधिकारिक आकलन में बताई गयी तादाद से बहुत कुछ मिलती–जुलती है। इसके अतिरिक्त पूरी तरह तैयार ऐसी ज़्यादातर सम्पदाओं का ख़ूब इस्तेमाल हो रहा था। सब्ज़ी तथा अन्य क़ीमती फ़सलों को उगाने में इन बनावटों का विशेष इस्तेमाल तो हो ही रहा था, साथ ही इनसे नहाने,

पालतू पशुओं को साफ़–सुथरा करने और मछली मारने का काम भी लिया जा रहा था। कृषिगत उत्पादकता पर प्रभाव के लिहाज़ से इस शोध–अध्ययन के लेखकों का आकलन (रैंडम पद्धति से चयनित 100 कुओं के एक उप–नमूने के आधार पर) है कि नरेगा के अन्तर्गत बनाये गये कुओं से वास्तविक पदों में 6 प्रतिशत का लाभ हासिल हो रहा है। लाभ प्राप्ति की यह दर बहुत सम्मानजनक है और बहुत–सी औद्योगिक परियोजनाओं के समतुल्य बैठती है। कुएँ के मालिकों ने खुदाई के समय बहुत–सी बाधाओं का सामना किया, कुछ को तो अपनी थोड़ी–बहुत जायदाद भी बेचनी पड़ी, तो भी सभी ख़ुश थे कि आख़िरकार उन्होंने कुआँ बना ही डाला।

अध्ययन के ये निष्कर्ष इंडियन इंस्टीट्यूट ऑफ़ साइंस, इंटरनेशनल वाटर मैनेजमेंट इंस्टीट्यूट तथा इलाहाबाद विश्वविद्यालय में किये गये, इस सिलसिले के अन्य अध्ययनों के संगत बैठते हैं। नरेगा के कार्यों के उत्पादक मोल के बारे में स्पष्ट तस्वीर बनाने के लिए निश्चित ही कुछ और प्रमाणों की ज़रूरत है, परन्तु फिलहाल की स्थिति को देखते हुए निराशा की कोई वजह नहीं।

हाल के कुछ शोध–अध्ययनों से यह भी पता चलता है कि नरेगा के कार्यों को ज़्यादा उत्पादक बनाने को लेकर केन्द्र सरकार के विचार बहुत ज़्यादा भ्रमित हैं। नरेगा के कामों की उत्पादकता बढ़ाने के सबसे बेहतर तरीक़े को लेकर मूल मान्यता यह जान पड़ती है कि निर्माण–सामग्री और श्रम का अनुपात बढ़ा दो। दरअसल इस बात के कोई प्रमाण नहीं है कि निर्माण–सामग्री की प्रधानता वाले काम (जैसे–पक्की संरचना खड़ी करना) सामान्य रूप से श्रम की प्रधानता वाले कामों (जैसे–ज़मीन को समतल करना या मेड़ बाँधना) से कहीं ज़्यादा उत्पादक होते हैं। फिलहाल ज़्यादातर राज्यों में निर्माण–सामग्री और श्रम का औसत अनुपात प्रावधानित 40 : 60 के अधिकतम अनुपात से नीचे है और इस बात की कोई स्पष्ट वजह नहीं दिखती कि इस अधिकतम सीमा को और ऊँचा उठाया जाये। ज़्यादा कारगर क़दम होगा कि निर्माण–सामग्री और श्रम के अनुपात से परे नरेगा के अन्तर्गत हो रहे हर कार्य के लिए तकनीकी सहायता और पर्यवेक्षण में सुधार लाया जाये। नरेगा की कौशल–निर्माणकारी भूमिका को बढ़ाने के लिहाज़ से भी यह अच्छा अवसर होगा।

बहुधा यह भी कहा जाता है कि नरेगा को दिहाड़ी मज़दूरी की जगह कौशल–निर्माण की ओर उन्मुख किया जाना चाहिए। ऐसा कहते हुए इस तथ्य की अनदेखी की जाती है कि नरेगा केन्द्र सरकार के कौशल–निर्माण का सबसे बड़ा कार्यक्रम बनकर उभरा है। लाखों महिलाएँ और पुरुष नरेगा के अन्तर्गत रोज़गार सेवक, प्रोग्राम ऑफ़िसर, वर्कसाइट मेट, बेयरफुट इंजीनियर, डेटा एंट्री ऑपरेटर तथा सोशल ऑडिटर के रूप में तकनीकी, प्रशासनिक तथा सामाजिक कौशल सीख रहे हैं। नरेगा को चुपके से समाप्त करने के बारे में सोचने की जगह कौशल–निर्माण की इन गतिविधियों को नरेगा का अविभाज्य हिस्सा बनाना पूरे कार्यक्रम को आगे बढ़ाने का एक बेहतरीन तरीक़ा साबित हो सकता है।

नरेगा की सीख

नरेगा की उपयोगिता का एक और उपेक्षित पहलू इस कार्यक्रम की प्रक्रियाओं से सम्बन्धित है। कार्यों के नियोजन, रोज़गार मुहैया कराने का ख़ाका बनाने, मज़दूरी का भुगतान करने तथा भ्रष्टाचार से लड़ाई के क्रम में कई अहम काम होते हैं, जैसे–ग्राम सभाओं की बैठक की होती है, मज़दूर अपने हक़ के लिए आन्दोलन करते हैं, सामाजिक अंकेक्षण का काम होता है, तकनीकी सहायकों को प्रशिक्षण दिया जाता है, अधिकारियों को पता करना पड़ता है कि मज़दूरी के भुगतान में कैसे तेज़ी लायी जाये आदि। ये गतिविधियाँ स्वयं में तो मूल्यवान हैं ही, साथ ही सीखने का भी एक बड़ा अवसर हैं।

भ्रष्टाचार पर रोकथाम लगाने का मोर्चा सीख लेने के लिहाज़ से एक अहम क्षेत्र साबित हुआ है। मेहनत–मज़दूरी की प्रधानता वाले सार्वजनिक–कार्यों में रक़म के गबन का मुख्य तरीक़ा क्या है, यह बात लगभग सभी जानते हैं। गबन के लिए 'मस्टर रोल' में फ़र्ज़ीवाड़ा किया जाता है और इसके सहारे जो अतिरिक्त रक़म निकलती है उसे बिचौलिए हड़प ले जाते हैं। सूचना का अधिकार अधिनियम के लागू होने से पहले 'मस्टर रोल' की सार्वजनिक जाँच नहीं हो पाती थी और ठगेरे लोग तब चाँदी काट रहे थे। 'मस्टर रोल' के सर्वसुलभ हो जाने के बाद हालात सुधरे हैं। 'मस्टर रोल' को अब इन्टरनेट पर पन्ना–दर–पन्ना देखा जा सकता है। फिर भी, कोई शातिर क़िस्म का बिचौलिया 'मस्टर रोल' में फ़र्ज़ीवाड़ा कर ही सकता है। वह मानकर चल सकता है कि इस

फ़र्ज़ीवाड़े की तरफ़ किसी की नज़र नहीं जायेगी और जाँच नहीं होगी। अतः वक़्त गुज़रने के साथ कुछ और हिफ़ाज़ती इन्तज़ाम किये गये।

एक बड़ी सफलता मिली जब नरेगा की मज़दूरी का भुगतान बैंक (या डाकघर) के ज़रिये करने का चलन अपनाया गया। यह तरीक़ा तनिक दर्दनाक साबित हुआ–इन्तज़ाम पूरे नहीं थे। अतः बैकिंग प्रणाली में काम का अतिरिक्त भार आ जाने से मज़दूरी के भुगतान में विलम्ब की समस्या पैदा हुई, पाँच साल बाद भी बैंक और (विशेषकर) डाकघर अभी भी इस काम को सँभाल पाने में पूरी तरह सक्षम नहीं हो पाये हैं। बहरहाल, भ्रष्टाचार की रोकथाम के लिहाज़ से यह एक कारगर क़दम साबित हुआ। इस नये तरीक़े के कारण नरेगा के धन का गबन करना बहुत कठिन हो गया है, क्योंकि राशि सीधे मज़दूर के खाते में जाती है।

इस मोर्चे पर एक बड़ा पेंच अब भी क़ायम है। यह आशंका बनी हुई है कि गाँव के डाकघर अब भी ताक़तवर बिचौलियों की मुट्ठी में आ सकते हैं। बैंकों में ग्राहक के सत्यापन के नियम कड़े हैं इसलिए बैंकों में ग्राहक की जानकारी के बिना उसके खाते की रक़म उड़ा लेना बहुत कठिन है। लेकिन गाँव के पोस्टमास्टर को बिचौलिये इस बात के लिए राज़ी कर सकते हैं कि वह अनपढ़ श्रमिकों के खाते से रक़म निकाल ले। वक़्त गुज़रने के साथ, मज़दूर जान जायेंगे कि डाकघर जाकर ख़ुद से पैसे कैसे निकालना है और वे अपने खाते पर दर्ज प्रविष्टि की पहचान करना भी सीख जायेंगे। लेकिन ऐसे बहुत से मज़दूरों को खाते में होने वाली धोखाधड़ी से बचाने में अभी समय लगेगा। हो सकता है, आगे चलकर शातिर क़िस्म के लोग ख़ुद मज़दूर को ही रक़म के गबन की अपनी कोशिशों में साझीदार बना लें।

भ्रष्टाचार के ख़िलाफ़ क़दम–दर–क़दम चलने वाली इस लड़ाई में कितनी प्रगति हुई है? इस सवाल का एक जवाब द्वितीय इंडिया ह्यूमन डेवलपमेंट सर्वे (आई.एच.डी.एस.) से निकलता है जो साल 2011–12 में हुआ था। परियोजना निदेशक सोनलदे देसाई ने आई.एच.डी.एस. के जो आँकड़े कृपापूर्वक साझा किये उनके प्रारम्भिक आकलन से पता चलता है कि 2011–12 में कुल ग्रामीण परिवारों में 25 प्रतिशत को नरेगा के अन्तर्गत कुछ–न–कुछ काम मिला। नरेगा के अन्तर्गत परिवारों को औसतन 49 दिन का काम हासिल हुआ। यानी नमूने के रूप में चुने गये सभी लोगों में हर एक को 2.53 दिन। इस संख्या को 2011 की जनगणना

में दर्ज ग्रामीण आबादी से गुणा करें तो निकलकर आयेगा कि साल 2011–12 में नरेगा के अन्तर्गत 210 करोड़ व्यक्ति–दिवस रोज़गार का सृजन हुआ। ग्रामीण विकास मन्त्रालय का आँकड़ा है कि 2011–12 में नरेगा के अन्तर्गत 219 करोड़ व्यक्ति–दिवस रोज़गार का सृजन हुआ, जोकि आई.एच.डी.एस. के आँकड़े से ज़्यादा दूर नहीं है। दूसरे शब्दों में कहें तो स्वतन्त्र रूप से कराये गये इस सर्वेक्षण (आई.एच.डी.एस.) के आँकड़े नरेगा में मज़दूरी के मद में हुए ख़र्च के सरकारी आँकड़े से ज़्यादातर मामलों में मेल खाते हैं।

एक सर्वेक्षण के आधार पर कोई अन्तिम निष्कर्ष तो नहीं निकाला जा सकता, लेकिन आई.एच.डी.एस. के सर्वेक्षण से आशा की किरण ज़रूर दिखाई देती है। संयोग कुछ ऐसा बन पड़ा है कि आई.एच.डी.एस. के निष्कर्ष हाल के एक और सर्वेक्षण से मेल खाते हैं। इस सर्वेक्षण का नाम है पब्लिक इवैल्यूएशन ऑफ़ एनटाइटलमेंट प्रोग्राम (पी.ई.ई.पी.)। पी.ई.ई.पी. अपेक्षाकृत एक छोटा सर्वेक्षण (लगभग 2000 परिवार) था। यह 2013 के मई–जून में दस राज्यों : बिहार, छत्तीसगढ़, हिमाचल प्रदेश, झारखण्ड, मध्य प्रदेश, महाराष्ट्र, ओडिशा, राजस्थान, तमिलनाडु और उत्तर प्रदेश में किया गया। इस सर्वेक्षण में उत्तरदाताओं ने नरेगा के अन्तर्गत मिले काम के बारे में जो संख्या बताई थी (2012–13 में औसतन बाईस दिन) वह आधिकारिक आँकड़ों में उन्हीं परिवारों के लिए दर्ज आँकड़ों (औसतन चौबीस दिन) के बहुत क़रीब बैठता है।

नेशनल सैंपल सर्वे (एन.एस.एस.) डेटा से उभरने वाली तस्वीर तनिक अलग है। ऑक्सफोर्ड विश्वविद्यालय के क्लेमेंट इम्बर्ट के हाल के आकलन के मुताबिक़ नरेगा में आधिकारिक तौर पर जितने व्यक्ति–दिवस रोज़गार सृजन हुआ है उसका 68 से 78 प्रतिशत हिस्सा 2011–12 के एन.एस.एस. सर्वेक्षण के आँकड़ों में परिलक्षित हुआ है। 2007–08 के लिए सम्बन्धित अनुमान (बैंक से नरेगा की मज़दूरी के भुगतान की शुरुआत से पहले) 42 से 56 प्रतिशत तक का है, जो बहुत कम है। इस प्रकार देखें तो एन.एस.एस. में नरेगा के अन्तर्गत सृजित रोज़गार के आँकड़े आधिकारिक आँकड़ों की तुलना में लगातार कम परिमाण में परिलक्षित हुए हैं, लेकिन वक़्त गुज़रने के साथ यह अन्तर कम होता जा रहा है।

मुझे यह भी लग रहा है कि नरेगा के अन्तर्गत सृजित रोज़गार को लेकर आई.एच.डी.एस. के आँकड़े एन.एस.एस. की तुलना में ज़्यादा सटीक हैं,

क्योंकि आई.एच.डी.एस. का मुख्य सरोकार सामाजिक विकास से सम्बन्धित संख्याओं का संग्रह करना है जबकि यह एन.एस.एस. के प्राथमिक लक्ष्य में नहीं। (मिसाल के लिए, एन.एस.एस. ने मिड–डे मील की कवरेज़ के बाबत जो आँकड़े बताये हैं, वे वास्तविक स्थिति को बहुत कम करके दर्शाते हैं)। एक अच्छी बात इन तीनों ही सर्वेक्षणों से यह निकलकर आती है कि हाल के सालों में नरेगा में धन के गबन के वाक़यों में तेज़ी से कमी आयी है–कम–से–कम नरेगा के मज़दूरी–भुगतान वाले पहलू में।

नरेगा में भ्रष्टाचार न हो पाये, न तो इसके मज़दूरी से जुड़े पक्ष में और न ही इसके निर्माण–सामग्री से जुड़े पक्ष में, इसे सुनिश्चित करने के लिए बहुत कुछ करना शेष है। पारदर्शिता सुनिश्चित करने के लिए जो हिफ़ाज़ती इन्तज़ाम नरेगा में बड़ी मशक़्क़त से किये गये हैं उन्हें अन्य दायरों में भी लागू करने की ज़रूरत है। इस सन्दर्भ में नरेगा से ढेर सारे उपयोगी सबक निकलते हैं। नरेगा के इस प्रक्रियागत पहलू पर जितना ध्यान दिया गया है, उससे कहीं अधिक का यह हक़दार है।

नोट

सामाजिक दायित्व के रूप में रोज़गार–यह लेख राष्ट्रीय ग्रामीण रोज़गार गारंटी विधेयक के संसद में पेश होने के तुरन्त पहले (दिसम्बर 2004) लिखा गया था। राष्ट्रीय सलाहकार परिषद् ने जो मसौदा तैयार किया था, उसकी ढेर सारी ज़रूरी बातों को हटाकर विधेयक पेश हुआ। ज़रूरी बातें कुछ इस हद तक हटाई गयी थीं कि उससे दरअसल रोज़गार गारंटी का मुख्य मक़सद ही मार खा रहा था। (देखें द्रेज : 2004)। बहरहाल, राष्ट्रीय ग्रामीण रोज़गार गारंटी अधिनियम जब 2005 के अगस्त में पारित हुआ तब उसमें कई ज़रूरी हिफ़ाज़ती इन्तज़ामों को जगह दी गयी।

नरेगा पर आने वाली लागत के बारे में राष्ट्रीय सलाहकार परिषद् ने जो अनुमान लगाया था वह 'फाइनेंशियल इम्प्लिकेशन ऑफ़ एन एम्पलॉयमेंट गारंटी एक्ट' शीर्षक एक नोट के रूप में परिषद् की वेबसाइट पर पोस्ट किया गया था। (यह वेबसाइट अब उपलब्ध नहीं है)। केलकर–2 रिपोर्ट के लिए देखें गवर्नमेंट ऑफ़ इंडिया 2004। प्रोफ़ेशनल टैक्स में बढ़ोतरी से राजस्व की सम्भावित वृद्धि के बारे में देखें, वर्ल्ड बैंक, 2004। टैक्स–जी.डी.पी. अनुपात के आँकड़े केलकर–2 रिपोर्ट तथा वर्ल्ड डेवलपमेंट सूचकांक पर आधारित हैं।

अपेक्षा के अनुरूप नरेगा में शुरुआत से ही महिलाओं की भागीदारी ज़्यादा रही है। नरेगा के कुल व्यक्ति–दिवस में महिलाओं की हिस्सेदारी 2006–07 में 40 प्रतिशत थी, जो आज बढ़कर 60 प्रतिशत तक पहुँच गयी है।

रोज़गार गारंटी और इसके विरोधी–साल 2005 का अगस्त बड़ी पसोपेश का समय था। सरकार ग्रामीण रोज़गार गारंटी योजना के अपने वादे को लागू करने जा रही थी, वाम धड़े की पार्टियाँ (इन पार्टियों ने सरकार को बाहर से समर्थन दे रखा था) अन्तिम तौर पर कुछ संशोधन करने के लिए जी–तोड़ कोशिश कर रही थीं और इस बीच व्यावसायिक मीडिया पूरी परियोजना में अड़ंगा लगाने के लिए कमर कसे हुआ था। उस वक़्त प्रस्तावित विधेयक के पक्ष और विपक्ष में ढेर सारे लेख छपे। यह लेख भी उन्हीं में से एक है।

नैतिकता सम्बन्धी बहस के लिए देखें, रापोपोर्ट, 1960। अनुराधा जोशी का कथन उनके लेख 'फ़ॉर इफेक्टिव एम्पलॉयमेंट गारंटी', से लिया गया है जो 'द हिन्दू' में 8 फरवरी 2005 को छपा था। नेशनल फूड फ़ॉर वर्क प्रोग्राम (नरेगा का पूर्ववर्ती) तथा राजस्थान के 'मस्टर रोल' पर टिप्पणी एन.एफ.एफ.डब्ल्यू.पी. के एक झटपट सर्वेक्षण पर आधारित है। यह सर्वेक्षण 2005 की गर्मियों में छात्रों स्वयंसेवकों की मदद से सम्पन्न हुआ। सर्वेक्षण में सेंटर फ़ॉर इक्विटी स्टडीज़ तथा दिल्ली स्कूल ऑफ़ इकोनॉमिक्स का साथ–सहयोग रहा।

भ्रष्टाचार का मिथक और यथार्थ–यह लेख इलाहाबाद के जी.बी. पन्त सोशल साइंस इंस्टीट्यूट के सहयोग से हुए क्रमवार सामाजिक अंकेक्षण पर आधारित है। नरेगा केन्द्रित सी.ए.जी. रिपोर्ट पर विशेष जानकारी के लिए देखें; सिद्धार्थ तथा विनायक, 2008। नरेगा में हुए भ्रष्टाचार के बारे में अद्यतन जानकारी के लिए देखें इस खण्ड का अन्तिम लेख।

रोज़गार गारंटी या गुलामगीरी–यह लेख आगाह करने के स्वर में लिखा गया था। उस वक़्त केन्द्र सरकार ने अचानक ही नरेगा के कामों की मज़दूरी का भुगतान बैंक तथा डाकघर के ज़रिये होना अनिवार्य कर दिया था। कठिन साबित हुए इस बदलाव पर विशेष चर्चा के लिए देखें, अधिकारी तथा भाटिया 2010। मज़दूरी के भुगतान में विलम्ब का मुद्दा लम्बे समय तक उपेक्षा का शिकार रहा। इसके बाद केन्द्र सरकार

ने भुगतान की कारगर व्यवस्था के लिए कुछ गम्भीर क़दम उठाये। दुर्भाग्य से, भुगतान प्रणाली में होने वाले बार–बार के व्यापक बदलाव (मिसाल के लिए डाकघर से बैंक चेक और फिर इसके बाद इलेक्ट्रॉनिक पेमेंट, ई–एफ.एम.एस., पी–एफ.एम.एस. तथा आख़िरकार आधार–केन्द्रित भुगतान) के कारण नयी समस्याएँ पैदा होती रहीं और कुछ पुरानी मुश्किलें बरकरार रहीं। इस लेख के छपने के आठ साल बाद अभी भी ऐसे पुख़्ता इन्तज़ाम न हो पाये हैं कि नरेगा की मज़दूरी पन्द्रह दिनों के भीतर मिल जाये जबकि क़ानून में प्रावधान ऐसा ही है।

नरेगा के ऊँचे उत्पादक मोल–शुरुआत में आया कथन कि नरेगा बेकार है, दरअसल पायनियर, 21 मई, 2015 के सम्पादकीय से लिया गया है। सुधा नारायणन तथा सहकर्मियों के शोध–अध्ययन के निष्कर्ष रानावरे तथा अन्य 2015 में प्रस्तुत किये गये हैं। झारखण्ड के कुओं की बाबत चर्चा के लिए देखें, भास्कर, गुप्ता तथा यादव 2016। इंडियन इंस्टीट्यूट ऑफ़ साइंस स्टडी तथा 'हाल के अन्य अध्ययनों' पर विस्तृत चर्चा के लिए देखें; द्रेज तथा सेन 2013, अध्याय 7।

आई.एच.डी.एस. के आँकड़ों पर आधारित शुरुआती आकलन को नरेगा केन्द्रित आई.एच.डी.एस. की रिपोर्ट से बाआसानी दोहराया जा सकता है। (देखें देसाई तथा अन्य, 2015)। इम्बर्ट का आकलन इम्बर्ट तथा पेप्प 2015 के एक मसौदे पर आधारित है। पी.ई.ई.पी. सर्वेक्षण के लिए देखें पी.ई.ई.पी. टोली के साथ द्रेज तथा खेरा, 2014।

7

खाद्य सुरक्षा और सार्वजनिक वितरण प्रणाली

भारत की सार्वजनिक वितरण प्रणाली (पी.डी.एस.) अर्थशास्त्रियों के बीच बहुत बदनाम थी और आज भी इसे सन्देह की नज़र से देखा जाता है। इसकी बड़ी वजह है 'चोरबाज़ारी', जिससे पी.डी.एस. ग़रीबों की मदद का बड़ा महँगा तरीक़ा बनकर उभरा। अखिल भारतीय स्तर पर देखें तो तक़रीबन दस साल पहले पी.डी.एस. से मुहैया कराये जा रहे अनाज (चावल और गेहूँ) का 50 फ़ीसदी हिस्सा भ्रष्ट बिचौलियों के हाथों चोरबाज़ारी का शिकार हो जाता था। बिहार और झारखण्ड जैसे राज्यों में पी.डी.एस. के अनाज की चोरबाज़ारी 80 से 90 प्रतिशत तक थी। केवल कुछ राज्य, जैसे तमिलनाडु (और कुछ हद तक दक्षिण के अन्य राज्यों) में पी.डी.एस. दुरुस्त हालत में थी।

बहरहाल, सन् 2000 के दशक के मध्य से पिछड़े राज्यों में पी.डी.एस. में सुधार के गम्भीर प्रयास हुए। पी.डी.एस. को एकबारगी पटरी पर ला खड़ा करने वालों राज्यों में सर्वप्रथम रहा छत्तीसगढ़। यह सुधार बड़ा दिलचस्प है, क्योंकि छत्तीसगढ़ में भी पी.डी.एस. बाक़ी बीमारु राज्यों की तरह ख़स्ताहाली का शिकार था (देखें इस पुस्तक के पहले खण्ड का लेख 'भोजन का अधिकार और सार्वजनिक जवाबदेही')। यह बस 2005 की बात है जब छत्तीसगढ़ में कई वर्षों तक भारतीय प्रशासनिक सेवा के वरिष्ठ अधिकारी के तौर पर काम कर चुके हर्षमन्दर ने हमें बताया था कि 'छत्तीसगढ़ में अगर कोई एक चीज़ सुधार से परे है तो उसका नाम है पी.डी.एस.।' अपने अनुभव के आधार पर उन्हें लग रहा था कि पी.डी.एस. के इर्द–गिर्द भ्रष्ट बिचौलियों का एक घेरा बनता–बढ़ता आया है और अब इतना ताक़तवर हो चुका है कि उसे तोड़ा नहीं जा सकता। लेकिन यह निराशावाद बस दो साल के भीतर ग़लत साबित हो गया।

छत्तीसगढ़ के राजनीतिक नेतृत्व ने ठान लिया कि साँठ–गाँठ के घेरे से पी.डी.एस. को आज़ाद कराना है, उसे ठीक रीति से चलाकर दिखाना है। वहाँ राजनीतिक नेतृत्व ने इसे दया–दान का नहीं बल्कि चुनावी मैदान का मोर्चा बनाया। और, जान पड़ता है कि मोर्चा कामयाब रहा : तत्कालीन मुख्यमन्त्री रमन सिंह को चावल बाबा का उपनाम मिला और वे आज छत्तीसगढ़ के मुख्यमन्त्री हैं।

छत्तीसगढ़ में हुए पी.डी.एस. के सुधारों के नुकतों पर इस खण्ड के दूसरे लेख में चर्चा की गयी है। छत्तीसगढ़ के अनुभवों से प्रेरित होकर दूसरे राज्यों में भी मिलते–जुलते सुधार हुए और नतीजे भी समान ही रहें चाहे वे बहुत शानदार न रहे हों। इसका असर राष्ट्रीय खाद्य सुरक्षा अधिनियम (एन.एफ.एस.ए.) पर हुआ जिसमें पी.डी.एस. के सुधारों के बाबत एक महत्त्वपूर्ण धारा शामिल है। पिछले कुछ सालों में राष्ट्रीय खाद्य सुरक्षा अधिनियम को लेकर जो बहसें चली हैं, उनमें इस खण्ड में शामिल अन्य लेखों का भी योगदान है। इन लेखों में अधिनियम के कई मसौदों को चर्चा का विषय बनाया गया है जिसमें 2010 का वह पहला अधपका मसौदा भी शामिल है जिसे मन्त्रियों के एक विशेष समूह ने तैयार किया था और अधिनियम का अन्तिम रूप से तैयार मसौदा भी।

एन.एफ.एस.ए. का दायरा सिर्फ़ पी.डी.एस. तक सीमित नहीं है। इसमें बाल–पोषण के कार्यक्रमों और मातृत्व अधिकारों के बाबत भी अहम प्रावधान शामिल किये गये हैं, लेकिन अधिनियम को लेकर चलने वाली सार्वजनिक बहसों में अक्सर इनकी अनदेखी हो जाती है। इस खण्ड में भी आपको मुख्य चर्चा पी.डी.एस. पर ही केन्द्रित मिलेगी लेकिन इसकी एक ख़ास वजह है। दरअसल, इस किताब के दूसरे हिस्सों में बाल–पोषण और (कुछ हद तक) मातृत्व से सम्बन्धी हक़दारियों के बारे में चर्चा की गयी है।

एक लम्बे और मुश्किलों से भरे सफ़र के बाद एन.एफ.एस.ए. वजूद में आया। अधिनियम के मसौदे को राष्ट्रीय सलाहकार परिषद्, प्रधानमन्त्री कार्यालय, विभिन्न मन्त्रालयों, संसद की स्थायी समिति और फिर लोकसभा के मुक़ाम तक पहुँचने में 2009 के बाद से चार साल लग गये। पी.डी.एस. के अनिवार्य कवरेज़ तथा कौन–से परिवार कवरेज़ की हक़दार माने जायेंगे,[1] इस बाबत मुश्किल मुद्दे उठे। और ज़ाहिर है के, अधिनियम

के साथ वित्तीय बोझ का भी मसला जुड़ा था (हालाँकि यह बोझ उतना बड़ा नहीं जितना कि इसके विरोधियों ने दावा किया) और फिर सरकार भी अधिनियम को लेकर बड़े आधे–अधूरे मन से कोशिश कर रही थी। अधिनियम का अन्तिम रूप 2013 के अगस्त में देश की संसद में पारित हुआ और पारित संस्करण में पहले मसौदे की तुलना में दायरा सीमित हो गया है (मिसाल के लिए, पारित अधिनियम में सामाजिक सुरक्षा पेंशन तथा सामुदायिक किचन की बात नहीं है)। अधिनियम में कुछ ख़ामियाँ भी हैं, जैसे शिकायत निवारण के प्रावधान बहुत कमज़ोर हैं।

बहरहाल, बाद के सालों में एन.एफ.एस.ए. के सिलसिले में कुछ सकारात्मक बातें होती नज़र आयीं, ख़ासकर ग़रीब राज्यों में। पी.डी.एस. के मोर्चे पर हो रहे सुधारों ने गति पकड़ी, अपवर्जन सम्बन्धी दोष कम होते गये और कई राज्यों में खाद्य–सुरक्षा जीवन्त सियासी मुद्दा बन गया। (हालाँकि इस सकारात्मक बदलाव का कुछ हिस्सा दुर्भाग्य से अब ख़तरे में है, क्योंकि आधार–केन्द्रित बायोमेट्रिक प्रमाणीकरण का तरीक़ा लागू कर दिया गया है–देखें पुस्तक का खण्ड 8)। बच्चों के पौष्टिक मिड–डे मील के हक़ को सुप्रीम कोर्ट ने हरी झण्डी दे दी है और अब यह एक स्थायी क़ानूनी हक़ बन गया है। साथ ही, एन.एफ.एस.ए. ने सार्विक मातृत्व–लाभ के सिद्धान्त को भी स्वीकार किया है। भले ही इसमें लाभ की राशि शुरुआती तौर पर बहुत कम (6000 रुपये प्रति शिशु) रखी गयी है। एन.एफ.एस.ए. में महिलाओं को मातृत्व लाभ तो दिया गया है, लेकिन केन्द्र सरकार ने पूरे तीन साल तक इस तरफ़ से नज़रें फेर रखी थीं, लेकिन जब यह पुस्तक प्रेस में जाने को है, तो सरकार की नज़र–ए–इनायत हुई है, मातृत्व लाभ को पहचान मिली है और सरकार इसके प्रावधान पर अमल करने जा रही है।

---

1. शुरुआती योजना थी कि अधिनियम के बाबत परिवारों की पात्रता तय करने के लिए 'अपवर्जन वाली पद्धति' (देखें पुस्तक का खण्ड–2) अपनायी जायेगी जो सामाजिक–आर्थिक एवं जाति जनगणना के आंकड़ों पर आधारित होगी।' लेकिन इस जनगणना के आँकड़ों के जारी होने में कई सालों की देर लगी। नतीजतन, अधिनियम में यह भार राज्यों पर छोड़ दिया गया है कि वे अपने तरीक़े से तय करें कि कौन से परिवार एन.एफ.एस.ए. के अन्तर्गत हकदार माने जायेंगे।

आगे जो लेख दिये जा रहे हैं उनमें आपको एन.एफ.एस.ए. के लिए एक आलोचनात्मक समर्थन का रुझान दिखाई पड़ेगा। कई बार मैंने एक्ट की ख़ामियों और सीमाओं पर अँगुली उठाई है और कई बार मैंने अपने को इसका बचाव करता हुआ भी पाया है। ख़ासकर उन लोगों के बरक्स जो कहते थे कि ऐसा अधिनियम न बने तो अच्छा। लोकतान्त्रिक राजव्यवस्था में हम अपने लक्ष्य तथा सोच की दिशा में प्रगति एक–एक क़दम उठाते हुए करते हैं (और ज़रूरी नहीं कि हर बार क़दम आगे की तरफ़ ही उठ रहा हो)। मेरा मानना है कि एन.एफ.एस.ए. सही दिशा में उठाया गया क़दम है, लेकिन बेहतर पोषण का सार्विक लक्ष्य अब भी साकार होने से कोसों दूर है।

खाद्य सुरक्षा का प्रस्ताव : कुछ गड़बड़ तो नहीं ?*

अब से कोई दस साल पहले का वाक़या है। मैं तब छत्तीसगढ़ के सरगुजा ज़िले में पहली बार गया था। उन दिनों सरगुजा वैसे इलाक़ों में शुमार था जहाँ सार्वजनिक वितरण प्रणाली (पी.डी.एस.) एकदम ही ख़स्ताहाल थी। सरगुजा में पी.डी.एस. की दशा कुछ ऐसी थी कि उन दिनों मैंने अफ़सोस के स्वर में लिखा कि यहाँ 'पूरी व्यवस्था कुछ ऐसी जान पड़ती है मानो उसे रचा ही गया है नाकाम होने के लिए'। राशन की दुकानें भ्रष्ट निजी डीलरों के हाथ में थीं, ये डीलर पी.डी.एस. का राशन खुले बाज़ार में बेचकर पैसे बनाते थे। लोग राशन के लिए आते तो डीलर कह देते थे कि स्टॉक खाली है–क्या करूँ? लोग चुप हो जाते थे, मजबूरी के आलम में उन्हें आगे अपनी बात कहने के लिए कोई दलील ही न सूझती थी।

दस साल बाद छत्तीसगढ़ में पी.डी.एस. में ग़ज़ब का बदलाव आया है। यों इन दिनों छत्तीसगढ़ सरकार के आपत्तिजनक क़दमों को देखते हुए उसकी सराहना करने से पहले कोई दस दफे सोचेगा क्योंकि सूबे में खनन कम्पनियों को खुली छूट मिली हुई है, अनाधिकारिक जनमिलिशिया सलवा जुडूम को सरकार की सरपरस्ती हासिल है और मानवाधिकारों का उल्लंघन भी हो रहा है। फिर भी, छत्तीसगढ़ में पी.डी.एस. को एक नया जीवन मिला है और यह पूरे देश के लिए एक बड़ी उपलब्धि है।

पी.डी.एस. को मिले नवजीवन की झलक कुछ हफ़्ते पहले मुझे सरगुजा में देखने को मिली। आज इस इलाक़े के तक़रीबन हर परिवार

* जुलाई, 2010।

को प्रतिमाह एक या दो रुपये प्रति किलो (राशन कार्ड के हिसाब से) के दर से 35 किलोग्राम अनाज पाने का हक़ हासिल है। और बड़ी बात यह कि व्यवस्था काम कर रही है–हम जहाँ भी गये, देखा कि लोगों को हर महीने 35 किलोग्राम अनाज मिल रहा है। जैसे–तैसे जीवन निर्वाह कर रहे लोगों के लिए यह किसी सपने से कम नहीं।

आगामी राष्ट्रीय खाद्य सुरक्षा अधिनियम देशभर में समान हक़दारी हासिल करने का एक अनूठा अवसर है। हालाँकि मन्त्रियों के विशेष अधिकार प्राप्त समूह के हाथों तैयार किया गया मौजूदा मसौदा इस लिहाज़ से कारगर नहीं। दरअसल, इसमें बी.पी.एल. परिवारों को 25 किलोग्राम अनाज (वह भी अनिर्दिष्ट मूल्य पर!) देने की बात कही गयी है जो कि ऐसे परिवारों को अभी हासिल हक़दारी से कम है। हाल के आन्दोलनों को देखते हुए सरकार ग़रीबी रेखा को कुछ और ऊपर बढ़ाने के लिए तैयार नज़र आ रही है ताकि कुछ और परिवारों को पी.डी.एस. दायरे में शामिल किया जा सके। लेकिन, देश की आबादी के एक ख़ास दायरे तक पी.डी.एस. को सीमित रखने पर भोजन के अधिकार की गारंटी नहीं की जा सकती।

लक्षित पी.डी.एस. के साथ मुख्य दिक़्क़त है कि एक तो यह भरोसेमन्द नहीं है, दूसरे यह फूट डालने वाला भी है। लक्षित पी.डी.एस. पर भरोसा नहीं किया जा सकता यह बात बी.पी.एल. कार्ड के वितरण की कई जाँच–परख से सामने आ चुकी है। अपवर्जन की त्रुटियाँ बहुत ज़्यादा हैं। मिसाल के लिए, नेशनल सैम्पल सर्वे के तथ्यों के मुताबिक़ ग़रीबी रेखा से नीचे रहने वाले लगभग 50 फ़ीसदी परिवारों के पास 2004–05 में बी.पी.एल. कार्ड नहीं था। राष्ट्रीय परिवार स्वास्थ्य सर्वेक्षण के आँकड़ों से भी बहुत कुछ ऐसा ही निष्कर्ष निकलता है।

शायद बी.पी.एल. श्रेणी के परिवारों की पहचान की बेहतर विधियाँ बनें तो इससे अपवर्जन सम्बन्धी ग़लतियाँ दूर हो जायें। एन.सी. सक्सेना समिति ने इस सम्बन्ध में बहुमूल्य सुझाव दिये हैं। फिर भी यह तथ्य बना रहेगा कि किसी सहायक संकेत–सन्दर्भ के सहारे ग़रीब परिवारों की पहचान का तरीक़ा विश्वसनीय नहीं है, उसमें कुछ–न–कुछ छूट जाने की आशंका हमेशा रहेगी। मिसाल के लिए, कोई भूमिहीन परिवार ग़रीब हो भी सकता है और नहीं भी हो सकता। यही बात अनुसूचित जाति या फिर ऐसे परिवार पर लागू होती है जिसमें अभिभावक का दायित्व महिला

निभा रही हो। सच्चाई यह है कि कोई परिवार आज अच्छी स्थिति में हो सकता है, लेकिन कल को वही परिवार ग़रीबी की दशा (बीमारी, विस्थापन या बेरोज़गारी के कारण) में जा सकता है और यह बात भी ग़रीबी के मापन की सहायक विधियों को भरोसेमन्द मानने के ख़िलाफ़ जाती है। फिर, ग्रामीण इलाक़ों में सामाजिक शक्ति–समीकरण ऐसे हैं कि कोई भी बी.पी.एल. सर्वेक्षण बाआसानी हेरफेर का शिकार हो सकता है। अगला बी.पी.एल. सर्वेक्षण पिछले सर्वेक्षण से ज़्यादा विश्वसनीय होगा–ऐसा मानने का कोई कारण नहीं है।

लक्षित पी.डी.एस. में फूट डालने की भी प्रवृत्ति है : पी.डी.एस. कारगर ढंग से चले इसके लिए समवेत स्वर में माँग का उठना ज़रूरी है जबकि ऐसी एकजुट माँग के उठने में लक्षित पी.डी.एस. बाधक है। ऐसी माँग का ख़ूब मुखर होकर बुलन्द होना पी.डी.एस. की सफलता के लिए बहुत अहम है। तमिलनाडु में पी.डी.एस. बाकी जगहों से बेहतर स्थिति में है उसकी एक वजह यह भी है कि उसमें सभी की हिस्सेदारी है। छत्तीसगढ़ की हालिया सफलता का भी राज़ यही है। वहाँ ग्रामीण इलाक़े में पी.डी.एस. के दायरे में 80 फ़ीसदी आबादी को रखा गया है।

संक्षेप में कहें तो लक्षित पी.डी.एस. बहुत भौंड़ी क़वायद है और ए.पी.एल.–बी.पी.एल. भेद को क़ानून के ज़रिये जड़ रूप देना बहुत ख़तरनाक साबित हो सकता है क्योंकि इसका मतलब होगा कि ग़रीबी–रेखा सरीखे एक विशुद्ध सांख्यिकीय संकेत को एक स्थायी सामाजिक विभाजन में बदल डालना।

एक ज़ाहिर–सा विकल्प है सार्विक सार्वजनिक वितरण प्रणाली–कम–से–कम ग्रामीण इलाक़ों और शहरी झुग्गी–बस्तियों के एतबार से। और, ऊपर दर्ज तमाम कारणों से इस विकल्प पर गम्भीरतापूर्वक विचार करना ज़रूरी है। हम पहले इसके सम्भावित लाभों के बारे में ही सोचें, तो प्रत्येक परिवार को इस बात की गारंटी रहेगी कि हर महीने घर में भोजन के लिए अनाज मौजूद है। ठण्डे पड़े चूल्हे और खाली पेट चुपचाप सो जाने के दिन दफा हो जायेंगे। जो लोग भुखमरी की चपेट में हैं, उनके लिए पी.डी.एस. एक जीवन रेखा जैसा साबित होगा। शेष दूसरों के लिए यह आर्थिक सुरक्षा और आमदनी में सहायक सिद्ध होगा। अगर आप भुखमरी की चपेट में नहीं हैं तब भी ऐसी सहायता अपने आप में बहुत मूल्यवान है। खाद्य सुरक्षा और आमदनी में सहायता पी.डी.एस. को सार्विक बनाने का मामला इन दो धारणाओं पर टिका है।

तर्क दिया जा सकता है कि पी.डी.एस. को सार्विक बना दिया जाये तब भी उसका पोषणगत प्रभाव सीमित रह सकता है। बेशक, ऐसा हो सकता है। एक वजह तो यही है कि पी.डी.एस. बच्चों के लिए विशेष सहायक नहीं। जहाँ तक पोषणगत ज़रूरतों का सम्बन्ध है, बच्चों को ज़्यादा–से–ज़्यादा अनाज नहीं बल्कि ज़्यादा–से–ज़्यादा पोषक आहार (जन्तु प्रोटीन समेत) की ज़रूरत होती है। साथ ही इसमें बेहतर तरीक़े से कराया गया स्तनपान, स्वास्थ्य सम्बन्धी देखभाल और इससे जुड़ी सहायता भी शामिल है। यह भी ज़रूरी है कि बच्चे जन्म के समय पर्याप्त वजन के हों, सेहतमन्द हों, और इसके लिए महिलाओं के स्वास्थ्य तथा मातृत्व–लाभ सम्बन्धी कुछ उपाय (जो स्वयं में भी महत्त्वपूर्ण हैं) करना भी ज़रूरी है। शहरी इलाक़े की बेघर आबादी के लिए भी विशेष कार्यक्रम चलाने की ज़रूरत है। पी.डी.एस. खाद्य और पोषणगत सुरक्षा के मोर्चे का सिर्फ़ एक हिस्सा है।

यह सस्ते में निबटने वाला मामला नहीं है। एक कामचलाऊ आकलन है कि व्यापक खाद्य सुरक्षा अधिनियम पर हर साल एक लाख करोड़ रुपये की लागत आ सकती है। लग सकता है कि यह तो बहुत बड़ी लागत हुई, लेकिन दरअसल ऐसा है नहीं। ध्यान रहे, एक ऐसे देश में जहाँ लगभग 50 फ़ीसदी बच्चे कुपोषित हों, कोई भी समाधान सस्ते का नहीं हो सकता। बड़े पैमाने पर मौजूद कुपोषण से निपटना है तो उसका समाधान ख़र्चीला होगा ही। दूसरी बात यह कि एक लाख करोड़ रुपये की रक़म भारत के सकल घरेलू उत्पाद का लगभग 1.5 प्रतिशत है–क्या इतनी रक़म से हर व्यक्ति की भुखमरी से हिफ़ाज़त हो, तो इसे बहुत बड़ी रक़म कहा जायेगा?

संयोग देखिए कि जो चीज़ें भोजन के अधिकार की तुलना में बहुत कम अहमियत की मानी जायेंगी, उन पर भारत पहले से ही ज़्यादा ख़र्चा करता आ रहा है। ऐसा कहते हुए मेरी नज़र में सिर्फ़ सैन्य ख़र्चे की ही मिसाल नहीं है, सैन्य ख़र्चे में निश्चित ही कमी की जा सकती है, ख़ासकर जहाँ उसका इस्तेमाल आन्तरिक दमन के लिए किया जा रहा हो। उर्वरकों पर दी जाने वाली सब्सिडी भी वर्ष में एक लाख करोड़ वाले ख़र्चों के मद में एक है। इसके सामाजिक लाभ सन्देह के घेरे में हैं और पर्यावरण के नुक़सान की बात यहाँ क्यों करना वह तो ज़ाहिर ही है। फिर, टैक्स में छूट के नाम पर सालाना पाँच लाख करोड़ रुपये से ज़्यादा की रक़म सरकारी ख़ज़ाने से निकल जाती है। यह तो वित्तमन्त्री के अपने राजस्व

सम्बन्धी विवरणों से ही प्रकट है। इसमें कॉरपोरेट जगत को आयकर पर छूट के रूप में दिये गये 80,000 करोड़ रुपये (इसमें कुछ तो राजनीतिक दलों को हासिल चन्दे के नाम पर माफ़ किया जाता है) और 'सब्ज़ियों, फलों, अनाज तथा खाद्य तेलों' पर सीमा–शुल्क में दी गयी 40,000 करोड़ रुपये की छूट शामिल है।

खाद्य सब्सिडी पहले से ही लगभग 70,000 करोड़ रुपये की है। बड़ी मुश्किल यह नहीं कि खाद्य–सब्सिडी के नाम पर दी जा रही रक़म बहुत कम है, बल्कि बड़ी मुश्किल यह है कि इस रक़म का सदुपयोग नहीं हो रहा। इसका एक प्रकट संकेत तो यही है कि सरकारी गोदामों में लगभग 60 मिलियन टन अनाज जमा हो रखा है और सरकार उस पर कुण्डली मारे बैठी है। खाद्य–सामग्री की महँगाई की ओट लेने या दोष का ठीकरा 'जमाख़ोरों' पर फोड़ने की जगह सरकार को चाहिए कि वह अपने गोदामों में ठूँस–ठूँसकर भर लिए गये अनाज में से कुछ हिस्सा निकाले।

संसाधनों के अभाव की बात अपनी जगह ठीक है–उसे यहाँ नकारा नहीं जा रहा। आगे बढ़ने का एक तरीक़ा यह हो सकता है कि सार्विक पी.डी.एस. को पहले देश के सबसे ग़रीब 200 ज़िलों में लागू किया जाये, फिर इसका विस्तार धीरे–धीरे पूरे देश में हो, कम–से–कम देश के ग्रामीण अंचलों में, जैसा कि राष्ट्रीय ग्रामीण रोज़गार गारंटी अधिनियम के साथ हुआ। गोदामों में अतिरिक्त पड़ा अनाज का भण्डार सार्विक पी.डी.एस. के आरम्भिक चरण में बहुत मददगार साबित होगा। अगर मौजूदा आर्थिक वृद्धि दर जारी रही तो अब से पाँच साल बाद एक व्यापक खाद्य सुरक्षा प्रणाली पर बैठने वाला ख़र्चा सकल घरेलू उत्पाद का 1 से 1.5 प्रतिशत के बीच पड़ेगा। इस बीच खाद्योपार्जन तथा अतिरिक्त रक़म जुटाने का भी पर्याप्त अवसर होगा। रोडमैप बिल्कुल स्पष्ट है : स्थानीय स्तर पर खाद्यान्न उपार्जन को बढ़ावा दीजिए और धनिकों पर टैक्स आयद कीजिए।

लेकिन जब तक पी.डी.एस. को पटरी पर नहीं लाया जाता, तब तक इनमें से कोई भी उपाय ख़ास कारगर साबित नहीं हो सकता। पी.डी.एस. की कवरेज़ बढ़ाना इसमें सहायक हो सकता है, जैसा कि पहले कहा जा चुका है। लेकिन पी.डी.एस. में व्यवस्थित रीति से सुधार करना भी ज़रूरी है। विभिन्न क्षेत्रों में पारदर्शिता और जवाबदेही सुनिश्चित करने की पहलक़दमियाँ हुई हैं और इनसे प्राप्त अन्तर्दृष्टि का पी.डी.एस. में होने वाले सुधारों में उपयोग हो सकता है। अगर छत्तीसगढ़

पी.डी.एस. को ख़स्ताहाली से उबारकर पटरी पर ला सकता है तो बाक़ी राज्य क्यों नहीं?

राष्ट्रीय खाद्य सुरक्षा अधिनियम एक झटके में कुपोषण को नहीं ख़त्म करने वाला। लेकिन इससे भुखमरी का खात्मा निश्चित ही हो सकता है और यह हरेक के लिए बेहतर पोषण सुनिश्चित करने के अधिकार के एक नये आन्दोलन की शुरुआत भी साबित हो सकता है। इस विचार को अव्यावहारिक कहकर ख़ारिज करने की जगह इस पर ठहरकर सोचने की ज़रूरत है।

छत्तीसगढ़ में पी.डी.एस. का कायापलट*

(रीतिका खेड़ा के साथ)

भारत की सार्वजनिक वितरण प्रणाली (पी.डी.एस.) दशकों से कुछ इस क़दर ख़स्ताहाली की शिकार रही है कि अब एक हद तक मान लिया गया है कि पी.डी.एस. में सुधार नहीं हो सकता। लेकिन हाल के प्रयोग इस सोच से कुछ अलग संकेत करते हैं। छत्तीसगढ़ में पी.डी.एस. का आश्चर्यजनक तौर पर कायापलट हुआ है और यह ख़ास दिलचस्पी का विषय साबित हो सकता है।

पहला क़दम : बिचौलियों पर लगाम

हमें इस कायापलट का एक नज़ारा कुछ माह पहले लखनपुर प्रखण्ड (सरगुजा ज़िला) में देखने को मिला। उस वक़्त इस इलाक़े में नरेगा को लेकर एक सर्वेक्षण चल रहा था...प्रखण्ड में हमने जिस किसी से भी बात की, सब ने कहा कि उन्हें हर महीने अपने हक़ का 35 किलोग्राम अनाज का पूरा कोटा एकदम सही मूल्य अर्थात् राशन कार्ड के हिसाब से एक या दो रुपये प्रति किलोग्राम की दर से हासिल हो रहा है। गाँव में अनाज का स्टॉक एकदम ठीक वक़्त से पहुँच रहा था और आने के साथ लोगों में उसका वितरण भी हो रहा था। ठगी की कोई शिकायत सुनने को नहीं मिली। जिस इलाक़े में कुछ साल पहले तक पी.डी.एस. एकदम ही गिरी–पड़ी दशा में था वहाँ यह बदलाव कोई छोटी–मोटी उपलब्धि नहीं है।

छत्तीसगढ़ से जुड़ी अन्य रिपोर्टों का संकेत है कि कामयाबी की यह कोई अलग–थलग कहानी नहीं है। राज्य के आठ प्रखण्डों में साल 2009

* नवम्बर, 2010।

के सितम्बर–नवम्बर में खाद्यान्न मुहैया कराने के कार्यक्रमों के बाबत एक सर्वेक्षण हुआ था। इस सर्वेक्षण के मुताबिक़ 85 प्रतिशत कार्डधारकों को पी.डी.एस. से हर महीने अपने हिस्से का पूरा 35 किलो अनाज मिल रहा था (बाक़ी लोगों को कम–से–कम 25 किलोग्राम अनाज हासिल था)। राशन कार्डों में केवल दो प्रतिशत प्रविष्टियाँ ही फ़र्ज़ी पायी गयीं।

पी.डी.एस. सुधार की दिशा में उठाया गया पहला क़दम था राशन–दुकानों का वि–निजीकरण। छत्तीसगढ़ में, 2001 से निजी डीलरों को पी.डी.एस. की दुकान के लिए लाइसेंस हासिल करने की मंज़ूरी मिली हुई थी (इससे पहले, पी.डी.एस. की राशन–दुकान राज्य के को–ऑपरेटिव नेटवर्क के ज़रिये संचालित होती थी)। निजी डीलरों को पी.डी.एस. की राशन–दुकान चलाने का लाइसेंस देने की नीति से दायरा तो बढ़ा–दुकानें ज़्यादा हो गयीं, लेकिन भ्रष्टाचार के नये दरवाज़े भी खुले। डीलर राजनेताओं को घूस खिलाकर लाइसेंस लेते थे और भ्रष्टाचार की उनकी गतिविधियाँ बेरोक–टोक चलें इसके लिए भी राजनेताओं की जेब गरम करते थे। 2004 में, सरकार ने इस आदेश को पलट दिया (डीलरों के उग्र विरोध के बावजूद) और ग्राम पंचायतों, स्वयं सहायता समूहों, वन सुरक्षा समितियों तथा अन्य सामुदायिक संस्थानों को राशन–दुकान चलाने का ज़िम्मा सौंपा गया। इससे राशन–दुकानें एक तो लोगों के घर के ज़्यादा नज़दीक तक पहुँची, दूसरे पी.डी.एस. के भीतर कुछ जवाबदेही भी आयी। लोग जब ख़ुद ही दुकान चला रहे हों तो फिर ठगी की गुंजाइश कहाँ रहेगी, क्योंकि यह तो ख़ुद को ही धोखा देने जैसा होगा। ग्राम पंचायत जैसी सामुदायिक संस्थाएँ ज़रूरी नहीं कि शब्द के सटीक अर्थों में 'जनता–जनार्दन की संस्थाएँ' हों लेकिन लोगों के लिए भ्रष्ट बिचौलियों या फिर सरकारी नौकरशाही से निपटने की तुलना में ग्राम–पंचायतों पर असर डालना कहीं ज़्यादा आसान है।

सुधार का एक और बड़ा क़दम साबित हुआ पी.डी.एस. अनाज को राशन–कार्ड धारकों के घर के एकदम क़रीब तक पहुँचाना। यानी 'डोरस्टेप डिलीवरी' की सुविधा। मतलब, अनाज को राज्य की एजेंसियाँ हर महीने राशन–दुकानों तक पहुँचाती हैं जबकि पहले की व्यवस्था में डीलर पास के गोदाम से अपना कोटा उठा ले जाते थे। यह क़दम कैसे मददगार हुआ? यह बात तो सबको पता ही है कि भ्रष्ट डीलर कार्डधारकों

के हक़ के राशन में से कटौती करते हैं और कटौती का यह अनाज इकट्ठे खुले बाज़ार में बेच देते हैं। लेकिन एक बात आम जानकारी में नहीं है, दरअसल अनाज की चोरबाज़ारी उसके गाँव में पहुँचने के पहले ही हो जाती है। डीलर अपने ग्राहक को यह कहकर दामन बचा ले जाते हैं कि 'क्या करें पीछे से अनाज कम मिला'। अगर अनाज गाँव में पहुँच जाये तो डीलर के लिए उसकी बेरोकटोक चोरबाज़ारी कर पाना मुश्किल होता है। गोदाम से ट्रक के चलने और राशन–दुकान तक उसके पहुँचने पर पर्याप्त निगरानी रखी जाती है। अगर ट्रांसपोर्टर ठगी की कोई कोशिश करता है तो फिर डीलर के पास मौक़ा रहता है कि वह स्थानीय स्तर पर अपने पक्ष में समर्थन जुटाये और शिकायत करे। हमने पाया कि एक गाँव में ऐसा हुआ भी था।

इन दो उपायों (राशन की दुकानों का वि–निजीकरण और डोरस्टेप डिलीवरी) के साथ–साथ सख़्त निगरानी के क़दम उठाये गये और इसके लिए सूचना–प्रौद्योगिकी का रचनात्मक उपयोग हुआ। मसलन, जो नागरिक चाहते हैं कि पी.डी.एस. के अनाज से भरे ट्रक की आवाजाही के बारे में उन्हें पता रहे उन्हें ट्रक के गन्तव्य के बारे में सूचना देने के लिए एस.एम.एस. भेजने का तरीक़ा अमल में लाया गया (ऐसे 15000 लोगों का पंजीकरण हो चुका है)। आपूर्ति, बिक्री, समय–सीमा से सम्बन्धित जानकारियों का कम्प्यूटरीकरण किया गया। इस प्रक्रिया में काम को करते हुए उसे सीखते जाने के ढेर सारे मौक़े थे। मिसाल के लिए, एक समय राज्य सरकार ने तय किया कि ठगी से बचने के लिए लोगों के बीच 35 किलोग्राम के अनाज का पैकेट ही बाँटा जाये, लेकिन इस चलन को बन्द करना पड़ा, पता लगा कि अनाज के पैकेट के साथ भी छेड़छाड़ हो रही है। इसी कारण हाल के महीनों में मापने–तौलने के लिए इलेक्ट्रॉनिक मशीनों का इस्तेमाल शुरू किया गया है।

शायद सबसे अहम क़दम साबित हुआ शिकायत निवारण का उपाय करना। इसके लिए हेल्पलाइन की सुविधा फ़राहम की गयी। हेल्पलाइन का उपयोग, ज़ाहिर है, कार्डधारक ही सबसे ज़्यादा करते हैं और अगर वे कोई शिकायत दर्ज कराते हैं तो बिना वक़्त जाया किये शिकायत दूर करने के उपाय किये जाने की भी सम्भावना बनी रहती है। शिकायत दर्ज होने पर मामला सिर्फ़ इस बाबत पूछताछ तक सीमित नहीं रहता। ऐसे कई मामले देखने में आये जहाँ भ्रष्ट बिचौलियों के ख़िलाफ़ एफ.आई.आर.

दर्ज हुई और बिचौलियों के जेल जाने के भी मामले सामने आये हैं। (ऐसा एक मामला लखनपुर में दिखा था)। ट्रक से उतारे गये अनाज को बरामद करने के भी मामले देखने में आये हैं। ट्रकवाले किसी अंजान जगह पर मौक़ा देखकर पी.डी.एस. का कुछ अनाज उतार लेते थे।

जनहितैषी पारदर्शिता

भ्रष्टाचार–मुक्त प्रशासन के लिए व्यापक स्तर की पारदर्शिता एक अहम क़दम है। राष्ट्रीय ग्रामीण रोज़गार गारंटी अधिनियम (नरेगा) का यह एक महत्त्वपूर्ण सबक है। राजस्थान में गाँवों में दीवार का इस्तेमाल सूचनापट्ट के रूप में किया गया है। ग्राम पंचायत के दफ़्तर की दीवार पर जॉब–कार्डधारी श्रमिकों के नाम लिखे गये। इससे 'मस्टर रोल' में होने वाली गड़बड़ी को रोकने में मदद मिल सकती है। नरेगा पर निगरानी रखने और इसके बाबत सूचना देने की एक व्यवस्था एम.आई.एस. शुरू की गयी है। इस व्यवस्था में नरेगा के सभी दस्तावेज़ों का कम्प्यूटरीकरण करके उन्हें इंटरनेट पर उपलब्ध कराया जाता है। यह भी पारदर्शिता लाने का एक महत्त्वपूर्ण उपाय है। लोग धीरे–धीरे इसका इस्तेमाल करना सीख रहे हैं।

इसी तर्ज पर छत्तीसगढ़ में फ़र्ज़ी राशन–कार्ड की समस्या को हल करने के लिए पारदर्शिता के सरल उपाय किये गये हैं। मिसाल के लिए लखनपुर में हमने देखा कि हर घर में दरवाज़े के बगल में एक गोलाकार चिह्न बना है। इस चिह्न के ज़रिये बताया गया है कि उस घर को किस क़िस्म का राशनकार्ड हासिल हुआ है और उस राशनकार्ड से जुड़ी हक़दारी (अनाज की मात्रा तथा मूल्य) क्या बनती है। इससे दो मक़सद सधते हैं। एक तो लोगों के बीच पी.डी.एस. के बाबत अपनी हक़दारी को लेकर जागरूकता बढ़ती है, दूसरे अगर किसी के पास अपनी पात्रता से मेल न खाने वाला राशनकार्ड हो, (जैसे कि किसी मध्यवित्त परिवार के पास अन्त्योदय कार्ड होना) तो उसे सार्वजनिक तौर पर चिह्नित करने और लज्जित करने में भी मदद मिलती है।

ज़ोर पकड़ती आवाज़

अगर पी.डी.एस. के माँग पक्ष की एतबार से सोचें तो छत्तीसगढ़ में एक बड़ा काम हुआ है सार्वजनिक वितरण प्रणाली के कवरेज़ को बढ़ाना।

छत्तीसगढ़ के मुख्यमन्त्री रमनसिंह (बीजेपी के नेता) ने 2007 के चुनावों से पहले पी.डी.एस. को नये सिरे से मज़बूती दी और इसे एक चालाकी भरा राजनीतिक क़दम माना गया। आज, लगभग 80 प्रतिशत ग्रामीण आबादी, जिसमें सभी अनुसूचित जाति और अनुसूचित जनजाति के परिवार शामिल हैं–एक या दो रुपये प्रति किलो के हिसाब से पी.डी.एस. के अनाज की हक़दार है। ज़्यादातर परिवार अब पी.डी.एस. के दायरे में आ गये हैं। इस एक तथ्य ने पूरी व्यवस्था (ख़ासकर राशन–दुकानों) पर दबाव डाला और अनाज मुहैया कराना उनके लिए ज़रूरी बन गया।

पी.डी.एस. के कवरेज़ में विस्तार करने और मुहैया कराये जा रहे अनाज की क़ीमत कम करने से ग्रामीण इलाक़े के ग़रीब और कमज़ोर राशनकार्ड धारकों को आवाज़ बुलन्द करने का मौक़ा मिला। राजीव जायसवाल (संयुक्त निदेशक, खाद्य और नागरिक आपूर्ति) का कहना है कि : 'फिलहाल अस्सी फ़ीसदी ग्रामीण आबादी की आवाज़ हम तक पहुँच रही है। पी.डी.एस. के सार्विक हो जाने पर पढ़े–लिखे और ज़्यादा मुखर तबक़े भी आवाज़ उठायेंगे और सिस्टम पर दबाव पड़ेगा।'

राजनीतिक क़दम

आख़िरकार जो चीज़ सबसे ज़्यादा मायने रखती है वह है–राजनीतिक इच्छाशक्ति। छत्तीसगढ़ में एक–न–एक कारण से पी.डी.एस. राजनीतिक प्राथमिकता का सवाल बन गया और व्यवस्था को निचोड़ने में लगे भ्रष्ट डीलरों का साथ देने की जगह सरकार ने पी.डी.एस. के कायापलट का फ़ैसला किया। जब राजनीति के शीर्ष स्तर से नौकरशाही पर व्यवस्था सुधारने के लिए ज़ोर डाला जाता है, तो चीज़ें बदलनी शुरू हो जाती हैं।

सरकारी अधिकारियों पर पी.डी.एस. का काम करने का भारी दबाव है–यह तथ्य लखनपुर में साफ़ दिख रहा था। मिसाल के लिए, अनाज की आवाज़ाही पर नज़र रखना पटवारी और तहसीलदार की शीर्ष प्राथमिकता बन गयी थी। एक तहसीलदार ने बताया कि जब भी ज़िला स्तर पर बैठक होती है तो पी.डी.एस. अजेंडे में पहले नम्बर पर होता है। पटवारी और तहसीलदार निहित स्वार्थों के ख़िलाफ़ खड़े होने को उत्सुक दिख रहे थे। वे भ्रष्ट बिचौलियों को गिरफ़्तार करने और ज़रूरत पड़ने पर अदालत के दरवाज़े तक ले जाने की बात कह रहे थे। उनकी इस उत्सुकता के पीछे भी राजनीतिक दबाव का ही योगदान जान पड़ा।

छत्तीसगढ़ में हुए पी.डी.एस. के पुनरुद्धार को राज्य सरकार की परोपकारिता की देन मानना ठीक नहीं। वहाँ राज्य सरकार अन्य सन्दर्भों में लोगों के अधिकार का हनन कर रही है, यह तो साफ़ ही दिख रहा है। दरअसल छत्तीसगढ़ में पी.डी.एस. में सुधार सीधे–सीधे राजनीतिक गणित का मामला है–इससे ज़्यादा और कुछ नहीं। लेकिन, यह गणित काम कर रहा है और दूसरी जगह भी इस गणित पर अमल किया जा सकता है।

ग्रामीण ग़रीबी और सार्वजनिक वितरण प्रणाली*

(रीतिका खेड़ा के साथ)

पिछले लेखन में हमने इस तथ्य की तरफ़ ध्यान खींचा है कि बीते कुछ सालों में भारत के कई राज्यों में सार्वजनिक वितरण प्रणाली में बड़े चुप्पे ढंग से सुधार हुआ है। पी.डी.एस. से मुहैया कराई जाने वाली चीज़ों–ख़ासकर चावल और गेहूँ की बाज़ार की क़ीमतों में तेज़ी से इज़ाफ़ा हुआ है और इस कारण पी.डी.एस. के प्रति लोगों के भाव में तब्दीली आयी है–वे पी.डी.एस. में अपनी हक़दारी को लेकर पहले की तुलना में कहीं ज़्यादा गम्भीर हैं। इसे देखते हुए या फिर कुछ अन्य कारणों से कई राज्यों में सरकारों ने पी.डी.एस. में सुधार के साहसी क़दम उठाये हैं। सार्वजनिक स्तर पर दबाव बढ़ा है, साथ ही पी.डी.एस. को लेकर राजनीतिक प्रतिबद्धता में भी इज़ाफ़ा हुआ है। इन दोनों के संयोग से पी.डी.एस. के मोर्चे पर बड़ा सुधार आया है–चोरबाज़ारी में कमी आयी है और अनाज का वितरण नियमित रूप से होने लगा है।

समावेशी पी.डी.एस.

कई राज्य अधिक समावेशी पी.डी.एस. की दिशा में क़दम बढ़ा रहे हैं। पी.डी.एस. को 'ग़रीबी रेखा से नीचे' (बी.पी.एल.) के परिवारों तक सीमित करने से बड़ी समस्या पैदा हो गयी है : बी.पी.एल. परिवारों की पहचान करने का कोई विश्वसनीय तरीक़ा नहीं है, अपवर्जन की ग़लतियाँ बहुत ज़्यादा हैं और पी.डी.एस. को लक्षित बनाना भी लोगों में फूट पैदा करने का कारण बना है। इसलिए, एक अलग रवैया अख़्तियार करने का दबाव बढ़ रहा है जिसके ज़रिये आबादी के एक बड़े हिस्से को पी.डी.एस. के दायरे में शामिल

---

* सितम्बर, 2012।

किया जा सके। तमिलनाडु ने पी.डी.एस. को सार्विक बनाने के हर सम्भव प्रयत्न किये हैं। हर परिवार को प्रतिमाह 20 किलोग्राम चावल निःशुल्क पाने का हक़ हासिल है। पी.डी.एस. को सार्विक या फिर क़रीब–क़रीब सार्विक (कम–से–कम ग्रामीण इलाक़ों में) बनाने के प्रयास करने वाले अन्य राज्यों में आन्ध्र प्रदेश, छत्तीसगढ़, हिमाचल प्रदेश, केरल, ओडिशा और राजस्थान का नाम शामिल है। इस रवैये को अख़्तियार करने से न सिर्फ़ अपवर्जन की त्रुटियों से बचने में मदद मिली है, बल्कि पी.डी.एस. का पटरी पर आ पाना भी सुनिश्चित हुआ है : पी.डी.एस. ज़्यादा समावेशी हो, तो उस पर बेहतर काम कर दिखाने का दबाव ज़्यादा होता है।

कुछ राज्यों, जैसे–ओडिशा और राजस्थान में, ये परिवर्तन एकदम हाल के वक़्त के हैं। दूसरे राज्यों, ख़ासकर छत्तीसगढ़ और तमिलनाडु में ये बदलाव कई साल पहले शुरू किये गये थे। साल 2009–10 के नेशनल सैंपल सर्वे के आँकड़ों से नतीजों के शुरुआती संकेतों को समझा जा सकता है।

एक दिलचस्प बदलाव पी.डी.एस. में ख़रीद के मोर्चे पर देखने में आया है : साल 2004–05 (एन.एस.एस. के पिछले 'आकलन') और 2009–10 के बीच, पी.डी.एस. से गेहूँ और चावल की घरेलू ख़रीद की मात्रा में 50 प्रतिशत की वृद्धि हुई है। पी.डी.एस. से कम–से–कम कुछ चावल या गेहूँ ख़रीदने वाले परिवारों का अनुपात 2004–05 के 27 प्रतिशत से बढ़कर 2009–10 में 45 प्रतिशत हो गया है। ख़रीद की मात्रा में हुआ यह विस्तार भारत के बड़े हिस्से में पी.डी.एस. के हालिया पुनरुद्धार का एक अहम पहलू है।

इसके अलावा, मूल्यगत सन्दर्भ में देखें तो पी.डी.एस. की हक़दारी से अब कई राज्यों में लोगों को आमदनी से अच्छी–ख़ासी मदद मिल रही है। पी.डी.एस. से निहित आय सब्सिडी की गिनती पी.डी.एस. द्वारा मुहैया कराये अनाज के मूल्य और उनके बाज़ार मूल्य के बीच अन्तर के रूप में की जा सकती है। अनाज की ख़रीदी गयी मात्रा से गुणा करके इसे चावल और गेहूँ के मदों में जोड़ दिया जाता है। इसके आकलन के कई तरीक़े हैं, क्योंकि प्रासंगिक बाज़ार–मूल्य को चिह्नित करने के तरीक़े एक से ज़्यादा हैं। राज्यवार मध्यवर्ती बाज़ार मूल्य को एक मानक मानकर देखें तो 2009–10 में पी.डी.एस. में निहित औसत सब्सिडी (पी.डी.एस. से कुछ–न–कुछ अनाज ख़रीदने वाले ग्रामीण परिवारों के लिए)

250 रुपये प्रतिमाह थी। अगर वार्षिक स्तर पर देखें तो यह आमदनी राष्ट्रीय ग्रामीण रोज़गार गारंटी अधिनियम के तहत पूरे एक महीने की कमाई के बराबर है और वह भी बिना काम किये। यों, अगर रक़म को सकल मात्रा के लिहाज़ से देखें तो यह ज़्यादा नहीं है तो भी जीवन–यापन के लिए लगातार संघर्ष कर रहे लोगों के लिए यह एक बड़ी सहायता है। अगर पी.डी.एस. पूरे देश में बेहतर ढंग से काम करे, तो इससे हासिल होने वाली सब्सिडी की मात्रा भी ज़्यादा होगी।

ग़रीबी पर असर

पी.डी.एस. की अन्तर्निहित सब्सिडी की इन गणनाओं के आधार पर यह अनुमान लगा पाना सम्भव है कि ग्रामीण इलाक़ों में ग़रीबी पर पी.डी.एस. का क्या असर रहा। इसके लिए नेशनल सैंपल सर्वे में नमूने के रूप में चुने गये परिवार के प्रति व्यक्ति प्रतिमाह ख़र्च (एम.पी.सी.ई.) का जो आँकड़ा दिया गया, उसे पी.डी.एस. की अन्तर्निहित सब्सिडी से जोड़कर देखना होगा। बात को समझने के लिए, एक उदाहरण पर ग़ौर करें। मान लीजिए कि हम 'तेंदुलकर निर्धनता अन्तराल' की परिभाषा यह कहकर करते हैं कि तेंदुलकर समिति द्वारा बताई गयी ग़रीबी से एम.पी.सी.ई. जितनी कम हो उस समग्र संख्या को इस अन्तराल का द्योतक माना जायेगा। सवाल उठता है, सार्वजनिक वितरण प्रणाली तेंदुलकर समिति द्वारा इंगित निर्धनता के अन्तराल को कम करने में किस हद तक सहायक रहा? दूसरे शब्दों में, अगर एम.पी.सी.ई. के मान्य घटकों में पी.डी.एस. की अन्तर्निहित सब्सिडी को जोड़ दिया जाये तो ग्रामीण क्षेत्रों में निर्धनता का अन्तराल कितना कम होता है?

अगर 2009–10 के नेशनल सैंपल सर्वे के आँकड़ों का इस्तेमाल करते हुए ऊपर के सवाल का जवाब ढूँढ़े तो पता चलता है कि पी.डी.एस. (अधिक सटीक होगा यह कहना कि पी.डी.एस. से मुहैया कराये जा रहे खाद्यान्न) तेंदुलकर समिति द्वारा वर्णित निर्धनता अन्तराल (पूवर्टी गैप) को राष्ट्रीय फलक पर 18 फ़ीसदी कम करने में कामयाब है। यह एक मध्यम दर्जे की उपलब्धि है बात को राष्ट्रीय औसत के कोण से न देखकर राज्यवार देखें तो बड़ी दिलचस्प तस्वीर उभरती है। तमिलनाडु में, पी.डी.एस. तेंदुलकर समिति द्वारा वर्णित निर्धनता–अन्तराल को 50 फ़ीसदी तक कम करने में सफल है। कुछ अन्य राज्य जहाँ पी.डी.एस. का ग्रामीण

ग़रीबी पर व्यापक प्रभाव पड़ा है उनके नाम हैं : छत्तीसगढ़ और आन्ध्र प्रदेश (लगभग 40 प्रतिशत) तथा हिमाचल प्रदेश और केरल (लगभग 35 प्रतिशत)। इसके उलट बिहार, झारखण्ड, मध्य प्रदेश, पंजाब, राजस्थान, उत्तर प्रदेश और पश्चिम बंगाल में पी.डी.एस. निर्धनता के अन्तराल को कम करने में पीछे (15 प्रतिशत से कम) है। ज़ाहिर है, जहाँ पी.डी.एस. का असर ग़रीबी के एतबार से ज़्यादा है उन सभी राज्यों में पी.डी.एस. अपेक्षाकृत समावेशी है जबकि निर्धनता के अन्तराल पर पी.डी.एस. के कम असर वाले राज्यों में अब भी सार्वजनिक वितरण प्रणाली ग़रीबी रेखा से नीचे के परिवारों को लक्ष्य करके चलाई जा रही है (2009–10 के बाद राजस्थान में पी.डी.एस. के कवरेज़ का विस्तार हुआ)। जान पड़ता है, अगर समावेशी रवैया अपनाया जाये तो इससे पी.डी.एस. के सामान्य कामकाज में तो बेहतरी आती ही है, ग़रीबी पर असर के लिहाज़ से भी इसके बेहतर नतीजे मिलते हैं।

ये आँकड़े सिर्फ़ बात को समझाने के ग़रज़ से दर्ज किये गये है क्योंकि (जैसा कि पहले उल्लेख किया जा चुका है) ऐसी गणनाओं के लिए कई तरीक़े इस्तेमाल में लाये जाते हैं। लेकिन गणना का कोई भी तरीक़ा अपनायें, सभी एक बुनियादी निष्कर्ष की तरफ़ इशारा करते हैं : पी.डी.एस. उन राज्यों में ग्रामीण इलाक़ों की ग़रीबी को कम करने के एतबार से बहुत व्यापक असर वाला साबित हुआ है जहाँ उसे समावेशी बनाया गया है और जहाँ पी.डी.एस. का कामधाम भी अपेक्षाकृत अच्छी तरह से किया जा रहा है।

अब तक हमने आमदनी के अप्रत्यक्ष हस्तान्तरण के एक ज़रिये के रूप में पी.डी.एस. पर विचार किया है। आमदनी के ऐसे हस्तान्तरण के अतिरिक्त, पी.डी.एस. के कुछ फ़ायदे और भी हैं जो टिकाऊपन से जुड़े हैं। क्योंकि पी.डी.एस. लोगों के जीवन में एक ख़ास क़िस्म की सुरक्षा ले आता है। पी.डी.एस. कुछ ऐसा है मानो आमदनी का एक छोटा–सा मगर टिकाऊ ज़रिया हासिल हो गया हो। यह उन लोगों के लिए बहुत महत्त्वपूर्ण हो सकता है जो अपने जीवन–यापन के लिए आमदनी के किसी एकल और बड़े छोटे से स्रोत से (जैसे–दिहाड़ी मज़दूरी) पर निर्भर हैं। पी.डी.एस. भोजन की खपत के तौर–तरीक़े पर भी सकारात्मक प्रभाव डाल सकता है (उदाहरण के लिए, परिवार के लोग अपनी आमदनी का कुछ हिस्सा पी.डी.एस. से हुई बचत के कारण पौष्टिक खाद्य पदार्थों पर ख़र्च कर पायेंगे)। बहरहाल, इसके बारे में बस अनुमान लगाया जा सकता है,

निश्चित तौर पर कुछ नहीं कहा जा सकता। अधिक सम्भावना यही है कि चावल और गेहूँ के अतिरिक्त अगर उसके ज़रिये मुहैया करायी जा रही चीज़ों में दाल, खाद्य–तेल तथा ज्वार–बाजरा सरीखे मोटहन को शामिल किया जाये, जिनका पौष्टिक मूल्य ज़्यादा होता है, तो पी.डी.एस. का पोषण पर ज़्यादा असर पड़े। कुछ राज्यों में ऐसा हो चुका है, जैसे–तमिलनाडु (जहाँ पी.डी.एस. की खाद्य वस्तुओं की फ़ेहरिश्त में बहुत से खाद्य–पदार्थ शामिल किये गये हैं), आन्ध्र प्रदेश और हिमाचल प्रदेश। पी.डी.एस. से जुड़ी एक बड़ी सम्भावना यह है कि इसके ज़रिये ग़रीब परिवारों तक पोषक खाद्य–पदार्थ मुहैया कराये जा सकते हैं जो अभी उनके भोजन में नाममात्र को होते हैं।

खाद्य सुरक्षा विधेयक के लिए सबक

राष्ट्रीय खाद्य सुरक्षा विधेयक के लिए इन निष्कर्षों के महत्त्वपूर्ण निहितार्थ हैं। विधेयक देश में एक समावेशी और सुचारु पी.डी.एस. चलाने तथा खाद्य–असुरक्षा को समाप्त करने का बड़ा अवसर है। हालाँकि विधेयक का मौजूदा रूप पी.डी.एस. को समावेशी और सुचारु बनाने में विशेष सहायक नहीं। इसकी बड़ी वजह यह है कि विधेयक के मौजूदा रूप में पी.डी.एस. को लक्षित बनाने के लिए एक सख़्त फ़ार्मूला सुझाया गया है। इसके अन्तर्गत आबादी को तीन समूहों (प्राथमिक, सामान्य तथा अपवर्जित) में बाँटने की बात कही गयी है, लेकिन यह स्पष्ट नहीं किया गया है कि इन समूहों की पहचान कैसे की जायेगी। योजनाओं को लक्षित बनाने हेतु कौन–सी पद्धति अपनायी जाये, इस बारे में कई विशेषज्ञ समितियाँ और सलाहकार समूह बने, लेकिन कोई भरोसेमन्द फ़ॉर्मूला नहीं निकल सका। ऐसे में सार्विक पी.डी.एस. का विचार–कम–से–कम ग्रामीण इलाक़ों के लिए कहीं ज़्यादा बेहतर जान पड़ता है।

कई प्रस्ताव ऐसे भी आये हैं जिनमें मध्यवर्ती रवैया अपनाने की बात कही गयी है (इसका एक नाम एक्सक्लूजन एप्रोच भी है)। ऐसे प्रस्तावों में बताया गया है कि अपवर्जन के कुछ विशिष्ट मानक बनाये जायें और इन मानकों को लागू करके देखा जाये कि कौन–से परिवार उन पर खरे उतरते हैं। अपनी ज़रूरतों को पूरा कर पाने की सलाहियत वाले ऐसे घरों को छाँट दिया जाये तथा बाक़ी हर परिवार को पी.डी.एस. में एकसमान न्यूनतम हक़दारी दी जाये। लेकिन सरकार इन प्रस्तावों को विधेयक का

छोटा संस्करण बनाने में लगी है और ऐसा होने पर विधेयक मौजूदा पी.डी.एस. आवंटन का ही एक सुधरा हुआ रूप बनकर रह जायेगा, किसी अन्य के लिए कोई और उचित हक़दारी की गुंजाइश न बन पायेगी। इसके अतिरिक्त, एक घटिया–सा फ़ॉर्मूला खाद्य–मन्त्रालय ने सुझाया है जिसमें मोटे तौर पर कहें तो पी.डी.एस. से 33 फ़ीसदी आबादी को बाहर (हर राज्य में शहरी तथा ग्रामीण इलाक़े दोनों में) रखने की बात सुझाई गयी है। इस फ़ॉर्मूले के आधार पर पी.डी.एस. में फेरबदल होता है तो ग़रीब राज्यों की तुलना में धनी राज्यों को फ़ायदा ज़्यादा होगा। पंजाब और हरियाणा सबसे लाभकर स्थिति में होंगे जबकि ओड़िशा में स्थिति ज्यों–की–त्यों रह जायेगी। यह बिल्कुल ही बेमानी है, इससे विधेयक का मक़सद ही मारा जाता है।

ऊपर जो बातें कही गयी हैं उनके अतिरिक्त भी विधेयक में कई ख़ामियाँ हैं (जैसे–कुछ हक़दारी को क्रमिक रूप से घटाने की बात कही गयी है)। विधेयक की इन ख़ामियों के पीछे एक निराधार आशंका काम कर रही है। दरअसल सरकार खाद्यान्न की ज़रूरत को लेकर आश्वस्त नहीं हो पा रही। इस बीच, खाद्यान्न का उपार्जन प्रतिवर्ष 70 मिलियन टन से भी ज़्यादा हो रहा है, वितरण में तेज़ी नहीं आ रही और खाद्यान्न का अतिरिक्त भण्डार बढ़ता जा रहा है। इतने बड़े खाद्य–भण्डार के बीच इतना ज़्यादा कुपोषण इतिहास में इससे पहले कभी नहीं देखने में आया। सरकार अधिशेष खाद्यान्न के निर्यात के लिए ख़ूब हाथ–पैर मार रही है, लेकिन इस बीच उसने इस खाद्यान्न को यों ही खुले में रख छोड़ा है। ऐसी स्थिति में, खाद्य सुरक्षा विधेयक को पुनर्जीवित करना और उसे संगत रूप देना एक बेहतर विचार जान पड़ता है।

भारत में खाद्य–सुरक्षा की बहस*

भोजन का अधिकार आख़िरकार भारत में एक जीवन्त राजनीतिक मुद्दा बन गया है। साल 2014 में होने जा रहे आम चुनावों के मद्देनज़र राजनीतिक

---

* जुलाई 2013. इस खण्ड के बाक़ी लेखों से अलग यह लेख (न्यूयॉर्क टाइम्स के इंडिया इंक ब्लॉग पर पोस्ट रूप में प्रकाशित) अन्तर्राष्ट्रीय पाठक समुदाय को ध्यान में रखकर लिखा गया था। मक़सद भारत में खाद्य–सुरक्षा पर चल रही बहस का परिचय देना था। इस परिचयात्मक लेख में निरन्तरता बनाये रखने के लिए पहले के लेखों में आये कुछ अंश पुनरावृत्ति के तौर पर रख लिए गये हैं।

दल सचेत हो गये हैं। खाद्य सुरक्षा को लेकर अपनी प्रतिबद्धता दिखाने की उनके बीच मानो होड़ लगी है। एक ऐसे देश में जहाँ कुपोषण को लम्बे समय तक एक स्वाभाविक स्थिति माना गया–खाद्य–सुरक्षा का अहम मुद्दा बनकर उभरना एक बड़ी सफलता है।

बहरहाल, कथनी और करनी में मेल तो दूर की बात है, कथनी और समझ में भी अक्सर मेल हो–यह ज़रूरी नहीं। राष्ट्रीय खाद्य सुरक्षा विधेयक संसद में 22 दिसम्बर, 2011 को पेश हुआ। संयुक्त प्रगतिशील गठबन्धन (यू.पी.ए.) की सरकार ने अपने चुनावी वादे के अनुसरण में यह विधेयक पेश किया है और विधेयक फिलहाल खाद्य–सुरक्षा पर चल रही बहस के केन्द्र में है। विधेयक को संसद के अन्तिम सत्र के दौरान मतदान के लिए रखा जाना था। साथ ही, संसद की स्थायी समिति की रिपोर्ट पर आधारित कई संशोधन भी पेश होने थे, लेकिन विपक्षी दल एक–न–एक बहाने से सदन की कार्यवाही बाधित करते रहे।

इस बाधा से हताश होकर वोट हासिल करने की उम्मीद में सरकार हाल ही में राष्ट्रीय खाद्य सुरक्षा अध्यादेश 2013 लेकर आयी है। अध्यादेश के ज़रिये विधेयक अमल में तो आ गया है, लेकिन संसद द्वारा पहली बैठक के छह सप्ताह के भीतर इसका अनुमोदन किया जाना ज़रूरी है अन्यथा विधेयक निष्प्रभावी माना जायेगा। अध्यादेश को अमल में लाने के लिए आपातकालिक अधिकारों का उपयोग किया गया। अतः इस क़दम को अलोकतान्त्रिक बताते हुए आलोचना की जा रही है। बेशक, क़दम अलोकतान्त्रिक है, लेकिन ज़्यादातर राजनीतिक दलों का इसमें कुछ–न–कुछ योगदान है जो मसला यहाँ तक आ पहुँचा है।

विधेयक खाद्य–सुरक्षा के लिहाज़ से एक सीधी–सादी पहलक़दमी है। पिछले दशक में कई खाद्य–कार्यक्रम चले और हक़दारियाँ अमल में आयीं। विधेयक में इन्हें समेकित करने का प्रयास किया गया है। सार्वजनिक वितरण प्रणाली के तहत खाद्यान्न मुहैया कराने के अधिकार से सम्बन्धित विधेयक के प्रावधान ने सबसे ज़्यादा ध्यान खींचा है। बच्चों को दी गयी हक़दारी हालाँकि कहीं ज़्यादा महत्त्वपूर्ण है। इसके अन्तर्गत स्कूल जाने वाले सभी बच्चों को मिड–डे मील देना और छह साल से कम उम्र के बच्चों को पोषक भोजन देना (पकाया हुआ भोजन या फिर घर ले जाने के लिए राशन) शामिल है। बाल पोषण से सम्बन्धित यह कार्यक्रम पहले से चल रहा है, सुप्रीम कोर्ट ने अपने आदेश में इन कार्यक्रमों को

अनिवार्य कर दिया है। क़ानून बन जाने से इन हक़दारियों को स्थायी रूप मिल जायेगा और पहलक़दमी में मज़बूती आयेगी।

विधेयक में मातृत्व लाभ का भी प्रावधान है–सभी गर्भवती महिलाओं को प्रति बच्चा 6000 रुपये की रक़म देने की बात कही गयी है (सिवाय उन महिलाओं के जिन्हें औपचारिक क्षेत्र में पहले से ही मातृत्व लाभ हासिल है)। यह एक छोटा क़दम है और चूँकि लाभों को मुद्रास्फीति के साथ सन्नद्ध नहीं किया गया है इसलिए दी जाने वाली रक़म का वास्तविक मोल जल्दी ही बहुत कम हो जायेगा। बहरहाल, सार्विक मातृत्व लाभ का सिद्धान्त महत्त्वपूर्ण है और आगे की पहलक़दमियों के लिए एक बुनियाद का काम कर सकता है।

राष्ट्रीय सलाहाकार परिषद् में जो प्रस्ताव रखे गये हैं उसी के कुछ हिस्सों को विधेयक का रूप दिया गया है। परिषद् में विधेयक का जो शुरुआती मसौदा पेश किया गया था उसमें बहुत से प्रावधान थे, लेकिन उन्हें एक–एक करके हटा दिया गया। पहले तो इन प्रावधानों में से कुछ को परिषद् ने ही हटाया और कुछ प्रावधानों को बाद में सरकार ने हटा दिया। इन प्रावधानों में सामाजिक सुरक्षा पेंशन, कमज़ोर वर्गों के लिए विशेष हक़दारी, सामुदायिक रसोई, जवाबदेही के सख़्त उपाय जैसी कई बातें शामिल थीं।

विडम्बना देखिए कि केन्द्र सरकार ने तो परिषद् के प्रस्तावों में कतर–ब्यौंत की, उन्हें कमज़ोर किया, लेकिन भारत के पूर्वी क्षेत्र के राज्य छत्तीसगढ़, जहाँ विपक्षी भारतीय जनता पार्टी का शासन है, सूबाई सरकार उन्हीं प्रस्तावों को लेकर आगे बढ़ी और छत्तीसगढ़ खाद्य सुरक्षा अधिनियम नाम से प्रान्त में क़ानून को 2012 के दिसम्बर में लागू कर दिया। छत्तीसगढ़ में अब खाद्य–सुरक्षा का एक मज़बूत क़ानून अमल में है और दिल्ली के भारतीय प्रौद्योगिकी संस्थान द्वारा किये गये हाल के एक सर्वेक्षण से पता चलता है कि छत्तीसगढ़ में खाद्य–सुरक्षा के कार्यक्रम प्रभावी ढंग से काम कर रहे हैं। छत्तीसगढ़ भारत के सबसे ग़रीब राज्यों में एक है और इस राज्य के अनुभवों से यह भ्रान्त धारणा मिटाई जा सकती है कि खाद्य सुरक्षा के प्रस्ताव अव्यावहारिक या इतने ज़्यादा ख़र्चीले हैं कि उन पर अमल नहीं किया जा सकता।

बिल के कुछ प्रावधान काफ़ी अनुभव और सबूत पर आधारित हैं। मिसाल के लिए, भारत में बच्चों को स्कूल में भोजन देने का कार्यक्रम

बहुत अहम और कारगर है—यह बात बिल्कुल सही साबित हो चुकी है। तमिलनाडु में हुई अग्रणी पहल के आधार पर यह कार्यक्रम चलाया गया और इसमें 10 करोड़ से ज़्यादा स्कूली बच्चों को भोजन दिया जाता है। वक़्त गुज़रने के साथ इसमें सुधार भी होता जा रहा है। उदाहरण के लिए, कई राज्यों में मिड–डे मील के मेन्यू में अण्डा शामिल हो गया है, यह बढ़ते बच्चों के लिए प्रोटीन का अच्छा स्रोत है। तमिलनाडु में, स्कूली बच्चों को हर दिन एक अण्डा परोसा जाता है। एक ऐसे देश में जहाँ लाखों ग़रीब बच्चों को शायद ही कभी अण्डा खाने का मौक़ा मिलता हो, यह कोई हल्की बात नहीं है।

कई अध्ययनों में भारत के स्कूलों में चल रहे मिड–डे मील के व्यापक फ़ायदों को दर्ज किया गया है जिनमें स्कूलों में बच्चों की बढ़ती उपस्थिति तथा बाल–पोषण की बेहतर होती स्थिति से लेकर ग्रामीण महिलाओं को मिलते रोज़गार के अवसर और जाति–व्यवस्था का टूटना तक शामिल है। स्कूलों में बच्चों को भोजन देने का कार्यक्रम स्थायी रूप ले सके। इसके लिए क़ानून बनाने का विचार व्यापक स्तर पर स्वीकृत हो चुका है।

विधेयक के विवादास्पद हिस्से सार्वजनिक वितरण प्रणाली (पी.डी.एस.) से सम्बन्धित हैं। भारत में लोगों को लम्बे समय से रियायती क़ीमतों पर चावल और गेहूँ का वितरण होता आया है। खाद्यान्न के वितरण के लिए देखा जाता है कि राशन कार्ड किस प्रकार का है : ए.पी.एल. (ग़रीबी रेखा से ऊपर) श्रेणी का है या बी.पी.एल. (ग़रीबी रेखा से नीचे) श्रेणी का। देश की आबादी का एक–तिहाई हिस्सा बी.पी.एल. श्रेणी के लोगों का है और खाद्य सब्सिडी का बड़ा हिस्सा इसी श्रेणी के परिवारों के निमित्त है। लेकिन ऐसे परिवारों को लक्षित करने की प्रक्रिया बड़ी बोझिल, अविश्वसनीय और फूट पैदा करने वाली साबित हुई है। राष्ट्रीय स्तर के कम–से–कम तीन सर्वेक्षणों का संकेत है कि ग्रामीण इलाक़ों में लगभग 50 फ़ीसदी परिवारों के पास बी.पी.एल. कार्ड नहीं है। इसके अतिरिक्त, एक स्थिति और भी है जिसकी तरफ़ तक़रीबन पचास साल पहले रिचर्ड टिटमस ने ध्यान दिलाया था। टिटमस ने कहा था कि, 'ग़रीबों को दी जाने वाली सेवाएँ हमेशा ख़राब सेवाएँ होंगी।' एक वजह यह भी है जो कई राज्यों में पी.डी.एस. का कामकाज सन्तोषजनक रीति से नहीं चल रहा।

हालाँकि, अन्य राज्यों ने ग़रीबी–रेखा के आधार पर किये जाने ए.पी.एल. तथा बी.पी.एल. के भेद को छोड़ दिया है और ये राज्य ज़्यादा पी.डी.एस. के लिए ज़्यादा समावेशी रवैया अपनाने की दिशा में बढ़ चले हैं। तमिलनाडु में, खाद्य वितरण प्रणाली के दायरे में सभी शामिल हैं और यह व्यवस्था ख़ूब अच्छे से काम करती है। अन्य राज्य जो हाल के वर्षों में अधिक समावेशी प्रणाली अपनाने की ओर बढ़े हैं, उनमें आन्ध्र प्रदेश, छत्तीसगढ़, हिमाचल प्रदेश और ओडिशा के नाम शामिल हैं। ऐसे हर राज्य पी.डी.एस. को समावेशी बनाने के साथ–साथ अन्य सुधार भी किये हैं, अतः परिणाम ज़्यादा प्रभावशाली रहे हैं। राष्ट्रीय खाद्य सुरक्षा विधेयक के लिए यहाँ सीखने को अच्छा सबक है।

वास्तव में, विधेयक एक मौक़े की तरह है–कुछ राज्यों ने जो उपलब्धियाँ हासिल की हैं, उन्हें विधेयक के ज़रिये पूरे देश में साकार किया जा सकता है। विधेयक के मुताबिक़ ग्रामीण इलाक़े की 75 फ़ीसदी तथा शहरी इलाक़े की 50 प्रतिशत आबादी को पाँच किलोग्राम खाद्यान्न (चावल, गेहूँ, या बाजरा) प्रति व्यक्ति प्रतिमाह मामूली क़ीमत पर मिलेगा। इसका मतलब हुआ कि लाभार्थियों के अनाज की ज़रूरत का लगभग आधा हिस्सा पी.डी.एस. के ज़रिये पूरा किया जायेगा। हाल के अनुभवों से कुछ सीख हासिल हुई है, इन्हें भी पी.डी.एस. में होने वाले सुधारों के रोडमैप में शामिल किया गया है।

बहरहाल, जहाँ तक पी.डी.एस. का सवाल है–विधेयक में कई दोष हैं। मिसाल के लिए, लाभार्थी परिवार की पहचान का दायित्व सरकार के विवेक पर छोड़ दिया गया है। परिवारों को लाभार्थी के रूप में किन आधारों पर चुना गया–इस बाबत कोई स्पष्ट मानदण्ड निर्धारित नहीं है। ऐसे में, दरअसल कोई भी व्यक्ति क़ानूनी रूप से किसी चीज़ का हक़दार नहीं है। लाभार्थी की पहचान के लिए स्पष्ट मानदण्ड का न होना क़ानून के मक़सद को ही पराजित करता है। इसी तरह, प्रति व्यक्ति प्रतिमाह खाद्यान्न का नियम एकबारगी लागू करना बहुत बाधक साबित हो सकता है, क्योंकि पी.डी.एस. के ज़रिए अभी खाद्यान्न प्रति परिवार के हिसाब से दिया जा रहा था। दुर्भाग्य कहिए कि अध्यादेश के लागू होने से इन मसलों तथा इनसे जुड़ी बातों पर संसद में आगे की चर्चा बाधित हो गयी।

मीडिया में छपी रिपोर्टों से धारणा यह बनती है कि पी.डी.एस. का बड़ा ही विस्तार किया गया है। दरअसल, विस्तार की जगह पुनर्गठन

कहना ज़्यादा ठीक होगा, क्योंकि कुल खाद्यान्न आवंटन में विशेष फ़र्क़ नहीं आने वाला, वह पहले जितना ही रहेगा। हाँ, वितरण के तरीक़े में बदलाव ज़रूर होगा, क्योंकि ग़रीब राज्यों को ज़्यादा अनाज मिलेगा और ग़रीब परिवारों के अपवर्जन का जोख़िम कम हो जायेगा। और, अभी जो ए.पी.एल. श्रेणी के परिवारों के लिए खाद्यान्न का कोटा, उसका बेहतर इस्तेमाल हो सकेगा, क्योंकि अभी की स्थिति में तो ए.पी.एल. श्रेणी का खाद्यान्न कोटा ख़ूब विशाल हो रखा है और सरकारी गोदामों में जमा अतिरिक्त अनाज का एक भ्रष्टाचार–ग्रस्त डंपिंग ग्राउण्ड बन चला है।

विधेयक की कुछ आलोचनाएँ बड़ी सतही क़िस्म की हैं। कई आलोचकों का कहना है कि विधेयक पर लागत बहुत ज़्यादा आयेगी। इन आलोचकों ने लागत का अनुमान तो ख़ूब बढ़ा–चढ़ाकर पेश किया है लेकिन होने वाले फ़ायदों की गिनती नहीं की है। कुछ अन्य आलोचक योजना आयोग की एक रिपोर्ट के हवाले से कह रहे हैं कि पी.डी.एस. का आधे से अधिक खाद्यान्न खुले बाज़ार में चला जाता है। वह विशेष रिपोर्ट 2005 में प्रकाशित हुई थी और 1990 के दशक के उत्तरार्द्ध में जमा किये गये आँकड़ों को आधार बनाकर लिखी गयी है। इस बीच बहुत कुछ बदल गया है, भले ही पी.डी.एस. में भ्रष्टाचार अभी एक अहम मुद्दा हो।

एक अधिक गहरी आलोचना यह है कि पी.डी.एस. महँगा है और नगदी के हस्तान्तरण का तरीक़ा अपनाया जाये तो कम लागत पर समान मक़सद हासिल किया जा सकता है। कुछ स्थितियों में, नगदी का हस्तान्तरण निश्चित रूप से जायज़ है। मिसाल के लिए, विधवा तथा बुजुर्गों के लिए सामाजिक सुरक्षा के मद में नगदी आधारित पेंशन की व्यवस्था की गयी है और यह बेहतर काम कर रही है। अतः इसे विस्तार देने की ज़रूरत है।

बहरहाल, खाद्य सब्सिडी की जगह जल्दबाजी में नगदी के हस्तान्तरण की राह पर चलना जाना आशंका से परे नहीं, इस पर शक की वाज़िब वजहें हैं। नगदी के हस्तान्तरण के लिए बुनियादी ढाँचा तैयार करने की ज़रूरत है और इसमें समय लगेगा। दूसरी तरफ़ देखें, पी.डी.एस. पहले से क़ायम है और खाद्यान्न भण्डार 80 मिलियन टन से भी ज़्यादा का आँकड़ा पार कर रहा है, तो फिर, इस अतिरिक्त खाद्यान्न भण्डार का बिना किसी देरी के बेहतर उपयोग क्यों न किया जाये?

विधेयक में नगदी के हस्तान्तरण वाले तरीक़े को अपनाने में मनाही नहीं है, बशर्ते वह सैद्धान्तिक रूप में ही नहीं बल्कि व्यवहार की ज़मीन पर भी खाद्य–सब्सिडी की तुलना में बेहतर काम करता नज़र आये। तात्कालिक मसला 'नगदी बनाम भोजन' का नहीं बल्कि आमदनी में मदद देने वाली एक प्रभावी सामाजिक सुरक्षा प्रणाली को क़ायम करने और सही ढंग से चलाने का है। ग़रीब लोगों को उनके हाल पर छोड़ देना न तो सामाजिक रूप से उचित है और न ही कोई स्मार्ट आर्थिक नीति।

सबसे बड़ी चुनौती है खाद्य सुरक्षा के लिए एक पुरज़ोर राजनीति समर्थन जुटाना। कुछ राज्यों में यह एक हद तक पहले ही हो चुका है। विधेयक का समर्थन करने की आड़ में, विपक्षी दल दरअसल इसकी राह रोकना चाहते हैं। उन्हें डर है कि विधेयक के कारण संयुक्त प्रगतिशील गठबन्धन को अगले चुनावों में सत्ता बरकरार रखने में मदद मिलेगी। विधेयक को लेकर ख़ुद सरकार की अपनी प्रतिबद्धता भी बहुत स्पष्ट नहीं है। पिछले हफ़्ते अध्यादेश को मंज़ूरी मिल गयी जिससे पता चलता है कि सत्तारूढ़ गठबन्धन का एक हिस्सा विधेयक के पक्ष में है, लेकिन चार साल तक मसला बिना किसी अन्दरुनी खींचतान के रुका कैसे रहा यह समझ पाना बहुत मुश्किल है।

आख़िर में एक बात यह है कि भारत में कुपोषण की समस्या बहुत बड़ी है और इसे देखते हुए खाद्य सुरक्षा विधेयक समाधान के उपाय का एक छोटा–सा हिस्सा भर है। भोजन के अधिकार की लड़ाई अभी चलती रहेगी, उसे लम्बा सफ़र तय करना है।

आगे बढ़ते ग़रीब राज्य*

धोबरग्राम पश्चिम बंगाल के बांकुरा ज़िले में संथालों का एक छोटा–सा गाँव है जिसमें सौ के आसपास घर है। चाहे कोई भी पैमाना इस्तेमाल करें, दिखेगा कि इस गाँव के ज़्यादातर परिवार ग़रीब या फिर बहुत ज़्यादा ग़रीब हैं। चन्द परिवार बेहतर स्थिति में हैं–उन्हें धनी परिवार तो नहीं कहा जा सकता लेकिन इन चन्द परिवारों के पास पक्का घर और मोटरसाइकिल जैसी चीज़ें सरकारी नौकरी के बदौलत हो गयी हैं।

तो क्या इन चन्द खाते–पीते परिवारों को सार्वजनिक वितरण प्रणाली

* जनवरी, 2016।

के दायरे में शामिल न किया जाये? इन लोगों को शामिल करने पर सरकारी लागत बढ़ेगी और फिर ऐसे परिवारों में से कोई कुपोषण की ज़द में तो हैं नहीं। लेकिन एक बात यह भी है कि पी.डी.एस. के दायरे से बाहर करने के लिए ऐसे परिवारों की पहचान कर पाना बहुत मुश्किल है। पश्चिम बंगाल और पड़ोसी राज्य राष्ट्रीय खाद्य सुरक्षा अधिनियम को लागू करने के क्रम में इस समस्या से जूझ रहे हैं। ऐसे परिवारों को छाँटने पर नाराज़ लोगों का एक छोटा–सा मगर ताक़तवर समूह बनकर उठ खड़ा होगा। मुमकिन है, यह समूह पी.डी.एस. को एक–न–एक तरीक़े से पटरी से उतारना चाहे। लेकिन, इन लोगों को शामिल कर लिया जाये तो व्यवस्था पर काम करने का कहीं ज़्यादा दबाव रहेगा।

सुधरता ढाँचा

धोबरग्राम में पिछले महीने घर–घर जाकर किये गये एक सर्वेक्षण से उस बात की पुष्टि हो गयी जिस पर हमारी नज़र पहले ही जा चुकी थी : पश्चिम बंगाल का पी.डी.एस. 'ग़रीबी रेखा से नीचे' (बी.पी.एल.) के परिवारों को अपना लक्ष्य बनाकर चलता है जबकि यह तरीक़ा बाधक और पुराना है तथा दोषपूर्ण सूची पर आधारित है। सर्वेक्षण से पता चला कि 105 परिवारों में से केवल 29 के पास बी.पी.एल. कार्ड या अन्त्योदय कार्ड (यह कार्ड सबसे निर्धनतम परिवार के लिए है) है। बाक़ी के पास या तो ए.पी.एल. (ग़रीबी रेखा से ऊपर) कार्ड था या फिर उन्हें कोई कार्ड ही न मिला था। मतलब, चाहे उन्हें ए.पी.एल. कार्ड मिला हो या कोई कार्ड न हो–दोनों ही स्थिति में ऐसे परिवार पी.डी.एस. से मिलने वाले कैरोसिन तेल के अतिरिक्त कोई और चीज़ अनुदानित मूल्य पर पाने के हक़दार न थे। इसके उलट हमने देखा कि राष्ट्रीय खाद्य–सुरक्षा अधिनियम के तहत बनाई गयी नयी सूची में धोबरग्राम के 78 प्रतिशत परिवारों के नाम दर्ज हैं। इस सूची के आधार पर बने राशन–कार्ड इसी महीने बाँटे जाने हैं। साथ ही, हमने यह भी देखा कि गाँव के शेष 22 प्रतिशत परिवारों में ज़्यादातर आधिकारिक अपवर्जन–मानक के अनुकूल ही हैं। यानी इन परिवारों के पास तीन कमरों वाला पक्का घर या फिर सरकारी नौकरी है। नयी सूची (सामाजिक–आर्थिक और जाति जनगणना, 2011 के आधार पर बनी हुई) न केवल बी.पी.एल. सूची की तुलना में ज़्यादा समावेशी है बल्कि भरोसेमन्द भी है।

यह सिर्फ़ एक गाँव (सर्वेक्षण के नमूने के तौर पर रैंडम तरीक़े से चयनित) की बात है, लेकिन धोबरग्राम को एक मिसाल के तौर पर देखा जा सकता है। राष्ट्रीय खाद्य सुरक्षा अधिनियम को अच्छी तरह से लागू कर क्या फ़ायदे हो सकते हैं—उन्हें यह गाँव अच्छी तरह दिखाता है। विधेयक में पी.डी.एस. में सुधार की बात भी कही गयी है और पी.डी.एस. में हुए सुधार के ज़रिये इन लाभों को और अधिक विस्तृत किया जा सकता है। एक लम्बे अरसे से पश्चिम बंगाल में पी.डी.एस. बहुत ख़राब दशा में है। आज, यहाँ पी.डी.एस. में वे सुधार हो रहे हैं जिन पर छत्तीसगढ़ में बड़ी कामयाबी से अमल हो चुका है और पड़ोसी राज्यों, जैसे—ओडिशा और मध्य प्रदेश में भी इन सुधारों का अच्छा असर हुआ है। उम्मीद करनी चाहिए कि ये सुधार पश्चिम बंगाल में भी सफल रहेंगे।

कहने का मतलब यह नहीं कि पश्चिम बंगाल में या फिर धोबरग्राम में ही स्थिति एकदम ठीक है। धोबरग्राम में भी कुछ ग़रीब परिवारों के नाम राशन कार्ड की सूची में नहीं आ पाये हैं। शायद इसकी एक वजह यह रही हो कि सामाजिक—आर्थिक और जाति जनगणना (एस.ई.सी.सी.) में इन परिवारों के नाम दर्ज न हो पाये हों या फिर ये घर 2011 के बाद के हों अथवा कोई और कारण रहा हो। ऐसे कई मामले हैं जिनमें परिवारों के पास राशनकार्ड तो है, लेकिन उसमें परिवार के कुछ सदस्यों के नाम आने से रह गये हैं। (यह बात मायने रखती है क्योंकि राष्ट्रीय खाद्य—सुरक्षा अधिनियम में हक़दारी प्रति व्यक्ति के हिसाब से तय की गयी है)। इसके अलावा, राशन कार्डों की नयी सूची में पुरानी सूची की तुलना में अन्त्योदय श्रेणी वाले परिवार कम संख्या में हैं। यह समस्या बाक़ी राज्यों में भी आ रही है। नयी सूची का ध्यानपूर्वक पुनरीक्षण करने से इन समस्याओं को दूर किया जा सकता है। बहरहाल, राष्ट्रीय खाद्य सुरक्षा अधिनियम (एन.एफ.एस.ए.) से एक सुसंगत ढाँचा उभर आया है और इस ढाँचे के दायरे में सुधार किये जा सकते हैं।

बदलाव की बयार

झारखण्ड और ओडिशा में भी एन.एफ.एस.ए. अमल में आने की प्रक्रिया में है और इन राज्यों में संक्षिप्त पूछताछ करने से पता चला कि यहाँ भी इसी तरह के बदलाव किये जा रहे हैं। कई राज्यों में एन.एफ.एस.ए. को लागू करने के क्रम में सबसे बड़ी बाधा आ रही है कि लाभार्थी परिवारों

की पहचान कैसे की जाये। जहाँ कवरेज़ तक़रीबन सार्विक है (झारखण्ड के ग्रामीण अंचल में 86 प्रतिशत और ओडिशा के ग्रामीण अंचल में 82 प्रतिशत) वहाँ भी लाभार्थी परिवार की पहचान में कठिनाई आ रही है। झारखण्ड में भी पश्चिम बंगाल से मिलता-जुलता तरीक़ा ही अपनाया गया है : राशन कार्डों की प्रारम्भिक सूची सी.ई.सी.सी. डेटा (खाते-पीते परिवारों को छाँटकर) से तैयार की गयी और बाद में लोगों की शिकायतों के आधार पर उसमें संशोधन हुआ। इस तरीक़े के साथ मुख्य दिक़्क़त अपवर्जन की है : एस.ई.सी.सी. डेटा में जगह-जगह ग़लतियाँ हैं और इन ग़लतियों को हमेशा शिकायत के आधार पर सुधारना सम्भव नहीं। ओडिशा ने दूसरा रास्ता अपनाया है : यहाँ राशन कार्ड आवेदकों को यह प्रमाणित करना था कि वे लाभार्थी होने की पात्रता रखते हैं और स्थानीय अधिकारियों से कहा गया कि ऐसा दावा करने वाले परिवारों का सत्यापन कीजिए। यहाँ मुख्य समस्या समावेशन सम्बन्धी ग़लतियों की है : खाते-पीते परिवार भी दावा कर देते हैं कि वे लाभार्थी होने की पात्रता रखते हैं और उनका दावा सही मान लिया जाता है। लोग अपनी पात्रता के बारे में अपनी घोषणा आप करें, इस तरीक़े के साथ एक दिक़्क़त यह भी है कि इसमें एक भरोसेमन्द प्रशासनिक मशीनरी की ज़रूरी हो जाती है। इस तरीक़े के बिहार या झारखण्ड में कारगर होने पर मुझे शक है।

यह कहना जल्दबाज़ी होगी कि इनमें से कौन-सा तरीक़ा ज़्यादा बेहतर है। कुछ विकल्प और भी हैं, जैसे कि मध्य प्रदेश में एक तरीक़ा अमल में लाया जा रहा है। इसमें पी.डी.एस. को ग्राम पंचायत के अधिकारियों द्वारा बनाये गये स्थानीय निवासियों के डेटाबेस (समग्र पंजी.) से जोड़ दिया गया है। साथ में यह भी मानकर चला जा सकता है कि 10 या 20 फ़ीसदी लोगों को दायरे से बाहर क्यों रखना-सार्वीकरण ही सबसे बेहतर है-कम-से-कम ग़रीब राज्यों में सार्विकता का तरीक़ा अपनाना ही सबसे अच्छा होगा। एक चीज़ साफ़ है कि आज हम बी.पी.एल. सूची वाले पुराने दिनों की तुलना में खाद्य-सुरक्षा के मोर्चे पर कुछ बेहतर कर पाने की स्थिति में हैं। अन्य उल्लेखनीय सुधारों में एक है पूरी प्रक्रिया में पारदर्शिता पर अमल। यहाँ तक कि झारखण्ड में भी एन.एफ.एस.ए. राशन कार्ड की सूची इंटरनेट पर पाठकों के सुभीते वाले रूपाकार में देखने को मौजूद है। इसमें सभी आवश्यक विवरण दर्ज हैं। अब ठगी कर पाना पहले की तुलना में बहुत मुश्किल है-वे दिन गये जब ग्राम-प्रधान अपने

मनपसन्द के लोगों को बी.पी.एल. कार्ड थमा देते थे और उन्हें किसी जाँच–पड़ताल का भी भय नहीं रहता था।

पी.डी.एस. में हुए सुधारों का असर ग़रीब राज्यों पर भी दिखाई देने लगा है। बिहार और मध्य प्रदेश में हाल के सर्वेक्षण पिछले कुछ वर्षों में हुए उल्लेखनीय सुधार की ओर इशारा करते हैं। ऐसी कोई वजह नहीं है कि एन.एफ.एस.ए. को देर से शुरू करने वाले राज्य झारखण्ड, पश्चिम बंगाल, असम तथा अन्य समान बदलाव लाने में नाकाम हो जायेंगे। ऐसे राज्यों में कुछ ने एन.एफ.एस.ए. के अमल में आने के पहले ही पी.डी.एस. में सुधारों की प्रक्रिया शुरू कर दी थी और नतीजे सकारात्मक रहे। ऐसे राज्यों में ओडिशा का नाम विशेष रूप से उल्लेखनीय है। हाँ, सुस्त रफ़्तारी दिखाने वाले राज्यों ने अपना काम तनिक कठिन ज़रूर कर लिया है।

आगे की राह

हाल के शोध से उभरने वाली तस्वीर मीडिया में आ रही रिपोर्ट से बनती धारणा से बहुत अलग है। मीडिया की नज़र दोषों को उभारने और अनियमितता के मामलों को उजागर करने पर होती है। मिसाल के लिए, मीडिया में आपको यह कहानी मिलेगी कि ओड़िशा में एक मेयर ने अपने नाम पर राशनकार्ड बनवा लिया है या फिर झारखण्ड में अमुक व्यक्ति को पता चला कि उसके नाम पर तो 366 राशन कार्ड बने हुए हैं। बेशक, मीडिया का काम इन विसंगतियों को उजागर करना है, लेकिन विसंगतियों को उजागर करने की प्रक्रिया में बड़ी तस्वीर नज़रों से ओझल हो जाती है। विभिन्न राज्यों में एन.एफ.एस.ए. के प्रभाव के सावधानीपूर्वक मूल्यांकन की फौरी ज़रूरत है।

आगे के वक़्तों के लिहाज़ से, सभी की नज़र अभी उत्तर प्रदेश पर है। यह एन.एफ.एस.ए. को लागू करने वाले राज्यों में सबसे पीछे है। उत्तर प्रदेश को पी.डी.एस. के तहत 10 मिलियन टन के आसपास खाद्यान्न का आवंटन होता है। साथ ही, यू.पी. में पी.डी.एस. पुराने तर्ज पर चलती रही है जो बहुत बाधक साबित हो चुकी है। ऐसे में एन.एफ.एस.ए. से यू.पी. अन्य राज्यों की तुलना में ज़्यादा लाभ उठा सकने की स्थिति में है, लेकिन एक बात यह भी है कि यू.पी. देश के सबसे ख़राब प्रशासन वाले राज्यों में से एक है। उत्तर प्रदेश में बिचौलियों ने पी.डी.एस. का लम्बे समय से

दोहन किया है (मुख्य रूप से ए.पी.एल. कोटा के ज़रिये, जिसे चरणबद्ध तरीक़े से ख़त्म किया जाना है) और उनकी जकड़ को तोड़ने के लिए बड़े संकल्प की ज़रूरत है। जैसे–जैसे चुनाव का समय नज़दीक आता जा रहा है, बिचौलियों की जकड़ को तोड़ने के संकल्प को साकार करने की घड़ी भी नज़दीक आती जा रही है। अगर ऐसा हो पाता है तो न सिर्फ़ खाद्य–सुरक्षा के लिए बल्कि भ्रष्टाचार के ख़िलाफ़ चल रही लड़ाई के लिए भी यह एक बड़ी जीत होगी।

आख़िर में, एक बात यह याद रखना ज़रूरी है कि राष्ट्रीय खाद्य सुरक्षा अधिनियम सिर्फ़ पी.डी.एस. तक सीमित नहीं। इसके अन्य महत्त्वपूर्ण घटकों में मातृत्व–लाभ सम्बन्धी अधिकार भी शामिल हैं। इस अधिकार की केन्द्र सरकार ने अधिनियम के अमल में आने के बाद से बड़ी बेशर्मी से अनदेखी की है। पी.डी.एस. को स्वयं एन.एफ.एस.ए. की हक़दारियों तक सीमित नहीं होना चाहिए : कई राज्यों में, कुछ परिवार अब अनुदानित मूल्य पर दाल और खाद्य तेल पाने के भी पात्र मान लिए गये हैं। शायद पहली बार देश में ऐसा अवसर आया है, जब सभी कमज़ोर परिवारों को पोषण सम्बन्धी सहायता और आर्थिक सुरक्षा मुहैया कराने की ठोस सम्भावनाएँ दिख रही हैं।

नोट

इस खण्ड का अधिकांश रीतिका खेड़ा के साथ मिलकर लिखा गया है। विशेष जानकारी के लिए देखें खेरा 2011 बी, द्रेज एवं खेरा 2010, 2013, 2015 ए, 2015 बी, द्रेज, खेरा एवं पुदुस्सेरी 2015, द्रेज तथा अन्य 2016।

खाद्य सुरक्षा का प्रस्ताव : कुछ गड़बड़ तो नहीं ?–साल 2010 से 2013 के बीच राष्ट्रीय खाद्य सुरक्षा अधिनियम के एक के बाद एक कई मसौदे आये। विशेष अधिकार प्राप्त मन्त्रियों के एक समूह द्वारा 2010 में तैयार किया गया मसौदा इस सिलसिले का पहला था। मन्त्रियों के समूह द्वारा तैयार किये गये मसौदे का दायरा सिर्फ़ पी.डी.एस. तक सीमित था। मातृत्व–लाभ सम्बन्धी हक़दारी तथा बाल–पोषण के कार्यक्रम का पहलू बाद के मसौदों में आया।

सक्सेना कमिटी की रिपोर्ट (भारत सरकार 2009 बी) हर्षमन्दर तथा सन्तोष मेहरोत्रा द्वारा 2009 में प्रस्तुत एक प्रस्ताव से बहुत ज़्यादा प्रभावित है। इस समिति की रिपोर्ट से अगली बी.पी.एल. गणना की पद्धति को

लेकर भारी बहस उठ खड़ी हुई है (समिति में अन्दरुनी स्तर पर भी बहस है। समिति के सत्रह सदस्यों में से नौ सदस्यों की टिप्पणियाँ तथा आपत्ति रिपोर्ट के परिशिष्ट में दी गयी है)। इस विषय पर विशेष जानकारी के लिए देखें; द्रेज एवं खेरा 2010।

इस बीच राष्ट्रीय स्तर के तीन सर्वेक्षणों से पिछली बी.पी.एल. गणना की अपवर्जन सम्बन्धी ढेर सारी ग़लतियाँ उजागर हुई हैं। ये सर्वेक्षण 2005 के हैं। इनके नाम हैं–61वें दौर का नेशनल सैंपल सर्वे (2004–05), प्रथम इंडिया ह्यूमन डेवलपमेंट सर्वे (2004–05) तथा तीसरा नेशनल फैमिली हेल्थ सर्वे (2005–06); इसके बारे में जानने के लिए देखें; खण्ड 2।

इस लेख में एन.एफ.एस.ए. की लागत के बारे में जो गणना प्रस्तुत की गयी है उसमें लागत को न्यूनतम नहीं बल्कि अधिकतम के छोर से बताया गया है। इसमें कोई तुक नहीं कि भारत में उत्पादक के तौर पर दी जाने वाली सब्सिडी को भी एन.एफ.एस.ए. की खाद्य–सब्सिडी के मद में जोड़ा जाये, भले ही किसान संगठनों के दबाव के कारण सरकार को सब्सिडी आधारित अन्न–उपार्जन करना पड़ता हो। वित्तमन्त्री का राजस्व की प्राप्ति, ख़र्च तथा छूट सम्बन्धी विवरण बजट दस्तावेज़ों के साथ ही होता है।

छत्तीसगढ़ में पी.डी.एस. का कायापलट–सर्वेक्षण के आँकड़ों के अतिरिक्त इस लेख को प्रस्तुत करने के लिए समीर गर्ग, बिराज पटनायक, गंगाभाई पैकरा तथा आलोक शुक्ल से की गयी विस्तृत बातचीत मददगार रही। छत्तीसगढ़ में हुए पी.डी.एस. सुधारों के बारे में अब बहुत से शोध उपलब्ध हैं; देखें–खेरा 2011, पुरी 2012, तथा गर्ग 2013। साल 2009 के सितम्बर–नवम्बर सर्वेक्षण के निष्कर्ष गर्ग 2013 में विवेचित हैं।

ग्रामीण ग़रीबी और सार्वजनिक वितरण प्रणाली–इस विवेचना को विस्तार से जानने के लिए देखें; द्रेज तथा खेरा 2013।

भारत में खाद्य–सुरक्षा–यह लेख मुख्य रूप से पहले के लेखों में प्रस्तुत साक्ष्यों पर आधारित है। आई.आई.टी. के जिस सर्वेक्षण का ज़िक्र लेख में आया है उसके निष्कर्षों के लिए देखें; खेरा 2011 बी।

पी.डी.एस. में होने वाली चोरबाज़ारी के बारे में सबसे ज़्यादा उद्धरण योजना आयोग के एक दस्तावेज़–भारत सरकार 2005 से दिये जाते हैं। इसमें सन्दर्भ–अवधि 1997–2001 की ली गयी है। कृपया इस बात को भी ध्यान में रखें कि ग़ैर–बी.पी.एल. श्रेणी के परिवारों को मिले खाद्यान्न

को भी इसमें चोरबाज़ारी के अन्तर्गत गिना गया है। पी.डी.एस. में होने वाली चोरबाज़ारी के ज़्यादा विश्वसनीय आकलन के लिए देखें; द्रेज एवं खेरा 2015 ए।

आगे बढ़ते ग़रीब राज्य–यह लेख धोबरग्राम (बांकुरा ज़िला) में घर–घर जाकर हुए एक सर्वेक्षण पर आधारित है। सर्वेक्षण पश्चिम बंगाल की प्रतीचि ट्रस्ट के स्वगत नन्दी तथा मुखलेसुर रहमान के साथ सम्पन्न हुआ। साल 2014–16 में ग़रीबी राज्यों में राष्ट्रीय खाद्य सुरक्षा अधिनियम की स्थिति के आकलन के लिए सिलसिलेवार छोटे–छोटे सर्वेक्षण हुए थे। धोबरग्राम में हुआ सर्वेक्षण इसी का एक हिस्सा है। 'मध्य प्रदेश में हुए हाल के सर्वेक्षण' की विवेचना के लिए देखें; द्रेज, खेरा तथा पुदुस्सेरी 2015 और द्रेज एवं खेरा 2015 बी। अद्यतन जानकारी के लिए देखें; द्रेज, गुप्ता, खेड़ा एवं पिमेन्टा 2016।

8
कॉरपोरेट जगत की ताक़त और तकनीकशाही

पिछले पच्चीस वर्षों के दौरान भारतीय समाज और राजनीति में जो मुख्य बदलाव आये हैं उनमें एक है कॉरपोरेट शक्ति की निरन्तर बढ़ोतरी। कॉरपोरेट जगत पहले प्रभावहीन रहा हो–ऐसी बात नहीं। भारत के प्रमुख व्यापारिक घराने जैसे कि टाटा और बिड़ला के सरकार के साथ लम्बे समय तक मधुर रिश्ते रहे हैं। यहाँ तक कि भारतीय उद्यमियों के प्रतीक–पुरुष बन चले धीरूभाई अम्बानी ने भी लाइसेंस राज की पीठ पर ही सवारी गाँठकर अपना भाग्य चमकाया (मिसाल के लिए, बहुमूल्य आयात परमिट हासिल करना)। इसमें उनकी नौकरशाहों तथा राजनेताओं ने मदद की, लेकिन तब के दौर में कॉरपोरेट जगत और सरकारी नीति के बीच कुछ सीमाएँ हुआ करती थीं, चाहे आप उन्हें वास्तविक मानें या फिर ढकोसला करार दें। और, राज्यसत्ता कभी–कभी कॉरपोरेट हितों के ख़िलाफ़ निर्णायक कार्रवाई (चाहे भले के लिए या फिर बुरे के लिए) करती थी, मिसाल के लिए बैंकों और उद्योगों का राष्ट्रीयकरण। इसके अतिरिक्त, धन का संकेन्द्रण अभी शुरुआती दौर में था।

आज, कॉरपोरेट शक्ति न केवल एक अप्रत्याशित स्तर तक बढ़ आयी है बल्कि उसके बाहुबल में भी दूर–दूर तक विस्तार हुआ है। निजी व्यवसायों के प्रतिनिधि तक़रीबन हर तरह की सरकारी समितियों में बैठते हैं और यहाँ हितों के टकराव के सिद्धान्त की तनिक भी परवाह नहीं की जाती। वित्त मन्त्रालय सेंसेक्स पर टकटकी लगाये रहता है और आर्थिक नीति पर तुरन्त–फुरन्त फ़ैसले करता है। राज्य सरकारें एक–दूसरे से होड़ करने में लगी हैं कि 'कारोबारी सुगमता' क़ायम करने के लिहाज़ से उनका दर्जा बाक़ी राज्यों से बेहतर हो जाये। निजी–सार्वजनिक भागीदारी के चलन ने निजी व्यावसायियों को खुली छूट दे रखी है कि वे राज्यसत्ता के पूरे सहयोग के साथ सार्वजनिक क्षेत्र के परम्परागत

दायरे में सेंधमारी करें। कॉरपोरेट घोटाले (जैसे 2जी घोटाला या कोयला घोटाला) अब अपनी भयावहता की रिकॉर्ड ऊँचाइयाँ छू रहे हैं। भारत के सबसे बड़े कॉरपोरेट घराने सार्वजनिक क्षेत्र के बैंकों का भट्ठा बैठाने को तैयार हैं, सार्वजनिक क्षेत्र के बैंकों पर अरबों रुपयों के 'ग़ैर–निष्पादित परिसम्पत्तियों' का भार चढ़ आया है। कॉरपोरेट घरानों में सबसे बड़े रिलायंस (इसके मुखिया धीरू भाई अम्बानी के पुत्र मुकेश और अनिल हैं) की ताक़त तो उस हद तक बढ़ आयी है कि इंडिया टुडे के शब्दों का सहारा लेकर कहें तो 'जब वे किसी नीति को पसन्द नहीं करते तो उसे बदल डालते हैं'। कॉरपोरेटी हित आज न सिर्फ़ अपने परम्परागत व्यवसाय जगत का संचालन कर रहे हैं बल्कि शहरी नियोजन, अकादमिक शोध, संचार, खेल, मनोरंजन, जनसंचार के माध्यम तथा अन्य कई दायरों में भी उनकी बन आयी है, उसे संचालित कर रहे हैं। ख़तरा है कि कहीं भारत 'व्यवसाय–संचालित समाज' न बनकर रह जाये। इस पद का प्रयोग नोम चॉमस्की ने अमेरिकी समाज की व्याख्या करते हुए किया है।

हमने बाल पोषण के कार्यक्रमों, ख़ासकर मिड–डे मील तथा समेकित बाल विकास सेवा (आई.सी.डी.एस.) के सन्दर्भ में सरकारी नीति पर कॉरपोरेट हितों के हमले का कड़वा स्वाद चखा है। इन कार्यक्रमों के दायरे में लाखों बच्चे शामिल हैं। अतः पकाये हुए भोजन की जगह बच्चों को डिब्बाबन्द भोजन देने का प्रावधान कर दिया जाये तो किसी कम्पनी के लिए यह बहुत फ़ायदे का सौदा हो सकता है। भारत की फूड इंडस्ट्री ने व्यापार के इस मौक़े पर नज़र रखी है और ख़ूब ज़ोर लगाया है कि बच्चों को पकाया हुआ भोजन न देकर मिड–डे मील और आई.सी.डी.एस. में भोजन के ब्रांडेड उत्पाद दिये जायें। ऐसी एक कोशिश बिस्किट बनाने वाली कंपनी ने की थी, जिसका ज़िक्र इस खण्ड के पहले लेख में किया गया है। इस प्रयास को तो ख़ैर विफल कर दिया गया, लेकिन कोशिशें इसके बाद से लगातार हुई हैं और न सही राष्ट्रीय स्तर पर मगर राज्य स्तर पर ऐसी कुछ कोशिशों को कामयाबी भी मिली है।

भारत में सार्वजनिक नीति पर कॉरपोरेट शक्ति की जकड़ के उदाहरणों में सार्वजनिक क्षेत्र के बैंकों की लूट से लेकर भूमि, जल, खनिजों सरीखे संसाधनों को हथियाने और औने–पौने दाम पर स्पेक्ट्रम हासिल करने जैसी तमाम बातें शामिल हैं। एक और उदाहरण है टेक्नोक्रेसी (तकनीकशाही)–तकनीक के विशेषज्ञों की बन आयी है और सार्वजनिक

नीति पर उनका बहुत गहरा असर है। प्रौद्योगिक नवाचार निश्चित ही अहम है और ज़्यादा कारगर सामाजिक नीति बनाने में उसका अहम योगदान रहा है। मिसाल के लिए, नरेगा से सम्बन्धित निगरानी और सूचना–संग्रहण की वेब–आधारित व्यवस्था एम.आई.एस. को लिया जा सकता है जो भारत में सभी सरकारी कार्यक्रमों के लिए सूचनाओं के खुलासे का एक मॉडल बनकर उभरा है। लेकिन कभी–कभी, यह भी होता है कि प्रौद्योगिकी अपने आप में एक साध्य बन जाती है, वह जनता की क़ीमत पर निहित स्वार्थों के हाथों संचालित होने लगती है।

भारत की विशिष्ट पहचान (यू.आई.डी.) परियोजना में टेक्नोक्रेसी (तकनीकशाही) का गहरा असर है। इस परियोजना को बोलचाल में 'आधार' के नाम से जाना जाता है। इस परियोजना को लोगों के बीच यह कहकर लाया गया कि एक तो यह एक 'स्वैच्छिक सेवा' है, दूसरे, इसका मुख्य उद्देश्य सामाजिक विकास के कार्यक्रमों से भ्रष्टाचार को दूर करना है। 'आधार' परियोजना की राह सुझाने वाले अग्रणी लोगों के शब्दों का इस्तेमाल करते हुए कहें तो यह 'माँग पैदा करने की राह पर दिया गया एक शानदार उपदेश' था। आधार यों तो निजता, नागरिक अधिकार तथा विरोध जताने के अधिकार के सामने खड़े एक वास्तविक ख़तरे की तरह है, लेकिन आधार को स्वैच्छिक बता देने के कारण व्यक्ति की स्वतन्त्रता के पैरोकारों की आलोचनाएँ ख़ास कारगर न रह गयीं। नरेगा जैसे सामाजिक कार्यक्रमों को आधार से जोड़ने में जो तेज़ी दिखाई गयी उससे लोग झुण्ड के झुण्ड यू.आई.डी. के पंजीकरण केन्द्रों की तरफ़ खींच लाने में मदद मिली। बाद में, यह स्पष्ट हो गया कि आधार को स्वैच्छिक कहना एक छल है और इस परियोजना का सामाजिक विकास की नीति से कोई ख़ास लेना–देना नहीं है। दरअसल, पूरी परियोजना कई कॉरपोरेट हितों (बायोमेट्रिक इंडस्ट्री, सॉफ्टवेयर कम्पनी, फायनैन्स टेक्नोलॉजी डेवलपर्स आदि) तथा राज्यसत्ता के हितों (आधार लोगों पर निगरानी रखने की एक युक्ति की तरह काम करता है) का एकजुट जमावड़ा है। इस खण्ड के अन्तिम तीन लेख आधार परियोजना को लेकर शुरू से अब तक चले अनथक प्रचार की प्रतिक्रिया में लिखे गये हैं...

बहरहाल, 'आधार' परियोजना का महारथ चलता रहा। दरअसल जब यह किताब प्रेस में छपने के लिए जा रही है, तो हालात यहाँ तक आ पहुँचे है कि बच्चों के लिए 'आधार' अनिवार्य कर दिया गया है, आदेश

आया है कि स्कूल में मिड–डे मील लेने के लिए छात्रों को अनिवार्य तौर पर 'आधार–नम्बर' लेना होगा। मतलब, आधार नहीं तो भोजन भी नहीं। इसे भ्रष्टाचार–विरोधी पहल कहकर पेश किया जा रहा है, लेकिन असली मक़सद एकदम साफ़ है : माता–पिता को बाध्य किया जा रहा है कि वे अपने बच्चों का 'आधार' में नामांकन करवायें (आधार नामांकन के सार्विक होने में जितनी तादाद कम दिख रही है, दरअसल उसका ज़्यादातर सम्बन्ध बच्चों से है)। ईमानदारी का तक़ाज़ा यही है कि सरकार 'आधार' को अनिवार्य बताये और लोगों से कहे कि इसे बनवाना ही पड़ेगा।

लोकसभा के लिए ग्लूकोज़*

(रीतिका खेड़ा के साथ)

भारत की सार्वजनिक नीति पर कॉरपोरेट जगत के हितों के असर या फिर निर्वाचित जन–प्रतिनिधियों की प्राथमिकताओं को लेकर किसी के मन में भ्रम है तो उसे 'बिस्किट निर्माताओं के संघ' तथा विभिन्न मन्त्रालयों के बीच हुए हाल के पत्राचार को ग़ौर से पढ़ना चाहिए। इस पत्राचार का मुख्य मुद्दा एक प्रस्ताव से जुड़ा है जिसमें प्राथमिक स्कूलों में बच्चों को मिड–डे मील के तौर पर पका–पकाया भोजन न देकर बिस्किट देने की बात कही गयी है।

मसले की शुरुआत एक चिट्ठी से हुई। यह चिट्ठी बिस्किट निर्माताओं के संघ (बी.एम.ए.) की तरफ़ से लिखी गयी थी। इस पर बी.एम.ए. के अध्यक्ष के हस्ताक्षर थे। बी.एम.ए. का अध्यक्ष पारले प्रोडक्ट्स का एक वरिष्ठ कार्याधिशासी भी है। चिट्ठी में पूरे तफ़्सील से निवेदन किया गया है कि प्राथमिक शालाओं में पका–पकाया भोजन परोसने की जगह छात्रों को बिस्किट्स दिये जायें। कुल तीन रुपये पचहत्तर पैसे में मिलने वाले ग्लूकोज़ बिस्किट के पैकेट के ऊपर ख़ास ज़ोर दिया गया है। कहा गया है कि इस बिस्किट में सभी ज़रूरी पोषक–तत्त्व हैं और मौजूदा मानकों के हिसाब से स्कूलों में मिड–डे मील देने पर जितना ख़र्च बैठता है, तक़रीबन उतना ही ग्लूकोज़ बिस्किट देने पर भी बैठेगा और संयोग देखिए कि इन ग्लूकोज़ बिस्किट्स का सबसे बड़ा निर्माता कोई और नहीं बल्कि पारले प्रोडक्ट्स ही है।

---

* अप्रैल, 2008।

चिट्ठी में अन्य तर्कों के साथ एक दलील यह भी है कि बिस्किट का रिकॉल वैल्यू ज़्यादा है। यानी बिस्किट लोगों की याददाश्त में कहीं ज़्यादा गहराई से दर्ज होता है। इससे बिस्किट निर्माता संघ के असली मक़सद के बारे में एक दिलचस्प संकेत मिलता है। व्यापार जगत में रिकॉल का मतलब होता है कितने लोग किसी उत्पाद को उसके ब्रांड के नाम से याद रखते हैं। रिकॉल डेटा का उपयोग विज्ञापनों की प्रभावशीलता को जानने–समझने के लिए किया जाता है। इस बात की कल्पना करना मुश्किल नहीं कि हर बच्चे को बिस्किट का समान पैकेट रोज़ाना देने (वह भी सरकारी ख़र्चे पर) को बुनियाद बनाकर विज्ञापनी अभियान चलाया जाये तो उसका 'रिकॉल' निश्चित ही ज़्यादा होगा।

अन्य व्यवसायियों की तरह बिस्किट निर्माता उत्पाद को बेचने के लिए अपने प्रभाव का इस्तेमाल करते हैं तो इसमें अचरज की कोई बात नहीं। मिल्टन फ्रीडमैन का यह कथन तो मशहूर ही है कि 'व्यापार का काम है व्यापार करना।' लेकिन, बिस्किट बनाने वाले की तरफ़ से हो रही अपने हितों की पैरोकारी को लेकर सांसदों की जो प्रतिक्रिया रही, वह कहीं ज़्यादा परेशान करने वाली है। कितने सांसदों को बिस्किट निर्माता संघ (बी.एम.ए.) की चिट्ठी मिली थी, इस बात का तो ख़ैर पता नहीं चल पाया है लेकिन यह बात लोगों की जानकारी में है कि कम–से–कम 29 मन्त्रियों ने निजी तौर पर मानव संसाधन विकास मन्त्री अर्जुन सिंह को चिट्ठी लिखी और आग्रह किया था कि बिस्किट निर्माताओं के प्रस्ताव पर विचार किया जाये। बहुत सम्भव है, यह गिनती वास्तविक संख्या का एक छोटा–सा हिस्सा भर हो क्योंकि एक वरिष्ठ अधिकारी के मुताबिक़ 'मन्त्रालय ऐसे पत्रों से एकदम भर गया था।'

भोजन का अधिकार मामले में सुप्रीम कोर्ट ने कुछ कमिश्नर नियुक्त किये थे। सांसदों की लिखी ये चिट्ठियाँ इन कमिश्नरों ने हासिल की। पढ़ने पर जो जानकारी सामने आयी वह एकदम से आँख खोल देने वाली साबित हुई। चिट्ठी पर हस्ताक्षर करने वालों में बहुजन समाज पार्टी तथा वामदलों को छोड़कर अन्य सभी प्रमुख दलों (कांग्रेस, भारतीय जनता पार्टी, राष्ट्रीय जनता दल, समाजवादी पार्टी आदि) के सदस्य शामिल हैं। चिट्ठी पर दस्तख़त करने वालों में नौ सांसद महाराष्ट्र (जहाँ बिस्किट उद्योग काफ़ी फल–फूल रहा है) से निर्वाचित होकर आये हैं और छह शिवसेना के हैं। हस्ताक्षर करने वाले सांसदों में कुछ जाने–पहचाने नाम

भी शामिल हैं; जैसे–नटवर सिंह (कांग्रेस), रामदास आठवले (रिपब्लिकन पार्टी), सैयद शाहनवाज हुसैन (भाजपा) और सुशीला लक्ष्मण बंगारू (भाजपा)। मज़े की बात यह है कि हर दल और हर सांसद ने एक–सी चिट्ठी लिखी है। मिसाल के लिए, रामदास आठवले और नटवर सिंह की लिखी चिट्ठी ऊपर से नीचे तक बिल्कुल एक जैसी है। इसी तरह, कई सांसदों ने बिस्किट की तरफ़दारी करते हुए तर्क दिया है कि इसमें 'कार्बोहाइड्रेट, प्रोटीन, वसा और ग्लूकोज़ का अनुपात एकदम सन्तुलित और सभी आयु वर्ग के लोगों के स्वास्थ्य के लिए लाभकर है तथा बच्चों के लिए विशेष रूप से फ़ायदेमन्द है' (ज़ोर मेरा)।

सांसदों की लिखी चिट्ठियाँ एक–दूसरे से मिलती–जुलती हैं तो इसकी वजह का पता करना कोई मुश्किल नहीं : दरअसल चिट्ठियों में दर्ज ज़्यादातर बातें बी.एम.ए. की प्रचार–सामग्री से ज्यों–की–त्यों उठा ली गयी हैं। दूसरे शब्दों में कहें तो हमारे मेहनती सांसदों को बी.एम.ए. की चिट्ठी की नोंक–पलक दुरुस्त करके उसे अपने हस्ताक्षर के साथ मन्त्री के पास भेजने में ज़रा भी संकोच का अनुभव नहीं हुआ। और, ज़ाहिर है कि यह सब बच्चों के कल्याण के नाम पर किया जाता है।

ईमानदारी से कहें तो कुछ सांसदों को सचमुच लग सकता है (हालाँकि साक्ष्य इसके विपरीत हैं) कि स्कूली बच्चों को पका–पकाया खाना न देकर बिस्किट दिया जाये तो अच्छा होगा, लेकिन सवाल तब भी ख़त्म नहीं होता–वह क़ायम रहता है। मिसाल के लिए, पूछा जा सकता है कि सांसद किसी गम्भीर खोजबीन के बाद इस विचार तक पहुँचे या फिर बी.एम.ए. का परोसा हुआ पाठ पढ़कर उन्होंने अपना मन बना लिया? अगर सांसद गहन गम्भीर पड़ताल के बाद बिस्किट देने के विचार को ठीक मानने के मुक़ाम तक पहुँचे हैं तो फिर उन्हें अपनी बात कहने के लिए बी.एम.ए. की चिट्ठी से शब्द उधार लेने की क्या ज़रूरत थी? और, इस तरह से किसी के शब्दों को उठाकर अपनी चिट्ठी में इस्तेमाल कर लेना क्या कोई अच्छी बात है?

चिट्ठी से यह भी पता चलता है कि अभियान में केन्द्रीय भूमिका निभाई अबू असीम आज़मी ने जो महाराष्ट्र से समाजवादी पार्टी के सांसद हैं। मानव संसाधन मन्त्रालय को भेजी गयी 'ज्ञान की मुक्तामणि' स्वरूप चिट्ठियों में एक उनकी भी है। इसके अतिरिक्त, आज़मी ने अन्य मन्त्रालयों को भी चिट्ठी लिखी, कई नौकरशाहों और मन्त्रियों से भेंट–मुलाक़ात का

वक़्त लेना चाहा। चिट्ठियों में बारम्बार कहा गया है कि बी.एम.ए. ने 'पहले से तैयार किया भोजन देने के मौजूदा चलन की जगह बिस्किट देने के फ़ायदे' बताये हैं। अब यह वाक्य इतना बताने के लिए तो काफ़ी ही है कि मन्त्री महोदय को मामले की रत्तीभर जानकारी नहीं (दरअसल प्री–कुक्ड फूड यानी पहले से तैयार किया हुआ भोजन जैसी कोई चीज़ बच्चों को मुहैया नहीं करायी जा रही), दूसरे यह वाक्य मन्त्री महोदय की मंशा का भी पर्दाफ़ाश करता है–वे बच्चों को दिये जा रहे भोजन की फ़ेहरिश्त में बिस्किट को शामिल नहीं करना चाहते, वे दरअसल चाहते हैं कि बच्चों को पकाया हुआ भोजन न देकर बिस्किट थमा दिया जाये।

यह कोई पहला मौक़ा नहीं है जब जनाब अबू आज़मी ने अपनी प्रतिष्ठा को दाँव पर लगाने का ख़तरा उठाया हो। मुम्बई में हुए हाल के दंगों में उनकी भूमिका को लेकर पिछले कुछ वर्षों में उन पर लगातार आरोप लगे हैं और वे इन आरोपों से जूझ रहे हैं। साल 1997 में मुम्बई के तत्कालीन पुलिस कमिश्नर ने एक हलफ़नामा दायर किया था। इसमें दावा किया गया था कि अबू आज़मी के दाऊद इब्राहिम से सम्बन्ध है। साल 1995 में हुए कई करोड़ के कॉबलर घोटाले में आर्थिक अपराध शाखा ने उन्हें सरकारी धन की हेराफेरी को लेकर आरोप–पत्र दाख़िल किया है। चाहे इन आरोपों की जो भी सच्चाई हो (व्यवस्था हमेशा आरोपी को अपराधी समझने की ग़लतफ़हमी पाल लेती है), लेकिन यह बात तय है कि अबू आज़मी बड़ी जोख़िम भरी ज़िन्दगी जी रहे हैं।

अच्छी बात यह रही कि बिस्किट लॉबी को मानव संसाधन विकास ने बिल्कुल माकूल जवाब दिया। मन्त्रालय ने राज्यों से सलाह मशविरा करके अपना जवाब ख़ूब बढ़िया तरीक़े से तैयार किया था। ज़्यादातर राज्य पकाये हुए भोजन की जगह स्कूली बच्चों को भोजन में बिस्किट देने के पक्ष में नहीं थे। डॉक्टर बी. शशिकिरण (निदेशक, नेशनल इंस्टीट्यूट ऑफ़ न्यूट्रीशन) जैसे–पोषण–विज्ञान के विद्वानों का भी जवाब एकदम सटीक था। उन्होंने साफ़ कहा कि मिड–डे मील की योजना स्कूली बच्चों को भरपेट भोजन मुहैया कराने के मक़सद से बनाई गयी है और इसे बिस्किट थमाने की योजना में नहीं बदला जा सकता। ऐसी राय जानने के बाद मन्त्री अर्जुन सिंह ने बी.एम.ए. को अस्वीकृति का एक सख़्त तेवर वाला पत्र भेजा। इसी तरह, जब यह मामला 26 जनवरी, 2008 को लोकसभा में उठा तो मानव संसाधन विकास राज्य मन्त्री मोहम्मद अली

अशरफ़ फ़ातमी ने स्पष्ट किया कि 'स्कूली बच्चों को बिस्किट देना पोषण के मानदण्डों, आहार की आवश्यकता और भोजन से हासिल तृप्ति की भावना के अनुकूल नहीं है और योजना को अभी जिस रीति से चलाया जा रहा है उसके कुछ अन्दरुनी लाभ हैं जो बिस्किट देने के प्रस्ताव पर अमल करने पर हासिल नहीं हो सकेंगे।"

मामला 'अन्त भला तो सब भला' की टेक पर समाप्त हुआ। बहरहाल, यहाँ याद रखने की बात यह है कि बच्चों को स्कूल में दोपहर में पकाया हुआ भोजन देने के चलन पर यह कोई पहला हमला नहीं था। मिसाल के लिए, एक और वाक़ये पर ग़ौर किया जा सकता है। हाल ही में रियल कांट्रेक्ट्स प्राइवेट लिमिटेड ने मानव संसाधन विकास मन्त्रालय का दरवाज़ा खटखटाया और प्रस्ताव दिया कि स्कूली बच्चों को डिब्बाबन्द खाना दिया जाये। यानी ऐसा भोजन जो पैकेट में सूखी हुई अवस्था में हो और जिसे परोसने से पहले बस पानी में उबालना भर पड़ता हो। अर्जुन सिंह ने सुश्री मायावती (मुख्यमन्त्री, उत्तर प्रदेश) को हाल में भेजी एक चिट्ठी में इस बाबत लिखा कि 'पहले से तैयार किया (प्री–कुक्ड) भोजन देने को लेकर इतनी ज़्यादा अर्ज़ियाँ आ रही हैं कि हम लोग परेशान हो गये हैं। ये अर्जियाँ ज़्यादातर डिब्बाबन्द भोजन के आपूर्तिकर्ता/वितरकों की तरफ़ से आ रही हैं और इनका मक़सद ऐसे भोजन के बाज़ार को ज़्यादा गहराई से विस्तार देने की है।'

हाल की मीडिया रिपोर्टों पर यक़ीन करें तो बी.एम.ए. ने अभी हार नहीं मानी है। मिड–डे मील में बिस्किट परोसने के मामले में उनकी एक न चली, लेकिन इससे वे हताश नहीं हुए और अब उन्होंने महिला एवं बाल विकास मन्त्रालय की राज्यमन्त्री सुश्री रेणुका चौधरी को एक मिलता–जुलता प्रस्ताव भेजा है जिसमें समेकित बाल विकास परियोजना के अन्तर्गत छह साल से कम उम्र के बच्चों को बिस्किट देने की बात कही गयी है। आने वाला समय बतायेगा कि सुश्री रेणुका चौधरी बी.एम.ए. को ठीक वैसा ही जवाब देती हैं या नहीं, जैसा कि निर्भीक अर्जुन सिंह ने दिया था।

कॉरपोरेट युग में नेहरूवादी बजट*

दूसरे विश्वयुद्ध के आख़िर के समय में एक दौर ऐसा भी था, जब विकासपरक अर्थशास्त्र में यह धारणा बलवती थी कि आर्थिक वृद्धि तो

* मार्च, 2015।

सिर्फ़ पूँजीगत निवेश का मामला भर है—बस बाँध, सड़क, फैक्ट्री आदि बनाते चलिए। एक सोच यह भी थी कि निजी क्षेत्र तो इतना मज़बूत नहीं है कि ये काम कर सके तो सरकार को ऐसे कामों के लिए आगे आना होगा। कमोबेश सोच की इसी बुनियाद पर भारत में शुरुआती पंचवर्षीय योजनाएँ बनीं जिनमें आधारभूत ढाँचे में सरकारी निवेश ज़ोर पर था। अर्थशास्त्र की भाषा में कहें तो उस वक़्त मानव संसाधन की घनघोर उपेक्षा हुई।

विकास की इस रणनीति से नेहरू का कुछ ख़ास लेना—देना नहीं है। उस वक़्त पूरी दुनिया में यह एक आम रणनीति थी और इसे अर्थशास्त्रियों का भी एकसुर से समर्थन हासिल था। इनमें कई ऐसे अर्थशास्त्री भी शामिल हैं जो आज तथाकथित नेहरूआनी मिज़ाज के समाजवाद के कटु आलोचक हैं। ख़ैर, रणनीति के कुछ नतीजे सामने आये : लम्बे समय तक आर्थिक मोर्चे पर ठहराव का आलम रहा और 1950 के दशक से 1960 के दशक तक सालाना 3.5 फ़ीसदी की दर से आर्थिक वृद्धि हुई जिसे हिन्दुआनी वृद्धि दर का नाम दिया गया। लेकिन, इस वृद्धि के बीच ज़ाहिर है, कुछ—न—कुछ नज़र में आने से एकदम ही छूट गया था।

विरोध की शुरुआती आवाज़ों में एक स्वर किसी और का नहीं बल्कि स्वयं मिल्टन फ्रीडमैन का था। फ्रीडमैन 1955 में भारत आये थे और भारत सरकार को एक विचारोत्तेजक 'मेमोरेंडम' (ज्ञापन) सौंपा। इसमें उन्होंने 'मानव संसाधन की क़ीमत पर भौतिक ढाँचे में हो रहे निवेश' के प्रति चेताया। कुछ भारतीय अर्थशास्त्री भी इसी टेक पर सोच रहे थे, जिनमें बी.वी. कृष्णमूर्ति प्रमुख हैं। उन्होंने 1955 में ही शिक्षा नीति के विरोध में एक सख़्त नोट लिखा था। इसमें उन्होंने सरकार को दोष देते हुए लिखा था कि 'सरकार शिक्षा जैसे मसले पर कुछ यों सोच रही है, जैसे—कोई सब्ज़ी विक्रेता अपनी ख़ास शैली में जोड़—घटाव करता है।' विरोध करने वालों में एक स्वर डॉ. अम्बेडकर का भी था। उन्होंने मसले पर बहुत से दृष्टिकोण अपनाते हुए जन—शिक्षण (मॉस एजुकेशन) की प्रणाली को उत्पीड़ितों की मुक्ति के लिए ज़रूरी माना। लेकिन विरोध के ये स्वर एक किनारे कर दिये गये और भारत ऐसा करने की आज भी बड़ी क़ीमत चुका रहा है।

बाद में, विकासपरक अर्थशास्त्र में आगे कुछ और विकास—विस्तार हुआ तो विरोध के मोर्चे पर खड़े इन शुरुआती चिन्तकों की बातें बिल्कुल

सही जान पड़ने लगीं। कहने की ज़रूरत नहीं कि भौतिक पूँजी वृद्धि के लिए बहुत अहम है, लेकिन उतना ही अहम मानव–संसाधन भी है, साथ ही अन्य सम्बद्ध चीज़ें; जैसे–आर्थिक संस्थान और सामाजिक मान–मूल्य भी ज़रूरी हैं। दूसरी बात यह कि आर्थिक वृद्धि को विकास का पर्याय नहीं माना जा सकता और यहाँ विकास का तनिक व्यापक अर्थ करना चाहिए– आशय जीवन की गुणवत्ता में होने वाले सुधार से है। आर्थिक–वृद्धि विकास का एक महत्त्वपूर्ण साधन है, लेकिन आर्थिक वृद्धि किस हद तक विकास का रूप लेगी, यह आर्थिक वृद्धि के स्वभाव और सार्वजनिक पहलक़दमी के विभिन्न रूपों पर निर्भर करता है।

विचित्र ही कहा जायेगा कि एन.डी.ए. सरकार के हाल के बजट में इन अन्तर्दृष्टियों को सिरे से ख़ारिज़ करके नेहरू के दौर वाला वह रवैया अख़्तियार किया गया है, जब आर्थिक वृद्धि और विकास को एक–दूसरे का पर्याय माना जाता था, मुख्य ज़ोर भौतिक पूँजी पर था और मानव–संसाधन को बाद की चीज़ माना जाता था। अभी कहा यह जा रहा है कि सरकारी नीति में पहला और ज़रूरी उद्देश्य है आर्थिक–वृद्धि, बाक़ी सारा कुछ इसके पीछे–पीछे होता जायेगा। आर्थिक वृद्धि की कुंजी बुनियादी ढाँचे को, या कह लें, कॉरपोरेट जगत को पसन्द आने वाले ख़ास क़िस्म के बुनियादी ढाँचे को मान लिया गया है। बुनियादी ढाँचे में निवेश मुख्य रूप से सरकार की ओर से हो रहा है। इसलिए, बुनियादी ढाँचे (मुख्य रूप से सड़क और रेलवे, बतर्ज नेहरू) में सरकारी निवेश के रूप में ख़ूब सारी पूँजी आ रही है। एक सैन्य–बजट को छोड़ दें तो बाक़ी हर मद में धन कम दिया जा रहा है। स्वास्थ्य और शिक्षा के क्षेत्र को तो अभूतपूर्व झटका दिया गया है।

बुनियादी ढाँचे पर ज़ोर देने के विचार को एन.डी.ए. (राष्ट्रीय लोकतान्त्रिक गठबन्धन) ने नवजीवन दिया हो–ऐसी बात नहीं। यू.पी.ए. (संयुक्त प्रगतिशील गठबन्धन) की आर्थिक नीति के सर्वप्रधान और एकलौते वास्तुकार मोटेंक सिंह अहलूवालिया बुनियादी ढाँचे में व्यापक निवेश का ख़ाका पहले ही खींच गये हैं। उनकी योजना पाँच साल के भीतर बुनियादी ढाँचे में एक खरब (ट्रिलियन) डॉलर के निवेश की थी। नयी बात बस इतनी हुई है कि बुनियादी ढाँचे में निवेश मुख्य रूप से सरकार की तरफ़ से किया जा रहा है। नेहरू के विपरीत, अहलूवालिया चाहते थे कि बुनियादी ढाँचे में निवेश निजी–सार्वजनिक भागीदारी के तहत मुख्य

रूप से निजी क्षेत्र करे। लेकिन अब ज़ोर फिर से सरकारी निवेश पर आ गया है। अब यह तनिक असंगत जान पड़ सकता है–ख़ासकर यह देखते हुए कि व्यावसायिक मीडिया सार्वजनिक क्षेत्र को एकदम ही गया–गुज़रा समझती है। तो फिर, सार्वजनिक निवेश की धारणा दरअसल एकबारगी आयी कहाँ से?

सवाल का जवाब वित्त मन्त्रालय के 2014–15 के मध्यावधि आर्थिक विश्लेषण में बड़ी साफ़गोई से दिया गया है। इसके लेखक हैं मुख्य आर्थिक सलाहक़ार अरविन्द सुब्रमण्यन। रिपोर्ट में खुलकर कहा गया है कि 'बैकिंग का सेक्टर रियल (जायदाद) सेक्टर को उधारी देने में सक्षम नहीं और न ही उधारी देने की उसकी इच्छा है', क्योंकि उसका बैलेंस शीट (सन्तुलन–पत्र) 18 लाख करोड़ की नाकाम या ठप्प पड़ी परियोजनाओं के कारण एकदम ख़स्ताहाल है। ये परियोजनाएँ मुख्य रूप से निजी–सार्वजनिक भागीदारी के मॉडल पर बनाई गयी थीं। रिपोर्ट के मुताबिक़–'इस सन्दर्भ को देखते हुए आर्थिक वृद्धि की मुख्य संचालक शक्ति के रूप में सरकारी निवेश के विकल्प पर विचार करना ज़रूरी हो गया है।' दूसरे शब्दों में कहें तो सरकारी बैंकों में सेंधमारी करने और इन बैंकों की 'ग़ैर–निष्पादक परिसम्पत्ति' का बोझा ढोने का ज़िम्मा करदाताओं के कन्धे पर डाल देने के बाद कॉरपोरेट सेक्टर अब सरकार से आस लगाये हुए है कि वह उसके लिए विश्वस्तरीय राजमार्ग तथा एयरपोर्ट बनाकर दे और इसकी क़ीमत एकबार फिर से करदाता चुकायें।

खरी–खरी कहने में यक़ीन रखने वाले रिजर्व बैंक के गवर्नर रघुराम राजन ने मौजूदा स्थिति पर हाल के महीनों में कुछ तल्ख़ टिप्पणी की है। साल 2014 के 25 नवम्बर को इंस्टीट्यूट ऑफ़ रूरल मैनेजमेंट आनन्द (आई.आर.एम.ए.) को एक व्याख्यान में उन्होंने ध्यान दिलाया कि भारत का कॉरपोरेट सेक्टर फिलहाल 'जोख़िमविहीन पूँजीवाद' के मज़े लूटने की स्थिति में आ गया है और आग्रह के स्वर में कहा कि 'उस मनोदशा से उबरने की ज़रूरत है जो क़र्ज़े न चुकाने वालों अथवा उधारी चुकाने में असहयोग का रवैया अपनाने वालों को उद्योग जगत का सिरमौर करार देती है जबकि इन्हें देश की मेहनतकश जनता की गाढ़ी कमाई पर पलने वाला परजीवी कहक़र लांछित किया जाना चाहिए।' बहरहाल, वित्त मन्त्री कॉरपोरेट हितों के ज़्यादा हमदर्द हैं। कॉरपोरेट सेक्टर चाहता है कि उसे सरकार अपने ख़र्चे पर विश्वस्तरीय बुनियादी ढाँचे खड़ा करके

दे और वित्तमन्त्री ऐसा ही कर रहे हैं। इतना ही नहीं, उन्होंने अपने बजट भाषण में बुनियादी ढाँचे के विकास के लिए एक नये तर्ज का पी.पी.पी. मॉडल (निजी–सार्वजनिक भागीदारी) अपनाने का आह्वान किया है जिसमें 'जोख़िम के मोर्चे पर नये सिरे से सन्तुलन साधने की क़वायद की जायेगी'। कुछ इस तरह कि 'सम्प्रभु (मतलब सरकार) के हिस्से में जोख़िम उठाने का भार ज़्यादा आये'।

ज़ाहिर है, बजट की प्रशंसा करने के मामले में कॉरपोरेट जगत के धुरन्धर एक–दूसरे से होड़ लगाते दिख रहे हैं। लेकिन सामाजिक क्षेत्र के लिए इसके निहितार्थ बहुत चिन्ताजनक हैं। पहली बार हुआ है कि स्कूल में मुहैया कराये जा रहे भोजन तथा समेकित बाल विकास सेवाओं के मद में बजट में भारी–भरकम कटौती की गयी है। कहा जा रहा है कि बजट में जो कटौती हुई है उसकी भरपायी राज्य सरकारें कर देंगी, क्योंकि करों से हासिल आमदनी में उनका हिस्सा बढ़ गया है। केन्द्र और राज्य के सम्बन्धों की थोड़ी–सी समझ रखने वाले व्यक्ति के यह सुनकर कान खड़े हो जायेंगे। आख़िर बजट कटौती का निशाना इतनी बुरी तरह से बच्चों को ही क्यों बनाया गया–यह बिल्कुल समझ से परे हैं।

बजट कटौती की गम्भीर चपेट में स्वास्थ्य का मोर्चा भी आया है। यह बात तो सर्वविदित ही है कि दुनिया के किसी भी मुल्क की तुलना में भारत में स्वास्थ्य के मोर्चे पर सरकारी ख़र्च बहुत कम (जी.डी.पी. के अनुपात के रूप में देखें तो) है। इस साल यह ख़र्च जी.डी.पी. (यानी वास्तविक मूल्यों में) के हिसाब से ही नहीं बल्कि आवंटित रक़म (रुपयों में) के हिसाब से भी और कमतर हो सकती है। संयोग देखिए कि पिछले बजट में वित्तमन्त्री अरुण जेटली ने 'सार्विक स्वास्थ्य बीमा' की एक व्यापक योजना का ऐलान किया था। इस योजना के बारे में बजट में उन्होंने एक शब्द नहीं कहा बल्कि इस बार वित्त मन्त्री ने 'सार्विक सामाजिक सुरक्षा' की एक बड़ी योजना का वादा किया है। पहले ही की तरह, इस योजना को लेकर उन्होंने न तो कोई समय–सीमा बतायी और न ही इसकी ख़ास बातों अथवा इस योजना के नाम पर होने वाले बजट–आवंटन के ही बारे में कुछ कहा।

सबसे बड़ी चिन्ता की बात है कि मुख्यधारा की मीडिया में बजट कटौती की ख़ूब वाहवाही हो रही है। मीडिया में कहा जा रहा है कि बदलाव स्वागत योग्य है, क्योंकि लोगों को रेवड़ियाँ बाँटने की जगह अब

उत्पादक निवेश पर ज़ोर दिया जाने लगा है। लेकिन सबसे ज़्यादा मात्रा रेवड़ियाँ यानी सब्सिडी तो सुविधा–सम्पन्न तबक़े को दी जाती है और यह चलन इस बार के भी बजट में क़ायम है। सामाजिक विकास के कार्यक्रम जो लोगों के कल्याण और उत्पादक क्षमता में योगदान देते हैं, भारी बजट कटौती का शिकार बने हैं। तो फिर चलिए, इस तीसरी दुनिया में फिर से आपका स्वागत है!

आधार–नम्बर की अनोखी दुविधा*

बोलचाल में 'आधार–नम्बर' कहलाने वाली यूनिक आईडेन्टिफिकेशन (यू.आई.डी.) परियोजना का जादू अगर बहुत से प्रशासकों, अर्थशास्त्रियों और नीति–निर्माता के सर पर चढ़कर बोल रहा है तो इसका कारण जानना बहुत मुश्किल नहीं है। भारत में नाम–पहचान का सत्यापन एक दैनंदिन समस्या है और 'आधार–नम्बर' इस समस्या का पूर्ण समाधान जान पड़ता है। आधार–नम्बर जारी करने का विचार सचमुच अनोखा है और इसमें इस्तेमाल की जाने वाली प्रौद्योगिकी भी बहुत–चढ़ी है। सबके नाम पर आधार–नम्बर जारी करने की बाधा पार कर ली जाये तो फिर इसके बहुत से इस्तेमाल किये जा सकेंगे। सरकारी कर्मचारियों की काम पर मौजूदगी की निगरानी, बहुत सारे डाटाबेस को एक साथ जोड़ना, टैक्स अदायगी में होने वाली लुका–छिपी को रोकना और सामाजिक कल्याण के नाम पर दिये जाने वाले अनेक फ़ायदों को सीधे लाभार्थी तक पहुँचाना सुगम हो जायेगा। नन्दन नीलेकणि को जब तुरूप का पत्ता मानकर इस परियोजना के प्रमुख के रूप में नियुक्त किया गया तो एक तरह से 'आधार' परियोजना पर ख़ुशक़िस्मती का ठप्पा ही लग गया।

लेकिन नीलेकणि से परियोजना के बढ़वार के रास्ते पर चलते हुए एक प्रश्न अनुत्तरित छूट गया। प्रश्न यह कि आधार–नम्बर स्वैच्छिक है या अनिवार्य? शुरुआत में दावा किया गया कि 'आधार' एक स्वैच्छिक सुविधा है, जिसे मन करे वह ले, जिसका मन न करे वह मत ले। दरअसल 'आधार' को आशंका की नज़र से देखने वाले लोगों; (जैसे बिज़नेस गुरु जयतीर्थ राव, जोकि एक प्रतिबद्ध स्वच्छन्दतावादी हैं) को इसी तर्क से मनाया गया तो भी यह दावा खोखला था। नीलेकेणि अथवा

---

* मार्च, 2015।

यूनिक आइडेन्टिटी अथॉरिटी ऑफ़ इण्डिया (यू.आई.डी.ए.आई.) हमें इस बात का भरोसा कैसे दिला सकते हैं कि 'आधार' स्वैच्छिक है जबकि इसके उपयोग पर उनका कोई नियन्त्रण ही नहीं है? यू.आई.डी.ए.आई. का कहना था कि : 'हम तो बस नम्बर जारी करते हैं, यह सरकार के ऊपर निर्भर है कि वह इस नम्बर का क्या करती है।'

इससे विभिन्न सामाजिक योजनाओं; जैसे–राष्ट्रीय ग्रामीण रोज़गार गारंटी अधिनियम (नरेगा) और सार्वजनिक वितरण प्रणाली (पी.डी.एस.) के लाभार्थियों के लिए आधार–नम्बर के अनिवार्य होने की सम्भावना पैदा हुई। दरअसल यह बात बड़ी तेज़ी से साफ़ हो गयी कि केन्द्र सरकार तमाम कार्यक्रमों पर 'आधार' लादना चाहती है–वह नाम–पहचान की ज़रूरत वाली हर चीज़ में 'आधार' लागू करना चाहती है। यू.आई.डी.ए.आई. के लिए यह बात माकूल थी, क्योंकि इस वजह से लोग 'आधार' के नामांकन–केन्द्र की ओर खिंचे चले आ रहे थे। दरअसल यू.आई.डी.ए.आई. के इस दावे से कि आधार एक स्वैच्छिक सुविधा है, एक समस्या खड़ी हुई। समस्या यह कि आधार–नम्बर के लिए नामांकन तेज़ी से कैसे हो? सरकार ने यू.आई.डी. को सामाजिक कल्याण योजनाओं की अर्हता के रूप में लादकर इस समस्या का समाधान कर दिया।

और, इस तरह बड़ी तेज़ी से एक मौन समझ बनी कि 'आधार' वैसे तो सिद्धान्त रूप में स्वैच्छिक ही है लेकिन किसी व्यक्ति को अपनी रोज़मर्रा की ज़रूरतें निभानी हो, यानी ड्राइविंग लाइसेंस बनवाना हो, किसी सम्पदा का हस्तान्तरण करना हो, अदालती शादी करनी हो या फिर नरेगा के मज़दूर के रूप में अपने काम का भुगतान ही लेना हो तो उसे इन वजहों से आधार–नम्बर लेना ही होगा। साफ़ कहें तो 'आधार' अनिवार्य हो गया।

इसे देखते हुए पूरी परियोजना का एक बार पुनरावलोकन होना चाहिए था क्योंकि स्वैच्छिक 'आधार' और अनिवार्य 'आधार' के बीच ज़मीन–आसमान का अन्तर है। भारत के लाखों लोगों के पास अपना क़ायदे का एक पहचान–पत्र नहीं है और ऐसे भारतवासियों को अपनी पहचान सत्यापित करवाने के लिए कोई आसान रास्ता मिल जाये तो यह उनके प्रति एक बड़ी सेवा होगी। लेकिन 'आधार' को हर काम के लिए सोलह आने टंच प्रमाण–पत्र बनाकर पेश करना अपने आप में एकदम ही अलग मुद्दा है। इसके साथ कम–से–कम चार ख़तरे जुड़े हैं।

पहली बात यह कि 'आधार' के ज़रिये सामाजिक नियन्त्रण का एक बहुत बड़ा ढाँचा खड़ा होता है जिसका दुरूपयोग सम्भव है। लग सकता है कि ऐसा सोचना एक झूठ–मूठ का भय पालना है क्योंकि भारत आख़िरकार एक लोकतन्त्र है। बेशक भारत एक लोकतन्त्र है, लेकिन एक ऐसा लोकतन्त्र जहाँ बात–बात पर राजसत्ता का दुरूपयोग देखने को मिलता है और यह ज़्यादातर लोगों के लिए एक कड़वी सच्चाई है। बात चाहे जो हो, लेकिन लोकतन्त्र को मज़बूती से क़ायम रखने के लिए हर जगह राजसत्ता की बढ़ती ताक़त पर अंकुश लगाये रखने की ज़रूरत होती है।

दूसरी बात, आधार–परियोजना बग़ैर किसी क़ानूनी फ्रेमवर्क के चलाई गयी है। 'आधार' को बड़े कारगर ढंग से अनिवार्य बनाया जा रहा हैं, लेकिन इस अनिवार्यता से लोगों के अधिकारों की रक्षा के लिए कोई क़ानून नहीं बना है। इसके अतिरिक्त, निजता की रक्षा के लिए किसी भी तरह का क़ानून न होने की सूरत में लोगों के पास यू.आई.डी. के लिए नामांकन के वक़्त ली जाने वाली बायोमेट्रिक्स सहित अपनी अन्य जानकारियों के सम्भावित दुरुपयोग को रोकने का कोई उपाय नहीं है। नागरिक की निजता का अधिकार उसकी स्वतन्त्रता के लिए एक तो ख़ुद ही महत्त्वपूर्ण है, साथ ही किसी बात पर मतभेद रखने जैसी अन्य स्वतन्त्रताओं के उपयोग के लिए भी ज़रूरी है।

तीसरी बात, यू.आई.डी. हर वक़्त 'उचित प्रौद्योगिकी' साबित हो ऐसा भी नहीं। बेहतर–से–बेहतर परिस्थितियों में भी इसे हर तरह से पक्का और भरोसेमन्द नहीं माना जा सकता। ऐसे इलाक़े जहाँ बुनियादी ढाँचा कमज़ोर (जैसे–कनेक्टिविटी अथवा बिजली–आपूर्ति का लचर होना) है, वहाँ 'आधार' में भारी गड़बड़ हो सकती है। दरअसल 'आधार' के लिए चार अपूर्ण प्रौद्योगिकी–बायोमेट्रिक्स, कम्प्यूटर, मोबाइल तथा इंटरनेट को एक साथ काम करना होता है। यदि इनमें से किसी भी एक के काम करने में झोल पैदा होने का तनिक भी जोख़िम हो, तो उपयोग करने वाले के लिए भारी कठिनाई पैदा हो सकती है।

आख़िरी बात यह कि आधार–संख्या बनाने का काम पूरा होने से अभी कोसों दूर है और हर एक की आधार–संख्या बन जाने की स्थिति आने में अभी बरसों लगेंगे। 'आधार' के लिए प्रति नामांकन भुगतान के आधार पर काम करने का ज़िम्मा जिन एजेंसियों को सौंपा गया है उन्होंने सहज सुलभ ढंग से जितना आधार–नम्बर बन सका है उतना

तो बना लिया है, लेकिन जो लोग उनके इस नेटवर्क से बाहर छूट गये हैं वैसे लोगों का नामांकन कर पाना मुश्किल साबित होगा। यदि हर प्रखण्ड में नामांकन केन्द्र बना दिये जाते हैं तब भी कुछ लोगों के लिए वहाँ जाना और वहाँ की ज़रूरतों को पूरा कर पाना कठिन होगा। विश्वबैंक की हाल की एक रिपोर्ट में आया है कि नाम–पहचान बनवाने की प्रणाली बड़ी आसानी से सामाजिक अपवर्जन के एक साधन में तब्दील हो सकती है।

आधार–नम्बर से जुड़ी बाध्यताओं के साक्ष्यों को देखते हुए सुप्रीम कोर्ट ने सितम्बर 2013 और मार्च 2014 के अपने दो फ़ैसलों में इस मुद्दे पर कड़ा रुख़ अख़्तियार किया। मार्च 2014 के फ़ैसले में साफ़ कहा गया कि 'कोई भी व्यक्ति अगर किसी अन्य तरीक़े से योग्य/हक़दार पाया जाता है तो उसे सिर्फ़ 'आधार–नम्बर' के अभाव को कारण मानकर किसी सेवा से वंचित नहीं किया जा सकता।' इस आदेश के दूरगामी प्रभाव होंगे क्योंकि इसके ज़रिये ज़्यादातर मामलों में 'आधार' को अनिवार्य बनाने से (कुछ अपवाद, जैसे–दफ़्तरों में हाज़िरी की निगरानी को छोड़कर) प्रभावी तरीक़े से रोक दिया गया है।

दिलचस्प बात यह है कि सरकार ने इन आदेशों को किसी तरह नोटिस किया हो, ऐसा नहीं जान पड़ता। इसके उलट यू.आई.डी. बनाने का सिलसिला बदस्तूर जारी है, क्योंकि लोगों के लिए अधिकाधिक मामलों में आधार–नम्बर का होना अनिवार्य बनाया जा रहा है।

सरकार ने इस दिशा में नया क़दम उठाते हुए 1 अप्रैल, 2015 से नरेगा के काम में मज़दूरी के भुगतान के लिए 300 ज़िलों में यू.आई.डी. को अनिवार्य बना दिया है। ग्रामीण विकास मन्त्रालय ने राज्य सरकारों को इस दिशा में सख़्त आदेश भेजे हैं। माना जा रहा है कि जिन नरेगा मज़दूरों के पास आधार–नम्बर नहीं है, उन्हें नामांकन–केन्द्र पर ले जाया जायेगा और इसके बाद उन्हें बैंक भी ले जाया जायेगा ताकि उनके आधार–नम्बर को बैंक खाते के साथ जोड़ा जा सके। हर कोई जानता है कि 31 मार्च तक ऐसा कर पाना असम्भव है और इस तरह बिना आधार–नम्बर वाले नरेगा मज़दूर 31 मार्च के बाद काम के अपने अधिकार से वंचित रहेंगे, लेकिन इस बात की फ़िक्र किसे है? यहाँ तक कि जिनके पास आधार–नम्बर है उन्हें भी बहुत–सी कठिनाइयाँ झेलनी पड़ सकती हैं क्योंकि पूरी व्यवस्था को केन्द्र सरकार के इस आदेश के साथ तालमेल बैठाना होगा। सीधे ऊपर से आदेश जारी करने के पिछले अनुभवों से अब तक कोई सबक नहीं सीखा गया।

इससे पहले साल 2009 के बीचों–बीच नरेगा की मज़दूरी को सीधे बैंक खाते में देने का चलन अचानक अमल में आया था और इस कारण लम्बे समय तक भारी अफ़रातफ़री और मति भ्रम का माहौल बना रहा।

एक ख़तरा यह भी है कि कहीं आधार–नम्बर का इस्तेमाल सुरक्षा परियोजना के लिए न किया जाये। आख़िर खुफ़िया विभाग के पूर्व प्रमुख अजित डोभाल ने ही 2009 में बताया था कि आधार–संख्या बनाने के पीछे मूल विचार 'बाहरी और अनाधिकृत लोगों को निकाल बाहर' करना था। हालाँकि बाद में इस परियोजना को 'विकासोन्मुखी पहल के रूप में प्रस्तुत किया गया ताकि बात बिगड़े नहीं।' अजित डोभाल प्रधानमन्त्री के राष्ट्रीय सुरक्षा सलाहकार हैं और इस पद पर रहते हुए वे यू.आई.डी. के मूल विचार में फिर से जान फूँकने में सक्षम कहे जा सकते हैं। इसलिए हे स्वच्छन्दतावाद की दुहाई देने वाले लोग! आप चाहे दक्षिणपन्थी हैं या वामपन्थी, कृपया इस बात पर ज़रूर ही ग़ौर कीजिएगा।

'आधार' का तख़्तापलट*

आधार–परियोजना लोगों को इस दावे के साथ परोसी गयी कि इसमें नामांकन 'स्वैच्छिक' है। बुनियादी तौर पर इसका अर्थ था कि 'आधार' के लिए नामांकन करवाना क़ानूनी तौर पर बाध्यकारी नहीं है। बहरहाल, सरकार और यूनिक आइडेंटिफिकेशन अथॉरिटी ऑफ़ इंडिया (यू.आई.डी.ए.आई.) ने जी–तोड़ कोशिश की कि 'आधार' के लिए नामांकन करवाना व्यावहारिक रूप से ज़रूरी हो जाये : ढेर सारी सेवाओं–सुविधाओं के लिए 'आधार' को अनिवार्य बना दिया गया। दिन बीतने के साथ ज़ाहिर होता गया कि 'आधार' के बिना जीना जल्दी ही बहुत मुश्किल हो जायेगा। ऐसे हालात में आधार को स्वैच्छिक कहना वैसा ही है जैसे साँस लेने और खाना खाने को स्वैच्छिक करार देना। बाध्यता चाहे क़ानूनी हो या व्यावहारिक आख़िर बाध्यता होती है।

पुरज़ोर ताक़त

इस दोमुँहेपन को बन्द करने के लिए सुप्रीम कोर्ट को आगे आना पड़ा। 2014 के मार्च में सुप्रीम कोर्ट ने फ़ैसला सुनाया कि 'किसी भी व्यक्ति को

* मार्च, 2016।

आधार–नम्बर के अभाव में किसी भी सेवा से वंचित नहीं किया बशर्ते वह उस सेवा का हक़दार हो।' आधार के स्वैच्छिक होने से जो अर्थ निकलता है उसकी यह बड़ी तर्कसंगत व्याख्या थी। संयोग देखिए कि पूरी अदालती कार्यवाही के दौरान केन्द्र सरकार का दावा यही रहा कि आधार एक स्वैच्छिक सुविधा है। सुप्रीम कोर्ट ने बस इस दावे के निहितार्थों को स्पष्ट कर दिया।

ग़ौरतलब है कि एक स्वैच्छिक सुविधा के रूप में आधार सचमुच करिश्मा कर सकता है। एक प्रमाणित, सत्यापन–योग्य सर्व–उद्देश्यीय पहचान–पत्र बहुत से लोगों के लिए बहुमूल्य दस्तावेज़ हो सकता है। लेकिन यू.आई.डी.ए.आई. ने कभी भी आधार–कार्ड या आधार के स्वैच्छिक प्रयोग में रुचि नहीं दिखायी। इसकी जगह यू.आई.डी.ए.आई. लगातार ज़ोर लगाती रही कि आधार का उपयोग विभिन्न सन्दर्भों में अनिवार्य हो जाये, सत्यापन बायोमेट्रिक हो और इंटरनेट पर एकीकृत डेटाबेस बन जाये। यह एकदम ही अलग चाल है।

सुप्रीम कोर्ट के फ़ैसले से सत्ता के गलियारों में खलबली मच गयी क्योंकि फ़ैसले में आधार के ज़्यादातर उपयोगों को नकार दिया गया था। पिछले हफ़्ते लोकसभा में धन विधेयक रूप में पेश और पारित आधार बिल केन्द्र सरकार का जवाबी हमला है। इसकी धारा–7 में बहुत सारी सेवाओं–सुविधाओं के सन्दर्भ में आधार को अनिवार्य बनाने के लिए केन्द्र सरकार को भारी ताक़त दी गयी है। इसके अतिरिक्त, धारा–57 केन्द्र सरकार को किसी भी अन्य सन्दर्भ में धारा–7 में बताये गये सुरक्षा–उपायों के अधीन आधार–सत्यापन को लागू करने की ताक़त देती है।

साफ़ शब्दों में कहें तो विधेयक में सरकार को वेतन के भुगतान, वृद्धावस्था पेंशन, स्कूल में नामांकन, ट्रेन सम्बन्धी बुकिंग, विवाह प्रमाण–पत्र, ड्राइविंग लाइसेंस बनवाने, सिमकार्ड ख़रीदने, सायबर कैफ़े के इस्तेमाल यानी एक तरह से देखें तो हर काम में अनिवार्य बनाने की अनुमति दी गयी है। बीते कुछ सालों के अनुभवों को देखते हुए कहा जा सकता है कि सरकार इस ताक़त का भरपूर इस्तेमाल करेगी और आधार की जकड़ के भीतर ज़्यादा–से–ज़्यादा दायरे आते जायेंगे। दरअसल, जैसा कि यू.आई.डी.ए.आई. के पूर्व अध्यक्ष नन्दन नीलेकणि ने कहा भी था, मंशा हमेशा से आधार को 'सर्वव्यापी' बनाने की रही है।

जन–जन की निगरानी

ऐसा करना दिक़्क़त–तलब क्यों है? बायोमेट्रिक की अविश्वसनीयता से लेकर गोपनीयता में सेंधमारी तक बहुत सारी चिन्ताओं का इज़हार किया गया है। लेकिन मुख्य ख़तरा है कि आधार के ज़रिये व्यापक निगरानी के अवसर पैदा होंगे। विधेयक में मौजूद 'राष्ट्रीय सुरक्षा' सम्बन्धी प्रावधान के तहत हासिल विशेष शक्ति के इस्तेमाल के बग़ैर ही 'आधार–केन्द्रित' ज़्यादातर डेटाबेस सरकार की पहुँच के भीतर होंगे। ख़ुफ़िया एजेंसियों के लिए किसी भी व्यक्ति पर नज़र रखना, यह जानना कि आप कहाँ रहते हैं, कहाँ जाते और किस आयोजन में भाग लेते हैं या फिर किससे शादी करते हैं, मिलते–जुलते हैं या फ़ोन पर बात करते हैं, चुटकी बजाने के खेल जैसा हो जायेगा। किसी भी और देश ने और किसी लोकतान्त्रिक देश ने तो निश्चित ही कभी भी अपने नागरिक को निगरानी के इतने ताक़तवर ढाँचे के भीतर नहीं रखा है।

अगर इस बात में कोई व्यामोह जान पड़े तो एक बार फिर से सोचिए। हम एडवर्ड स्नोडेन तथा उनके जैसे तन्त्र के अन्य भीतरी लोगों की बातों से जानते हैं कि सर्वव्यापी निगरानी रखना ख़ुफ़िया एजेंसियों का सपना है। असहमति की आवाज़ उठाने वाले भाँति–भाँति के लोगों पर नज़र रखने और उन पर नियन्त्रण करने का भारत सरकार का रुझान हाल के सालों में भरपूर दिखा है। एक व्यक्ति पर निशाना साधो या उसे परेशान करो तो यह हज़ार लोगों के लिए सबक हो जाता है। गोपनीयता का अधिकार असहमति की स्वतन्त्रता की नींव है।

जन–जन की निगरानी से नागरिक अधिकारों तथा निजी स्वतन्त्रता के ऐतिहासिक विस्तार के अवरुद्ध होने की आशंका पैदा हो गयी है। जन–साधारण सदियों तक उत्पीड़क सरकारों की निरंकुशता का शिकार हुआ है। बलज़ोरी, गिरफ़्तारी, प्रताड़ना, फाँसी जन–साधारण को हुक्मरानों के आगे झुकाने के स्वीकृत साधन रहे हैं। अपनी इच्छानुसार कहीं आने–जाने, मन मुताबिक़ किसी से जुड़ने और बेख़ौफ़ होकर बोलने की जिस आज़ादी का आज हम उपभोग कर रहे हैं और जिसे गारंटीशुदा मानकर चलते हैं उसे हासिल करने के लिए लम्बा और कठिन संघर्ष करना पड़ा है। इसमें कोई शक नहीं कि ऐसी आज़ादी अब भी आबादी की एक बड़ी तादाद, ख़ासकर दलित और सुरक्षा–बलों के बूट की धमक के बीच जीने वाले लोगों के लिए एक

सपना है। लेकिन यह मामला आज़ादी के विस्तार का है न कि जो आज़ादी हमें हासिल है उसमें कटौती करने का।

आधार विधेयक हमसे इन संघर्षों को भूलने और सरकार की भलमनसाहत पर यक़ीन करने के लिए कहता है। बेशक, तात्कालिक तौर पर लोकतन्त्र की ज़मीन खिसकने या फिर नागरिक अधिकारों के स्थगन का ख़तरा नहीं है तो भी कोई अबोध व्यक्ति ही होगा जो यह अनुमान लगाने से चूके कि आधार का इस्तेमाल जन–जन की निगरानी के लिए किया जा सकता है। भले ही सरकार अमल न करे तो भी जन–जन पर निगरानी रखना सिद्धान्ततः लोकतन्त्र और नागरिक–अधिकारों की अवहेलना है। जैसा कि ग्लेन ग्रीनवाल्ड ने अपनी किताब 'नो प्लेस टू हाइड' में लिखा है–'इतिहास बताता है कि जन–जन की निगरानी करने वाले उपकरण–तन्त्र की मौजूदगी मात्र, चाहे इसका उपयोग हो या नहीं, अपने आप में असहमति का गला घोंटने के लिए काफ़ी है।'

अनिश्चित फ़ायदे

इन चिन्ताओं से आधार विधेयक के समर्थक आँख मूद लेते हैं ताकि सरकार कुछ रक़म बचाने में सक्षम हो सके। चोरबाज़ारी को रोकने में आधार की ताक़त का बखान बढ़ा–चढ़ाकर किया जाता है। सच्चाई यह है कि आधार सिर्फ़ ख़ास तरह की चोरबाज़ारी जैसे कि लाभार्थियों की सूची में किसी व्यक्ति के नाम के दोहराव को रोकने में सहायक हो सकता है। सार्वजनिक वितरण प्रणाली (पी.डी.एस.) में चोरबाज़ारी रोकने के मामले में यह बेकार है, क्योंकि इस चोरबाज़ारी का कोई ख़ास रिश्ता लाभार्थियों की सूची में हुए पहचान के फ़र्ज़ीवाड़े से नहीं है। दूसरी तरफ़, हाल के अनुभवों ने दिखाया है कि आधार बाआसानी पी.डी.एस. में गड़बड़झाला पैदा कर सकता है। जहाँ भी पी.डी.एस. में आधार–सत्यापन को लागू किया गया है वहाँ से देरी, सत्यापन के मामले में असफलता, कनेक्टिविटी की दिक़्क़त जैसी शिकायतें सुनने को मिल रही हैं। ग़रीब राज्यों को, जहाँ पी.डी.एस. की ज़रूरत सबसे ज़्यादा है, वहीं आधार जैसी प्रौद्योगिकी को अपनाने की तैयारी बहुत कम है। पी.डी.एस. में सुधार के आधार से इतर भी बेहतर तरीक़े हो सकते हैं। यही बात महात्मा गाँधी राष्ट्रीय ग्रामीण रोज़गार गारंटी योजना (एम.जी.एन.आर.ई.जी.ए.) के बारे में कही जा सकती है।

मैंने ऐसे कुछ नुक़सान को झारखण्ड में, जहाँ आधार को अपना करिश्मा साबित करना है, बहुत नज़दीक से देखा है। झारखण्ड में आधार के इस्तेमाल (पी.डी.एस., एम.जी.एन.आर.ई.जी.ए.) और बैंकिंग व्यवस्था में) के नतीजे बड़े नकारात्मक रहे हैं और इससे बहुत बाधाएँ खड़ी हुई हैं। मिसाल के लिए, एम.जी.एन.आर.ई.जी.ए. के अधिकारियों–कर्मचारियों ने जॉब–कार्ड डेटाबेस के शत–प्रतिशत 'आधार–सीडिंग' का लक्ष्य हासिल करने के लिए बड़े पैमाने पर जॉब–कार्डों को निरस्त किया है। मनरेगा के कामगारों को ग्रामीण क्षेत्र के बैंकों ने आधार केन्द्रित 'बिज़नेस कॉरेसपॉन्डेंट' के हवाले कर दिया है। ये बिज़नेस कॉरेसपॉन्डेंट घटिया कनेक्टविटी की वजह से कामगारों को भुगतान नहीं कर पा रहे। राशन दुकानों पर बायोमेट्रिक सत्यापन को लागू किया जाना है। आशंका है कि इससे पी.डी.एस. सुधार की दिशा में झारखण्ड में हाल में प्रगति बाधित होगी।

अपने अस्तित्व के सात सालों में यू.आई.डी.ए.आई. आधार के फ़ायदों को लेकर ऐसे महत्त्वपूर्ण साक्ष्य प्रस्तुत नहीं कर पाया है जिससे लगे कि आधार अपनाने का जोख़िम उठाना उचित है। साक्ष्य देने की जगह यू.आई.डी.ए.आई. ने जन–सम्पर्क, प्रायोजित शोध–अध्ययन और मनभावन आकलनों (एल.पी.जी. सब्सिडी के मद में आधार के ज़रिये हुई 12,700 करोड़ की बचत की बहु–उद्धृत बात इसमें शामिल है) का सहारा लिया है। जहाँ तक मेरी जानकारी है, आधार के एक भी उपयोग का अभी तक गम्भीर मूल्यांकन नहीं हुआ है। इससे भी बुरी बात तो यह है कि कुछ असफल प्रयोगों को प्रचार के ज़ोर से सफलता के रूप में पेश किया जा रहा है। रातू (झारखण्ड) में बिज़नेस कॉरेसपॉन्डेंस का प्रयोग और कोटकासिम (राजस्थान) में कैरोसिन सब्सिडी के मामले में किया गया प्रयोग ऐसे दो उदाहरण हैं।

इसमें कोई शक नहीं कि उचित साबित होने पर आधार कुछेक मामलों में उपयोगी हो सकता है, लेकिन इससे जुड़े जोख़िम को देखते हुए मूल सिद्धान्त 'न्यूनतम इस्तेमाल, अधिकतम बचाव' का होना चाहिए। सरकार की रुचि इसके उलट 'अधिकतम इस्तेमाल–न्यूनतम बचाव' की है। आधार विधेयक में बचाव के कुछ मददगार उपाय दिये गये हैं लेकिन यह विधेयक आधार के उपयोग को सीमित करने या इसे जन–जन की निगरानी जैसे दुरुपयोग का साधन बनने से रोकने की दिशा में कुछ नहीं

करता। और, एक बात यह भी है कि विधेयक में वर्णित बचाव के उपाय यू.आई.डी.ए.आई. की रक्षा ज़्यादा करते हैं जनता–जनार्दन की कम।

आधार के महारथी पैरोकार यह बताने का लोभ संवरण नहीं कर पाते हम लोग एक 'क्रान्ति' के मुहाने पर हैं। उनके जोश के प्रति पर्याप्त सम्मान बरतते हुए कहा जा सकता है कि यहाँ 'क्रान्ति' नहीं बल्कि 'तख़्तापलट' शब्द का प्रयोग करना ज़्यादा उचित होगा। आधार विधेयक सरकार को सुप्रीम कोर्ट के आदेश से बच निकलने और सामाजिक नियन्त्रण का ढाँचा तैयार करने की ताक़त देता है। और, ऐसा आधार–विधेयक को धन विधेयक के जामे में पेश करके हुआ है ताकि मसले पर कोई भी गम्भीर बहस न हो सके। यह अलोकतान्त्रिक प्रक्रिया आधार को लेकर चिन्ता में इज़ाफ़ा करती है।

पी.डी.एस. पर संकट के बादल*

सार्वजनिक वितरण प्रणाली (पी.डी.एस.) में सभी कार्डधारकों के लिए बायोमेट्रिक सत्यापन अनिवार्य किया जाये–इसके लिए केन्द्र सरकार राज्य सरकारों पर भारी दबाव बना रही है। चीज़ों को एकबारगी ऊपर से लागू करने के इस रवैये से पी.डी.एस. में हुए हाल के सुधारों के बाधित होने की आशंका है। इससे लाखों लोग अपने भोजन के अधिकार से वंचित हो सकते हैं।

पी.डी.एस. के सुधार

पिछले दस वर्षों के दौरान भारत के पी.डी.एस. में लगातार सुधार हुआ है (देखें खण्ड 7)। सार्वजनिक वितरण प्रणाली खस्ताहाल थी, उसमें भ्रष्टाचार का बोलबाला था–पी.डी.एस. में राष्ट्रीय स्तर पर खाद्यान्न की चोरबाज़ारी का औसत 50 प्रतिशत हुआ करता था और कई राज्यों में तो पी.डी.एस. के खाद्यान्न की चोरबाज़ारी 80 से 90 फ़ीसदी तक थी। 2007 के आसपास, छत्तीसगढ़ ने पी.डी.एस. में सुधार करने का बीड़ा उठाया। इसे और अधिक समावेशी, पद्धतिगत और पारदर्शी बनाया। कुछ वर्षों के भीतर पी.डी.एस. से जुड़ी पूरी व्यवस्था दुरुस्त हो उठी। बाद में यह भी सामने आया कि छत्तीसगढ़ मॉडल (जैसा कि बोलचाल में कहा जाता है) बाक़ी जगहों पर भी लागू किया जा सकता है। छत्तीसगढ़ की तर्ज पर पी.डी.एस. में

* सितम्बर, 2016।

सुधार करने वाला पहला राज्य ओड़िशा बना और वहाँ भी नतीजे समान रूप से सकारात्मक रहे। कई अन्य राज्यों ने भी छत्तीसगढ़ की तर्ज पर पी.डी.एस. में सुधारों की शुरुआत की : व्यापक कवरेज़, हक़दारी का स्पष्ट उल्लेख, पी.डी.एस. दुकानों का वि–निजीकरण, खाद्यान्न का वितरण करने वाली एजेंसियों को खाद्यान्न की ढुलाई करने वाली एजेंसियों से अलग करना, कम्प्यूटरीकरण, खाद्यान्न वितरण की निश्चित समय–सारणी, कड़ी निगरानी, शिकायत निवारण की चौकस व्यवस्था तथा अन्य बहुत सारे क़दम उठाये गये।

साल 2011 में छात्र स्वयंसेवकों की मदद से पी.डी.एस. का एक सर्वेक्षण (भारतीय प्रौद्योगिकी संस्थान, दिल्ली की पहलक़दमी से शुरू) नौ राज्यों में सम्पन्न हुआ। इन राज्यों के नाम हैं : आन्ध्र प्रदेश, बिहार, छत्तीसगढ़, हिमाचल प्रदेश, झारखण्ड, ओडिशा, राजस्थान, तमिलनाडु और उत्तर प्रदेश। सर्वेक्षण से सामने आया कि पी.डी.एस. की व्यवस्था 'ग़रीबी रेखा के नीचे' (बी.पी.एल.) परिवारों के एतबार से अच्छी तरह काम कर रही है। बी.पी.एल. श्रेणी के परिवारों को अपनी हक़दारी के अनाज का 84 फ़ीसदी हिस्सा पी.डी.एस. से हासिल हो रहा था। साल 2013 में एक फॉलो–अप (अनुवर्ती) सर्वेक्षण हुआ तो उससे भी ऐसी ही तस्वीर निकलकर सामने आयी। हालाँकि, 'ग़रीबी रेखा से ऊपर' (ए.पी.एल.) की श्रेणी के लिए उपलब्ध खाद्यान्न कोटा में चोरबाज़ारी बड़े पैमाने पर अब भी जारी थी। केन्द्र सरकार उस समय ए.पी.एल. श्रेणी के खाद्यान्न कोटे का इस्तेमाल अपने पास अतिरिक्त पड़े खाद्यान्न भण्डार को खपाने के लिए किया करती थी।

तीन साल पहले राष्ट्रीय खाद्य सुरक्षा अधिनियम (एन.एफ.एस.ए.) अमल में आया और अब भी लागू है। यह अधिनियम पी.डी.एस. सुधारों की प्रक्रिया को पूरा करने तथा हर व्यक्ति के लिए खाद्य–सुरक्षा का एक सुनिश्चित ज़रिये क़ायम करने के एक मौक़े की तरह है। एन.एफ.एस.ए. में ए.पी.एल. श्रेणी को समाप्त कर दिया गया है और हक़दार परिवारों को दो सुपरिभाषित श्रेणियों में बाँटा गया है जिनके नाम हैं : प्राथमिकता श्रेणी वाले परिवार तथा अन्त्योदय श्रेणी वाले परिवार। प्राथमिकता श्रेणी वाले परिवारों को प्रति व्यक्ति प्रतिमाह 5 किलोग्राम खाद्यान्न अनुदानित मूल्य पर हासिल करने का हक़ हासिल है जबकि अन्त्योदय श्रेणी में आने वाले परिवारों को प्रतिमाह 35 किलोग्राम खाद्यान्न हासिल करने का

हक़ हासिल है। इसके अन्तर्गत पी.डी.एस. के दायरे में राष्ट्रीय स्तर पर कम–से–कम 75 प्रतिशत ग्रामीण परिवार होने चाहिए, साथ ही ग़रीब राज्यों में यह कवरेज़ 80–90 प्रतिशत तक बढ़ाई जा सकती है।

इस साल जून में हम लोग स्थिति की अद्यतन जानकारी के लिए भारत के छह सबसे ग़रीब राज्यों (बिहार, छत्तीसगढ़, झारखण्ड, मध्य प्रदेश, ओड़िशा और पश्चिम बंगाल) गये। हमने देखा कि इन छह राज्यों में से चार में पी.डी.एस. अच्छी तरह काम कर रहा है, राष्ट्रीय खाद्य सुरक्षा अधिनियम के तहत कार्डधारी बने ज़्यादातर लोगों को अपने हिस्से का अधिकांश खाद्यान्न हर महीने हासिल हो रहा है तथा अपवर्जन की अशुद्धियाँ भी कम हैं। शेष दो राज्यों बिहार तथा झारखण्ड को अभी लम्बा सफ़र तय करना है, लेकिन इन राज्यों में भी स्थिति कुछ साल पहले की तुलना में बहुत सुधार पर है। मिसाल के लिए, झारखण्ड में पी.डी.एस. की व्यवस्था के भीतर पारदर्शिता ख़ूब बढ़ी है और एन.एफ.एस.ए. की आधिकारिक वेबसाइट देश की सबसे अच्छी वेबसाइटों में एक है।

आसन्न ख़तरा

बहरहाल, हाल के वक़्त में जो प्रगति हुई है उसके पटरी से उतरने का ख़तरा पैदा हो गया है, क्योंकि सरकार पी.डी.एस. में आधार–केन्द्रित बायोमेट्रिक सत्यापन को अनिवार्य बनाने पर तुली हुई है और यह क़दम बाधक साबित हो सकता है। ऐसे सत्यापन के लिए पी.डी.एस. की राशन–दुकानों पर प्वॉइंट ऑफ़ सेल (पी.ओ.एस.) मशीन रखनी होगी। इंटरनेट का उपयोग करके इन मशीनों के सहारे कार्डधारकों की अँगुलियों के छापे का मिलान आधार–संख्या से जुड़े उनके डेटाबेस से किया जायेगा। कार्डधारी जब भी राशन लेने आयेंगे, उन्हें हर बार इसी प्रक्रिया से गुज़रना होगा।

इस व्यवस्था में एक ही समय में कई नाज़ुक–मिज़ाज प्रौद्योगिक युक्तियों, जैसे–प्वॉइंट ऑफ़ सेल मशीन, बायोमेट्रिक, इंटरनेट कनेक्शन तथा रिमोट सर्वर का आपस में तालमेल बैठाते हुए काम करना ज़रूरी है। सत्यापन की इस प्रक्रिया के साथ अक्सर स्थानीय मोबाइल नेटवर्क भी जुड़ा होता है, तो उसका भी इन प्रौद्योगिक युक्तियों के साथ तालमेल में होना ज़रूरी है। इसके अतिरिक्त, इस व्यवस्था में घर के कुछ सदस्यों का आधार नम्बर पी.डी.एस. के डेटाबेस में ठीक–ठीक दर्ज होना भी ज़रूरी है।

ग्रामीण भारत की स्थिति को देखते हुए यह एकदम ही अनुपयुक्त प्रौद्योगिकी है, ख़ासकर ग़रीब राज्यों में। यहाँ तो राज्य की राजधानियों में भी यह आलम है कि नेटवर्क का काम न करने या इससे जुड़ी बाधाओं के वाक़ये रोज़मर्रा पेश आते हैं। जिन गाँवों में कनेक्टिविटी बेहतर नहीं है, वहाँ निश्चित ही ऐसी बायोमेट्रिक–सत्यापन की इस व्यवस्था से अफ़रातफ़री का माहौल खड़ा होगा। यहाँ ग़ौर करने की बात यह है कि बायोमेट्रिक को डाउनलोड नहीं किया जा सकता, इसलिए आधार–केन्द्रित सत्यापन की प्रणाली के लिए इंटरनेट पर निर्भरता अनिवार्य है।

पी.डी.एस. में बायोमेट्रिक सत्यापन की प्रणाली लागू करने के ख़तरे राजस्थान के हाल के अनुभवों से समझे जा सकते हैं। पिछले कुछ महीनों के दौरान राजस्थान सरकार ने बायोमेट्रिक सत्यापन की प्रणाली लागू करने की जी–तोड़ कोशिश की। प्वॉइंट ऑफ़ सेल्स मशीन का इस्तेमाल अनिवार्य कर दिया गया और पी.डी.एस. की हर दुकान पर यह मशीन लगायी गयी है। लेकिन निखिल डे ने आधिकारिक आँकड़ों के अपने आकलन के हवाले से बताया है कि साल 2016 की जुलाई में राजस्थान के खाद्यान्न–आवंटन का मात्र 61 फ़ीसदी हिस्सा प्वॉइंट ऑफ़ सेल्स मशीन वाली व्यवस्था में लोगों के पास पहुँचा है, अगस्त महीने में भी आँकड़ा (63 प्रतिशत) तक़रीबन इतना ही था। शेष खाद्यान्न या तो चोरबाज़ारी का शिकार हुआ या फिर पुरानी रजिस्टर वाली व्यवस्था के सहारे लोगों में वितरित हुआ–इन दो बातों में कौन–सी बात सही है, यह कह पाना मुश्किल है, क्योंकि आधार–केन्द्रित सत्यापन की प्रणाली के काम न करने पर रजिस्टर वाले पुराने तरीक़ा का सहारा लिया जाये या नहीं इसे लेकर भ्रम बना हुआ है।

कुछ और सबूत झारखण्ड के राँची ज़िले में देखने को मिले हैं। यहाँ प्वॉइंट ऑफ़ सेल्स मशीन रखना अनिवार्य कर दिया गया है। साल 2016 की जुलाई में एन.एफ.एस.ए. के कार्डधारियों को राँची ज़िले में अपनी हक़दारी का आधे से भी कम हिस्सा प्वॉइंट ऑफ़ सेल्स प्रणाली के ज़रिये हासिल हुआ। ऊपर जिस वेबसाइट का ज़िक्र किया गया है, उसी पर यह तथ्य दर्ज किया गया है। अगस्त में भी स्थिति कमोबेश ऐसी ही रही।

राजस्थान की ही तरह, राँची के कार्डधारियों के बारे में भी पक्के तौर पर नहीं कहा जा सकता कि जिन्हें प्वॉइंट ऑफ़ सेल्स मशीन के माध्यम से खाद्यान्न नहीं मिला उन्हें रजिस्टर वाली प्रणाली के सहारे

राशन दिया गया है या नहीं। स्थानीय डीलरों तथा अधिकारियों की मानें तो ऐसा करने की आधिकारिक अनुमति नहीं है (दरअसल कुछ डीलरों को रजिस्टर वाली प्रणाली इस्तेमाल करने पर निलम्बित किया गया है)। लेकिन, अनाधिकारिक तौर पर ऐसा होता है तब भी खाद्यान्न मुहैया कराने की यह दोहरी प्रणाली जिसमें पी.डी.एस. का कुछ अनाज प्वॉइंट ऑफ़ सेल्स मशीन के सहारे दी जा रही है और कुछ रजिस्टर के सहारे–बहुत ज़्यादा ख़राब कही जायेगी। कारण यह है कि इसमें सिर्फ़ डीलर ही जानता है कि रजिस्टर के इस्तेमाल की अनुमति किन स्थितियों में है और कार्डधारियों से इस सूचना को साझा करने की उनके पास कोई वजह नहीं है। बहुत सम्भव है, नयी प्रणाली झारखण्ड में पी.डी.एस. में फिर से भ्रष्टाचार के चलन को बढ़ाने वाली साबित हो और हाल के सालों में चोरबाज़ारी में कमी का जो बेहतर रुझान देखने में आया है, वह फिर से ख़स्ताहाली के उसी मुक़ाम पर लौट जाये जहाँ से सफ़र की शुरुआत हुई थी।

राँची से बाहर बस चन्द मिनट की दूरी पर क़ायम पी.डी.एस. की एक दुकान पर जाकर मुआयना करने से नयी प्रणाली की तमाम दिक़्क़तें एक झटके में उजागर हो गयीं। चन्द मिनटों के भीतर हमारी मुलाक़ात ऐसे कई लोगों से हुई जिन्हें अपने हिस्से का राशन महीनों से नहीं मिला था। इसकी वजह थी कि उनके पास आधार–नम्बर नहीं था या फिर उनका आधार के नम्बर सही तरीक़े से पी.डी.एस. के साथ जुड़ न पाया था या बायोमेट्रिक्स ठीक तरीक़े से काम नहीं कर पाया था अथवा प्वॉइंट ऑफ सेल्स मशीन बार–बार 'एरर' का सन्देश दिखा रहा था।

जो लोग इस प्रणाली में अपना सत्यापन करवा पाने में सफल हो जाते हैं उन्हें भी कई मुश्किलों का सामना करना पड़ता है। उन्हें पी.डी.एस. की राशन दुकान का बार–बार चक्कर लगाना पड़ता है या बारी–बारी से घर के अलग–अलग सदस्यों को भेजना पड़ता है ताकि मशीन का उनके साथ किसी तरह तालमेल बैठ जाये। कभी–कभी तो स्कूल जाने वाले बच्चों से परिवार जन कहते हैं कि पी.डी.एस. की राशन–दुकान पर जाओ और देखो कि मशीन तुम्हारे हाथ की छाप पहचान पा रही है कि नहीं। भरोसे के क़ाबिल न जान पड़ती इस प्रणाली में हर एक का बहुत ज़्यादा समय जाया होता है। और एक बात यहाँ यह भी दर्ज करते चलें कि इस वाक़ये के पेश आने के लगभग एक साल पहले खाद्य–विभाग के

एक अति–उत्साही परामर्शदाता ने मुझे बताया था कि 'पूरे राँची ज़िले में प्वॉइंट ऑफ़ सेल्स मशीन बड़ी अच्छी तरह काम कर रही है।'

'आधार' की अड़चन

बारम्बार आगाह किये जाने के बावजूद केन्द्र सरकार पी.डी.एस. में बायोमेट्रिक–केन्द्रित सत्यापन का तरीक़ा लागू करने पर तुली हुई है। संयोग देखिए कि ऐसा करना सुप्रीम कोर्ट के आदेश का उल्लंघन है। अदालत ने पी.डी.एस. में आधार के इस्तेमाल की मंज़ूरी दी है, लेकिन पी.डी.एस. के लाभार्थियों के लिए आधार का इस्तेमाल अनिवार्य नहीं बनाया। न ही सरकार आधार अधिनियम का हवाला देकर अपने क़दम को जायज़ ठहरा सकती है क्योंकि इस अधिनियम के प्रासंगिक हिस्से अभी अधिसूचित नहीं हुए हैं।

उम्मीद यह पाली गयी है कि आधार–केन्द्रित बायोमेट्रिक्स–सत्यापन से पी.डी.एस. भ्रष्टाचार–मुक्त बनेगा, लेकिन यह उम्मीद पी.डी.एस. में होने वाली चोरबाज़ारी को लेकर बनी एक भ्रामक धारणा पर आधारित है। आज बड़ी दिक़्क़त, कम–से–कम झारखण्ड के मामले में, नाम–पहचान के फ़र्ज़ीवाड़े (फ़र्ज़ी राशन कार्ड) की नहीं है। मुश्किल यह है कि पी.डी.एस. के डीलर लोगों को उनकी हक़दारी से कहीं कम खाद्यान्न देते हैं और बाक़ी ख़ुद हड़प जाते हैं। आधार–केन्द्रित बायोमेट्रिक्स–सत्यापन खाद्यान्न की मात्रा में होने वाले इस फ़र्ज़ीवाड़े को रोकने के मामले में कुछ नहीं कर सकता। बायोमेट्रिक्स से नाम और पहचान का फ़र्ज़ीवाड़ा कम किया जा सकता है, लेकिन इसका मतलब यह नहीं कि प्रौद्योगिकी नाकाम रहे तो लोगों को उनके भोजन के अधिकार से ही वंचित कर दिया जाये।

आधार के कई अन्य इस्तेमाल की तरह यहाँ भी मामला बिल्कुल बावले साँड़ की तरह सब कुछ रौंदते हुए आगे बढ़ते जाने का दिख रहा है, इस बावली दौड़ में आजू–बाजू क्या कुछ नष्ट हो रहा है, इसकी फ़िक्र ज़रा भी नहीं की जा रही। इस बात पर ध्यान देने की जगह, केन्द्र सरकार अभी 'आधार' के सहारे की गयी वित्तीय बचत के फ़र्ज़ी आँकड़े गिनाने में लगी है (जो अक्सर अधकचरी जानकारी भरे लेख लिखने वाले स्तम्भकारों या अर्थशास्त्रियों की क़लम से निकली हुई होती है)। जब कोई सरोकारी पत्रकार, कार्यकर्ता या शोधकर्ता पीड़ितों के हालचाल पूछने पहुँचता है और उनके बारे में लिखता है तब जाकर

पता चल पाता है कि पी.डी.एस. के लिए आधार कितना नुक़सानदेह साबित हो रहा है।

केन्द्र सरकार और उसके सलाहकार 'साक्ष्य–आधारित नीति' के प्रति अपनी निष्ठा को लेकर गर्व करते हैं, लेकिन हम अपनी नज़रों के सामने एक ऐसा मामला देख रहे हैं जिसमें सबूतों को पूरे एहतियात के साथ एक किनारे करते हुए अन्ध–आस्था पर आधारित प्रौद्योगिकीगत समाधान के लिए ज़ोर लगाया जा रहा है (एक ऐसा समाधान जिससे कॉरपोरेट जगत का हितसाधन होना है)। आगे अगर और ज़्यादा नुक़सान से बचना है तो फिर पी.डी.एस. में बायोमेट्रिक्स केन्द्रित सत्यापन के चलन पर तुरन्त रोक लगानी होगी। पी.डी.एस. के तहत खाद्यान्न वितरण प्रक्रिया के एकदम आख़िरी के चरण में जो चोरबाज़ारी होती है उस पर अंकुश लगाने की कुछ सरल युक्तियाँ हैं जो इंटरनेट पर क़तई निर्भर नहीं। एक ऐसी तकनीक को लोगों पर लादना जो काम ही नहीं करती, जबकि लोगों का जीवन–यापन इसी पर निर्भर है, दरअसल बहुत बड़ा अन्याय है।

नोट

लोकसभा के लिए ग्लूकोज़–सुप्रीम कोर्ट ने भोजन का अधिकार मामले में कमिश्नर नियुक्त किये थे। कमिश्नर ऑफ़िस ने सूचना का अधिकार क़ानून के तहत मानव संसाधन मन्त्रालय से कुछ जानकारी माँगी। यह लेख बड़ी हद तक उन्हीं जानकारियों पर आधारित है। सूचनाएँ बिराज पटनायक ने मुहैया करायीं, उनका बहुत आभार।

कॉरपोरेट युग में नेहरूवादी बजट–यह लेख वित्तमन्त्री के 28 फरवरी, 2015 के बजट भाषण के तुरन्त बाद लिखा गया और इसमें 2015–16 के बजट–पत्र का इस्तेमाल किया गया है। साल 2015–16 में शुरुआती तौर पर सामाजिक मद में इतनी ज़्यादा बजट कटौती (आई.सी.डी.एस. में 50 प्रतिशत और मिड–डे मील में 36 प्रतिशत) की गयी आगे साल के बाद के महीने में कटौती में कमी करनी पड़ी। तथाकथित 'हिन्दू' वृद्धि–दर, फ्रीडमैन के 1955 के ज्ञापन तथा सम्बन्धित जानकारी के लिए देखें; द्रेज एवं सेन 2013। 'असहयोगी रुख़ वाले या जानते–बूझते क़र्ज़ न चुकाने वालों' तथा 'जोख़िम–विहीन पूँजीवाद' के ख़तरों पर विशेष जानकारी के लिए देखें; राजन 2014। शिक्षा विषयक बी.वी. कृष्णमूर्ति का असहमति दर्ज कराता नोट (1955) बाला सुब्रमण्यम 2001 में पुनर्मुदित है।

आधार नम्बर की अनोखी दुविधा–लेख में सुप्रीम कोर्ट के जिन आदेशों का हवाला आया है उन पर बार–बार चर्चा होती है। मिसाल के लिए 15 अक्तूबर, 2015 के फ़ैसले में कहा गया कि 'आधार कार्ड की योजना एकदम स्वैच्छिक है और जब तक अदालत कोई अन्तिम फ़ैसला नहीं सुना देती तब तक इसे अनिवार्य नहीं बनाया जा सकता'। इस सिलसिले में सुप्रीम कोर्ट का एक और आदेश ग़ौरतलब है। कोर्ट ने 14 सितम्बर, 2016 के फ़ैसले में स्पष्ट किया कि मार्च 2016 में पारित आधार एक्ट से कोर्ट के अन्य फ़ैसले निष्प्रभावी नहीं हो जाते।

लेख में अजीत डोभाल के जिस बयान का ज़िक्र है वह 'तहलका' में छपे एक साक्षात्कार से लिया गया है। यह 'फॉलिंग बिटवीन द बारकोड्स' (तुशा मित्तल) के नाम से छपा था (तहलका, 22 अगस्त 2009)। विश्वबैंक की इस चेतावनी के लिए कि 'सत्यापन का यह प्रणाली आबादी के निचले 40 प्रतिशत के लिए हमेशा कारगर नहीं', देखें; ब्रिउअर तथा अन्य 2015।

'आधार का तख़्तापलट'–यह लेख आधार एक्ट के पारित होने के तुरन्त बाद लिखा गया था। भारतीय संसद ने धन विधेयक की आड़ में आधार एक्ट को पारित किया ताकि राज्यसभा की मंजूरी की ज़रूरत न रहे। अगले साल यानी 2017 में केन्द्र सरकार ने फिर यही रणनीति अपनायी और सिलसिलेवार कुछ गहरे निहितार्थों वाले संशोधन पारित करा लिए। सत्ताधारी भारतीय जनता पार्टी को लोकसभा में बहुमत हासिल है, लेकिन राज्यसभा में इन पंक्तियों के लिखे जाने तक पार्टी बहुमत में नहीं है।

'पी.डी.एस. पर संकट के बादल'–साल 2011 के पी.डी.एस. सर्वेक्षण के निष्कर्ष खेरा 2011 बी में दर्ज किये गये हैं। इसके एक अनुवर्ती सर्वेक्षण (जो 2016 में छह राज्यों में हुआ) के निष्कर्षों का संक्षेप ड्रेज तथा अन्य 2016 में प्रस्तुत किया गया है। ए.पी.एल. श्रेणी के कोटे में बड़े पैमाने पर होने वाली चोरबाज़ारी के मसले पर ड्रेज तथा खेरा 2015 ए में चर्चा की गयी है। इन मसलों पर इस पुस्तक का अध्याय–7 देखा जा सकता है।

झारखण्ड के आधार–केन्द्रित बायोमेट्रिक्स सत्यापन से सम्बन्धित टिप्पणियाँ एक जाँच–पड़ताल पर आधारित हैं। यह जाँच–पड़ताल राँची ज़िले में स्नेहा मेनन ने की थी; इस सिलसिले में देखें ड्रेज 2017 बी। हक़दारी के बरक्स वास्तविक खाद्यान्न कितना रहा–इसके बारे में जानकारी झारखण्ड सरकार की पी.डी.एस. वेबसाइट (http://aahar.jharkhand.gov.in) से जुटाई गयी है।

9
युद्ध और शान्ति

लड़ाई–झगड़े के समाधान के लिए हिंसा का सहारा लेना ठीक नहीं। एक–दूसरे के मुक़ाबिल खड़े दोनों पक्ष हिंसा की शक्ति का सहारा लेते हैं तो इसका मसले के गुण धर्म से कोई मतलब नहीं रह जाता और नतीजा एकदम मनमाना निकलता है। और, इस क्रम में किसी एक पक्ष को या फिर एक–दूसरे के मुक़ाबिल खड़े दोनों ही पक्षों को बहुत दुख–तकलीफ़ का सामना करना पड़ता है। ज़ाहिर है, लड़ाई–झगड़ों को सुलझाने के कहीं ज़्यादा तर्कसंगत और उपयुक्त विकल्प मौजूद हैं।

कहने का मतलब यह नहीं कि हर तरह की हिंसा नजायज़ होती है। यहाँ हमारे लिए शान्तिवाद (पैसिफिज़्म) और एबोलिशनिज़्म (उच्छेदवाद) का फ़र्क़ याद रखना उपयोगी हो सकता है।[1] शान्तिवादी (पैसिफिस्ट) हर तरह की हिंसा को अनैतिक मानता है। लेकिन, यह रुख़ टिकाऊ नहीं : हम बाआसानी ऐसी स्थिति की कल्पना कर सकते हैं जिसमें हल्का बल–प्रयोग ज़रूरी हो (मिसाल के लिए हिंसा की किसी बड़ी वारदात को रोकने के लिए)। साथ ही, याद रखने की एक बात यह भी है कि आज हम जिस आज़ादी का उपभोग कर रहे हैं वह हमारे पूर्वजों की देन है, साहस के धनी हमारे पूर्वजों ने इस आज़ादी को हासिल करने के लिए उत्पीड़न और दमन के ख़िलाफ़ लड़ाई लड़ी थी। लेकिन, ऐसा मानने के

1. मैंने एबोलिशनिज़्म का प्रयोग उसके मूल अर्थ में नहीं किया है. अपने मूल अर्थ में यह ग़ुलामी के उच्छेद से जुड़ा है जबकि यहां मैंने एबोलिशनिज़्म शब्द का प्रयोग अहिंसा से उसके रिश्ते के सन्दर्भ में किया है। शान्तिवाद (पैसिफिज़्म) और उच्छेदवाद (एबोलिशनिज़्म) के बीच का फ़र्क़ यहाँ एनाटोल रेपोपोर्ट 1992,1997 से लिया गया है। हालाँकि रेपोपोर्ट ने इन पदों का तनिक भिन्न अर्थ में प्रयोग किया है। रेपोपोर्ट के मुताबिक़ शान्तिवादी और उच्छेदवादी दोनों ही युद्ध के निर्मूलन पर विश्वास करते हैं, लेकिन शान्तिवादी (जैसे कि तॉल्स्टॉय या फिर क्वेकर मतावलम्बी) इसे निजी नैतिकता या आचार में परिवर्तन का मामला मानते हैं जबकि उच्छेदवादी (जिसमें रेपोपोर्ट भी शामिल हैं) का ज़ोर सामाजिक संस्थाओं पर है।

बावजूद हम इस बात से इनकार नहीं कर सकते कि मनुष्यों के आपसी बर्ताव से हिंसा का ख़ात्मा सम्भव है (कम–से–कम युद्ध और सशस्त्र संघर्ष का), ठीक उसी तरह जैसे कि कभी ग़ुलामी की प्रथा का अन्त हुआ था। मतलब, ऐसी सामाजिक संस्थाएँ तथा सामाजिक मान–मूल्य गढ़े जा सकते हैं कि हिंसा एकदम ग़ैर–ज़रूरी और घृणित चीज़ होकर रह जाये। एबोलिशनिस्ट यही तरीक़ा अपनाता है।

परमाणु हथियारों के उन्मूलन को एक अच्छी शुरुआत कहा जा सकता है। दरअसल, जलवायु परिवर्तन के साथ–साथ परमाणु युद्ध भी मानवता के अस्तित्व के लिए एक बड़ा ख़तरा बना हुआ है। भले ही मानवता बची रहे, लेकिन एक सम्भावित परमाणु युद्ध के परिणामों के बारे में सोचना भर स्वयं में बहुत भयानक है।

लोगों को परमाण्विक रणनीतियों के बारे में जो कुछ बताया जाता है और इस मुद्दे पर जो विचार–सामग्री विषय से जुड़ी किताबों में मौजूद है– उसके बीच के फ़र्क़ को ग़ौर करना दिलचस्प हो सकता है। लोगों को विश्वास दिलाया जाता है कि परमाण्विक प्रतिरोध–क्षमता विकसित करने का उद्देश्य अपनी हिफ़ाज़त करना (हमले को नाकाम कर देना) है। लोगों से यह भी कहा जाता है कि 'पारस्परिक विध्वंस की सुनिश्चित क्षमता' एक सुरक्षित स्थिति है और यह भी यक़ीन दिलाया जाता है कि भारत एक 'ज़िम्मेदार परमाण्विक शक्ति' है। लेकिन परमाणु–युद्ध और हथियार आदि से जुड़े साहित्य में परमाण्विक प्रतिरोध क्षमता का अर्थ बिल्कुल अलग दिया हुआ है। वहाँ परमाण्विक प्रतिरोध–क्षमता का अर्थ है राजनीतिक मक़सद के लिए परमाण्विक हथियार का उपयोग करना (या इसके उपयोग की धमकी देना)। साथ ही, यह बात भी बिल्कुल जानी–समझी है कि आण्विक शक्ति–प्रयोग का खेल बहुत जोख़िम भरा है और उसमें कब क्या हो जाये, इसका अन्दाज़ा लगाना मुश्किल है। अगर आगे कभी आण्विक युद्ध हुआ तो बहुत मुमकिन है कि उस बात का बढ़कर हद से ज़्यादा बिगडकऱ उठने का नतीजा हो। यानी लगातार बढ़ती जा रही दुश्मनी के एक परिणाम के रूप में सामने आये। परमाणु शक्ति–सम्पन्न दो विरोधी मुल्क अगर एक–दूसरे के आस–पड़ोस में हों और उनके बीच अक्सर सैन्य–झड़प होती रहती हो, तो फिर ख़तरा ज़्यादा है। भारत और पाकिस्तान पर यही बात लागू होती है। अगर यह याद रखें कि 'परमाण्विक प्रतिरोध क्षमता' के स्वभाव में ही जोख़िम है तो फिर यह कहना हिफ़ाज़त की कोई गारंटी नहीं कि भारत 'एटमी ताक़त वाला एक ज़िम्मेदार' मुल्क है।

इस खण्ड के छह में से चार लेखों में आण्विक निरोध तथा इससे जुड़े मसलों पर चर्चा की गयी है। इन लेखों का व्यापक सन्दर्भ यह है कि आण्विक हथियार अनैतिक तो हैं ही, उन्हें धारण करना असुरक्षित भी है। मुझे लगता है कि आण्विक हथियारों से पिण्ड नहीं छुड़ा लिया जाता तो बस वक़्त भर की बात है–इस धरती पर कहीं–न–कहीं आण्विक युद्ध होकर रहेगा और बहुत मुमकिन है, ऐसा दक्षिण एशिया में हो।

शेष निबन्धों में कश्मीर पर चर्चा की गयी है। लेखों में कश्मीर को आण्विक युद्ध के भड़कने के सन्दर्भ–बिन्दु की तरह तो देखा ही गया है, साथ ही दो मुल्कों के बीच भू–भाग को लेकर चल रहे विवाद और जनव्यापी विद्रोह की एक ज़मीन के रूप में भी कश्मीर–मसले पर विचार किया गया है। कश्मीर केन्द्रित दो लेखों में एक सन् 2000 में लिखा गया। इस साल मैं पहली दफे कश्मीर (ज़्यादा ठीक होगा कश्मीर घाटी कहना) गया। वहाँ का अनुभव बड़ा मार्मिक रहा। कश्मीर के सर्वविदित सौन्दर्य से तो मैं अभिभूत हुआ ही, वहाँ के अपेक्षाकृत समतापरक समाज, समृद्ध अर्थव्यवस्था तथा सहिष्णु संस्कृति ने भी मेरे दिल पर असर डाला। उत्तर प्रदेश या फिर दिल्ली से कश्मीर आना कई मायनों में एकदम से तरोताज़गी भरा अनुभव साबित हुआ। मुझे यह भी महसूस हुआ कि घाटी में लोगों के बीच आज़ादी की भावना हिलोड़ मार रही है–उनके बीच यह बोध क़ायम है कि एक ग़ैर–मुल्क ने सेना के ज़रिये वहाँ कब्ज़ा जमा रखा है। मैं जिस किसी भी परिवार से मिला–सबके पास सुनाने को सुरक्षा बलों की ज़्यादतियों के निजी अनुभव थे। इन परिवारों के रिश्ते–नाते के लोग, दोस्त या पड़ोसी एक–न–एक तरीक़े से सुरक्षाबलों की ज़्यादती जैसे जामातलाशी, गिरफ़्तारी, पूछताछ, मारपीट और यहाँ तक कि उत्पीड़न का भी शिकार हुए थे।

सोलह साल बाद जब मैं दूसरी दफे कश्मीर गया तो भी आज़ादी की यह आकांक्षा बरकरार दिखी। भारतीय राजसत्ता के नज़रिये से देखें तो बीच की अवधि में स्थिति एक हद तक सामान्य हो चली थी। कश्मीर में हथियारबन्द उग्रवादियों की संख्या में तेज़ी से कमी हुई (जो नियन्त्रण रेखा पर बाड़ लगाने तथा पाकिस्तान के साथ लम्बे समय तक चले संघर्ष–विराम का परिणाम हो सकता है) और लोगों ने चुनाव में भागीदारी की जिसे भारतीय लोकतन्त्र में उनके विश्वास के एक संकेत के रूप में देखा गया। सशस्त्र संघर्ष में तो कमी आयी, लेकिन विरोध–प्रदर्शनों में इज़ाफ़ा हुआ। इसका एक रूप पत्थरबाज़ी के रूप में सामने आया।

सिलसिलेवार अहिंसक विरोध–प्रदर्शन भी हुए, कई अन्य तरीक़ों से भी विरोध जताने की कोशिश हुई। भारतीय मीडिया में ये घटनाएँ बहुत कम जगह पाती हैं, तो मैंने 2016 के अक्तूबर में ख़ुद ही कश्मीर जाकर हालात को देखने–समझने की कोशिश की। इस खण्ड में शामिल आख़िरी लेख कश्मीर के नवीनतम जन–विद्रोह को लेकर मेरे मन में जो भाव उमड़े उनको लिपिबद्ध करने का प्रयास है।

आण्विक प्रतिरोध : एक तो करेला दूजे नीम चढ़ा*

परमाणु युद्ध की भयावहता का प्रतीक है हिरोशिमा और आण्विक प्रतिरोध के ख़तरे को समझने के लिए सबसे अच्छा उदाहरण है 1962 का क्यूबाई मिसाइल संकट। कैनेडी टेप्स के हालिया प्रकाशन (राष्ट्रपति कैनेडी और उनके सलाहकारों के बीच ओवल ऑफ़िस में क्यूबाई मिसाइल संकट के दौरान हुई बातचीत का रिकॉर्ड) से इस घटना को नयी रोशनी में देखने की गुंजाइश पैदा हुई है। विश्व–राजनीति और सैन्य प्रौद्योगिकी में बाद के बदलावों के बावजूद, इस घटना से निकलते सबक लम्बे वक़्त तक प्रासंगिक बने रहेंगे।

क्यूबाई मिसाइल संकट की पृष्ठभूमि जानी–समझी है। 'बे ऑफ पिग्स' की लड़ाई में मुँह की खाने के बाद अमेरिका ने फिदेल कास्त्रो को सत्ता से बेदख़ल करने के लिए गुप्त–अभियान (इसका नाम ऑपरेशन मोंगूज रखा गया था) चलाने की योजना बनायी। हमले की आशंका या फिर किन्हीं और वजहों से क्यूबा ने अपनी ज़मीन पर सोवियत संघ द्वारा बनाई गयी आण्विक मिसाइल तैनात करनी शुरू की। कैनेडी ने माँग रखी कि मिसाइलों को हटा लिया जाये। धमकी, जवाबी धमकी और ढेर सारे हादसों तथा वाक़यों का सिलसिला चला–दुनिया एकदम से आण्विक युद्ध के कगार पर जा पहुँची। लेकिन, ऐसे ही वक़्त में मिसाइलें हटा ली गयीं और इस तरह कैनेडी की माँग पूरी हुई।

प्रतिरोध क्षमता और उसकी साख

कैनेडी टेप्स से निकलते ब्यौरे रोंगटे खड़े कर देने वाले हैं। इन ब्यौरों से आण्विक प्रतिरोध क्षमता विकसित करने के तर्क पर नयी रोशनी में

* अगस्त, 1999।

सोचा जा सकता है। आण्विक हथियारों का मतलब क्या होता है–इसे समझने के लिए 1962 के संकट को याद करना पर्याप्त होगा। जनता को तो यह समझाया जाता है कि आण्विक हथियारों का होना ज़रूरी है ताकि दुश्मन के हमलों से हिफ़ाज़त हो सके, लेकिन रणनीतिकार आण्विक हथियारों की भूमिका कहीं ज़्यादा व्यापक रूप में देखते हैं। वे इसे राजसत्ता के राजनीतिक उद्देश्य की पूर्ति के निमित्त बाहुबल के विस्तार के रूप में देखते हैं। मिसाल के लिए 1962 के संकट पर ग़ौर करें–न तो क्यूबा ही अमेरिका पर हमला करने जा रहा था और न ही सोवियत संघ लेकिन आण्विक युद्ध की धमकी देकर उन्हें मिसाइल हटाने के लिए बाध्य किया गया। एटमी हथियार के उपयोग की प्रत्यक्ष या परोक्ष धमकी (ज़्यादा बेहतर होगा यह कहना कि घटनाओं को कुछ इस तरह सिलसिलेवार गति देना कि आण्विक युद्ध की नौबत आन पहुँचे) कुछ अन्य अवसरों पर भी ठीक इसी तर्ज पर इस्तेमाल की गयी है। मिसाल के लिए सन् 1960 के दशक में पश्चिम बर्लिन के मसले को निपटाने के लिए, साल 1973 के योम किप्पूर युद्ध से सोवियत संघ को बाहर रखने के लिए तथा खाड़ी–युद्ध के दौरान सद्दाम हुसैन को रासायनिक हथियारों के उपयोग से रोकने के लिए ऐसी ही धमकी का इस्तेमाल किया गया। कहा तो अक्सर यह जाता है कि 'हिरोशिमा के बाद एटमी हथियारों का कभी इस्तेमाल नहीं हुआ' लेकिन यह कथन गुमराह करने वाला है। दरअसल, हिरोशिमा के बाद से एटमी हथियारों का कई दफे इस्तेमाल हुआ, न सही एक विस्फोटक के रूप में लेकिन मोल–भाव करने के मक़सद से इन हथियारों का अवश्य ही इस्तेमाल हुआ है।

राजनीतिक उद्देश्यों को साधने के लिए एटमी हमले की धमकी के उपयोग के विचार के साथ एक बुनियादी मुश्किल जुड़ी है–क्यूबा का संकट इसे भी रेखांकित करता है। अगर कोई मुल्क एटमी ताक़त से लैस है तो उसके ख़िलाफ़ आण्विक हथियारों के इस्तेमाल की धमकी बहुत भरोसेमन्द नहीं मानी जा सकती, क्योंकि इस धमकी पर अमल करने का मतलब होगा पारस्परिक विनाश। और, अगर धमकी बहुत विश्वसनीय नहीं जान पड़ती तो विरोधी मुल्क इसकी सीधे–सीधे अनदेखी भी कर सकता है। विश्वसनीयता की इस समस्या के बारे में चालीस साल पहले थॉमस शिलिंग ने अपनी क्लासिक 'कृति द स्ट्रेटजी ऑफ कॉन्फ्लिक्ट' में बड़े रोचक ढंग से लिखा था और समस्या आज भी आण्विक रणनीतिकारों

को परेशान करती है। थॉमस शिलिंग के बाद से मसले पर बहुत कुछ लिखा–पढ़ा गया है, लेकिन अभी तक कोई ठोस उत्तर निकलकर सामने नहीं आया।

फ़िल्म 'डॉ. स्ट्रेंजलव' के ज़रिये मशहूर हुआ एक समाधान यह बताया जाता है कि अगर दुश्मन कोई शत्रुतापूर्ण क़दम उठाता है तो ऐसी स्थिति में रोके हुए एटमी प्रतिरोध का एक स्वचालित उपकरण लगा होना चाहिए। लेकिन, लगता है कि रणनीतिकार ऐसे प्रलयंकारी उपकरण को लगा पाने की हिम्मत नहीं जुटा पा रहे हैं। हालाँकि यह अफ़वाह भी है कि सोवियत संघ ने ऐसी सोच के साथ एक उपकरण बना लिया था। बात चाहे जो हो लेकिन एक सच्चाई यह भी है कि असल की दुनिया बहुत जटिल है और उसमें चीज़ें इतनी बेतरतीब हैं कि उन्हें पूर्व–नियोजित करके नहीं चला जा सकता। 'पारस्परिक विनाश की सुनिश्चित शक्ति' सुनने में चाहे बहुत सरल लगे, लेकिन व्यवहार में वैसा सरल नहीं।

बढ़–चढ़ी का खेल

क्यूबाई मिसाइल संकट के वाक़ये से विश्वसनीयता की समस्या का भी सही सैद्धान्तिक उत्तर मिलता है। थोड़े में कहें तो जवाब यह है कि पूर्णव्यापी एटमी हमले की धमकी चाहे सजग–सचेत और भरोसेमन्द न जान पड़े, लेकिन कोई ऐसी धमकियों से वह माहौल पैदा कर सकता है जिसमें बात हद से ज़्यादा बिगड़ उठे और एटमी हथियारों से लड़ाई शुरू हो जाये। कैनेडी ने यही किया : उन्होंने महसूस किया कि आग से खेलने को आगे और बढ़ाते जाने के बड़े ख़तरे हैं और सम्भव है कि जानते–बूझते या फिर अकस्मात् ही मामला एटमी युद्ध तक पहुँच जाये। अतः दोनों ही पक्ष एक–दूसरे के लिए गुंजाइश पैदा करने को राज़ी हुए और संकट टल गया। लेकिन पूरे परिदृश्य पर विचार करें तो लगेगा कि मामला कोई दूसरा रुख़ भी ले सकता था। कैनेडी ने ख़ुद माना था कि एटमी युद्ध की आशंका एक–तिहाई से लेकर 50 प्रतिशत के बीच तक पहुँच चुकी थी।

आण्विक रणनीतिकारों ने बढ़–चढ़ी यानी बात को लगातार आगे बढ़ाते जाने के इस खेल के कई रूपाकार तैयार किये हैं। 'द कैनेडी टेप्स' में ख़ुद शिलिंग को इस 'मौलिक विचार का श्रेय' दिया गया है कि 'जर्मनी के ख़िलाफ़ अगर सोवियत संघ कोई चाल चले तो इसके जवाब

में ठीक हिरोशिमा के आकार के उसके शहर पर एटमी हमला किया जाये।' रणनीति की दुनिया में इसमें 'सीमित दायरे का प्रतिरोध' कहा जाता है। इसके पीछे मूल विचार यह है कि आप अपनी धमकी को लेकर गम्भीर हैं और जताना चाहते हैं कि आगे कोई धमकी दी जायेगी तो उस पर भी अमल किया जायेगा। यानी उसे कोई कोरी धमकी भर न समझे। एक और तरीक़ा है–जोख़िम का ऐसा माहौल बनाना कि स्थिति हाथ से निकल जाये। शिलिंग के ही शब्दों में कहें तो, 'रूसियों की नज़र में यह (युद्ध की धमकी) अत्यधिक विश्वसनीय बन सकता है, बशर्ते हम चाहे या अनचाहे परम्परागत ढंग का एक युद्ध छेड़ दें।'

जिन तरीक़ों का ऊपर ज़िक्र किया गया है उनके पीछे एक बुनियादी सिद्धान्त यह काम कर रहा है कि अपेक्षित परिणाम (कि दुश्मनी बढ़ते जायेगी) पता है और इसको जानते हुए जोख़िम लेते जाना है। लेकिन व्यावहारिक ज़मीन पर देखें तो कोई भी जोख़िम ऐसा नहीं होता जिसमें आप नतीजे के बारे में आश्वस्त हो सकें। यहाँ तक कि ख़ूब निथरी–सुथरी गेम थ्योरी में भी आपको यही मिलेगा कि 'बात को बढ़ाते जाने के खेल' में जो जोख़िम है उससे निपटने का कोई युक्तिसंगत तरीक़ा नहीं है। जहाँ तक असली दुनिया का सम्बन्ध है, बड़ी आशंका इसी बात की है कि जोख़िम से निपटने में दोषपूर्ण सूचना, एक–दूसरे की ताक़त और चाल को समझने में ग़लती या भावनात्मक प्रतिक्रिया के कारण ग़लती हो जाये। अगर एटमी हथियार के बटन आत्म–भ्रम या फिर नशे की लत के शिकार नेताओं के हाथ में हों (और ऐसे उदाहरण हैं) तो यह स्थिति भी संकट में डाल सकती है।

कैनेडी के सलाहक़ार कोई पियक्कड़ नहीं थे, लेकिन स्थिति के आकलन की उनकी क्षमता कुछ ख़ास नहीं जान पड़ती। 'द कैनेडी टेप्स' के सम्पादकों ने लिखा है कि, 'महत्त्वपूर्ण बैठकों में बड़ी अफ़रातफ़री का माहौल रहता था' और एक सलाहकार तो 'तनाव बर्दाश्त न कर पाने के कारण रो पड़ा था'। कुछ बेहद घटिया सलाह देने वाले भी थे, मिसाल के लिए ज़ेनरल डेविड शॉप ने स्थिति का आकलन करते हुए कहा था कि 'मिसाइल वाली जगह का फेरा लगाते रहने का कोई मतलब नहीं। आपको आगे बढ़ना होगा और उस नामुराद चीज़ को खींचकर बाहर निकालना होगा जो आपको आपका काम करने से रोक रही है।' यहाँ 'काम' का मतलब था फिदेल कास्त्रो का तख़्तापलट करना। अन्य सैन्य

कमांडरों की तरह डेविड शॉप ने भी जो सलाह दी थी उस पर अमल करने का अर्थ था एटमी युद्ध शुरू करना। सौभाग्य कहिए जो कैनेडी ने सलाह की अनदेखी की।

जवाबदेह नेता?

आण्विक युद्ध का ख़तरा जानते हुए भी एक हद तक उसकी राह पर क़दम बढ़ाते जाने का चलन अब क्या ख़त्म हो गया है? भारत के अग्रणी रणनीतिकारों में शुमार के. सुब्रमण्यम के मुताबिक़ पश्चिमी रणनीतिकारों के मूर्खतापूर्ण एटमी ख़तरों के खेल पर 1986 में विराम लग गया, रीगन और गोर्बाच्योव ने रेकेवेग में ऐलान किया कि 'आण्विक युद्ध जीता नहीं जा सकता और ऐसा युद्ध नहीं होना चाहिए।' ऐलान तो हो गया लेकिन किसी भी पक्ष के आण्विक रणनीतिकारों पर इसका शायद ही कोई असर हुआ हो। दरअसल आज भी स्थिति वही है जो 1962 में थी। एटमी हथियारों के उपयोग की धमकी अब भी उतनी ही प्रभावकारी है भले ही पूर्णव्यापी आण्विक युद्ध आमने–सामने खड़े दोनों पक्ष के लिए सम्पूर्ण ध्वंस की सूचना हो। रेकेवेग में हुई घोषणा के कई साल बाद अमेरिका के एक अग्रणी रणनीतिकार ने कहा कि 'दोनों पक्षों के न चाहते होने के बावजूद एक ऐसी स्थिति बनती है कि युद्ध सम्पूर्ण रूप से शुरू हो जाये, तो इसे रीगन की एक महत्त्वपूर्ण युक्ति मानना चाहिए–ख़ासकर एक ऐसे युग में जहाँ सैन्य–विजय तक़रीबन असम्भव है।'

ऊपर जिस कथन का हवाला दिया गया है, वह अमेरिकी रणनीतिकारों की उस मनोदशा की याद दिलाता है जिसे सी. राइट मिल्स ने क्रैकपॉट रियलिज़्म यानी 'लाल–बुझक्कड़ों के यथार्थवाद' का नाम दिया है और सुब्रमण्यम का तर्क है कि भारत तथा पाकिस्तान के नेतागण कहीं ज़्यादा ज़िम्मेदारी भरा आचरण करते हैं। बेशक, नेताओं का आचरण ज़्यादा जवाबदेही भरा होता है। लेकिन नेतागण भी ख़ूब समझते हैं कि आण्विक धमकी का इस्तेमाल राजनीतिक मक़सद साधने के लिए किया जा सकता है। क्या इसे बस संयोग–मात्र माना जाये कि 1998 के मई में पोखरण–परीक्षण हुआ और इसके तुरन्त बाद ही वास्तविक नियन्त्रण–रेखा के पार निकलते हुए 'हॉट परस्यूट' या कह लें मुँहतोड़ कार्रवाई को अंजाम देने की बात कही जाने लगी थी? क्या यह कल्पना नहीं की जा सकती कि पाकिस्तान उस वक़्त शिलिंग की किताब में बताये गये नुस्ख़े आजमाने

की बात सोच सकता था? मतलब, पाकिस्तान 'हिरोशिमा के आकार वाले भारतीय शहर पर एक नजीर के तौर पर एटमी धमाका' करने की योजना बना सकता था। बशर्ते भारत वास्तविक नियन्त्रण रेखा पार कर अपने 'हॉट परस्यूट' के कारनामे को अंजाम देने की गुस्ताख़ी करे। लग सकता है कि ऐसा सोचना बहुत दूर की कौड़ी लाना है, लेकिन आण्विक रणनीति सोच–विचार के ऐसे ही धागों से बुनी जाती है।

आण्विक प्रतिरोध–क्षमता विकसित करने के विचार में एक बुनियादी दिक़्क़त है–दरअसल यह विचार (जोख़िम लेकर) 'बढ़ी–चढ़ी के खेल' पर आधारित है। चाहे नेतागण कितना भी ज़िम्मेदारी भरा आचरण क्यों न करें, इस खेल में जो जोख़िम है वह किसी भी सूरत में बर्दाश्त के क़ाबिल नहीं। लग सकता है कि संकट एकलौता हो तो बढ़ी–चढ़ी का खेल खेलने में कोई हर्ज नहीं, लेकिन यही खेल बारम्बार होने लगे तो आण्विक युद्ध के संकट से बचना मुश्किल हो सकता है। एटमी हथियारों का उपयोग नहीं होगा–इसकी गारंटी बस एक सूरत में हो सकती है और वह सूरत है कि दुनियाभर में एटमी हथियारों से हमेशा के लिए छुटकारा पा लिया जाये।

युद्ध के भविष्य पर कुछ उधेड़बुन*

सौ साल पहले रूस के जार निकोलस द्वितीय (शासक) की पहल पर हेग में एक विश्व शान्ति सम्मेलन हुआ। जार के निमन्त्रण में दर्ज शब्दों को प्रमाण मानें तो सम्मेलन का उद्देश्य था 'हर क़ौम के लोगों के लिए एक टिकाऊ और वास्तविक शान्ति के लाभ सुनिश्चित करने के कारगर तरीक़ों' को तलाशना और 'मौजूदा अस्त्र–शस्त्र की बढ़वार को सीमित करना।' जार अपनी मंशा में कितने ईमानदार थे, यह बात तो ख़ैर स्पष्ट नहीं है, क्योंकि अस्त्रों–शस्त्रों की बढ़वार को सीमित करने में उनका अपना स्वार्थ भी शामिल था–उस वक़्त जर्मनी तथा फ्रांस की थल सेना के पास ऐसे हथियार थे जो एक मिनट में छह राउण्ड गोले दाग सकते थे। बहरहाल, जार की अपील को यूरोप की जनता ने भले मन से लिया। इनमें अठारह देशों की वे लाखों महिलाएँ भी शामिल हैं जिन्होंने शान्ति की एक अर्ज़ी पर दस्तख़त किये थे। राजनेताओं की प्रतिक्रिया क्या रही–यह एकदम ही अलहदा बात है। जर्मनी के कैसर (शासक) ने सार्वजनिक रूप

* फरवरी, 2000।

से कहा कि जार का प्रस्ताव 'इस मुल्क के लिहाज़ से बड़ा दिलचस्प और हैरतअंगेज है,' लेकिन निजी तौर पर जार के प्रस्ताव के लिए उनके मन में अच्छी भावनाएँ नहीं थीं। जहाँ तक प्रिन्स ऑफ वेल्स का सवाल है, उन्होंने कहा था कि 'इतनी बेमानी और वाहियात बात मैंने कभी सुनी ही नहीं'। सम्मेलन 1899 के अक्तूबर में हुआ और इसमें भागीदारी करने वाले एक शख़्स ने इसे 'ठगों का भोज' कहक़र याद किया है। सम्मेलन के कुछ बरस बाद इसमें शिरकत करने वाले 'ठग' एक–दूसरे पर अपनी–अपनी सेना लेकर चढ़ दौड़े और कारण कोई नहीं था, सिवाय एक भय–भावना के। इसके बाद जो हुआ, इतिहास उसका साक्षी है।

इस वाक़ये के एक सदी बाद सैन्यवाद के प्रति मनुष्य जाति की जिस सीमा तक आसक्ति बढ़ती गयी है, वह ख़ुद ही में आश्चर्य का विषय है। बीसवीं सदी में कम–से–कम 250 युद्ध तो हुए ही हैं और इन युद्धों में 10 करोड़ से ज़्यादा लोगों ने प्राण गँवाये हैं। बीसवीं सदी अब समाप्ति के कगार पर है मगर विध्वंस लीला जारी है जबकि उम्मीद यह जताई गयी थी कि शीतयुद्ध की समाप्ति के साथ दुनिया में कुछ तो अमन का राज फैलेगा। एक तरह से देखें तो शान्ति के हक़ में कुछ तो अच्छा हुआ ही है–1990 के दशक में विश्व स्तर पर सैन्य मद के ख़र्चे में कमी आयी है। लेकिन सैन्य मद के ख़र्च में आयी कमी का यह मतलब नहीं कि सशस्त्र संघर्ष की तादाद में भी कमी आयी है या फिर सामाजिक विकास के मद में ख़र्चा पहले की तुलना में बहुत ज़्यादा बढ़ गया है। इस 1990 के दशक में औसत हर साल विश्व की आधी आबादी किसी युद्धरत देश की निवासी रही। इसके अतिरिक्त, ध्यान यह भी रखना होगा कि समकालीन युद्धों का स्वभाव पहले की तुलना में कहीं ज़्यादा क्रूर हो चला है। युद्ध के मुख्य शिकार आम नागरिक बन रहे हैं। 1990 के दशक में युद्धों में प्राण गँवाने वाले लोगों में 80 फ़ीसदी तादाद आम नागरिकों की है (आम नागरिकों के हताहत होने की तादाद बीसवीं सदी की शुरुआत के वक़्त इससे बहुत ज़्यादा कम थी।)

सैन्यवाद के प्रति मानव–मात्र के इस झुकाव का विकास और जीवन की गुणवत्ता पर दीर्घकालिक असर हुआ है। सरलीकरण का ख़तरा उठाते हुए कहा जा सकता है कि बीसवीं सदी के उत्तरार्द्ध में विकास के दो विपरीत रुझान सामने आये हैं। एक रुझान तो यह रहा कि कई देशों में जीवन–दशा में लगातार सुधार हुआ है और इसे मृत्यु दर में गिरावट, प्रति व्यक्ति आय

में वृद्धि, बेहतर पोषण, शिक्षा के स्तर में सुधार तथा नागरिक स्वतन्त्रताओं के विस्तार के रूप में पहचाना जा सकता है। दूसरा रुझान यह देखने को मिला है कि जीवन–दशा में सुधार का यह सफ़र कुछ ख़ास देशों में समय–समय पर सशस्त्र संघर्ष के कारण बाधित हुआ है। अफ़ग़ानिस्तान, अंगोला, कंबोडिया, कांगो, अल साल्वाडोर, ग्वाटेमाला, इराक, लेबनान, सिएरा लियोन, सोमालिया, श्रीलंका, वियतनाम और पूर्व यूगोस्लाविया सहित कई देशों के नाम मिसाल के तौर पर गिनाये जा सकते हैं जहाँ सशस्त्र संघर्षों ने सामाजिक प्रगति की राह रोकी है और अपने पीछे हिंसा, विनाश और दुख–दारिद्रय का एक अमिट निशान छोड़ा है।

जहाँ तक भारत का सवाल है, वह एक हद तक सैन्यवाद के कहर से ख़ुद को बचाने में कामयाब रहा है लेकिन ख़तरा हर घड़ी लगा रहता है। दरअसल, 1988 के मई में हुए परमाणु–परीक्षण के बाद भारत और पाकिस्तान में सिलसिलेवार जो घटनाएँ पेश आयीं, वे अपने आप में एक बानगी हैं कि सैन्यवाद विकास और लोकतन्त्र के लिए कितना घातक साबित हो सकता है। एक तो सैन्य मद में ख़र्चा बड़ी तेज़ी से बढ़ा और इसके साथ ही यह आशंका भी बलवती हुई कि निकट भविष्य में उसमें और ज़्यादा इज़ाफ़ा हो सकता है। इससे स्वास्थ्य और शिक्षा सरीखी बुनियादी सेवाओं पर सरकारी ख़र्चे में तेज़ बढ़वार की सम्भावनाओं को चोट लगना ही है।

दूसरी बात, परमाणु परीक्षणों ने इलाक़े में हथियारों के एक महँगी और ख़तरनाक दौड़ को तेज़ कर दिया है। 'रणनीति की दुनिया' के कुछ दिग्गज मानकर चल रहे हैं कि हथियारों की यह होड़ पाकिस्तान की कमर तोड़ने की युक्ति साबित हो सकती है, ठीक वैसे ही जैसे कि शीतयुद्ध के आख़िर के वक़्त में सोवियत संघ के साथ हुआ था। पाकिस्तान हथियारों की इस होड़ से बचना चाहता है और इसे एक मौक़े के रूप में लिया जाना चाहिए। दोनों देश इस मौक़े का इस्तेमाल रक्षा के मद में अपने ख़र्चे कम करने में करते हैं तो यह दोनों के लिए फ़ायदेमन्द होगा।

तीसरी बात यह कि परमाणु–परीक्षणों के बारह महीनों के भीतर युद्ध छिड़ गया। इससे यह दावा (जो परीक्षण के वक़्त पूरे इफ़रात में किया गया था) ख़ारिज हो गया कि आण्विक प्रतिरोध की क्षमता हासिल कर लेने के कारण अब युद्ध असम्भव हो गया है। दरअसल एटमी हथियार सीमित स्तर के युद्ध को रोकने की गारंटी नहीं होते क्योंकि सीमित स्तर

के युद्ध में यह मानकर नहीं चला जाता कि कोई मुल्क जवाबी हमले के तौर पर एटमी हथियारों का उपयोग करेगा। ब्रिटेन की आण्विक प्रतिरोध क्षमता 1982 में अर्जेंटीना को फॉकलैंड पर आक्रमण करने से नहीं रोक सकी। इसी तरह इराक भी 1991 में इज़राइल पर स्कड मिसाइल दागने से बाज नहीं आया। परमाणु–शक्ति सम्पन्न राष्ट्रों के बीच छोटा–मोटा संघर्ष भी ख़तरनाक हो सकता है क्योंकि यह आशंका बनी रहेगी कि कहीं बात हद से ज़्यादा न बढ़ जाये। प्रथम विश्व–युद्ध इस ख़तरे का एक प्रमुख उदाहरण है।

चौथी बात, दोनों देशों में लोकतान्त्रिक विरोधी प्रवृत्तियाँ मज़बूत हुई हैं। पाकिस्तान में, लोकतन्त्र तहस–नहस हो चला है और यह पूरे इलाक़े के लिए एक अशुभ संकेत है। भारत में, रक्षा–प्रतिष्ठानों के बढ़ते असर ने लोकतन्त्र की गुणवत्ता को प्रभावित किया है। मिसाल के लिए, कारगिल–युद्ध के दौर में राष्ट्रवादी प्रचार ने ख़ूब ज़ोर पकड़ा था। ख़ुफ़िया सैन्य गतिविधियों से जुड़े मामलों के एक विशेषज्ञ ने इस तरफ़ संकेत करते हुए बड़े सुलझे हुए शब्दों में कहा था कि, " 'मीडिया प्रबन्धन' हाल के सालों में सेना में एक तरह से मन्त्र–जाप का रूप ले चुका है।" (हिन्दुस्तान टाइम्स, 3 अगस्त, 1999)। इसी तरह, राष्ट्रीय सुरक्षा के लिए कथित ख़तरे के तर्क का उपयोग अक्सर दमनकारी उपायों (जैसे– टाडा को फिर से लागू करना) को सही ठहराने के लिए किया जाता है और ऐसा सिर्फ़ कश्मीर और पूर्वोत्तर जैसे संघर्ष वाले क्षेत्रों के लिए ही नहीं बल्कि देशभर के लिए होता है।

इस सिलसिले की आख़िरी बात यह है कि हाल की घटनाओं ने विकासमूलक सरोकारों को पीछे ढकेलते हुए सुरक्षा विषय सरोकारों को बड़े पैमाने पर आगे कर दिया है। सुरक्षा सम्बन्धी मसलों को मीडिया में कितनी कवरेज़ मिलती है और इसके बरक्स विकासमूलक मुद्दों को मीडिया में कितनी जगह दी जाती है–इसकी परीक्षा करके यह बात समझी जा सकती है। साल 1996 और 1997 में (परमाणु परीक्षणों से पहले) रक्षा–सम्बन्धी और विकास–सम्बन्धी मुद्दों को अंग्रेज़ी–माध्यम के दैनिक समाचार पत्रों के पहले पन्ने पर कमोबेश बराबर की जगह हासिल हुई। लेकिन इस साल अंग्रेज़ी दैनिकों के पहले पन्ने पर रक्षा–सम्बन्धी मुद्दों को विकास से सम्बन्धित मुद्दों से लगभग चार गुना ज़्यादा कवरेज़ मिली है। सम्पादकीय पृष्ठों पर यही रुझान नज़र आता है : नमूने के तौर पर चुने गये अंग्रेज़ी

भाषा के 17 दैनिक समाचार–पत्रों में 1998 के अप्रैल से 1999 के मार्च के बीच रक्षा–सम्बन्धी मसलों पर 1375 लेख छपे। इस पुस्तक के अध्याय–4 में स्वास्थ्य सम्बन्धी मसलों की मीडिया कवरेज़ की चर्चा की गयी है। उससे मिलान करने पर रुझान एकदम ही विपरीत और एकतरफ़ा नज़र आता है।

1899 में विश्व शान्ति सम्मेलन में भागीदारों में एक थे पोलिश अर्थशास्त्री इवान बलोख। उन्होंने छह खण्डों में प्रकाशित एक किताब लिखी है–'द फ़्यूचर ऑफ वॉर'। इस पुस्तक की भविष्यवाणियाँ उस दौर में असंयत मानी गयीं–उन्हें बड़बोली समझा गया (मिसाल के लिए यह कि संगीनों का दौर बीत चुका है), लेकिन कई मामलों में ये भविष्यवाणियाँ सही साबित हुई हैं। बलोख का मूल तर्क था कि युद्ध की प्रौद्योगिकी में नये–नये विकास हो रहे हैं, मिसाल के लिए मैगजीन राइफल बन चुकी है, और इस वजह से युद्ध अब असम्भव हो चला है, क्योंकि युद्ध का अर्थ होगा आत्महत्या करना। लेकिन उन्होंने यह भी कहा था कि 'जब तक मानव जाति अपने बनाये हथियार की संहार–शक्ति का अनुभव नहीं कर लेती तब तक भयानक रक्तपात होता रहेगा।' बलोख की इस भविष्यवाणी के सौ साल बाद वह, 'भयानक रक्तपात' होता दिख रहा है, लेकिन युद्ध अब उतना असम्भावी न रहा जितना कि बलोख के दिनों में प्रतीत हुआ करता था। हथियारों को जमा करते जाने का यह दृष्टिकोण नाकाम साबित हुआ है, लेकिन राष्ट्र अब भी अपनी सुरक्षा की ग़रज़ से बड़े एकतरफ़ा ढंग से भयानक हथियारों को जमा करने में जुटे हैं। ज़रूरत इससे अलग दृष्टिकोण अपनाने की है जिसमें दो देशों के रिश्तों में नरमाहट और आपसी सहयोग पर ज़ोर हो।

कश्मीर : जातीय–संघर्ष को जगाये रखने की ज़िद*

कश्मीर का ज़िक्र अक्सर 'स्वर्ग' कह कर किया जाता है और कश्मीर देखने आये किसी व्यक्ति को यह वर्णन कई मामलों में ठीक जान पड़ेगा। कश्मीर के प्रकृति–परिवेश को लक्ष्य कर उसकी उपमा स्वर्ग से की जाती है। कश्मीर का प्राकृतिक सौन्दर्य विशेषकर हिमालय की विहंगम दृश्यावली अनुपम है। साथ ही, कश्मीर उत्तर भारत के कई हिस्सों की तुलना में कहीं ज़्यादा समृद्ध तथा सभ्य नज़र आता है।

* मार्च, 2000।

कश्मीर में आबादी का ज़्यादातर हिस्सा घाटी में रहता है और घाटी में कृषि–उत्पाद (जैसे–चावल, सेब, शाक–सब्ज़ी, केसर, दूध, मांस तथा मछली) से लेकर कालीन और क्रिकेट की बैट सरीखे विनिर्माण आधारित वस्तुओं वाली अर्थव्यवस्था ख़ूब अच्छी दशा में है। भारतीय मानकों के हिसाब से देखें तो घाटी में रहन–सहन की स्थिति भी अच्छी कही जायेगी। ज़्यादातर लोगों के पास कुछ–न–कुछ ज़मीन है, सार्वजनिक बनियादी ढाँचा भी बेहतर है और दरिद्रता की स्थिति शायद ही कहीं देखने को मिले। मुझे गाँवों में लोग अक्सर कहते मिले कि 'यहाँ रोटी, कपड़ा और मकान सब के पास है' और बात में सच्चाई भी जान पड़ी। दुख की बात है कि कश्मीर का आर्थिक विकास अब सशस्त्र संघर्ष के कारण बाधित हो रहा है।

इसी तर्ज पर यह भी कह सकते हैं कि कश्मीरी समाज और संस्कृति कम–से–कम पिछड़ी दशा में नहीं है (जैसा कि अक्सर भारतीय मीडिया में बताने का चलन है)। परम्परा और आधुनिकता के मेल से बने एक अपेक्षाकृत सहयोग–सहकार वाले समाज के दर्शन होते हैं कश्मीर में। ज़्यादातर गाँवों में आपको मस्जिद मिलेगी तो अंग्रेज़ी माध्यम के स्कूल भी। भले ही कश्मीर में लैंगिक–सम्बन्ध बहुत रूढ़िवादी है, स्त्री और पुरुषों के लिए सामाजिक भूमिकाएँ साफ़–साफ़ नीयत वाली नज़र आती हैं और सार्वजनिक संस्थानों में महिलाओं की भागीदारी बहुत कम है, तो भी कई मायनों में कश्मीरी महिलाओं की सामाजिक हैसियत उत्तर भारतीय महिलाओं की तुलना में कहीं ज़्यादा बेहतर है। बहरहाल, कश्मीरी जीवन–शैली में महिलाओं की आज़ादी के लिए ढेर सारी गुंजाइश मौजूद है : पर्दा–प्रथा का चलन न के बराबर है, दुल्हन को जलाने और नन्हीं बच्चियों को जान से मारने सरीखी घटनाएँ आप शायद ही कभी यहाँ सुनें। विवाह के बाद भी महिला का अपने माता–पिता और भाई–बहनों से गहरा नाता बना रहता है। विधवा–विवाह को अच्छा माना जाता है और सार्वजनिक जगहों पर यौन–दुर्व्यवहार को एक गम्भीर अपराध माना जाता है। बच्चियों की शिक्षा को लेकर भी समाज का रुझान सकारात्मक है।

पिछले महीने मैं जब पहली दफे कश्मीर गया तो मेरे मन में वहाँ के समाज के बारे में शुरुआती तौर पर यही धारणा बनी। कुछ ज़्यादा जानने–समझने की ललक से मैंने श्रीनगर में किराये पर एक साइकिल

ली और कुछ दिनों तक घाटी के चक्कर लगाये, स्थानीय निवासियों से बात की। मेरा शुरुआती उद्देश्य यहाँ के स्कूलों की दशा का जायज़ा लेना था, लेकिन लोगों की बड़ी चिन्ता से ध्यान को दूर रख पाना बहुत मुश्किल था। लोग सुरक्षा बलों के हाथों हो रहे अन्तहीन 'ज़ुल्म' की बात कह–सुन रहे थे।

सुरक्षा–बलों की मौजूदगी हर तरफ़ थी, वे दूर–दराज़ के गाँवों में भी नज़र आ रहे थे। जहाँ तक स्थानीय लोगों का सवाल है, उनकी धारणा है कि कश्मीर पर विदेशी सेना ने क़ब्ज़ा कर रखा है। मैं जहाँ भी गया– भारतीय सेना और अर्द्धसैनिक बलों के हाथों लोगों के उत्पीड़न की दारुण कहानियाँ सुनने को मिलीं : कर्फ़्यू, जामातलाशी, पूछताछ, जाँच, संदिग्ध आतंकियों की हत्या तथा इसके साथ ही कभी अनजाने में तो कभी जानते–बूझते आम नागरिकों की हत्या की कई शिकायतें लोगों के मुँह से सुनने को मिलीं। एक गाँव में मुझसे किसी ने कहा कि यहाँ एक पिता और उसके पुत्र को घुटने में गोली मारी गयी है और फिर दोनों को एक जलते हुए घर में उठाकर फेंक दिया गया है। कई गाँवों में हाल में जलाई गयी दुकानें और घर दिखाई दे रहे थे। सेना के जवानों की हत्या के विरोध में प्रतिशोध के तौर पर यह क़दम उठाया गया था जो लोगों को सामूहिक़ रूप से दण्डित करने का ही एक उदाहरण है और अन्तर्राष्ट्रीय नियमों में ऐसा करने की मनाही है। लोगों की रोज़मर्रा के जीवन की कठिनाई उनके साथ हो रहे अपमान के बर्ताव से और ज़्यादा बढ़ गयी थी। एक व्यक्ति ने कहा–'कल्पना कीजिए कि हमें कैसा लगता होगा जब हमसे कोई बिहारी या मद्रासी हमारे अपने ही मुल्क में हमसे कहता है कि अपना पहचान–पत्र दिखाओ जबकि पूछना तो हमें चाहिए उनसे कि तुम्हारी पहचान के दस्तावेज़ कहाँ हैं।' इसी तर्ज पर श्रीनगर में एक मध्यवर्गीय स्त्री ने शिकायत के स्वर में कहा कि अभी हाल ही में एक वर्दीधारी 'चम्बल के डाकू' ने उसके घर की तलाशी ली है।

ज़्यादातर लोग इस त्रासदी की शुरुआत 1989 से मानते हैं। इसी वक़्त पहली बार घाटी में हिंसा के वाक़ये पेश आये थे। इसके बाद से जो सूरत–ए–हाल जारी है उसे 'उग्रवाद' का नाम दिया जाता है, लेकिन इसका मतलब यह नहीं कि घाटी में लोग स्थानीय या विदेशी उग्रवादियों को अपनी समस्या की वजह ठहराते हैं। घाटी में 'उग्रवाद' एक भावदशा का नाम है। जहाँ तक उग्रवादियों का सवाल है, उन्हें लोगों के बीच

कमोबेश समर्थन हासिल है। इसकी एक वजह यह भी है कि वे लोगों से नरमी से पेश आते हैं (उग्रवादियों के नरम बर्ताव की तुलना घाटी में लोग फ़ौजियों के सख़्त बर्ताव से करते हैं) और यह भी माना जाता है कि उग्रवादी लोगों को आज़ादी दिलाने के मक़सद से लड़ रहे हैं।

कश्मीर में आज़ादी का मतलब यों तो एक स्वतन्त्र राष्ट्र से भी लगाया जाता है, लेकिन यहाँ आम लोगों की मुख्य सरोकार है कि वे अपना जीवन बिना किसी दमन–उत्पीड़न के जी सकें और नयी दिल्ली की सरकार का उनकी ज़िन्दगी पर बोझ न हो। एक व्यक्ति की बात बड़ी दिलचस्प लगी। उसने कहा कि '1989 से पहले आज़ादी थी', लेकिन उस शख़्स के मुताबिक़, अब स्थितियाँ इस मुक़ाम पर पहुँच गयी हैं कि वैसी आज़ादी तो नहीं मिल सकती जैसे कि कोई राष्ट्र आज़ाद होता है। सम्भव है, यहाँ ज़्यादातर लोग दमन से छुटकारा पाने के लिए एक–न–एक तरह के समझौते का मन बना चुके हैं। बशर्ते वे जैसी आज़ादी चाहते हैं बड़ी हद तक हासिल हो। हाँ, कट्टर उग्रवादी समझौते के लिए तैयार न होंगे। भारत सरकार ने हालात से निपटने के लिए बड़ा सख़्त रवैया अपनाया है और इस रवैये के कारण कट्टर उग्रवादियों की ताक़त और असर में इज़ाफ़ा हुआ है।

यहाँ लोगों से पूछिए कि क्या जारी संघर्ष हिन्दू–मुस्लिम संघर्ष का ही हिस्सा है, तो लोगों से जवाब मिलता है कि–'नहीं।' यहाँ के कुछ निवासियों को तो यह सवाल समझ में भी नहीं आता, वे कश्मीर में जारी संघर्ष को हिन्दू–मुस्लिम झगड़े के चश्मे से देख ही नहीं पाते। ऐसे लोग सिर्फ़ इतना ही कहते हैं कि 'यह आज़ादी की लड़ाई' है। अगर स्थिति पर विचार करते हुए यह मानें कि दरअसल घाटी में ज़्यादातर आबादी मुसलमानों की है और उसके ऊपर एक ऐसी सेना निगरानी में तैनात है जिसमें ज़्यादातर फ़ौजी हिन्दू हैं (और इन फ़ौजियों को भाजपा के नेतृत्व वाली सरकार से आदेश हासिल होता है) तो फिर यह देखकर बड़ा अचरज होता है कि घाटी में हालात ने साम्प्रदायिक तेवर नहीं अख़्तियार किये हैं। यहाँ लोगों से पूछिए कि 1990 में कश्मीरी पण्डित घाटी से भागने पर मजबूर हुए तो लोगों का जवाब मिलता है कि उन्हें जगमोहन ने भगा दिया। सम्भव है, इसमें कुछ सच्चाई हो और कुछ प्रचार का भी अंश हो, लेकिन लोगों के मन में ऐसी धारणा का होना निश्चित ही दिलचस्प है। घाटी में दूर–दराज़ के एक गाँव में मैं हिन्दू और सिक्ख परिवारों से

मिला, ये परिवार वहाँ बहुत ख़ुश थे और अपने को सुरक्षित मान रहे थे।

कश्मीरी अमूमन शान्तिप्रेमी होते हैं और कहा यह भी जाता है कि वे अपने अहिंसक स्वभाव पर गर्व करते हैं। एक शिक्षक ने मुझसे कहा कि 'यहाँ लोग बन्दूक़ों से नफ़रत करते हैं।' यहाँ कहावत चलती है कि कश्मीरी पुरुष एक–दूसरे पर कंगड़ी फेंकने (अलाव जलाने वाला बर्तन) से ज़्यादा बड़ी हिंसा नहीं कर सकते। बेशक यह कहावत है और उसमें कही गयी बात पर सीधे–सीधे यक़ीन नहीं करना चाहिए, लेकिन कहावतों में भी सच्चाई का कुछ अंश तो होता ही है और कहावत में मौजूद सच्चाई का संकेत करता एक तथ्य यह है कि कश्मीर सबसे कम हत्या दर वाले राज्यों में एक है।

डर है कि कश्मीर के लोगों की शान्तिप्रिय और असाम्प्रदायिक जीवनशैली कहीं बहुत मन्द न पड़ जाये। इस डर की वजह यह है कि कश्मीरी लोगों में से कुछ सेना की सख़्ती के कारण ग़ैर–मुल्की उग्रवादियों की तरफ़ खिंच रहे हैं। मेरे दिल्ली लौटने के तुरन्त बाद ख़बर आयी कि चनी सिंहपोर में पैंतीस सिक्खों को मौत के घाट उतार दिया गया है। कोई शक नहीं कि इस घटना को कुछ लोग इस बात का प्रमाण मानेंगे कि कश्मीर में जारी संघर्ष का रिश्ता जातीय नफ़रत से है, लेकिन इसके उलट भी सोचा जा सकता है कि कश्मीर में जातीय शत्रुता का भाव इतना कमज़ोर है कि समुदायों को एक–दूसरे के ख़िलाफ़ भड़काने के लिए बड़े भयावह क़िस्म के उकसावों को तूल देना पड़ता है। सिक्खों के क़त्ल–ए–आम की घटना से मुझे कुछ साल पहले की एक टिप्पणी याद आयी। यह टिप्पणी युद्ध–जर्जर बोस्निया के एक निवासी की थी। उसने कहा था : 'जंग में इतना ज़्यादा ख़ून–ख़राबा इसलिए हो रहा है क्योंकि हमारे बीच के रिश्ते बहुत ज़्यादा मज़बूत थे...'

ट्रेन से दिल्ली लौटते वक़्त मैंने सीमा सुरक्षा बल के जवानों से बात की। वे होली के मौक़े पर अपने घर लौट रहे थे। कश्मीर में, मैं जवानों को देखकर बड़े अफ़सोस से सोचता था कि इन लोगों को कड़ाके की ठण्ड में घण्टों खड़े रहकर ड्यूटी निभानी होती है और वे खड़े–खड़े अपनी उकताहट में एकदम ही परेशानहाल नज़र आते हैं। सेना के सख़्त बर्ताव के बारे में पूछने पर एक जवान ने बताया कि 'हमें उनको मारना–पीटना अच्छा नहीं लगता, लेकिन वे सीधे मुँह बात ही नहीं करते, इसलिए हमें रुखाई दिखानी पड़ती है।'

कश्मीर में जारी संघर्ष का कोई सीधा–सरल समाधान नहीं है। एक बात बहुत साफ़ है कि मसले पर भारत सरकार का मौजूदा रुख़ विरोधाभासी है। अन्तर्राष्ट्रीय मंचों पर कहा जाता है कि हम कोई मध्यस्थता नहीं चाहते, क्योंकि पाकिस्तान और भारत कश्मीर विवाद को द्विपक्षीय आधार पर हल करने के लिए राज़ी हैं। लेकिन जब पाकिस्तान मसले पर वार्ता के लिए भारत का रुख़ करता है, तो उससे कहा जाता है कि कश्मीर भारत का अन्दरुनी मामला है (जबकि एक तथ्य यह भी है कि पाकिस्तानी क़ब्जे वाले कश्मीर के हिस्से पर भारत अपना हक़ जताता है)। भारत के भीतर कश्मीर को एक उपनिवेश की तरह समझा जाता है– यानी एक ऐसी जगह जहाँ लोग जनतान्त्रिक अधिकारों के योग्य नहीं। सूबे को देश की मुख्यधारा में शामिल करने की भारत सरकार की कोशिशें कश्मीरी लोगों के दिल में जगह पाने में कामयाब नहीं हुई हैं, तो इसमें कोई अचरज की बात नहीं।

एटमी जुआ और उसका विचित्र तर्क*

भारत में युद्ध की जो तैयारियाँ चल रही हैं उन्हें ज़रा भी बुद्धिसंगत नहीं कहा जा सकता। एक तो नैतिक रूप से ऐसा करना जायज़ नहीं, दूसरे जंग की तैयारियों से आख़िर कौन–सा ज़रूरी मक़सद पूरा होने वाला है भला?

युद्ध की इन तैयारियों के पीछे के जज़्बे को समझना आसान है। भारत के नेतृवर्ग का मानना है कि सीमा पार से होने वाले आतंकवाद को यों ही जारी नहीं रहने दिया जा सकता। देर–सबेर, 'हमें पलटवार करना ही होगा।' ठीक है, चलिए थोड़ी देर के लिए हम आतंकवाद–निरोध के इस तर्क को मान लेते हैं, भले ही इससे बाक़ी बातों (जिनकी चर्चा नीचे की गयी है) को देखने से हमारी नज़र चूक जाये। तर्क को मान लेने के बाद सवाल उठेगा कि आख़िर यह रास्ता हमें किस मुक़ाम तक ले जायेगा?

पाकिस्तान के नेताओं ने स्पष्ट कर दिया है कि उन्हें अगर बहुत ज़्यादा मजबूर किया गया तो वे एटमी हथियारों का उपयोग कर सकते हैं। भारत के रणनीतिकार इस धमकी को ख़ारिज करते हुए तर्क देते हैं

* मई 2002। यह लेख भारत और पाकिस्तान के बीच जारी सैन्य तनातनी के चरम पर पहुँचने के वक़्त लिखा गया था। इस तनातनी को भारत में 'ऑपरेशन पराक्रम' के नाम से याद किया जाता है। इस वक़्त एटमी जंग के छिड़ने की आशंका बलवती हो उठी थी।

कि पाकिस्तान ऐसा कभी नहीं करने वाला क्योंकि उसके ऐसा करने पर उस पर भी भयावह एटमी हमला होगा। लेकिन कई वजहों से यह भरोसा बहुत गुमराह करने वाला साबित हो सकता है।

पहली बात, यह बिल्कुल ही स्पष्ट नहीं है कि पाकिस्तान की तरफ़ से पहला एटमी हमला होता है तो भारत इसके जवाब में भयानक एटमी हमला करेगा। ऐसा करना बेवकूफ़ी कहलायेगा, क्योंकि पाकिस्तान के साथ एटमी जंग लड़ने में भारत को इससे हासिल कुछ नहीं होने वाला है (और खोने के लिए बहुत कुछ है)। इसके अलावा यह भी मुमकिन है कि अन्तर्राष्ट्रीय हस्तक्षेप के कारण भारत जवाबी एटमी हमला न कर पाये। बेशक, भारत के जवाबी एटमी हमले से इनकार नहीं किया जा सकता, लेकिन मुद्दे की बात यह है कि भारत का रुख़ क्या रहेगा–यह किसी के लिए भी बस अनुमान ही का विषय है। दूसरी तरफ़, भारत की प्रतिक्रिया की अनिश्चितता के कारण यह सोच पाना मुश्किल है कि पाकिस्तान अपनी तरफ़ से पहले एटमी हमला नहीं करेगा। अगर दाँव पर बहुत कुछ लगा हो, तो पाकिस्तान के नेता जोख़िम उठा सकते हैं।

दूसरी बात, अगर यह निश्चित भी हो कि भारत जवाबी एटमी हमला करेगा, तो भी इससे यह आशंका निर्मूल नहीं हो जाती कि पाकिस्तान पहले एटमी हमला नहीं बोलेगा। युद्ध के हालात में यह मानकर चलना एक भोलापन ही कहलायेगा कि कोई मुल्क गम्भीर नतीजे भुगतने की परवाह करते हुए एटमी हथियार के उपयोग नहीं करेगा। इसके अलावा, हम नहीं कह सकते कि आत्महत्या सरीखा फ़ैसला एकदम ही तर्कसंगत नहीं होता। लोग–बाग कई बार यह मानकर कि जीवन का कोई और भी उच्चतर उद्देश्य है, अपनी ज़िन्दगी को दाँव पर लगा देते हैं। कभी–कभी तो वे निजी गरिमा की रक्षा या फिर राष्ट्रीय गौरव की हिफ़ाज़त सरीखे संदिग्ध जान पड़ते उद्देश्यों के लिए भी जान की बाज़ी लगा देते हैं।

तीसरी बात, एटमी युद्ध का कोई सधा हुआ व्याकरण नहीं होता, उसमें ऐसे साफ़–सुथरे अनुमान नहीं लगाये जा सकते कि पहले एक तरफ़ से एटमी हमला होगा, फिर दूसरी तरफ़ से जवाबी एटमी हमला होगा। बहुत मुमकिन है कि हिंसा को बढ़ाते चले जाने की प्रक्रिया के एक नतीजे के रूप में एटमी हमला सामने आये। बात को बढ़ाते जाने की प्रक्रिया कितनी अतार्किक, अनुमान से परे और जोख़िम भरी होती है–इसके बारे में सामरिक विषयों के साहित्य में बहुत कुछ लिखा गया है।

इतिहास की भी सीख यही है कि छोटे–मोटे झगड़े अक्सर भारी युद्धों का रूप ले लेते हैं, जबकि शुरुआती तौर पर यही मानकर चला जाता है कि दुश्मनी एक सीमा से आगे नहीं बढ़ेगी। पहला विश्वयुद्ध दरअसल छोटे–मोटे झगड़े के लगातार विकराल रूप धारण करते जाने का ही नतीजा था।

भारतीय रणनीतिकारों ने हमें यह समझाने के लिए हर तरह के टेढ़े–मेढ़े तर्क परोसे हैं कि सैन्य विकल्प अपनाना सुरक्षित है। जाने–माने रणनीतिकारों में से एक के. सुब्रमण्यम ने हाल ही में तर्क दिया था कि हम लोग अब चैन की नींद सो सकते हैं, क्योंकि पाकिस्तानी हुक्मरानों की अँगुलियाँ अगर एटमी हथियारों का बटन दबाने की तरफ़ ज़रा भी बढ़ती हैं तो अमेरिकी सेना सर्जिकल स्ट्राइक के ज़रिये पाकिस्तान के एटमी ठिकानों को ध्वस्त कर देगी। लेकिन क्या वास्तव में ऐसा मानकर चला जा सकता है? क्या होगा अगर यह हवाई कल्पना किसी भी वजह से ग़लत साबित हुई तो? अगर अमेरिका ने पाकिस्तान पर हमला बोलने में थोड़ी देर लगायी, मान लीजिए इस हमले में घण्टे भर की ही देर लगायी और प्रक्षेपण स्थल से दर्जनों पाकिस्तानी मिसाइलें भारत की तरफ़ दग गयीं तो फिर क्या मंजर पेश आयेगा? क्या होगा, अगर कुछ अमेरिकी मिसाइल निशाना चूक जायें और पाकिस्तान के पास इतने एटमी असलहे बच जायें कि वह भारत के कुछ शहरों को अपना निशाना बना ले?

बुनियादी बात बिल्कुल स्पष्ट है : भारत अगर पाकिस्तान पर हमला करता है तो एटमी युद्ध की आशंका से इनकार नहीं किया जा सकता। इस मसले पर कुछ लोग तर्क देते हैं कि एटमी जंग की हालत में पाकिस्तान को नुक़सान ज़्यादा होगा, भारत को कम। यह तो बड़ा विचित्र तर्क है। अगर नयी दिल्ली आग की लपटों में घिर जाये, जयपुर राख में तब्दील हो जाये तो फिर क्या यह मानकर दिल को सन्तोष दिया जा सकता है कि सीमा पार स्थिति इससे कहीं ज़्यादा भयानक है।

एटमी जंग के साथ एक बड़ी मुश्किल यह है कि इसकी भयावहता को समझ पाने में हमारी कल्पना सक्षम ही नहीं। इसी कारण, एटमी जंग को लेकर बातचीत कुछ ऐसे होती है मानो यह कोई खेल हो। पाकिस्तान को सबक सिखाने या फिर दुश्मन के शहर को ध्वस्त करने के गुण–दोष के बारे में बेशक हम शतरंज के खिलाड़ियों या फिर क्रिकेट के फैंस की शैली में बातें कर सकते हैं। लेकिन रणनीतिक सोच–विचार की ठण्डी

भाषा के भीतर यह सोचना एकदम ही मुश्किल होता है कि जंग के शिकार हुए लोगों को किस पीड़ा से गुज़रना होगा।

चलिए मान लेते हैं कि युद्ध सीमित स्तर का ही होगा, लेकिन ऐसी स्थिति में भी यह बात साफ़ नहीं है कि इससे भारत को हासिल क्या होने वाला है। इस बात को किसी ने अभी तक स्पष्ट नहीं किया। यह मान लेना तो ख़ैर बचकानापन ही होगा कि सीमित स्तर के युद्ध के सहारे सीमा पार से होने वाली आतंकवादी गतिविधियों पर लगाम लगाया जा सकता है–पाकिस्तान ऐसी गतिविधियाँ करने से बाज आयेगा। यहाँ कश्मीर में शान्ति क़ायम करने की बात तो ख़ैर छोड़ ही दें। इसके उलट आशंका यही है कि हिंसा और ज़्यादा विकराल रूप ले लेगी।

मान लीजिए कि युद्ध टल जाता है, तो भी इस क़िस्म की एटमी धमकी (या कहे लें पंजा–मरोड़ कूटनीति, जैसा कि रणनीतिक हलकों में कहा जाता है) का रणनीतिक मोल समझ पाना मुश्किल है–नैतिक स्वीकार्यता की बात तो ख़ैर जाने ही दें। जोख़िम बहुत बड़ा है और सम्भावित लाभ बहुत छोटा। सीमा पर हो रहे भारी सैन्य जमावड़े के कारण भारत अब उधम मचाने को उतावले आतंकवादियों के रहमो–करम पर निर्भर हो चला है। किसी आतंकी के पास चन्द हथगोले या फिर पाकिस्तान में बनी ऐसी ही चीज़ें हों तो वह दोनों देशों के बीच एटमी जंग भड़का सकने की स्थिति में है। कालूचक नरसंहार के अपराधियों ने पहले ही इस स्थिति का भरपूर फ़ायदा उठाया है, इसके बाद सैन्य जमावड़ा करना दरअसल ऐसी और घटनाओं को नेवता देने के समान है।

यह बात बिल्कुल स्पष्ट है कि सीमापार से होने वाली आतंकवादी गतिविधियों को रोकने में युद्ध की तैयारियाँ मददगार नहीं बल्कि नतीजा उलटा हो सकता है। इसे देखते हुए हमें पूरी स्थिति पर एक वैकल्पिक नज़रिये से सोचना होगा। सीमापार से होने वाली आतंकवादी गतिविधियाँ सिर्फ़ एक बहाना भर हों जिसकी ओट में सत्ता में बैठे कुछ लोग युद्ध शुरू करना चाहते हों। अगर स्थिति ऐसी हो तो क्या माना जायेगा? बीजेपी के कुछ गर्म तेवर वाले नेता युद्ध का रास्ता अपनाना चाहते हैं, उनकी यह राय सबके सामने ज़ाहिर है। बीजेपी की विचारधारा का स्रोत राष्ट्रीय स्वयंसेवक संघ है और संघ ने अखण्ड भारत का अपना विचार अभी छोड़ा नहीं है। उसकी अखण्ड भारत की तस्वीर में सिर्फ़ पाकिस्तानी क़ब्जे वाला कश्मीर ही नहीं बल्कि शेष पाकिस्तान भी शामिल है।

इसके अलावा, गुजरात में हुए नरसंहार से यह स्पष्ट हो चुका है कि संघ–परिवार अपने 'कामकाज' से मतलब रखता है, बशर्ते इस शब्द का कोई निन्दात्मक अर्थों में प्रयोग करे। बहुत सम्भव है कि जिन लोगों ने गुजरात में निर्दोष मुसलमानों की हत्या, बलात्कार और जलाने की घटनाओं का समर्थन किया उनमें से कई लोग पाकिस्तान के मुक़ाबिल हो रहे शक्ति–प्रदर्शन के पक्ष में भी हाथ उठाने को तैयार हों। दरअसल, ऐसे कई लोग अपने इस सर्वनाशी सपने को ज़रा भी नहीं छुपा रहे हैं, वे इसे सार्वजनिक बैठकों, टेलीविज़न पर चलने वाले साक्षात्कार तथा सार्वजनिक मंचों से खुलेआम लोगों के सामने बता–जता रहे हैं। अगर सोच की इस रोशनी में देखें तो लगेगा, मुख्य मुद्दा यह नहीं कि सीमापार से चलने वाली आतंकवादी गतिविधियों का सामना भारत को क्यों और कैसे करना चाहिए (बेशक यह एक ज़रूरी मुद्दा है), बल्कि मुख्य मसला है देशभक्ति की ओट में पूरे इलाक़े को एटमी जंग के रसातल में धकेल देने पर उतारु दुस्साहसी लोगों से देश को कैसे बचाया जाये।

सबसे परेशान करने वाली बात यह है कि हिंसा के पसारे का यह सारा खेल कश्मीरी जनता के नाम पर हो रहा है, लेकिन किसी भी पक्ष को कश्मीरी जनता के हित की चिन्ता नहीं है। इस मसले पर सरकारी नीति विरोधाभासों का एक पुंज जान पड़ती है। एक तरफ़ कश्मीर को भारत का अभिन्न हिस्सा बताया जाता है, तो दूसरी ओर कश्मीरी जनता को उन बुनियादी मानवाधिकारों और नागरिक अधिकारों के योग्य नहीं माना जाता जो हर भारतीय को हासिल है। जब तक कश्मीरी जनता के दिल में उमड़ती आकांक्षाओं को नहीं समझा जाता, सीमापार से होने वाली आतंकी गतिविधियों के लिए सख़्ती का रुख़ अपनाना व्यर्थ ही साबित होगा और हिंसा पर लगाम नहीं लग सकेगी।

भारत और एटमी करार : साथी या मोहरा*

जो लोग संयुक्त राज्य अमेरिका और भारत के बीच हुए 'एटमी करार' की वाहवाही कर रहे हैं उन्हें गोपीनाथ मोहन्ती का एक बेहतरीन उपन्यास 'परजा' पढ़ना चाहिए। इस उपन्यास में असहाय आदिवासी अक्सर स्थानीय साहूकार से 'करार' करते हैं। इन साहूकारों का आदिवासियों की ज़िन्दगी

* सितम्बर, 2007।

पर दबदबा चलता है। मिसाल के लिए, इस उपन्यास में दिखाया गया है कि कोई नौजवान शादी करने के लिए पैसे की भारी ज़रूरत (ओडिशा की परजा जनजाति में वधू–मूल्य चुकाने की प्रथा है) के बीच साहूकार के पास जाता है और करार करता है कि जब तक वह पावना चुका नहीं देता तब तक साहूकार के लिए बन्धुआ मज़दूरी करेगा। लेकिन साहूकार मियाद बढ़ाता जाता है : आदिवासी लोगों को लगता है कि बस अब क़र्ज़ चुकता हो जायेगा और उन्हें आज़ादी मिल जायेगी। तभी साहूकार अपने बहीखाते में कुछ हेरफेर कर देता है और उनसे कहता है कि कुछ रक़म अब भी चुकाने को शेष है। आदिवासी कुछ नहीं कर पाते। 'करार' का मतलब हो जाता है वह जो साहूकार कहे।

'परजा' उपन्यास को पढ़ते हुए बार–बार यह भी ध्यान में आता है कि साहूकार की करतूतों के शिकार लोगों के बीच एकजुटता काँच की तरह कमज़ोर है। जब–तब आदिवासी संकल्प लेते हैं कि वे एक–दूसरे को साहूकार के चंगुल से निकालने में मदद करेंगे, लेकिन साहूकार चुटकी बजाते हुए आदिवासी लोगों की योजना नाकाम कर देता है। मिसाल के लिए, उपन्यास में एक जगह आता है कि सकरु जानी (उपन्यास का मुख्य किरदार) साहूकार को अदालत के दरवाज़े तक ले आया है। उसके दोस्त और पड़ोसी गवाही देने के लिए तैयार हैं, लेकिन साहूकार इन लोगों को कुछ लालच देता है और ये लोग अपना मन बदल लेते हैं। 'फूट डालो और राज करो' की कहावत इस मामले में एकदम सटीक बैठती है।

जो लोग भारत को उदीयमान महाशक्ति का दर्जा पाता देख मुग्ध हो रहे हैं उन्हें बेशक झटका लगेगा कि यहाँ भारत की तुलना असहाय आदिवासियों से की जा रही है। लेकिन इस बात से इनकार करना मुश्किल है कि अमेरिका आज दुनिया की बहुत बड़ी ताक़त है और कई मायनों में उसका बर्ताव वैसा ही जैसा कि 'परजा' उपन्यास के साहूकार का। अन्तर्राष्ट्रीय सन्धियाँ अमेरिकी हितों की बुनावट में सहयोगी न रह जायें तो अमेरिका ऐसी सन्धियों में खुरपेंच लगाना शुरू करता है। दरअसल, भारत के साथ एटमी समझौते पर दस्तख़त करके अमेरिका एक और करार परमाणु अप्रसार सन्धि की हेठी कर रहा है। 'फाइनेंशियल टाइम्स' के ब्यूरो चीफ़ एडवर्ड लूस के बारे में शायद ही कोई कहे कि वे वामपन्थी रुझान के हैं और इन्हीं एडवर्ड लूस ने अपने एक लेख में कहा है कि : 'भारत की ख़ातिर, अमेरिका ने एक ऐसी अन्तर्राष्ट्रीय सन्धि के

कील–काँटे उघाड़कर रख दिये हैं जो उसकी विदेश नीति की धुरी हुआ करती थी।' यह सुनना तो ख़ैर अच्छा लग सकता है कि अमेरिका यह सब 'भारत की ख़ातिर' कर रहा है, लेकिन इसके पीछे अमेरिका का असली मक़सद क्या है–इसका अनुमान लगाने का ज़िम्मा पाठक पर छोड़ देता हूँ। अब मसला चाहे जो हो लेकिन यहाँ मुद्दे की बात यही है कि अमेरिका एक करार पर दस्तख़त करके दूसरे करार की हेठी कर रहा है। तो फिर ऐसे में नये करार की हैसियत क्या रह जाती है?

ग़ौर करें कि इस एटमी करार को लेकर भारत को शुरुआती तौर पर जो आश्वासन दिये गये थे उन्हें हाइड एक्ट के ज़रिये तोड़ दिया गया है। यों अमेरिकी राष्ट्रपति ने भारत को भरोसा दिलाया है कि एक्ट 'बाध्यकारी' नहीं है और अमेरिका इस एक्ट को बस परामर्श के तौर पर इस्तेमाल करेगा। ऐसा जान पड़ता है कि दुनिया के सुपर–साहूकार बन चले अमेरिकी राष्ट्रपति अपने को क़ानून और एटमी करार सरीखी किसी भी अन्तर्राष्ट्रीय सन्धि से ऊपर मानते हैं। जार्ज बुश सीनियर ने कुछ साल पहले इस स्थिति का बयान करते हुए ठीक ही कहा था कि : 'होगा वही जो हम कहेंगे...'

वस्तुस्थिति को ठीक–ठीक समझने की जगह भारत की सरकार देश की जनता और ख़ुद को भुलावे में रखने पर तुली है। रक्षामन्त्री के मुताबिक़ 'हाइड एक्ट भारत पर लागू नहीं होगा।' अब यह कोई सोचने वाली बात ही नहीं है, क्योंकि हाइड एक्ट में भारत सरकार से किसी दायित्व निर्वाह की अपेक्षा नहीं रखी गयी है। मुद्दे की बात तो यह है कि क्या हाइड एक्ट अमेरिकी सरकार पर बाध्यकारी है, लेकिन लगता है, रक्षामन्त्री यह मानकर चल रहे हैं कि एक्ट अमेरिकी सरकार पर भी लागू नहीं होगा। लेकिन अगर हाइड एक्ट का पालन करना अमेरिकी सरकार के लिए ज़रूरी नहीं तो फिर एटमी करार का भी पालन करना उसके लिए ज़रूरी नहीं क्योंकि हाइड एक्ट के ज़रिये ही अमेरिकी क़ानूनी–व्यवस्था के भीतर इस एटमी करार के लिए गुंजाइश बनाई गयी है। दरअसल यह कहना कहीं ज़्यादा ठीक होगा कि एटमी करार बाध्यकारी नहीं, लेकिन उम्मीद यह रखी जा रही है कि लोग इस बात को न जानें!

थोड़े में कहें तो 'एटमी करार' भरोसेमन्द नहीं जान पड़ता। भारत के साथ इस करार पर दस्तख़त करके अमेरिका की सरकार ने परमाणु–अप्रसार सन्धि की तो हेठी की ही है, साथ ही उसने संयुक्त राष्ट्रसंघ के सुरक्षा परिषद् की प्रस्ताव संख्या 1172 और परमाणु–आपूर्तिकर्ता समूह के भी दिशा–निर्देशों का उल्लंघन किया है। इसमें कोई शक नहीं कि अमेरिकी

करार के साथ अपना मनमाना बर्ताव करेगा। एटमी करार के समर्थक कह रहे हैं कि यह समझौता 'बराबरी और पारस्परिकता की बुनियाद' पर हुआ है लेकिन ऐसा सोचना दरअसल दिन में सपना देखने के समान है। समझौते को पारस्परिकता और बराबरी की बुनियाद पर क़ायम बताने वाले लोग भारत की तुलना में अमेरिका की ताक़त की अनदेखी कर रहे हैं।

इन बातों को समझने के लिए विशेष दिमाग़ लगाने की ज़रूरत नहीं–ये बातें आम समझ का हिस्सा हैं, जैसे–यह बात कि एटमी करार के ज़रिये अमेरिका भारत को अपने हित–साधन में बनाये जा रहे रणनीतिक गठबन्धन का हिस्सा बनाना चाहता है। शायद सत्ता के गलियारे में बैठे लोग अगर यह सीधा–सरल सन्देश नहीं सुन–समझ पा रहे हैं तो इसलिए कि यह सन्देश वामपन्थी पार्टियों की तरफ़ से दिया जा रहा है। दिलचस्प बात यह भी है कि अमेरिका की सरकार और उसके सलाहकार भी ऐसा ही कह रहे हैं। मिसाल के लिए एश्ले टेलिस (रणनीतिक मामलों के प्रसिद्ध अमेरिकी विशेषज्ञ और आर.ए.एन.डी. कॉरपोरेशन के पूर्व विश्लेषक) की बातों पर ग़ौर करें जिनका कहना है कि, 'आण्विक सहयोग के मसले पर भारत को अपने साथ लेने से चीन की बढ़ती ताक़त के ख़िलाफ़ ढाल के रूप में इसके इस्तेमाल की सम्भावना बढ़ेगी' और भारत को 'अपनी आर्थिक तथा सामरिक नीतियाँ अमेरिकी हितों के मेल में बनाने के लिए बढ़ावा मिलेगा।' और 'यह एशिया में हमारे हितों के अनुकूल पड़ने वाले बदलाव कर दिखाने में मददगार साबित होगा'। इतनी साफ़गोई से तो प्रकाश करात भी यह बात नहीं कह पाते।

गोपीनाथ मोहन्ती के उपन्यास में कथा का अन्त बड़े नाटकीय ढंग से होता है : दुर्दशा के आख़िरी छोर पर जा पहुँचा सुकरु जानी साहूकार के माथे पर अपनी कुल्हाड़ी दे मारता है और पुलिस के सामने आत्मसमर्पण कर देता है। और, चाहे इसे भला कहें या बुरा लेकिन अन्तर्राष्ट्रीय राजनीति के समानान्तर उपन्यास की कथा को पढ़ने की गुंजाइश इस मुक़ाम पर आकर ख़त्म हो जाती है।

कश्मीर का अनदेखा जन–विद्रोह*

कश्मीर में एक ऐतिहासिक जन–विद्रोह उभार ले रहा है, लेकिन भारत की जनता को शायद ही इसकी ख़बर हो। पिछले महीने (अक्तूबर, 2016)

---

* नवम्बर–दिसम्बर, 2016।

कश्मीर के सफ़र पर निकलने और वहाँ पूरी घाटी की यात्रा करने के ऐन पहले तक मैं भी इससे अनजान ही था। बेशक, मैंने यह पढ़ रखा था कि जुलाई महीने से वहाँ एक तरह से जन–जीवन ठप हो रखा है, पत्थरबाज़ी की घटनाओं और पैलेट गन का ज़िक्र भी मेरी नज़रों से गुज़रा था। लेकिन मैंने जो कुछ पढ़ा था, ज़मीनी स्थिति के वर्णन के लिहाज़ से वह एकदम ही नाकाफ़ी है।

विरोध प्रदर्शन की अनुमति नहीं

कश्मीर में पैर रखते ही किसी यात्री की नज़र सबसे पहले इस बात पर जाती है कि यहाँ बड़ी तादाद में फ़ौज मौजूद है। हथियारों से लैस सैनिक और अर्द्ध–सैन्य बलों के जवान हर जगह मौजूद हैं। सत्तर लाख की आबादी के बीच लगभग 6 लाख की संख्या में सैनिक तैनात हैं। यानी हर दस नागरिक पर एक सैनिक। सोपोर और शोपियाँ सरीखे 'संवेदनशील' माने जाने वाले इलाक़े और यहाँ तक कि श्रीनगर के भी कुछ हिस्से में लगभग हर घर के सामने एक फ़ौजी तैनात है, कम–से–कम मुख्य सड़क पर तो फ़ौजी खड़े नज़र आ ही जाते हैं।

ये सैनिक यहाँ क्यों तैनात हैं? ज़ाहिर है, उन्हें पाकिस्तान की तरफ़ से होने वाले हमले को टालने की आशंका में तो नहीं ही तैनात किया गया है। अगर ऐसा होता तो फ़ौजियों को सीमा के नज़दीक रखा जाता। न ही ये सैनिक आतंकवादियों की तलाश में वहाँ खड़े हैं : भूमिगत आतंकवादियों को पकड़ने का यह तो कोई तरीक़ा नहीं कि फ़ौजी गली के कोने में जंगी बाना पहने खड़े हों। तो फिर शायद पत्थरबाज़ों से निपटने के लिए इन जगहों पर फ़ौजी तैनात किये गये हैं? लेकिन ऐसा करने का भी कोई तुक नहीं दिखता क्योंकि किसी इलाक़े को पत्थरबाज़ों से छुटकारा दिलाने का सीधा–सरल तरीक़ा है कि वहाँ से फ़ौजियों को पूरी तरह से हटा लिया जाये। आख़िर, पत्थर फ़ौजियों पर फेंके जा रहे हैं न कि आम नागरिकों पर।

इस उधेड़बुन के सहारे हम जिस निष्कर्ष पर पहुँचते हैं वह हर कश्मीरी को पता है : भारी–भरकम तादाद में फ़ौज की मौजूदगी का मक़सद आम जनता पर नियन्त्रण करना है, ख़ासकर किसी भी तरह के तथाकथित 'भारत–विरोधी' प्रदर्शनों को, चाहे वह कितना भी शान्तिपूर्ण क्यों न हो?

मेरे लिए यह जानना किसी 'ज्ञान–प्राप्ति' से कम नहीं था कि कश्मीर में हर तरह का शान्तिपूर्ण विरोध–प्रदर्शन एक–न–एक रूप में प्रतिबन्धित है, बशर्ते उसमें आज़ादी की माँग की हल्की–सी भी आहट हो। अधिकारियों को विरोध–प्रदर्शन रोकने के लिए आर्म्ड फ़ोर्सेज़ स्पेशल पावर एक्ट (अफ्स्पा) तथा जम्मू–कश्मीर के सख़्त जन सुरक्षा अधिनियम के तहत बड़े अधिकार दिये गये हैं। क्रिमिनल प्रोसिज़्योर कोड की धारा 144 पूरी घाटी में लागू है। इसके अन्तर्गत चार से ज़्यादा लोगों के एक जगह इकट्ठा होने की मनाही है (इस धारा का उपयोग ब्रिटिश राज के समय में राष्ट्रवादी विरोध–प्रदर्शनों को रोकने के लिए होता था)। सभा करना, मार्च निकालना, दीवारों पर लिखना, पर्चे बाँटना और यहाँ तक कि मौन जुलूस निकालना तक घाटी में प्रतिबन्धित है–बशर्ते ऐसे आयोजन आज़ादी के संघर्ष का हिस्सा जान पड़ें।

नागरिक स्वतन्त्रताओं पर लगे प्रतिबन्ध यह सुनिश्चित करते हैं कि स्थिति यों ही जारी रहे, उसे कोई चुनौती न मिले। छात्र राजनीति पर पाबन्दी है। यूनाइटेड नेशंस ह्यूमन राइट्स कॉउंसिल सरीखे अन्तर्राष्ट्रीय मानवाधिकार संगठनों को कश्मीर जाने की अनुमति नहीं है। स्थानीय मानवाधिकार कार्यकर्ता को भी अपने कामकाज की आज़ादी कहने भर की ही है। पिछले दो महीनों से ख़ुर्रम परवेज़ को मनमानी नज़रबन्दी में रखा गया है। यह एक चेतावनी की तरह है कि ऐसे लोग ख़ास छूट की उम्मीद न करें। इसी तरह, 30 सितम्बर, 2016 को 'कश्मीर रीडर' (कश्मीर के प्रमुख दैनिक समाचार पत्रों में एक) पर प्रतिबन्ध लगा। एक प्रसिद्ध कश्मीरी सम्पादक के शब्दों में कहें तो यह अन्य मीडिया संस्थानों को 'सबक देने' की एक क़वायद जैसा था। संक्षेप में कहें तो कश्मीर एक तरह से खुली जेल में तब्दील कर दिया गया है।

आम हड़ताल

इन प्रतिबन्धों के बावजूद, 8 जुलाई, 2016 को बुरहान वानी के मारे जाने के बाद से कश्मीर घाटी में लगातार विरोध प्रदर्शन या फिर ऐसी कोशिशें जारी हैं। ऐसी कुछ घटनाओं में पत्थरबाज़ी हुई, लेकिन इस जन–विद्रोह के दायरे के भीतर ढेर सारी अहिंसक गतिविधियाँ भी शामिल हैं। दरअसल, विरोध–प्रदर्शन का मुख्य रूप है आम हड़ताल। पिछले चार महीनों से कश्मीर में दुकानें बन्द हैं, यातायात ठप है और स्कूल वीरान

नज़र आ रहे हैं। भारतीय मीडिया में इसे जानते–बूझते शटडाउन का नाम दिया जा रहा है ताकि अर्थ स्पष्ट न हो, लोगों में भ्रम बना रहे कि कश्मीर में फिलहाल कर्फ़्यू आयद है जोकि समय–समय पर अधिकारी लगाते रहते हैं। दरअसल यह एक आम हड़ताल है। इस हड़ताल से कुछ लोगों को छूट दी गयी है जैसे कि ठेले–खोमचे वाले और दवा–दुकानदार। हफ़्ते के दौरान कुछ ख़ास वक़्त पर भी हड़ताल से छूट दी गयी है। स्वास्थ्य सेवा तथा पी.डी.एस. सरीखी सार्वजनिक सेवा को जारी रखने की अनुमति ही नहीं बल्कि उन्हें चलाये रखने के लिए प्रोत्साहित किया जा रहा है। लेकिन इससे अलग बाक़ी तमाम लोगों के लिए हड़ताल ने सार्वजनिक जीवन को महीनों से रोक रखा है। अक्तूबर के आख़िर के हफ़्ते में, जब मैं कश्मीर गया था, तो स्थिति यही थी।

एक हफ़्ते के भीतर छात्रों, किसानों, श्रमिकों, व्यापारियों, बुद्धिजीवियों और अन्य लोगों के साथ अब तक हुई कई चर्चाओं के आधार पर मैं कह सकता हूँ कि हड़ताल को लोगों का समर्थन हासिल है। बेशक यह यक़ीन कर पाना मुश्किल है कि बिना किसी ज़ोर–ज़बर्दस्ती या दबाव का जन–जीवन इस हद तक ठप हो सकता है। कई मौक़ों पर यह दबाव स्पष्ट दिखता है। श्रीनगर के कुछ ख़ास सुविधा–सम्पन्न इलाक़ों को छोड़ दें, तो बीते कुछ महीनों में जिस किसी ने जोख़िम उठाते हुए अपनी कार बाहर निकाली है उसे अपनी टूटी हुई विंडस्क्रीन के साथ वापस लौटना पड़ा है। लेकिन यातायात–नियन्त्रण का यह काम फ़ौजी दस्तों या फिर असमाजिक–तत्त्वों ने अंजाम नहीं दिया। यह काम स्थानीय लोगों और नौजवानों ने किया है जो हड़ताल के समर्थन में है। हर हड़ताल में इस मुश्किल सवाल का सामना तो करना ही पड़ता है कि कोई हड़ताल तोड़े या अपनी मर्ज़ी का करने लगे तो उसे कैसे रोका जाये?

यह बात एक पहेली सरीखी है कि आख़िर इतनी लम्बी हड़ताल कश्मीरी अर्थव्यवस्था कैसे बर्दाश्त कर पा रही है। इसके कई कारण हो सकते हैं। कश्मीर में एक जीवन्त और तुलनात्मक रूप से देखें तो समतापरक ग्रामीण अर्थव्यवस्था है। सन् 1950 के दशक में हुए भूमि–सुधारों का इसमें अहम योगदान है। स्व–रोज़गार में लगे किसान, कारीगर तथा सेब–उत्पादकों को हड़ताल में अपने काम से रोका नहीं गया है। दूसरी बात यह है कि हड़ताल शुरू होने के तुरन्त बाद बिहार

और अन्य जगहों से आये आप्रवासी मज़दूरों ने कश्मीर छोड़ दिया। तो, कश्मीरी मज़दूरों को काम मिलना जारी रहा और भारत में प्रचलित दर के लिहाज़ से देखें तो कश्मीरी मज़दूरों को उससे कहीं अधिक मज़दूरी पर काम हासिल हुआ। तीसरे, कश्मीर में एक–दूसरे के सहयोग की एक मज़बूत परम्परा चली आ रही है। मिसाल के लिए, 2014 की बाढ़ के बाद स्थानीय स्तर पर राहत समितियाँ (अमूमन इनका रिश्ता स्थानीय मस्जिद से होता है) सक्रिय हो गयी थीं और ये समितियाँ इस बार भी सक्रिय हो गयी हैं। दरअसल, राहत–कार्य हुर्रियत के विरोध–प्रदर्शन के कैलेंडर का अभिन्न हिस्सा है। इस सिलसिले की आख़िरी बात यह है कि कश्मीर में जीवन–स्तर बहुत ऊँचा है। यहाँ बेरोज़गारी बेशक एक मुद्दा है, लेकिन आप्रवासी मज़दूरों को छोड़ दें, तो फिर कहीं भी भुखमरी और ग़रीबी के हालात आपको अमूमन नहीं दिखाई देंगे। अगर कोई सोचता है कि कश्मीर की समस्या विकास की कमी के कारण पैदा हुई है तो वह गहरे भ्रम में है।

हड़ताल के अलावा इस पूरे वक़्फ़े में पूरे कश्मीर में बहुत से विरोध–प्रदर्शन भी हुए। हुर्रियत के नेताओं ने हर हफ़्ते (अलग–अलग प्रभाव के साथ) एक विरोध कैलेंडर जारी किया। इस विरोध कैलैंडर को व्यापक जन–समर्थन मिलता प्रतीत होता है। विरोध प्रदर्शन के जो तरीक़े सुझाये गये उनमें शामिल है : सड़कों पर कब्ज़ा ज़माना, ज़िला मुख्यालय पर आज़ादी मार्च निकालना, श्रीनगर स्थित संयुक्त राष्ट्र के दफ़्तर में धरना देना, सड़क पर नमाज़ अदा करना, विभिन्न स्थानों पर धरना देना, पैलेट गन से घायल लोगों से मुलाक़ात करना, सरकारी दफ़्तरों का बहिष्कार करना, सामूहिक रूप से संकल्प लेना, वॉल–पेंटिंग करना, प्रतिरोध के भाव वाले गीत–संगीत बजाना, सैन्य बलों को चिट्ठी लिखना, आत्मनिर्णय के अधिकार के बारे में सभा–सम्मेलन करना और 'हमें चाहिए आज़ादी' के नारे वाले बैनर तथा तख़्ती को प्रदर्शित करना। जहाँ तक मेरी जानकारी है, विरोध कैलेंडर में पत्थरबाज़ी करने की बात नहीं है। हालाँकि यह मानकर चला जाता है कि कश्मीर में विरोध–प्रदर्शन का अन्त एक–न–एक कारण से पत्थरबाज़ी के साथ होता है।

विरोध कैलेंडर के मूल भाव का इज़हार करते हुए हुर्रियत नेता मीरवाइज़ उमर फ़ारुख़ ने 24 अगस्त, 2016 को ग्रेटर कश्मीर में प्रकाशित 'प्रस्तावना' में लिखा कि :

हमारे ख़िलाफ़ एक बड़ी ताक़त युद्ध लड़ रही है तो शान्तिपूर्ण विरोध–प्रदर्शन ही उत्पीड़न के प्रतिरोध का हमारे पास एकमात्र तरीक़ा बचता है। इसकी भी गुंजाइश अब बहुत कम बची है। फिर भी, हमें निजी और सामूहिक रूप से अपने विरोध को दर्ज कराने के तरीक़े ढूँढ़ने होंगे। विरोध कैलेंडर हमारी सामूहिक आवाज़ है। हममें से हर एक को, ख़ासकर बुद्धिजीवियों, कलाकारों, कवियों, लेखकों और चित्रकारों को आगे आना होगा। उन्हें अपनी रचनाशक्ति और कौशल से हमारे दुख–दर्द और भावनाओं को अभिव्यक्त करना होगा। इस आन्दोलन में हर कश्मीरी का योगदान मायने रखता है।

सख़्त बर्ताव

शान्तिपूर्ण विरोध–प्रदर्शन की कोई गुंजाइश न बची होने के कारण जन–विद्रोह का चेहरा पत्थरबाज़ी बन बैठा है। सुरक्षा–बल पूरी ताक़त से पलटवार करते हैं। एक सौ से ज़्यादा (जिसमें कई बच्चे शामिल हैं) आम नागरिक मारे गये हैं, कम–से–कम एक हज़ार लोगों को पैलेट गन की चोट के कारण अपनी आँखें गँवानी पड़ी हैं या फिर उनकी आँखों में गहरी चोट लगी है। हज़ारों लोग जेल में बन्द हैं। इससे भी ज़्यादा तादाद में लोगों को सुरक्षा बल के हाथों एक–न–एक तरीक़े से उत्पीड़न का शिकार होना पड़ रहा है।

मैं 18 अक्तूबर को पीपुल्स यूनियन फ़ॉर सिविल लिबर्टिज़ (पी.यू.सी.एल.) की एक फ़ैक्ट–फाइंडिंग टीम में शामिल हुआ। हम लोग एक नौजवान लेक्चरार फ़ैजल अकबर (नाम बदल दिया गया है) के घर गये। उसे बीते अगस्त में राष्ट्रीय रायफल के जवानों ने पीट–पीटकर जान से मार दिया था। प्रत्यक्षदर्शियों के मुताबिक़ उस दिन दोपहर में गाँव पर 'क्रैकडाउन' हुआ था। इसका मतलब हुआ कि सैनिक उस दिन लोगों के घरों में घुस आये, लोगों को मारा–पीटा, सामानों को तोड़ा–फोड़ा और भय का माहौल पैदा किया। सैन्यबलों ने यह सब पत्थरबाज़ी के ख़िलाफ़ अपनी कार्रवाई के रूप में किया था। एक अधिकारी ने भयभीत ग्रामीणों से कहा था कि, 'हम जानते हैं, आप लोग निर्दोष हैं, लेकिन हमने आप लोगों की पिटाई नहीं की, तो आप लोगों को कभी सबक नहीं मिलेगा।'

दिलचस्प बात यह भी है कि स्थानीय थानेदार (एस.एच.ओ.) लोगों की इन बातों से सहमत दिख रहा था। थानेदार ने कहा कि फ़ैजल अपने 'जख़्मों की ताब न ला सका और ज़िन्दगी गँवा दी'। दूसरे शब्दों में कहें, तो सेना ने उसे मार डाला था। शायद ही कभी पुलिस और जनता दोनों की बातें मानवाधिकार उल्लंघन की घटनाओं के बारे में इतने मेल में होती हैं। थानेदार ने वादा किया कि मामले की निष्पक्ष जाँच होगी, लेकिन उसने यह भी जोड़ा कि सेना के जवानों पर मुक़दमा चलाने की अर्ज़ी दी जाती है तो गृह मन्त्रालय उन्हें हमेशा ही ख़ारिज कर देता है।

ऐसी हर घटना भारतीय सेना और ख़ुद भारत की सरकार के ख़िलाफ़ कश्मीरी लोगों के मन में ग़ुस्सा बढ़ाती है। यह ग़ुस्सा और आज़ादी का जज़्बा सोलह साल पहले भी ज़ाहिर था–उस वक़्त मैं पहली बार कश्मीर गया था। अब इन भावनाओं ने और ज़्यादा ज़ोर पकड़ लिया है। दरअसल, हाल के जन–विद्रोह और उसके दमन ने तक़रीबन हर कश्मीरी को आज़ादी के संघर्ष का सिपाही बना दिया है।

मृत विवेक

जन–विद्रोह को लेकर सरकार का रवैया बड़ा निष्ठुर है : सरकार कोई रियायत (पैलेट गन के इस्तेमाल पर रोक तक) देने को तैयार नहीं। सरकार नेताओं (सैयद अली गिलानी, मीरवाइज़ उमर फ़ारूक़, यासिन मलिक तथा अन्य) को गिरफ़्तार करके इन्तज़ार करते रहती है कि लोग उम्मीद खो दें। लेकिन यह रणनीति दमन को बढ़ाने वाली ही साबित होती है, इससे कश्मीर के लोगों में आज़ादी की भावना और ज़्यादा भड़कती है। उत्पीड़न साझा हो, तो यह लोगों को सबसे ज़्यादा एकजुट करता है।

यदि सख़्त दमन की वर्तमान नीति जारी रहती है तो क्रूरता दशकों तक जारी रहेगी। दमन का लगातार जारी रहना कश्मीरी लोगों के मन में भारत से और ज़्यादा अलगाव की भावना पैदा करेगा और सम्भव है कश्मीर में सशस्त्र संघर्ष की फिर से शुरुआत हो जाये। लोगों को बेचारगी की हालत में रखना व्यर्थ है–इस बात को समझने और सभी सम्बद्ध पक्षों के साथ बिना शर्त बातचीत शुरू करने में ही समझदारी है। अटल बिहारी वाजपेयी (भारत के तत्कालीन प्रधानमन्त्री) ने इस दिशा में महत्त्वपूर्ण क़दम उठाये था और कश्मीर में इस बात के लिए उन्हें याद किया जाता है, लेकिन आज फिर से सख़्ती का बर्ताव शुरू हो गया है।

भारत में जनमत सत्तापक्ष का अनुवर्ती है। अतः कश्मीर के मसले पर जनमत विशेष मददगार साबित नहीं होता। यह बात समझ से परे है कि आख़िर विपक्षी दल, नागरिक, समाज और सामाजिक आन्दोलन इतने लम्बे समय तक कश्मीर पर चुप्पी क्यों साधे रहे? पिछले कुछ महीनों के दौरान भारत में कहीं भी कश्मीर के लोगों के साथ हमदर्दी जताता कोई भी बड़ा प्रदर्शन नहीं हुआ है। कश्मीर के मसले पर भारत में सार्वजनिक बहस–मुबाहिसा भी कम ही देखने को मिलता है। प्रसिद्ध पत्रकार कुलदीप नैयर ने कुछ साल पहले कहा था कि 'जब कश्मीर की बात आती है तो देश के ज़्यादातर लोगों का विवेक मर जाता है।' आज हालात इससे भी ज़्यादा बुरे हैं, क्योंकि भारतीय मीडिया कश्मीर की स्थिति का लेखा–जोखा लगातार तोड़–मरोड़कर पेश कर रही है।

इन बातों का मतलब यह नहीं है कि स्थिति का समाधान आसानी से निकाला जा सकता है। समाधान कोई भी हो, उसमें ढेर सारी जटिलताओं का ध्यान रखना होगा, जैसे कि लद्दाख का दर्जा, कश्मीर में अल्पसंख्यकों के अधिकार, पाकिस्तान को मसले पर साथ लेना तथा ऐसी ही कई और बातें। शायद, अभी के लिए सबसे अहम बात यही होगी कि कोई बना–बनाया समाधान पेश न किया जाये, बल्कि ऐसी प्रक्रिया शुरू की जाये जो समाधान तक पहुँचाने वाली साबित हो सके। यथास्थिति किसी भी हाल में बर्दाश्त नहीं की जा सकती।

नोट

इस खण्ड में आये विभिन्न मुद्दों पर विस्तार से चर्चा के लिए कृपया देखें, द्रेज 2000।

आण्विक प्रतिरोध : एक तो करेला दूजे नीम चढ़ा–कैनेडी टेप्स पर विशेष जानकारी के लिए देखें, मे एवं जेलिकोव 1997। 'द स्ट्रेटजी ऑफ कंफ्लिक्ट' नाम के अपने प्रसिद्ध अध्ययन में थॉमस शिलिंग ने सीमित स्तर के प्रतिघात तथा अन्य सम्बन्धित विचारों की चर्चा की है। लेख में एक ज़िक्र यह आता है कि रूसी लोग किस तरह एटमी युद्ध की धमकी को ज़्यादा गम्भीरता से लेंगे। इस ज़िक्र को शिलिंग 1962 से लिया गया है। बात को लगातार बढ़ाते जाना रुग्ण मानसिकता का लक्षण है और इस पर विस्तार से चर्चा शुबिक 1971 में की गयी है। इससे जुड़े अन्य मसलों के लिए देखें; द्रेज 2016 बी तथा उक्त अध्ययन में उद्धृत

पुस्तकें। लेख में जिस अग्रणी अमेरिकी रणनीतिकार का हवाला दिया गया है वह रॉबर्ट जेविस 1989, पृष्ठ 96 पर दर्ज है। क्रैकपॉट रियलिज़्म यानी लाल बुझक्कड़ों के यथार्थवाद के बारे में जानकारी के लिए देखें; राइट मिल्स 1958। अफ़सोस की बात है कि एटमी प्रतिरोध को लेकर भ्रम और मोह अब भी क़ायम हैं।

युद्ध के भविष्य पर कुछ उधेड़बुन–यह आलेख द्रेज 2000 में प्रस्तुत अध्ययन–सामग्री पर आधारित है जहाँ मूल स्रोतों का भी ज़िक्र किया गया है। पाकिस्तान में उस वक़्त सैन्य–शासन था (साल 1999 में सैन्य शासन लागू हुआ, यह करगिल–युद्ध के बाद की बात है)

कश्मीर : जातीय–संघर्ष को जगाये रखने की ज़िद–यह आलेख मार्च 2000 की कश्मीर–यात्रा पर आधारित है। हत्या की दर नेशनल क्राइम रिकॉर्ड ब्यूरो के दस्तावेज़ में उपलब्ध है। हाल के आँकड़ों से पता चलता है कि जम्मू–कश्मीर में हत्या की दर अब भी भारत के बहुत से राज्यों की तुलना में कम है। मिसाल के लिए, साल 2010 में सबसे कम हत्या–दर वाले राज्यों में जम्मू–कश्मीर केरल के तुरन्त बाद दूसरे नम्बर पर था : देखें; द्रेज तथा सेन 2013, तालिका ए–3।

एटमी जुआ और उसका विचित्र तर्क–भारत के संसद पर 13 दिसम्बर, 2001 को आतंकी हमला हुआ। इसके बाद भारत तथा पाकिस्तान के बीच सैन्य तनातनी की स्थिति उत्पन्न हुई। इन्हीं हालातों की पृष्ठभूमि में यह लेख लिखा गया। भारतीय मीडिया में आयी ख़बरों के मुताबिक़ तीन बन्दूक़धारियों ने 14 मई, 2002 को कालूचक (जम्मू–कश्मीर) में इकतीस लोगों को जान से मार डाला और ये बन्दूक़धारी पाकिस्तान से आये थे, इनकी जेब में पाकिस्तान में बने चॉकलेट मिले। कालूचक की घटना के बाद दोनों देशों के बीच सैन्य–तनाव और भी ज़्यादा बढ़ गया। आर.एस.एस. के अखण्ड भारत की सोच पर एक विचारोत्तेजक चर्चा कुलकर्णी 2016 में दी गयी है। इसमें आपको महात्मा गाँधी को मारने पर उतारू नाथूराम गोडसे का 1948 वाला बयान भी मिल जायेगा। यह बयान भी मसले पर रोशनी डालने के लिहाज़ से अहम है। देखें, गोडसे, 2015।

भारत और एटमी करार : साथी या मोहरा-भारत और अमेरिका के बीच हुए एटमी करार पर भारी विवाद पैदा हुआ था। यह लेख उसी विवाद की पृष्ठभूमि में लिखा गया। इस करार में मुख्य रूप से यह बात कही गयी है कि भारत अपने सैन्य और नागरिक उपयोग की एटमी सुविधाएँ

अन्तर्राष्ट्रीय मानकों के हिसाब से अलग कर लेगा और इसके एवज़ में अमेरिका, भारत के साथ शान्तिपूर्ण उद्देश्यों के लिए परमाण्विक सहयोग करेगा। यह करार हाइड एक्ट पर निर्भर है। हाइड एक्ट के ज़रिये अमेरिकी एटॉमिक एनर्जी एक्ट के कतिपय प्रावधानों में संशोधन किया गया है ताकि भारत के साथ एटमी करार किया जा सके। मिसाल के लिए, हाइड एक्ट में एक प्रावधान है कि अगर भारत आगे एटमी परीक्षण करता है तो अमेरिका उसके साथ आण्विक सहयोग का करार तोड़ सकता है। एटमी करार से जुड़े अमेरिकी हितों की जानकारी के लिए देखें, टेलिस, 2005।

कश्मीर का अनदेखा जन विद्रोह—यह लेख 2016 की कश्मीर–यात्रा पर आधारित है। यात्रा के समय ही 'टेल्स ऑफ सीज' नाम की एक शॉर्ट फ़िल्म कश्मीर यूनिवर्सिटी के दो छात्रों ने बनाई थी। यह फ़िल्म यूट्यूब पर उपलब्ध है। फ़िल्म तत्कालीन स्थितियों का मार्मिक अंकन करती है। कुलदीप नैयर का उद्धरण उनके 'डबल स्टैंडर्ड्स'('द हिन्दू', 18 नवम्बर, 2000) से लिया गया है। कुलदीप नैयर ने दरअसल कश्मीर एवं पूर्वोत्तर दोनों के हवाले से अपनी बात लिखी है।

10
टॉप-अप

इस खण्ड में फुटकल लेख हैं जो पहले के खण्डों में तो आसानी से फिट नहीं बैठते, लेकिन एक–न–एक तरीक़े से इन लेखों का रिश्ता इस पुस्तक की विषय–वस्तु से बनता है। मिसाल के लिए नीचे का पहला लेख शहरी इलाक़े के ग़रीबों की जीवन–दशा के बारे में है, चूँकि यह किताब मुख्य रूप से ग्रामीण इलाक़े के ग़रीबों पर केन्द्रित है। अतः यह लेख किताब के एक अहम अभाव की भरपायी करता है। जाति के मुद्दे पर केन्द्रित लेख भारतीय समाज के केन्द्रीय पहलू से बास्ता है और इस नाते लेख का इस पुस्तक की पड़ताल के दायरे में आये तमाम मुद्दों से रिश्ता है। इसी तरह, 'बुलेट ट्रेन का रोग' शीर्षक लेख हालाँकि हल्के–फुल्के अन्दाज़ में लिखा गया है, लेकिन यह लेख भारत में सरकारी नीति में जारी एक व्यापक विशेषता की तरफ़ ध्यान खींचता है। यह विशेषता है सुविधा–सम्पन्न तबक़े और शेष जन के लिए अलग–अलग सार्वजनिक सुविधाएँ फ़राहम करने की प्रवृत्ति और इस प्रवृत्ति के कारण अक्सर सुविधा–सम्पन्न तबक़े को बाक़ी जन पर तरजीह दी जाती है जबकि लक्ष्य हर किसी को अच्छी सुविधा प्रदान करने का होना चाहिए। इस प्रवृत्ति को लक्ष्य करना भारतीय शिक्षा–व्यवस्था, स्वास्थ्य सेवा के संस्थानों तथा भारत की आर्थिक तथा सामाजिक नीति के अन्य अनेक पहलुओं को समझने में सहायक हो सकता है।

सामाजिक नीति के कथा–पुराण पर केन्द्रित लेख की भी प्रासंगिकता बनी हुई है। मीडिया के कुछ हिस्सों में एक कहानी बनायी और परोसी जा रही है कि भारत में तो राजव्यवस्था लोगों के लिए कुछ ऐसे काम करती है मानो वही 'नानी का घर' हो और इस कारण सामाजिक कल्याण पर सरकारी ख़र्चा हद से ज़्यादा बढ़ गया है। दरअसल, अन्तर्राष्ट्रीय परिप्रेक्ष्य में देखें तो भारत में सामाजिक क्षेत्र बहुत सीमित है। बेहतर साबित हुए सामाजिक कार्यक्रमों में सुधार और विस्तार (साथ ही नकारा साबित हो

रही कुछ योजनाओं को समाप्त करने) की व्यापक सम्भावनाएँ हैं। भारत में हद से ज़्यादा सरकारी सहायता सुविधा–सम्पन्न तबक़े को मिलती है– चाहे यह अनुदान के रूप में हो या फिर टैक्स में छूट के रूप में या फिर पर्यावरण की लूट का बायस बन रहे मोटी कमाई वाले अनुबन्ध अथवा लाइसेंस के रूप में।

इसी लेख के आख़िर में आपको नयी सरकार यानी प्रधानमन्त्री नरेन्द्र मोदी की अगुवाई वाले राष्ट्रीय जनतान्त्रिक गठबन्धन (राजग) के अन्तर्गत सामाजिक नीति की नियति की चर्चा मिलेगी। साल 2014 की जुलाई में मोदी सरकार को सत्ता में आये कुछ ही हफ़्ते हुए थे तो इस वक़्त तक यह साफ़ नहीं हो पाया था कि सामाजिक नीति के मामले में सरकार किस दिशा में जायेगी? अब तस्वीर बहुत साफ़ हो चली है : केन्द्र की सरकार ने सामाजिक नीति से अपने हाथ खींच लिए हैं और इसे राज्यों के भरोसे छोड़ दिया है कि जिससे जितना बन पड़े वह उसी हद तक इसे सँभाले। यह बात आधिकारिक बयानों और भाषणों से भी ज़ाहिर है और सरकार के उठाये क़दमों से भी। मिसाल के लिए, एन.डी.ए. सरकार ने सत्ता में आते ही नरेगा को चुनिन्दा ज़िलों तक सीमित करने की कोशिश की और जब यह कोशिश कामयाब नहीं हुई, तो उसने नरेगा के बजट पर चाँप चढ़ायी। जिससे नरेगा के अन्तर्गत रोज़गार में अप्रत्याशित कमी आयी। इसके अगले साल बजट पर आयद सीमा तो हटा ली गयी और नरेगा में रोज़गार बढ़ा, लेकिन मज़दूरी के भुगतान का बक़ाया बड़े पैमाने पर बढ़ गया क्योंकि ज़रूरत के मुताबिक़ बजट का आवंटन नहीं हो पाया। इसी तरह, केन्द्र सरकार ने राष्ट्रीय खाद्य–सुरक्षा अधिनियम में प्रदत्त महिलाओं के मातृत्व लाभ की तीन साल से भी ज़्यादा समय तक अनदेखी की।[1] समेकित बाल विकास परियोजना (आई.सी.डी.एस.) के बजट में भी भारी कटौती (शुरुआत में 50 प्रतिशत तक, बाद में उस कटौती में भी कमी हुई) की गयी। कटौती को यह कहकर जायज़ ठहराया गया कि अब राज्यों को बाँटे जाने वाले टैक्स से ज़्यादा हिस्सा मिल रहा है, लेकिन इसकी गाज़ बच्चों पर गिरे, ऐसा सोचने में कोई तुक नहीं है। लेकिन इस मामले में आशा की किरण बची हुई है क्योंकि राज्यों ने अभी अपने हाथ नहीं खींचे हैं। बीते तीन सालों में धीमी गति से ही सही, लेकिन पूरी निरन्तरता के साथ अनेक राज्यों में कई जीवन्त सामाजिक नीतियाँ जारी हैं। लेकिन

ख़तरा है कि केन्द्र का बदला हुआ नज़रिया वक़्त बीतने के साथ कहीं कुछ राज्य सरकारें भी न अपना लें।

इस समापनी खण्ड में हम उन तीन नुकतों की चर्चा करेंगे जिनके असर में नयी सरकार की सामाजिक नीति विचलन का शिकार है। ये तीन नुकते हैं : तथाकथित गुजरात मॉडल, साल 2016 की 'नोटबन्दी', तथा सार्विक बुनियादी आय... जैसा कि आख़िर से पहले के लेख में ज़िक्र आया है, मैं सार्विक बुनियादी आय की धारणा को समृद्ध देशों के सन्दर्भ में ठीक मानता हूँ, लेकिन जहाँ तक भारत का सवाल है, यह धारणा कच्ची कहलायेगी—उपलब्ध सीमित संसाधनों के सहारे इससे कहीं ज़्यादा बेहतर चीज़ें अभी करने को शेष हैं।

मुझे इस बात का भान है कि महत्त्व के कई अन्य मसलों पर यहाँ ज़्यादा चर्चा न पाकर कुछ पाठकों को निराशा होगी। महत्त्व के ऐसे मसलों में किसान—आत्महत्या, लैंगिक असमानता तथा पर्यावरणीय मुद्दों (जो कि विकासपरक अर्थशास्त्र में अक्सर ही उपेक्षित रह जाता है) की गिनती की जा सकती है। मैं अपने बचाव में बस इतना ही कह सकता हूँ कि ये लेख एक लम्बे अरसे के दौरान समय—समय पर अलग—अलग आलेख के रूप में लिखे गये और लेखों को तैयार करते वक़्त ऐसी कोई योजना नहीं थी कि इन्हें मिलाने से एक मुकम्मल तसवीर बनाई जा सकेगी। बहरहाल, मैं अभी अवकाश नहीं लेने जा रहा तो ऐसे मौक़े निश्चित ही आगे आयेंगे जब इस कमी को पूरा कर सकूँगा।

इस किताब का समापन हाल के एक लेख 'विकास और जनकेन्द्रित सोच' से होता है। इस लेख से समापन करने के पीछे सोच यह रही है कि किताब का ज़्यादातर हिस्सा ग़रीबी, भुखमरी तथा फौरी ज़रूरत के ऐसे अन्य मसलों पर केन्द्रित है। रोज़मर्रा की इन बातों से जूझना तो लाज़िमी है, लेकिन एक ख़तरा भी है कि रोज़मर्रा के इन मसलों से जूझने में कहीं भविष्य और उसकी सम्भावनाओं से नज़र न चूक जाये। भविष्य के बारे में सोचता हूँ, तो यक़ीन होता है कि मानवता के क़ायम रहने और स्वतन्त्रता तथा समानता के मेल खाने वाले समाज की रचना के लिए मानवीय मूल्यों और सामाजिक मानकों में बदलाव का होना महत्त्वपूर्ण है। जैसा कि किताब की भूमिका में कहा गया है, नैतिक विकास अपने सबसे व्यापक अर्थों में सामाजिक विकास का अनिवार्य हिस्सा है।

रंग दे बस्ती*

(बेला भाटिया के साथ)

दो हफ़्ते पहले संजय बस्ती की दीवारों पर यहाँ–वहाँ एक सख़्त तेवर वाली नोटिस नमूदार हुआ। संजय बस्ती उत्तरी दिल्ली की एक झुग्गी–बस्ती है। नोटिस केन्द्रीय लोक–निर्माण विभाग (सी.पी.डब्ल्यू.डी.) की ओर से लगाया गया था। इसमें निवासियों से कहा गया था 27 अप्रैल तक आवास खाली कर दें या फिर इसके बाद उनके आवास को ढहा दिया जायेगा। लोगों को जबरिया हटाया जा रहा था, लेकिन नोटिस में इसका मक़सद नहीं बताया गया था। यह भी ज़िक्र नहीं था कि नोटिस में दर्ज आदेश बस्ती के किस हिस्से में अमल में लाया जाना है, न ही यही बताया गया था कि पुनर्वास की कोई योजना है कि नहीं। ज़माना तो सूचना के अधिकार का है, लेकिन नोटिस में यह ज़िक्र भी नदारद था कि आगे की कोई और जानकारी हासिल करनी हो, तो किस नम्बर पर सम्पर्क किया जाये।

संजय बस्ती के ज़्यादातर घर बहुत छोटे और एक कमरे के हैं। दीवारें कच्ची और कमज़ोर हैं। उनके ऊपर टीन की चादर तानकर घर का रूप दे दिया गया है। यहाँ के निवासी शहरी अर्थव्यवस्था के अनौपचारिक क्षेत्र से जुड़े हैं : ये लोग सब्ज़ी बेचते हैं, घरेलू सहायक और दिहाड़ी मज़दूर के रूप में काम करते हैं, ठेला लगाते हैं और रिक्शा चलाते हैं, मैकेनिक, पेंटर, ड्राइवर या फिर ऐसा ही कोई और काम करते हैं। इनकी ज़िन्दगी में यों तो कोई ख़ास सुख–सुविधा नहीं है, लेकिन हाँ, इनमें से ज़्यादातर लोग दिल्ली आने से पहले गाँवों में जिस क़िस्म की वंचना और अपमान का शिकार थे, उससे ज़रूर ही अब बचे हुए हैं। किसी बाहरी को यह बस्ती गन्दी और मलिन नज़र आयेगी, लगेगा कि बस्ती नहीं बल्कि अपराध और गन्दगी का अड्डा है। लेकिन जो बस्ती में रहते हैं, उनकी रोज़ाना की ज़िन्दगी में दुख–क्लेश तो हैं, लेकिन उनका एक जीवन्त सामाजिक जीवन भी है।

आमफ़हम भाषा में कहें तो संजय बस्ती 'झोपड़पट्टी' है, 'अतिक्रमण' के मारफ़त बसी है। इन शब्दों से हिक़ारत झाँकती है, लेकिन ये शब्द संजय बस्ती के वास्तविक स्वरूप का पता नहीं देते। संजय बस्ती के ज़्यादातर निवासी यहाँ बीस साल या इससे भी ज़्यादा वक़्त से रह रहे हैं

* मई, 2007।

और किसी तरह से जोड़–गाँठ कर बनाये गये सर छुपाने के ठिकाने को इन लोगों ने अब अपने असली 'घर' में तब्दील कर लिया है। बग़ैर ख़ास मदद या अनुदान के इन लोगों ने मौजूद जगह के एक–एक इंच का ज़रूरी उपयोग सोचा है, मध्यवर्गीय घरों से इकट्ठा किये गये छोड़न–छाड़न के सहारे ऐसी तरकीब निकाली है कि रहने–जीने में सुविधा हो। इनके घर साफ़–सुथरे हैं, रोज़ का गुज़ारा हो जाता है और इन घरों का अपना एक व्यक्तित्व भी है। इन अर्थों में देखें तो ये झोपड़पट्टी के घर सड़क के परली तरफ़ एक बड़े वितान में फैले धूसर जान पड़ते निम्न मध्यवर्गीय आवासों से तनिक बीस ही लगते हैं। कम लागत के शहरी आवास के रूप में संजय बस्ती की रिहाइश बुरी नहीं कहलायेगी।

यों यहाँ लोगों की रोज़मर्रा की ज़िन्दगी पहले की ही तरह जारी है, लेकिन घरों को खाली करने की सूचना जब से लगी है, लोग चिन्तित हैं, सहमे हुए हैं और दुविधा में हैं। नोटिस को लेकर लोगों में आश्चर्य नहीं है–इन्हें पता था कि घर खाली करने का फ़रमान कभी–न–कभी आयेगा ही। ऐसे कई मौक़े आये जब अफ़वाह फैली कि बस्ती ढाह दी जायेगी। लेकिन बस्ती हर बार बचती आयी और उसने धीरे–धीरे अपनी जड़ जमा ली; लोगों के मतदाता पहचान–पत्र बने, राशन कार्ड बाँटे गये, बच्चों का टीकाकरण हुआ और उन्हें स्थानीय स्कूल में दाख़िला मिला। लेकिन अब संजय बस्ती का एक हिस्सा मलवे के ढेर में तब्दील हो चुका है : 6 मार्च को सड़क के किनारे की दुकान और घर एक कतार से गिरा दिये गये और यह संजय बस्ती को पूरी तरह ढाह देने की एक शुरुआत है। घर और दुकानों को गिराने का काम जिस तेज़ी और बेदर्दी से हुआ उससे साफ़ हो गया कि नोटिस में लिखी गयी बातों को हल्के में नहीं लिया जा सकता।

मौजूदा नीतियों और क़ानून के नुकते से देखें तो संजय बस्ती को मनमाने ढंग से नहीं गिराया जा सकता। सैद्धान्तिक रूप में इस बस्ती को एक तरह से सुरक्षा हासिल है। 'द दिल्ली लॉज़' (स्पेशल प्रोविज़न) एक्ट 2006 के मुताबिक़ जब तक लोक–कल्याण की किसी ख़ास परियोजना के लिए ज़मीन ज़रूरी न हो, किसी भी झुग्गी बस्ती को नहीं हटाया जा सकता। और, संजय बस्ती के मामले में ऐसी किसी ख़ास परियोजना का ज़िक्र नहीं आया है। दरअसल, बहुत सारे दफ़्तरों से अनगिनत बार पूछा गया कि संजय बस्ती को क्यों गिराया जा रहा है, लेकिन किसी भी दफ़्तर से ऐसा जवाब नहीं मिला कि लगे, बस्ती को फ़लाँ मक़सद से गिराया जा रहा है।

इसके अतिरिक्त, दिल्ली मास्टर प्लान भी वैधानिक रूप से अमल में है। इसमें अनिवार्य व्यवस्था के तौर पर कहा गया है कि सभी झुग्गी–झोपड़ी रिहाइशों का उनके मूल जगह पर उन्नयन या फिर उनका पुनर्वास मास्टर प्लान में बताये गये निर्देशों के हिसाब से किया जाये और ऐसी बस्तियों को अन्तरिम तौर पर क़ायम रहने दिया जाये। संजय बस्ती में होने जा रहा ध्वंस दिल्ली लॉज़ (स्पेशल प्रोविज़न) एक्ट 2006 और मास्टर प्लान का उल्लंघन है। साथ ही, यह दिल्ली नगर निगम की झुग्गी–बस्ती से सम्बन्धित नीति के भी विरूद्ध है।

दुर्भाग्य कहिए कि जल्दबाज़ी में सुनाये जा रहे दिल्ली हाइकोर्ट के आदेशों में इन क़ानून और नीतियों की अनदेखी होती है। इन आदेशों का मक़सद महानगर को संजय बस्ती सरीखी बसाहट से 'मुक्त' करना है। दरअसल, संजय बस्ती का विध्वंस तो एक लम्बे सिलसिले की नयी कड़ी भर है। दिल्ली हाइकोर्ट के आदेश और इन आदेशों के मारफ़त क़ायम आयुक्तों (कमिश्नर) तथा विध्वंस–कार्य की देखरेख के लिए बनाई गयी समितियों के दबाव में एक लम्बे अरसे से झुग्गी–बस्तियाँ गिरायी जाती रही हैं।

हाईकोर्ट के ये आदेश इस धारणा पर आधारित हैं कि झुग्गी–बस्तियाँ परजीवी होती हैं, शहरी परिवेश के लिए वे किसी दाग–धब्बे की तरह हैं। ऐसे आदेशों में इस बात की अनदेखी होती है कि झुग्गी–बस्तियाँ एक ज़रूरी आर्थिक उद्देश्य को पूरा करती हैं : शहर में सेवा फ़राहम कर रहे कामगारों को झुग्गी–बस्तियों के ज़रिये कम लागत में आवास हासिल होता है और ऐसे कामगारों के लिए नगर–विकास नियोजन में कोई प्रावधान नहीं होता। शहर के आख़िरी छोर से एक लम्बी दूरी तय करते हुए काम की जगह पर आना कई कामगारों के लिए अव्यावहारिक और ख़र्चीला साबित हो सकता है। मिसाल के लिए रेहड़ी–पटरी वाले या फिर सड़क के किनारे रोज़ी–रोज़गार करने वाले (नाई, चाय–विक्रेता, साइकिल मैकेनिक आदि) कामगारों को अपने काम में औज़ार की ज़रूरत पड़ती है और इन औज़ारों का लाना–ले जाना मुश्किल हो सकता है। इसी तरह, घर और काम की जगह के बीच दूरी कम होने के कारण कई महिलाएँ पास–पड़ोस के मोहल्लों में पार्ट टाइम घरेलू सहायक का काम कर पाती हैं, साथ ही अपने घर के कामकाज और बच्चों की देखभाल भी कर लेती हैं।

दिल्ली जैसे महानगर में झुग्गी–झोपड़ियों के विध्वंस में एक और बात की भी अनदेखी होती है : दरअसल, ऐसी बसाहटें बहुत कम जगह छेंकती हैं। दरअसल, दिल्ली महानगर में जितनी ज़मीन है उसके 1 फ़ीसदी से भी कम हिस्से पर झुग्गी–बस्तियाँ बसी हैं। आप गूगल अर्थ के उपयोग से दिल्ली का हाई–रिज़्योल्यूशन मानचित्र निकालकर इस बात की परख कर सकते हैं। इस मानचित्र में झुग्गी–बस्तियाँ न के बराबर मिलेंगी। इसकी वजह यह है कि झोपड़पट्टियाँ शहर के कोने–अन्तरे में क़ायम होती हैं और उनका आकार इतना छोटा होता है कि उन्हें किसी हवाई मानचित्र (एरियर मैप) में नहीं देखा जा सकता है–भले ही वह मानचित्र ऐसा ब्यौरेवार क्यों न हो कि उसमें पेड़ तक दिख पड़े।

दिल्ली के कुल क्षेत्रफल के इस 1 फ़ीसदी हिस्से पर तीस लाख लोग रहते हैं। इनके बूते अनौपचारिक अर्थव्यवस्था का चक्का चलता रहता है जबकि इनकी रिहाइश के बाबत कोई सुविधा नहीं सोची गयी। अगर नज़र के इस नुकते से सोचें तो झुग्गी–बस्तियाँ 'गड़बड़झाला' नहीं लगेंगी, वे आँखों में नहीं खटकेंगी, बल्कि लगेगा कि झुग्गी–बस्तियों को हटाने का तर्क लचर है। क्या झुग्गी–बस्तियों को अपनी जगह पर क़ायम रखते हुए उनमें सुधार करने और लाखों लोगों को घर के उजाड़ के दुख से बचाये रखने (जब तक जन–कल्याण के ख़ास मक़सद से ज़मीन लेना ज़रूरी न हो) के लिए 1 फ़ीसदी ज़मीन का आवंटन करना अविवेकी कहलाएगा?

झुग्गी–बस्तियों के साथ जो बर्ताव किया जा रहा है उसकी ज़रा तुलना कीजिए इधर–उधर खड़े किये जाने वाले वाहनों से। दिल्ली में झुग्गी–बस्तियाँ जितनी ज़मीन छेंकती हैं उससे कहीं ज़्यादा ज़मीन निजी कारों (इनकी तादाद 12 लाख से ज़्यादा है) की पार्किंग में लगती है। कई इलाक़ों में निजी कारों के कारण जाम से चलना–फिरना दुभर है। कारों की वजह से अन्तहीन शोर–शराबा, प्रदूषण, दुर्घटना, ट्रैफिक जाम और ढेर सारी मुश्किलें पैदा होती हैं और पूरा शहर एकदम से नरक बन जाता है। लेकिन निरन्तर बढ़ते वाहनों की तादाद और उनके आवागमन को नियन्त्रित करने के प्रयास शायद ही होते हैं।

यह विरोधाभास दिल्ली के शहरी विकास के वर्गीय चरित्र को दिखाने वाले लक्षणों में एक है। कामगार तबक़े की आवास सम्बन्धी ज़रूरतों पर ध्यान ही नहीं दिया जाता जबकि शहर का रंग–रूप सुविधा–सम्पन्न

तबक़े की महत्त्वाकांक्षाओं के अनुरूप नये सिरे से सँवारा जाता है। दिल्ली के मास्टर प्लान में कहा भी गया है कि पहली प्राथमिकता दिल्ली को 'विश्वस्तरीय शहर' बनाने की है। तो, जैसा कि संजय बस्ती में हुआ, आगे के लिए दीवार पर लिखी इबारत साफ़ पढ़ी जा सकती है।

माओवादी इलाक़े में मतदान*

झारखण्ड का लातेहार ज़िला तथाकथित 'माओवाद–संक्रमित' इलाक़ा कहलाता है, जहाँ लोग वामपन्थी अतिवादियों के रहमो–करम से जीते हैं। ऊपरी तौर पर देखें तो इलाक़ा शान्तिपूर्ण लगता है। मैं बीते वर्षों में कई दफे लातेहार ज़िले के ग्रामीण इलाक़े में गया हूँ, लेकिन इलाक़ा मुझे कभी असुरक्षित नहीं जान पड़ा। बहरहाल, इलाक़े के शान्तिपूर्ण होने का दावा करना ठीक नहीं। आप यहाँ कुछ वक़्त गुज़ारें तो तस्वीर साफ़ होने लगती है कि लोग हिंसा की एक गहरी सामाजिक संरचना के भीतर रहने–जीने को बाध्य हैं : आर्थिक शोषण है, सामाजिक स्तर पर भेदभाव है और पुलिस के हाथों उन्हें दमन का शिकार होना पड़ता है। ज़्यादातर वक़्त यह हिंसा उभार नहीं ले पाती, क्योंकि लोगों ने हालात से समझौता कर रहना सीख लिया है। अगर लोग हालात से समझौता करके न रहें तो तुरन्त ही दमन का चक्का चलेगा : मारपीट होगी, गिरफ़्तार किये जायेंगे, झूठे मामलों में फँसा दिये जायेंगे और इससे काम न चला तो बात हत्या तक चली आती है। लोगों के डर की मुख्य वजह माओवादी पार्टी नहीं (कम–से–कम उन लोगों के लिए जो सादगी और ईमानदारी से जीवन जीते हैं) बल्कि अगड़ी जाति के शोषक और उनकी शह में पलने वाले गुण्डे–मवाली हैं। उन्हें शासन यानी कि पुलिस, अदालत, फॉरेस्ट ऑफ़िसर (वन अधिकारी), सरकारी संरक्षण में चलने वाले माओवाद–विरोधी दस्ते तथा 'सुरक्षाबलों' का भी डर सताता है।

मेरी बड़ी इच्छा थी कि देखूँ, ऐसे इलाक़े में मतदान कैसे होता है? अतः मैंने 18 अक्तूबर का पूरा दिन लातेहार में गुज़ारा। झारखण्ड विधानसभा चुनाव का यह आख़िरी दिन था। मैं दो मान्यता प्राप्त पर्यवेक्षकों के साथ मणिका प्रखण्ड के लगभग आधा दर्जन गाँव और मतदान केन्द्रों पर गया।

चुनाव का दिन इलाक़े में किसी त्योहार सरीखा होता है। लोग बड़ी तादाद में मतदान केन्द्रों की ओर जा रहे थे। मतदान केन्द्रों पर

---

* जनवरी, 2010।

60 फ़ीसदी की तादाद में मतदाता पहुँचे थे, जो अन्तर्राष्ट्रीय मानकों के लिहाज़ से सम्मानजनक कहलायेगा। ज़्यादातर लोग अनुशासित थे, मतदान केन्द्रों पर बड़े धीरज के साथ कतार में लगे थे।

सुरक्षा का भारी भरकम इन्तज़ाम था। डाल्टनगंज को जाती मुख्य सड़क पर मीलों तक हर बीस मीटर की दूरी पर सेना के जवान चाक–चौबन्द खड़े थे। दूर–दराज़ के गाँवों में मतदान केन्द्रों पर सुरक्षा का भारी इन्तज़ाम था, लेकिन लोग झुण्ड बनाकर आ–जा रहे थे। अतः वे सुरक्षाबलों से भयभीत क़तई नहीं थे। पुलिस या फिर सेना के जवान चुनाव–प्रक्रिया में कोई हस्तक्षेप कर रहे हों–हमें ऐसा कहीं नज़र नहीं आया।

प्रशासन ने जो तैयारियाँ की थीं, उन्हें देखकर मैं प्रभावित था। मतदाता पहचान–पत्र (फ़ोटोग्राफ़ सहित) कई दिन पहले ही बाँट दिये गये थे और हर मतदान केन्द्र पर मिलान के लिए मतदाता के नाम की पर्ची रखी गयी थी। लग रहा था कि जिस विधि–विधान से चुनाव कराये जाते हैं उसका पालन हो रहा है। मतदाताओं को एक–एक करके अन्दर बुलाया जाता और गुप्त मतदान के उनके अधिकार का सम्मान किया जा रहा था। हमें दख़लन्दाज़ी या अड़ियल बर्ताव का कोई वाक़या नहीं दिखा।

बहरहाल, कुछ गम्भीर क़िस्म की अनियमितताएँ हमें नज़र आयीं। मिसाल के लिए, एक मतदान केन्द्र (रंकीकलाँ, बूथ नम्बर–69) पर बीजेपी का कार्यकर्ता मदद करने के बहाने मतदाताओं पर असर डालने की कोशिश कर रहा था। हमने यह भी देखा कि 2 बजे दिन के बाद से मतदान–केन्द्र पर कोई सक्रियता नहीं है। हालाँकि आधिकारिक रूप से मतदान का समय बढ़ाकर दोपहर के 3 बजे तक कर दिया गया था। मतदान केन्द्र से लौट रहे अधिकारी का दावा था कि अब मतदान पूरा हो चुका है। लेकिन, लोगों को अधिकार है कि वे चाहें तो दिन में 2 बजे के बाद वोट डालने आयें, तो फिर इस अधिकार का क्या? डाल्टनगंज लौटते वक़्त मेरी भेंट एक नौजवान से हुई। उसने बताया कि जब वह मतदान केन्द्र पर पहुँचा तो उससे कहा गया कि तुम्हारे नाम से कोई पहले ही वोट डाल गया है। भले ही यह अपवाद जान पड़ती घटना हो लेकिन परेशान करने वाली है। इस घटना से संकेत मिलता है कि मतदान की व्यवस्था उतनी चाक–चौबन्द नहीं जितना कि जान पड़ती है। इस बात को छोड़ दें तो फिर यह देखते हुए कि लातेहार भारत के सबसे समस्याग्रस्त इलाक़ों में एक है और स्थानीय स्तर पर प्रशासन एकदम

ही ख़स्ताहाल है, मतदान से जुड़ा पूरा कामधाम भरोसेमन्द कहलायेगा।

ये बातें बेशक ख़ुशख़बरी हैं लेकिन कुछ बातें उदास करने वाली हैं। ज़्यादातर लोगों के लिए मतदान अँधेरे में तीर चलाने जैसा था। हर मतदान केन्द्र पर मैंने कुछ स्त्रियों और पुरुषों से पूछा कि आपने किसे और क्यों वोट डाला? ज़्यादातर ने बड़ी राज़ी–ख़ुशी से बताया कि उन्होंने किसे वोट डाला है, लेकिन वोट डालने की वजह समझा पाना उनके लिए मुश्किल साबित हो रहा था। मुझे जो जवाब मिले उनके कुछ उदाहरण यों हैं : 'मुझे किसी ने कहा था कि लालटेन को वोट डालना तो मैंने लालटेन को वोट डाल दिया।'; 'मैं तो हमेशा पंजे के निशान को ही वोट डालता हूँ'; और 'यह उम्मीदवार हमारे इलाक़े का है।'

जवाब देने वाले ज़्यादातर मतदाता चुनाव–चिह्न को पार्टी से जोड़कर नहीं देख पा रहे थे। उन्हें फूल, लालटेन, केला आदि चुनाव–चिह्न का तो पता था (मतदान की मशीन पर ऐसे बीस चुनाव–चिह्न थे), लेकिन कोई उनसे पूछे कि लालटेन किस पार्टी का चुनाव–चिह्न है तो फिर बहुत नामुमकिन है कि उसे सही जवाब मिले। मैंने यह भी नोट किया कि मतदान की मशीन पर राजनीतिक पार्टियों के नाम नहीं हैं। हर चुनाव–चिह्न के सामने सिर्फ़ उससे जुड़े उम्मीदवार का नाम लिखा हुआ था। जब ज़्यादातर लोग चुनाव–चिह्न को राजनीतिक पार्टी से नहीं जोड़ पा रहे हों, जैसा कि लातेहार में नज़र आया तो फिर चुनाव–प्रक्रिया में सारा ज़ोर शख़्सियतों पर चला आता है, मुद्दे बहुत पीछे छूट जाते हैं।

सड़क के किनारे बसे बड़े गाँवों में तस्वीर तनिक अलग दिखी। यहाँ मुख्यधारा की पार्टियों ने गहन चुनाव–अभियान चलाया था और लोगों में शिक्षा का स्तर भी ऊँचा था। यहाँ कुछ मतदाताओं ने मुझे यह बताने से इनकार कर दिया कि उन्होंने किस उम्मीदवार को वोट डाला है और ठीक ही दलील दी कि यह उनका निजी मामला है। कुछ मतदाताओं ने मुझे बताया कि उन्होंने किसे वोट डाला है और वे चुनाव–चिह्न को पार्टी से जोड़ भी पा रहे थे। लेकिन यहाँ भी, मुझे ऐसा कोई प्रमाण नहीं मिले जिससे लगे कि मतदाता किसी पार्टी को उसके ख़ास मुद्दे से पहचान पा रहे हैं।

इन इलाक़ों में ग़रीब जन कैसे मतदान करते हैं, यह समझने के लिए हमें याद रखना होगा कि इनमें ज़्यादातर लोग बड़े विपरीत माहौल में रहते–जीते हैं। यहाँ पूरा तन्त्र (ठेकेदार, भूस्वामी, पुलिस, बी.डी.ओ.) उनके ख़िलाफ़ है। इसलिए, लोग यही देखते हैं कि ऐसा ताक़तवर उम्मीदवार

कौन है जो आड़े वक़्त में उनकी मदद कर सके और जिसके सहारे वे अपने काम करवा सकें। मुमकिन है, उनके लिए यह बात बहुत मायने नहीं रखती हो कि वह उम्मीदवार (स्त्री या पुरुष) भ्रष्ट, साम्प्रदायिक या फिर मौक़ापरस्त है। यह बात तो ख़ैर उनके लिए निश्चित ही मायने नहीं रखती कि उम्मीदवार सुविधा–सम्पन्न तबक़े का है। दरअसल मान्यता तो यह है कि ताक़तवर उम्मीदवार धनी और रसूखदार होता है।

तो फिर लोग अपने पसन्दीदा 'ताक़तवर' उम्मीदवार का चयन कैसे करते हैं? एक दिन के अवलोकन के आधार पर इस सवाल का जवाब ढूँढ़ पाना ज़रा मुश्किल है। कुछ मतदाता उम्मीदवार की जाति या समुदाय के आधार पर उसके बारे में मन बनाते हैं या फिर जैसा कि एक मतदाता ने मुझसे कहा था, वे यह सोचते हैं कि उम्मीदवार 'उनके इलाक़े' का है। सुनने में यह भी आया कि किसी ख़ास चुनाव–चिह्न को वोट देने के लिए कुछ मतदाताओं को शराब या फिर पैसे दिये गये थे। कुछ मतदाताओं ने अफ़वाह पर भरोसा किया होगा कि इस या उस चुनाव–चिह्न या उम्मीदवार को वोट डालना है। और यह भी मुमकिन है कि कुछ मतदाताओं ने किसी रसूखदार आदमी की सलाह को मानकर वोट डाला हो। राजनीतिक दल, मतदाताओं से कहीं ज़्यादा इन बिचौलियों को लुभाने पर ज़ोर लगाते हैं।

इन बातों से पता चल जाता है कि लोगों के अधिकार और सामाजिक न्याय की बात करने वाला और इस नाते तनिक 'अलग' जान पड़ता उम्मीदवार जितेन्द्र 18 अक्तूबर के दिन क्यों उदास नज़र आ रहा था? जितेन्द्र इलाक़े के बाक़ी ग्रामीणों जैसा ही दिखता है, वह किसी एम.एल.ए. या भावी एम.एल.ए. की तरह (कोई ख़ास पोशाक नहीं, अंगरक्षक या इस्तेमाल के चित्र–विचित्र उपकरण भी नहीं) नहीं जान पड़ता। उसने इलाक़े में हुए जबरिया विस्थापन के ख़िलाफ़ एक कामयाब संघर्ष की अगुवाई की थी और सोच लिया था कि यह उसके लिए विधानसभा में पहुँचने का अच्छा मौक़ा साबित होगा। जितेन्द्र को उसके गाँव में ख़ूब समर्थन मिला, कई लोग केले के चुनाव–चिह्न पर वोट डाल रहे थे। लेकिन गाँव से बाहर वोट के मामले में उसकी कोई ख़ास पूछ नहीं थी। उसकी हार बिल्कुल तय थी।

अन्त में एक सवाल मन में यह भी आया कि आख़िर लोग वोट डालते ही क्यों हैं? वे जानते हैं कि उनके वोट से कोई फ़र्क़ नहीं पड़ता, पूरा सिस्टम उनके ख़िलाफ़ है, तो फिर वोट डालने की ज़हमत क्यों उठाना? इस सवाल

का एक उत्तर है कि लोग अपने पास जो कुछ भी बचा–खुचा थोड़ा–सा है वे उसे बचाये रखना चाहते हैं–एक धूमिल–सी उम्मीद पाले रहते हैं कि अपने हालत को पलटने के लिए वे कुछ कर सकते हैं। कुछ और उत्तर भी है। एक हद तक यह भेड़–चाल का भी मामला हो सकता है। मतदान सामाजिक त्योहार का भी रूप ले लेता है। यानी लोगों की एकरंगी और उबाऊ ज़िन्दगी में थोड़ी देर के लिए उत्तेजना लाने वाला अवसर।

एक और उत्तर यह है कि लोग मतदान को व्यक्तिगत नहीं बल्कि सामूहिक व्यवहार के रूप में देखते हैं। जब वे वोट डालते हैं तो सोचते हैं कि किसी ख़ास उम्मीदवार को चुनने की सामूहिक कोशिश का वे हिस्सा हैं। पिछले साल रीवा (मध्य प्रदेश) में एक नौजवान से बात करते हुए यह बात मुझे स्पष्ट हुई थी। नौजवान ने कहा था : 'मेरे गाँव के लोगों ने पंजा छाप पर वोट डाला और अगर मैंने फूल को वोट डाला होता तो मेरा वोट बेकार जाता।'

मुझे लगता है, इन सभी जवाबों में सच्चाई का अंश है। और एक अर्थ में देखें तो दरअसल किसी व्याख्या की ज़रूरत भी नहीं : मतदान करने के लिए जो न्यूनतम जनोन्मुखी जज़्बा ज़रूरी है वह हर समाज में आम जन के भीतर मौजूद मिलता है।

शाम के समय मैं डाल्टनगंज से ट्रेन के ज़रिये राँची को चला। प्लेटफॉर्म पर बेअदब जवानों का पूरा रेला जमा था। ये लोग भी उसी ट्रेन का इन्तज़ार कर रहे थे। वह छोटा–सा वक़्त बीत चुका था, जब उन्हें अदब–क़ायदे के दायरे में रखते हुए एक महत्त्वपूर्ण ज़िम्मेदारी निभानी थी। उनके अशिष्ट बर्ताव को देख मेरे मित्र शैलेन्द्र ने तय किया कि वे सबेरे की बस से जायेंगे जबकि उन्हें भी मेरे साथ ट्रेन से ही चलना था। मैं उनकी इस चिन्तातुर प्रतिक्रिया पर मुस्कुराया, लेकिन ट्रेन में चढ़ने पर जब जवानों की हरकत देखी तो बात मुझे ठीक–ठीक समझ में आ गयी। कोई अचरज नहीं कि इस इलाक़े में लोग सुरक्षाबलों के डर में जीते हैं।

रिश्वतखोरी का खेल*

वित्तमन्त्री की वेबसाइट पर एक चतुराई से भरा और नज़र को बाँध लेने वाला एक आलेख टँगा है जिसके लेखक हैं कौशिक बसु (मुख्य आर्थिक सलाहकार, भारत सरकार)। आलेख की दलील है कि रिश्वत के लेन–देन

---

* अप्रैल, 2011।

को वैधानिक बना दिया जाना चाहिए। ठीक–ठीक कहें तो यह तर्क सिर्फ़ उन मामलों पर लागू होता है, जिसे कौशिक बसु ने 'पीड़क रिश्वत' का नाम दिया है। यानी ऐसी रिश्वत जो लोगों को अपना हक़ हासिल करने, जैसे–पासपोर्ट या राशनकार्ड बनवाना, के लिए देनी पड़ती है। 'पीड़क रिश्वत' और अन्य क़िस्म की रिश्वतों में फ़र्क़ कैसे करें–इसके बारे में लेख में चर्चा नहीं की गयी है। लेकिन इस पहलू को यहीं छोड आइए, पीड़क रिश्वत के मसले पर विचार करते हैं।

तर्क बड़ा सीधा–सादा है, यदि रिश्वत देना (लेकिन रिश्वत लेना नहीं) वैधानिक हो जाये, तो रिश्वत देने वाला प्रोत्साहित होगा, वह रिश्वत देकर इस बाबत आगाह करने के अन्दाज़ में आवाज़ उठा सकता है। यह जानकर रिश्वत लेने वाले घूस खाने में हिचकिचायेंगे। ध्यान रहे कि आलेख का मूल स्वर सिखावन देना वाला है : 'इस लेख का केन्द्रीय सन्देश है कि हमें ऐसे सभी मामलों (पीड़क रिश्वत) में घूस देने को वैधानिक गतिविधि घोषित करना चाहिए। इससे रिश्वतख़ोरी की घटनाआ में तेज़ी से कमी आयेगी।'(ज़ोर मेरा)।

इस प्रस्ताव की नैतिक स्वीकार्यता पर अन्य टिप्पणीकर्ता पहले ही सवाल उठा चुके हैं। लेकिन बसु के आलेख के साथ एक समस्या और भी है : आलेख का केन्द्रीय सन्देश कि रिश्वत देने के कृत्य को वैधानिक बनाने से घूसख़ोरी की घटनाओं में तेज़ी से कमी आयेगी–ग़लत है।

इसे समझने के लिए इस बात पर ग़ौर करना होगा कि घूस देने वाले के पास तीन विकल्प (न कि दो विकल्प कि घूस देना है या फिर घूस नहीं देना है) होते हैं : 1. घूस नहीं देना है, 2. घूस देना और इसके बारे में आगाह करते हुए आवाज़ उठाना; 3. घूस देना लेकिन आवाज़ ना उठाना। बसु ने बिल्कुल ठीक ध्यान दिलाया है कि रिश्वत देने के कृत्य को वैधानिक बनाने से पहले विकल्प की तुलना में दूसरे विकल्प के प्रति आकर्षण बढ़ता है। बहरहाल इससे तीसरे विकल्प के प्रति भी आकर्षण बढ़ेगा और इसके दो कारण हैं : रिश्वत देने वाला पकड़े जाये तो उसे दण्ड नहीं मिलेगा क्योंकि रिश्वत देना गैर–क़ानूनी नहीं रह गया। दूसरे, उसका ज़मीर (अन्तरात्मा) भी पाक–साफ़ होगा, क्योंकि रिश्वत देना अवैधानिक नहीं। ऐसे में, कुछ उदाहरण बड़ी आसानी से सोचे जा सकते हैं, जहाँ प्रस्ताव का असर पहले विकल्प से सीधे तीसरे की ओर मुड़ जाये और रिश्वतख़ोरी की घटना में कमी नहीं बल्कि वृद्धि होती दिख पड़े।

बात को एक मिसाल के सहारे समझने के लिए फ़र्ज़ कीजिए कि कोई व्यक्ति बिजली का कनेक्शन हासिल करने के एवज़ में घूस देने को तैयार है। मान लीजिए कि घूस देने के बाबत आगाह करने के अन्दाज़ में आवाज़ उठाने के भावी नतीजों के बारे में उसने सोचा और पाया कि मुक़दमेबाज़ी में ख़र्चा होगा, परेशान किया जा सकता है और इंसाफ़ मिलने की उम्मीद भी न के बराबर है। भारतीय सन्दर्भ में ऐसी बातें सहज ही सोची जा सकती हैं। ऐसी सूरत में घूस देना और 'आगाह करने के अन्दाज़ में आवाज़ उठाने' का विकल्प नहीं रह जाता, भले ही रिश्वत देने को वैधानिक करार दे दिया गया हो। असली विकल्प यही रहता है कि घूस न दी जाये या फिर घूस दी जाये, मगर आगाह करने के अन्दाज़ में इस बाबत आवाज़ न उठायी जाये। बहुत मुमकिन है कि रिश्वतख़ोरी के ग़ैर–क़ानूनी और दण्डनीय होने पर ज़्यादातर लोग पहले विकल्प को चुनें, जबकि रिश्वत देने के कृत्य को वैधानिक बना देने पर दूसरे विकल्प (घूस देना) को चुनें। घूस लेने वाले के बर्ताव को ध्यान में रखकर स्थिति के बारे में सोचें, तब भी यह तर्क लागू होता है और कौशिक बसु ने चूँकि आलेख में गेम–थ्योरी वाला नज़रिया अपनाया है, तो इस नज़रिये में तो निश्चित ही ऐसी बातों का ध्यान रखा जाना चाहिए।

लेकिन ऊपर की किसी भी बात से हम इस सम्भावना को नकार नहीं सकते कि रिश्वत देने के कृत्य को वैधानिक बना देने से किन्हीं विशेष परिस्थितियों में रिश्वतख़ोरी की घटनाओं में कमी आ सकती है। लेकिन आलेख में आया बसु का यह दावा कि प्रस्ताव को मान लिया जाये तो 'रिश्वतख़ोरी की घटनाओं में तेज़ी से कमी आयेगी' कसौटी पर जाँचने पर ख़रा नहीं उतरता।

बसु का तर्क एक पहेली की तरह है, क्योंकि आलेख के अन्त में भ्रष्टाचार के ख़ात्मे की बात कहते हुए मूल्यों और नैतिकता की दुहाई दी गयी है : 'अगर हम सचमुच भ्रष्टाचार को उखाड़ फेंकना चाहते हैं तो हमारे लिए समाज में ईमानदारी और सच्चाई के मूल्यों को क़ायम करना ज़रूरी है...' बात तो एकदम दुरुस्त कही आपने, लेकिन रिश्वत देने के कृत्य को वैधानिक करार देना ऐसे मूल्यों को क़ायम करने में किस तरह मददगार है?

दरअसल नैतिक चिन्ताओं के कोण से मसले को सोचें तो शुरुआती तर्क फिर से खण्डित हो जाता है। क्या रिश्वत देने के कृत्य को वैधानिक बना देने से वह कम अनैतिक कहलाएगा? अगर हाँ, तो फिर ऐसा करने

से रिश्वत कम नहीं होगी, बल्कि उसे और बढ़ावा मिलेगा। अगर नहीं, तो सोचिए कि आख़िर रिश्वत देने के बाद कोई आगाह करने के अन्दाज़ में आवाज़ क्यों उठायेगा? ऐसा करने का मतलब होगा अपने ही अनैतिक काम की तरफ़ लोगों का ध्यान खींचना। कौशिक बसु का सुझाव है कि आगाह करने के अन्दाज़ में आवाज़ उठाने वाले को रिश्वत वाली रक़म वापस कर दी जायेगी। इससे ज़रूर ही रिश्वत देने वाला व्यक्ति प्रोत्साहित होगा और लोगों को ख़बरदार करने के लिए आवाज़ बुलन्द करेगा, लेकिन यह सुझाव हमें हक़ीक़त की दुनिया से लगातार दूर खींच ले जाता जान पड़ता है।

तर्क दिया जा सकता है कि पीड़क रिश्वत (हैरेसमेंट ब्राइब) ख़ुद में अनैतिकता की ज़मीन पर निन्दा योग्य नहीं है, क्योंकि घूस देने वाला मजबूर है, वह आत्मरक्षा में ऐसा कर रहा है। लेकिन इस तर्क से मैं सहमत नहीं। जब आप 'पीड़क रिश्वत' देते हैं तो दरअसल आप पीड़ा पहुँचाने वाले के प्रतिकार के जो अन्य उपाय हैं उन्हें त्याग रहे होते हैं। ध्यान रहे कि पीड़क रिश्वत देने का रास्ता सिर्फ़ आपने अपने लिए ही नहीं चुना, बल्कि दूसरों के लिए भी एक नज़ीर क़ायम की, क्योंकि दूसरे लोग भी आप सी हालत में हो सकते हैं। साथ ही, दूसरों की तुलना में आप लाभकर स्थिति में आ गये क्योंकि वे रिश्वत देने में समर्थ नहीं या फिर रिश्वत देना उन्हें मंज़ूर नहीं है। ऐसा करना नैतिक नहीं जान पड़ता।

अगर आपको ये बातें बोझिल लग रही हों तो फिर मसले को बिल्कुल सहज बुद्धि से सोचकर देखिए : रिश्वत लेने वाला रिश्वत की माँग ही न कर पाये, इस मक़सद से अगर घूस देने के अपने ही कृत्य के बारे में ख़बरदार करना तनिक सुविधाजनक बना दिया जाये तो क्या इसे भ्रष्टाचार पर हल्लाबोल माना जायेगा? नैतिक तक़ाज़ों की बात तो छोड़ ही दें, दरअसल रिश्वत देने के कृत्य को वैधानिक करार देने का विचार बड़ी दूर की कौड़ी है। बेशक, बहुत दिमाग़ लगाने पर ऐसी स्थितियाँ सोची जा सकती हैं, जिनमें यह विचार कारगर साबित होता नज़र आये!

मौलिक और विचारोत्तेजक होने के बावजूद कौशिक बसु के आलेख में आया विचार अर्थशास्त्र के पेशे की एक आम बीमारी से ग्रस्त है। अर्थशास्त्र के पेशे में एक प्रवृत्ति घर कर गयी है कि धड़ल्ले से नीतिगत सिफ़ारिशें कर दी जाती हैं, जबकि ये सिफ़ारिशें जिन विश्लेषणात्मक

मॉडल पर आधारित होती हैं, उनका सत्यापन का दायरा बहुत ही सीमित होता है। जहाँ तक कौशिक बसु के आलेख का सवाल है उसमें यह समस्या कुछ और ज़्यादा जटिल हो गयी है, क्योंकि विश्लेषण के दोषों के साथ–साथ इसमें आर्थिक तर्क और नैतिक तक़ाज़े के बीच का तनाव भी मौजूद है। बसु ने जो प्रस्ताव रखा है वह बौद्धिक बहस–मुबाहिसे का अच्छा विषय साबित हो सकता है, लेकिन जहाँ तक यथार्थ की ज़मीन पर नीति–निर्माण की बात है, प्रस्ताव को गुमराह करने वाला माना जायेगा।

पुनश्च

मैं इस लेख को तनिक संकोच के साथ शामिल कर रहा हूँ। इसके दो कारण हैं। पहली वजह तो यह है कि बेशक मैं अब भी अपनी बात पर क़ायम हूँ कि कौशिक बसु का विश्लेषण दोषपूर्ण है, लेकिन मुझे आज की तारीख़ में उनका प्रस्ताव उतना अव्यावहारिक नहीं जान पड़ता जितना कि पहले लगा था। ऊपर के लेख में दर्ज किया गया है कि 'ऐसी स्थितियाँ सोची जा सकती हैं जिनमें यह विचार कारगर साबित होता नज़र आये'। ऐसी स्थितियों का एक उदाहरण के रूप में उन लोगों को लिया जा सकता है, जिन्होंने भ्रष्टाचार के ख़ात्मे की सौगन्ध उठा रखी हो और इस कारण रिश्वत देने के कृत्य के बारे में लोगों को आगाह करने की तरफ़ उनका स्वाभाविक रुझान हो (हालाँकि यह कौशिक बसु के विचार से तनिक अलग है, क्योंकि बसु का प्रस्ताव है कि आगाह करने वाले को प्रोत्साहन देने के ग़रज़ से रिश्वत की रक़म उसे वापस की जाये)। ऐसे लोग किन्हीं स्थितियों में 'पीड़क रिश्वत' देने को मजबूर महसूस कर सकते हैं। अगर रिश्वत देने का कृत्य वैधानिक हो, तो ऐसी स्थिति में वह ज़रूर ही इन लोगों के लिए मददगार होगा और वे रिश्वत के बाबत लोगों को आगाह करने के अन्दाज़ में आवाज़ उठायेंगे, ऐसा न हो तो उन्हें दण्डित होने का भय सतायेगा। लेख को लिखते समय मुझे लगा कि ऐसी स्थिति के उत्पन्न होने की सम्भावना नहीं, लेकिन फिर विचार करने पर लगा कि ऐसा हो भी सकता है और नहीं भी हो सकता है। हाल के सालों में लोगों के मन में भ्रष्टाचार को लेकर दुराव और भ्रष्टाचार की पोल खोलने की इच्छा पहले की तुलना में ज़्यादा बलवती हुई है और अगर ऐसा हुआ है तो फिर बसु के तर्कों की वैधता का दायरा निश्चित ही बढ़ जाता है।

मेरे संकोच की दूसरी वजह यह है कि लेख में बसु के प्रस्ताव के किसी संशोधित संस्करण की सम्भावना पर विचार नहीं किया गया है। मिसाल के लिए संशोधित प्रस्ताव कुछ इस तरह का हो सकता है कि रिश्वत देना तो अवैध रहे, लेकिन अगर कोई रिश्वत देकर इस बाबत जानकारी देता है तो फिर उस पर कोई मामला न बने। दलील दी जा सकती है कि यह तरीक़ा बसु के प्रस्ताव से बेहतर है (और रिश्वत देने के हर मामले को दण्डनीय करार देने के विचार से भी बेहतर है) और एक बात यह भी है कि भारत के भ्रष्टाचार निवारक अधिनियम में इस क़िस्म की बात को शामिल भी कर लिया गया है। बसु का तर्क है कि फ़ॉर्मूला व्यावहारिक साबित नहीं हुआ और यही उनके प्रस्ताव की प्रेरणा बना। अगर फ़ॉर्मूला कारगर साबित नहीं हुआ तो इसकी एक वजह यह हो सकती है कि अदालतें पीड़क रिश्वत और ग़ैर–पीड़क रिश्वत के बीच फ़र्क़ नहीं कर पा रहीं। अगर ऐसा है तो फिर बसु के प्रस्ताव से समस्या का समाधान नहीं होता। इस बारे में और भी बातें कही जा सकती हैं और दरअसल बसु के प्रस्ताव को लेकर अर्थशास्त्र के दायरे में ढेर सारा लेखन हुआ है जिसमें कई तरह की आलोचनाएँ (सिर्फ़ मेरी ही नहीं) भी शामिल हैं। अगर इस बाबत आपकी रुचि है तो आपके लिए एक डुवेन्बर्ग तथा स्पेगनोलो (2015) का लेख शुरुआत के लिहाज़ से उपयोगी हो सकती है।

जाति का मकड़जाल*

एक दफे मैं रीवा ज़िले की एक दलित बस्ती में गया। बस्ती के चहुँओर ऊँची जाति के किसानों के खेत थे और इन किसानों ने बस्ती तक जाने के लिए कोई रास्ता देने से इनकार कर दिया था। बस्ती के अन्दर छोटी–छोटी सड़कें थीं, लेकिन ये सड़कें बस्ती के आख़िरी छोर पर आकर अचानक ही ख़त्म हो जाती थीं। बस्ती उस टापू की तरह लग रही थी जो चहुँओर दुश्मनों के इलाक़े से घिरा हो। मैंने अचरज से सोचा–क्या दुनिया के किसी और देश में भी जाति–व्यवस्था जैसी बेतुकी और क्रूर प्रथा अब तक चलती है?

अगले दिन इस विषय पर मैंने आन्द्रे बेते का लिखा लेख ('इंडिया'ज डेस्टिनी नॉट कास्ट इन स्टोन' द हिन्दू, 21 फरवरी, 2012) पढ़ा। लेख की शुरुआत में कहा गया था कि सामाजिक जीवन पर जाति की पकड़

* नवम्बर, 2012।

कई मायनों में कमज़ोर पड़ रही है। मिसाल के लिए जाति और उससे जुड़े पेशे के आपसी सम्बन्ध ढीले पड़ रहे हैं (चन्द्रभान प्रसाद ने इसी बात को सारगर्भित तरीक़े से 'पिज़्ज़ा डिलीवरी इज़ कास्ट न्यूट्रल' नामक लेख में लिखा है)। और, पहले पावन–अपावन तथा छुआछूत के जो भेद अब से सौ साल पहले चला करते थे, वे आज थोड़े कमज़ोर हुए हैं–कम–से–कम सार्वजनिक जगहों पर तो निश्चित ही। बेते ने जाति की चेतना को जारी रखने का दोष चुनावी राजनीति तथा इसे लेकर होने वाली मीडिया कवरेज़ पर मढ़ते हुए लिखा है कि 'इन सबके बावजूद, अगर, जाति ने सार्वजनिक चेतना पर अपनी पकड़ बरकरार रखी है तो इसका कारण संगठित राजनीति है।' बहरहाल, मेरा मानना है कि जातिवादी चेतना के बने रहने की वजहें इससे कहीं ज़्यादा सरल हैं।

दरअसल, असली मुद्दा, जातिवादी चेतना का उतना नहीं है जितना ताक़त के औज़ार के रूप में जाति की भूमिका का। लेकिन ये दोनों आपस में जुड़े हैं। इसे ज़ाहिर करने के लिए हम लोगों में से कुछ ने इस बात की जानकारी जुटायी कि इलाहाबाद के सार्वजनिक संस्थानों में 'ताक़त और प्रभाव के पदों', मसलन–प्रेस क्लब, विश्वविद्यालयी शिक्षक, बार एसोशिएशन, मज़दूर संगठनों में नेतृत्वकारी ओहदों, स्वयंसेवी संगठनों और मीडिया हाउस में ऊँची जाति के लोगों की हिस्सेदारी कितनी है। नमूने में तक़रीबन पच्चीस सार्वजनिक संस्थानों के एक हज़ार से ज़्यादा 'ताक़त और प्रभाव के पद' शामिल किये गये। पाया गया कि इस नमूने में 75 फ़ीसदी पदों पर ऊँची जाति के लोग हैं, जबकि उत्तर प्रदेश की आबादी में ऊँची जाति के लोगों की तादाद 20 फ़ीसदी है। अकेले ब्राह्मण और कायस्थ ही ताक़त और प्रभाव के लगभग आधे पदों पर बैठे हैं। यानी आबादी में अपनी तादाद से कहीं चार गुना ज़्यादा। ये आँकड़े कच्ची गणना पर आधारित हैं, जाति का अनुमान व्यक्ति के उपनाम (सरनेम) से लगाया गया है, लेकिन फिर भी रुझान साफ़ है–सार्वजनिक संस्थानों पर ऊँची जातियों की मज़बूत पकड़ बरकरार है। अन्य जातियों (या समुदायों) के सदस्य इन पदों पर न हों ऐसी बात नहीं, लेकिन बहुसंख्यक अगड़ी जाति के लोगों की है और ऐसे में माना जा सकता है कि चलती उन्हीं की है।

नमूने में कोशिश दलित जाति के लोगों को भी पहचानने की गयी। इसके लिए कुछ और खोजबीन की ज़रूरत थी, क्योंकि दलित जाति के लोगों को अमूमन उनके उपनाम से नहीं पहचाना जा सकता। दरअसल

दलित जाति के कई लोगों के नाम के साथ उपनाम होता ही नहीं या फिर आधिकारिक दस्तावेज़ों (मसलन कर्मचारियों की नामपन्जी) में उनके पुकार के नाम जैसे 'छोटे' या 'सुनीता' दर्ज होते हैं। यह ख़ुद में ख़ासा ख़ुलासा करने वाली बात है। इससे भी महत्त्वपूर्ण बात यह है कि नमूने में जिन सार्वजनिक संस्थानों को शामिल किया गया उनमें, कुछेक अपवाद मसलन–विश्वविद्यालय की शिक्षकमण्डली को छोड़ दें, जहाँ आरक्षण के नियम लागू थे, तो दलितों की मौजूदगी के कोई प्रमाण नहीं मिले।

ग़ौर करने की बात है कि ऊँची जातियों का दबदबा सरकारी संस्थानों से ज़्यादा 'नागरिक संगठनों' में है। मिसाल के लिए, इलाहाबाद में स्वयंसेवी संगठनों तथा मज़दूर संगठनों के नेतृत्वकारी ओहदों पर ऊँची जाति के 80 फ़ीसदी लोग हैं। बार एसोसिएशन की कार्यकारिणी में 90 फ़ीसदी लोग ऊँची जातियों के हैं और प्रेस क्लब के शत–प्रतिशत सदस्य इन्हीं जातियों के लोग हैं (दरअसल प्रेस क्लब में सिर्फ़ कायस्थ और ब्राह्मण जाति के लोग हैं)। हालात यह है कि कामगारों के श्रम–संगठन भी बहुधा ऊँची जाति के नेताओं के नियन्त्रण में चल रहे हैं, जबकि कामगारों में मुख्य रूप से वंचित जाति के लोग हैं। सामाजिक संस्थानों पर जातियों की ऊँच–नीच की यह गिरफ़्त विचार का विषय है। इसमें कुछेक संस्थाएँ तो ऐसी भी हैं जिन्हें सत्ताविरोधी माना जाता है।

सरकारी संस्थानों, मसलन नगरपालिका के कर्मचारी या इलाहाबाद विश्वविद्यालय की शिक्षकमण्डली, में जातियों के लिहाज़ से इससे कहीं ज़्यादा (लेकिन यह भी बहुत कम ही है) सन्तुलन दीख पड़ता है। बहरहाल, यहाँ भी दलित जातियों की हिस्सेदारी नाममात्र को है। ख़ासकर 'विभागाध्यक्ष' जैसे ज़्यादा सम्मानजनक कोटि के पदों पर। ऐसे मामलों में बड़ी बेफ़िक्री से आरक्षण के नियमों को ताक पर रख दिया जाता है।

शायद इलाहाबाद जाति के मामले में ख़ासतौर पर रूढ़िवादी है। यह बात ठीक है कि यह बस एक शहर भर की बात है तो भी यहाँ ध्यान रखना चाहिए कि इलाहाबाद सत्ता का केन्द्र रहा है। मिसाल के लिए भारत के चौदह प्रधानमन्त्रियों में से सात का जन्म, लालन–पालन और शिक्षा इलाहाबाद में हुई या वे यहीं से निर्वाचित हुए। इलाहाबाद विश्वविद्यालय के स्नातक पूरे भारत भर में सार्वजनिक संस्थाओं और सिविल सर्विस के पदों पर बड़ी संख्या में क़ाबिज़ मिलते हैं। बहरहाल यहाँ मंशा इलाहाबाद पर अँगुली उठाने की नहीं है, जहाँ से आँकड़े एकत्र

किये गये और उन्हें ख़ास तवज्जो दी गयी। मंशा इस बात पर ध्यान दिलाने की है कि कमोबेश भारत के अनेक स्थानों पर यही रुझान देखने को मिलता है। वस्तुतः हाल के कई अध्ययनों में ठीक इसी तरह यह बात सामने आयी है कि मीडिया हाउस, कॉरपोरेट बोर्ड और यहाँ तक कि क्रिकेट टीम में भी ऊँची जाति के लोगों का दबदबा है।

आइए, उस बात पर पीछे लौटते हैं जो लेख में पहले उठाई गयी थी। मौजूदा स्थिति के रहते कोई कारण नहीं दिखता कि 'जातिवादी–चेतना' ख़त्म हो जाये। जातिवादी–चेतना क्यों बरकरार है, इसकी समझ बनाने के लिए कारण के रूप में चुनावी राजनीति (भले ही कारण रूप में वह महत्त्वपूर्ण हो) को गिनाने की ज़रूरत नहीं है। ऐसी स्थिति में, जातिवादी–चेतना की समाप्ति की बात कहना ऊँची जाति के लोगों के लिए फ़ायदे की बात होगी, क्योंकि व्यवस्था पर उनका दबदबा क़ायम रहेगा और उस पर ध्यान भी नहीं जायेगा और एक हद तक ऐसा हो भी रहा है। लेकिन कोई कारण नहीं है कि ऊँची जातियों के दबदबे को लेकर दलित चिन्ता छोड़ दें। एक ब्राह्मण अगर प्रेस क्लब में जाता है और ख़ुद को किसी ब्राह्मण या अन्य ऊँची जाति के लोगों की संगत में पाता है तो वह जातिवादी–चेतना की ग़ैर–मौजूदगी के प्रति निशंक हो सकता है, और इस बात पर गर्व भी महसूस कर सकता है कि जातिवादी–चेतना का वहाँ अभाव है। लेकिन अगर कोई दलित उसी कमरे में प्रवेश करता है और अपने को ऊँची जाति के सहकर्मियों से घिरा पाता है, जिसमें कुछ जातिगत ऊँच–नीच के मुखर समर्थक भी हो सकते हैं, तो शायद ही सम्भव है कि वह ऐसी जगह पर ख़ुद को सहज महसूस करे। ठीक इसी तरह, रीवा ज़िले की उस अलग–थलग कर दी गयी बस्ती में अकेले रहने वाले दलितों में जातिवादी–चेतना मौजूद है तो क्या आश्चर्य?

ऊँची जाति में जन्म लेने के लिए किसी को दोष नहीं दिया जा सकता, क्योंकि यह स्वेच्छा का मामला नहीं है। लेकिन, शायद यह विशेष सुविधा जाति–व्यवस्था से लड़ने की ख़ास और ज़रूरी ज़िम्मेदारी देती है। बजाय इसके कि जाति–व्यवस्था से लड़ने का ज़िम्मा दलित जन पर छोड़ दें या फिर इससे बुरी बात कि समानता की उनकी लड़ाई में बाधक (रीवा के भू–मालिकों की तरह) बनें। मिसाल के लिए, सार्वजनिक संस्थानों में उस 'विविधता' को बढ़ावा दिया जाये जिसने अन्य कई देशों में प्रजातीय या लैंगिक असन्तुलन को उल्लेखनीय तौर पर कम किया है।

इलाहाबाद के एन.जी.ओ., मज़दूर संगठन और बार एसोसिएशन सिर्फ़ ऊँची जातियों के क्लब बनकर न रह जायें, यह सुनिश्चित करने से इन संस्थाओं को कौन रोकता है? शायद यहाँ एक अलग तरह की जातिवादी चेतना की रचनात्मक भूमिका की ज़रूरत है।

गुजरात का गड़बड़–झाला*

अप्रैल की सुन्न कर देने वाली गर्म हवा के बीच देश जब मतदान–केन्द्र की ओर बढ़ रहा है तो वस्तुनिष्ठ तथ्यों और युक्तिसंगत जाँच–परख की एक तरह से विदाई हो रही है और जन–सम्पर्क उद्योग का प्रचार–अभियान इन पर हावी हो रहा है। अवसर के अनुकूल गुंजरात की छवि भी सँवारी गयी है। कई मतदाता मतदान–केन्द्र तक मन में यह छवि लेकर जायेंगे कि गुजरात, जापान जैसा बन चला है और नरेन्द्र मोदी के हाथ में बागडोर देने पर पूरे देश के लिए यही सम्भावना पैदा होगी।

तीन भ्रान्तियाँ

मोदी–प्रशंसक कुछ अर्थशास्त्रियों ने विकास के मोर्चे पर गुजरात की चकाचौंध भरी प्रगति की व्याख्या में तर्क पेश किया है कि यह सब निजी उद्यम और आर्थिक–वृद्धि की वजह से हुआ है। यह व्याख्या व्यावसायिक मीडिया में ख़ूब प्रचलित है। यह व्याख्या कॉरपोरेट जगत के इस विचार के एकदम माफ़िक बैठती है कि सरकार का मुख्य काम व्यापारिक हितों को बढ़ावा देना है।

बहरहाल, जैसा कि सधे–संयमित मिज़ाज के कुछ विद्वानों (रघुराम राजन, अशोक कोटवाल, मैत्रेश घटक सहित कुछ अन्य प्रसिद्ध अर्थशास्त्रियों) ने बताया है कि वस्तुतः गुजरात का विकास अप्रतिम कहलाने के मुक़ाम से अभी कोसों दूर है। यह बात ठीक है कि बीते बीस बरसों में गुजरात की बढ़वार तेज़ी से हुई है और, कोई गुजरात की यात्रा करे, तो वहाँ की अच्छी सड़कों, झुण्ड की झुण्ड फैक्ट्रियों और नियमित बिजली–आपूर्ति को लक्ष्य किये बग़ैर नहीं रहेगा। लेकिन वहाँ के लोगों की जीवन–दशा के बारे में भी सोचिए! हम चाहे ग़रीबी, पोषण, शिक्षा, स्वास्थ्य के निर्देशांकों को ध्यान में रखें या फिर इनसे जुड़े अन्य सूचकांकों को, एक सिरे से

* अप्रैल–मई 2014। ध्यान दें कि लेख रैपिड सर्वे ऑन चिल्ड्रेन (आर.एस.ओ.सी.) के निष्कर्षों के प्रकाशित होने से पहले लिखा गया था। आर.एस.ओ.सी. के डेटा से लेख में कही गयी बातें और भी पुष्ट होती हैं। देखें, इससे सम्बन्धित खण्ड–4 में शामिल लेख

नतीजा यही निकलेगा कि गुजरात कई मायनों में अखिल भारतीय औसत से तनिक आगे है, लेकिन इस बढ़वार में ऐसा कुछ भी नहीं है जिसके आधार पर गुजरात को एक मॉडल (आदर्श) कहना युक्तिसंगत जान पड़े। जिस किसी को इस बात पर सन्देह हो, वह हालिया राष्ट्रीय परिवार स्वास्थ्य सर्वेक्षण, या फिर रघुराजन समिति की रिपोर्ट को डाउनलोड करके स्वयं तथ्यों की पुष्टि कर सकता है, इसके लिए पीएच.डी. करने की ज़रूरत नहीं।

इस तर्क की काट में गुजरात मॉडल के पैरोकार कहते हैं कि गुजरात के सामाजिक–सूचकांकों को उसके विकास का आधार बनाना ठीक नहीं बल्कि यह देखना ज़रूरी है कि समय गुज़रने के साथ गुजरात के सामाजिक–विकास के सूचकांकों में कितना सुधार हुआ है। उनका दावा है कि अन्य राज्यों की तुलना में गुजरात ने तेज़ गति से प्रगति की है और ख़ासतौर पर यह प्रगति मोदी के मुख्यमन्त्री रहते हुई है। लेकिन अफ़सोस कि यह दावा भी झूठा साबित हुआ है। वस्तुतः गुजरात 1980 के दशक में अन्य राज्यों की तुलना में बेहतर कर रहा था। इसके बाद से गुजरात का तुलनात्मक स्थान ज़्यादातर एक जैसा रहा है, यहाँ तक कि कुछ मामलों में तो नीचे गया है।

इस बात को एक उदाहरण के ज़रिये समझा जा सकता है। गुजरात में शिशु–मृत्यु दर अखिल भारतीय औसत से बहुत अलग नहीं है : प्रति हज़ार जीवित शिशुओं के जन्म पर गुजरात के लिए यह दर 38 शिशुओं की है जबकि अखिल भारतीय औसत 42 शिशुओं का। और, ऐसा भी नहीं कि शिशु–मृत्यु दर को कम करने के मामले में गुजरात शेष भारत की तुलना में तेज़तर प्रगति कर रहा है। बीस साल पहले शिशु–मृत्यु दर के मामले में शेष भारत से गुजरात का अन्तर कहीं ज़्यादा बेहतर था– अनुपात के हिसाब से देखें तो भी और सकल संख्या के आधार पर देखें तो भी। जहाँ तक अन्य सूचकांकों का सवाल है, तसवीर तनिक कम या अधिक (ज़ोर के हिसाब से) गुजरात के पक्ष में नज़र आती है। कुल मिलाकर, उपलब्ध आँकड़ों से ऐसी कोई स्पष्ट तस्वीर नहीं उभरती कि गुजरात ने अद्वितीय प्रगति हासिल की है।

संक्षेप में कहें तो तुलनात्मक अर्थों में गुजरात के विकास का रिकॉर्ड बुरा नहीं है, लेकिन केरल की तो छोड़ दें, उसे तमिलनाडु या फिर हिमाचल प्रदेश जितना भी बेहतर नहीं कहा जा सकता। लेकिन एक और

मुद्दा भी है–क्या गुजरात का विकास वास्तव में निजी उद्यम और आर्थिक वृद्धि पर आधारित है? यह सिर्फ़ कहानी का एक हिस्सा है। सन् 1980 के दशक में जब मैं गुजरात गया था तो उत्तर भारत के बड़े राज्यों की तुलना में गुजरात में बहाल सामाजिक सेवाओं और सार्वजनिक सुविधाओं को देखकर दंग रह गया था। मिसाल के लिए, गुजरात में उस वक़्त ही प्राथमिक विद्यालयों में दोपहर का भोजन देने की योजना चल रही थी। इस मामले में गुजरात तमिलनाडु से दशकों पीछे भले रहा हो, लेकिन शेष भारत से दशकों आगे था। गुजरात में सार्वजनिक वितरण प्रणाली सुचारु ढंग से चल रही थी, न सही तमिलनाडु जितनी कारगर तो भी यह प्रणाली उत्तर भारत की तुलना में बहुत बेहतर थी। तब गुजरात में सुखाड़ के समय राहत–कार्य पहुँचाने की व्यवस्था भी बड़ी अच्छी थी और (महाराष्ट्र के साथ) गुजरात इस मामले में प्रावधान रचने के मामले में अगुआ साबित हुआ। बाद के दिनों में ऐसे बहुत से प्रावधान राष्ट्रीय ग्रामीण रोज़गार गारंटी योजना में शामिल किये गये। गुजरात की आज के समय की उपलब्धियाँ अपने मौजूदा स्वरूप में, जितनी सरकारी क्षेत्र के ज़रिये कारगर सेवा प्रदान करने की उसकी क्षमता की देन हैं उतनी ही निजी उद्यमों और आर्थिक–वृद्धि की भी।

बात का संक्षेप यह है कि गुजरात मॉडल की कथा, जिसे चुनावों के लिए नमक–मिर्च लगाकर परोसा जा रहा है, कम–से–कम तीन बातों में भ्रामक है। एक, यह कथा गुजरात की विकास सम्बन्धी उपलब्धियों को बढ़ा–चढ़ाकर पेश करती है। दूसरे, यह कथा मान ही नहीं पाती कि गुजरात की विकासपरक उपलब्धियों का रिश्ता नरेन्द्र मोदी से न के बराबर है। तीसरे, यह कथा बिना परखे गुजरात की उपलब्धियों को निजी उद्यम और आर्थिक–वृद्धि की देन ठहराती है और, यह सब गुजरात के विकास के स्याह पहलु जैसे पर्यावरण के विनाश या फिर राजकीय दमन की बात पर ग़ौर किये बग़ैर होता है।

आख़िरी बात यह है कि गुजरात एक दिलचस्प पहेली है। पहली यह कि इतने लम्बे समय के तेज़ आर्थिक बढ़वार और गवर्नेंस के अपेक्षाकृत उच्च स्तर के बावजूद सामाजिक विकास के निर्देशांक गुजरात में गतिहीन क्यों हैं? शायद इस बात का रिश्ता आर्थिक और सामाजिक असमानता (जिसमें स्त्री–पुरुष के रिश्तों में व्याप्त भारी ग़ैर–बराबरी शामिल है) से है, या फिर हो सकता है सामाजिक विकास सूचित करने वाले भारत

के आँकड़े ही पुराने पड़ चुके हैं या यह भी हो सकता है कि कारगर सार्वजनिक सेवा प्रदान करने के मामले में गुजरात अपनी पहले वाली प्रतिबद्धता न दिखा पा रहा हो। नरेन्द्र मोदी के पक्ष में सतही प्रचार करने की जगह इस पहेली को सुलझाना दरअसल दिमाग़ के लिए कहीं ज़्यादा उपयोगी साबित होगा।

गुजरात का मध्य–मान

जैसा कि लेख में ऊपर ज़िक्र आया है, ख्यातिलब्ध बहुत से अर्थशास्त्रियों के लेखन में यह बात आयी है कि गुजरात की विकासमूलक उपलब्धियों को किसी मॉडल की संज्ञा नहीं दी जा सकती। फिर भी भ्रम बरकरार है तो मैंने सोचा क्यों न आँकड़ों पर एक बार फिर से नज़र दौड़ा ली जाये।

इस बार मैंने समेकित सूचकांकों (समरी इंडेक्सेज़) पर ग़ौर किया जो विकास के बहुकोणीय सूचकांकों पर आधारित होते हैं। समेकित सूचकांकों का फ़ायदा यह है कि इसमें किसी ख़ास सूचकांक को चुनकर अपने मन भायी बात साबित करने की गुंजाइश नहीं रह जाती। लिहाज़ा, सफ़र की शुरुआत के लिए मानव विकास सूचकांक एक अच्छा मुक़ाम साबित हो सकता है। भारत के राज्यों के लिए नवीनतम मानव विकास सूचकांक (एच.डी.आई.) का एक आकलन रीतिका खेड़ा और मैंने इकोनॉमिक एंड पॉलिटिकल वीकली के लिए प्रस्तुत किया है। इसमें गुजरात 20 राज्यों के बीच 9वें स्थान पर है। यानी दर्जावार सजायी गयी सूची में एकदम बीच की जगह के बहुत क़रीब। इकोनॉमिक एंड पॉलिटिकल वीकली के इसी लेख में हमने बच्चों की दशा बताने वाले समेकित सूचकांक पर ग़ौर किया। इसे एचीवमेंट्स ऑफ बेबी'ज एंड चिल्ड्रेन (ए.बी.सी.) का नाम दिया गया है। यह सूचकांक चार संकेतकों का समेकित रूप है। इन चार संकेतकों का सम्बन्ध बाल–पोषण, उत्तरजीविता, शिक्षा तथा टीकाकरण से है। ए.बी.सी. के आधार पर बनाई गयी सूची में भी गुजरात को ठीक उसी (बीच के) स्थान पर है।

एक और उपयोगी समेकित सूचकांक 'बहुकोणीय निर्धनता सूचकांक' (मल्टी–डायमेंशनल पूवर्टी इंडेक्स–एम.पी.आई.) है। इस सूचकांक के पीछे मूल विचार है कि निर्धनता कई क़िस्म के अभाव पैदा करती है–मिसाल के लिए भोजन, आवास, शिक्षा, स्वास्थ्य–सुविधा आदि की कमी। कुछ ज़रूरी चीज़ों के अभाव की सूची को मानक मानते हुए देखा जाता है

कि किसी परिवार को सूची में दर्ज कितनी सुविधाएँ हासिल हैं। अगर परिवार एक ख़ास अनुपात, जैसा कि एक–तिहाई से ज़्यादा सुविधाओं की कमी झेल रहा है तो इसे 'ग़रीब' माना जाता है। सूची में ज़रूरी चीज़ों के अन्तर्गत किन बातों को शामिल किया जाये, इसे लेकर पर्याप्त मतैक्य नहीं है। फिर भी एम.पी.आई. को निर्धनता की स्थिति के आकलन का एक उपयोगी मानक माना जाता है। सबीना अकीरे तथा ऑक्सफोर्ड यूनिवर्सिटी के उनके सहकर्मियों द्वारा प्रस्तुत भारत के राज्यों की नवीनतम एम.पी.आई. रैंकिंग में गुजरात को एक बार फिर से बीच का ही मुक़ाम हासिल हुआ है।

समेकित सूचकांकों के परिवार में एक और सदस्य दाख़िल हुआ है। इसे 'कंपोजिट डेवलपमेंट इंडेक्स' का नाम दिया गया है और इसे तैयार किया है रघुराम राजन समिति ने। यह सूचकांक दस घटकों का समेकित रूप है जिसमें प्रति व्यक्ति उपभोग, घर में मौजूद सुविधा, स्वास्थ्य, शिक्षा, शहरीकरण, कनेक्टिविटी, वित्तीय समावेशन आदि को शामिल किया गया है। यह उपलब्ध नवीनतम आँकड़ों पर आधारित है। कंपोजिट डेवलपमेंट इंडेक्स में शामिल किये गये घटकों को देखते हुए मुख्यधारा की मीडिया का पाठक सोचेगा कि गुजरात को निश्चित ही शीर्ष के राज्यों में मुक़ाम हासिल हुआ होगा, लेकिन ऐसा नहीं है। गुजरात इस सूची में भी मध्य स्थान पर ही है!

चूँकि समेकित सूचकांक बहुत भिन्न क़िस्म के सूचकांकों पर आधारित होते हैं तो समेकित सूचकांकों को आधार मानकर तैयार की गयी सूची में गुजरात का एक से स्थान पर होना आश्चर्यजनक लग सकता है। और, ऐसा भी नहीं कि मैं चुनिन्दा तौर पर सिर्फ़ इस बात पर ज़ोर दे रहा हूँ कि गुजरात को बीस राज्यों में नौवाँ स्थान हासिल है। मैंने यहाँ उन सारे ही सूचकांकों का ज़िक्र किया है जो अब तक मेरी जानकारी में हैं। अगर आपको ये सूचकांक ठीक नहीं जँचते तो फिर हम योजना आयोग के निर्धनता विषयक आकलन को मानक मानकर चल सकते हैं, जिसे प्रति व्यक्ति उपभोग को आधार बनाकर तैयार किया गया है। ऐसा करने पर गुजरात 2011–12 के नवीनतम आँकड़ों के लिहाज़ से बीस बड़े राज्यों के बीच एक स्थान नीचे खिसककर नौवें से दसवें मुक़ाम पर चला जायेगा।

रघुराम राजन ने एक और दिलचस्प सूचकांक परफार्मेंस इंडेक्स नाम से तैयार किया है। इसके सहारे मापा गया है कि राज्यों ने कंपोजिट

डेवलपमेंट इंडेक्स के आधार पर कालक्रम में कितनी प्रगति की है। यह एक महत्त्वपूर्ण सूचकांक है, ख़ासकर गुजरात मॉडल के पैरोकारों की इस दलील को देखते हुए कि विकास के सूचकांकों पर गुजरात के मौजूदा स्तर को देखना ठीक नहीं, बल्कि यह देखा जाना चाहिए कि गुज़रते वक़्त के साथ इन सूचकांकों पर गुजरात की स्थिति में क्या बदलाव आया है। परफार्मेंस इंडेक्स भी यही काम करता है। इसके अतिरिक्त, परफार्मेंस इंडेक्स में गुजरात की स्थिति के आकलन के लिए सन् 2000 के दशक को चुना गया है। माना जाता है कि इस दशक में गुजरात की बढ़वार सबसे तेज़ रही। तो क्या गुजरात इस सूचकांक पर सूची में शीर्ष के राज्यों में दिखता है? न, सोच के एकदम उलट गुजरात बीस बड़े राज्यों की सूची में नौवें स्थान से खिसककर बारहवें स्थान पर पहुँच जाता है।

थोड़े में कहें तो तरीक़ा कोई भी अपनायें, गुजरात मॉडल राज्य नहीं बल्कि विकास के एतबार से मँझोले दर्जे का राज्य दिख पड़ता है—वह न तो बीस राज्यों की सूची में सबसे निचले स्थान वाले राज्यों में है और न ही सबसे शीर्ष के स्थान वाले राज्यों में। अगर कोई गुजरात मॉडल है तो फिर इस तर्ज पर कोई हरियाणा मॉडल या फिर कर्नाटक मॉडल भी होना चाहिए। संयोग देखिए कि ऊपर जिन समेकित सूचकांकों की चर्चा की गयी है उनको मानक बनाकर देखें तो महाराष्ट्र गुजरात की तुलना में बेहतर दर्जे पर है। तो फिर गुजरात को मॉडल क्यों मानें, महाराष्ट्र को क्यों नहीं? इस सवाल के जवाब में जो अटकल आप लगायेंगे, मेरे अनुमान भी तक़रीबन उतने ही अच्छे या बुरे हैं।

अगर गुजरात को मॉडल माना जाये तो फिर सूची में जो राज्य शीर्ष पर नज़र आ रहे हैं, मिसाल के लिए केरल और तमिलनाडु, उन्हें सुपर—मॉडल माना जायेगा। ऊपर विकास के जिन समेकित सूचकांकों की चर्चा की गयी है, उन पर आधारित हर सूची में केरल और तमिलनाडु न सिर्फ़ शीर्ष पर हैं, बल्कि स्थिति में सुधार की रफ़्तार के लिहाज़ से भी ये दो राज्य बाक़ी सूबों की तुलना में आगे नज़र आते हैं। मिसाल के लिए, रघुराम राजन समिति द्वारा तैयार किये गये 'कंपोजिट डेवलपमेंट इंडेक्स' पर करेल और तमिलनाडु सिर्फ़ अपने स्तर के लिहाज़ से नहीं बल्कि स्थिति में सुधार के लिहाज़ से भी बाक़ी राज्यों से बेहतर मुक़ाम पर नज़र आते हैं। और, अगर आप इस कहानी पर विश्वास करें कि दरअसल केरल

ने विकास के मामले में जो उपलब्धि हासिल की है, वह गुजरात–मॉडल पर आधारित है तो फिर हम घूम–फिरकर दोबारा उसी मुक़ाम पर चले आयेंगे, जहाँ से सफ़र की शुरुआत हुई थी।

यहाँ एक दिलचस्प सवाल उभरता है कि आख़िर गुजरात की यह बढ़ी–चढ़ी छवि कैसे बनी? निस्सन्देह, भ्रम में डालने वाली इस छवि को गढ़ने में बड़ा योगदान नरेन्द्र मोदी का है जिन्हें जनता को भरमाये रखने की कला में महारत हासिल है। लेकिन कुछ योगदान हमारी अपनी धारणा का भी है। हम भारत के बारे में सोचते हुए अपनी राय ज़्यादातर उत्तर भारत के राज्यों को ध्यान में रखकर बनाते हैं, जबकि इन्हीं राज्यों को 'बीमारु' राज्य का नाम दिया गया था। इन राज्यों में बुनियादी ढाँचा ख़स्ताहाल है, सार्वजनिक सेवाएँ बदहाली में हैं और सामाजिक विकास के सूचकांकों पर ये राज्य बहुत नीचे हैं। इन राज्यों की तुलना में निश्चित ही गुजरात बेहतर नज़र आता है, लेकिन सिर्फ़ गुजरात ही नहीं बल्कि कई और राज्य भी बेहतर हालात में दिख पड़ते हैं।

ध्यान रहे कि गुजरात को हासिल मध्य–स्थान (बीस राज्यों में नौवाँ) शुभकारक भी साबित हो सकता है। विकिपीडिया के मुताबिक़ नौ का अंक हिन्दू धर्म में पवित्र माना जाता है, उसे समग्र और पूर्ण अंक माना जाता है, दिव्य स्वीकार किया जाता है। चीन में भी लोग–बाग नौ के अंक को जादू और ताक़त के प्रतीक ड्रैगन से जोड़ते हैं और ड्रैगन सम्राट का भी प्रतीक है। अगर अंक–ज्योतिष जानने वाले ठीक हैं तो फिर मानकर चलिए कि 'नमो' यानी नरेन्द्र मोदी का सितारा बुलन्दी पर है।

सामाजिक नीति का कथा–पुराण*

आज शायद ही किसी को वह चिट्ठी याद होगी जिसे 7 अगस्त, 2013 को गुजरात के मुख्यमन्त्री के रूप में नरेन्द्र मोदी ने तत्कालीन प्रधानमन्त्री मनमोहन सिंह को लिखा था। भारतीय जनता पार्टी की वेबसाइट पर यह चिट्ठी मौजूद है। इसमें मोदी ने राष्ट्रीय खाद्य–सुरक्षा अधिनियम (ठीक–ठीक कहें तो अध्यादेश) की आलोचना की थी कि इसमें ज़रूरत से बहुत कम दिया गया है। मोदी ने दुःख जताया था कि 'खाद्य सुरक्षा का अध्यादेश एक आदमी को दो जून की रोटी भी नहीं देता', और उन्होंने

* जुलाई, 2014।

ध्यान दिलाया था कि 'प्रति व्यक्ति प्रतिमाह 5 किलोग्राम राशन देने का प्रावधान...किसी व्यक्ति को रोज़ाना जितनी कैलोरी की ज़रूरत होती है, क़ायदे से उसका 20 फ़ीसदी भी नहीं है।' खाद्य–सुरक्षा के मामले पर लोकसभा में 27 अगस्त, 2013 को बहस हुई तो उसमें भी ऐसे ही मनोभावों का इज़हार हुआ। तब बीजेपी की तरफ़ से एक के बाद एक तमाम वक्ताओं ने अधिनियम को ऊँट के मुँह में जीरा डालने की क़वायद कहा था। सुषमा स्वराज ने अधिनियम को 'आधा–अधूरा' करार दिया।

इन बातों और इनसे जुड़े तथ्यों के भुला दिये जाने की एक वजह है इनका सामाजिक नीति विषयक उस कथा–पुराण से बेमेल होना जिसे मीडिया ने गढ़ा है। यह कथा–पुराण कई भ्रान्तियों को एक में समेटकर बना है। एक, कि राज्यसत्ता के रूप में भारत अपने नागरिकों के लिए 'नानी का घर' बनता जा रहा है, सामाजिक मद में सरकार दोनों हाथ खोलकर धन लुटा रही है जो ज़्यादा दिन नहीं चलने वाला। दो, कि सामाजिक मद में होने वाला ख़र्च ज़्यादातर बर्बाद जाता है, यह एक 'भीख' की तरह है और भ्रष्टाचार तथा प्रशासनिक निकम्मेपन की वजह से ग़रीब तक को हासिल नहीं होता। तीन, कि इस भारी–भरकम फ़िज़ूलख़र्ची के पीछे पुरानी काट के नेहरूपरस्त समाजवादियों और उन 'झोलावालों' का हाथ है जो यू.पी.ए. के समय एक तरह से देश चला रहे थे। चार, कि मतदाताओं ने इस राह–रवैये को पूरी तरह से ख़ारिज कर दिया है–लोग बढ़वार (ग्रोथ) चाहते हैं, हक़दारी नहीं। और, पाँचवीं भ्रान्ति कि भाजपा–नीत सरकार ने इन नादानियों को दुरुस्त करने और लोक–कल्याणकारी राज्य के पसारे को समेटने का मन बना लिया है।

ये पाँच दावे बार–बार दोहराये जाने के कारण सच जान पड़ते हैं, लेकिन ये दावे दरअसल निराधार हैं। आइए, एक–एक करके इनकी परीक्षा करते हैं।

तथ्य और गप

यह कहना कि भारत में सामाजिक मद में किया जाने वाला ख़र्चा बहुत ज़्यादा है एक चुटकुले जैसा है। वर्ल्ड डेवलपमेंट इंडिकेटर्स (डब्ल्यू.डी.आई.) के नवीनतम आँकड़ों के अनुसार, भारत में स्वास्थ्य और शिक्षा के मद में सरकारी ख़र्चा जी.डी.पी. का महज़ 4.4 प्रतिशत है जबकि उप–सहारीय अफ़्रीकी देशों में 7 प्रतिशत, पूर्वी एशिया के देशों में 7.2 प्रतिशत, लातिनी

अमेरिका में 8.5 प्रतिशत तथा आर्थिक सहयोग एवं विकास संगठन (ओ.ई.सी.सी.डी.) के देशों में 13.3 प्रतिशत। यहाँ तक कि 'सर्वाधिक अविकसित' कहे जाने वाले देशों में भी यह आँकड़ा 6.3 प्रतिशत यानी भारत से कहीं ज़्यादा है। डब्ल्यू.डी.आई. के आँकड़ों में सामाजिक–सुरक्षा के मद में हुए व्यय की जानकारी अलग से नहीं होती, लेकिन एशिया डेवलपमेंट बैंक की एशिया में सामाजिक–सुरक्षा पर केन्द्रित एक हालिया रिपोर्ट के अनुसार भारत इस मामले में अभी भी बहुत पीछे है। रिपोर्ट के अनुसार भारत में सामाजिक सहायता के मद में जी.डी.पी. का महज़ 1.7 फ़ीसदी हिस्सा ख़र्च होता है जबकि एशिया के निम्न आय–वर्ग की श्रेणी में आने वाले देशों में यह आँकड़ा 3.4 प्रतिशत, चीन में 5.4 प्रतिशत, एशिया के उच्च आय–वर्ग वाले देशों में 10.2 प्रतिशत तथा जापान में तो 19.2 प्रतिशत है। ज़ाहिर है, भारत सामाजिक मद में फ़िज़ूलख़र्ची नहीं बल्कि कमख़र्ची का चैंपियन है।

सामाजिक मद में होने वाला ख़र्च बर्बाद जाता है–इस विचार का भी कोई वस्तुगत आधार नहीं है। आर्थिक विकास और जीवन की गुणवत्ता के लिए सर्वजन की शिक्षा का निर्णायक महत्त्व आर्थिक अनुसन्धान के सर्वाधिक दमदार निष्कर्षों में से एक हैं। केरल से लेकर बांग्लादेश तक, सरकार ने जहाँ भी स्वास्थ्य के मद में हल्का से ज़ोर लगाया है वहाँ मृत्यु दर और जनन दर में कमी आयी है। भारत के मिड–डे मील कार्यक्रम के बारे में दस्तावेज़ी साक्ष्य हैं कि इससे स्कूलों में बच्चों की उपस्थिति, पोषण की दशा तथा पढ़ाई–लिखाई की क्षमता पर सकारात्मक प्रभाव हुआ है। मात्रा में बहुत कम ही सही लेकिन सामाजिक सुरक्षा के मद में दी जाने वाली पेंशन लाखों विधवा, बुज़ुर्ग और देह से लाचार लोगों की कठिन ज़िन्दगी में मददगार साबित होती है। ग़रीब परिवारों के लिए सार्वजनिक वितरण प्रणाली (पी.डी.एस.) आर्थिक सुरक्षा का एक महत्त्वपूर्ण ज़रिया बन चला है और ऐसा सिर्फ़ इस मामले में बहुचर्चित तमिलनाडु में ही नहीं हुआ बल्कि बिहार और झारखण्ड जैसे राज्यों में भी हुआ है, जहाँ पी.डी.एस. बड़ा ख़स्ताहाल हुआ करता था। यह बात ठीक है कि सामाजिक सुरक्षा के मद में होने वाले ख़र्चे में कुछ अपव्यय होता है कुछ वैसे ही जैसे कि विश्वविद्यालयों में, लेकिन इन दोनों ही मामलों में समाधान पूरी व्यवस्था को ख़त्म करने में नहीं बल्कि उसे सुधारने में है और इस बात के अनेक साक्ष्य हैं कि ऐसा किया जा सकता है।

भारत में सार्वजनिक सेवाओं और सामाजिक सुरक्षा के हुए विस्तार पुराने तर्ज के नेहरूवियन समाजवाद से भी कुछ ख़ास लेना–देना नहीं। भारत जैसे लोकतान्त्रिक देश में ऐसा होना स्वाभाविक ही है। बड़े पैमाने पर ऐसा ही विस्तार बीसवीं सदी में सभी औद्योगिक देशों में हुआ था (संयुक्त राज्य अमेरिका आंशिक तौर पर इस प्रक्रिया का अपवाद है)। ऐसा साम्यवादी विचारधारा के देशों में भी हुआ भले ही वजह कुछ और रही। कई विकासशील देश, ख़ासकर लातिनी अमेरिका और पूर्वी एशिया के देश हाल के दशकों में ऐसी ही अवस्था से गुज़रे हैं। भारत के केरल और तमिलनाडु जैसे राज्य, जहाँ वंचित तबक़े की तनिक राजनीतिक गूँज है, ऐसी ही प्रक्रिया से गुज़रे हैं। गुजरात सहित कई अन्य राज्य कमोबेश इन अनुभवों से सीख ले रहे हैं।

क्या यू.पी.ए. चुनाव इसलिए हारी क्योंकि मतदाता 'भिक्षादान' के इस चलन से उकता चुके थे? यह धारणा कई कारणों से असंगत है। एक तो यही कि 'भिक्षादान' इतना था ही नहीं कि उससे उकताहट हो। यू.पी.ए. ने नरेगा अधिनियम (कोई दयादान नहीं था) की शुरुआत ज़रूर की, लेकिन यह साल 2005 की बात है और इससे यू.पी.ए. को बाधा नहीं पहुँची बल्कि 2009 के चुनावों में फ़ायदा ही हुआ। इसके बाद से यू.पी.ए. ने सामाजिक क्षेत्र में नीतिगत तौर पर कोई बड़ी पहल नहीं की। सिवाय राष्ट्रीय खाद्य–सुरक्षा अधिनियम के जिस पर अमल होना अभी शेष है। साल 2014 के आते–आते यू.पी.ए. सरकार के पास अपने पक्ष में कहने के लिए बहुत कम रह गया था और घोटाले, खाद्य–पदार्थों की महँगाई, प्रत्यक्ष नगदी हस्तान्तरण जैसे गड़बड़झाले का ठीकरा उसके मत्थे फोड़ा जाने लगा था। बहरहाल, चुनाव में धन, संगठन और भाषणबाज़ी, ये तीन चीज़ें बड़े काम की साबित होती हैं और बीजेपी के पास ये तीनों चीज़ें मौजूद थीं। ऐसे में क्या अचरज कि मतदाताओं ने उसे ही एक मौक़ा देने का फ़ैसला किया?

जहाँ तक पाँचवें दावे का सवाल है, इस बात के कोई प्रमाण नहीं कि सामाजिक–कल्याण की योजनाओं को समेटना बीजेपी के मुख्य एजेंडे में शामिल है। जैसा कि इस आलेख में ऊपर ज़िक्र आया है, बीजेपी के नेताओं (जिसमें नरेन्द्र मोदी और वित्तमन्त्री अरुण जेटली शामिल हैं) ने राष्ट्रीय खाद्य–सुरक्षा अधिनियम को और भी ज़्यादा महत्त्वाकांक्षी बनाने की माँग की थी। इस माँग में भले ही कुछ तेवर सजावट के लिए हो लेकिन खाद्य–सुरक्षा की पहल को बीजेपी का समर्थन छत्तीसगढ़ के उदाहरण

से एकदम साफ़ ज़ाहिर होता है। छत्तीसगढ़ के उदाहरण को देश स्तर पर लागू करने में उसके सामने कोई बाधा नहीं है। यही बात राष्ट्रीय ग्रामीण रोज़गार अधिनियम के बारे में भी कही जा सकती है : भाजपा शासित कुछ राज्य सरकारों ने इसे लागू करने के मामले में अच्छा काम कर दिखाया है और स्वर्गीय गोपीनाथ मुण्डे ने ग्रामीण विकास मन्त्री का पदभार सँभालते ही इस अधिनियम को अपना समर्थन ज़ाहिर किया था।

आशंका बनी हुई है...

इन बातों के बावजूद इस बात की आशंका बनी हुई है कि इन तथा अन्य सामाजिक कार्यक्रमों पर प्रत्यक्ष या परोक्ष रीति से हमला हो। नयी सरकार के कुछ अति–उत्साहियों ने अभी से प्रस्ताव पेश कर दिया है कि अगले दस सालों के भीतर रोज़गार गारंटी अधिनियम तथा खाद्य–सुरक्षा अधिनियम को वापस ले लिया जाये। इसमें स्वास्थ्य–सेवा और शिक्षा के क्षेत्र में निजीकरण की गति को तेज़ करना भी शामिल है। इसी की टेक पर राजस्थान की मुख्यमन्त्री वसुन्धराराजे सिन्धिया ने हाल में प्रधानमन्त्री को चिट्ठी लिखी और रोज़गार गारंटी अधिनियम की ज़रूरत पर सवाल उठाये। कॉरपोरेट जगत के मन में सामाजिक मद में होने वाले ख़र्चे को लेकर हमेशा वैरभाव रहता है, क्योंकि उसके लिए इसका मतलब होता है ऊँचे टैक्स, ब्याज–दर में बढ़ोतरी या फिर व्यवसाय के बढ़वार के लिए मिलने वाली छूट जिसे वे इंसेंटिव्स कहते हैं, का कम होना। कॉरपोरेट लॉबी यू.पी.ए. के ज़माने में ही ताक़तवर हो चली थी (आपको उन उद्योगपति महोदय की याद होगी जिन्होंने कांग्रेस को अपनी दुकान कहा था) और यह लॉबी अब और भी जोशीले तेवर में है कि सरकार की कमान उनके आदमी यानी नरेन्द्र मोदी के हाथ में है। कारोबार जगत की ख़बरों से ताल्लुक रखने वाले अख़बारों के सम्पादकीय पर सरसरी निगाह डालने भर से ज़ाहिर हो जाता है कि वे सामाजिक क्षेत्र में भारी 'सुधार' की उम्मीद से भरे हैं। सामाजिक नीति के कथा–पुराण की वास्तविकता यही है।

कहने का आशय यह नहीं कि स्वास्थ्य, शिक्षा तथा सामाजिक–सुरक्षा के मद में रचनात्मक सुधार की ज़रूरत नहीं है। चाहे सूचना के अधिकार को विस्तार देने की बात हो या स्कूली भोजन में अण्डा देने की बात अथवा सार्वजनिक वितरण प्रणाली को कम्प्यूटरीकृत करने या फिर प्राथमिक स्वास्थ्य केन्द्र में निशुल्क दवा देने की बात–बीते दस सालों

का एक अदद सबक तो यही है कि सार्वजनिक सेवाओं को सुधारा जा सकता है। लेकिन ये छोटे–छोटे क़दम तभी शुरू हो पाते हैं, जब यह माना जाय कि ग़रीब की ज़िन्दगी में सरकारी सामाजिक सहायता का बुनियादी महत्त्व है।

बुलेट ट्रेन का रोग*

रेल–नीति के बारे में देश की संसद और मुख्यधारा की मीडिया में हाल–फिलहाल जो कुछ कहा गया उससे ट्रेन की यात्रा करने वाले किसी भी आदमी का चकित रह जाना वाज़िब है। मिसाल के लिए, माननीय रेलमन्त्री का यह कहना कि 'बुलेट ट्रेन जल्दी–से–जल्दी चले यह हर हिन्दुस्तानी की चाहत और सपना है।' क्या सचमुच ऐसा ही है? सच कहें तो आम हिन्दुस्तानी का सपना एक ऐसी ट्रेन का हो सकता है जो समय पर चलती–पहुँचती हो। हाँ, यह बात उन लोगों पर निश्चित ही लागू नहीं होती जो शताब्दी या राजधानी सरीखी अपेक्षाकृत महँगी रेलगाड़ियों की सवारी करते हैं, क्योंकि ये रेलगाड़ियाँ अमूमन समय से चलती हैं (शायद इस कारण कि वक़्त–ज़रूरत उन्हें गन्तव्य तक समय से पहुँचाने के लिए बाक़ी ट्रेनों के चलने में विलम्ब किया जाता है)। लेकिन, रोज़ाना अपने समय से घण्टों देर करके गन्तव्य तक पहुँचने वाली ट्रेन में बैठने का दुःख क्या होता है, यह बात आम यात्री ख़ूब जानता है।

अलग–अलग श्रेणी के यात्रियों के लिहाज़ से आज की भारतीय रेल की तुलना 35 साल पहले की भारतीय रेल से करना इस सिलसिले में बड़ा मज़ेदार रहेगा। सुविधा–सम्पन्न यात्रियों को बड़ी राहत मिली है : इंटरनेट पर टिकट की ख़रीद, एस.एम.एस. के ज़रिये पूछताछ, तत्काल कोटा, फूड प्लाजा और फिर विशेष रेलगाड़ियों की एक पूरी जमात (पुरानी राजधानी ही नहीं बल्कि शताब्दी, दुरन्तो, युवा और ग़रीबों के नाम पर बनी, वह ग़रीब–रथ जो शायद ही कभी उनके काम आती हो) इसके चन्द उदाहरण हैं। यदि आपकी जेब में पैसा है तो फिर भारतीय रेल में, चाहे वह बुलेट हो या न हो, आपके मज़े–ही–मज़े हैं। लेकिन, नागरिकों की कतार में खड़े 'अन्तिम आदमी' के लिए, जो बिना रिज़र्वेशन के चलता है, भारतीय रेलवे आज भी वहीं है, जहाँ वह 35 साल पहले

---

* फरवरी, 2016।

थी : इस आदमी को उबलती गर्मी में टिकट कटाने के लिए घण्टों कतार में खड़ा होना होता है, ट्रेन कब और कहाँ आ रही है उसे यह बताने के लिए कोई सुचारु सूचना–पट्ट भी नहीं होता, पूछताछ की खिड़की भीड़ से अटी रहती है और ट्रेन का वह डब्बा जिसमें उसे चढ़ना होता है अकसर इतनी भीड़ भरा होता है कि डिब्बे में घुसना सर्कस के करतब दिखाने जैसा काम बन जाता है।

अनारक्षित बोगियों में भीड़–भड़क्का हद से ज़्यादा बढ़ चला है। 35 साल पहले ज़्यादातर रूटों पर अनारक्षित बोगियों में चढ़ना सम्भव था और यात्रा एक हद तक ख़ुशगवार साबित होती थी। कुछ रूटों पर ऐसा आज भी सम्भव है, ख़ासकर पश्चिमी और दक्षिणी भारत में। लेकिन, उत्तर भारत में बिना रिज़र्वेशन के रेल–यात्रा एक अटूट दुःस्वप्न की तरह है। यात्रियों की संख्या तो बढ़ गयी है, लेकिन अनारक्षित डिब्बों की संख्या में शायद ही कोई ख़ास इज़ाफ़ा हुआ है जबकि विशेष रेलगाड़ियों की संख्या में बढ़ोतरी बदस्तूर जारी है। यात्रियों की भारी भीड़ वाले रूटों पर अब अनारक्षित डिब्बों में चढ़ना पुलिस की देखरेख में होने लगा है, कांस्टेबल अपनी लाठी लेकर खड़े रहते हैं। एक तो डिब्बे में पहले से ही भारी भीड़ ऊपर से उसमें मवेशियों के माफ़िक़ लदते जा रहे लोग! कैसा करुण दृश्य होता है यह!

अगर ज़ोर राष्ट्रीय गौरव (हर बुलेट ट्रेन के लिए 60 हज़ार करोड़ की क़ीमत चुकाकर) की जगह साधारण यात्रियों की सुविधा पर हो तो फिर चन्द हफ़्तों में बड़े सुधार कर दिखाना सम्भव है। ट्रेन की आवाज़ाही में होने वाली देरी पर अब हर मिनट इंटरनेट के ज़रिये नज़र रखी जा सकती है–क्या कोई साधारण यात्रियों की यात्रा की राह आसान बनाने के लिए इसके आँकड़े का इस्तेमाल कर रहा है? टिकट–खिड़की पर कतार में लगने की व्यवस्था एक दुःस्वप्न की तरह है। आड़ी–तिरछी, सर्पीली कोई एक कतार आख़िरकार अनेक टिकट–खिड़कियों तक ले जाती है। ऐसे में अगर दोनों तरफ़ रेलिंग खड़ी कर दी जाये ताकि कोई दायें–बायें पलटी मारकर अपनी जगह न बदल सके तो यह कमाल की बात होगी। अन्तर्राष्ट्रीय हवाई अड्डों पर ऐसी ही व्यवस्था से काम चलाया जाता है, तो फिर रेलवे स्टेशनों पर ऐसा क्यों नहीं किया जा सकता?

और, फिर ट्रेन की आवाजाही सूचित करने वाले बोर्ड भी सुचारू बनाये जा सकते हैं। मैं यह बात दावे का साथ कह सकता हूँ कि नयी

दिल्ली जैसे रेलवे स्टेशन पर भी इलेक्ट्रॉनिक बोर्ड कभी–कभार ही काम कर रहा होता है। कभी उसमें ग़लत या फिर अप्रासंगिक सूचना दिखती है। मिसाल के लिए, जो ट्रेन खुल चुकी हो उसके प्रस्थान का समय दिखता है। कभी–कभी इस पर मनमानी आकृतियाँ जैसे क्रिसमस ट्री चमक रही होती हैं, तो कभी यह एकदम ही बेहरकत और बेजान पड़ा होता है। नयी दिल्ली का स्टेशन हो या फिर कहीं और का, मैन्युअल बोर्ड वाला वही पुराना तरीक़ा कारगर साबित हो सकता है, जिसमें नींद से अलसाया हुआ कोई कर्मचारी खड़िया या फिर किसी मार्कर से हर ट्रेन के पहुँचने का समय दर्ज करता था। बहरहाल, बोर्ड को पढ़ने के लिए आपको इसके नज़दीक जाने की कोशिश में लगी यात्रियों की चिन्तातुर भीड़ के बीच से अपने लिए रास्ता बनाना पड़ेगा।

भारतीय रेलवे की व्यथा–कथा में एक हिस्सा खानपान की व्यवस्था का भी है। पुराने, अच्छे दिनों में आप स्थानीय खोमचेवालों से चन्द रुपयों में ठीक–ठाक पूड़ी–सब्ज़ी ख़रीद लेते थे, साथ ही मौसमी फल (जैसे आम, जामुन, खीरा) आदि भी मिल जाते थे। लेकिन, अब इनकी जगह फूड कांट्रैक्टर आ गये हैं और इन कांट्रैक्टरों ने बेचारे खोमचेवालों को एक तरह से खदेड़ डाला है। फूड कांट्रैक्टर चाहे वह बिस्किट हो या बोतलबन्द पानी, मुख्य रूप से ब्रांडेड उत्पाद ही बेचते हैं। बिल्कुल किताबी अन्दाज़ में वे अपने बाज़ार को अलग–अलग श्रेणियों में बाँटकर देखते हैं और मलाईदार तबके को सामान बेचकर मुनाफ़ा कमाते हैं। ऐसे में ट्रेन–यात्रियों के लिए सब्ज़ी–पूड़ी का मिलना तो मुहाल हो ही गया है, सस्ते ग्लूकोज़ बिस्किट के भी दर्शन अब शायद ही होते हैं क्योंकि सुन्दर–सजीले क्रीम बिस्किटों को अपनी दुकानदारी में रखना कहीं ज़्यादा फ़ायदेमन्द है। कई स्टेशनों पर आम आदमी, आम औरत या फिर आम बच्चे के खाने के लिए एकदम से कुछ भी उपलब्ध नहीं होता।

शायद ये बातें कड़वी जान पड़ें। तो, यह भी कह दूँ कि मुझे भारतीय रेलवे से प्यार है और मुझे इससे बड़ी उम्मीदें हैं। मुझे नहीं लगता कि भारत में लम्बी दूरी की रेल–यात्रा के अनुभवों से किसी अन्य देश में हासिल रेल–सुविधाओं का मेल बैठाया जा सकता है। भारत में लम्बी दूरी की ट्रेन–यात्रा अनुभवों के लिहाज़ से बेजोड़ है–अचम्भित करते भू–भाग, राहत और सुकून से भरी हवा, गर्मागर्म बहस, घण्टों चलने वाला शान्त–चित्त अध्ययन और इस सबके बीच रह–रहकर हासिल होने

वाला मनोरंजन। कभी कोई बाजा बजाता हुआ आ धमकता है, तो कभी कोई अबूझ साधु आ खड़ा होता है या फिर साथ का कोई यात्री ही कुछ अनोखा कर दिखाता है। लेकिन, मेरी बड़ी इच्छा है कि सार्वजनिक सेवा का यह विशाल उपक्रम हरेक की सेवा में और ज़्यादा फले–फूले। बुलेट ट्रेन का चस्का भारतीय रेलवे को अभिजनवादी सोच में लपेटने की कोशिश है, ऐसी कोशिश जिससे सुविधा–सम्पन्न थोड़े से लोगों को तेज़–रफ़्तारी का सुख मिले और बाक़ी लोग बेमुरौव्वत घसीटते रहने के लिए पीछे छूट जायें। अफ़सोस, कि कई अन्य क्षेत्रों में भी सरकारी नीति इस राह पर चल रही है।

सौ बाधाओं की एक बाधा : नोटबन्दी*

करेंसी नोट को नये सिरे से जारी करने की हाल की मुहिम पर, जिसे 'नोटबन्दी' का नाम दिया गया है, बहुत कुछ लिखा गया है। लेकिन मसले के बुनियादी पहलुओं पर भ्रम बरक़रार है। मिसाल के लिए 'कालाधन' सरीखे शब्द को लें। 'कालाधन' के दो विशिष्ट अर्थ हैं–अर्थशास्त्र में कालाधन अवैध कमाई को कहा जाता है। जिस आमदनी में कर–वंचना की गयी हो वह कालाधन है; इसी तरह मादक–द्रव्यों को बिक्री या रिश्वत से हासिल आय भी कालाधन है। लेकिन आमफ़हम सोच में है कि इन ग़ैर–क़ानूनी गतिविधियों के सहारे अर्जित आमदनी कालाधन होती है और करेंसी नोटों की शक्ल में उसे सूटकेसों या फिर तहख़ाने में छुपाकर रखा जाता है। ये दो धारणाएँ आपस में बहुत अलग हैं और इस अलगाव को लेकर क़ायम भ्रम नोटबन्दी पर चली बहस में जारी ग़लतफ़हमी का साझा स्रोत है।

जनता की ज़िन्दगी के साथ जुआ

नोटबन्दी ग़ैर–क़ानूनी आमदनी को रोकने में बिल्कुल भी कामयाब नहीं हुई। नोटबन्दी के निशाने पर अवैध रूप से अर्जित करेंसी नोट थे। इस रूप में जमा कालाधन मात्रा में बहुत ज़्यादा नहीं हो सकता है। ठगेरे लोग इतने भोले–भाले नहीं होते कि वे अपनी अवैध कमाई को नगदी की शक्ल में सूटकेस में भरकर रखें। वे इस कमाई को ख़र्च करते हैं, निवेश

* नवम्बर, दिसम्बर, 2016।

करते हैं। वे करेंसी के रूप में अर्जित कालेधन को किसी और सम्पदा में बदलते और उसे सफ़ेद बनाने की जुगत लगाते हैं। वे इस धन का इस्तेमाल जायदाद ख़रीदने, शाही क़िस्म की शादियों में ख़र्च करने, दुबई में ख़रीददारी करने या फिर राजनेताओं की जेब गरम करने में करते हैं। बेशक, आप खोजने चलें तो आपको कुछ–न–कुछ कालाधन करेंसी नोट की शक्ल में किसी डिब्बे या तकिये के कवर में मिल जायेगा। लेकिन बस इतने भर कालाधन के पीछे पड़ना तो कुछ वैसा ही जैसे कोई मूसलाधार बारिश से भीगते फ़र्श को कपड़े से पोंछकर सुखाने की कोशिश कर रहा हो। इसे कालेधन का अर्थव्यवस्था पर कमरतोड़ प्रहार मान लेना भारी भ्रम है। इस बात की ओर बहुत से प्रसिद्ध अर्थशास्त्रियों ने ध्यान दिलाया है, लेकिन सरकार अपनी मनभायी सोच के कठघरे में ख़ुद को बाँधे रखना चाहती है तो कोई क्या करे।

नगदी की सबसे बड़ी जमाख़ोर तो राजनीतिक पार्टियाँ हैं। राजनीतिक दलों के लिए वक़्त–ज़रूरत की सोच नगदी अपने पास बटोर रखना मायने रखता है, वे ऐसा चुनाव–अभियानों के लिए करते हैं। हो सकता है, नोटबन्दी के ज़रिये विपक्षी दलों को निशाना बनाने की सोच रही हो। सरकार में होने के कारण सत्ताधारी पार्टी विपक्षी दलों की तुलना में बेहतर हालत में होती है। राजनीतिक दलों के बीच गड़बड़–घोटालों पर रोक लगनी चाहिए। मैं इस विचार का पक्षधर हूँ, लेकिन इस मक़सद को साधने का नोटबन्दी कोई बेहतर तरीक़ा नहीं है।

सरकार ने एक तो नोटबन्दी के फ़ायदे बढ़ा–चढ़ाकर पेश किये दूसरे नोटबन्दी की जो क़ीमत चुकानी पड़ी, उसे लेकर चुप्पी साध ली। कुछ अल्पकालिक प्रभाव तो साफ़ ही नज़र आ रहे हैं–लोगों को कतार में लगकर लम्बे समय तक इन्तज़ार करना पड़ा, अर्थव्यवस्था के अनौपचारिक क्षेत्र में नगदी की किल्लत पैदा हो गयी, कामगारों के रोज़गार छूटे और फिर कई लोग मौत के मुँह में गये। अर्थव्यवस्था पर जो व्यापक असर हुआ है वह भी जल्दी ही ज़ाहिर हो जायेगा। कुछ रिपोर्टों में यह बात आ चुकी है कि ग्रामीण क्षेत्र के बाज़ारों में आर्थिक गतिविधि मन्द पड़ गयी है। मिसाल के लिए इन्दिरा गाँधी इंस्टीट्यूट ऑफ डेवलपमेंट रिसर्च की निधि अग्रवाल तथा सुधा नारायणन ने अपने एक अध्ययन में बताया है कि नोटबन्दी के एक हफ़्ते के भीतर मण्डी में शीघ्र नष्ट न होने वाले कृषि–उत्पादों की आवक मन्द पड़ गयी। कपास की आवक में 30 फ़ीसदी

की कमी आयी जबकि सोयाबीन की आवक में 87 फ़ीसदी की कमी आयी जबकि पिछले साल इस वक़्त पर ऐसी कमी नहीं हुई थी। किसानों के हाथ में नगदी नहीं होती तो खेतिहर मज़दूर और दस्तकार भी परेशानी में पड़ते हैं। नोटबन्दी से नरेगा के कामगारों को भी गहरी चोट लगी है। एक तो काम की मज़दूरी के भुगतान में देरी के चलन से नरेगा के मज़दूर ऐसे ही हलकान हैं। ऐसे में बैंककर्मियों का हफ़्तों तक किसी और काम में जुटा रहना उन पर और भी भारी पड़ने वाला है। मज़दूरी के रूप में मिलने वाली अपनी छोटी–सी रक़म को भी हासिल करना नरेगा के कामगारों के लिए पहले की तुलना में अब कहीं ज़्यादा मुश्किल साबित होगा। यही बात सामाजिक सुरक्षा के मद में दी जाने वाली पेंशन पर लागू होती है, जबकि यह पेंशन लाखों ग़रीब विधवाओं और बुज़ुर्ग लोगों के लिए एक जीवन–रेखा की तरह है। जो लोग जोड़–गाँठकर किसी तरह जीवन–यापन कर पाते हैं उनके लिए स्थिति बड़ी भयावह बन पड़ी है।

नोटबन्दी के कुछ सम्भावित असर और भी हैं जिनके बारे में हम विशेष नहीं जानते–मिसाल के लिए बैंक–प्रणाली में जारी भ्रष्टाचार। बैंक मैनेजर धनी और ताक़तवर ग्राहकों की सेवा में जुटे रहते हैं और ये ग्राहक अभी प्रचलन से बाहर कर दी गयी करेंसी को बदलवाने के लिए एकदम बेकरार हैं। बात चाहे विडम्बनापूर्ण लगे, लेकिन नोटबन्दी के कारण अगर कुछ और ज़्यादा कालाधन पैदा हो, तो इसे आश्चर्यजनक नहीं कहा जायेगा।

नोटबन्दी के फ़ायदे क्या हुए और इसकी क़ीमत क्या चुकानी पड़ी–इस बाबत कोई भी बात अभी अनुमान और अटकल के दायरे में ही मानी जायेगी। इतने बड़े पैमाने की नोटबन्दी अर्थव्यवस्था के साथ जुआ है। नोटबन्दी के नतीजों के बारे में अभी ठीक–ठीक बता पाना मुश्किल है। अगर नोटबन्दी से बहुत भला होना है तो होगा बस यही कि अर्थव्यवस्था इस झटके को शुरुआती कठिनाइयों के बाद सह लेगी और कालाधन का एक बड़ा हिस्सा अर्थव्यवस्था से बाहर हो जायेगा। अगर नोटबन्दी से कुछ बहुत बुरा होना है तो होगा यह कि अर्थव्यवस्था में लम्बे वक़्त तक सुस्ती बरकरार रहेगी और ग़ैर–क़ानूनी गतिविधियों को रोकने के मोर्चे में कामयाबी नाममात्र को ही हाथ लगेगी। अर्थव्यवस्था को शुरुआती तौर पर झटका लग चुका है, यह बात ज़ाहिर है और इस झटके से पैदा

होने वाले असर अगले कुछ महीनों तक जारी रहेंगे। मिसाल के लिए, अभी रबी की फ़सल की बुवाई में देरी होती है तो फिर कटाई में भी देरी होगी। नियोक्ताओं के हाथ में नगदी नहीं है, तो कामगारों की नौकरी छूट जायेगी। अब भी याद रखने की बात है कि अर्थव्यवस्था के समष्टिगत रुझान बहुत कुछ अपेक्षाओं पर भी निर्भर होते हैं। अगर अर्थव्यवस्था को लगे शुरुआती झटके से लोगों में नाउम्मीदी जगती है तो फिर आर्थिक बढ़वार का चक्का पटरी से उतर सकता है। उछाल लेती अर्थव्यवस्था में अचानक की गयी नोटबन्दी कुछ वैसे ही मानो किसी ने रेसिंग कार के टायर में गोली मार दी हो।

नोटबन्दी के जुए में सिर्फ़ मैक्रोइकेनॉमिक संकेतक ही नहीं असल ज़िन्दगियाँ भी दाँव पर लगी हैं। कल्पना कीजिए एक बुज़ुर्ग विधवा की जो पेंशन की छोटी–सी रक़म के सहारे ज़िन्दगी काट रही है। अगर यह बुज़ुर्ग विधवा कुछ हफ़्तों तक बैंक की सेवा हासिल न कर पाये तो फिर उसके लिए जीने का और क्या ठौर रह जाता है। किसी प्रवासी मज़दूर को अचानक उसका नियोक्ता कहता है कि नगदी की किल्लत ख़त्म होगी तो तुम्हारी मज़दूरी मिलेगी। ऐसे में वह प्रवासी मज़दूर खाली हाथ अपने गाँव लौटेगा। ऐसे ही, गाँव के किसी कारीगर, मिसाल के लिए बढ़ई के बारे में सोचा जा सकता है, उसे बिना काम के दिन गुज़ारने पड़ेंगे क्योंकि गाँव के लोग अपनी फौरी ज़रूरतों के लिए नगदी बचाकर रखना चाहेंगे। इस बढ़ई के पास जीविका का कोई और ज़रिया न हो तो वह ज़िन्दगी कैसे गुज़ारेगा? आज की तारीख़ में ज़ाहिर होता यही मारक पहलू नोटबन्दी को नामंजूरी के क़ाबिल बनाता है।

बाधा के बीच मौक़ा

नोटबन्दी के बाधक असर हर गुज़रते दिन के साथ बढ़ते जा रहे हैं। यहाँ 'बाधा' शब्द का प्रयोग हल्का माना जायेगा। दरअसल एक बड़ी आबादी के लिए यह भूचाल जैसा अनुभव है। नोटबन्दी के बाद उपभोक्ताओं की माँग में कमी आयी और इसका असर किसान तथा दस्तकार से लेकर निर्माण–मज़दूर और रेहड़ी–पटरीवाले यानी कई पेशेवर समूहों पर पड़ा। बैंक की कतार में लगे कई लोगों की मौत हुई, बैंक से नगदी ले पाने में नाकाम रहने पर कई लोगों ने आत्महत्या की।

सबसे अचरज की बात यह है कि सत्ता के गलियारे में नोटबन्दी के विध्वंसक असर को लेकर कोई ख़ास सरोकार नज़र नहीं आ रहा। जब–तब आत्म–तुष्टि से भरपूर टिप्पणियाँ ज़रूर नज़र आ रही हैं जिनमें माना जा रहा है कि लोगों को 'असुविधा' हुई है, साथ ही लोगों से कहा जा रहा है कि उन्हें राष्ट्रहित में ऐसी असुविधा उठाने के लिए तैयार रहना चाहिए। लेकिन लोगों का दुख दूर करने के लिए कुछ नहीं हो रहा।

इस 'जड़ता' को समझने में अंग्रेज़ी के डिसरपशन 'Disruption' (जिसके लिए यहाँ बाधा शब्द का प्रयोग हुआ है) शब्द के एक ख़ास अर्थ पर ध्यान देना मददगार साबित हो सकता है। कुछ दायरों में इस शब्द का एक सकारात्मक अर्थ लिया जाता है–ख़ासकर प्रौद्योगिक नवाचार और सॉफ्टवेयर नवाचार के दायरे में। मिसाल के लिए बीते अगस्त में नन्दन नीलेकणि ने कहा था कि बैकिंग–तन्त्र में 'डिसरप्सन बस होने ही वाला है' और इसे उन्होंने एक शुभ संकेत मानकर कहा कि ऐसा होने से नयी वित्तीय प्रौद्योगिकी के लिए राह बनेगी।

सॉफ़्टवेयर डेवलपर्स के बीच 'डिसरपशन' शब्द के इतने लोकप्रिय होने की एक सम्भावित वजह के तौर पर 'नेटवर्क इफ़ेक्ट' को गिनाया जा सकता है। नये सॉफ्टवेयर का उपयोग तभी टिकाऊ हो पाता है जब उसे एक बड़ी तादाद में लोग इसे अपना लें। इसके लिए लोगों के बीच पहले से प्रचलित उत्पाद को हटाना पड़ता है और इस प्रक्रिया में कोई–न–कोई बाधा (डिसरप्शन) खड़ी होती है। मिसाल के लिए गूगल को हटा लिया जाये तो सर्च इंजन की दुनिया में इसका असर किसी भूचाल के रूप में सामने आयेगा। इसी तरह, नगदीविहीन भुगतान यानी कैशलेस पेमेंट के लिए पेटीएम तथा मोबिक्विक सरीखी प्रौद्योगिक युक्तियों का उपयोग तभी कारगर माना जायेगा, जब बहुत से लोग इन नयी युक्तियों को एक ही वक़्त में अपना लें।

अगर नज़र के इस नुकते से देखें तो जान पड़ेगा कि कैशलेस पेमेंट के उद्योग और इससे जुड़े इन्तज़ामात (ऑनलाइन सुरक्षा के बन्दोबस्त सहित) के लिए नोटबन्दी का फ़ैसला एक तरह से वरदान साबित हुआ। कैशलेस पेमेंट के बड़े–से–बड़े महारथी की कल्पना से यह बाहर की बात थी। बस एक साल पहले तक नगदीविहीन भुगतान (कैशलेस पेमेंट) पर चलने वाली अर्थव्यवस्था का विचार किसी आकाश–कुसुम सा जान पड़ता था। लेकिन आज कैशलेस पेमेंट का शब्द लोगों की जुबान पर चढ़कर

बोल रहा है। कैशलेस पेमेंट की प्रौद्योगिक युक्तियाँ नोटबन्दी के फ़ैसले पर सवार होकर पंख पसार रही है, तो दूसरी तरफ़ सरकार भी अपना ज़ोर प्रौद्योगिकी पर लगा रही है, इस मक़सद से कई विभागों को लामबन्द किया जा रहा है, सॉफ्टवेयर उद्योग (कैशलेस पेमेंट सम्बन्धी) के पक्ष में विज्ञापन की ताक़त का इस्तेमाल हो रहा है।

लेकिन 'डिसरप्शन' के सकारात्मक मुहावरे में सोचने की कुछ दिक़्क़तें भी हैं। इसे शुभकारी घटना बताकर पेश किया जाता है और इसी बहाने लोगों को कठिनाइयों में डाल दिया जाता है। क्या बैंक परिसर में भीड़ हद से ज़्यादा है? चलिए, फिर तो बहुत अच्छा है क्योंकि यही तो डिसरप्शन का लक्षण है। क्या एटीएम के बाहर लोगों की लम्बी–लम्बी कतारें लगी हैं? 'डिसरप्शन' के लिहाज़ से इससे बेहतर बात क्या होगी? क्या लोगों की नौकरियाँ जा रही हैं? कोई बात नहीं, 'डिसरप्शन' के लिए थोड़े वक़्त तक यह नुक़सान उठाया जा सकता है। दरअसल, साफ़–साफ़ कहें तो 'डिसरप्शन' जितना ज़्यादा हो, इसे अपने नये उत्पाद के बढ़ावे के मौक़े के रूप में भुनाने वालों के लिए उतना ही बेहतर माना जायेगा। मैं यह नहीं कह रहा कि ये लोग (सॉफ़्टवेयर उद्योग) डिसरप्शन पैदा करने के ज़िम्मेदार हैं या फिर इस बात से ख़ुश हो रहे हैं लेकिन यह तथ्य है कि डिसरप्शन का उन्हें फ़ायदा हुआ है। भारत में सॉफ़्टवेयर उद्योग की ताक़त को देखते हुए, यह समझा जा सकता है कि नोटबन्दी के बाधक प्रभावों को क्यों इतने हल्के में लिया गया।

इस लॉबी के लिए किसी अग्रदूत की भूमिका निभा रहा है इंडियन सॉफ़्टवेयर प्रोडक्ट इंडस्ट्री राउंडटेबल (आई.एस.पी.आई.आर.टी.)। यह उद्यमियों और नवाचार करने वालों का एक संघ है। कुछ वक़्त निकालकर इस संघ की वेबसाइट पर ग़ौर कीजिए कभी आपके लिए यह आँख खोल देने वाला अनुभव साबित हो सकता है। इस मंच से जुड़े लोग बड़े स्मार्ट हैं, कुछ बड़ा कर दिखाने का सपना पलता है इनकी आँखों में और इनके पास अपने सपनों को साकार करने के लिए सूझ–बूझ भी है। लेकिन सवाल उठता है–यह सूझ–बूझ किसका हित साध रही है? वेबसाइट पर यह बात निस्संकोच कही गयी है आई.एस.पी.आई.आर.टी. का उद्देश्य देश और देश से बाहर पूरी दुनिया में भारतीय सॉफ़्टवेयर इंडस्ट्री के लिए व्यवसाय के अवसर पैदा करना है। मिसाल के लिए 'अवर गेम प्लान' शीर्षक से वेबसाइट पर एक जगह लिखा मिलता है 'हमारा महत्त्वाकांक्षी

लक्ष्य भारतीय एस.एम.बी. सेक्टर के भीतर सॉफ़्टवेयर प्रोडक्ट के अपनावे के लिए एक माकूल माहौल तैयार करना है' और, ज़रा सोचिए कि माकूल माहौल तैयार करने के लिए किन बातों को ज़रूरी माना गया है? वेबसाइट पर लिखा मिलता है कि इसके लिए 'सॉफ़्टवेयर प्रोडक्ट बनाने वाली कंपनियों की नयी पौध तैयार की जायेगी' तथा 'वैश्विक स्तर पर बाज़ार को डिसरप्ट किया जायेगा।'

आई.एस.पी.आई.आर.टी. वेबसाइट के मुताबिक़ ऊपर बताये गये सिलसिले को शुरू करने के लिए पहला क़दम है 'माँग के क्षेत्र में चतुराई भरी पहलक़दमी' (ज़ोर मेरा)। मानकर चलें कि यहाँ 'चतुराई भरी पहलक़दमी' का मतलब है 'आधार' को लोगों के बीच 'स्वैच्छिक सेवा' कहकर बेचना या फिर यह कहना कि 'आधार' को लोक–कल्याण की योजनाओं को सुधारने के मक़सद से लाया गया है। जैसा कि रीतिका खेड़ा ने अपने कई लेखों में बड़ी सहजता से दिखाया है दरअसल, फ़ायदा लोक–कल्याण की योजनाओं को नहीं, बल्कि ख़ुद 'आधार' को हुआ है (लोक–कल्याण की योजनाओं का तो बस इस्तेमाल किया गया और इसी बहाने लोगों को आधार के नामांकन केन्द्रों पर जुटाया गया)। और शब्द के सटीक अर्थों में कहें तो लोक–कल्याण की योजनाओं से आधार को जोड़ने के कारण अक्सर लोगों को बाधाओं का ही सामना करना पड़ा है। मिसाल के लिए, हाल में सार्वजनिक वितरण प्रणाली में आधार–केन्द्रित बायोमेट्रिक सत्यापन अनिवार्य कर दिया गया। इससे कई राज्यों में लोगों को भारी परेशानी का सामना करना पड़ा। झारखण्ड और राजस्थान में स्थिति बहुत ज़्यादा बिगड़ी।

दिलचस्प यह है कि आज सरकार की नीति कारोबारी लॉबी के हित साधन में बनाई जा रही है। कैशलेस पेमेंट (नगदीविहीन भुगतान) की युक्तियों का सरकारी विज्ञापन किसी निजी कंपनी का विज्ञापन सरीखा जान पड़ता है (एक प्राइवेट कंसल्टेंट ने हाल में कहा भी कि 'हमारा लागत ख़र्च कम हो गया है' क्योंकि सरकार ख़ुद ही विज्ञापन कर रही है)। सरकार और कॉरपोरेट जगत के बीच गलबहियाँ लगातार बढ़ती जा रही हैं। और, जैसा कि ऊपर ज़िक्र किया जा चुका है–नोटबन्दी का फ़ैसला सॉफ़्टवेयर उद्योग के लिए किसी चमत्कार से कम नहीं, ऐसा लगता है मानो इस फ़ैसले की पटकथा ख़ुद सॉफ़्टवेयर उद्योग ने ही लिखी हो।

इन बातों का यह आशय नहीं कि कैशलेस पेमेंट बेकार है, उसमें कोई गुण ही नहीं। लेकिन बस इतने भर के लिए सरकार कैशलेस पेमेंट पर आँख मूँदकर अपना ज़ोर लगाये जबकि इसमें भारी आर्थिक नुक़सान का जोख़िम हो, यह कोई तुक की बात नहीं।

सार्विक बुनियादी आय की नाप–तौल*

गम्भीर मीडिया एजेंसियों में शुमार 'क्वार्ज' ने हाल में सुर्ख़ियों में दिया कि 'जम्मू–कश्मीर सार्विक बुनियादी आय सुनिश्चित करने वाला भारत का पहला राज्य' बन गया है। ख़बर के मूल स्रोत को देखने पर यह दावा ख़ारिज हो जाता है। दरअसल ख़बर जम्मू–कश्मीर के वित्तमन्त्री के 'ख़यालों पर' आधारित है और सूबे के वित्तमन्त्री का ख़याल यह है कि चन्द ग़रीब परिवारों को 'नगदी का हस्तान्तरण' किया जा सकता है। तो ज़ाहिर है, यह कोई वादा तो है नहीं और इसे सार्विक बुनियादी आय यानी यूनिवर्सल बेसिक इनकम (यू.बी.आई.) का नाम हरगिज़ नहीं दिया जा सकता।

कच्ची सोच

हाल के हफ़्तों में व्यावसायिक मीडिया में यू.बी.आई. को बढ़ावा देने के अन्य मामले भी दिखे। मिसाल के लिए, फिनलैंड का ज़िक्र करते हुए कहा गया कि वह 'यू.बी.आई. लागू करने वाला पहला देश' है। हालाँकि फिनलैंड में बस यू.बी.आई. के नाम पर हुआ इतना भर है कि एक पायलट योजना के तहत तक़रीबन 2000 लोगों को बिना शर्त नगदी का हस्तान्तरण किया गया है। ज़ाहिर है, यू.बी.आई. का मामला अगर सत्याभास नहीं तो भी अर्द्ध–सत्य बनकर लोगों के बीच उभरा है।

लेकिन थोड़ी देर के लिए हम इस क़िस्म के प्रचारमूलक हथकण्डों की बात छोड़ दें और यू.बी.आई. के प्रस्ताव पर विचार करें कि उसमें क्या गुण–अवगुण हैं। हाल में यू.बी.आई. को लेकर दो प्रभावकारी प्रस्ताव आये हैं। प्रणब वर्द्धन ने नेशनल इंस्टीट्यूट ऑफ़ पब्लिक फायनैंस एंड पॉलिसी (एन.आई.पी.एफ.पी.) के इस आकलन का हवाला देते हुए कि नॉन–मेरिट सब्सिडी (ऐसा अनुदान जो किसी ख़ास समूह को लक्ष्य कर दिया जाता है,

---

* जनवरी, फरवरी, 2017।

जैसे–पी.डी.एस. के अन्तर्गत बी.पी.एल. परिवारों को दी जाने वाली खाद्य–सब्सिडी) जी.डी.पी. के 9 फ़ीसदी तक पहुँच गया है, तर्क दिया है, ऐसी सब्सिडी का ज़्यादातर हिस्सा यू.बी.आई. पर ख़र्च किया जा सकता है। उन्होंने कुछ टैक्स–कटौतियों का ज़िक्र करते हुए प्रस्ताव रखा है कि प्रति व्यक्ति प्रतिवर्ष 10000 रुपये की बुनियादी आय यू.बी.आई. के रूप में मुहैया करायी जा सकती है जो जी.डी.पी. का 10 प्रतिशत होगा। विजय जोशी के प्रस्ताव में तनिक कमख़र्ची से काम लिया गया है। उनका प्रस्ताव है कि यू.बी.आई. की योजना पर जी.डी.पी. का 3.5 फ़ीसदी हिस्सा ख़र्च किया जा सकता है और इसके अन्तर्गत आम आदमी से लेकर अम्बानी यानी हर किसी को निर्धारित ग़रीबी–रेखा का पाँचवाँ हिस्सा नगदी के रूप में हस्तान्तरित किया जाये। यू.बी.आई. के रूप में जी.डी.पी. का 3.5 फ़ीसदी फ़राहम करना भी महत्त्वाकांक्षी ही कहलायेगा : यह स्वास्थ्य सेवा के मद में होने वाले सरकारी ख़र्चे से तीन गुना और राष्ट्रीय रोज़गार गारंटी अधिनियम (नरेगा) पर ख़र्च रक़म से दस गुना ज़्यादा है।

यू.बी.आई. का विचार मुझे पिछले कई सालों से प्रिय है। जो देश (जैसे कि फिनलैंड) उदार भाव से यू.बी.आई. लागू कर सकते हैं और जहाँ जन–सेवाएँ उम्दा क़िस्म की हैं–यू.बी.आई. दो कारणों से एकदम ख़ास बन जाता है। एक तो यही कि यू.बी.आई. से गरिमापूर्वक जीवन–यापन की एकदम पुख़्ता गारंटी हो जाती है। दूसरे, इसके सहारे लोगों को विकल्प भी मिलता है कि वे चाहे तो बिना काम करते हुए (या कोई ऐसा करते हुए जिसके लिए भुगतान न लिया जाये) जीयें, सादा–सरल जीवन जीने का विकल्प चुनें। अगर कोई इस क़िस्म का जीवन अपने लिए चुनता है तो इसमें क्या हर्ज है?

लेकिन जहाँ तक आज के भारत का सवाल है–मुझे यू.बी.आई. का विचार एक अधपका समाधान जान पड़ता है। बात को समझने के लिए शुरुआती तौर पर यही ग़ौर करें कि एन.आई.पी.एफ.पी. के जिस आकलन का ऊपर ज़िक्र आया है, वह 2003 में प्रकाशित एक शोध–अध्ययन पर आधारित है और 2003 के शोध–अध्ययन में 1998–99 के आँकड़ों का इस्तेमाल किया गया था। यानी बात आज बीस साल पुरानी हो चुकी है। एन.आई.पी.एफ.पी. से जो नये अध्ययन सामने आये हैं उनमें नॉन मेरिट **सब्सिडी** का अनुपात कम करते हुए उसे जी.डी.पी. (2011–12) का 5 फ़ीसदी बताया गया है। हाल के सालों के एतबार से सोचें तो यह और भी कम

(जी.डी.पी. का 3.5 प्रतिशत) हो जायेगा, क्योंकि पेट्रोलियम और उर्वरक पर सब्सिडी में तेज़ी से कमी आयी है। यह भी ध्यान देने की बात है कि इनमें से कई तरह के अनुदान प्रच्छन्न (मिसाल के लिए रेलवे टिकट जो परिवहन लागत से कम में बेचे जाते हैं) होते हैं और नॉन–मेरिट सब्सिडी के अन्तर्गत शुमार ज़्यादातर अनुदान राज्यों की तरफ़ से दिये जाते हैं न कि केन्द्र सरकार की ओर से। इन तथाकथित वित्तीय स्थानों को समेट पाना कोई आसान काम नहीं।

और, एक बात यह भी है कि अगर नॉन–मेरिट सब्सिडी देने के ठीहे इतने ज़्यादा हैं तो फिर उन सबका भार अकेले यू.बी.आई. पर क्यों डाल दिया जाये? सरकारी ख़ज़ाने पर दावा तो फौरी ज़रूरत के और भी ख़र्चों का बनता है जैसे कि शिक्षा, स्वास्थ्य सुविधा, पर्यावरण की संरक्षा, ज़रूरी बुनियादी ढाँचे का निर्माण आदि। जी.डी.पी. का 3.5 फ़ीसदी यू.बी.आई. के लिए जुटाने में सालों लग जायेंगे, फिर इसके लिए जी.डी.पी. के 10 फ़ीसदी (बशर्ते ऐसा करना ठीक माना जाये) की बात ही क्या करें, वह तो और भी ज़्यादा मुश्किल है।

एक सवाल यह भी है कि क्या नगदी के हस्तान्तरण के लिए जो सीमित संसाधन उपलब्ध हैं, उनका इस्तेमाल बुनियादी आमदनी का निहायत ही 'न्यूनतम स्तर' चुनकर यू.बी.आई. के लिए किया जाये, या कुछ और बेहतर विकल्प उपलब्ध हैं? मेरा मानना है कि ऐसे विकल्प मौजूद हैं। सार्विक मातृत्व लाभ और सामाजिक सुरक्षा पेंशन इस दिशा में अच्छी पहलक़दमी साबित हो सकते हैं। प्रणब वर्द्धन ने ठीक ही ध्यान दिलाया है कि यू.बी.आई. पेंशन की धारणा का ही विस्तार है। ऐसे में अगर यू.बी.आई. को पेंशन का ही रूप मानकर चलें तो फिर क्यों न शुरुआत पेंशन मुहैया कराने से हो? मातृत्व लाभ मुहैया कराने का काम तो ख़ैर 2013 से ही शेष है। राष्ट्रीय खाद्य सुरक्षा अधिनियम में इसका प्रावधान किया गया था।

संयोग देखिए कि भारत में यू.बी.आई. से मिलती–जुलती एक चीज़ पहले से ही मौजूद है और यू.बी.आई. के तर्ज पर अगर किसी देश ने कोई योजना सोची है, तो यह उसके मेल में है। हालाँकि भारत में मौजूद यह चीज़ यू.बी.आई. की तरह सार्विक नहीं है और न ही इसमें नगदी का हस्तान्तरण ही होता है। यह चीज़ है : सार्वजनिक वितरण प्रणाली यानी पी.डी.एस.। ऐसी सूरत तो नहीं दिखती कि भारत सरकार नगदी के हस्तान्तरण पर आधारित यू.बी.आई. शुरू करे और उसके साथ–ही–साथ

पी.डी.एस. भी जारी रखे। ऐसे में न्यूनतम आमदनी मुहैया कराने की सोच से संचालित यू.बी.आई. के साथ सवाल यह खड़ा होगा कि पी.डी.एस. को कब और कैसे नगदी के हस्तान्तरण की व्यवस्था से प्रतिस्थापित कर दिया जाये। पुदुचेरी और चण्डीगढ़ में ऐसा करने के हाल के दिनों में प्रयास किये गये और जो नतीजे सामने आये हैं उससे यही सबक निकलता है कि प्रयोग के लिए चुने गये, इन इलाक़ों के बाहर पी.डी.एस. को नगदी के हस्तान्तरण के रास्ते पर ले जाना कोई बुद्धिमानी नहीं। नरेगा की मज़दूरी बैंकों के ज़रिये मुहैया कराने और पी.डी.एस. में बायोमेट्रिक सत्यापन को अनिवार्य करने के क्रम में जो अनुभव हुए हैं उनका सबक यही है कि ऐसे मामलों में पर्याप्त सावधानी बरतने की ज़रूरत है।

अक्सर यह दलील दी जाती है कि यू.बी.आई. के समर्थक दक्षिणपन्थी जमात में भी हैं और वामपन्थी जमात में भी। बेशक समर्थक दोनों पक्ष में हैं, लेकिन दोनों खेमे के समर्थकों के नज़रिये में कोई मेल नहीं है। वामपन्थी ख़ेमे के लोगों के लिए यू.बी.आई. व्यापक सामाजिक सुरक्षा–तन्त्र का एक हिस्सा है, जिसमें सार्विक स्वास्थ्य सुविधा, निःशुल्क शिक्षा, अच्छी सार्वजनिक सेवाएँ तथा कुछ अन्य सहायता (जैसे कि मिड–डे मील) और सामाजिक सहायता की अन्य बातें शामिल हैं। जहाँ तक भारत के दक्षिणपन्थी ख़ेमे का सवाल है, उसके लिए यू.बी.आई. का मतलब है पी.डी.एस. और नरेगा सरीखे सामाजिक सुरक्षा के कार्यक्रमों में भारी कटौती। यू.बी.आई. के कुछ पैरोकारों ने तो इन दोनों ही कार्यक्रमों को अभी से ख़त्म करने की बात कहना शुरू भी कर दिया है।

यू.बी.आई. को लेकर जो प्रस्ताव आये हैं और इन प्रस्तावों की ओट में भारत सरकार जो कुछ कर सकती है, इन दोनों के बीच फ़र्क़ करने की ज़रूरत है। यह कल्पना करना मुश्किल नहीं कि सरकार इन प्रस्तावों को लक्षित नगदी हस्तान्तरण की किसी अधपकी योजना में तब्दील कर देगी जिसको जारी रखने का न तो कोई क़ानूनी प्रावधान होगा और न ही कोई ऐसी व्यवस्था ही कि हस्तान्तरित की जा रही राशि का मान बढ़ती हुई महँगाई के हिसाब से निर्धारित किया जा सके। साथ ही, पी.डी.एस. और शायद नरेगा को भी ख़त्म कर दिया जाये। दरअसल जम्मू–कश्मीर के वित्तमन्त्री (या फिर सुरजीत भल्ला) ने लक्षित नगदी हस्तान्तरण की जिस योजना के बारे में सोचा है, उसे ही यू.बी.आई. बताकर पेश करने का काम शुरू भी हो चुका है।

इस नज़रिये से विचार करें तो ख़तरा स्पष्ट दिखता है कि वंचितों के लिए जो हक़दारी बड़े संघर्षों के बाद हासिल हुई है वह यू.बी.आई. के नाम पर कहीं छीन न ली जाये। हाल के वक़्त में व्यावसायिक मीडिया (जिसका रवैया सामाजिक सुरक्षा के कार्यक्रमों को लेकर अक्सर वैरभाव भरा होता है) में यू.बी.आई. के पक्ष में हवा बनाई जा रही है—जो शंका जगाने के लिए काफ़ी है। मेरे ख़याल से, विकासपरक अर्थशास्त्र के विशेषज्ञों की जीवन्त बहसों में इन मसलों पर ज़्यादा ध्यान दिया जाना चाहिए।

आर्थिक सर्वेक्षण में यू.बी.आई.

लम्बे समय से चली आ रही प्रतीक्षा ख़त्म हुई और साल 2016–17 के आर्थिक सर्वेक्षण में सार्विक बुनियादी आय को लेकर वित्त मन्त्रालय ने अपने विचार पेश कर दिये। यों इस आर्थिक सर्वेक्षण में सार्विक बुनियादी आय को लेकर कोई विशिष्ट सिफ़ारिश करने से परहेज़ किया गया है, लेकिन निष्कर्ष के तौर पर संकेतों में यह ज़रूर कहा गया है कि भले ही यू.बी.आई. 'पर अमल का वक़्त अभी नहीं आया लेकिन इस पर विचार करने का वक़्त अब एकदम आ चुका है'। सर्वेक्षण में यू.बी.आई. के बारे में जो अध्याय लिखा गया है उसमें उत्साह की भावना को निश्चित ही लक्ष्य किया जा सकता है।

अध्याय की शुरुआत में पूरे उत्साह के साथ यू.बी.आई. पर एक धारणा के रूप में चर्चा की गयी। इसके बाद यह चर्चा वित्तीय गणित के जाल में तनिक उलझ जाती है। यू.बी.आई. को लेकर अपने जोश में लेखकों ने कुछ ऐसी दलीलें पेश की हैं जिनसे भोलापन झाँकता है। मिसाल के लिए, एक बात यह कही गयी है कि अपवर्जन की ग़लतियाँ कम होने के कारण यू.बी.आई. से निर्धनतम आबादी को फ़ायदा होता है। बहरहाल, सार्वीकरण यों ही नहीं होता, उसकी एक क़ीमत चुकानी होती है या तो इसमें प्रति व्यक्ति फ़ायदे में कमी करनी होती या फिर अन्य योजनाओं पर ख़र्चा कम करना पड़ता है अथवा टैक्स बढ़ाने होते हैं। बहुत कुछ इस बात पर निर्भर है कि यह क़ीमत किसे चुकानी पड़ रही है और इसी से तय होगा कि यू.बी.आई. से निर्धनतम आबादी को फ़ायदा होगा या नहीं। इसी तरह एक दलील यह दी गयी है कि ज़िलों में फिलहाल सामाजिक विकास के मद में हो रहे ख़र्चे में जो असन्तुलन दीखता है, उसे यू.बी.आई. के सहारे दूर किया जा सकता है : निर्धनतम ज़िलों में सामाजिक विकास के मद में हो

रहा ख़र्च उन ज़िलों में मौजूद ग़रीबी की तुलना में कम है। लेकिन यह भी कहा जा सकता है कि निर्धनतम ज़िलों में अभी जो योजनाएँ चल रही हैं, उनकी तुलना में हो सकता है यू.बी.आई. ज़्यादा बेहतर साबित न हो।

अगर विकल्प के तौर पर देखें तो जान पड़ेगा, आर्थिक सर्वेक्षण में यू.बी.आई. पर नहीं बल्कि यू.बी.आई. के भेष में सार्विक आय के एक 'क्वाज़ी–यूनिवर्सल इनकम 'टॉप–अप' (आंशिक बुनियादी आय) की चर्चा की गयी है जिसे मैं 'QUIT' नाम देना चाहूँगा। आइए, इस बात को समझें। यू.बी.आई. के सिद्धान्त में यह बात अनिवार्य रूप से शामिल है कि इसके अन्तर्गत जो भी रक़म हस्तान्तरित की जा रही है उससे जीवन–यापन का ज़रूरी ख़र्चा पूरा हो जायेगा। इसी कारण सार्विक बुनियादी आय यानी यू.बी.आई. में 'बेसिक इनकम' शब्द आया है। अगर यू.बी.आई. के ज़रिये इससे कम रक़म दी जाती है, उसे 'आंशिक बुनियादी आय' ही माना जायेगा। चूँकि प्रस्ताव ही हर व्यक्ति को नाममात्र आय (तेंदुलकर समिति द्वारा निर्धारित ग़रीबी–रेखा के आधे से भी कम) मुहैया कराने का है, तो यहाँ 'इनकम टॉप–अप' नाम देना उचित कहलाएगा।

'क्वाज़ी–यूनिवर्सल' (दरअसल इस शब्द का व्यवहार ख़ुद आर्थिक सर्वेक्षण में हुआ है) का मतलब हुआ कि बुनियादी आय की योजना सार्विक हो तो उसे आदर्श माना जायेगा, लेकिन व्यवहार में इसका रूप आंशिक ही रहेगा। आर्थिक सर्वेक्षण में सर्वप्रथम 75 फ़ीसदी आबादी को यू.बी.आई. के दायरे में शामिल करने की बात कही गयी है। इस आबादी का चयन अपवर्जन सम्बन्धी कसौटियों के आधार पर किया जायेगा। आगे यह भी चर्चा की गयी है कि यू.बी.आई. की लागत में कमी कैसे लायी जाये और इसके लिए कम–से–कम शुरुआती तौर पर यू.बी.आई. की कवरेज़ को सिर्फ़ महिलाओं, या फिर कुछ ख़ास समूहों अथवा शहरी इलाक़े तक सीमित रखने की बात कही गयी है। ज़ाहिर है, कुछ सीमाएँ और आयद की जाती हैं तो 'QUIT' सीमित होकर बिल्कुल उस स्तर तक जा पहुँचेगा कि उसमें मुहैया कराई जा रही रक़म को आमदनी का 'अंशमात्र' करार दिया जा सके।

सिर्फ़ 75 फ़ीसद आबादी तक सीमित रहने वाले यू.बी.आई. के इस आंशिक रूप (यानी QUIT) पर जी.डी.पी. के 4 से 5 प्रतिशत तक लागत आयेगी। इस मुक़ाम पर आकर आर्थिक सर्वेक्षण का यू.बी.आई. वाला अध्याय एक पेंच में फँस जाता है। अध्याय में चर्चा इस बात पर केन्द्रित

हो जाती है कि आख़िर यू.बी.आई. के लिए धन कैसे जुटाया जाये। जैसा कि ऊपर ज़िक्र आया है, यू.बी.आई. को लेकर हाल के समय में जो प्रस्ताव आये हैं उनमें नॉन–मेरिट सब्सिडी से होने वाली सम्भावित बचत का अनुमान तनिक बढ़ा–चढ़ा है। इसी वजह से आर्थिक सर्वेक्षण में यू.बी.आई. के मद में धन जुटाने के लिए ज़ोर सब्सिडी घटाने (एक कारण यह भी है कि 'मध्यवर्ग की सब्सिडियों को समाप्त करना राजनीतिक रूप से किसी भी सरकार के लिए बहुत कठिन है') पर नहीं बल्कि अप्रभावी मान ली गयी कई लोक–कल्याणकारी योजनाओं को समाप्त करने पर है। ऐसी योजनाओं की एक आंशिक सूची दी गयी है, जिसमें मिड–डे मील और समेकित बाल विकास कार्यक्रम शामिल है, लेकिन सर्वेक्षण में यह बात नहीं बताई गयी है कि ये योजनाएँ किन वजहों से अप्रभावी मान ली गयी हैं और अगर ये योजनाएँ पर्याप्त कारगर नहीं साबित हो रहीं तो उन्हें किस तरह कारगर बनाया जा सकता है। चूँकि यू.बी.आई. के लिए धन जुटाने के साधनों का आकलन कर पाना पर्याप्त कठिन है, तो अध्याय के लेखकों ने यू.बी.आई. के अनेक विकल्प सुझाये हैं, लेकिन यू.बी.आई. को लेकर कोई विशिष्ट प्रस्ताव अपनी तरफ़ से नहीं दिया है।

अन्य कल्याणकारी योजनाओं में कटौती की इसी दलील के सन्दर्भ में अध्याय के लेखकों ने यू.बी.आई. को लेकर कुछ ऐसे तर्क दिये हैं जिनसे भोलापन झाँकता है। अन्य योजनाओं के बारे में मान लिया गया है कि उनमें सेवा और सामान का हस्तान्तरण होता है और इसकी तुलना में नगदी के हस्तान्तरण को ज़्यादा बेहतर मानकर चला गया है, क्योंकि नगदी हासिल होने पर व्यक्ति अपने हिसाब से उसका उपयोग सोच सकता है। लेकिन, सेवा और सामानों के हस्तान्तरण के पक्ष में भी दलील मौजूद है। साथ ही, ध्यान रखने की बात यह भी है कि कई योजनाओं में सिर्फ़ सेवा और सामानों का हस्तान्तरण ही नहीं होता, बल्कि उनमें और भी बहुत कुछ शामिल होता है। मिसाल के लिए, मिड–डे मील सेवा और सामान के हस्तान्तरण के साथ–ही–साथ एक रचनात्मक गतिविधि भी है। इसके साथ पोषक–भोजन की शिक्षा, रोज़गार के सृजन तथा सामाजिक समानता के मूल्य जुड़े हुए हैं। इसी तरह, ग्रामीण रोज़गार गारंटी योजना कोई सेवा–सामान के हस्तान्तरण की योजना नहीं (दरअसल इसमें मज़दूरी नगद दी जाती है)। आमदनी में सहायक होने के साथ–ही–साथ इस योजना से कई महत्त्वपूर्ण उद्देश्यों की पूर्ति होती है, जैसे सम्पदा का

सृजन, महिला सशक्तिकरण तथा पर्यावरण–संरक्षा। आर्थिक सर्वेक्षण के यू.बी.आई. वाले अध्याय में जिन ग्यारह लक्षित योजनाओं का ज़िक्र आया है उनमें ज़्यादातर इसी श्रेणी की हैं।

यहाँ एक गहरा पेंच है। बीते पन्द्रह सालों में भारत में सामाजिक सुरक्षा का एक ढाँचा खड़ा हुआ है। ज़रूरी स्वास्थ्य एवं शिक्षा सम्बन्धी सेवाओं को फ़राहम करने के अतिरिक्त इस ढाँचे के निम्नलिखित पाँच मुख्य स्तम्भ स्पष्ट नज़र आते हैं : ग्रामीण इलाक़ों में रोज़गार की गारंटी; सार्वजनिक वितरण प्रणाली; बाल–विकास कार्यक्रम (समेकित बाल विकास योजना सहित); सामाजिक सुरक्षा पेंशन तथा मातृत्व लाभ। ये कार्यक्रम फ़िज़ूलख़र्ची की मिसाल नहीं बल्कि लोगों को वंचना से बचाने और बेहतर समाज के निर्माण में इनका महत्त्वपूर्ण योगदान है। इस ढाँचे (जिसे वैधानिक गारंटी प्रदान की गयी है) को ख़त्म करने की नहीं बल्कि और ज़्यादा मज़बूत करने की ज़रूरत है।

कहने का आशय यह नहीं कि फ़िज़ूलख़र्ची भरी योजनाएँ या अनुदान प्रचलन में नहीं है या सार्विक बुनियाद आय प्रदान करने की योजना न चलाई जाये। लेकिन यू.बी.आई. के पैरोकार फ़िज़ूलख़र्ची भरी योजनाओं और अनुदानों की कटौती से यू.बी.आई. के लिए धन–उगाही का जो सुझाव दे रहे हैं, उसमें सावधानी बरतने की ज़रूरत है। कटौतियाँ कम होनी चाहिए और अगर यू.बी.आई. ठीक लगता है तो इसको कुछ इस तरह लागू किया जाये कि यह अभी मौजूद ढाँचे का विस्तार या उसी ढाँचे के भीतर किया गया सुधार जान पड़े। यू.बी.आई. को मौजूदा ढाँचे का विकल्प नहीं बनाया जाना चाहिए। बेशक, यू.बी.आई. को लागू करने का भी वक़्त किसी–न–किसी दिन आयेगा ही, लेकिन जहाँ तक भारत का सवाल है–वह समय अभी बहुत दूर है।

विकास और जनधर्मिता का गुण*

कहा जाता है कि ज़्यादातर लोग अपना हित सोचते हैं। मुख्यधारा के अर्थशास्त्र के सिद्धान्तों का कोई सामान्य पाठक कम–से–कम ऐसा ही निष्कर्ष निकालेगा। मुख्यधारा के अर्थशास्त्र के सिद्धान्त की किताबों में इस क़िस्म का हवाला आपको अक्सर ही मिलेगा कि किसी व्यक्ति का

* फरवरी, 2017।

आर्थिक जीवन युक्तिसंगत आत्महित की भावना से ही संचालित होता है। बेशक, अर्थशास्त्र की दुनिया में ऐसा भी साहित्य उपलब्ध है जिसमें व्यक्ति के आर्थिक जीवन की संचालक–शक्ति के रूप में सहानुभूति और प्रतिबद्धता जैसी भावनाओं के नाम गिनाये गये हैं। और, यहाँ तक कि मुख्यधारा के अर्थशास्त्र की किताबों में भी आपको नीर–क्षीर विवेक विद्वानों के हवाले से यह लिखा भी मिल जायेगा कि व्यक्ति का आर्थिक जीवन में आत्म हित से संचालित होना महत्त्व की बात नहीं, बल्कि महत्त्व इस बात का है कि व्यक्ति हर क़दम पर अपनी पसन्द–नापसन्द के बारे में फ़ैसला लेता है और ज़रूरी नहीं कि यह फ़ैसला हमेशा आत्म हित को प्रधान मानकर ही लिया जाये। बहरहाल, ज़्यादातर वक़्त इन महीन बातों की तरफ़ लोगों का ध्यान नहीं जाता और युक्तिसंगत आत्महित की धारणा को बग़ैर ज़्यादा किन्तु–परन्तु किये स्वीकार करके चला जाता है। यह धारणा इतनी व्यापक है कि अक्सर युक्तिसंगत व्यवहार और आत्महित को एक–दूसरे का पर्याय मान लिया जाता है। जैसा कि नोबेल पुरस्कार से सम्मानित विद्वान रॉबर्ट ओवेन ने लिखा है : 'युक्तिसंगत व्यवहार यानी यह धारणा कि व्यक्ति उपलब्ध सूचनाओं के दायरे में अपना सर्वोत्तम हित चेत कर क़दम उठाता है–अर्थशास्त्र के ज़्यादातर सिद्धान्तों या कहें कि पूरे अर्थशास्त्र की ही बुनियाद में है...।'

वैसे, आत्महित की इस धारणा का कोई सैद्धान्तिक या अनुभव–गम्य आधार नहीं है। यह किसी अन्ध–विश्वास की तरह है। जिस किसी ने तनिक सोच–विचार किया है या फिर विश्व–इतिहास या साहित्य को पढ़ा है या फिर बॉलीवुड की चन्द फ़िल्मों को ही देखा है–वह जानता है कि लोग दूसरे को प्रधान मानकर भी आचरण करते हैं। यानी लोग–बाग प्रेम, एकजुटता, करुणा, पारस्परिकता, देशभक्ति तथा जनधर्मिता की भावना से भी अपने फ़ैसले लेते हैं। कुछ लोग तो अपने प्रियजन, परिवार, समुदाय या फिर देश के लिए बहुत बड़ा त्याग या बलिदान तक कर जाते हैं।

दूसरे, यह भी स्पष्ट नहीं है कि आत्महित या कह लें स्वार्थ किस मुक़ान पर ख़त्म होता है और पराये के प्रति सरोकार का भाव किस मुक़ाम से शुरू होता है। एक–दूसरे की ज़िन्दगी में दिलचस्पी रखना तो मनुष्य का स्वभाव ही है। किसी स्कूल का उत्साही शिक्षक, कोई प्रतिबद्ध मज़दूर–नेता या फिर अपने काम से गहरा राग रखने वाला कलाकार स्वार्थ की भावना के वशीभूत होकर काम करते हैं या नहीं, यह बता पाना

दूसरों के लिए ही नहीं ख़ुद उनके लिए भी बहुत मुश्किल है। ऐसे व्यक्ति की कल्पना करना मुश्किल है जो एक़दम ही स्वार्थी हो (शायद अत्यधिक अहं–केन्द्रित लोग बच्चे पैदा करना ज़रूरी नहीं समझते, तो उन सरीखे लोगों के यहाँ होने की सम्भावना भी नहीं)।

यहाँ तक कि पशुओं में भी आपसी सहयोग–सहकार और आत्म–त्याग की भावना होती है और वे इस भावना से संचालित होकर व्यवहार करते हैं। इस तरफ़ पीटर क्रोपोत्किन ने अपनी मशहूर किताब 'म्यूचुअल ऐड' में ध्यान दिलाया है। चींटी से लेकर हाथी तक आप किसी भी जानवर के बारे में सोचें–आपको दिखेगा कि ये जानवर कुछ इस तरह का आचरण करते हैं कि उससे सिर्फ़ उन्हीं का नहीं बल्कि उनकी पूरी प्रजाति का हित सधे। चींटियाँ अपना साझा घर बनाने के लिए बहुत मेहनत करती हैं, प्रवासी पक्षी एकजुट होकर उड़ान भरते हैं, हाथी अपने घायल साथी की मदद करते हैं–ऐसे उदाहरण ख़ूब मिलते हैं।

पशुओं में ये भावनाएँ किसी नैतिक विचारणा से उत्पन्न नहीं हुईं बल्कि एक लम्बी जैविक विकास–प्रक्रिया की देन हैं। लेकिन सहयोग और जनधर्मी आचरण की आदत पालने के लिए मनुष्य को किसी लम्बी विकास–प्रक्रिया की प्रतीक्षा की ज़रूरत नहीं। नैतिक विचारणा, सार्वजनिक बहस, मूल्यपरक शिक्षा, संस्थागत नवाचार तथा अन्य साधनों के ज़रिये भी सामाजिक मान–मूल्यों में बदलाव लाया जा सकता है।

प्रस्तावना के तौर पर दर्ज की गयी इन बातों के साथ आइए, यहाँ अपनी चर्चा को एक ख़ास प्रेरणा की तरफ़ मोड़ें जो निःस्वार्थ होती है। इस प्रेरणा का नाम है : जनधर्मिता जिसकी परिभाषा करते हुए कहा गया है कि यह एक 'युक्तिसंगत प्रवृत्ति है जिसमें जनहित को सर्वप्रमुख मानकर चला जाता है।' ध्यान दें कि यहाँ 'प्रवृत्ति' शब्द का प्रयोग किया गया है जिसमें एक संकेत यह निहित है कि हम अक्सर विचार या बर्ताव की अपनी आदतों के आधार पर कोई क़दम उठाते हैं न कि सामने मौजूद हर प्रसंग की पूर्ण विवेचना करके। मिसाल के लिए कई लोग बस स्टैंड या रेलवे काउंटर पर कतार में लगना पसन्द करते हैं। वे ऐसा करते हुए घाटे–फ़ायदे का मन में कोई गुणा–भाग नहीं लगाते कि कतार में खड़े होने के क्या फ़ायदे या नुक़सान हो सकते हैं और कतार को फलाँग जाने के क्या नुक़सान (यह सोचना कि कतार लम्बी है तो समय ज़्यादा लगेगा या फिर बस छूट जायेगी अथवा कतार फलांग गये तो हो सकता

है मार खानी पड़े) या फ़ायदे हो सकते हैं। हाँ, हम वक़्त–ज़रूरत ऐसी आदत को सही ठहरा सकते हैं तो यहाँ परिभाषा में 'युक्तिसंगत प्रवृत्ति' का इस्तेमाल किया गया। इस शब्द के प्रयोग के कारण हम जनधर्मिता के गुण को जानवरों में पाये जाने वाले पारस्परिक सहयोग के बर्ताव से अलग कर सकते हैं क्योंकि वह प्रवृत्तिजन्य होता है।

जनधर्मिता का गुण सुपरिभाषित लग सकता है और नहीं भी लग सकता। यह बहुत कुछ स्थिति पर निर्भर करता है। यूरोपीय संघ से अलग होने के फ़ैसले 'ब्रेक्ज़िट' में जनता का हित है या नहीं, यह बात अभी स्पष्ट नहीं हो पायी है, इस पर अभी अन्तिम निर्णय होना शेष है। लेकिन भारत–पाकिस्तान आण्विक युद्ध से दूर रहें तो ही इसमें इन देशों के नागरिकों का हित है–यह बात बिल्कुल स्पष्ट है। इसी तरह यह बात भी स्पष्ट है कि वैश्विक तापन (ग्लोबल वार्मिंग) आत्म–संहार का कारण बन सकता है और इससे बचने में ही मानवता की भलाई है। चर्चा में 'जनहित' या 'जनता का हित' जैसे शब्दों का प्रयोग किया गया है तो इससे हमेशा 'जन–समुदाय' का अर्थ नहीं ग्रहण करना चाहिए, दरअसल 'परिवार' या 'स्थानीय समुदाय' के हित को भी इस दायरे में शामिल किया जा सकता है।

सामाजिक जीवन तथा मानव–विकास में जनधर्मी चेतना की क्या अहमियत है? इसे दो सरल उदाहरणों के सहारे समझा जा सकता है। वक़्त की पाबन्दी को पहले उदाहरण के तौर पर लिया जा सकता है। मान लीजिए कि हम किसी बैठक में भाग लेने के लिए जा रहे हैं–मन में लालच रहता है कि कुछ मिनट (मान लीजिए पाँच मिनट) की देरी से पहुँचे ताकि हमें दूसरों का इन्तज़ार न करना पड़े। लेकिन ऐसा तो कुछ और लोग भी सोच सकते हैं, तो क्या ख़ुद को दूसरों के इन्तज़ार की असुविधा से बचाने के लिए हम और ज़्यादा (मान लीजिए दस मिनट) देरी से जायें? कितनी देरी से जाना ठीक होगा? इस तर्क को आगे ऐसे ही और बढ़ाया जा सकता है और हम इस लकीर पर सोचते गये, सिर्फ़ अपने ही हित को प्रधान माना तो दरअसल हम बैठक में बहुत देरी से पहुँचेंगे। ऊपर जिस स्थिति की कल्पना की गयी है उसमें 'एसक्लेशन गेम' की बुनियादी बातें मौजूद हैं। गेम थ्योरी में 'एसक्लेशन गेम' के बारे में दो महत्त्वपूर्ण चीज़ें बताई गयी हैं : पहली बात तो यह कि ऐसी स्थितियाँ एकदम ही हाथ से निकल सकती हैं और दूसरा यह कि कई 'एसक्लेशन गेम्स' ऐसे होते हैं कि उन्हें युक्तिसंगत तरीक़े से नहीं खेला जा सकता।

ये दोनों ही अन्तर्दृष्टियाँ (युद्ध और शान्ति वाले अध्याय में इनकी चर्चा की जा चुकी है) वास्तविक जीवन के अनुभवों के मेल में हैं। हम आये दिन सुनते हैं कि किसी निहायत ही छोटी–सी बात पर झगड़ा शुरू हुआ और बढ़ता चला गया, फिर स्थिति हाथ से एकदम ही निकल गयी और बात किसी की हत्या तक जा पहुँची। इस तरह की घटना अख़बारों में आये दिन छपती है। जैसा कि पहले ज़िक्र किया जा चुका है, दरअसल हम इस टेक पर प्रथम विश्व युद्ध की भी व्याख्या कर सकते हैं।

ऐसी स्थिति में अच्छा होगा (सामूहिक दृष्टि से) कि खेल को खेला ही न जाये। दरअसल वक़्त की पाबन्दी इसी का नतीजा है। जिन समाजों में लोग वक़्त के पाबन्द हैं, वहाँ वे इस चिन्ता में पड़ते ही नहीं कि 'थोड़ी देर से जाऊँ ताकि मुझे और जनों के इन्तज़ार की असुविधा न उठानी पड़े'। वक़्त की पाबन्दी की आदत वाले समाजों में लोग हर जगह समय से पहुँचते हैं, ऐसा करना लोगों की आदत में शुमार होता है, सामाजिक आचरण का एक मानक माना जाता है। अब कारण चाहे जो भी हों, लेकिन कुछ समाजों में वक़्त की पाबन्दी की आदत मिलती है, जबकि कुछ समाजों में नहीं। विरोधाभास की इस स्थिति का एक झटकेदार अनुभव मुझे कुछ साल पहले हुआ। उस समय मुझे अपना कुछ वक़्त भारतीय और जापानी लोगों की एक टोली के साथ गुज़ारना था। जापानी वक़्त के बड़े पाबन्द होते हैं, लेकिन भारतीय लोगों को वक़्त की पाबन्दी का शायद ही कभी ख़याल होता है। यहाँ कहने का मतलब यह नहीं कि जापानी लोग, भारतीय लोगों की तुलना में कम स्वार्थी होते हैं या उनका नैतिक–बोध भारतीय लोगों की तुलना में ज़्यादा ऊँचा होता है। लेकिन वक़्त की पाबन्दी उनके सोच–विचार में एक आदत की तरह शामिल हो गयी है, जापानी लोगों ने इसे एक संस्कार की तरह अपने भीतर विकसित किया है।

ऊपर का उदाहरण हल्का लग सकता है। वक़्त की पाबन्दी विकास के लिए अहम हो भी सकती है और नहीं भी हो सकती। प्रसिद्ध लेखक आर.के. नारायण का तर्क है कि वक़्त की पाबन्दी अहम नहीं है : 'निजी तौर पर कहूँ तो मुझे लगता है कि सामान्य स्थितियों में थोड़ा विलम्ब चल सकता है। हमारे देश में तो सनातनता की बात कही गयी है, समय के छोटे–छोटे अन्तराल ख़ास मायने नहीं रखते।' बहरहाल, ऐसे उदाहरण दिये जा सकते हैं जहाँ वक़्त की पाबन्दी के छोटे से प्रयास से बड़ा अन्तर

पड़ सकता है। मिसाल के लिए, वक़्त की पाबन्दी का गुण अपनाने से सामूहिक् गतिविधियों के लिए गुंजाइश बन सकती है। ग्रामीण भारत के कुछ हिस्सों में ग्रामसभा की बैठक बुलाना बहुत मुश्किल होता है, क्योंकि लोग वक़्त की पाबन्दी का ख़ास ख़याल नहीं करते। कई लोग घण्टों देरी से पहुँचते हैं और इन लेट–लतीफ़ लोगों के पहुँचने तक पहले आये लोग उकताकर ग्राम–सभा की बैठक की जगह से जा चुके होते हैं।

एक और उदाहरण पर ग़ौर कीजिए जो कहीं ज़्यादा महत्त्वपूर्ण है। यह बात अक्सर भुला दी जाती है कि चुनावी लोकतन्त्र जनधर्मिता के सहारे ही चल सकता है, क्योंकि वह मतदान यानी वोटिंग पर आधारित है। हर मतदाता जानता है कि उसके एक वोट से कोई फ़र्क़ नहीं पड़ने वाला (उन स्थितियों को छोड़कर जब मुक़ाबला एकदम बराबरी का हो जाये)। बहरहाल, लोकतान्त्रिक देशों में बड़ी तादाद या कहें कि ज़्यादातर लोग वोट डालने पहुँचते हैं। कई लोग तो कठिन स्थितियों का सामना करते हुए वोट डालते हैं। उन्हें वोट डालने के लिए लम्बी दूरी तय करके आना पड़ता है या फिर घण्टों धूप में कतार में लगना होता है। यह एक महत्त्वपूर्ण उदाहरण है क्योंकि सहयोग की व्याख्या करते हुए स्वार्थ–केन्द्रित विचारणा के चौखटे के भीतर जो दलीलें दी जाती हैं (मिसाल के लिए यह कहना कि चली आ रही परम्परा को जारी रखा जाता है या कहा जा सकता है कि सारा कुछ साख क़ायम करने के लिए होता है) वे इस मामले पर लागू नहीं होतीं–गेम थ्योरी के दायरे में यह प्रिज़नर्स डिलेमा (यह एक ऐसी स्थिति का संकेतक है जिसमें अपने स्वार्थ को सोचने वाले दो व्यक्ति किसी ख़ास प्रसंग में एक–दूसरे का सहयोग नहीं करते भले ही ऐसा करना दोनों के हित में हो) के खाँचे में बैठती जान पड़ेगी। अगर मतदान के बर्ताव पर ग़ौर करें तो जान पड़ेगा कि इसकी व्याख्या में सामाजिक नियम–क़ायदे भी ख़ास सहायक नहीं, क्योंकि कोई मतदान नहीं करने का फ़ैसला करता है तो ऐसे बर्ताव को ग़लत बताने का कोई सामाजिक नियम मौजूद नहीं है। ज़ाहिर है, मतदान के बर्ताव की व्याख्या करने पर हमें यह मानना पड़ेगा कि यह सिर्फ़ स्वार्थ–केन्द्रित बर्ताव भर का मामला नहीं है। ऐसी ही व्याख्याओं में एक यह भी हो सकता है कि मतदान का निर्णय कोई व्यक्ति अपने जनधर्मिता के गुण के कारण लेता है।

जैसा कि ऊपर के उदाहरणों से ज़ाहिर होता है, जनधर्मी होने के लिए हमेशा आत्म–त्याग या फिर किसी गहरे नैतिक बोध की ज़रूरत पड़ती हो–ऐसी बात नहीं। नैतिक विचारणा मददगार हो सकती है, कोई

व्यक्ति यह सोच सकता है कि अकारण किसी को प्रतीक्षा करवाना ठीक नहीं और ऐसी सोच के कारण बहुत सम्भव है, वह वक़्त की पाबन्दी की आदत डाल ले। लेकिन ज़्यादातर वक़्त होता यही है कि हम कोई जनधर्मी बर्ताव अपनी आदत की वजह से करते हैं। हममें से ज़्यादातर लोगों में वक़्त की पाबन्दी का गुण बेहतर परवरिश या फिर अच्छे सामाजिक परिवेश की देन है। अगर कोई वक़्त का पाबन्द हो और उससे पूछा जाये कि आख़िर आपने यह गुण क्यों अपनाया तो वह नैतिक भावबोध से भरा उत्तर देगा या फिर ऐसे कुछ लोग कहेंगे कि 'मुझे विलम्ब से पहुँचना अच्छा नहीं लगता'।

कोई व्यक्ति आदतवश किसी काम को करता है तो फिर माना जा सकता है कि उसका ऐसा करना पूर्णतया युक्तिसंगत नहीं है क्योंकि ऐसा करने पर वह अवसर की पहचान करने और उसका अधिकतम लाभ लेने का मौक़ा गँवा देता है। यह तर्क विश्वसनीय नहीं। गेम थ्योरी की एक महत्त्वपूर्ण अन्तर्दृष्टि यह है कि अगर कोई ऐसा प्रसंग उपस्थित हो जिसमें लोगों को एक–दूसरे पर निर्भर रहते हुए फ़ैसला लेना है तो ऐसे प्रसंग में मौक़े का अधिकतम लाभ विचारने की गुंजाइश नहीं रह जाती (एसक्लेशन गेम के बारे में चर्चा करते हुए इस बाबत लिखा गया है)। ऐसी स्थिति में हमेशा किसी आजमायी हुई तरकीब का सहारा लेना होता है या कह लें बहुत बुद्धि दौड़ाने की गुंजाइश नहीं होती। बचाव का एक तरीक़ा (इसे रॉबर्ट ओवेमन ने सुझाया है) है कि अपने लिए कोई नियम बना लिया जाये, ऐसा नियम जो सामान्य तौर पर कारगर सिद्ध हो, भले ही हर मामले में उस नियम पर चलना बेहतर न जान पड़े। अतः ऐसे प्रसंग में कोई बर्ताव आदतवश किया जाता है तो उसे ग़लत नहीं कह सकते।

आपको लग सकता है कि यहाँ बाल की खाल निकाली जा रही है, लेकिन मेरा मानना है कि ऊपर का सोच–विचार सामाजिक जीवन में जनधर्मी बर्ताव के संस्कार डालने के लिहाज़ से अहम है। अगर जनधर्मी होने के लिए किसी गहरी नैतिक निष्ठा की ज़रूरत पड़ती हो, तो फिर यह डर बना रहेगा कि ऐसी गहरी निष्ठा बस कुछ थोड़े से सिद्धान्तवान लोगों को ही नसीब है। लेकिन यह मानकर चलें कि जनधर्मी बर्ताव एक प्रवृत्ति का रूप ले सकता है और वक़्त–ज़रूरत उसे नैतिक विचारणा से युक्तिसंगत भी बनाया जा सकता है तो जनधर्मिता के गुण के व्यापक होने की गुंजाइश बनेगी। यह कोई छोटी बात नहीं–इसके सहारे आये दिन

की दुखद घटनाओं (तोड़फोड़ और हिंसा) से तो बचा ही जा सकता है साथ ही ऐसी संस्थाएँ भी गढ़ी जा सकती हैं जो स्वतन्त्रता और समानता के मूल्य के मेल में हों। डॉ. भीमराव अम्बेडकर ने संविधान सभा में 25 दिसम्बर, 1949 को अपने एक विचारोत्तेजक भाषण में इस बात को बड़े धारदार अन्दाज़ में कहा था : 'बिना समानता के स्वतन्त्रता का मतलब होगा ज़्यादातर लोगों पर चन्द लोगों का प्रभुत्व'। बिना स्वतन्त्रता के समानता का मतलब होगा व्यक्तिगत पहल के लिए गुंजाइश का न होना। और, बिना बन्धुता के, स्वतन्त्रता और समानता स्वभाव का हिस्सा नहीं बन सकते।' जनधर्मिता का गुण बन्धुता तो नहीं (मैं इसे एकजुटता कहना पसन्द करूँगा) लेकिन बन्धुता की दिशा में उठता हुआ क़दम ज़रूर है।

नोट :

रंग दे बस्ती–मुझे यह कहते ख़ुशी हो रही है कि संजय बस्ती अब भी अपनी जगह पर क़ायम है। बहरहाल, हाल के सालों में दिल्ली में कई जगहों पर झोपड़पट्टियों को उजाड़ा गया है।

माओवादी इलाक़े में मतदान–यह लेख लातेहार ज़िले में 18 अक्तूबर, 2009 को जेम्स हेरेंज़ तथा मिथिलेश कुमार के साथ मिलकर की गयी पूछताछ के आधार पर लिखा गया है। इस इलाक़े (भूतपूर्व दक्षिण बिहार) के माओवादी आन्दोलन पर विशेष जानकारी के लिए देखें, भाटिया (2005)।

रिश्वतख़ोरी का खेल–कौशिक बसु (2011) का मूल आलेख वित्त मन्त्रालय, भारत सरकार की वेबसाइट पर प्रकाशित होने के तुरन्त बाद इसे लेकर कई रिज्वाइंडर सामने आये। यह लेख भी उन्हीं में से एक है। बसु के लेख तथा उस पर आये रिज्वाइंडर को लेकर मुख्यधारा की मीडिया तथा अर्थशास्त्र के पेशेवर जर्नल्स में प्रभूत सामग्री छपी। ऐसी अध्ययन–सामग्री के शुरुआती परिचय के लिए देखें, वेनबर्ग एंड स्पेग्नोलो 2015।

जाति का मकड़जाल–लेख में इलाहाबाद में हुए सर्वेक्षण के जो निष्कर्ष दर्ज किये गये हैं उनकी एक विस्तृत झलक अग्रवाल, द्रेज एंड गुप्ता 2015 में देखी जा सकती है जिसमें भारतीय समाज पर अगड़ी जाति के दबदबे पर केन्द्रित हाल के अन्य अध्ययनों की भी चर्चा की गयी है।

गुजरात का गड़बड़झाला–इस आलेख में जिन मूल स्रोतों–सामग्री का ज़िक्र आया है उनमें शामिल है : रघुराम राजन समिति की रिपोर्ट जिसे

गवर्नमेंट ऑफ इंडिया, 2013 बी का भी नाम दिया गया है; मानव विकास सूचकांक तथा अचीवमेंट्स ऑफ बेबीज़ एंड चिल्ड्रेन इंडेक्स के लिए ड्रेज एंड खेरा 2012; ग़रीबी के आधिकारिक आकलन के लिए गवर्नमेंट ऑफ इंडिया 2013 सी; बहुआयामी ग़रीबी के सूचकांक के लिए अकीरा एंड सेठ 2012 (यह ड्रेज एंड सेन 2013 में भी मौजूद है); तथा शिशु मृत्यु दर के लिए सैंपल रजिस्ट्रेशन सिस्टम। आलेख में मैत्रेश घटक, अशोक कोटवाल तथा उनके सहकर्मियों के पूर्ववर्ती अध्ययनों का भी ज़िक्र आया है, इसके लिए देखें घटक एंड रॉय 2014, तथा चौधरी एंड कोटवाल 2014।

सामाजिक नीति का कथा–पुराण–जी.डी.पी. के अनुपात के रूप में सामाजिक सुरक्षा के मद में होने वाला व्यय का आँकड़ा एशियन डेवलपमेंट बैंक 2013 का है। अन्तर्राष्ट्रीय स्तर के अन्य आँकड़े विश्वबैंक के 'वर्ल्ड बैंक्स' वर्ल्ड डेवलपमेंट इंडिकेटर्स (लिखते समय जो अधुनातन संस्करण मौजूद था) से लिए गये हैं। जहाँ तक मुकेश अम्बानी के कथन का सवाल है, नीरा राडिया के लीक हुए टेप में एक जगह आता है, 'कांग्रेस तो अपनी दुकान है', मिसाल के लिए देखें अनुराधा रमण, 2014।

बुलेट ट्रेन का रोग–रेल मन्त्री डी.वी. सदानन्द गौड़ा ने 8 जुलाई, 2014 के अपने बजट भाषण में कहा था कि बुलेट ट्रेन हर हिन्दुस्तानी की चाहत और सपना है। यह भाषण नेट पर उपलब्ध है।

सौ बाधाओं की एक बाधा : नोटबन्दी–लेख में नन्दन नीलेकणि का जो कथन उद्धृत किया गया है, वह बिज़नेस स्टैंडर्ड में प्रकाशित एक साक्षात्कार में आया है। साक्षात्कार 8 अगस्त, 2016 को प्रकाशित हुआ है। (इंटरनेट पर मौजूद)।

मण्डी में जिन्सों के आवक से सम्बन्धित आई.जी.आई.डी.आर. के अध्ययन का सार–संक्षेप अग्रवाल एंड नारायण, 2016 में मौजूद है। आधार के सहारे किये जाने वाले बायोमेट्रिक सत्यापन की वजह से झारखण्ड तथा राजस्थान में जो बाधाएँ खड़ी हुई हैं उनकी जानकारी के लिए देखें इस पुस्तक का खण्ड–7। इस पुस्तक के प्रेस में जाने तक नोटबन्दी का पूरा प्रभाव प्रकट नहीं हुआ है। अभी तक के प्रभावों के बारे में साक्ष्य–आधारित एक उपयोगी अध्ययन रेड्डी 2017 में मौजूद है।

सार्विक आय की नाप–तौल–जम्मू–कश्मीर के वित्तमन्त्री ने अपने 'ख़याल' (ग़रीबी रेखा से नीचे रहने वाले परिवारों को नगदी हस्तान्तरित करने की सम्भावना के बारे में) 11 जनवरी, 2017 को बजट–भाषण

के दौरान चलते–चिट्ठे ज़ाहिर किये थे। यू.बी.आई. से सम्बन्धित प्रणब वर्द्धन तथा विजय जोशी के प्रस्ताव आईडियाज़ फ़ॉर इंडिया (www.ideasforindia.in) पर मौजूद हैं। एन.आइ.पी.एफ.पी. के सब्सिडी से सम्बन्धित 1998–99 के आँकड़ों पर आधारित आकलन नेशनल इंस्टीट्यूट ऑफ पब्लिक फायनैंस एंड पॉलिसी, 2003 में मौजूद है।

वित्त मन्त्रालय द्वारा तैयार इकोनॉमिक सर्वे 2016–17 में यू.बी.आई. पर पूरा एक अध्याय लिखा गया है। अध्याय में 11 बड़ी योजनाओं तथा सब्सिडी की एक सूची दी गयी है (तस्वीर 1, पृष्ठ 176) जिसे यू.बी.आई. लागू करने के लिए हटाया जा सकता है। इस सूची में दर्ज नाम हैं : मिड–डे मील; स्वच्छ भारत अभियान; समेकित बाल विकास योजना; प्रधानमन्त्री ग्राम सड़क योजना; नेशनल हेल्थ मिशन; प्रधानमन्त्री आवास योजना; एल.पी.जी सब्सिडी; सर्वशिक्षा अभियान; नरेगा; यूरिया सब्सिडी; खाद्य–सब्सिडी। लेख में सुरजीत भल्ला का भी उद्धरण आया है। यह उद्धरण 6 जनवरी, 2017 को इंडियन एक्सप्रेस में छपे उनके लेख 'फायनैंसिंग बेसिक इनकम फ़ॉर बॉटम 50 परसेन्ट' में मौजूद है (उक्त आलेख का शीर्षक गुमराह करने वाला है क्योंकि सुरजीत भल्ला ने अपने आलेख में जितने ख़र्च का प्रस्ताव किया है उससे सिर्फ़ 25 फ़ीसदी कवरेज़ ही हो पायेगी)

विकास और जनधर्मिता का गुण–यह लेख अभी कहीं प्रकाशित नहीं हुआ है। लेख में उठाये गये विषय से सम्बन्धित इस चर्चा के लिए कि प्रवृत्तिमूलक चिन्तन सामाजिक जीवन के लिए क्यों अहम है, देखें द्रेज 2016 ई। नारायण का उद्धरण उनकी कहानी 'बेटर लेट' से ली गयी है, जो नारायण 1988 में मौजूद है। मैंने ओवेन 2008 का भी हवाला दिया है ताकि यह ज़ाहिर हो सके कि आत्महित की धारणा अर्थशास्त्र में कितनी व्यापक और बलवती है। लेकिन इस तरह के हवाले अर्थशास्त्र से सम्बन्धित साहित्य में तक़रीबन हर जगह मिलते हैं। इसकी शुरुआत 1881 से ही हो गयी थी, जब आधुनिक अर्थशास्त्र के संस्थापक एफ.वाई. एजवर्थ ने अपमे मैथेमेटिकल सायकिक्स में लिखा–'अर्थशास्त्र का पहला सिद्धान्त है कि हर व्यक्ति स्वार्थ–सिद्धि से प्रेरित होकर ही काम करता है'। स्वार्थ–सिद्धि की इस धारणा की आलोचना भी हुई है, मिसाल के लिए अमर्त्य सेन कृत आलोचना को देखा जा सकता है (देखें सेन 1977)। मुख्यधारा के अर्थशास्त्र की एक शाखा युक्तियुक्त स्वार्थ–सिद्धि केन्द्रित

संकल्पना से बुनियादी तौर पर अलग राह अपनाती है, इसे बिहेविरल इकोनॉमिक्स कहा जाता है, (इस सिलसिले में प्रारम्भिक तौर पर उपयोगी जानकारी के लिए कारमेल तथा अन्य 2014 को देखा जा सकता है।)। लेकिन अर्थशास्त्र के ज़्यादातर साहित्य में स्वार्थ–सिद्धि को संचालक शक्ति के रूप में प्रधान मानने की धारणा बनी चली आ रही है; हाँ, लोग–बाग हमेशा युक्तिसंगत तरीक़े से अपना स्वार्थ–साधन क्यों नहीं कर पाते, इसके लिए मनोवैज्ञानिक तथा अन्य कारण ज़रूर सुझाये गये हैं। मिसाल के लिए, कहा जाता है कि सोच में स्पष्टता का अभाव रहने या इच्छाशक्ति के कमज़ोर होने की वजह से लोग स्वार्थ–साधन में नाकाम होते हैं। ऐसे तर्क ज़्यादातर 'सामाजिक पसन्द' के बारे में बात करने वाले अर्थशास्त्रीय साहित्य में मिलते हैं जो बिहेविरल इकोनॉमिक्स के दायरे में आता है। इस दायरे में आत्महित से परे जाकर फ़ैसला लेने के व्यवहार पर गम्भीर चर्चा मिलती है। इस तरह के साहित्य से शुरुआती परिचय के लिए सैम बॉवल्स की किताबें (बॉवल्स 2004, 2008) देखना ठीक रहेगा। लेकिन यह सवाल बना रहेगा कि क्या आत्महित से परे जाकर कोई फ़ैसला करना सिर्फ़ व्यक्तिगत रुझान और पसन्द का मामला है या फिर कोई और बात भी है? लेकिन इस बात पर चर्चा बाद के लिए छोड़ देते हैं।

❑❑

सन्दर्भ ग्रन्थ

Adhikari, A., and Bhatia, K. (2010), "NREGA Wage Payments: Can We Bank on the Banks?", *Economic and Political Weekly*, 2 January.

Afridi, Farzana (2010), "Child Welfare Programs and Child Nutrition: Evidence from a Mandated School Meal Program in India", *Journal of Development Economics*, 92.

Aggarwal, A., Drèze, J.P., and Gupta, A. (2015), "Caste and the Power Elite in Allahabad", *Economic and Political Weekly*, 7 February.

Aggrawal, N., and Narayanan, S. (2016), "Demonetisation Alone Can't Turn Agricultural Markets Cashless", *The Wire*, 25 November.

Alkire, S., and Seth, S. (2012), "Multidimensional Poverty Index (MPI) Rates in Rural and Urban Indian States", mimeo, Oxford Poverty and Human Development Initiative, University of Oxford; available at http://ophi.qeh.ox.ac.uk.

Ambedkar, B.R. (1957), *The Buddha and His Dhamma* (Bombay: People's Education Society).

Applegate, Elizabeth (2000), "Introduction: Nutritional and Functional Roles of Eggs in the Diet", *Journal of the American College of Nutrition*, 19.

Arrow, K. (1963), "Uncertainty and the Welfare Economics of Medical Care", *American Economic Review*, 53.

Asian Development Bank (2013), *The Social Protection Index* (Bangkok: ADB).

Aumann, Robert J. (2008), "Rule-Rationality versus Act-Rationality", Discussion Paper 497, Center for the Study of Rationality, The Hebrew University of Jerusalem.

Banerjee, A., Deaton, A., and Duflo, E. (2004), "Health Care Delivery in Rural Rajasthan", *Economic and Political Weekly*, 28 February.

Balasubramanyam, V.N. (2001), *Conversations with Indian Economists* (New Delhi: Macmillan).

Basu, Kaushik (2011), "Why, for a Class of Bribes, the Act of *Giving* a Bribe Should be Treated as Legal", Working Paper, Department of Economic Affairs, Ministry of Finance, New Delhi.

Bhaskar, A., Gupta, S., and Yadav, P. (2016), "Well Worth the Effort: Value of MGNREGA Wells in Jharkhand", *Economic and Political Weekly*, 7 May.

Bhatia, Bela (2005), "The Naxalite Movement in Central Bihar", *Economic and Political Weekly,* 9 April.

—— (2012), "Of Human Bondage in Baran, Rajasthan", *Economic and Political Weekly*, 30 June.

Bhatia, B., and Drèze, J.P. (2002), "Still Starving in Jharkhand", *Frontline*, 16 August.

Bloch, Jan de (1899), *The Future of War*, translated by R.C. Long (Boston: Ginn).

Bowles, Samuel (2004), *Microeconomics: Behavior, Institutions, and Evolution* (Princeton: Princeton University Press).

—— (2008), "Policies Designed for Self-interested Citizens May Undermine the 'Moral Sentiments'", *Science*, 320.

Brewer, M., Menzies, N., and Schott, J. (2015), "Identification Systems Don't Always Serve the Bottom 40%", *Just Development*, No. 8, World Bank, Washington, DC.

Camerer, C.F., Loewenstein, G., and Rabin, M. (2004), *Advances in Behavioral Economics* (Princeton : Princeton University Press).

Centre for Equity Studies (2016), *Progress of Children Under Six: Revisiting ICDS in the FOCUS Districts* (New Delhi: Centre for Equity Studies).

Chang, A.C., and Li, P. (2015), "Is Economics Research Replicable? Sixty Research Papers from Thirteen Journals Say 'Usually Not'", Finance and Economics Discussion Series 2015-083, Board of Governors of the Federal Reserve System, Washington, DC.

Chaudhuri, A.R., and Kotwal, A. (2014), "The Perplexing Case of Gujarat", available at www.ideasforindia.in (initially published in the *Indian Express*).

Chaudhury, N., Hammer, J., Kremer, M., Muralidharan, K., and Rogers, F.H. (2006), "Missing in Action: Teacher and Health Worker Absence in Developing Countries", *Journal of Economic Perspectives*, 20.

Chomsky, Noam (1999), *Powers and Prospects* (London: Pluto).

Chopra, S., and Pudussery, J. (2014), "Social Security Pensions in India: An Assessment", *Economic and Political Weekly*, 10 May; reprinted in Drèze 2016a.

Citizens' Initiative for the Rights of Children Under Six (2016), *Focus on Children Under Six* (New Delhi: Secretariat of the Right to Food Campaign).

De, A., Khera, R., Samson, M., and Shiva Kumar, A.K. (2011), *PROBE Revisited: A Report on Elementary Education in India* (New Delhi: Oxford University Press).

De, A., Noronha, C., and Samson, M. (2008), "Towards More Benefits from Delhi's Mid-day Meal Scheme", in Baru, R. (ed.), *School Health Services in India* (New Delhi: Sage).

Deaton, Angus (2013), *The Great Escape: Health, Wealth, and the Origins of Inequality* (Princeton: Princeton University Press).

———, and Cartwright, N. (2016), "Understanding and Misunderstanding Randomized Controlled Trials", NBER Working Paper 22595, National Bureau of Economics Research, Cambridge, MA.

Deaton, Angus, and Drèze, J.P. (2009), "Food and Nutrition in India: Facts and Interpretations", *Economic and Political Weekly*, 14 February.

Desai, S., Vashishtha, P., and Joshi, O. (2015), *Mahatma Gandhi National Rural Employment Guarantee Act: A Catalyst for Rural Transformation* (New Delhi: National Council of Applied Economic Research).

Drèze, Jean (2000), "Militarism, Development and Democracy", *Economic and Political Weekly*, 1 April.

——— (2002), "On Research and Action", *Economic and Political Weekly*, 2 March 2002.

——— (2004a), "Democracy and the Right to Food", *Economic and Political Weekly*, 24 April.

——— (2004b), "Unemployment Guarantee Bill", *The Hindu*, 31 December.

——— (2006), "Universalization with Quality: ICDS in a Rights Perspective", *Economic and Political Weekly*, 26 August.

———, ed. (2016a), *Social Policy: Essays from Economic and Political Weekly* (New Delhi: Orient Blackswan).

——— (2016b), "The Real Insights of Game Theory", *Economic and Political Weekly*, 2 April 2016.

——— (2017a), "Giving Short Shrift to Children's Rights", *The Hindu*, 28 March.

——— (2017b), "In Jharkhand, Compulsory Biometric Authentication for Rations Sends Many Away Empty-handed", *Scroll.in*, 12 February.

Drèze, J.P., and Goyal, A. (2003), "The Future of Midday Meals", *Economic and Political Weekly*, 1 November.

Drèze, J.P., Gupta, P., Khera, R., and Pimenta, I. (2016), "Food Security Act: How are India's Poorest States Faring?", available at www.ideasforindia.in.

Drèze, J.P., and Khera, R. (2009), "Mid-Day Meals in Primary Schools", in Kumar, A., and Singh, A.P., eds (2009), *Elementary Education in India: Issues and Challenges* (New Delhi: Uppal).

——— (2010), "The BPL Census and a Possible Alternative", *Economic and Political Weekly*, 27 February.

——— (2012), "Regional Patterns of Human and Child Deprivation in India", *Economic and Political Weekly*, 29 September.

——— (2013), "Rural Poverty and the Public Distribution System", *Economic and Political Weekly*, 16 November.

———, with the PEEP team (2014) "A PEEP at Another India", survey report, Indian Institute of Technology, Delhi; partly published in *Outlook,* 24 March.

Drèze, J.P., and Khera, R. (2015a), "Understanding Leakages in the Public Distribution System", *Economic and Political Weekly*, 14 February.

——— (2015b), "Thought for Food", *Outlook*, 31 August.

——— (2017), "Recent Social Security Initiatives in India", *World Development*, 98.

———, and Pudussery, J. (2015), "Food Security: Bihar on the Move", *Economic and Political Weekly*, 22 August.

Drèze, J.P., and Kingdon, G.G. (2001), "School Participation in Rural India", *Review of Development Economics*, 5.

Drèze, J.P., and Lall, B. (2002), "Hunger Deaths in Manatu", survey report, Gram Swaraj Abhiyan, Jharkhand.

Drèze, J.P., and Sen, A.K. (2002), *India: Development and Participation* (New Delhi: Oxford University Press).

——— (2013), *An Uncertain Glory: India and Its Contradictions* (New Delhi: Penguin).

Dufwenberg, M., and Spagnolo, G. (2015), "Legalizing Bribe Giving", *Economic Inquiry*, 53.

Friedman, Milton (1955), "A Memorandum to the Government of India", New Delhi, 5 November; available at http://www.indiapolicy.org/debate/Notes/friedman.htm.

Garg, Samir (2013), "Twin Strategies for Food Security and Productive Inclusion: PDS Reforms in Chhattisgarh, India", *Poverty in Focus*, No. 25, International Policy Centre for Inclusive Growth, Brasilia.

Ghatak, M., and Roy, S. (2014), "A Look in the Mirror", *Outlook*, 31 March (also available at www.ideasforindia.in).

Ghosh, S., with Guha-Thakurta, P. (2016), *Sue the Messenger* (AuthorsUp Front).

Godse, Nathuram (2015), *Why I Assassinated Gandhi*, revised edition, compiled and edited by Virender Mehra (Delhi: Farsight).

Goel, K., and Khera, R. (2015), "Public Health Facilities in North India: An Exploratory Study in Four States", *Economic and Political Weekly*, 23 May.

Government of India (2004), *Report of the Task Force on Implementation of the Fiscal Responsibility and Budget Management Act, 2003* (New Delhi: Ministry of Finance).

——— (2005), "Performance Evaluation of Targeted Public Distribution System", Programme Evaluation Organisation, Planning Commission, New Delhi.

——— (2009a), *Report of the Expert Group to Review the Methodology for Estimation of Poverty* (New Delhi: Planning Commission).

——— (2009b), *Report of the Expert Group to Advise the Ministry of Rural Development on the Methodology for Conducting the Below Poverty Line (BPL) Census for 11th Five Year Plan* (New Delhi: Ministry of Rural Development).

——— (2013a), *Proposal for Comprehensive National Social Assistance Programme: Report of the Task Force* (New Delhi: Ministry of Rural Development).

——— (2013b), *Report of the Committee for Evolving a Composite Development Index of States* (New Delhi: Ministry of Finance).

——— (2013c), *Press Note on Poverty Estimates 2011–12* (New Delhi: Planning Commission).

——— (2014), *Report of the Expert Group to Review the Methodology for Measurement of Poverty* (New Delhi: Planning Commission).

Gram Swaraj Abhiyan (2002), "Manatu: A Development Catastrophe", survey report, Gram Swaraj Abhiyan, Jharkhand.

Greenwald, Glenn (2014), *No Place to Hide* (New York: Metropolitan Books).

Imbert, C., and Papp, J. (2015), "Estimating Leakages in India's Employment Guarantee: An Update", Working Paper, Research Institute for Compassionate Economics (available at riceinstitute.org).

International Institute for Population Sciences (2000), *National Family Health Survey (NFHS-2), 1998–99: India* (Mumbai: IIPS).

——— (2005), *India: Facility Survey, Phase-II, 2003* (Mumbai: IIPS).

——— (2006), *Reproductive and Child Health: District Level Household Survey 2002–4* (Mumbai: IIPS).

——— (2007), *National Family Health Survey (NFHS-3), 2005–6: India* (Mumbai: IIPS).

Jain, J., and Shah, M. (2005), "Antyodaya Anna Yojana and Mid-day Meals in MP", *Economic and Political Weekly*, 26 November.

Jayachandran, S., and Pande, R. (2013), "Choice not Genes", *Economic and Political Weekly*, 24 August.

Jenkins, R., and Manor, J. (2016), *Politics and the Right to Work: India's National Rural Employment Guarantee Act* (New Delhi: Orient Blackswan).

Jervis, Robert (1989), *The Meaning of the Nuclear Revolution* (Ithaca: Cornell University Press).

Khera, Reetika (2006), "Mid-Day Meals in Primary Schools: Achievements and Challenges", *Economic and Political Weekly*, 18 November.

——— (2008), "Starvation Deaths and 'Primitive Tribal Groups'", *Economic and Political Weekly*, 27 December.

——— (2011a), *The Battle for Employment Guarantee* (New Delhi: Oxford University Press).

——— (2011b), "Revival of the Public Distribution System: Evidence and Explanations", *Economic and Political Weekly*, 5 November.

——— (2013), "Mid-Day Meals: Looking Ahead", *Economic and Political Weekly*, 10 August; reprinted in Drèze 2016a.

——— (2015), "Children's Development: Baby Steps in Odisha", *Economic and Political Weekly*, 3 October.

Kropotkin, Peter (1902), *Mutual Aid: A Factor in Evolution* (London: Heinemann).

Kulkarni, Sudheendra (2016), "A Self-Goal by the RSS", *Indian Express*, 6 January.

Mander, Harsh (2012), "Barefoot: The Other Side of Life", *The Hindu*, 11 February.

———, and Mehrotra, S. (2009), "How to Identify the Poor? A Proposal", *Economic and Political Weekly*, 9 May.

May, E.R., and Zelikow, P.D., eds (1997), *The Kennedy Tapes: Inside the White House during the Cuban Missile Crisis* (Cambridge, MA: Harvard University Press).

McDonald, Hamish (1998), *The Polyester Prince: The Rise of Dhirubhai Ambani* (Australia: Allen and Unwin).

Mohanty, Gopinath (1987), *Paraja: A Novel*, translated from the Oriya by Bikram K. Das (New Delhi: Oxford University Press).

Narayan, R.K. (1988), *A Writer's Nightmare* (New Delhi: Penguin).

Narayan, Swati (2016), "Towards Equality in Healthcare: Trends over Two Decades", *Economic and Political Weekly*, 19 March.

National Institute of Public Finance and Policy (2003), *Budgetary Subsidies in India* (New Delhi: NIPFP).

Oldiges, Christian (2012), "Cereal Consumption and Per-capita Income in India", *Economic and Political Weekly*, 11 February.

PROBE Team (1999), *Public Report on Basic Education* (New Delhi: Oxford University Press).

Puri, Raghav (2012), "Reforming the Public Distribution System: Lessons from Chhattisgarh", *Economic and Political Weekly*, 4 February.

Rajan, Raghuram (2014), "Saving Credit", Third Dr Verghese Kurien Memorial Lecture, delivered at the Institute of Rural Management, Anand, 25 November (available at www.rbi.org.in).

Raman, Anuradha (2014), "Big ED in the Chair", *Outlook*, 14 July.

Ranaware, K., Das, U., Kulkarni, A., and Narayanan, S. (2015), "MGNRE GA Works and Their Impacts", *Economic and Political Weekly*, 28 March; reprinted in Drèze 2016a.

Rangarajan, C., and Mahendra Dev, S. (2015), "Counting the Poor: Measurement and Other Issues", *Economic and Political Weekly*, 10 January.

Rapoport, Anatol (1960), *Fights, Games and Debates* (Ann Arbor: University of Michigan Press).

——— (1992), *Peace: An Idea Whose Time Has Come* (Ann Arbor: University of Michigan Press).

——— (1997), *The Origins of Violence: Approaches to the Study of Conflict* (London: Transaction Publishers).

Reddy, Rammanohar (2017), *Demonetisation and Black Money* (New Delhi: Orient Blackswan).

Sainath, P. (1996), *Everybody Loves a Good Drought* (New Delhi: Penguin).

Sarmah, Sasanka (2001), "Agricultural Wages in India: A Study of States and Regions", *Indian Journal of Agricultural Economics*, 45.

Schelling, Thomas (1960), *The Strategy of Conflict* (Cambridge, MA: Harvard University Press).

——— (1961), *Arms and Influence* (New Haven: Yale University Press).

——— (1962), "Nuclear Strategy in Europe", *World Politics*, 14. Sen, Amartya (1977), "Rational Fools: A Critique of the Behaviora Foundations of Economic Theory", *Philosophy and Public Affairs*, 6.

——— (1993), "Positional Objectivity", *Philosophy and Public Affairs*, 22.

Sengupta, A., Kannan, K.P., and Raveendran, G. (2008), "India's Common People", *Economic and Political Weekly*, 15 March.

Shubik, Martin (1971), "The Dollar Auction Game: A Paradox in Noncooperative Behaviour and Escalation", *Journal of Conflict Resolution*, 15.

Siddhartha and Vanaik, A. (2008), "CAG Report on NRE GA: Fact and Fiction", *Economic and Political Weekly*, 21 June.

Sinha, Dipa (2015), "Maternal and Child Health: Inching Ahead, Miles to Go", *Economic and Political Weekly*, 5 December.

Tellis, Ashley (2005), *India as a New Global Power: An Action Agenda for the United States* (New Delhi: Carnegie Endowment for International Peace).

Viswanath, Apurva (2017), "What are the Lessons Learnt from the Right to Food Case?", *Livemint*, 20 March.

Visaria, Leela (2000a), "From Contraceptive Targets to Reproductive Health: Evolution of India's Policies and Programmes", mimeo, New Delhi.

——— (2000b), 'Innovations in Tamil Nadu', *Seminar*, 489.

Vivek S. (2015), *Delivering Public Services Effectively: Tamil Nadu and Beyond* (New Delhi: Oxford University Press).

World Bank (2004), "State Fiscal Reforms in India: Progress and Prospects", Report No. 28849-IN, Poverty Reduction and Economic Management Sector Unit, World Bank, Washington, DC.

Wright Mills, C. (1958), *The Causes of World War Three* (London: Secker and Warburg).

Young, Alwyn (2016), "Channelling Fisher: Randomization Tests and the Statistical Insignificance of Seemingly Significant Experimental Results", draft paper, London School of Economics.

अनुक्रमणिका

ए

ओ

क

ख

ग

ह